Max Freudenthal

Die Erkenntnislehre Philos von Alexandria

Max Freudenthal

Die Erkenntnislehre Philos von Alexandria

ISBN/EAN: 9783743316553

Hergestellt in Europa, USA, Kanada, Australien, Japan

Cover: Foto ©Thomas Meinert / pixelio.de

Max Freudenthal

Die Erkenntnislehre Philos von Alexandria

DIE

ERKENNTNISLEHRE PHILOS VON ALEXANDRIA.

VON

MAX FREUDENTHAL.

BERLIN 1891.
VERLAG VON S. CALVARY & Co.

Einleitung.

P_{hilo} der Alexandriner, der Hauptvertreter der jüdisch-alexandrinischen Philosophie, gehört bekanntlich in seinem philosophischen Lehrsysteme der Richtung an, die man Eklektizismus zu nennen pflegt: nicht jedoch dem prinziplosen Eklektizismus oder vielmehr Synkretismus,[1]) der an der Oberfläche haftend Gedanken aus allen Lehren zusammenträgt ohne selbstbewusstes Ziel und unbekümmert um die Einheit und Eigenart seiner Weltanschauung.[2]) Für Philo war vielmehr das Ziel, das erreicht werden sollte, klar gegeben: die Verschmelzung zweier eigenartiger Bildungsströme, die in einem grossen Systeme zusammenfliessen sollten. Es sollte die religiöse Offenbarung, wie sie in der Bibel für die jüdische Welt vorlag, vereint werden mit den philosophischen und populären Lebensanschauungen, welche die Stadt Alexandria als Mittelpunkt des späteren geistigen Lebens der alten Welt bot, und welche von jenen ererbten biblischen Lehren so grundverschieden, ja ihnen oft entgegengesetzt waren. Es ist natürlich, dass die Mischung nicht aus gleichartigen Teilen bestand: weder wurden zu der eigenartigen Weltanschauung, die man bei den jüdischen Philosophen in Alexandria findet, beide Strömungen in gleicher Weise verwendet, noch entstand aus beiden Anschauungen ein Mittelding, das mit Verwischung der beiderseitigen Eigentümlichkeiten nur die gemeinschaftlichen Anknüpfungspunkte festgehalten hätte.

---

[1]) vgl. Matter, sur l'école d'Alexandrie, Paris 1820, II, 139, Note 2.

[2]) Gegen Heinze, Lehre vom Logos p. 208, der dort übrigens seinen eigenen Ausführungen auf p. 205 teilweise widerspricht.

Philos System, das repräsentative der alexandrinischen Schule,[1]) hat vielmehr durchgehend einen religiösen Charakter, d. h. „der Einheitspunkt seines Systems liegt unverkennbar nicht auf dem rein philosophischen, sondern auf dem religiösen Gebiete. Das tiefere Verständnis der väterlichen Religion ist das letzte Ziel des Strebens, nur ein Mittel dazu ist die Philosophie".[2]) Die Gründe hierfür liegen auf der Hand. Es ist offenbar, dass für einen Denker wie Philo[3]) die Einheit einer eigenartigen Weltanschauung, unbewusst schon, das erste Erfordernis und Ziel seines Philosophierens sein musste. Wie er nun den systematischen Dualismus des Unendlichen und Endlichen, die für ihn in ihrem Wesen unvereinbar sind, durch Einschiebung der „Mittelkräfte" zu heben suchte, so musste auch dieser formale Dualismus, der durch die beiden Denkströmungen gegeben war, auf irgend eine Weise beseitigt werden. Auf welche Weise das geschehen sollte, war bei der unbedingten Hochschätzung für Religion, Offenbarung und Bibel, die den Einfluss der jüdischen Religion auf die Männer der alexandrinischen Philosophie am deutlichsten zeigt, nicht schwierig zu entscheiden. Herrschend blieb die Religion, die Philosophie musste ihr untergeordnet oder wenigstens das Religiöse in ihr hervorgekehrt werden. So sagt Philo selbst,[4]) dass ja im Grunde die Philosophie kein anderes Ziel und keine andere Grundlage habe wie die Offenbarung und wie die Gesetze der Juden, dass auch sie — nicht die zeitgemässe Sophistik[5],) sondern die reinen edlen Lehren der alten Philosophen — der Königsweg sei.[6]) der zu Gott hinführe.

---

[1]) Wenigstens für uns, da von ihm allein die meisten Schriften erhalten sind. Vgl. Heinze, 185.

[2]) Zeller, Gesch. d. griech. Phil. 3. Aufl. III, 2, p. 251 von den Alexandrinern überhaupt.

[3]) Zur Charakterisierung seiner Bedeutung siehe Gfrörer in seinem noch zu erwähnenden Werke p. 324 f.; Matter I, 223 f.; O. Pfleiderer, Religionsphilosophie II, 168 f.

[4]) Mangey II, 386.

[5]) Er versteht darunter vor allem die Schule Epikurs.

[6]) Mangey I, 244, anspielend auf Numeri 20, 17: „die Strasse des Königs wollen wir ziehen." Gedanken übrigens, die nicht ohne Einfluss auf die Patristik geblieben sind.

Aus beiden folge und beider Streben sei: reine Gotteserkenntnis.
Bei solch gemeinschaftlichen Zielen und bei einer solchen Hervorhebung des Religiösen auch in der Philosophie war die beider-
seitige Vereinigung um so leichter,[1]) und so ist Philos ganze Lehre
in Wirklichkeit eine rechte Theosophie, sofern darin Gott Anfang,
Mitte und Ziel bildet, und alles in allem und in allem der Eine
ist.[2]) Dass trotzdem der Philosophie nicht geringe Bedeutung
beigelegt wird, ergiebt sich ja zunächst schon von selbst aus den
Bestrebungen, sie mit den ererbten biblischen Lehren zu vereinen,
dann aber auch aus zahlreichen Äusserungen Philos selbst.[3])

Dennoch hat man in den Bearbeitungen des philonischen Lehr-
systems lange Zeit die eigentliche philosophische Seite seiner Lehre
ziemlich vernachlässigt, vielmehr sich meistens mit den religiösen
oder religionsphilosophischen Anschauungen unseres Philosophen
beschäftigt und sie klar zu legen gesucht. Vor allem war es die
eigentümliche Logoslehre, die, den Kern der alexandrinischen und
speziell der philonischen Lehre ausmachend, zahlreiche Bearbeiter
gefunden hat. Ihre Entstehung, die Frage nach der Personifikation
des Logos, sein Verhältnis zum Ὄν, zum wahren Gott, ferner zu
den Kräften Gottes, zu den Ideen, zur Welt, zum Menschen: das
alles musste zunächst klargelegt werden.[4]) Daneben nahm die
philonische Ethik nicht minder grosses Interesse in Anspruch,
beide Lehren aber ganz besonders in Absicht der Untersuchung
ihres Verhältnisses und ihres Einflusses auf das Christentum.
Dähne[5]) will die Religionsphilosophie Philos darstellen und giebt
in seiner Vorrede zu, dass eigentlich nicht sie, nicht der jüdische,
sondern der christliche Alexandrinismus Grund und Ziel seiner

---

[1]) Dass die Berührungspunkte der biblischen Lehren mit denen
der griech. Philosophen älter sind als Philo, steht jetzt fest; am
ältesten scheinen sie im Buche Kohelet zu sein (vgl. E. Pfleiderer,
Heraklit, Anhang), was, wie ich glaube, mit Unrecht von vielen bezweifelt wird (teilweise auch von Zeller III, 2. 257).

[2]) Noack, Zeitschrift Psyche Bd. II 1859 p. 334.

[3]) vgl. Heinze, 205.

[4]) vgl. Zellers Darstellung III, 2 p. 369 ff.

[5]) Dähne, Geschichtl. Darstellung der jüdisch-alexandrinischen
Religionsphilosophie. Halle 1834.

1*

Arbeiten sei. Gfrörers Werk[1]) und selbst Noacks allgemeiner Aufsatz[2]) über Philo geben, abgesehen von anderen derartigen speziellen Forschungen, schon in ihrem Titel die Tendenz, der sie dienen, zu erkennen. Erst Zeller hat auch die rein philosophischen Lehren und die ganze Systembildung im Zusammenhang mit den vorhergehenden griechischen Philosophemen behandelt. Am eingehendsten hat sich gerade mit dieser Seite der philonischen Lehre neuerdings J. Drummond[3]) beschäftigt. Dennoch ist immer noch der Wunsch wohl berechtigt, den Zeller gerade bei der Behandlung des Teils der griechischen Philosophie, zu dem auch der Alexandrinismus gehört, ausgesprochen:[4]) der Wunsch, dass sich die Einzelforschung dieses weiten und nicht unfruchtbaren Feldes in noch ausgedehnterem Maasse bemächtigen möge als dies bis jetzt geschehen sei. Auch die nachstehende Arbeit mag als ein solcher Beitrag zur Geschichte der Philosophie jener Übergangszeit gelten, zugleich auch als Beitrag zur Geschichte der Psychologie des Altertums, die so lange vernachlässigt erst neuerdings in Siebeck[5]) einen tüchtigen Bearbeiter gefunden hat.

Von Ausgaben der philonischen Schriften wurden benutzt: die Mangeysche[6]) und die Richtersche Ausgabe, die Ausgaben des

---

[1]) Gfrörer, Philo u. die alexandr. Theosophie oder vom Einfluss der jüd. alex. ägypt. Schule auf die Lehre des neuen Testaments als 1. Teil der krit. Geschichte des Urchristentums). Stuttgart 1831.

[2]) Noack, Zeitschr. Psyche II; der Aufsatz ist nach den Worten des Verfassers selbst: eine Perspektive in die Psychologie d. Welgeschichte und ein Glied in einer Reihe von Versuchen, auf dem Wege psychologisch geschichtlicher Analyse den Ursprung des Christentums zu verstehen.

[3]) J. Drummond, Philo Judaeus or the jewish alexandrian philosophy. London 1888. 2 Bde. — Eine sehr einseitige Darstellung der Anthropologie giebt Stöckl, spekulative Gesch. d. Lehre vom Menschen. Bd. I. — Wenig bietet Carus' Geschichte der Psychologie.

[4]) Zeller III, 2. Vorwort.

[5]) Siebeck, Gesch. d. Psychologie I, 1 u. 2.

[6]) Auf sie beziehen sich die zitierten Seitenzahlen, die sich übrigens auch in der Richterschen Ausgabe angegeben finden. Die nach Paragraphen (aus der Richt. Ausgabe) zitierten Stellen beziehen sich auf die von Aucher aufgefundenen Werke.

Buches von der Weltschöpfung von Müller und von L. Cohn, Tischendorfs Philonea u. Harris' Fragmentausgabe.[1]) Die mit Bestimmtheit für unecht erklärten Schriften unter Philos Werken wurden nicht berücksichtigt.[2]) Die Übersetzung von M. J. (Markus Jost) in der Bibliothek der griechischen und römischen Schriftsteller über Judentum und Juden (Bd. I, III, IV) wurde mehrmals benutzt.

Die meiste Ausbeute für den Inhalt der nachstehenden Arbeit gewährten verhältnismässig die sogenannten Quaestiones,[3]) in denen sich die fortlaufende allegorisierende Erklärung der Bibelverse von Genesis und Exodus meistens in doppelter Beziehung findet: a) ad litteram d. i. der natürliche Sinn; b) ad mentem d. i. der allegorisierte, psychologisch und anthropologisch verwertete Sinn.

---

[1]) Kleinere Fragmentsammlungen sind bei Schürer, Geschichte des Volkes Israel Bd. II 1888 angeführt, wo auch die übersichtlichste und vollzähligste Darstellung der Werke Philos und der betreffenden Litteratur gegeben ist. Von neueren Werken sind daselbst nachzutragen: die obengenannten Arbeiten von L. Cohn, Phil. Alex. libellus de opificio mundi, Breslau 1889 u. Harris, fragments of Philo Judäus Cambridge 1886, ferner Arnim, Quellenstudien zu Philo, Berlin 1888, Ausfeld, de libro περὶ τοῦ πάντα σπουδαῖον εἶναι ἐλεύθερον, eine Schrift, die zum Verf. einen mit Philo gleichzeitig lebenden Stoiker haben soll.

[2]) Es schieden demgemäss aus: die eben genannte Schrift quod liber sit, quisquis virtuti studet, ferner de mundi incorruptibilitate, de mundo, die Predigten in Sampsonem und de Jona. Die litter. Nachweise für die Unechtheit dieser Schriften bei Schürer. Endlich schieden auch die geschichtlichen Arbeiten Philos aus, die für den vorliegenden Zweck ohne Wert sind, also: de vita contemplativa (eine Schrift, die wohl auch unecht ist), adversus Flaccum und die legatio ad Caium.

[3]) Sie sind uns nur noch in armenischer Übersetzung erhalten und zwar zur Genesis in 4 (von ursprünglich 7) Büchern und zu Exodus in 2 (von ursprünglich 5) Büchern, zum teil sehr fragmentarisch, zum teil zersetzt mit Glossen und Anmerkungen. vgl. auch Heinze, Logos, p. 241. Die erhaltenen griechischen Fragmente derselben hat Harris gesammelt.

Die Anlehnung an die Allegorie,[2]) die den philonischen Schriften ihren so eigenartigen Charakter giebt, wurde bei der Darstellung des Systems möglichst vermieden. Wurde dadurch auch die charakteristische Färbung verwischt, so traten doch die einzelnen Züge des Lehrbildes deutlicher und klarer dann hervor.

[2]) Über die Art Philos zu allegorisieren handelt am besten Siegfried, Philo v. Alex. als Ausleger des alten Testaments, Jena 1875;

I. Charakteristik der Erkenntnislehre Philos.

a. Stellung der Erkenntnislehre.

1. Abhängigkeit von der Ethik. — 2. Erkenntnispsychologie.

1. Die wahre Philosophie, die wohl zu unterscheiden ist von den Truglehren der Sophistik,[1] ist als Teil der allgemeinen Weisheit nichts anderes[2] als die denkende, klare und scharfsichtige Betrachtung der Welt und ihrer Bestandteile: sie hat als Ziel[3] ausser der Klarheit und Deutlichkeit ihrer Betrachtungen in moralischer Hinsicht die Übereinstimmung von Denken, Reden und Thun.[4] Alle Wissenschaften, die sogenannten Encyclica, sind als Weizsteine des Verstandes[5] nur Vorstufen der Philosophie, diese selbst aber wiederum eine Vorstufe zur σοφία, zur allgemeinen Weisheit, die nichts anderes ist als die Kenntnis der göttlichen und menschlichen Dinge,[6]), und da Gott selbst für uns Menschen unerkennbar bleiben wird, wenigstens seines Abbildes, des Logos,[7] und der vollendetsten Sinnesgegenstände der Welt.[8] Dieses erkenntnistheoretische und ethische Ziel zu erreichen, bemüht sich

---

[1] I, 244. II, 167.

[2] quaest. in Gen. II § 41. IV § 1, § 22, § 23, § 46.

[3] Das folgende sind bekanntlich stoische Definitionen; vgl. Überweg, Grundriss I p. 4, ausserdem Zeller III, 2 p. 408 f.

[4] II, 167 de provid. II § 22, § 23 u. öfters.

[5] I, 523, quaest. in Gen. III § 21.

[6] I, 530. 540. quaest. in Gen. III § 43.

[7] Mit dem ja die σοφία selbst identisch ist; siehe Heinze, 252.

[8] I, 419.

die Philosophie in den einzelnen Disziplinen, in die sie zerfällt:
nämlich in der Logik, Physik und Ethik.[1]) Freilich haben diese
drei Teile der Philosophie nicht alle den gleichen Wert. Schon
die Alten[2]) haben die Philosophie einem Felde verglichen, dessen
schützender Zaun die Logik, dessen Bäume und Pflanzen die Physik
sei; die Frucht des Ganzen aber, das höchste Ziel, das sei die
Ethik.[3]) Denn die Philosophie kann nie eine Lehre des Wortes,
sondern nur der That sein,[4]) und deshalb muss alles Erkennen
zuletzt auf die Ethik und damit auf das praktische, sittliche
Handeln zurückbezogen werden.[5]) Alles ist zur Ethik angelegt,
denn nur die Tugend ist wahre Kunst, theoretisch sowohl wie
praktisch: theoretisch, denn der Weg zu ihr ist die Philosophie;
praktisch, denn sie ist die Kunst des ganzen Lebens, das alle
Praxis in sich einschliesst.[6])

Wird so die Ethik hoch über alle Wissenschaften wie über
die anderen Disziplinen der Philosophie erhoben, so kann es nicht
wunder nehmen, wenn wir die letzteren von Philo überhaupt nicht
berücksichtigt sehen,[7]) oder wenn er auch in ihnen stets die letzte
Beziehung auf die Ethik verlangt. Die Naturerkenntnis soll zur
Moral, die Betrachtung der Welt zur Erkenntnis ihres Schöpfers
führen, woraus dann die höchste Tugend, die Frömmigkeit, abfliessen soll.[8]) Wir haben hier zugleich den Grund für diese
Hervorhebung der Praxis und Ethik. Denn — abgesehen davon
dass bekanntlich in der nacharistotelischen Philosophie überhaupt
die praktische Philosophie Hauptgegenstand der Erörterung ist
— kann in dieser konsequenten Theosophie, in der Gott als das

[1]) I, 54. 302. 589.
[2]) z. B. Zeno bei Diog. Laert. 7, 40. Der Vergleich mit dem
Felde ist bekanntlich in der Stoa sehr geläufig gewesen. Auch die
strenge Dreigliederung ward zuerst von ihr aufgestellt; vgl. Stein,
Erkenntnisth. d. Stoa (in den Berl. Studien Bd. 7) p. 93.
[3]) I, 302. 321. 589.
[4]) I, 526 f.
[5]) I, 589.
[6]) I, 54.
[7]) worüber später, auf Seite 11 f. —
[8]) I, 589.

einzig wahre hingestellt wird, während der Mensch nur da ist, um diesem Ideale, dem Geist, dem er entstammt, möglichst gleichzukommen, das nur geschehen durch das strengste, sittlich reinste, ja asketische Leben.

Aus dem Erörterten ergiebt sich nun auch ein charakteristischer Zug der philonischen Erkenntnislehre. Auch sie soll, nach ihrer psychologischen Seite zur Physik, nach ihrer dialektischen zur Logik gehörig,[1]) der Ethik unterstehen und in ihren letzten Gründen auf sie bezogen d. h. zur Übertragung in die Praxis benutzt werden. Was ist denn eigentlich der Zweck der Beobachtung anderer und seiner selbst? Warum sollen wir denn z. B. unsere Sinne und ihre Thätigkeit beobachten und untersuchen? „Beschäftigt euch mit ihnen, ruft Philo aus,[2]) verwendet eure Zeit auf sie, untersuchet, soweit es möglich ist, der einzelnen Natur, und — wenn ihr gefunden habt, was Gutes und Böses in ihnen ist, dann fliehet dieses und wählet jenes." Also nicht zum Zwecke rein erkenntnistheoretischer oder psychologischer Betrachtung treiben wir dies Studium, sondern zuletzt aus ethischen Gründen: auch es soll mitarbeiten helfen an unserer sittlichen Vervollkommnung. Und noch an anderer Stelle spricht unser Philosoph deutlich dasselbe aus. Er ermahnt uns Menschen, die wir am Boden haften, nicht in den Wolken zu schweben, nicht mit unersättlicher Wissbegier selbst das Unerklärliche erklären zu wollen. „Nicht das, was über dir ist und weiter als der Ozean,[3]) nicht das, mein Lieber, untersuche, sondern das nächste, dich selbst, betrachte. Wie aber? Gehe hin nach Haran[4]) d. i. zu den Sinnen und treibe Philosophie, indem du untersuchst, was die einzelnen Sinne, was die Sinnlichkeit ($\alpha\"i\sigma\vartheta\eta\sigma\iota\varsigma$) im allgemeinen ist, worin Wesen und Ursache ihrer Thätigkeit besteht . . . . Erkenne dich selbst, und gieb dir damit viel Mühe, damit du die menschliche Glückseligkeit

---

[1]) vgl. Kampe, Erkenntnistheorie d. Aristoteles, p. 318. Bei Zeno gehört sie zur Logik, Stein p. 303.

[2]) I, 465 ff.

[3]) Anspielung auf Deuteronomium 30, 12.

[4]) Im Anschluss an die Erzählung von der Flucht Jakobs nach Haran, Genesis 27, 43. Philo leitet Haran vom Stamme חֹר (Chur) „Höhlung" ab und bezeichnet damit die Sinne. cfr. I, 626.

erreichst.[1]) Folge nicht nur dem Beispiele eines Terah bei den. Hebräern[2]) oder eines Sokrates bei den Griechen,[3]) die als Hauptsatz jenes γνῶθι σεαυτόν aufgestellt haben, sondern folge auch dem Ringer und Kämpfer Abraham; denn als dieser sich am meisten erkannt hatte, da verwarf er sich auch am meisten. Denn so pflegt es zu gehen: Wer sich selbst am meisten erkannt hat, sieht am meisten die Nichtigkeit des Geschaffenen ein: wer aber dies thut, der erkennt wahrhaft Gott.[4]) Als Ziel der Selbstbetrachtung gilt also die Selbstverwerfung, die Erkenntnis der eigenen Nichtigkeit, ebenfalls ein rein ethisches Moment.

Noch mehr als die angeführten Stellen ist zuletzt für jene Zweckauffassung der Erkenntnislehre die ganze Art der Behandlung ihrer Probleme bei Philo beweisend. Wo er auf solche eingeht und sie näher bespricht, biegt er zuletzt in die Ethik über und zieht aus dem Gewonnenen kaum erkenntnis-theoretische, sondern nur ethisch-moralische Konsequenzen. Vor allem die Lehre von den Sinnen und der Sinnlichkeit giebt ihm zu solchen ethisierenden Erörterungen sehr häufig Anlass, um so mehr, als ihm in dieser Darstellungsweise griechische Philosophen genug vorangegangen waren, zu denen nicht in letzter Reihe auch sein Lieblingsmeister Plato gehört.[5]) Nur ist Philo in dieser Beziehung fortgeschrittener. Bei ihm ist es gar oft nicht mehr das unwillkürliche, halb unbewusste Einbiegen in die praktische Philosophie, sondern eine direkte Ausbeutung der Probleme zu solchen Zwecken, vollzogen mit dem bequemen Hülfsmittel der Allegorie.

---

[1]) I, 628. 629.

[2]) Terah, Vater Abrahams. Philo allegorisiert den Namen; er leitet ihn ab von ריח (Reach) „Geruch". Terah bedeutet ihm „Beobachter des Geruchs (als Sinnes)" und überhaupt dann Beobachter der Sinne (vgl. I, 627).

[3]) Nach seiner bekannten Weise legt Philo biblischen Personen die Aussprüche griechischer Philosophen in den Mund. Das sokratische γνῶθι σεαυτόν hat übrigens hier eine erkenntnistheoretische Bedeutung, die es vielleicht in der That, wenn auch erst in zweiter Linie, gehabt hat; vgl. Stein, 55.

[4]) I, 629 f.

[5]) vgl. über diesen ethisierenden Zug der platonischen Psychologie: Siebeck I, p. 177 f.

2. Eine andere Erscheinung noch hängt aufs engste mit dem bisher Erörterten zusammen. Wir haben schon darauf hingewiesen, dass dem einseitig praktischen Standpunkte dieser Popularphilosophie die mehr theoretischen Disziplinen, Physik und Dialektik, zum Opfer fallen mussten. Für die Entwickelung der Erkenntnislehren, die als Erklärungen der Denkthätigkeit der Seele psychologischem und logischem Gesichtspunkte unterstehen und so in beide Wissenschaften hineingehören, war deshalb in der Schlussperiode der griechischen Philosophie die Zeit eine höchst ungünstige. Die Psychologie, also die Physik, erlitt allerdings den verhältnismässig geringsten Schaden, da ihre Grundzüge als Unterbau für die ethischen Erörterungen unentbehrlich waren. Infolge dieses ihres propädeutischen Charakters[1] und dank der Polemik, die Philo beständig zu gunsten der Ethik gegen die sensualistischen Lehren der Sophistik[2] und des Epikureismus führt, finden wir bei ihm die Probleme der niederen Erkenntnisstufe nicht achtlos übergangen. Dass es aber auch hier nicht ohne Schaden abgegangen war, zeigt sich z. B. daran, dass sich bei Philo nur eine einzige Stelle findet,[3] in der das Problem der μνήμη etwas

---

[1] Auch die Psychologie und Erkenntnistheorie der Stoa hat diesen propädeutischen Charakter, allerdings in weit ausgeprägterem Masse, indem das ganze übrige System auf ihnen beruht (Stein, 89. 98 f.: derselbe, Psychologie d. Stoa, Bd. III der Berliner Studien etc. p. 12). Bei Philo mindert sich dieser ausgeprägte Charakter durch die Bedeutung seiner theologischen Lehren

[2] Dieser Kampf gegen die neuen Sophisten, d. s. für Philo die Epikureer und Skeptiker, wird von ihm mit denselben Waffen, mit denen Plato gegen die alten Sophisten gekämpft hatte, geführt und zeigt so recht, wie weit Philo in der Nachahmung seines grossen Vorbildes Plato ging, und wie wahr das alte wohl halb scherzhafte Wort ἢ Πλάτων φιλωνίζει ἢ Φίλων πλατωνίζει. Interessant genug ist es freilich, dass er mit diesen so hart befehdeten Gegnern genug Berührungspunkte hat, vgl. p. 19, 68.

[3] I, 525 behauptet er, die Vernunft könne nicht Ursache des Wiedererinnerns sein, weil sie sonst auch Grund des Vergessens sein müsste.

schärfer gefasst wird, während er sonst[1]) nichts als ethische Redensarten darüber hat. Den höheren Erkenntnisproblemen jedoch, die mehr der Dialektik unterstehen, brachte noch ein zweiter Grundzug der damaligen Spekulation völligen Untergang: der Mystizismus, in dem auch die ganze philonische Philosophie ihren Abschluss findet. Hinauszustreben über Sinnen- und Ideenwelt,[2]) abgestorben für das Individuelle und Sinnliche in strengster Askese[3]) und höchster Ekstase[4]) zu leben, mystisch sich zu versenken mit Hülfe des Logos in das Wissen und Erfassen des wahren Seins[5]) (τὸ ὄν): das war das Endziel und Ergebnis aller Lehren unseres Denkers.[6]) Natürlich trat da das klare, aller Ekstase abholde logische Denken weit zurück, und gerade hierin weicht Philo bedeutend von seinem sonstigen Vorbilde Platon ab. Auch Plato verlangt ein Aufsteigen zum Höchsten zur Idee,[7]) aber auf der Leiter der Dialektik. Philos phantastischer Mystizismus aber kennt unwillkürlich keinen grösseren Gegensatz und Gegner als die klare Logik und Dialektik. Recht charakteristisch ist es darum für ihn, wenn er die das Wesen der Dinge logisch untersuchenden Philosophen mit solchen vergleicht, die immerfort Brunnen graben, ohne Wasser zu finden,[8]) oder wenn er behauptet, jene Wissenschaften seien eigentlich nur rechtlose Fremdlinge auf Erden,[9]) oder gar es deutlich ausspricht, dass der wahre Weise, der nach dem Unkörperlichen strebe, gern auf logische

---

[1]) Abgesehen von dem öfter wiederkehrenden Satze, dass μνήμη besser sei als ἀνάμνησις, weil mit dieser schon das Vergessen verbunden gewesen sei, und dem ebenso häufigen Vergleich des Gedächtnisses mit einem wiederkäuenden Kameele.

[2]) I, 333. 339.

[3]) II, 282.

[4]) I, 72.

[5]) I, 111.

[6]) vgl. Ziegler, Über die Entstehung der alexandrinischen Philosophie (in den Verhandlungen der 36. Versammlung deutscher Philologen und Schulmänner zu Karlsruhe 1883) p. 140.

[7]) Man vgl. die Stufenleiter im Philebus 66 f., Zeller II, 1. p. 615. 736 u. Peipers, Erkenntnislehre Platos p. 659 f.

[8]) I, 341.

[9]) I, 522.

Schlussfolgerungen verzichte.[1]) Selbst das stoisch-ethische iuxta naturam vivere (ὁμολογουμένως τῇ φύσει ζῆν) verwandelt sich in das halb mystische iuxta deum vivere[2]) (ἕπεσθαι θεῷ), in die Mahnung zu Gott zu fliehen,[3]) und das kann nur geschehen, wenn der Geist frei ist, frei von allem, auch von sich selbst.[4]) So ist es denn nicht verwunderlich, wenn bei Philo, trotzdem er andererseits Logik und Dialektik als schärfende Vorstufen hochschätzt[5]) und sehr oft den Fortschritt von sinnlicher zur Verstandeserkenntnis wünscht,[6]) sich derartige Untersuchungen fast nur auf grammatisch-rhetorische[7]) beschränken. Denn beim Fortschritt von der sinnlichen zur Verstandeserkenntnis ist ihm diese letztere nicht End-, sondern Durchgangspunkt,[8]) und was er wirklich von solchen Untersuchungen hält, zeigt sich in den schon angeführten Aussprüchen. So sind denn bei Philo von erkenntnistheoretischen Erörterungen nur die niederen, psychologischen, die Aristoteles z. B. an die Thätigkeit des νοῦς παθητικός geknüpft hat,[9]) vorhanden; alle höheren Erkenntnisprobleme fehlen, und sie werden auch durch flüchtig hingeworfene Bemerkungen nicht ersetzt,[10]) die

---

[1]) Diese Aussprüche erinnern übrigens lebhaft an die ebenso dialektik-feindlichen Reden des Stoikers Aristo. Vgl. Krische, Forschungen I, 411 f.

[2]) I, 456.

[3]) I, 93.

[4]) I, 95.

[5]) I, 302 und vgl. p. 8.

[6]) I, 439. II, 13.

[7]) In der Stoa zerfiel die „Logik" bekanntlich in die Dialektik, d. i. Grammatik, formale Logik und Erkenntnislehre, und in die Rhetorik. Vgl. Zeller III, 1 p. 28 f.

[8]) Quaest. in Ex. 1, § 4. Vgl. weiter p. 75.

[9]) Also Wahrnehmung und Vorstellung vor allem; vgl. Kampe, 319. Über Erinnerung oben p. 11.

[10]) z. B. dass wir beim Überlegen Vorstellungsbilder im Geiste haben I, 164. 210. Oder: dass es Allgemeinbegriffe giebt, die nur durch die Vernunft erfassbar sind (I, 627), z. B. Gattung, Idee u. s. w. — Eine Art Assoziationslehre, die sich bei ihm findet (I, 233), hat er aus Plato und Aristoteles entnommen. Vgl. Peipers, Erkenntnislehre Platos p. 215. Kampe, p. 133. — Aus dem Timäus 71 stammt der

noch dazu fast sämtlich früheren Philosophen entnommen sind, wie es ja überhaupt aus dem bisher Erörterten sich leicht ergiebt, dass er gerade in solchen Fragen sich am meisten an alte Philosophenschulen wird angelehnt haben. Es sind immer nur Ansätze zu Erkenntnisproblemen, die sich bei Philo finden: über die Vorstufen jeder Erkenntnistheorie, Anerkennung der erkenntnistheoretischen Seite des γνῶθι σεαυτόν, Verhältnis von Sinn und Verstand, teilweise auch von Ding und Erscheinung, ist er nicht hinausgekommen. Genügten sie ihm doch völlig zur Erörterung der Hauptfragen seines Systems! So ist denn auch die Darstellung der philonischen Erkenntnislehre notwendigerweise gezwungen, von den höheren Erkenntnisproblemen abzusehen und sich mit denen zu begnügen, die wir unter dem Namen der Erkenntnispsychologie zusammenfassen.[1])

Sokrates hatte einst an die Stelle der sensualistischen Skepsis der Sophisten das dialektische Verfahren gesetzt. Philo schreitet einerseits wieder zurück zur Skepsis, andererseits schreitet er über die Dialektik hinaus zur Mystik oder, in mehr wissenschaftlicher Form, zum Okkasionalismus, nur dass das letztere in Wirklichkeit kein Fortschritt, sondern gleichfalls ein Rückschritt war.[2]) Wie dem auch sei! Okkasionalismus und Skepsis sind die nunmehr zu erörternden Grundzüge der Erkenntnislehre Philos.

b) Inhalt der Erkenntnislehre.
1. Okkasionalismus. — 2. Skepsis.

1. Wir haben schon mehrfach darauf hingewiesen, dass Philos Lehre eine Theosophie in vollster Bedeutung des Wortes ist: eine

Satz, dass der Geist im Schlafe die reinen Verstandesbegriffe in der Leber wie in einem Spiegel erblicke. — Der alte stoische Satz, dass die Seele, dem Wachse gleich, alle Eindrücke in sich abprägen lasse, findet sich verbunden mit dem aristotelischen Gedanken, dass der Potenz nach alle Eindrücke in ihr enthalten sind, dass in Wirklichkeit aber nur einer thätig ist; I, 64.

[1]) Auch die stoische Erkenntnislehre, an die sich Philo anlehnt, ist wesentlich Psychologie; vgl. Stein 7, 104 f.

[2]) vgl. Humes Bemerkung im XII. Absch. Abt. III (Kirchmann p. 150) der enquiry conc. hum. underst. über Phantasie und Verstand.

solche muss aber, will sie konsequent sein, zu Teleologie, zu
Determinalismus und Okkasionalismus führen. Unser Philosoph
ist in dieser Hinsicht konsequent geblieben, und wir finden diese
Konsequenzen auch in seiner Erkenntnislehre — und vor allem
da — streng durchgeführt. Werden die einzelnen Beweise sich
auch erst in der Systemdarstellung ergeben, so soll doch einzelnes
Allgemeine auch über diesen Punkt vorausgehen.

Die Gottheit ist für Philo nicht nur dasjenige Wesen, das
hoch erhaben ist über alles, sondern auch das, welches allein eine
Realität, ein wirkliches Sein besitzt. Gott allein ist es, der in
Wirklichkeit existiert; was sonst noch in der Welt besteht, existiert
nur scheinbar. An diese Grundgedanken schliesst sich als einfache
Schlussfolgerung nun der Okkasionalismus an. Denn was nur un-
eigentlich existiert, kann eigentlich auch nicht wirken; nur das,
was wirkliche Existenz hat, kann wirklich wirksam sein. Daraus
ergiebt sich aber: Wie Gott allein wahrhaftes Sein zukommt, so
ihm allein auch ursprüngliche Thätigkeit. Alle Thätigkeit, die
wir andere Wesen entfalten sehen, ist keine ursprüngliche, sondern
höchstens indirekte, sie stammt gar nicht aus diesen Wesen, sondern
geht auf Gott als auf ihre Ursache zurück.[1]) Kurz, nicht die
Dinge wirken, sondern Gott wirkt in ihnen, sie sind nur die
Organe,[2]) durch welche die Thätigkeit Gottes ausgeübt wird. Es
sind genau dieselben Gedanken, die auch bei den Okkasionalisten
der Descartesschen Schule wiederkehren: Körper und Geist, wie
auch die Naturdinge[3]) erfahren Einwirkungen von einander, aber
die Ursache davon liegt nicht in ihnen; sie sind nur Werkzeuge,
der wirkliche Urheber der Wirkungen ist Gott. Was Philo
einzig von den mittelalterlichen Okkasionalisten unterscheidet, ist
das, dass er nichts von einer Immanenz der Dinge in Gott lehrt;
dennoch aber liegt bei ihm die engere, konsequentere Form des
Okkasionalismus vor. Denn aus Philos Äusserungen geht deutlich
genug die Auffassung hervor, dass den Einzeldingen die Thätigkeit nicht ein für allemal von Gott bei ihrer Schöpfung gegeben

---

[1]) I, 419.
[2]) I, 162.
[3]) cfr. Zellers treffliche Ausführungen über Geulincx in den
Sitzungsberichten der Berliner Akademie 1884, p. 684 ff.

worden und insofern als eigentlich göttliche zu bezeichnen sei, sondern dass jede einzelne Thätigkeit, die ausgeübt wird, in dem Augenblick, in dem sie entsteht, durch Gott verursacht wird, „dass Gott im Momente des Handelns die Fähigkeit zum Handeln erzeugt."[1]) Auch Philo darf also als ein Hauptglied in der Reihe der antiken Vorläufer des Okkasionalismus genannt werden, und hat er auch vielleicht die Anregung zu diesen Lehrsätzen aus dem Determinismus und Fatalismus der Stoiker erhalten,[2]) so hat er doch vor allem die erkenntnistheoretische, psychologische Seite des Problems, wie keiner zuvor, klar erkannt und entschieden.[3])

Diese Lehren besagen also — und Philo spricht das oft genug deutlich aus — dass die Thätigkeit des Menschen, seine sinnliche und geistige, in Wirklichkeit keine ist, sondern dass es Gott nur ist, der durch Geist und Sinne wirkt.[4]) Sehr oft kommt unser Philosoph auf diese Lehre zurück, und er hält es für die grösste Anmassung und den grössten Unverstand, dem Geiste oder den Sinnen irgend welche eigene Thätigkeit zuschreiben zu

---

[1]) L. Stein, 2 Aufsätze im Archiv für Geschichte der Philosophie, Bd. I, 1888, p. 61 f. (zur Genesis des Okkasionalismus) u. Bd. II, 1889, p. 193 f. (antike und mittelalterliche Vorläufer des Okkasionalismus), die für diese Ausführungen zu vergleichen sind.

[2]) cfr. p. 64.

[3]) Sollte von ihm aus nicht eher als von den Stoikern aus (Stein, Erk. p. 195 durch Seneca) ein Einfluss auf die mittelalterlichen Okkasionalisten möglich sein und zwar durch Vermittelung der Kirchenväter, die ebenso eifrig Philo studiert hatten, wie sie selbst im Mittelalter und später noch gelesen wurden? Malebranche war noch dazu Oratorianerpater, und scheint auch Augustin, der Lehrmeister des Oratoriums, Philo nicht gekannt zu haben, so war er doch gewiss nicht der einzige Kirchenvater, den man im Oratorium studierte. Jedenfalls dürfte jede historische Beziehung der Okkasionalisten zu einander und „jede Spur gegenseitiger Beeinflussung derselben" bei der oft unbewussten, unbestrittenen Abhängigkeit vom Mittelalter, in der alle Philosophen der Descartesschen Schule stehen, nicht so schlechthin geleugnet werden, wie es Stein in den beiden· erwähnten Aufsätzen gethan hat (im Gegensatz zu seiner früheren oben genannten Ansicht).

[4]) Beweise dafür und Belegstellen giebt es zahllose. Vgl. p. 64 ff.

wollen. Dass übrigens diese seine Anschauung eine polemische Spitze hat, giebt er selbst zu. Er will damit gegen die Sophisten und zunächst gegen Protagoras, den er einen Nachkommen des thörichten Kain nennt, und gegen dessen Satz vom Menschen als Mass aller Dinge ankämpfen. Wäre diese Lehre richtig, so wäre alles ein Geschenk des Geistes, der dann in uns gottgleich wäre. Thatsächlich aber müssen wir alles nicht unserm Geiste, sondern dem Weltengeiste zuschreiben,[1] der schon vor dem unserigen da war.[2] Nicht der Mensch ist das Mass aller Dinge, sondern Gott ist das Mass aller Dinge.[3]

So konsequent nun auch diese Lehre als Glied des philonischen Systems sein mag, so bedeutet sie doch genau genommen einen Rückschritt, dessen Nachteile sich gerade in der Erkenntnistheorie am meisten zeigen, denn sie verhindert jedes tiefere Erfassen solcher Probleme. Diese Lehre, dass alles auf Gott zurückzuführen ist, ist im Grunde eine zu bequeme Erklärungsformel für das gerade, was erklärt werden soll und oft nicht erklärt werden kann.[4] So exemplifiziert Philo an einer Stelle[5] folgendermassen: „Hier hast Du den Geist, dort den Stoff, den er erfasst. Wo aber ist das dritte, das Erfassen selbst? Das ist das Werk Gottes, durch seine Gnade ist der Geist in dieser eigentümlichen Weise thätig." Dass damit diese eigentümliche Weise noch lange nicht erklärt ist, liegt auf der Hand. Das Problem ist durch eine Art mystischer Antwort hinaufgeschoben, doch nicht gehoben.[6] Es ist mit diesem Okkasionalismus dem Eingehen auf die eigentlichen Probleme eine unüberwindliche Schranke gesetzt, die zu überwinden unser Philosoph, wie alle Anhänger dieser Lehre, sich überhaupt nicht bemüht, da ihm ja diese Erklärung

---

[1] I, 232 f.

[2] I, 74.

[3] I, 173. cfr. p. 17, [1]). Peipers, Erkenntnisth. Platos (p. 725) macht hier Ph. einen unberechtigten Vorwurf.

[4] Man vgl. auch Leibnitzens Einwürfe gegen den Okkasionalismus z. B. im système nouveau No. 13 p. 127 Erdm. u. Gerbard (die philosophischen Schriften von Leibnitz) IV, 483.

[5] I, 565.

[6] vgl. p. 33, wo der Logos deux ex machina ist.

genügt. Ja, gerade der Umstand, dass wir auf den ersten Augenblick gar nichts von der eigentümlichen Beschaffenheit unserer
Seele wissen, dient ihm als Beweis für diese okkasionalistische
Auffassung.[1]) Wäre alles unserer Seele eigen, so müssten wir
doch die Art dieser Kräfte auch kennen: Aussprüche, die fast
wörtlich mit dem Satze Geulincx' übereinstimmen: quod nescis,
quomodo fiat, id non facis.[2])

Dass in gleicher Weise auch der mit dem Okkasionalismus
eng zusammenhängende Determinismus[3]) lähmend auf die Entwickelung der psychologischen Probleme einwirkte, braucht nicht
näher noch erörtert zu werden.

Wird durch solche Anschauungsweise die Problemstellung
und Untersuchung ziemlich rasch abgeschnitten, so trägt hierzu
noch eine andere Lehre bei, die sich zuletzt auf dieselbe Quelle
zurückführen lässt, aus der der Okkasionalismus entsprungen, die
philonische Skepsis.

2. Es nimmt nicht Wunder, wenn in einer eklektischen
Philosophie sich skeptische Grundsätze vorfinden; denn es giebt
keinen besseren Nährboden für die Skepsis als den Eklektizismus
und keinen besseren Anhalt für diesen als jene. Und doch erregt es Erstaunen, wenn wir einen Mann wie Philo sich in solchen

---

[1]) I. 159. — cfr. auch p. 181. — Man vergleiche die mystische
Bedeutung des Ausspruches: „Gott ist das Mass etc.“ bei Philo und
die desselben Wortes bei Plato (legg. IV, 716 c.).

[2]) Ethik 115 f., an welcher Stelle er genau wie Philo (cfr. p. 50)
die gegenteilige (peripatetische) Ansicht als impudentia bezeichnet.
Man vgl. Pfleiderer, Arn. Geulincx u. s. w. p. 19, 20.

[3]) Dass Philo theoretisch einen solchen Determinismus konsequent
ebenso wie die Stoa lehrte, hat schon Gfrörer angeführt (p. 389. 482);
vgl. auch Heinze, 243. Selbst den stoischen Ausweg der συγκατάθεσις
verschmähte er, obwohl er ihn kannte; er gebraucht das Wort, aber
nicht identisch mit βουλή (z. B. I, 259). Wenn er trotzdem allen
Ernstes und mit voller Überzeugung an der sittlichen Freiheit des
Menschen festhält (Gfrörer, p. 477 f. 482), so ist das, wie schon
Gfrörer zugab, eine Inkonsequenz, die dem „Eklektiker“ zur Last
fällt. Es ist ein einfacher Widerspruch mit sich selbst. Vgl. auch
Heinze 205. 265. — Über die erkenntnistheoretische Seite der συγκατάθεσις siehe p. 61 u. 71.

Gegensätzen bewegen sehen, wie es thatsächlich geschieht. Der Moralist, der jeder Körperwelt den Krieg erklärt, hat Anwandlungen von Materialismus[1]); der Theosoph und Mystiker lehrt die schärfste Skepsis. Und noch wunderbarer! Diese Gegensätze sind einfache Konsequenzen seiner Grundlehren. Die Skepsis Philos ist die Kehrseite, die Parallele seines Okkasionalismus. Gott wirkt, nichts anderes; so lehrte dieser. Gott ist, nichts anderes; so behauptet jene. Es giebt keine „objektive" Wahrheit, denn es giebt keine Objekte, alles ist Trug. Es giebt keine Wissenschaft, denn es giebt kein Wissen, alles ist Meinen.[2]) Dass die Körperwelt trügt, das ersehen wir vor allem[3]) aus ihrer Unbeständigkeit. Nichts ist fest und beständig in ihr, alles fliesst in ewigem Flusse dahin.[4]) Infolgedessen können wir nichts sicher und fest erfassen, wir gleichen fast Schlafenden[5]), und alles, was wir denken, ist nicht Wahrheit, sondern die unsichere schwankende δόξα.[6])

Aus dieser Skepsis heraus führen zwei Wege, deren Wegweiser nach der bekannten Fahrstrasse zeigen. Zunächst der Mystizismus; denn hat auch unsere Vernunft keine feste Erkenntnis, so doch die göttliche, sie hat ein festes Urteil, sie allein kann etwas zweifellos und sicher bestimmen.[7]) Dann die Ethik; denn trügen alle sichtbaren Dinge, die noch dazu unvollkommen sind,[8]) so sind sie schlecht und deshalb zu meiden. Sie verlocken mit ihrer trügerischen Aussenseite den Menschen zum Schlechten,

---

[1]) Vgl. Heinze, p. 241. 258. Sie biegen allerdings gewöhnlich durch die Macht der biblischen Lehren in eine dynamistische Auffassung ein. cfr. p. 30 3). 35.

[2]) Hier haben wir einen Punkt, in dem sich Philo sehr eng mit seinen Gegnern, den Sophisten, berührt. Denn seine Lehren sind kaum von den bekannten Sätzen des Gorgias verschieden, dass es nichts gäbe und dass, selbst wenn es etwas gäbe, es nicht erkannt werden könne. Freilich geht Philo darüber hinaus zur Mystik. vgl. das Folgende u. p. 68.

[3]) Ausführlicheres auf Seite 66 ff.

[4]) I, 650. II, 87. 72. 142. 155. 217.

[5]) II, 62.

[6]) I, 413.

[7]) I, 219.

[8]) I, 159. 343.

2*

erwecken ständig Krieg in uns und erregen die Sinnlichkeit zum
Schlechten, als Ursache der Lust und aller Leidenschaften. [1]

Welchen Einfluss übte nun diese philonische Skepsis, die
übrigens auch vom historischen Standpunkte aus leicht erklärlich
ist, [2] auf die Entwickelung der Erkenntnislehren? Natürlich

---

[1] vgl. später p. 73 ff. — Es ist deutlich, dass bei diesem In-
einanderlaufen erkenntnistheoretischer und ethischer Probleme gerade
hier sich genug Gelegenheit für Philos Neigung bot, von den Erkenntnislehren in die der Ethik einzubiegen — natürlich zum Nach-
teil der ersteren. Vgl. oben, p. 10 f.

[2] Philos Geburtsjahr fällt ca. 20 vor Chr. (vgl. Zeller p. 339,
der es zwischen 30 und 20 setzt; es ist jedoch nicht nötig, so tief
herabzugehen, da die übrigen Angaben auch stimmen, wenn man
ca. 20 annimmt). Seine Blütezeit fällt also in die Jahre 10—30 n. Chr.
Ungefähr zur selben Zeit trat wohl Änesidem, der Stifter oder Hauptvertreter der späteren Skepsis, auf (vgl. Zeller, III, 2, p. 8). Auch
er lebte, wie Philo, in Alexandria, und selbstverständlich wird Philo,
der nicht nur als Philosoph sich auszeichnete, sondern auch eine
hervorragende Rolle im öffentlichen Leben spielte, mit allen in
Alexandrien damals lebenden Denkern und Gelehrten verkehrt haben.
Auch wenn Arnim, der (Quellenstudien zu Philo p. 72 f.) Änesidem
in die letzte Lebenszeit Ciceros setzen sollte, Recht haben sollte, kann
Philo — als Jüngling — den Änesidem immerhin noch persönlich
gekannt haben. Nun hat Änesidem bekanntlich zuerst die Haupt-
beweisgründe der Skepsis in den 10 Tropen zusammengefasst (Zeller,
p. 24), und Philos Ausführungen (siehe weiter p. 66) gegen die
Wahrheit der Erkenntnis sind offenbar bewusste Anklänge oder
direkte Entlehnungen aus den Änesidemschen Aufstellungen. Ob
man so weit gehen darf wie Arnim, Quellenstudien p. 79, dass die
philonische Darstellung als getreueste und ursprünglichste Form der
Änesidemschen Tropen anzusehen sei, erscheint mir als zweifelhaft,
eine reine Ausscheidung der speziell philonischen Zuthaten als kaum
möglich. Auch mit der medizinischen Empiristenschule, die in engem
Zusammenhang mit der Entwicklung der Skepsis steht, scheint Ph.
bekannt gewesen zu sein, da er mit medizinischen Fragen vertraut
genug ist. — Freilich hat auch die Skepsis Philos nur propädeutischen
Charakter, wie wir oben gezeigt haben, und er konnte sie um so
eher in sein System herübernehmen, als sie schon in der früheren
pyrrhonischen Schule, zur Grundlage der Ethik (der ἐποχή und

keinen günstigen! Für einen Mann, für den die Körperwelt und Erkenntnisthätigkeit — und hier vor allem die der Sinne — eine so niedrige Stelle einnahmen, dass sie ihm, jene als schlecht, diese

---

άταραξία) gedient hatte. Dass er andererseits nicht so ausgiebigen Gebrauch von dieser ethischen Wendung der älteren Skepsis macht, als es zu erwarten wäre, hängt wohl damit zusammen, dass er zu sehr im Banne der Stoa in ethischen Dingen steht, die bekanntlich die ἐποχή der Skeptiker aufs heftigste bekämpfte (vgl. Stein, Erk· p. 197. 339). — Was Ziegler a. z. O. p. 138 sagt, dass Philo die Lehren der Sophisten, der Skeptiker und Epikureer als gottlose entschieden verwarf, ist, wie sich aus den bisherigen Erörterungen ergiebt, nicht richtig. Gewiss! Er bekämpfte ihre praktische Philosophie, ihre ethischen Konsequenzen; in der Erkenntnisstheorie aber steht er den ersteren durch seine Skepsis, den letzteren durch seinen Materialismus entschieden nahe, und sicherlich ist er hinsichtlich dieser Lehren ein Eklektiker, aber nicht „wie so viele andere seiner Zeit", sondern etwas anders als die anderen seiner Zeit. Denn darin besteht eben seine Bedeutung, dass er alle diese griechischen Lehrgebilde in eine Form eingoss, und diese Form war die Theosophie, die ihm allerdings mehr durch die biblischen Anschauungen, aber immerhin modifiziert von den griechischen, gegeben war. In der That war so Philo, wie Ziegler sagt, „in den Prinzipien und Grundlagen seines Systems trotz aller griechischen Einflüsse wesentlich Jude." Wenn Ziegler aber weiter ausführt, dass Philo allerdings in den Einzelheiten und Detailfragen weniger konsequent und sehr oft eklektisch gewesen sei, so ist das zunächst eine Verkennung der ganzen Stellung, die Philo einnimmt. Denn da es nur der Einfluss der griechischen Philosophie war, die Philo dazu brachte, überhaupt an ein philosophisches Lehrsystem der biblischen Anschauungen zu denken, und da er, erfüllt von griechischer Philosophen Lehren, daran ging dieses System zu konstruieren (was Ziegler alles zugiebt), wenn es endlich gar nicht das reine Judentum war, sondern, wie Ziegler sagt, das mit griechischem Inhalte erfüllte, mit griechischer Form vielfach imprägnierte, dem Philos Lehren ihren Ursprung verdanken, wie kann da überhaupt noch von einer Inkonsequenz die Rede sein? Ausserdem ist der ganze Kampf gegen Zeller nur ein eingebildeter. Denn dieser sagt in seiner Darstellung des philonischen Systems nichts anderes als das, was Ziegler auch behauptet. Der Zellerschen Ausführung: Philo ist Eklektiker, aber seine Grundlehren

als trügerisch, höchst meidenswert erschienen, für einen solchen
Mann konnte auch die eingehendere Beschäftigung mit Problemen,
die sich auf jene bezogen, von nicht allzu grossem Interesse sein.
Und was er einmal in moralischer Hinsicht als psychologische
Beobachtung ausgesprochen: dass die fortwährende Beschäftigung
mit sinnlichen Dingen, ihr wiederholtes Überlegen und ständiges
Erinnern die Sinnlichkeit nur noch mehr reize, den Geist immer
mehr knechte (I, 90), das wird ihm wohl auch in erkenntnistheoretischer Hinsicht als Richtschnur gedient haben, und er wird
gerne von der Betrachtung des Körperlichen und Irdischen fort-
geeilt sein zu der des Geistigen und Göttlichen. Wiederum die
Schranke, die unwillkürlich jede eingehende Untersuchung ver-
wehrt![1])

c) Form der Erkenntnislehre.

Eklektizismus und Systemlosigkeit.

Allüberall sahen wir bei Philo sich Schranken auftürmen,
die der freien Entwickelung der Erkenntnislehren im Wege standen.
Die bisherigen Erörterungen machen es daher leicht begreiflich,
warum unser Philosoph sich gerade hier in diesen Problemen am
meisten an ältere Ansichten anlehnte. Dazu kommt noch, dass

sind dem Judentum entsprungen, setzt Ziegler die seinige gegenüber:
Die Grundlehren Philos sind dem Judentum entsprungen, sonst aber
ist er Eklektiker! Übrigens werden die Zellerschen Ausführungen
durchaus nicht durch den Nachweis der Unechtheit der Schrift über
die Essener und Therapeuten vernichtet. Denn für den Inhalt einer
philosophischen Lehre bleibt es sich ziemlich gleich, ob sie nach
einer Praxis oder diese Praxis nach ihr konstruiert wird.

[1]) Man vgl. hierzu Humes treffende Bemerkungen über die
Pyrrhoneische Skepsis (enquiry concerning human understandig,
Kirchmannsche Übersetzung p. 146 f.), die darauf hinauslaufen, dass
die so geartete Skepsis jeden Forschungstrieb, jedes menschliche
Leben vernichte. — Dass auch Okkasionalismus und Skepsis sich
nicht vertragen können, liegt auf der Hand. Wie kann Gottes Wahr-
haftigkeit uns überhaupt täuschen? Wie kann Gott bestehen, wenn
die Welt in Frage steht? cfr. Hume, p. 142.

er ja überhaupt nach der ganzen Art seines philosophischen Eklektizismus gar nichts Neues geben, vielmehr das Vorhandene nur in passender Weise auswählen und an seine ihm von der Bibel und von jüdischer Seite gegebenen Anschauungen anschliessen wollte. Wir werden darum auch kein in sich abgeschlossenes System von unserem Philosophen erwarten, wie er ja überhaupt seine philosophischen Lehren nicht systematisch in fortlaufender Gedankenfolge entwickelte, sondern stückweise im allegorisierenden Anschluss an Bibelverse gegeben hat. Man wird nicht nur kein System erwarten, sondern man wird auch öfters trotz des Bemühens Philos, die eklektischen Gedanken einer einheitlichen Anschauung unterzuordnen, auf Widersprüche treffen: eine einfache Folge des Eklektizismus wie der allegorisierenden Methode. [1]

Hat nun auch Philo keine systematische Darstellung seiner Erkenntnistheorie — noch seiner Psychologie überhaupt — gegeben, so spricht er doch, wie schon erwähnt, im Anschluss an die Bibelverse, die er allegorisiert, [2] oft genug über einzelne erkenntnistheoretische Probleme, so dass wir uns auch annähernd ein Bild seiner Erkenntnislehren, genauer gesagt [3] seiner Erkenntnispsychologie, entwerfen können. Manchmal wirft er direkt solche Fragen auf, ohne freilich eine ebenso direkte Antwort darauf zu geben. Z. B. [4] was ist der Körper, und was bewirkt

---

[1] vgl. Gfrörer p. 107 f. — Heinze, p. 208. — Diese Widersprüche sind andererseits durchaus nicht derart, dass sie, wie Gfrörer (und natürlich auch Stöckl, spekulat. Lehre etc. p. 520) behauptet, dem Leser, der den inneren Zusammenhang finden will, unaufhörlich den leitenden Faden entwänden.

[2] Über die Art, wie Philo seine Erkenntnislehren und seine Psychologie in die Bibel hineinträgt, handelt Siegfried a. z. O. p. 238 f.

[3] vgl. die Ausführungen oben p. 14.

[4] I, 471. — Auch rein psychologische Fragen: z. B. was ist die Sprache; was Lust, Begierde, Schmerz und Furcht? (das.) Was ist die Seele? Was ihr Wesen, ob πνεῦμα, Blut oder Körper (letzteres jedenfalls nicht), ob sie ein Begrenztes (πέρας), eine Form (εἶδος), eine Zahl oder eine Entelechie ist, ob eine Harmonie oder sonst irgend etwas anderes? Dass diese Fragen sich auf die verschiedenen

er gemeinschaftlich mit der Vernunft im leidenden oder thätigen Zustande? Was sind die Sinne, und was ist ihr Nutzen für den Geist? Untersuche deine einzelnen Teile, wozu sie geschaffen sind, welche eingeborene Kraft sie besitzen, wer die unsichtbare Anspannung und das unsichtbare Nachlassen der Nerven bewirkt, ob unser Geist oder der Weltengeist?[1])

Die nachfolgenden Abschnitte sollen diese zerstreuten Bemerkungen über die philonische Lehre der Erkenntnispsychologie in systematischer Darstellung geben.

II. Die Erkenntnispsychologie.

a) Die Erkenntnisquellen (νοῦς und αἴσθησις).

1. Schöpfung aus der Ideenwelt. — 2. Die Seelenteile.

1. Eine hervorragende Stelle unter den philosophischen Lehren Philos nimmt die Annahme einer unkörperlichen Ideenwelt[2]) ein, zu der er die Grundgedanken aus der platonischen

bisherigen Wesenserklärungen der Seele, wie sie von griechischen Philosophen, vor allem von Plato, Aristoteles, den Pythagoreern und Stoikern gegeben worden waren, beziehen, ist so augenscheinlich, dass Drummonds Erklärung (I, 326 a. z. O.), er meine, ob die Seele mit irgend einem nur möglichen Dinge des verschiedensten Namens identifiziert werden könne, einer Widerlegung gar nicht bedarf.

[1]) I, 553. ferner: Ob der Geist bei der Geburt mit entstanden oder von aussen eingehaucht oder die warme Natur in uns sei, die durch die eingeatmete äussere Luft abgekühlt werde, woher auch der Name ψυχή, nämlich von ψύξις Abkühlung. (Bekanntlich war letzteres Ansicht der Stoiker; cfr. Siebeck II, 144. Stein, Bd. III der Berl. Studien, Psych. d. Stoiker, p. 113 ff.) — Ob der Geist endlich sterblich oder unsterblich, und wo er lokalisiert sei, ob im Kopfe (wie Plato annimmt) oder im Herzen (wie die Stoa)? I, 625.

[2]) I, 148: In dem Fluss des Geschaffenen, in seiner steten Veränderlichkeit, in seinem wechselnden Bestehen und Vergehen muss es etwas geben, was sich immer gleichbleibt, nie veränderlich und nie vergänglich ist. Ein solch unzerstörbares Los haben die all-

Philosophie[1] herübernahm. Warum für ihn eine solche Annahme und Herübernahme notwendig war, drückt er deutlich einmal[2] aus: Gott schuf aus dem Chaos das All, durfte es jedoch nicht berühren; denn eine verwirrte, rohe, ungeordnete Masse kann nicht vom erhabenen, glückseligen Gotte selbst berührt werden. Um das Einzelne in geeigneter Weise zu bilden, musste deshalb Gott andere unter ihm stehende, unkörperliche Kräfte, die Ideen, anwenden. Die Ideen sind nun wirkende Kräfte, sofern sie die Vorbilder für die Schaffung der Körperwelt abgeben, sofern sie die Siegel sind, mit denen die Bilder (d. h. die Körper) abgedrückt werden.[3] Für alles Geschaffene giebt es demnach[4] im Himmel Zeichen, Spiegel gleichsam, von denen das Geschaffene sich abspiegelt; denn die Natur vollendet ohne unkörperliches Vorbild nichts Sinnliches,[5] und so schuf Gott von jedem ein Vorbild und ein Abbild.[6] Die Schöpfung der Idealwelt allein ist das, was man direkt als Schöpfung Gottes bezeichnen kann; das Einzelne erschafft nicht mehr Gott, sondern es entwickelt sich aus der Idealwelt mit Hülfe des Logos.[7]

---

gemeinen bildenden Kräfte im All erlangt. Sie können natürlich (II, 261) — den Gattungen gleichend gegenüber den Arten — nicht körperlich sein, weil sie sonst ja auch der Veränderung und Vernichtung unterworfen wären. Sie sind unkörperlich und heissen mit ihrem richtigen Namen Ideen. — Zugleich ein Beweis für die Identität von Ideen und Kräften; vgl. Gfrörer, p. 165. 167. 188 f. Heinze, p. 224.

[1]) Eine Vergleichung der platonischen und philonischen Ideenlehre bei Heinze, p. 221 f. 225. Es fehlt dort die Thatsache, dass Philo die Ideenlehre konsequent durchgeführt hat, während Plato bekanntlich bei manchem schwankte, ob er ihm eine Idee zulegen sollte, vgl. Zeller II[1]) 587 f. — Ein interessantes Beispiel geben wir auf Seite 30 ff.

[2]) II, 261.

[3]) I, 378.

[4]) II, 261.

[5]) I, 30.

[6]) I, 378.

[7]) der natürlich die ganze Ideenwelt in sich enthalten muss; vgl. oben p. 27 und bei Heinze 66.

Ideen, d. h. ältere Formen und Masse, nach denen das Geschaffene geformt und geprägt ward, existieren nun nicht nur für
die Körperwelt, für das, was unsere Erkenntnisthätigkeit erfasst,
sondern auch für die Erkenntniskräfte selbst. Es giebt eine Idee
der αἴσθησις, es giebt eine Idee des νοῦς. Betrachten wir z. B.
die Idee der Sinnlichkeit!

Es giebt eine solche, so gewiss wie es eine individuelle
Sinnlichkeit giebt. [1]) Letztere ist stets an einen Körper gebunden,
und ihre Welt bildet das Körperliche, das sinnlich Wahrnehm-
bare. [2]) Vor dieser individuellen war jedoch als ein Ganzes und
Vollkommenes [3]) der Gattungsbegriff der Sinnlichkeit vorhanden,
eine allgemeine Form, eine Idee, aus der sich wie von einem
Siegel die individuelle abprägte. Zuerst war also die allgemeine
Sinnlichkeit da, dann erst die sinnlichen Gegenstände und ebenso
die Sinnesthätigkeit. Jene gleicht so einem Felde, das sinnliche
Empfinden aber der Frucht, die später aus jenem emporsprosst. [4])
Die Idee der Sinnlichkeit selbst kann nicht sinnlich thätig sein;
denn da die Sinnlichkeit überhaupt, wie wir noch sehen werden, [5])
nur mit Hülfe des Geistes arbeiten kann, so könnte auch die Idee
der Sinnlichkeit nur dann sinnlich empfinden, wenn die Idee des
νοῦς sie bearbeiten würde. Dies könnte wieder nur durch einzelne
körperliche Gegenstände und deren Wahrnehmungen geschehen;
in der Ideenwelt aber gilt es weder Körperliches noch Einzelnes,
Individuelles. [6])

Genau dieselben Ausführungen werden an die Idee des Geistes
geknüpft.

Der Schöpfer der Ideen des νοῦς und der αἴσθησις ist als
Schöpfer der Ideenwelt überhaupt der Logos. Sein Verhältnis
zu Gott, den Kräften Gottes und zu der Ideenwelt mag folgende

[1]) I, 43.
[2]) I, 48.
[3]) I, 47. 48.
[4]) I, 47.
[5]) vgl. p. 55 ff.
[6]) I, 48.

Stufenreihe veranschaulichen, die Philo selbst in einer für die
ganze Logoslehre[1]) sehr wichtigen Stelle giebt:[2])

Gott

ὁ καὶ ἑνὸς καὶ μονάδος καὶ ἀρχῆς πρεσβύτερος

λόγος

ἡ σπερματικὴ[3]) τῶν ὄντων οὐσία

δύναμις ποιητική	δύναμις βασιλική
(θεός, Jahve)	(κύριος, Elohim)
δύναμις εὐεργέτις	δύναμις νομοθετική, κολαστήριος

ἰδέαι, κόσμος νοητός

Der Logos als Ort der Kräfte[4]) ist also auch Ort und Schöpfer
der Ideenwelt, folglich auch Entstehungsprinzip der Ideen des
νοῦς und der αἴσθησις.[5]) Wie nun im Menschen die Thätigkeit
des Geistes eine doppelte ist, eine unsichtbare, reine Verstandes-
thätigkeit und eine sichtbare, in der Sprache ausgedrückte,[6]) so
auch die des göttlichen Logos.[7]) Er ist einerseits Schöpfer der

---

[1]) Ein näheres Eingehen auf dieselbe gehört nicht in den Rahmen
dieser Arbeit. — Man vgl. Heinzes Lehre vom Logos.

[2]) quaest. in Ex. II §. 68. Harris p. 67.

[3]) d. h. hier doch wohl nichts anderes als „schöpferische Kraft";
zu Heinze 240 f.

[4]) Vgl. Gfrörer, p. 167. Zeller, p. 369. 371.

[5]) I, 47.

[6]) Die bekannte stoische Unterscheidung des λόγος ἐνδιάθετος und
προφορικός, die sich aus der doppelten Bedeutung des Wortes λόγος,
(Vernunft und Sprache) ergab. (Stein, Erk. 277 f.)

[7]) Hier ist offenbar nicht von einem doppelten Logos, sondern
nur von einer doppelten Thätigkeit des einen Logos die Rede. —
Heinze scheint überhaupt nicht im Rechte zu sein, wenn er gegen
Zeller annimmt, dass Ph. einen doppelten Logos angenommen habe.
Zeller hat bereits die Einwendungen H. zurückgewiesen. Es kommt
hinzu, dass H. erst so und so viele Zugeständnisse machen muss, ehe
er seine Hypothese aufstellen kann und dass, wenn die intelligible
Welt von ihm dem Gedankenbilde in der Seele des Baumeisters verglichen wird, zu beachten ist, dass auch dieses Gedankenbild gleichfalls erst entstehen, erst geschaffen werden muss, und dass insofern
die Ideenwelt in der That eine Offenbarung des Logos ist.

Ideenwelt, andererseits die Kraft, die das Siegel auf-, das Bild
abdrückt, kurz auch Schöpfer der Erscheinungswelt. [1]) Der Logos
ist das allgemeine kosmische Prinzip, und als solches ist er es
auch, der aus der Idee der Sinnlichkeit die Körperwelt, die individuellen Sinne und ihre Thätigkeit, aus der Idee des Geistes
die geistige Welt, den individuellen Geist und seine Thätigkeit
entstehen lässt. Auf welche Weise geschieht das?

Es ist klar, dass zunächst die individuelle Sinnlichkeit erst
im Individuum thätig sein kann, wenn dieses vorhanden ist, und
zwar ein beseeltes Individuum, da sie es gerade ist, durch die
sich Beseeltes und Unbeseeltes von einander unterscheidet.
Existieren, leben kann aber ein Individuum nur dann, wenn es
bereits das Existenz- und Lebensprinzip, den νοῦς, in sich hat.
Ein lebendes und beseeltes Individuum hat also als Erstes nicht
die individuelle Sinnlichkeit,[2]) sondern den Geist, der ja die
charakteristische Eigentümlichkeit des Belebten ausmacht.[3]) Betrachten wir nun einmal die Entstehung eines Individuums, z. B.
des Menschen sowie seiner Erkenntnisquellen!

---

[1]) II, 157. vgl. auch Gfrörer p. 194 f. Zeller p. 377. 389, sowie
die Stelle I, 547.

[2]) I, 67. — Die ganze Seele ist wiederum älter als der Körper,
aber mehr der Würde als der Zeit nach (I, 237).

[3]) Im Anschluss an die Stoiker (vgl. Stein, Bd. III, Psych.
p. 89 ff.) scheidet also Philo zwischen Belebtem d. i. Lebendigem
(Gegensatz: leblos) und Beseeltem d. i. mit einer Seele, d. h. νοῦς
+ αἴσθησις, Begabtem (Gegensatz: Unbeseelt d. i. Unvernünftig).
Diese Unterscheidung ergiebt sich auch aus I, 71, wo Lebloses, Un-
vernünftiges und Vernünftiges durch die stoischen Bestimmungen der
ἕξις, φύσις, ψυχή und διανοητική unterschieden werden. ἕξις ist die
blosse Existenzform, die Eigentümlichkeit des Leblosen z. B. der
Steine, Hölzer, Knochen; sie wird ganz in stoischer Weise als πνεῦμα
ἀναστρέφον ἐφ' αὐτῷ erklärt, von der Mitte aus nach den Grenzen bis
zur Oberfläche sich ausdehnend und von da wieder zurück zum Aus-
gangspunkte (I, 278. vgl. Siebeck II, 143. Zeller IIIa, 191). ἕξις +
φύσις besitzen die Pflanzen, Nägel und Haare. Bei den vernünftigen
Wesen, Mensch und Tier, kommt noch ψυχή hinzu, d. i. φύσις +
φαντασία und ὁρμή (Empfindung und Trieb). Charakteristikum des
Menschen nach abwärts den Tieren gegenüber ist [nicht der ganze

Bekanntlich besteht der sinnliche Mensch, im Gegensatze zum
ideellen, der unvergänglich ist und nichts Irdisches an sich hat,[1]
aus einer Mengung von Gegensätzen, die ihre Spitze erreichen in
der Mischung von Seele und Körper,[2] von irdischem Stoff und
göttlichem Pneuma.[3] Das letztere, Geist im engeren, Seele im
weiteren Sinne genannt, ist das, was eigentlich das Wesen des
Menschen ausmacht, der wahre Mensch.[4] Er wird zuerst gebildet,
natürlich dadurch, dass der Logos aus der Idee des νοῦς ihn abprägt. Die Idee des Geistes hat nun aber einen ganz besonderen
Vorzug vor allen anderen Ideen.[5] Sie ist ihrem Wesen nach ein
vom Logos geprägtes Abbild Gottes selbst; sie hat als Eltern
gleichsam die göttliche Weisheit und Tugend und behält ihre
Gottähnlichkeit natürlich auch in dem Abbilde, welches von ihr
durch den Logos wieder genommen wird und den νοῦς im menschlichen Körper bildet. Nun erhebt sich aber eine Frage! Wenn
alles Irdische und Individuelle der körperliche Abdruck einer unkörperlichen Idee ist, so passt schlecht in ein solches System die
Annahme eines Geistes, der als Abbild Gottes ebenfalls ein
geistiges Wesen sein muss mit allen aus dieser Eigenschaft ent-

---

νοῦς, denn dieser ist in allen Existenzen, selbst die ἕξις hat ihn,
wenn auch in rohester Form, genau wie das stoische πνεῦμα, sondern]
die διανοητικὴ δύναμις des Geistes (vis intelligibilis), nach aufwärts
den göttlichen Wesen gegenüber und gemeinschaftlich mit ihnen die
λογικὴ δύναμις (vis rationalis). (Da Ph. sonst λόγος und διάνοια gleichbedeutend im Sinne von „Vernunft" gebraucht, so kann er hier nur
die noch zur gewöhnlichen Bedeutung hinzukommende als Sprache
meinen.) I, 14.

[1] I, 49 u. öfters.

[2] I, 184. Der Gedanke der Mischung der Gegensätze ist Plato
entlehnt.

[3] I, 32. Über die πνεῦμα-Lehre bei Philo vgl. Siebeck II, 151 f.
Heinze, 243.

[4] Natürlich ist der νοῦς in seiner feineren Gestalt, d. h. in seiner
διανοητικη und λογικη δύναμις gemeint (I, 195). Daher auch die Definition des Menschen als σύγκραμα, er sei ein ζῷον λογικόν (I, 218),
genau wie die der Stoiker.

[5] Die diesbez. Stellen: I, 43. 75. 332. II, 124. 225.

springenden Wesensbestimmungen. [1]) Als Abdruck einer Idee müsste
ja auch der Geist körperlich sein, eine Folgerung, die sich weder
mit dem bisher Erörterten noch mit der Lehre der Bibel verträgt.
Philo löst diese Schwierigkeit mit seinem stets hilfsbereiten Zauber-
stab: durch direktes Eingreifen Gottes, [2]) der dem Geist die Kraft
eines wahrhaften Lebens einhaucht, wird die Körperlichkeit desselben abgewendet. Auch der individuelle Geist gleicht dem ideellen
Geiste [3]). Dadurch, dass nun Gott diesen mit der wahren Lebens-

---

[1]) Die vorzüglichsten dieser Eigenschaften sind: Unsterblichkeit
(I, 32. 279. II, 225) und Willensfreiheit (I, 279). Auch der aufrechte
Gang des Menschen folgt aus dieser Gottähnlichkeit, I, 207. 332 und
öfters.

[2]) vgl. auch pag. 35[1]).

[3]) Diese Lösung ist es, die nach unserer Meinung Philo in der
schwierigen Stelle I, 49 geben will. Schon Plato hatte jene Frage, die
sich aus der Konsequenz der Ideenwelt ergab, gefühlt, aber sie umgangen,
indem er lehrte, es gäbe eben keine Idee für die Seele in dem Sinne,
wie für die Körper, die Seele sei selbst eine Art von Idee (Siebeck
I, 187). Philo konnte diesen Weg nicht einschlagen, denn bei ihm ist
alles Individuelle Abdruck einer Idee, und er erklärt auch ausdrücklich, dass es eine Idee des Nous in der Idealwelt gebe (I, 43. 54).
So musste er denn die Frage auf andere Weise beantworten. In der
angegebenen Stelle I, 49 spricht er im Anschluss an Genesis II, 7
von der Schöpfung eines doppelten Menschen, des himmlischen Ideal-
menschen und des irdischen, körperlichen Menschen. Im Übrigen —
sagt er — ist unter „irdischer Mensch" zu verstehen der νοῦς, der
jetzt in den Körper einzufügen ist, da er es bis jetzt noch nicht war,
Dieser νοῦς, der dem Menschen zugeteilt werden soll, wäre in Wirklichkeit irdisch und zerstörbar, wenn ihm nicht Gott die Kraft eines
wahrhaften Lebens eingehaucht hätte. Deshalb wird er zu einer
Seele jetzt (im Bibeltext heisst es: er ward zu einer lebenden Seele).
nicht aber heisst es: er wird geformt (oder abgedrückt) zu einer
Seele — ein Ausdruck, den Philo stets als Bezeichnung des Abdrucks
eines Körpers aus der Idee gebraucht. Der individuelle Geist ist also
nicht körperlich, sondern gleicht dem ideellen, weshalb auch dieser
— wie Philo so oft sagt —, der ideelle Geist, in den Körper herab-
steigen und nach dem Tode des letzteren wieder in die Ideenwelt
zurückkehren kann. Man sieht, die Stelle lässt sich recht gut erklären
— auch ohne Textänderungen; die Hoeschelsche (ἄνθρωπος statt νοῦς

kraft ausgerüsteten Geist dem bis dahin unthätigen Körper zuteilt, gestaltet er diesen zu einer vernünftigen und wirklich lebenden

zu setzen) nützt zudem garnichts. Drummond a. z. O. p 325 ff. hat die Stelle ganz falsch verstanden und widmet auf Grund derselben und angeregt von Zellers Worten (p. 398), dass sich in Philos Anthropologie zahlreiche Widersprüche fänden, eine längere Ausführung dem angeblich zweideutigen Begriff des philonischen νοῦς. Er findet, Philo gebrauche das Wort in doppeltem Sinne: als irdischen und vernichtbaren, andererseits als göttlichen, ewigen, unvernichtbaren. Von solch' aristotelischen Ansichten ist bei Philo durchaus nicht die Rede; wir haben gezeigt, dass er den menschlichen Geist für einen Ausfluss des göttlichen und wie diesen gleich unsterblich und ewig hält. Und wenn er, wie Dr. anführt, zwischen einem γηγενής oder φιλοσώματος νοῦς und einem πνεῦμα θεῖον unterscheidet, so versteht er unter ersterem, wie so oft, nichts anderes als den Geist, der in den Körper hinabgestiegen und zeitweise an ihn gebunden ist, im Gegensatz zu dem nicht körperlich gebundenen, ideellen, himmlischen Geiste. Dass ferner in der Stelle I, 48 zu Genesis II, 6 νοῦς als irdischer und vernichtbarer Geist erklärt werden „muss", ist nach obigen Ausführungen durchaus nicht natürlich. Wenn endlich Philo Geist und Sinnlichkeit als Kennzeichen der Tiere angiebt, so stimmt das durchaus mit seiner noch zu erörternden Ansicht überein, dass die sinnliche Thätigkeit niemals ohne die geistige möglich sei. Zu dieser sinnlich-geistigen Thätigkeit gehört sowohl φαντασία — von aussen nach innen —, als ὁρμή — von innen nach aussen gerichtet. Beides können auch die Tiere instinktiv besitzen, der Mensch aber überragt sie durch sein Selbstbewusstsein, durch den Besitz der geistigen Denkfähigkeit (λογισμός), die das Tier nicht hat. Ich kann darin — gegen Zeller a. z. O. — keinen Widerspruch erblicken. Die Konsequenz, die sich ergiebt, dass die Tierseele und der tierische νοῦς eine Stufe unter dem menschlichen steht, enthält an sich keinen Widerspruch und stimmt doch auch wohl mit der stoisch-philonischen Lehre von der stufenmässigen Weltbeseelung überein. (Vgl. übrigens p. 28.) Endlich ergiebt sich auch aus unseren Ausführungen eine entscheidende Antwort auf die Streitfrage, die durch die verschiedenartige Ausdrucksweise hervorgerufen ward, welche Philo bei der Erörterung der Beschaffenheit und des Wesens des menschlichen Geistes gebraucht, und die zu Differenzen über seine wirkliche Meinung geführt hat. Man vergleiche darüber Drummond I, 325 ff., wo er eingehend diese Fragen erörtert. Ihn zum völligen Materialisten stempeln zu wollen, ist gewiss

Seele um.[1]) Zugleich beginnt auch die Erkenntnisthätigkeit. Denn
so lange der νοῦς, nicht gebunden an einen Körper, noch frei für
sich existierte, konnte er keine sinnlichen Auffassungen haben; er
ist gleichsam noch eine halbe Seele ohne den Stab der sinnlichen
Organe, auf die er sich beim Schwanken stützen könnte. Jetzt
aber verleibt Gott mit Hülfe des Logos[2]) den νοῦς dem Körper
ein und fügt[3]) dann die αἴσθησις hinzu. Letztere ist also nicht
nur jünger als die Vernunft,[4]) sondern erst eine Kraft zweiter
Ordnung, geschaffen zur Vervollständigung der ganzen Seele und
zum Zweck der Wahrnehmung der Gegenstände.[5]) Nachdem so
die Seele, die vorher eine Monas gewesen, zur Dyas geworden
ist,[6]) öffnet nunmehr der Logos den Schoss des νοῦς und den der

verkehrt, wenn er auch von mancher Hinneigung dazu nicht freizu-
sprechen ist. Seine Grundansicht ist die der Bibel, verbunden mit
einer Emanationslehre, zu der ihm das stoische πνεῦμα Vorbild war,
und die er mit den Konsequenzen, die aus seiner Ideenlehre folgten,
identifiziert. Der Geist ist dem göttlichen Geiste wesensgleich und
emaniert aus ihm, nicht in materieller Weise, sondern als Kraft (vgl
auch Siebeck II, 153). Auch Heinze, 258 f., kommt von anderen Er-
wägungen aus zu einem ähnlichen Resultat. Übrigens ist durch
unsere Ausführungen sein Einwand pag. 261 beseitigt. — Vgl. hierzu
p. 34 f.

[1]) I, 49.

[2]) Der Logos ist es also wieder, der die Seele in einen vernünftigen und unvernünftigen Teil scheidet, d. h. der zum νοῦς noch die
αἴσθησις hinzufügt (I, 432. 491).

[3]) An einer anderen Stelle schildert Ph. den Vorgang etwas abweichend (quaest. in Gen. I § 53): Gott erschafft zuerst den νοῦς
(Allegorie: Adam), dann die αἴσθησις (Eva), beide umschliesst er darauf
mit dem Körper wie mit einem Gewande (anspielend auf die Kleider
[pellicea tunica], die Gott dem ersten Menschenpaare anfertigte,
Genesis 3, 21). Die Ungenauigkeit in der Ausdrucksweise rührt von
der Anlehnung an den Bibelvers her. Es kommt dies öfters vor; vgl.
Gfrörer 107 f. Ein anderer Grund bei J. Freudenthal, i. Archiv f.
Geschichte d. Philosophie Bd. I, 329 Anm. 2.

[4]) I, 67 quaest. in Gen. I § 53.

[5]) I, 71.

[6]) Gfrörer, p. 381. — Ein pythagoreisierender Ausdruck.

αἴσθησις zur Erfassung geistiger und sinnlicher Vorstellungen.[1] Er lässt durch die Sinnesorgane Licht in den νοῦς einströmen, das dort die Finsternis zerstreut und deutlich ihn die Natur der Körper sehen lässt.[2]

Fassen wir das alles zusammen, so ergiebt sich: der Logos schafft den Körper, in diesem zuerst aus der Idee des νοῦς den individuellen Geist, dann aus der Idee des αἴσθησις die inviduelle Sinnlichkeit.[3] Worin besteht nun aber dieses Schaffen oder Prägen, das die Eigenschaft des Logos bildet? Ist es eine Selbstentwicklung, ist es eine Emanation, ist es ein wirkliches Schaffen? Darnach fragt Philo nicht, und es war ihm wohl selbst nicht klar, da ja der Logos ein höchst dunkler und mystischer Begriff ist. So bleibt denn die wirkliche Art der Entstehung und Thätigkeit unserer Erkenntnisquellen dunkel, die Frage darnach wird durch Zuhülfenahme direkter göttlicher Einwirkung nicht beantwortet, sondern zurückgedrängt. Der Logos ist es, der das Individuelle aus der Idee abprägt, der Logos ist es, der die Thätigkeit von Sinn und Geist bewirkt. Auch hier der konsequente Okkasionalismus!

Durch die Hinzufügung der individuellen αἴσθησις zum individuellen νοῦς ist nunmehr das gebildet, was wir im gewohnten weiteren Sinne „Seele" nennen. Wir können also jetzt auch von der Art dieser Seele, sowie von ihrer Zerlegung in Teile oder Kräfte sprechen; denn wir betrachten die Seele und speziell die Erkenntnisquellen an sich nicht mehr in Bezug auf ihr Entstehen, sondern in Bezug auf ihr Bestehen, jene als Ganzes, diese als Teil dieses Ganzen. Was wir durch Synthesis gewannen, analysieren wir wieder in entgegengesetzter Richtung.

2. Seele ist die Vereinigung von νοῦς und αἴσθησις.[4] An diesen Dualismus knüpft Philo alle Sätze seiner Seelenlehre an.

---

[1] I, 489.

[2] I, 149.

[3] vgl. Heinze, 360. 361, der hiernach im Einzelnen zu berichtigen ist.

[4] Des vernünftigen und vernunftlosen Teils (I, 67. 97. 522. II, 137. quaest. in Gen. IV § 215), des ungemischten und gemischten (I, 498), des unsterblichen und sterblichen (I, 556) und wie sonst noch Philo diese Gegensätze zu bezeichnen pflegt.

zunächst auch seine Bestimmungen über die Substanz der Seele.
Er konnte das letztere um so eher, als die Bibel ihm dazu die
Handhabe bot.[1]) Diese bezeichnet nämlich öfters als Wesen der
Seele das Blut, öfters auch den Ruach (πνεῦμα, Hauch). Das ist,
wie Philo ausführt, kein Widerspruch; denn thatsächlich besteht
ja in unserer Seele wie in unserem Wesen überhaupt ein durch-
greifender Dualismus. Wir sind einesteils Lebewesen (ζῷα) wie
die Tiere und unterscheiden uns als solche von dem Leblosen (μὴ
ζῷα) durch die Lebenskraft, die wir besitzen, und deren Haupt-
charakteristikum die sinnliche Wahrnehmung (φαντασία) ist.[2]) Die
Substanz dieser sinnlichen Lebenskraft[3]) ist das Blut der Venen
oder die Luft, die sich im Blute mischt.[4]) Wir sind aber nicht
nur lebende, sondern vernünftig lebende, denkende Wesen, Menschen,
ein Vorzug, den wir indirekt dem νοῦς, direkt nur Gott durch
den Logos zu verdanken haben, mit dem allein wir sie auch gemeinsam haben.[5]) Die Substanz dieser Seelenkraft[6]) ist das Pneuma:
nicht die bewegte Luft, sondern ein Abbild der göttlichen Kraft,
von Moses auch öfters als solches εἰκών bezeichnet. Kurz, das
Pneuma ist der göttliche Hauch[7]) in milder und stiller Form,[8])
mehr πνοή als πνεῦμα, mehr dem Dufte gleich, wie er aus wohl-
riechenden Kräutern oft aufsteigt, auch wenn sie nicht angezündet

---

[1]) I, 207 ff. II, 356. 432. quaest. in Gen. II 63. § 59. — cfr. Volkmann, Lehrbuch d. Psychologie I, 58.

[2]) I, 49.

[3]) τὸ αἰσθητικὸν καὶ ζωτικόν, Harris p. 25. (anima sensibilis et vita-
lis), quaest. in Gen. II § 59.

[4]) I, 641. II, 432. Gemeint ist das warme Blut oder die Mischung
der kalten Luft mit dem warmen Blute. Es sind die stoischen Bestimmungen (Stein III, 109).

[5]) siehe oben p. 29.

[6]) ψυχὴ λογικὴ καὶ νοερά (anima rationalis et intellectualis), quaest.
in Gen. II § 59.

[7]) I, 51.

[8]) Der Idealmensch und der Idealνοῦς dagegen erhielten das
eigentliche πνεῦμα, das viel stärker und kräftiger ist (I,51) viel zu stark
für den irdischen Menschen und mit Recht ihm nicht gegeben, da
Gott seine Gaben nach der Kraft des Empfängers abmisst (I, 5. I, 253
u. öft.).

werden. Dieses Pneuma entspringt aus der reinen Weisheit und Allwissenheit Gottes, sein Wesen ist deshalb ebenfalls Weisheit, Einsicht und Wissen,[1]) und es ist so die Ursache unserer rein geistigen Thätigkeit.[2]) Das Pneuma kann jedoch im Menschen nicht für sich an einem besonderen Zentrum existieren, sondern ist gleichfalls vermischt mit dem Blute,[3]) wo es, da ja auch der

---

[1]) I, 265. Es ward uns eingehaucht, damit wir Gott erkennen sollen, was ohne diese gleichsam göttliche Berührung nicht möglich gewesen wäre (I, 50). cfr. auch p. 30.

[2]) Betrachten wir die zitierten Ausführungen näher, so bestätigt sich die Ansicht, die wir bereits p. 31 ausgesprochen haben. In all, diesen Lehren über die Substanz des Geistes lässt sich zunächst die stoische Bestimmung des emanierenden πνεῦμα nicht verkennen. Das Urpneuma ist Gott, aus ihm entspringt jedes andere Pneuma, das, je weiter es sich vom Urpneuma entfernt, einen desto geringeren τόνος hat. Deshalb ist das Urpneuma am stärksten, schon weniger stark ist das des Ideenνοῦς, noch milder und stiller das des menschlichen νοῦς. Nun aber nimmt Philo, um mit der biblischen Anschauung vom Geiste als göttlichem Abbild, göttlichem Hauche nicht in Konflikt zu geraten, dem πνεῦμα jede materielle Seite, die es thatsächlich in der Stoa hatte. Hatten die Stoiker es als Äther definiert, so sagt Philo hier, gleiche nicht der bewegten Luft; hatten sie es mit dem Feuerhauch verglichen, so vergleicht er es mit dem Dufte von Kräutern, wie er aufsteigt, „auch wenn sie nicht angezündet werden". War die Haupteigenschaft des stoischen πνεῦμα die Bewegungskraft, so besteht für Philo sein Wesen in rein geistigen, immateriellen Eigenschaften, in der Weisheit und Einsicht. Kurz, der νοῦς ist das stoische emanierte Pneuma, jedoch nicht materiell, sondern als Kraft gedacht. (Zu den stoischen Lehren vgl. Stein III, Psych. d. Stoa.)

[3]) Alles stoische Lehrsätze: Die natürliche Wärme des Blutes ist der Erklärungsgrund der Seelenwärme. Die εὐκρασία ist eine richtige Mischung des warmen Blutes und Pneumas mit der kalten Luft. Der Sitz der Seele ist nach den Lehren der Hauptstoiker im Herzen. (Stein III, 109 f. 135 f.) Die Substanz der Sinnlichkeit wie des Geistes liegt also im Blute, nur kommt bei letzterem noch die immaterielle, göttliche Kraft hinzu. αἴσθησις also = Materie; νοῦς = Materie + Kraft. Wir ersehen schon hieraus, dass νοῦς und αἴσθησις trotz ihres Dualismus auf einander angewiesen sind.

3*

Atem sich mit dem Blute mischt, stets eine Mischung der verwandten äusseren Luft aufnimmt. [1]) Ein spezielles Zentrum für unsere geistige Thätigkeit kann im Herzen und dessen Pneuma gefunden werden. [2])

Sind nun diese beiden ungleichen Seelenteile — ungleich, denn die αἴσθησις ist ganz materiell, der νοῦς aber eine Kraft — in sich wenigstens einheitlich? Nein! Die Sinnlichkeit wenigstens zerfällt wiederum in 7 Teile [3]) und zwar in die 5 Sinne: Gesicht, Gehör, Geschmack, Geruch und Tastsinn, sowie in das Sprach- und Zeugungsvermögen (τὸ φωνητήριον und τὸ γόνιμον ὄργανον). [4]) Der νοῦς wird andererseits als von Natur aus völlig ungeteilt bezeichnet. [5])

Ob die Seelenteile wirkliche Teile oder nur Kräfte sind, lässt sich mit völliger Sicherheit nicht entscheiden. Philo gebraucht

---

[1]) quaest. in Gen. II § 59; II, 432. [2]) I, 211.

[3]) I, 28. 45. 223. 304. quaest. in Gen. I § 28. II § 12.

[4]) Genau die stoische Einteilung; vgl. Stein III, 123 ff. Statt γόνιμον ὄργανον heisst es bei den Stoikern gewöhnlich σπερματικόν.

[5]) Dem scheinen mehrere Stellen zu widersprechen. Bei der noch zu erwähnenden Dreiteilung der Seele wird angegeben, jeder dieser 3 Teile zerfalle wieder in 2 (I, 504). An einer anderen Stelle (quaest. in Gen. III § 5) wird nachgewiesen (im Anschluss an Genesis XV, 10), dass alles in der Welt zwiefach geteilt, dass alles in Einheit getrennt und in Trennung geeint sei. Als Teile des pars rationalis werden dort mens und verbum prolativum aufgezählt. Die Schwierigkeit löst sich, wenn man beachtet, 1. dass die Sprache oben zur αἴσθησις gezählt wird; 2. dass Philo die Rede als die offenbare Vernunft darstellt (cfr. I, 209, wo der νοῦς stimmbegabt heisst; I, 71: die Sprache ist eine vernünftige Kraft des Geistes; I, 199. 215. quaest. in Exod. II § 44 heisst das Wort Bruder der Vernunft). λόγος — wie λογισμός und διάνοια gleichbedeutend mit νοῦς gebraucht (cfr. Gfrörer p. 170. Drummond I, 323. — I, 408 wird wohl, wie in I, 207 der Ausdruck νοῦς καὶ λόγος als synonym zu fassen sein. II, 241. 412 steht dafür νοῦς καὶ λογισμός) — bezeichnet in seinen beiden Bedeutungen als ἐνδιάθετος und προφορικός, als Gedanke und Wort, dasselbe, nur auf verschiedene Richtung bezogen, sodass thatsächlich Einheit in Trennung und Trennung in Einheit gegeben ist. — cfr. p. 41, 1).

beide Ausdrucksweisen[1]) ohne Unterschied selbst bei den 7 Teilen
der Sinnlichkeit, die doch gewiss körperliche Teile bezeichnen.
Die Lokalisation dieser Kräfte scheint darauf hinzuweisen, dass
er sie als wirkliche Teile auffasste. Andererseits wird die Einheit der Seele öfters von ihm betont,[2]) und sie bleibt auch nach
seiner Auffassung trotz aller Trennung bestehen, ebenso wie der
Körper, wenn auch aus noch so vielen Teilen bestehend, dennoch
geeint ist und eine eigene Form (ἕξις) besitzt.[3]) Auch anderwärts[4])
betont er, dass die Natur, die so viele sinnliche und geistige
Kräfte — jene aus der Sinnlichkeit, diese aus der Vernunft
stammend — in uns geschaffen und jeder eine eigene Thätigkeit
zugewiesen, doch wiederum alle in gegenseitiger Gemeinschaft
und Übereinstimmung entsprechend zusammengefügt habe. Auch
von einem anderen Gesichtspunkte aus lässt sich die Einheit der
Seele wahren. Man pflegt, sagt er einmal,[5]) von einer Seele im
doppelten Sinne zu sprechen: entweder allgemein von der ganzen
Seele[7]) oder speziell vom vernünftigen Teil, der ja eigentlich die
Seele der Seele ist, so wie wir auch vom Auge sprechen und
damit entweder die ganze Augenrundung oder nur den eigentlichen Teil, mit dem wir sehen, meinen. Der ungeteilte Nous ist
es also, der das eigentliche Wesen der Seele ausmacht, er ist der
Mensch in uns,[8]) er das männliche, leitende Prinzip.[9]) Die Sinn-

---

[1]) I, 223. 384. 595. Auch andere Bezeichnungen kommen vor:
τμήματα (was an Teile anklingt) I, 420; εἴδη (II, 350) und φύσεις
(I, 36), was wieder mehr den Kräften sich nähert. Auch Bilder: I, 304
Sprösslinge aus der Wurzel Seele. cfr. auch Volkmann, Lehrb. de
Psychologie I, 23.

[2]) I, 201. 274.

[3]) quaest. in Gen. II § 4.

[4]) I, 177.

[5]) I, 470.

[6]) I, 480.

[7]) Dann ist der Begriff Seele so allgemein, dass es noch nicht
einmal eine Idee für ihn giebt: für allgemeine Begriffe giebt es keine
Ideen.

[8]) quaest. in Gen. IV § 189

[9]) I, 131. 679. II, 214. quaest. in Gen. IV § 218. Alle bisherigen
Sätze, auch die Unterscheidung eines Doppelgebrauches des Begriffes

lichkeit ist dann nicht mehr ein gleichberechtigter Teil neben der
Vernunft, sondern ihr Unterthan, ihre Dienerin.[1] Sie, wie der
Körper, sind gleichsam nur Gefässe für die eigentliche Seele,[2]
und Philo zieht völlig alle Konsequenzen aus diesen Sätzen, wenn
er zuletzt behauptet: die αἴσθησις ist ein Vermögen des νοῦς, das
ihm[3] zuerst als potentielles Sein gegeben war und später erst zur
Vollendung und Thätigkeit kam.[4] Die Entwicklung der Sinnlichkeit aus der Potenz zur Energie[5] geschieht eben durch das göttliche πνεῦμα, das von Gott dem νοῦς eingehaucht wird.[6] Denn
nur dieser wird von Gott behaucht, nicht aber der vernunftlose
Seelenteil, der nur mittelbar beseelt wird, indem der Geist einen
Anteil des erhaltenen Lebens weitergiebt, so dass er gleichsam
der Gott des vernunftlosen Teiles wird.[7] Die ethischen Folge-

---

„Seele“ waren psychologische und der Stoa entlehnt (cfr. Stein 7, 105 f.).
Hier biegt Philo nun ein in die Ethik und in platonisch-aristote-
lische Anschauungen. Ist der Geist das leitende, so ist er auch das
bessere Prinzip (II, 241). Die Sinnlichkeit aber ist das Tier, das
Weibliche, das Beherrschte (quaest. in Gen. I § 49. III § 110).

[1] I, 574.
[2] I, 467. 527.
[3] I, 97. 455
[4] I, 73. quaest. in Gen. I § 25. — Adam bezeichnet den νοῦς,
Eva die αἴσθησις. Eva ist gleichsam potentiell in Adam (in dessen
Rippen nämlich) enthalten. — I, 527 wird die ganze Seele gleichsam
Gattin des νοῦς genannt.
[5] Interessant genug ist es, wie Philo in diesen Ausführungen
als rechter Eklektiker die Gedankenfäden 3 griechischer Systeme mit
einander verknüpft. Die scharfe, aus Plato geschöpfte, Entgegen-
setzung von νοῦς und αἴσθησις wird durch Einfluss der Stoa gemildert
zu einer Unterordnung der αἴσθησις als Seelenvermögen. d. h. Funktion
unter den νοῦς (vgl. Stein III, 124). Dieser schroffe Übergang wird
vermittelt durch Zuhülfenahme der Aristotelischen Unterscheidung
von δύναμις und ἐντελέχεια. Es kam in diesem Falle noch die Zwei-
deutigkeit des Wortes „Seelenvermögen“ hinzu, das nach der stoischen
Fassung Seelenfunktion, nach der des Aristoteles aber wirklich Vermögen im Gegensatz zur Thätigkeit bedeutete.
[6] I, 50.
[7] I, 51. 575. Der νοῦς, der als göttlich und ewig von aussen in
uns hinein kommt (I, 15. cfr. Müller, Weltschöpfung p. 249. Bekannt-

rungen, die sich aus einer solchen Darstellung des νοῦς als herrschenden und der Sinnlichkeit als des zu unterwerfenden, dienenden Prinzips ergeben, hat Philo thatsächlich nach allen Seiten gezogen und natürlich mehr Wert auf sie gelegt als auf die erkenntnispsychologischen Fragen. Zur besseren ethischen Ausführung nahm er sogar eine zweite Gliederung der Seelenkräfte aus der platonischen Philosophie[1]) herüber, die Dreigliederung der Seele in Vernunft, Mut und Begierde (λογικόν, θυμικόν, ἐπιθυμητικόν).[2])

lich die aristotelische Fassung, die also der wirklichen philon. Ansicht ziemlich nahe kommt), ist allein direkt durch und von Gott (διὰ x ὑπὸ θεοῦ) geschaffen, die unvernünftigen Dinge aber nur indirekt von Gott (ὑπὸ θεοῦ), direkt aber durch die Vernunft (διὰ τοῦ λογικοῦ; Doppelsinn von λόγος als Vernunft und Logos). Gott selbst schuf den vernünftigen Teil, seine Kräfte den sterblichen Teil unserer Seele (I, 556); denn es ziemt sich, dass das Herrschende in der Seele vom Herrscher, das Dienende von den Dienern geschaffen werde, die des Herrn Kunst nachahmen.

[1]) Die verschiedenartigen Gliederungen der Seelenkräfte bilden einen der besten Beweise für den Eklektizismus Philos. Sie zeigen, wie Zeller p. 399 sagt, wie wenig es Philo um eine feste Theorie der Seelenthätigkeit zu thun ist. Sein Interesse bleibt stets darauf gerichtet, diese traditionellen Anschauungen dem Bibeltexte anzupassen und sie alsdann hauptsächlich in ethisierender Weise zu verwenden.

[2]) I, 57. 110. 311. 407. 504. II, 350. quaest. in Gen. I § 13 in Exod. I § 12. — Diese Einteilung lässt sich mit der gewohnten vereinigen, wenn die beiden letzten Glieder ihrer — dem vernunftlosen Teile dort gleichgesetzt werden. Thatsächlich werden beide öfters als δύναμις ἱππική (Vergleich mit Wagenlenker und Rossen, bekanntlich aus Plato z. B. Phaedrus 246) zusammengefasst und als vernunftloser Trieb bezeichnet (I, 313; quaest. in Gen. I § 13). Ein Hauptunterschied bleibt jedoch zwischen den beiden Einteilungen bestehen. Die Dreiteilung wird nur zu ethischen, die Zweiteilung nur zu erkenntnistheoretischen Fragen benutzt. Spricht er deshalb bei letzterer öfters von Kräften — bildlich Pflanzen oder Früchte genannt — der Seelenteile, so werden dagegen den 3 Teilen entsprechende Tugenden und demgemäss auch entsprechende Übel oder Fehler beigelegt. Als Tugenden werden zugeteilt: der Vernunft die Weisheit (φρόνησις), denn es ist Sache der Vernunft, zu wissen, was man thun und lassen

Seltener findet sich bei Philo die Einteilung des Aristoteles in
einen vernünftigen, empfindenden und ernährenden Teil[1]) und
zwar im Anschluss an physiologische Erörterungen.[2]) Für erkenntnistheoretische Zwecke ist noch eine andere Dreiteilung der
Seele, in Vernunft, Sprache und Sinnlichkeit, vorhanden.[3]) Diese

---

muss; dem Mut die Tapferkeit (ἀνδρία): der Begierde die Mässigkeit
(σωφροσύνη), durch sie heilen wir die Begierde (I, 57. quaest. in Gen.
I § 13). Als Fehler oder Krankheiten werden aufgezählt: Unvernunft
(ἀφροσύνη), rasende, übermässige Wut (λύτται ἐκμανεῖς ι παράφοροι),
unsinniges Streben (I, 407. cfr. quaest. in Gen. IV § 186). Die Übereinstimmung aller 3 Teile zum Schlechten ergiebt das grösste Übel,
zum Guten das grösste Gut, die Gerechtigkeit (das. cfr. I, 211). Alles
natürlich platonische Bestimmungen. — Eine direkte Anlehnung
ethischer Sätze an die Zweiteilung findet sich nur einmal (I, 513),
veranlasst durch den vorliegenden Bibeltext (Lea — Rahel). Auffallend ist I, 504 die Einteilung dieser 3 Teile wiederum in je 2, sodass 6 Teile entstehen, zu denen als 7. der Logos, der sie teilte,
hinzukommt. Die 6 Teile sollen vorher genannt sein, es ergiebt sich
jedoch nicht, wo. Nach dem Zusammenhang könnte man an eine
Unterscheidung von vernünftigem und unvernünftigem, mutigem und
nicht mutigem, begehrlichem und nicht begehrlichem Teile denken
und darin einen Anklang an Plato, Timäus 36 finden. Es ist das
jedoch nicht genügend belegt, selbst durch quaest. in Gen. IV § 186
nicht, wo λόγος das Gegensätze schaffende Prinzip (= λόγος τομεύς) bedeuten müsste. Wahrscheinlich ist das Ganze nur eine im Anschluss
an den Bibeltext hingeworfene Spielerei.

[1]) quaest. in Gen. II § 59 = Fragment Mangey II, p. 668.
Harris p. 25.

[2]) I, 15. 207; II, 432 und I, 207 heisst die θρεπτική: ζωτική δύναμις. — An einer Stelle (quaest. in Gen. IV § 186) findet sich die
platonische und aristotelische Einteilung verschmolzen, sodass dort
5 Seelenteile entstehen: λογικόν, θυμικόν, ἐπιθυμητικόν, θρεπτικόν und
αἰσθητικόν. Sie dient natürlich zu ethischen Zwecken; denn jedem
Teile entsprechen verwandte Gedanken: dem λογικόν Weisheit und
Thorheit, dem ἐπιθυμητικόν Mässigkeit und Üppigkeit, dem θυμικόν
Tapferkeit und Feigheit (ob Anklänge an die aristotelische μεσότης?),
dem θρεπτικόν Speise und Trank, dem αἰσθητικόν Genuss und neue
Freuden durch die Sinne.

[3]) I, 159. 533.

3 Teile werden Masse für die Erkenntnis genannt und zwar die
Sinnlichkeit für die Sinnendinge, das Wort, die Sprache für Name
und Worte, die Vernunft für das Geistige. [1]

Die Seelenteile finden sich lokalisiert an verschiedenen Orten
des Körpers. Philo folgt auch hier traditionellen Lehren, umso-
mehr, als er selbst kein Freund von physiologischen Untersuchungen
ist. Wo er auf solche eingeht, pflegt er hinzuzusetzen: die Fach-
leute, die Philosophen erklären. [2] Einmal erklärt er sogar: der
wahre Weise, der nach Unkörperlichem strebt, kümmert sich nicht
um Körperliches, er gebraucht nur den unkörperlichen Geist;
ob dieser im Herzen oder im Gehirn ist, mögen [3] die, die mehr
davon verstehen, abhandeln. Demgemäss hat sich Philo auf eingehende derartige Untersuchungen nicht eingelassen; seine Anschauungen in dieser Hinsicht sind die folgenden. Der νοῦς hat
seinen Sitz im Herzen oder im Gehirn (auch nach der Meinung
des Gesetzgebers Moses). [4] Als Sitz des ingenium wird näher
die Membrane des Gehirns bezeichnet. [5] Ist der Sitz der Vernunft im Haupte, [6] so ist dieses, also auch das Gesicht, der
leitende Teil im lebenden Wesen. [7] Ist der νοῦς im Herzen, so
ist dieses älter als der übrige Körper, da ja auch die Vernunft
älter ist als die Sinnlichkeit. [8] Wird die Vernunft von Gott behaucht und belebt, so ist das Herz als Ort der Vernunft Ursache

---

[1] II, 243. Die Doppelteilung lässt sich auch hier erhalten, wenn
man wiederum (vgl. oben p. 36) darauf achtet, dass Vernunft und
Sprache Äusserungen ein und desselben Wesens sind, nur nach verschiedenen Richtungen abzielend. Trotz des Eklektizismus würden
dann alle Einteilungen auf die Zweiteilung νοῦς und αἴσθησις reduziert
sein, die also als durchgehende Haupteinteilung anzusehen ist.

[2] z. B. quaest. in Exod. II § 124. I, 110.

[3] I, 252.

[4] I, 190. 208. 243. II, 243. quaest in Exod. II § 124. Wir sehen,
wie Philo zwischen der stoischen und der platonischen Annahme
schwankt. Übrigens hatten eklektische Stoiker sich gleichfalls zur
platonischen Lehre bekannt (vgl. Stein III, 134).

[5] quaest. in Gen. II § 3.

[6] quaest. in Gen. II § 5. I, 110.

[7] I, 49.

[8] I, 67. Vgl. oben p. 32.

des Lebens und hat als herrschendes Prinzip den Mittelplatz im
Körper.[1] — Der Sitz der Sinne befindet sich im Antlitz,[2] das
die Natur in ihrer Fürsorge als passendsten Ort für die Entstehung der Sinneskräfte schuf; sie sind hier zugleich als Wächter
in der nächsten Nähe ihres Königs, des νοῦς.[3] Das Gesicht ist
so am meisten belebt und geistig angehaucht.[4]

b) Die Erkenntnisvorgänge.

**1. Physiologie der sinnlichen Empfindung. 2. Wahrnehmung und
Vorstellung.**

1. Die sinnliche Empfindung wird durch die Thätigkeit der
5 Sinne, des Gesichts, Gehörs, Geruchs, Geschmacks und Tast-
sinns, vermittelt,[5] deren „Kinder" das Sehen, Hören u. s. w.
kurz die Sinnesempfindungen sind.[6] Was diese Sinne sind, auf
welche Weise sie ihre Thätigkeit vollziehen, welches die Quellen
sind, aus denen ihre Existenz abfliesst, können wir nicht mit
Sicherheit erklären, wie ja überhaupt alles Geschaffene nur dem

---

[1] I, 55.
[2] I, 49. 51. 110. Platonische und stoische Gedanken mischen
sich in all' diesen Ausführungen. Rein aus Plato entliehen ist die
Lokalisation der dreigeteilten Seele: Ist der Sitz des rein geistigen
Prinzips im Haupt (I, 57. II, 350), so ist der mutige Teil in der Brust
(das. u. I. 446), der begehrliche Teil im Bauche (I, 235), in der Leber
(I, 57. 110), im Nabel und Zwerchfelle (II, 350). Der mutige Teil
befindet sich in der Brust, weil dieser Körperteil von Natur durch
die Dicke und Stärke seiner zusammenhängenden Knochen befestigt
und auf diese Weise wie ein guter Soldat mit Panzer und Schild
ausgerüstet ist (I, 110). Der begehrliche wird in die äussersten
Teile des Körpers verlegt, weil er am wenigsten Teil hat an der
Vernunft, er ist an den Teilen lokalisiert, in denen die Ernährung
vor sich geht, da er nie zu befriedigen ist (II, 351). Vgl. Plato,
Timäus 44 f. 70 f.
[3] I, 110. 351.
[4] I, 51.
[5] I, 152. 602.
[6] I, 78, 152.

Schöpfer sicher erkennbar ist.[1] Wir wissen nur von den Sinnen,
dass sie göttliche Geschenke sind,[2] dass sie den Körper beseelen
und dass es ohne sie kein Leben giebt;[3] wir wissen ferner, dass
sie männlich, wie auch weiblich d. h. thätig und unthätig sein
können (letzteres z. B. im Schlafe),[4] endlich dass sie zwischen
Geist und Körper in der Mitte stehen d. h. die Vermittlerrolle
zwischen Geist und Sinnenwelt spielen.[5] Die physiologischen
Anschauungen, die Philo vom Wesen der sinnlichen Empfindung
hatte, sind die im Folgenden gegebenen.

Alles sinnlich Existierende ist unbeständig, in stetem Fluss
und Sichverändern begriffen; folglich ist auch die sinnliche
Empfindung durch Bewegung gegeben. Für die Fortpflanzung
dieser Bewegung ist das wichtigste Medium die Luft.[6] Die
Empfindung findet durch mittelbare oder unmittelbare Berührung
des sinnlichen Organs statt[7] und pflegt eine Mischung des
Empfindungsobjektes und Empfindungsorgans zu sein.[8] Die Substanz des sinnlichen Seelenteils ist, wie wir bereits sahen, das Blut.[9]

Was zunächst das Auge betrifft, so ist das eigentlich Sehende
in ihm das Schwarze, der Augapfel.[1] Tritt etwas in den Seh-
kreis des Auges, so schauen sich die beiden Pupillen an, indem
sie ein wenig ihren Sehort verlassen.[2] Die Thätigkeit des Auges
ist unmöglich ohne Hülfe des Lichtes;[3] zu jeder Wahrnehmung
brauchen wir fremdes Licht.[4] Überhaupt ist alles sinnliche Licht

[1] I, 457.
[2] I, 533.
[3] I, 14. 33. 149. quaest. in Gen. I § 5 § 52.
[4] I, 223, natürlich ein aristotelischer Satz (de anima 417a 12).
[5] I, 596.
[6] I, 623. II, 157.
[7] quaest. in Gen. I § 35.
[8] I, 386. — Diese Sätze stammen sämtlich aus Aristoteles; vgl.
Kampe p. 62. 67.
[9] Vgl. oben p. 34 f.
[1] I, 78. 120.
[2] quaest. in Gen. III § 5.
[3] I, 12. 281. II, 100.
[4] I, 156. II, 377.

nur geschaffen — und es ist etwas Geschaffenes [1]) — damit das
Auge sieht. [2]) Weder die Farben, noch die Augen genügen zu
Wahrnehmungen durch das Gesicht: als Band für beide schuf die
Natur das Licht, durch welches das Auge zur Farbe hingeführt
und ihr angepasst wird. Im Dunkeln aber ist beider Macht völlig
unnütz. [3]) Was wir also erfassen, geschieht mit Hülfe des Lichtes,
das verschieden ist vom Gesehenen und vom Sehenden. [4]) Worin
besteht nun diese Hülfe des Lichtes? [5]) Gott mischt die Sonnenstrahlen mit kalter Luft, um sie abzukühlen und ihnen die Macht
zu brennen zu nehmen. Diese Strahlen vereinigen sich freundlich
mit dem im Auge enthaltenen Licht; das Zusammentreffen dieser
von entgegengesetzten Punkten ausgehenden Strahlen bewirkt die
Wahrnehmungen der Sehkraft. [6]) Wir haben somit ein doppeltes
Licht, ein äusseres und ein inneres, welch' letzteres als Lichtquell
die Seele hat, die ja auch lichtförmig, lichtähnlich ist. [7]) Wenn
wir also die Sonne oder die Gestirne oder Licht überhaupt sehen,
so sehen wir es nur mit Hülfe der Sonne, der Gestirne oder des
Lichtes. [8]) Die Augen werfen sich dann gleichsam auf die Oberfläche der Gegenstände und erfassen sie mit Hülfe des Lichtes,

---

[1]) I, 281.
[2]) II, 23.
[3]) I, 168.
[4]) I, 578.
[5]) Die bisherigen Ausführungen sind Aristoteles entnommen und
finden sich sämtlich de anima 418a, 26 ff. Der Satz, dass das Licht
etwas Geschaffenes sei, (vgl. auch weiter p. 45) scheint eine indirekte
Polemik gegen die Ausführungen Aristoteles dort zu sein. Aristoteles
hat jedoch nähere Bestimmungen über die Gesichtswahrnehmung
nicht gegeben. So führt denn Philo das von Aristoteles Entnommene
unter Anlehnung an platonische Erörterungen weiter aus. Vgl.
Timäus 45 f.
[6]) I, 284.
[7]) quaest. in Exod. II § 80.
[8]) II, 415. — Fehlt das Sonnenlicht und ist dafür irdisches Licht
gegeben, solches z. B., das von einem Feuer ausströmt, so ist der
Vorgang derselbe; die Sehkraft kann sich irdischem und himmlischem
Lichte anpassen und durch beide Gegenstände erfassen (II, 23).

das alles erleuchtet und enthüllt. [1]) Denn als das einfachste und
glänzendste von allen geschaffenen Dingen erleuchtet das Licht
sich selbst und andere; [2]) es ist ebenso einfach wie sein sichtbares
Zeichen, die weisse Farbe, [3]) die nicht künstlich gemischt, sondern
durch die Natur hervorgebracht ist. [4]) Schwarze Farbe entbehrt
allen Lichtes. [5]) Die Farben sind nicht subjektiver Natur, sondern
real am Körper vorhanden. [6]) Wir nehmen sie dadurch wahr,
dass Luft und Licht, von aussen einströmend, sich mit der
Feuchtigkeit im Auge mischen. Wir nehmen also keine Farben
auf, sondern eine Mischung von Objekt und Licht. [7])

Auch für das Gehör [8]) besteht die Tonempfindung in einer
Mischung: der aus dem Munde z. B. entfliessende Hauch, der der
Vernunft entquillt und von der Zunge geformt wird, mischt sich
mit der ihm verwandten Luft und erschüttert sie. [9]) Dadurch
entsteht ein Geräusch, das ins Ohr eindringt; solange das Gehör
nicht von der Luft getroffen und bewegt wird, bleibt es still. [10])
Auch bei Instrumenten entsteht der Ton dadurch, dass sie die
Luft schlagen. [11]) Tonarten giebt es 7: hoch, tief, gezogen, rauh,
leise, lang, kurz. [12]) Auch die Erscheinungen der Klangfarbe sind

[1]) II, 377. — II, 345.

[2]) quaest. in Exod. II § 103. Der Gedanke stammt von Chrysipp
(Stein VII, 154).

[3]) quaest. in Gen. IV § 240.

[4]) I, 345.

[5]) quaest. in Exod. II § 123.

[6]) Vgl. I, 168.

[7]) I, 386. In den letzten Ausführungen nähert sich Philo wieder
Aristoteles teilweise an.

[8]) Die Natur bildete es, indem sie kleinere Kreise in grössere
beschrieb, und schuf es rund, damit die eintretenden Töne sich nicht
ausbreiten und verwischen können, sondern in den Kreis zusammen-
gedrückt, verdichtet und gleichsam in den Hohlraum des Ohres hineingegossen würden (I, 245). Das Ohr ist deshalb Vorbild für den Bau
der Theater geworden.

[9]) I, 285.

[10]) II, 186.

[11]) de animal. § 99.

[12]) I, 46. Alle bisherigen Erörterungen über das Gehör finden
sich bei Plato, Timäus 67 b. c. und bei Aristoteles, 419 b, 4 ff.

Philo bekannt,[1]) ohne dass er natürlich auf eine physikalische Untersuchung derselben eingeht.

Auch der Geruch, der ein einfacher oder zusammengesetzter sein kann,[2]) ist in der Luft.[3]) So erschüttert z. B. der Weinstock durch Ausströmen eines Hauchs die Luft ringsum und erfüllt durch einen leicht wehenden Duft den Raum mit angenehmen Geruch.[4]) Dieser entsteht also durch die Mischung der Ausströmungen eines Körpers mit der diesen umgebenden Luft und andererseits durch Verbindung dieser Mischung mit den Kräften des Geruchsorgans.[5]) Der Geruch selbst wird als „Vorgeschmack" bezeichnet;[6]) er ist etwas der Speise Zugefügtes, nicht die Speise selbst,[7]) nur Diener des Geschmacks, gleichsam Vorkoster eines Königs.[8])

Der Geschmack, der süss, bitter, natürlich oder unnatürlich sein kann,[9]) entsteht nur, wenn der Gegenstand unmittelbar das Geschmacksorgan berührt.[10]) Ohne die Feuchtigkeit des Mundes wäre er unmöglich; er entsteht durch eine Mischung des Ge-

---

[1]) I, 245. Den Unterschied zwischen dem Gesang der Vögel und dem artikulierten Sprechen des Menschen beschreibt er so, dass jener bei der Mischung und dem Wechsel der Töne nur dem Ohre schmeichle, dieses aber, da der Mensch von Natur zum Sprechen und Singen gegliedert sei, nicht nur das Gehör anlocke, sondern auch den Geist und die Gedanken sich zuwende. Auch die Töne der Instrumente sind nicht vernunftgemäss und beständig, sondern formlos und unfähig, etwas deutlich auszudrücken. Deshalb erfassen wir diese Töne nicht alle gleichermassen, sondern jeder verschieden. (de animal. § 98. § 99.)

[2]) I, 386.

[3]) I, 500.

[4]) de animal. § 79.

[5]) I, 386. — Die Ausführungen lehnen sich an die aristotelischen (de anima 421a, 7f) an.

[6]) προγευστρίς, praegustativum; I, 603.

[7]) quaest. in Gen. IV § 147.

[8]) I, 170.

[9]) I, 386.

[10]) quaest. in Gen. I § 35.

schmacksobjekts mit der Mundfeuchtigkeit.[1]) Von den bisher besprochenen Sinnen unterscheidet er sich dadurch, dass er in die
Tiefen des Körpers eindringt,[2]) während Gesicht, Gehör und
Geruch nach aussen sich richten. Er besitzt also dasselbe Kriterium wie das Gefühl, der Tastsinn.[3])

Dieser hat kein besonderes Organ, wie die übrigen Sinneskräfte, sondern bezieht sich auf den ganzen Körper, vor allem
auf die Oberfläche.[4]) Wie der ganze Körper sein Organ ist, so
sind auch die Eigenschaften der Körperkräfte seine Thätigkeits-
objekte.[5]) Er ist so eigentlich kein besonderer Sinn für sich,
sondern den anderen Sinnen gemeinsam beigegeben.[6])

Die Sinne stehen in einer gewissen Rangordnung. Die
niedrigsten sind Geruch, Geschmack und Tastsinn,[7]) und unter
diesen wiederum der niedrigste ist der Geschmack.[8]) Der Geruch
steht seinem Werte nach in der Mitte zwischem Gutem und
Schlechtem; er ist besser als jene, aber stumpfer als Gesicht und
Gehör,[9]) die die erste Stelle einnehmen und schlechthin nach
platonischem Gebrauche als φιλόσοφοι bezeichnet werden, da sie
dem Geiste Nahrung und wahre Erkenntnis verschaffen.[10]) Aber
auch sie stehen nicht auf gleicher Stufe. Obenan steht das Gesicht,

[1]) I, 386.
[2]) II, 35. Er sendet den Eingeweiden das zum Haushalt Nötige.
Auch die Physiologie des Geschmacks lehnt sich an Aristoteles, de
anima 422a, 8, die des Tastsinnes an 422b, 17 an.
[3]) Vgl. Lindemanns Leiblebesinn.
[4]) I, 149. 349. 465. 573.
[5]) I, 412.
[6]) quaest in Gen. III § 5; auch das. III § 32 nicht aufgezählt.
[7]) II, 22.
[8]) I, 665. II, 352; denn er dient nur der Begierde des Magens
und ist so Ursache körperlicher und seelischer Krankheiten (II, 239).
[9]) quaest. in Gen. IV § 147. — Bei Aristoteles ist er der niedrigste
Sinn (de anima II, 9. de sensu 4).
[10]) quaest in Gen. III § 5. IV § 147. Sie sind auch für unser
Wohl sehr wichtig; denn fehlen sie, so leiden auch alle anderen
Kräfte (I, 381). Ausserdem ist nur glücklich, wer die niederen Sinne
verlässt und sich in ihren Dienst stellt. Übergänge zur Ethik finden
sich zahlreich bei all' diesen Erörterungen.

weshalb es auch das beste aller Dinge, das Licht, als Medium hat. [1] Erst an zweiter Stelle kommt das Gehör, denn seine Thätigkeit erstreckt sich nur auf die umgebende Luft, die des Auges aber von einem Weltende zum anderen. [2] Zudem ist ersteres langsamer und weiblicher, es wartet die Bewegung des Objektes ab. ohne selbst an die Gegenstände und Vorgänge heranzugehen, und wird beeinflusst durch die die Vorgänge erklärenden Worte. [3] Das Auge aber stürzt sich gleichsam auf das Sehobjekt, ohne dessen Bewegung abzuwarten, und versucht seinerseits es zu bewegen. [4] Es ist deshalb viel zuverlässiger als das Gehör [5] und überzeugt viel deutlicher, [6] weshalb man nie etwas glauben soll, ehe man nicht zu den Dingen selbst gekommen und das Einzelne genau untersucht hat. [7] — Alle diese Vorzüge [8] verdankt die Sehkraft lediglich ihrer Verwandtschaft mit der Vernunft, [9] von der sie sich allerdings [10] auch in vielen Beziehungen wieder unterscheidet. Diese Verwandtschaft mit der Vernunft [11] beweisen die gegenseitigen Veränderungen, der offenbare Einfluss, den geistige Bewegungen, z. B. Affekte, auf das physische Aussehen des Auges

---

[1] I, 12; cfr. hierzu de anima 429a.

[2] II, 22. 24. — Dadurch, dass die ὄρασις der schönste Sinn ist, giebt sie uns auch das schönste alles Seienden: Sonne, Mond, Himmel, Welt (I, 279. II, 9). Sie hat die Herrschaft über alle Sinne und ist deshalb oben im Kopf; sie ermöglicht alle jene Betrachtungen und führt so die vom Himmel gesandte Philosophie in uns ein (II, 24. 330. quaest in Gen. II § 34. Harris p. 22).

[3] II, 345: die aber nicht immer die Wahrheit sagen; deshalb hat ein griech. Gesetzgeber (Solon), der wie alle sich an die Gesetze d. Moses anlehnt, geboten, eine Zeugenaussage, die sich auf Gehörtes stützt, als ungültig anzusehen.

[4] II, 22.

[5] II, 10. 22.

[6] I, 168. 369. 577.

[7] I, 425.

[8] Wie Plato, schätzten übrigens auch die Stoiker die Sehkraft ganz besonders hoch; vgl. Stein, VII, p. 136; für Plato, Timäus 45.

[9] I, 462.

[10] II, 377.

[11] II, 22. 331. quaest. in Gen. II § 34. — Empfinden wir Freude

ausüben. Das Auge ist ein körperlicher Spiegel, in dem sich die
unkörperliche Seele spiegelt, ein sichtbares Abbild des unsicht-
baren Auges der Seele und damit auch Gottes. [1]

Der Umfang [2] der Sinnesthätigkeit ist ein begrenzter. Kleine
Teile können die Sinne nicht erfassen, da sie von Natur nur ge-
wohnt sind, grössere Objekte wahrzunehmen. [3] Auch die Viel-
heit der Objekte ist scharfer Sinnesthätigkeit hinderlich. [4] Ein
Merkmal, das charakteristisch die Sinne vom Geiste unterscheidet
und sie beschränkt, ist die Thatsache, dass sie nur Gegenwärtiges
erfassen können, während jener durch Erinnerung und Erwartung
sich auf Vergangenheit und Zukunft ebenfalls beziehen kann. [5]
Das Auge z. B. kann nur von einer vorhandenen, nie von einer
fehlenden Farbe affiziert werden. [6] Auch insofern sind die Sinne
beschränkt, als die Thätigkeit derselben immer an die spezielle
Organe gebunden ist, so dass also die Augen nie hören, die Ohren
nie sehen können. [7]

Obwohl die Sinnlichkeit so oft, als der unvernünftige Teil der
Seele und als Quelle der Affekte, [8] als etwas Schlechtes hingestellt
wird, das uns vom Guten und von besserer Erkenntnis abhält. [9]

oder Schmerz, so zeigen auch die Augen Traurigkeit oder Fröhlich-
keit; im Zorne werden sie rot, während des Nachdenkens sind sie
unbewegt u. s. w.

[1] I, 332.
[2] Auch die Schärfe der Sehorgane ist begrenzt: durch Krankheit
(eine Art ἔκστασις) [I, 508] oder durch das Alter, die notwendige
und allgemeinste Krankheit, wird sie oft vernichtet (I, 246. II, 60).
Nüchternheit schärft die Sinne und ist dadurch Körper und Seele
nützlich (I, 392). Wer eines Sinnes beraubt ist, hat die anderen
meistens in grosser Stärke (I, 150).
[3] I, 493.
[4] I, 300.
[5] Dasselbe lehrten die Stoiker, vgl. Stein VII, 146.
[6] I, 74.
[7] I. 434. 625. Die Lehre von der spezifischen Energie der
Sinne; vgl. dazu Aristoteles, de anima 418a, 11 f. Auch Plato,
Theäthet 181.
[8] I, 210. de Provid. II § 9. Vgl. später p. 73.
[9] I, 64. 367.

uns vielmehr zum Bösen und zur niederen Erkenntnis hinzieht und
dadurch den schlimmsten Krieg, den im Frieden, in uns erregt,[1])
so gesteht doch Philo zu, dass auch sie zum Leben nötig ist.[2])
Geruch und Geschmack sind die Ursache des Lebens, da sie
Nahrung und Luft gewähren. Gesicht und Gehör sind da, um
gut zu leben; jenes ist Quelle aller Wissenschaft und Philosophie,
ist nötig zum Unterscheiden, auf der Hut sein;[3]) dieses verschafft
uns Gesang, Musik und Sprache.[4]) Und werden auch[5]) manchmal
diese Lobpreisungen der Sinne den Selbstsüchtigen (φίλαυτόι) in
den Mund gelegt, so geschieht das nur, weil Philo denen ent-
gegentreten will, die die Sinne infolge dieses ihres Einflusses und
ihrer Wichtigkeit für Gott selbst halten, ohne zu bedenken, dass
es noch ein höheres Prinzip giebt, welches die eigentliche Ursache
dieser Thätigkeit ist. Die Wichtigkeit der Sinne für unser Leben
leugnet Philo damit keineswegs, und seine Ausführungen erinnern
so unwillkürlich an den bekannten Satz[6]) eines anderen Okkasionalisten, an den Ausspruch Malebranches: Betrachte die Sinne
als falsche Zeugen in betreff der Wahrheit, aber als zuverlässige
Berater in Hinsicht auf den Nutzen des Lebens!

    2. Gehen wir nunmehr zur eigentlichen Erkenntnisthätigkeit
über, wie sie durch die Sinnlichkeit geübt wird! Schon der Name
αἴσθησις[7]) sagt uns, wie Philo ausführt, dass sie nichts anderes ist

---

    [1]) I, 224.
    [2]) I, 552. quaest. in Gen. IV § 13. 1, 60. Vgl. Aristoteles, Krische
p. 113 ff.
    [3]) cfr. oben p. 47. — Es ist darum ein allgemeines Gut.
    [4]) I, 60, II, 263.
    [5]) II, 264.
    [6]) Auch bei Geulincx schon findet sich ein ähnlicher Ausspruch:
Eth. 328, vgl. Pfleiderer, Arn. Geulinx p. 17. Tübingen 1882. cfr.
oben p. 54.
    [7]) Der Name αἴσθησις wird bei Philo in dreifachem Sinne gebraucht:
1. als Bezeichnung der sinnlichen Thätigkeit überhaupt; 2. als Bezeichnung der Thätigkeit eines einzelnen Sinnesorgans (sinnliche
Empfindung oder Wahrnehmung); 3. als Bezeichnung eines Sinnes-
organes selbst (gleichbedeutend mit αἰσθητήριον). Die obige Definition
der αἴσθησις = αἴσθεσις ist offenbar eine an die Stoa sich anlehnende;
vgl. Stein VII, 135.

als ein αἴσθησις, ein Hineinsetzen; d. h. sie trägt Gegenstände und
Erscheinungen hinein in die Vernunft, in den νοῦς,[1]) in dessen
Schatzkammer sich alles sammelt, was durch das Gesicht, Gehör,
und die anderen Sinne gegeben wird. Ihre Aufgabe ist es, die
ganze sichtbare Welt und die Naturen in derselben, Belebtes und
Lebloses, deren Thätigkeiten und Kräfte, Bewegungen und Zu-
stände dem Geiste rein und unverfälscht zu melden.[2]) Wir haben
so ein Doppeltes zu untergcheiden: Objekte der Sinneswahrnehmung
(τὰ αἰσθητά) und den Vorgang der Sinneswahrnehmung selbst, der
wiederum ein doppelter ist: ein nach aussen sich erstreckender
(Wahrnehmen, Empfinden, αἴσθησις) und ein nach innen gerichteter
(Melden, Vorstellen, φαντασία).[3])

Die Objekte der Sinneswahrnehmung sind durch das Körperliche wie überhaupt durch alles Sichtbare, Wahrnehmbare, kurz
Existierende[4]) gegeben.[5]) Diese Objekte bilden gleichsam die
Nahrung der individuellen Sinnlichkeit, aus ihnen schöpft sie[6])
und durch sie unterscheidet sie sich von der Idee der Sinnlichkeit,
die den Körpern ganz fremd ist[7]) und ihrer durchaus nicht bedarf. Ausser den Körpern, den Substanzen, den Dingen an sich
giebt uns der Gesichtssinn vor allem — deshalb unterscheiden
Blinde das nicht — auch die Eigenschaften des Körpers, also
Farbe, Figur, Form;[8]) die Eigenschaften sind demnach real am
Körper vorhanden.[9]) Er kann uns das geben, weil es eben etwas
Reales, Sichtbares ist; denn alles was sinnlich erfassbar ist, muss
sichtbar sein, ausgenommen die Objekte des Gehörs, also Stimme
und Rede, deren Art ebenso unsichtbar ist wie die des Geistes.[10])

---

[1]) I, 278.

[2]) I, 488.

[3]) I, 147.

[4]) I, 156.

[5]) I, 43.

[6]) I, 595.

[7]) I, 48 u. vgl. oben p. 26 f.

[8]) quaest. in Gen. IV § 168.

[9]) vgl. auch oben p. 45. — Auch die Stoa scheint dies gelehrt
zu haben (Stein VII, 152).

[10]) Die doppelte Bedeutung von λόγος liegt wieder zu Grunde.

4*

Auch der Geschmack ist sichtbar, nicht insofern er Geschmack ist, sondern insofern er Körper ist: d. h. er muss real an einem Körper gleichsam haften. Ebenso der Geruch. Solange wir es mit Geruch und Geschmack selbst als Empfindungen zu thun haben, werden sie von Nase und Zunge geprüft; als real am Körper vorhanden unterstehen sie aber auch der Gesichtswahrnehmung. Genau so verhält es sich mit den Farben und mit dem Tastsinn: dem Warmen, Kalten, Rauhen, Harten, Weichen; insofern sie körperlich, an Objekten sind, sind sie auch sichtbar.[1] Damit ist auch zugleich die Grenze der sinnlichen Wahrnehmung gezogen, denn sind ihre Objekte körperlicher Art, so ist alles Geistige, alles Ideelle für sie unfassbar.[2] So ergiebt sich denn als Grundsatz: alle Objekte der αἴσθησις sind körperlicher, sichtbarer Art.

Die sinnliche Thätigkeit selbst steht in der Mitte zwischen den körperlichen, sinnlichen Objekten und den unkörperlichen geistigen. Ihr Wirken erstreckt sich nach beiden Seiten und kann nicht auf eine Seite[3] beschränkt werden. Wirken kann aber nur die bewegte, aktive Sinnlichkeit, nicht die potentielle, ruhende;[4] nur durch die thätige Sinnlichkeit erlangen wir wirkliche Wahrnehmungen. Wie wird aber die potentielle αἴσθησις zur aktiven? Durch die von den Objekten ausgehenden Reize!

---

[1] Diese Ausführungen (I, 444) stehen direkt in Widerspruch mit Lehren bei Aristoteles, der stets zwischen Sichtbarem und Unsichtbarem scheidet (de anima 419a, 15 f., 422a 14 f.) und den Satz aufstellt: ἡ αἴσθησίς ἐστι τὸ δεκτικόν τῶν αἰσθητῶν ἄνευ ὕλης (de anima 424a 17 f.). Die Konsequenz, die Aristot. bei Demokrits Lehre vermisste, dass alle Wahrnehmung nach D. eigentlich Tastempfindung sein müsste (de sensu 440a 15 ff.), hat Philo gezogen: bei ihm ist alles Gesichtsempfindung. Übrigens erklärten auch die Stoiker alles für sinnlich wahrnehmbar, selbst abstrakte Begriffe (Stein VII, 139. vgl. auch Heinze, Erkenntnislehre der Stoiker 20. 21).

[2] I, 156.

[3] I, 596.

[4] Die letztere zeigt sich z. B., wenn wir schlafen; dann können wir keine Gegenstände erfassen, sie ist deshalb ohne Nutzen. — Auch die Stoiker nannten die αἴσθησις eine ἐνέργεια (Stein VII, 136.)

Alle Sinne ruhen, sind potentiell, bis zu jedem das bewegende Objekt aussen herantritt.[1] Sogleich ergiesst sich da der Geist einer Quelle gleich in die Sinnesorgane — für den Tastsinn in den ganzen Körper —, lässt hier die belebende Kraft des πνεῦμα einfliessen,[2] reisst sie dadurch aus ihrer Potenz heraus[3] und bewirkt so, dass die bisher potentielle Sinnlichkeit sich bis zum Fleische und bis zur Oberfläche des Körpers bewegt[4] und zur Wahrnehmung der Gegenstände veranlasst wird.[5] Die aktuelle Sinnlichkeit entsteht also durch Bewegung aus dem Geiste,[6] da sie in potentieller Form ihm anhaftet, gemeinschaftlich mit ihm geboren ward.[7] Dadurch dass der Geist sich bis zum Sitz der Sinne, dem Angesicht, ergiesst,[8] führt er ihnen erst die Unterscheidungskraft und die Kraft, die sinnlichen Reize zu empfinden, zu.[9] Als zweiter Grundsatz ergiebt sich also: Bei Eintreten eines Reizes lässt der Geist (d. h. eigentlich Gott)[10] die Sinnlichkeit aus der Potenz in die Energie treten und giebt ihr die Kraft, sinnlich zu empfinden.

Diese sinnliche Empfindung, die Thätigkeit, welche die Sinnesorgane entwickeln, ist nun offenbar keine lern- oder lehrbare,[11] vielmehr eine durch die Natur uns gegebene, angeborene; jedes

---

[1] I, 73.

[2] I, 573. Natürlich die stoische Erklärung (Stein VII, 135), aber wiederum nur als „Kraft", nicht materiell gedacht; vgl. I, 249 und oben p. 32.

[3] I, 49.

[4] I, 73. Denn ebenso wie ein Wesen durch Bewegung des Samens entsteht, ebenso eine Thätigkeit durch Bewegung der Anlage, der Potenz.

[5] I, 149.

[6] Die letzte Quelle ist aber auch hier nicht der Geist, sondern wie überall Gott. I, 74. Wie Gott aus Adam Eva schuf, so schuf und schafft er aus dem männlichen Prinzip, dem Geiste, das weibliche, die Sinnlichkeit.

[7] vgl. auch oben p. 38.

[8] I, 249.

[9] das. u. I, 573.

[10] Anm. 6.

[11] I, 97.

Organ gebraucht seinen freien Naturtrieb zur Ausübung seiner
spezifischen Thätigkeit.[1]) Diese Aktivität ist eine durchaus re-
zeptive, leidende: die Sinnlichkeit ist ein Weib, nur da, um aufzunehmen, um zu leiden.[2]) Der Empfindungsvorgang selbst verhält sich folgendermassen: Das Sichtbare wird hingetragen zum
betreffenden Sinne, dieser wird von dem ihn bewegenden Objekte
affiziert:[3]) es werden die mannigfachsten Wesenheiten des sinnlichen Gegenstandes in ihn wie in ein grosses Thal gleichsam
hineingegossen.[4]) So wird die Sehkraft affiziert, gleichsam be-
tröpfelt,[5]) von den Farben, das Gehör von den Tönen, der Geschmack
von den Säften, der Geruch von den Düften, der Tastsinn vom
Harten und Weichen, kurz jeder Sinn von den spezifischen Eigenschaften eines Körpers. Unwillkürlich bringt dann das Gesicht
das Sehen hervor,[6]) das Gehör das Hören, kurz jeder Sinn seine
angeborene Thätigkeitsweise und unterscheidet sodann durch das
ihm gegebene Unterscheidungsvermögen,[7]) die einzelnen Eigenschaften, also das Gesicht die Substanz, Dimension, Gestalt,
Grösse, Farbe, Bewegung und Ruhe;[8]) das Gehör die Töne u. s. w.
In diesem Unterscheiden der körperlichen Eigenschaften, in der
δύναμις κριτική,[9]) besteht die eigenartige Thätigkeit der Sinne.
Natürlich geben sie damit kein deutliches Bild des Einzelobjektes.
Die Sinnlichkeit giebt uns nur undeutliche Vorstellungen (φαντασία
ἀκατάληπτος);[10]) sie hat nur allgemeine, unbestimmte Auffassungen
des Objekts, weshalb sie auch die Ursache der Phantasieen und
Einbildungen ist.[11]) So ergiebt sich denn als weiterer Grundsatz:
die thätige Sinnlichkeit ist rezeptiver Natur und liefert uns Einzel-

---

[1]) I, 617.
[2]) I, 73. quaest. in Gen. III § 3.
[3]) I, 73. 131. quaest. in Gen. III § 3.
[4]) I, 194.
[5]) I, 48.
[6]) I, 96.
[7]) I, 14.
[8]) I, 29.
[9]) 1, 97.
[10]) I, 491.
[11]) quaest. in Gen. I § 52.

eigenschaften und allgemeine Anschauung eines körperlichen Objektes. [1])

Aus den bisherigen Erörterungen ist leicht zu entnehmen, dass für das Zustandekommen einer Sinneswahrnehmung drei Faktoren gegeben sein müssen: die Kraft, sinnlich wahrzunehmen, der wahrzunehmende Gegenstand und das Wahrnehmen selbst: z. B. Gesicht, Sehbares, Sehen; Gehör, Hörbares, Hören, [2]) kurz habitudo, habendum und habere. [3]) Damit ist jedoch die Reihe der Bedingungen noch nicht geschlossen; es fehlt noch die für das Zustandekommen der Sinneswahrnehmung sehr wichtige Thätigkeit des νοῦς. Zwar sind Sinnlichkeit und Vernunft ihrem Wesen nach völlig verschiedene [4]) Seelenfunktionen, und selbst in ihrer Thätigkeit sind sie oft erfahrungsgemäss völlig von einander getrennt, ja sie würden sich sogar gegenseitig hinderlich sein, wollten sie vereint auftreten. [5]) Allein für das Zustande-

---

[1]) Sämtliche Ausführungen über Potenz und Energie der Sinnlichkeit, die Lehre, dass die Wahrnehmung zustande kommt durch ein Bewegen (von der Potenz zur Energie), ein Bewegtwerden (von den Objekten) und ein Empfinden: all' dies hat Philo — zum Teil wörtlich — aus Aristoteles. Vgl. darüber Kampe, p. 62. 63. 64. — Auch das Resultat des Prozesses der sinnlichen Wahrnehmung ist ein ähnliches wie bei Aristoteles; vgl. Kampe, p. 79. f. — Zeigte hier schon der Name δύναμις κριτική die Anlehnung an Aristoteles (de anima 432a, 16), so ergiebt das Schlagwort der φαντασία ἀκατάληπτος die Vermischung mit stoischen Lehren. Näheres vgl. p. 59. —

[2]) quaest. in Gen. II § 21.

[3]) quaest. in Exod. II § 112, lehnt sich an stoische Lehren an, Stein VII, 149.

[4]) Sinne und Reize sind etwas Materielles, nicht aber Geist und Gedanken; quaest. in Gen. II § 59.

[5]) I, 91. 510. 574. Z. B wenn wir etwas genau überlegen wollen, schliessen wir die Augen, die Ohren und alle Sinne. Betrachten wir wiederum Malerei u. s. w., oder hören wir Töne, oder erhebt sich gar der Geschmack, um sich gierig mit Freuden des Magens zu füllen: dann können wir wieder nichts im Geiste überlegen. Die Sinnlichkeit wirkt — dann schlummert die Vernunft; erwacht diese, so schwindet jene. Diese Ausführungen zeigen, dass Philo hier vor allem die ethische Seite hervorhebt. In erkenntnistheoretischer Hinsicht weist

kommen der richtigen Wahrnehmung oder Vorstellung ist die
Hülfe des Geistes unentbehrlich, da er die immaterielle Sammel-
stätte der sinnlichen Eindrücke ist.[1]) Ist doch im Grunde die
Sinnlichkeit eine Kraft des Geistes, die, wie sie nur aus der
Quelle des νοῦς abfliessen konnte,[2]) wiederum nur bestehen und
wirken kann durch Zurückbeziehung auf dieses ihr Prinzip.[3])
Durch die Sinnesorgane erfassen wir zwar die wahrzunehmenden
Objekte, aber ihre Thätigkeit würde nichts nützen, wenn nicht
der Geist mit seinen Hülfskräften hinzukäme.[4]) Auf ihn müssen
sie ihre Bewegungen und Wahrnehmungen zurückbeziehen,[5]) er
ist ihre Grundlage; was sie thun, thun sie nicht ohne ihn.[6])
Dasselbe besagt nicht nur ethisch, sondern psychologisch gefasst,
der Ausspruch, dass die körperlichen Objekte nur den unrecht-
mässigen Gemahl der Sinnlichkeit, der Geist aber den recht-
mässigen ausmache.[7]) Es wird so in der Ethik als Forderung,
in der Erkenntnislehre als Thatsache hingestellt, dass die Sinnlichkeit nicht ein Genosse, sondern ein Diener des herrschenden
Geistes sei,[8]) der, wenn er auch noch so klein und unsichtbar,
doch Führer der Sinnesorgane ist.[9]) Damit ist das Verhältnis
von νοῦς und αἴσθησις nicht ein einseitiges, sondern ein gegen-
seitiges: Mann und Weib,[10]) Diener und Herr, Führer und Ge-

---

er mit Recht darauf hin, dass die einzelne Sinnesempfindung nie zu
unserem Bewusstsein voll und klar kommen kann ohne Mithülfe des
Geistes. Die Stoa ist es wiederum, die dasselbe häufig genug betont,
und der Philo es offenbar entnommen hat. (Stein VII, 149. Heinze,
Erk. der Stoiker, 22.) —

[1]) I, 194; ein stoischer Ausdruck.

[2]) I, 97. 455 und oben p. 38.

[3]) I, 73. [4]) II, 12.

[5]) quaest. in Gen. II § 23: die Sinnlichkeit ist Bein von seinem
Bein, Fleisch von seinem Fleisch, d. h., wie Philo erklärt, Kraft von
seiner Kraft, Leiden von seinem Leiden.

[6]) I, 73.

[7]) I, 131. quaest. in Gen. IV § 52.

[8]) I, 33. 207. II, 318. quaest. in Gen. I § 49.

[9]) II, 214.

[10]) quaest. in Gen. IV § 52. — All' diese Beziehungen erinnern
unschwer an den Namenreichtum des stoischen ἡγεμονικόν.

führter, Herrscher und Beherrschter sind Paare, die logisch untrennbar sind. Ebenso ist Vernunft und Sinnlichkeit in ihrer
Thätigkeit nie rein von einander trennbar, vielmehr stets auf-
einander angewiesen.[1]) Der Geist ist nackt, ein Nichts,[2]) wenn
nicht die Sinne ihm Stoff zum Wirken darbieten; andererseits
können auch sie nichts erreichen, wenn sie nicht vom Geiste geführt werden.[3]) Wollte jemand aus der Seele den Geist weg-
nehmen, so würde er auch die ganze Sinnlichkeit töten.[4]) Das
Band aber, das beide verbindet, ist das Streben beider nach Erfassung der Sinnesgegenstände (I, 79). So existiert denn eine

---

[1]) I, 67.

[2]) I, 97.

[3]) I, 79. 98. 149. 349. 488. quaest. in Gen. IV § 132. — Derartige
Ausführungen finden sich auch schon bei den vorstoischen Philosophen
(bei Plato ruht die ganze Lehre der Begriffsbildung und Induktion
auf ihnen, cfr. Zeller (II, 518) und des Aristoteles bekannten Satz
nihil est in intellectu u. s. w.) aber erst die Stoa hat diesen Empirismus
— wenigstens in ihren früheren Vertretern — konsequent ausgebildet.
Aber wie bei den Stoikern der sensualistische Empirismus zu Gunsten
der Ethik und ihres göttlichen ἡγεμονικόν allmählich gemildert wurde
(vgl. die Ausführungen Steins), genau so und aus denselben Gründen
wird der Empirismus Philos — und hier gleich von vornherein —
seiner Grundlage beraubt. Der Geist ist zwar auf die Sinne angewiesen: aber die Sinne sind ohne den Geist ganz unfähig; er giebt
ihnen zuerst die Unterscheidungskraft und bearbeitet dann selbst die
ihm zugeführten sinnlichen Empfindungen. Der Stoff ist materiell,
aber alle Kräfte entstammen dem Geiste. Ausserdem giebt es ja
auch reine Verstandesbegriffe (νοητά), die der Geist ohne alle Empirie
erfasst (cfr. oben p. 13[10]), und endlich tritt noch die Skepsis hinzu,
die die Wahrheit des materiellen Vorhandenseins eines Stoffes und
die Wahrheit der sinnlichen Empfindung fast völlig untergräbt. Die
Gründe dieses Abwendens vom Empirismus sind weiter p. 70 ff. gegeben. — Auf die Betonung der Thatsache, dass eine bewusste Wahrnehmung nur mit Hülfe des Geistes möglich ist, mag auch die
platonische Darstellung im Theätet 184—186 eingewirkt haben. Vgl.
z. B. Platos Ausspruch dort, dass die Sinne nicht das, womit, sondern
wodurch wir wahrnehmen; cfr. Susemihl, genet. Entw. d. plat. Phil.
I, 190.

[4]) I, 223.

dreigliedrige Kette, die nirgends durchbrochen werden darf, soll
eine richtige Wahrnehmung oder Vorstellung zustande kommen:
Objekt, Sinn, Geist sind die Glieder dieser Kette, alle gleich
unentbehrlich und notwendig. (I, 48. 49. 595. 596.) Sehr oft
spricht Philo von dieser gemeinsamen Wirksamkeit von Sinn und
Geist. Wie geht sie vor sich?

Zunächst ist zu beachten, dass der Zeitraum, der zwischen
den einzelnen Vorgängen liegt, unendlich gering ist: in ein und
demselben Momente, in dem das Sinnesorgan affiziert wird, wird
auch der Geist affiziert, indem die sinnliche Empfindung ihm ein-
geprägt wird.[1] Der Vorgang der sinnlichen Erkenntnis vom
ersten Reizeintritt bis zur klaren Objektsvorstellung verläuft also
folgendermassen: Von einem Objekte aus entsteht ein Reiz;
daraufhin bewegt sich der Geist bis zu den Sinnesorganen und
erweckt die potentielle Sinneskraft zur Aktion. Die Sinne richten
sich auf das Reizobjekt, es gleichsam — mit ihrer Kraft — be-
rührend, wodurch ein Eindruck entsteht, von dem die Sinnlichkeit
erfüllt wird, den sie aufnimmt. Im selben Augenblicke tritt auch
der Geist hinzu, empfängt von der Sinnlichkeit diesen Eindruck
und wird von ihm erfüllt; da er dem Wachse gleicht und äusserst
beweglich ist, so wird in ihn dieser Eindruck gleichsam ein-
geprägt,[2] während er selbst dabei in die sinnliche Empfindung
den eigenartigen, spezifischen Charakter einprägt. Dieses Bild
nimmt er auf und bewahrt es.[3] Auf solche Weise empfängt der
Geist von der Sinnlichkeit die Affektionen, die sie erlitten hat,
und so treten die Vorstellungen der Gegenstände in den Geist
durch die Sinne ein.[4] Letztere gleichen Fenstern, durch die die

---

[1] quaest. in Gen. I § 37. § 38. — Die folgenden Stellen zeigen,
wie Philo bemüht ist, von seinem νοὺς, dem stoischen ἡγεμονικόν, das
zwar „dem Wachse gleich, aber äusserst beweglich" ist, jedes Leiden,
jedes Affiziertsein fernzuhalten, wie ja auch die Stoiker sich abmühten,
diese Denkseele stets rein als ποιοῦν nur zu erhalten; vgl. Stein, VII
125 ff., auch Euken, Gesch. d. philos. Terminologie, Leipzig 1879 p. 179.

[2] quaest. in Gen. II § 37; I, 40. 48.

[3] I, 278.

[4] quaest. in Gen. II § 37.

Wahrnehmungen in den νοῦς eintreten, [1]) oder Boten, die ihm die Körper und ihre Eigenschaften zuführen. [2]) Sie sind es, durch die die Vernunft gleichsam hingerissen wird zu den Objekten, [3]) und durch sie arbeiten sich Geist und Objekt, Immaterielles und Materielles gegenseitig in die Hände. [4])

Welchen Nutzen hat nun diese Mittthätigkeit des νοῦς für die sinnliche Erkenntnis? Wir hatten das Empfindungsbild (πάθος), das die αἴσθησις aufnimmt, bereits dadurch charakterisiert, dass es nur Eigenschaften und allgemeine unbestimmte Auffassung vom Objekte besitze. Erst der Geist ist es, der die individuellen Merkmale und Unterschiede hervorhebt und sondert, [5]) er ist es, der das Einzelobjekt als solches richtig erfasst, richtig vorstellt. War deshalb die sinnliche Empfindung (πάθος, αἴσθησις) in ihrer Wirkung als δύναμις διαχριτική, in ihrer Thatsächlichkeit als φαντασία ἀκατάληπτος gekennzeichnet, so hat die sinnliche Vorstellung (φαντασία), wenn sie abgeschlossen vorliegt, als Charakteristikum die Bestimmungen: κατάληψις und φαντασία καταλητπική. [6]) Unterscheidet jene nur die Existenz eines Körpers von einem

---

[1]) und durch die der Geist auch wieder nach aussen hin funktioniert z. B. beim Streben. Quaest. in Gen. II § 37.

[2]) I, 624. 633.

[3]) II, 14.

[4]) I, 48. 49.

[5]) Eine deduktive Erkenntnisart, die der Natur des Menschen entspricht, der immer erst das Allgemeine gegeben ist und daraus erst das Einzelne; quaest. in Gen. IV § 22. Überhaupt ist Philo Anhänger der deduktiven Methode, quaest. in Gen. III § 3, Harris p. 29, im Widerspruch mit seiner stoisch-empiristischen Grundlage und mit dem ausgeprägten Nominalismus der Stoiker.

[6]) I, 97. 491. — Der litterarische Streit über die Bedeutung der φαντασία καταλητπική in der Stoa ist bis jetzt noch nicht zum endgültigen Abschlusse gelangt. Gesichert erscheinen auf allen Seiten drei Punkte: a) dass die φ. κ. einen Doppelsinn in sich schliesse, aktiven und passiven; b) dass sie nur auf sinnliche Wahrnehmungen sich beziehen kann; c) dass sie ein deutliches, adäquates Abbild des Objekts bedeute. Betrachten wir die Auffassung Philos, der ja auch als Stoiker betrachtet werden kann; vielleicht verbreitet sie etwas Licht über das Dunkel. Philo setzt δύναμις διαχριτική und κατάληψις,

andern (I, 97), kann sie nur unbestimmte Vorstellungen von einem Objekte geben (I, 109), so ist es die Vernunft, die allein begreifen, allein richtig erfassen, allein richtig beurteilen kann,

φαντασία ἀκατάληπτος und φ. καταλ. einander gegenüber, jene den Sinnen, diese dem Geiste zuteilend. Nach unseren Ausführungen kann sich nun das καταλαμβάνειν nur auf den νοῦς beziehen und in der Zusammensetzung mit φαντασία nur im passiven Sinne gebraucht sein. φ. κ. heisst eine vom νοῦς — klar, deutlich, adäquat — erfasste Vorstellung; φ. ἀκ. ist eine noch nicht vom νοῦς, sondern von der αἴσθησις allein erfasste Vorstellung, die unklar, undeutlich, inadäquat ist. Also φαντασία ἀκατάληπτος = αἴσθησις; φαντασία καταληπτική = αἴσθησις ÷ νοῦς. Man beachte — ausser den Beispielen im Texte — ein Exempel, das Philo giebt, quaest. in Exod. II § 13. Er spricht daselbst über Aufmerksamkeit also über „Erfassen durchs Gehör": wer nur mit den „Spitzen" der Ohren hört, hat zwar eine dunkle Erfassung des Gesagten; wer aber völlig hört, in den dringen die Worte offener ein, erleuchten alle Gänge des Ohres und prägen in den wachsgleichen Geist tiefe Eindrücke. — Vergleichen wir nun die Auslassungen der Stoiker! Als Hauptstellen pflegt man die Darstellung des Diog. Laert. VII, 46 und die des Sext. Emp. adv. Math. VII, 247 anzuführen (cfr. Stein VII, 167. 177). Beide stimmen zu unserer Auffassung; jene verlangt als Kriterium der φ. κ., dass sie ein adäquates Abbild eines Objektes sei, völlig und genau abgeprägt und abgedrückt (natürlich in den νοῦς); die φ. ἀκ. ist dann eine solche, die von keinem „vorhandenen" (d. h. jetzt sichtbaren) Objekt, oder wenn sie von einem solchen kommt, doch nicht scharf und ausgeprägt ist (die also nicht zum Bewusstsein des Geistes, sondern nur bis zur αἴσθησις gekommen ist). Sext. Emp. nennt die φ. ἀκ. ganz deutlich eine solche, die κατὰ πάθος entstanden ist (also nichts ist als ein Eindruck in die αἴσθησις), sie kann wahr sein, aber sie ist nicht kataleptisch, da sie zufällig und von aussen kam, und erhält deshalb keine Zustimmung. Endlich wenn Chrysipp als Kriterium einmal die φ. κ. und wiederum αἴσθησις καὶ πρόληψις hingestellt hat, so ist das gewiss kein Widerspruch, aber auch kein Hilfskriterium, wie Stein (VII, 271) will. Chrysipp hat einfach den Vorgang des φ. κ. in seine Teile zerlegt, in das Empfindungsbild (αἴσθησις) und in die seelische Disposition zur Entwickelung empirischer Begriffe (πρόληψις) oder was dasselbe ist, in das Vorstellungsbild des νοῦς. Vielleicht ist in der Suidas-Stelle, die αἴσθησιν + γνῶσιν + πρό-

sie ist es, die sinnlich erregt das Äussere wirklich erkennt, ein deutliches Bild davon empfängt (I, 123). Die Augen sehen, aber der Geist deutlicher durch sie; die Ohren hören, aber der νοῦς besser durch sie. Kurz, die Sinne nehmen die entsprechenden Reize auf, aber erst der Geist erfasst sie rein und deutlich, da er selbst das Auge der Augen, das Ohr des Gehörs u. s. w. ist. Er ist überhaupt schärfer als alle Sinne und gebraucht sie nur als Beisitzer gleichsam, während er selbst Richter ist über die Natur der Objekte.[1]) Die Sinne haben also nur mitberatende, nicht entscheidende Stimme. Letztere hat der Geist; durch ihn unterscheiden die Augen oder vielmehr er durch die Augen das Gesehene, ob es schwarz, weiss, viereckig, rund oder anders geformt oder gefärbt ist. Ebenso beurteilt er den aufgenommenen Schall, ob er harmonisch oder nicht u. s. w.[2]) Ist es so der νοῦς, dem die Sinne den Unterscheidungsstoff zuführen,[3]) und durch den wir die Dinge wahrnehmen,[4]) so ist es falsch zu sagen: die Augen sehen, die Ohren hören u. s. w. Es muss vielmehr heissen: der Geist sieht — durch die Augen, der Geist hört — durch die Ohren[5]) u. s. w. So ergiebt sich denn als letzter Grundsatz:

λῆψιν hat, das Wort γνῶσιν nicht zu streichen oder νοῦν, ἡγεμονικόν dafür zu lesen. Die Angabe ist dann die genauere, und der Vorgang wäre völlig in seine Teile zerlegt, Sinn, Geist, Anlage! Auch alle anderen Lehrsätze stimmen mit dieser Auffassung überein. Zur φ. κ kommt, soll sie als Kriterium der Wahrheit gelten, die συγκατάθεσις noch hinzu, und wir haben dann die κατάληψις, die Erfahrungsthatsache, die für die Stoa das untrügliche Zeichen der Wahrheit ist. κατάληψις = φαντασία καταληπτική + συγκατάθεσις. Letztere ist übrigens Philo nicht unbekannt, wenn er sie auch selten verwertet hat (cfr. oben p. 18). So sagt er an einer Stelle (I, 392): der Geist braucht zur Erkenntnis eines Dinges βουλή und συναίνεσις, jenes zur Untersuchung (βουλή käme also ungefähr der πρόληψις gleich), dieses zur Unterscheidung von wahr und falsch (das ist die stoische συγκατάθεσις).

[1]) I, 540.
[2]) I, 98.
[3]) I, 149. 595.
[4]) I, 149.
[5]) Man vgl. hierzu Epicharms Ausspruch: νοῦς ὁρῇ καὶ νοῦς ἀκούει, τἄλλα κωφὰ καὶ τυφλά, auf den auch Plato im Phaed. 65 b anspielt;

Eine adäquate Erkenntnis von Objekten ist nur möglich dadurch, dass der νοῦς das von der αἴσθησις ihm überlieferte Material verarbeitet. Geist und Sinn haben, wenn wir die Ausführungen zusammenfassen, beim Zustandekommen sinnlicher Erkenntnis eine dreifache Aufgabe: Die Sinnlichkeit hat a) sich aus der Potenz zur Energie zu entwickeln, b) den sinnlichen Eindruck aufzunehmen, c) ihn dem Geiste weiterzugeben; der Geist hat a) die Sinnlichkeit zur Energie zu entwickeln, b) die sinnliche Empfindung von der Sinnlichkeit aufzunehmen, c) die sinnliche Empfindung charakterisch zu erfassen, vorzustellen.

Fragen wir endlich, wie kam Philo zu einer solchen Auffassung, so ergiebt sich als Antwort: sie ist der Stoa entlehnt[1]) und nichts anderes als eine konsequente Durchführung des stoischen Gebrauches der Denkseele, des ἡγεμονικόν[2]), als herrschenden Teiles der Seele.

---

cfr. Lorenz, Epicharms Leben und Schriften p. 105 u. 255. — Vgl. auch oben p. 57 Anm. 3.

[1]) So findet sich (Stein VII, 125) eine stoische Stelle aus Chalcid. in Tim. c. 217 (ed. Mullach), die fast wörtlich mit philon. Ausführungen übereinstimmt und aus Chrysipp stammt: sensibus compellendo ad operandum totaque anima sensus, qui sunt eius officia, velut ramos ex principali parte illa tanquam trabe futuros eorum quae sentiunt nuntios, ipsa deiis quae nuntiarerint iudicat ut rex. Ähnl. Cicero Acad. II 10, 30.

[2]) Der Vergleich mag, durchgeführt, zwar trivial sein, aber er giebt am besten die philonische Auffassung wieder, und wir ziehen ihn hier deswegen.

Der Herr merkt, dass jemand kommt.	Der νοῦς merkt, dass ein Reiz kommt.
Er lässt den Diener das Thor öffnen und jenen empfangen.	Er lässt die αἴσθησις ihre Organe öffnen und jenen empfangen.
Der Diener empfängt den Jemand — es ist z. B. ein Mann, den er aber weiter nicht kennt — und geleitet ihn zum Herrn.	Die αἴσθησις empfängt den Reiz — es ist ein spezifischer, z. B. eine Farbe, die sie aber nicht weiter kennt — und geleitet ihn zum νοῦς.
Der Herr empfängt jenen und erkennt ihn als den und den speziellen Mann.	Der νοῦς empfängt den Reiz und erkennt ihn als den bestimmten Reiz eines bestimmten Objektes.

Noch eine Bestimmung ist zu geben. Wir sahen, dass die Sinnlichkeit in ihrer Thätigkeit völlig bedingt ist durch die des Geistes[1]), dass er ihr die Kraft zu wirken giebt, und daß ihre Wirkung endgültig durch Hinzukommen seiner Kraft zustande kommt: die Sinnlichkeit arbeitet ἅμα τῷ νῷ καὶ μετὰ τοῦ νοῦ.[2]) Andererseits will Philo der Sinnlichkeit einen Schein von Freiheit wahren. Die Augen würden sehen, die Ohren hören u. s. w., auch wenn der Geist ihnen befehlen wollte, es nicht zu thun.[3]) Philo vergisst jedoch hier ganz, dass das garnicht möglich ist, dass die Sinnlichkeit, auch wenn sie gegen den Willen des Geistes, immer noch mit Hülfe desselben thätig ist. Solange nicht die Sinnesorgane überhaupt fehlen oder zeitweise der Benutzung entzogen sind, solange ist ihre Thätigkeit von der des Geistes untrennbar. Es herrscht in der Erkenntnislehre Philos unumgehbar der intellektuelle Determinismus.

----

c) Wert der Erkenntnis.

**1. Irrtum. — 2. Trug. — 3. Grund solcher Lehren. —
4. Höchster Zweck.**

1. Drei Voraussetzungen waren es, die das Fundament der stoisch-philonischen Erkenntnispsychologie bildeten. Die erste Voraussetzung war die einer realen Körperwelt, die zweite die von der Wahrheit der Erkenntnis d. h. die Überzeugung, dass Objekt und Vorgestelltes übereinstimmen; die dritte die einer Erkenntnisfähigkeit, Erkenntniskraft unserer Sinne und unseres Geistes überhaupt. Sämtliche Voraussetzungen werden jedoch als unrichtig von Philo erwiesen, und so stürzt der empiristische Bau

----

[1]) Selbst die Schärfe derselben hängt vom Grade der Gesundheit des Geistes ab; I, 454.

[2]) I, 98; in dieser Weise ist der Satz zu erklären (gegen Stein VII, 138).

[3]) I, 98. Es ist ein ebensolcher Schein von Freiheit wie der, dass der Geist, will er etwas sehen u s. w., durchaus auf die Sinne angewiesen ist und es nicht thun kann ohne ihre Mitwirkung.

schon in seinen Grundmauern zusammen. Beginnen wir mit der Prüfung der letztgenannten Voraussetzung, dass Sinn und Geist die Kraft besitzen, etwas zu erkennen. Sie ist unrichtig. Die Thätigkeit der Sinnlichkeit und des Geistes — wir haben das Allgemeine schon oben[1]) erörtert — ist nicht eine Kraft, die aus ihrer eigenen Natur hervorgebracht ist und die ihnen zukäme.[2]) Denn alles Geschaffene ist nur scheinbar wirkend, wirklich thätig ist allein Gott[3]), und er ist es, dem jene beiden ihr Wirken zu verdanken haben. Mag auch die Sehkraft und die Farbe, überhaupt Sinn und Objekt gegeben sein, so ist damit noch nicht das Wahrnehmen selbst gegeben. Dieses stammt von Gott[4]) und nicht von den Organen.[5]) Auch der Zusammenhang von Geist und Sinnlichkeit, ihre gegenseitige Einwirkung entspringt durchaus nicht als letzte Ursache dem Geiste.[6]) Wir könnten nicht sinnlich wahrnehmen, wenn nicht durch göttliche Fürsorge die Sinnesorgane in die Aktion träten[7]), wie überhaupt unsere Seele nur Unreifes und Missgeburten aus sich[8]) hervorbringen würde, wenn Gott sie nicht befruchtete. Er ist es, der den Sinnen die Sinneskräfte giebt[9]), wie er aller seelischen und körperlichen Kräfte Ursache

---

[1]) p. 15 ff.

[2]) I, 53, 152. 233. 360. 487. Die Anregung zu diesem ausgeprägten Okkasionalismus mag Philo wohl dem stoischen Lehrsatze vom Urpneuma und dessen Verbreitung im Kosmos verdanken. Konsequent genug hat er ihn durchgeführt, auch für die übrigen Seelenteile. Ebensowenig wie dem Geiste und der Sinnlichkeit kommt der Sprache ihre Kraft zu (I, 487. 489). Ja selbst das Zeugungsorgan hat keine eigene Kraft (I, 497). Denn Gott ist eigentlich unser Erzeuger, die Eltern sind nur die Organe, durch die er zeugt. Zur Abhängigkeit von der Stoa vgl. Zeller über Geulincx (Sitzungsb. d. Berliner Akad. 1884) p. 687[1].

[3]) I, 44.

[4]) I, 565.

[5]) I, 78. 373.

[6]) I, 161.

[7]) I, 586.

[8]) I, 44 1.

[9]) I, 162.

ist. Er ist das wirkende Prinzip und wir nur die Organe, die Werkzeuge für seine Allgüte.[1])

Den Hauptbeweis für diesen okkasionalistischen Determinismus, dem unsere Erkenntnisquellen unterworfen sind, liefern 2 Thatsachen der Erfahrung: a) der Umstand, dass weder Geist noch Sinn ihr Wesen und ihre Eigenschaften kennen:[2]) b) die manigfachen Sinnestäuschungen oder Irrtümer, denen wir ausgesetzt sind.[3]) Sich versehen, sich verhören, bei jedem Sinne sich öfter irren als richtig urteilen, das zeigt deutlich, dass die Seelenthätigkeit und ihre Kräfte nicht in unserer Gewalt sind.[4]) Wären sie es, so müssten die speziellen Auffassungen der Objekte fest sein, Geist und Sinn müssten ihre Festigkeit aus sich selbst mitbringen, ohne dass Gott sie ihnen erst zuteilte.[5]) Solche Sinnestäuschungen und Irrtümer kommen sehr oft vor[6]), ganz besonders das Gesicht ist ihnen unterworfen[7]), und sie zeigen, dass weder Sinn noch

[1]) I, 162. 374. 377.

[2]) I, 78. I, 159. cfr. oben p. 18.

[3]) Bekanntlich auch die Hauptbeweise der kartesianischen Okkasionalisten. — Die Stoiker blieben ihrem Empirismus treu und schoben die Irrtümer dem Urteile zur Last (cfr. Stein VII, 144).

[4]) I, 78. 152.

[5]) I, 342.

[6]) um so leichter, als in der Sinneswelt alles gemischt und fliessend ist, vgl. weiter p. 67. 74.

[7]) Für das sinnliche Schauen steht z. B. die Welt fest, obwohl sie, wie Sonne und Sterne in schnellster Bewegung ist (I, 419). Sonnenstrahlen und Mondglanz sehen wir oft für Sonne und Mond selbst an, wenn wir diese nicht erblicken können (I, 656). Wenn ein Gegenstand sehr weit entfernt ist und die Augen ihn dennoch sehen wollen, so gleiten sie gleichsam im Leeren aus und werden ebenfalls getäuscht (II, 204). Ähnliches gilt vom Ohr (II, 300). Die Menge der Objekte verhindert ebenfalls das Scharfsehen der Augen (II, 215). Bilder im Spiegel, Farben und Qualitäten täuschen ebenfalls die Sinne (I, 470 quaest. in Gen. IV § 471). Auch der Horizont täuscht, er ist nur eine Affektion, ein Erzeugnis unserer Sinne; je nachdem jemand scharf- oder kurzsichtig ist, wird dieser Abschnitt grösser oder kleiner (I, 27). Auch das Phänomen des Regenbogens, der durch das Erscheinen der Sonnenstrahlen in einer feuchten Wolke entsteht,

Geist imstande sind thätig zu sein, dass Gott nur wirkt, nicht sie.

2. Aber nicht nur diese eine empiristische Voraussetzung ist eine falsche, auch die andern sind irrig. Ebenso wenig wie Geist und Sinn rechte Kraft besitzen, ebenso wenig besitzen sie rechtes Urteil. Es ist thöricht und unvernünftig zu glauben, dass Geist und Sinne richtig über die Körperwelt urteilen[1]), und zwar aus folgenden Gründen: 1. ist überhaupt über die Sinnenwelt wie über alle Sinnesobjekte ein solches Dunkel verbreitet, dass der Untersuchende entweder schon von vornherein unmöglich etwas klar erlangen kann, oder wenn er es erlangt hat, nicht die Wahrheit, sondern nur eine Vermutung gefunden hat[2]). 2. Hätten wir von denselben Dingen stets ein und dieselben Reize, Empfindungen und Vorstellungen, so könnten wir vielleicht daraus als notwendig schliessen, dass unsere Erkenntnisquellen, Sinn und Geist, wirklich nicht trügen und könnten den Dingen selbst glauben, ohne zu zweifeln.[3]) Da wir aber stets in der verschiedensten und unbeständigsten Weise affiziert werden, so können wir nie etwas bestimmt behaupten, denn das Erscheinende bleibt nicht fest, sondern nimmt die verschiedensten Formen an.[4]) Das zeigen uns Tiere, Menschen, wir selbst; jede natürliche und unnatürliche Bewegung unserer selbst, jede Verschiedenheit der Lage, des Ortes, der Entfernung ist Ursache der Unbeständigkeit der Erscheinungen So erscheinen uns im Wasser die Fische grösser, die Ruder gebrochen und vieles andere mehr.[5]) 3. Es kommt hinzu, dass fast

ist subjektiver, unkörperlicher Art; denn nachts wird er nie gesehen selbst wenn eine Wolke da ist (quaest in Gen. II § 64). Vgl. auch weiter.

[1]) I, 423 ff. — Über die historischen Beziehungen zur Skepsis, vgl. oben p. 20. — Die nachstehenden Beweise sind die bekannten Tropen der Skepsis; cfr. Arnim, p. 56 ff., der das Verhältnis der philonischen Darstellung zu der des Aenesidem ausführlich erörtert.

[2]) Selbst die παιδεία, das Ausgerüstetsein mit grossen Wissensschätzen genügt nicht zur Erforschung der Dinge, auch ihr Licht verschwindet in der ungeheuren Finsternis.

[3]) I, 382.

[4]) I, 382.

[5]) I, 385. Auch sonst oft zitierte Beispiele; cfr. Heinze, Erkenntnisl. der Stoiker p. 31[1].

nichts für sich allein, sondern immer nur im Vergleich mit seinem Gegenteil betrachtet und bestimmt werden kann. Was aber von sich selbst nicht Zeugnis ablegen kann, ist sicherlich nicht glaubhaft.[1]). 4. Alles Sinnliche tritt uns niemals seiner reinen Natur nach entgegen, sondern stets als vielfach Gemischtes und Verwirrtes;[2]) so die Farben, Gerüche, der Geschmack. 5. Das Sinnliche ist nicht nur gemischt und undeutlich, sondern auch nie beständig, nie sich gleichbleibend, in ewigem Flusse begriffen.[3]) Eine Erkenntnis der reineren Form eines Dinges ist deshalb sehr schwer, wenn nicht unmöglich.[4]) — In, um und ausser uns sind so eine Reihe von Ursachen zur Erregung falscher Meinung, natürlicher Verderbnis und unfreiwilligen Irrtums gegeben.[5]) Wir irren stets und täuschen uns selbst gleich Schlafenden, die glauben, die Natur der Dinge deutlich zu sehen.[6]) Demgemäss ist das, was uns die Sinne von der Aussenwelt liefern, keine Wahrheit, kein Wissen[7]), sondern Trug und Täuschung[8]), unbeständiges und schwankendes Meinen (δόξα):[9]) unbeständig und schwankend deshalb, weil es sich auf Bilder und Wahrscheinlichkeiten bezieht, jedes Bild aber, da es sich infolge einer gewissen Ähnlichkeit mit dem Objekte für dieses selbst ausgiebt, trügerisch ist;[10]) ferner deshalb, weil es durch Schatten Körper, durch Worte Dinge zu zeigen wagt, und das ist unmöglich.[11]) Die Sinnes-

---

[1]) I, 386.

[2]) I, 78.

[3]) I, 7. II, 215 quaest. in Exod. II § 121. de Provid. I § 16. Hier und in den bald folgenden Bestimmungen der δόξα zeigt sich wieder die Anlehnung an Plato; vgl. Timäus 28 f. 51 f.

[4]) I, 386. cfr. Provid. I § 16.

[5]) I, 149.

[6]) I, 638. II, 61. Ein beliebtes Bild Platos z. B. Rep. V, 476; auch die folgenden Sätze sind platonisch. cfr. Peipers Erk. Platos 398 f. 436 f.

[7]) I, 633.

[8]) I, 549.

[9]) quaest. in Ex. II, § 34.

[10]) II, 412.

[11]) I, 337. 482.

objekte werden also nicht in ihrer Realität von den Sinnen erfasst, sondern sie trügen die Sinne[1]), und da diese die Wahrnehmungen dem Geiste übermitteln[2]), auch ihn.[3]) Dieser, der Sicherheit im Erkennen zu haben glaubt, wird dann ebenfalls als trügerisch erkannt, zumal er dem Einstürmen der unzähligen Einzeldinge nicht Widerstand leisten kann.[4]) Und wenn Plato wenigstens dem Geiste, unabhängig von der αἴσθησις, ein sicheres Wissen zuerkennen wollte, so lehrt uns Philo, dass auch dieses nicht der Fall sei, Der νοῦς und seine Thätigkeit ist gleichfalls nur ein Traumbild; seine Schlüsse und Folgerungen lehren ebenfalls keine Kenntnis der Wahrheit, νοητὰ und αἰσθητὰ trügen beide in gleicher Weise.[5]) Nur Gott allein hat Festigkeit und Wissen[6]), und für uns Menschen bleibt nur das Eine zu gestehen übrig: dass wir weder etwas bestimmt versichern noch leugnen können.[7])

Man könnte freilich darauf entgegnen: wir geben zu, dass wir keine Erkenntnis haben. Aber eine Kenntnis haben wir doch, von der Thatsache nämlich, dass ein Objekt uns affiziert, dass also ein Objekt, ein Körper vorhanden sein muss. Aber Philo lässt uns keinen Augenblick im Zweifel darüber, dass er auch diese letzte empiristische Voraussetzung uns entziehen will. Freilich gerät er dadurch in Zwiespalt mit der Bibel, mit der Stoa und dem sogenannten gesunden Menschenverstande. Ihnen nachgebend behauptete er denn einerseits: gewiss, es giebt eine solche räumlich und zeitlich vorhandene Körperwelt[8]), es giebt ein αἰσθητόν, das

---

[1]) I, 439. 485. quaest. in Gen. I § 46. § 47. IV § 171.

[2]) quaest. in Gen. I § 25. IV § 132, und oben p. 56.

[3]) quaest in Gen. I § 47.

[4]) II, 367. 412.

[5]) I, 132. 133. 160. 219. 421. 483. 650. II, 221. 227. II, 262. quaest. in Gen. IV § 155.

[6]) I, 566. 690. Pitra Anal. Sac. II p. 305.

[7]) I, 386. 387. — Es ist das Endergebnis der Skepsis, die ἰσοσθένεια τῶν λόγων, das auch von den Sophisten schon vorausgenommen war, nur in anderer Formulierung (jedes ist gleich falsch und gleich wahr d. i eben der von Philo bekämpfte Satz vom Menschen als Mass aller Dinge).

[8]) I, 97. 246.

für die sinnliche Erkenntnis die Basis abgiebt.[1]) Diese Körperwelt ist als Vielfaches und Zusammengesetztes[2]) von Gott geschaffen
und zwar von seiner Allgüte, der Idee des Guten.[3]) Wenn zur
Entstehung einer Sache 4 Dinge gehören, nämlich Schöpfer,
Stoff, Werkzeug und Ursache[4]), so ist die Welt von Gott infolge
seiner Güte durch den Logos aus den Elementen geschaffen worden
und zwar zunächst als immaterielle Ideal-, dann als reelle Körperwelt.[5]) Der Begriff eines Körpers beruht auf seiner allseitigen
Ausdehnung.[6]) Die Eigenschaften der Körperwelt liegen darin,
dass sie im Gegensatz zum Göttlichen stets und stets veränderlich[7]),
nicht wirkend, nur leidend[8]), oder wirkend und leidend[9]), und unvollkommen[10]) ist. Ja sogar, sie ist so wenig wirkend, dass sie
überhaupt nicht wirkt und also — überhaupt nicht existiert.
So sind wir denn mit einem Sprung aus dem empirischen Realismus
heraus, um zum Idealismus zu gelangen. Denn die Körperwelt
existiert nur scheinbar, sie wird durch die δόξα d. h. subjektiv
angenommen und kann nur ebenso vorgestellt werden; in Wahrheit
existiert sie nirgends.[11]) Demgemäss ist auch unsere ganze Erkenntnis eine subjektive, eine scheinbare und geschieht nur unter
der Voraussetzung jenes Scheines und Glaubens, jenes subjektiven
Annehmens, jener δόξα, die thatsächlich das Kriterium der Sinnlichkeit ist. Wenn also die Sinne Stoff und Form, Quantität und
Qualität, Figur und Farbe, aus welchen Eigenschaften jeder Körper
besteht[12]), wahrnehmen, so nehmen sie das nur scheinbar wahr

---

[1]) II, 147.
[2]) I, 66.
[3]) I, 5.
[4]) I, 162.
[5]) I, 431. II, 257.
[6]) I, 8.
[7]) I, 72. 142. 155.
[8]) I, 153.
[9]) I, 122. Gott ist nur wirkend, nie leidend (= dem stoischen
Urpneuma).
[10]) I, 159. 343.
[11]) 222. 461. 464.
[12]) quaest. in Gen. IV § 181.

sie glauben nur es zu erfassen, in Wirklichkeit existiert es garnicht.[1]) Dass die sinnlichen Objekte so existieren, wie es die
von ihnen übermittelten Eindrücke voraussetzen lassen, das glauben
nur die, die nicht sorgfältig genug die Natur zu untersuchen ge-
wohnt sind.[2])

3. Wir haben gezeigt, wie Philo die Grundvoraussetzungen,
auf denen sich der stoische Empirismus aufgerichtet hatte, nach
einander skeptisch zertrümmerte; wir sahen auch, wie er selbst
über die Skepsis, die zwar die Wahrheit der sinnlichen Empfindung,
aber doch nicht ihre Existenzursachen, objektiven Reiz und subjektive Kraft, geläugnet hatten, hinausgegangen war. Welche
Gründe waren es nun, die Philo bewogen, die sonst immer wieder
zu Tage tretende Anlehnung an die Stoa hier aufzugeben und
sich den erbittertsten Feinden der Stoa, den Skeptikern, anzu-
schliessen? Wir haben die Gründe allgemein bereits erörtert.
Sie lagen darin, dass die drei Glieder, die wir in der Erkenntnislehre kennen lernten, die Kette nicht abschlossen, sondern dass
nach oben hin noch zwei andere zugefügt wurden, an die jene
erst angeschmiedet worden waren. θεός und λόγος kamen noch
zu νοῦς, αἴσθησις und αἰσθητά hinzu! Mit anderen Worten: Die
philonische Gotteslehre und eng damit verbunden seine Ethik
erklären jene eigenartige Wandlung. Der stoische Empirismus
hatte behauptet: es giebt ein Sein, das uns Erkenntnis zuführt,
wir haben die Fähigkeit, diese Erkenntnis zu erfassen, und wir
erfassen sie auch richtig, als Wahrheit und Wissen. Darauf
antwortet Philo: all' das ist falsch. Denn es giebt kein Sein —
ausser Gott, niemand hat eine Fähigkeit — ausser Gott, niemand
hat Wahrheit und Wissen — ausser Gott. Diese Lehren ergaben
sich für Philo aus seiner Auffassung Gottes als des allerrealsten
und allervollkommensten Wesens. Sie erhielten aber für ihn eine
Bestätigung durch andere Erscheinungen. Zunächst durch die
Erfahrungsthatsache der Sinnestäuschung, des Irrtums. Die
Stoiker hatten sich allerdings mit dieser Thatsache abgefunden,
indem sie sie unserem — entsprechend wahren oder falschen —

---

[1]) I, 413. 470.
[2]) I, 99.

Urteile zuschoben. Aber das Urteil ist doch ein Akt geistiger Thätigkeit, stammt aus dem νοῦς, und lehrte nicht die Erfahrung, dass auch er in seinen Kräften abnehmen, dass auch er sich irren konnte? Und wenn indirekt es sich thatsächlich zeigte, dass unsere Kräfte weder Festigkeit noch Wahrheit besassen, so war das ein Beweis für die positive Behauptung, die sich direkt aus den theologischen Lehren ergeben hatte. Und noch ein Zweites kam hinzu! Hatte nicht eine grosse Anzahl von griechischen Denkern von anderen Voraussetzungen aus und auf anderem Wege genau dasselbe Endresultat erzielt? Hatte nicht Heraklit die Lehre vom Fluss aller Dinge aufgestellt, hatte nicht Plato unserem gewöhnlichen Meinen und Glauben jede Wahrheit abgesprochen, hatte nicht die Skepsis die Unmöglichkeit alles Positiven eingehend erörtert und bewiesen? Freilich dem entgegen standen biblische Lehren und der gesunde Menschenverstand! Aber für jene war doch die Allegorie da, mit Hülfe deren man sie so entziffern konnte, wie es gerade nötig war, und in diesem Falle war es noch nicht einmal von Nöten, da die subjektivistische, idealistische Richtung nur noch mehr dazu beitragen konnte, den Satz von der Allwahrheit und Allrealität des einen wirklichen Seins zu befestigen. Und mit diesem, mit den Lehren des gesunden Menschenverstandes, hatte Philo schlimme Erfahrungen gemacht. Der Empirismus der Stoiker hatte zu konsequentem Materialismus, der der Epikureer zu ausgeprägtem Hedonismus geführt. Beides vertrug sich nicht mit einer Gotteslehre, noch mit dem Geiste der jüdischen Religion speziell. Und wenn auch die Stoa trotz derartiger Lehren zu einer Ethik gekommen waren, die Philo hätte zusagen können, so war sie ihm doch auf einen zu wankenden Unterbau gestützt, nämlich auf menschliches Wesen, auf die sittliche Stärke des Individuums. Dass er selbst aber auch von einer so skeptischen, schwankenden anthropologischen Grundlage aus kaum zu einer sicher basierten Ethik gelangen könne, diese Schwierigkeit kam nicht in Betracht, da, wie wir schon betont haben, die Skepsis für ihn nicht End- sondern Durchgangspunkt war. Aus der erkenntnistheoretischen negativen Thatsache: Nichts Irdisches ist wahr, ergab sich die positive ethische Forderung: Wahrt Euch vor dem Irdischen. — Betrachten wir von diesem

Gesichtspunkte aus den Gang des philonischen Denkens, so findet
sich eine eigenartige Parallele dazu in den Cynikern. Von derselben Negation des Wissens ausgehend[1]) gelangten beide zur
selben strengen Sittenlehre, die bei Philo durch das Hinzutreten
der Gotteslehre religiös vertieft und dadurch von ihrer paradoxen
Schroffheit befreit ward.

4. Die menschliche Natur genügt durchaus nicht zur Erfassung sinnlicher Dinge und zur Unterscheidung geistiger Begriffe. Wer das nicht einsieht, ist ein ewiger Knecht der Sinnlichkeit,[2]) ist thöricht, unvernünftig und von einer Unwissenheit,
die noch viel weniger zu verzeihen ist als völliger Unverstand
und Sinnenlosigkeit.[3]) In diesen philonischen Sätzen liegt das
Endergebnis unserer vorigen Erörterungen; sie sind zugleich
ein sprechender Beweis dafür, wie die Erkenntnistheorie
und Ethik in einander eingreifen und auf einander beruhen. —
Vollkommen — so sagen sie uns — sind wir Menschen nicht.
Aber — so sagt Philo anderwärts — wir gehören zu den Fort-
schreitenden[4]) und können deshalb uns belehren lassen, wie wir
der Vollkommenheit wenigstens zustreben sollen. Wollen wir
also — wenn wir nur die Erkenntnislehre betrachten — im Erkennen möglichste Sicherheit gewinnen, so müssen wir aufs sorg-
fältigste bei allen Untersuchungen vorgehen. Sollen z. B unsere
Augen sich von der Evidenz eines Dinges überzeugen, so kann
das nur durch deutliche Demonstration geschehen.[5]) Bei jeder
Untersuchung hat man sich die Fragen vorzulegen: wo, wie und
warum ist der Sinn thätig, und darnach ist der Irrtum des Einzelnen zu berichtigen.[6]) — Ferner sollen wir uns vor der Un-

---

[1]) vgl. Stein, Erk. d. Stoa, p. 60 ff.
[2]) I, 126. I, 487.
[3]) I. 382.
[4]) Die stoische Lehre, aber keine skeptische ἐποχή. Vgl. p. 21, Anm.
[5]) I, 441.
[6]) I, 413. — Die Seele soll sich gleichsam Abteilungen machen,
in jedes Ding dann hineinschauen, es genau erforschen und in die
gehörigen Abteilungen die passenden Erörterungen einfügen. Dann
wird sie nicht durch allgemeine und unbestimmte Vorstellungen getäuscht (I. 180. vgl. Plato im Sopbist. 259 cd. und Tim. 37a. —

wissenheit, der grössten Seelenkrankheit, hüten, die alles vernichtet, und Wissen erwerben, das sich nicht täuschen lässt und ein Versehen oder Verhören unmöglich macht.[1] Worüber wir aber vor allem klar werden sollen, und wonach wir am schärfsten sehen sollen,[2] das ist der sittliche Wert oder Unwert einer Wahrnehmung. Nur der Thor glaubt, die sinnlichen Erscheinungen seien alle gut, weil er sich von ihren Eigenschaften täuschen lässt.[3] Man kann ja die Sinne zu allem benutzen, man soll sie aber nur zum Guten gebrauchen.[4] Denn jeder unserer Sinne ist für Schädliches empfänglich.[5] So stammen z. B. alle Leidenschaften von den Sinnen;[6] vor allem aber sind sie Ursache der

---

[1] I, 381.

[2] Quaest. in Gen. IV § 45.

[3] I, 306.

[4] Die Sehkraft z. B. kann alle Farben und Gestalten sehen, sie soll aber nur sehen, was des Lichtes und nicht der Finsternis wert ist u. s. w. I, 210.

[5] Wenn wir Sinneseindrücke als Nahrung den unvernünftigen und unersättlichen Sinnen gewähren, so werden wir selbst ohnmächtig und unglücklich (I, 196), werden zu Dienern dieser Eindrücke (I, 309), und wo sie herrschen, wird der Geist Sklave und kann nichts Ideales mehr festhalten (I, 78 quaest. in Exod. I § 22). Die Sinne erschüttern dann die Seele, erregen Krieg in ihr und führen alle Übel und Leidenschaften in sie ein. (I, 75. 92. 261 632. II, 24 quaest, in Gen. III § 27).

[6] Solcher Leidenschaften giebt es 4 an Zahl: $\dot{\eta}\delta o\nu\dot{\eta}$, $\dot{\epsilon}\pi\iota\theta\upsilon\mu\dot{\iota}\alpha$, $\varphi\dot{o}\beta o\varsigma$ und $\lambda\dot{\upsilon}\pi\eta$ (II, 34. 419. Bekanntlich auch die in der Stoa aufgestellten Hauptaffekte); keiner dieser Affekte kann bestehen, wenn ihm nicht die Sinne das Material liefern. Verweigern sie es, so entsteht Krieg, so z. B. im Alter, wo die Sinne, nicht aber die Affekte älter werden. So sind die Sinne Ursachen der $\pi\dot{\alpha}\theta\eta$ und ihnen zugleich unterworfen, ihnen, die die schärfsten Sinne blenden und unterwerfen (I, 75. II, 34). — Der spezifische Affekt der Sinne ist der Schmerz; denn worüber man sich freut, darüber trauert man auch, und wir freuen uns vermittelst der Sinne, also trauern wir auch durch sie. Am wenigsten trauert der treffliche und reine Geist, denn die Sinne setzen ihm am wenigsten zu. Am meisten trauert der Unvernünftige, da er den Unverstand doch nicht als Retter zu Hülfe rufen kann (I, 129). — I, 531.

Lust, die gar kein πάθος, gar keine Leidenschaft ist, sondern
weiter nichts als das unvernünftige Drängen und sich Erheben
der Sinne.[1]) Umgekehrt ist es die Lust, die wieder die Sinne
zum Schlechten bewegt.[2]) Denn die Sinnlichkeit an sich ist weder
gut noch schlecht, sondern ein Mittleres, das seiner selbst wegen
keinen Tadel erhalten kann[3]) Die Lust aber ist an sich schon
schlecht,[4]) ist den Sinnen feind[5]) und täuscht sie[6]) und den
Geist, indem sie Unnützes in die Reihe des Nützlichen stellt.[7])
Sie ist auch die eigentliche Ursache der Affekte und gebraucht
dabei die Sinne als Werkzeuge;[8]) diese bringen die Objekte,
werden von der Lust verführt und suchen ihrerseits dann auch
den Geist zu überreden und zu verlocken.[9]) — All' diesen Kampf
und Streit, den die Affekte und die Lust verursachen, können
wir vermeiden, wenn wir die Sinne zügeln durch die Vernunft,
wenn wir diese herrschen lassen. Als psychologischer Erfahrungs-
satz wird der Rat gegeben:[10]) wenn man einen Sinneneindruck
von sich wenden wolle, so solle man nicht aufmerksam auf ihn
sein und ihn nicht nochmals überlegen, damit man nicht besiegt
und unglücklich werde. Die besten Waffen im Kriege gegen alle
die schädlichen Einflüsse der Sinnlichkeit sind Weisheit und

---

[1]) Wie sehr wir unter der Lust leiden, zeigt sich daran, dass
wir, wenn wir voller ungemässigter Lust sind, nicht deutlich wahrnehmen können, unsere Eindrücke werden unklar und schwach.
Auch nach dem Genusse der Lust wie während desselben sind wir
völlig der Wahrnehmung durch die Sinne beraubt, so dass wir blind
erscheinen (I, 108). Es entfällt unseren Sinnen das Vermögen der
sinnlichen Wahrnehmungen, wenn sie voll von Lust sind. Unsere
Organe lassen dann immer mehr nach und nehmen zuletzt nur noch
schwer Eindrücke auf (I. 123). — I, 86. I, 124.

[2]) quaest. in Gen. II § 22.

[3]) I, 97. 100.

[4] Nur der Schlechte besitzt sie deshalb, nie der Gute. I, 100.

[5]) I. 108. 123 quaest. in Gen. I § 48.

[6]) I, 109. quaest. in Gen. I § 47.

[7]) I, 99.

[8]) I, 274. 315. II, 21.

[9]) I, 40.

[10]) I, 90.

Tugend; sie erwerben wir stets fortschreitend vom Sinnlichen zum Geistigen, von dunkler zu reiner Erkenntnis.[1]) Fortschritt zum Geistigen ist aber nicht das letzte Ziel: die Sinne sollen dem Geiste dienen, der Geist aber Gott und den göttlichen Dingen.[2]) Um zu diesem höchsten Ziel zu gelangen, dazu gehört Scharfsinn und Festigkeit.[3]) Dann werden wir Falsches vom Wahren unterscheiden können. Falsch sind die undeutlichen und unweisen Erscheinungen der Sinnenwelt, wahr aber die Erklärungen und Urteile, die sich auf das Höchste beziehen, und deren erstrebtes Endziel nichts anderes ist als Gott.

Schluss.

Nach der Darstellung der philonischen Erkenntnislehre könnte vielleicht die Forderung gestellt werden, einen Vergleich zwischen ihr und dem Stande der heutigen Erkenntnistheorie zu ziehen. Eine solche Forderung würde jedoch zu einer falschen Stellungnahme gegenüber den Lehren Philos hindrängen. Wir müssen zunächst wiederum betonen, dass nach der Eigenart seiner Lehre Philo sich der Bedeutung der Erkenntnisprobleme viel weniger in rein wissenschaftlicher, philosophischer Hinsicht bewusst war als dies heute der Fall ist, dass sie ihm vielmehr nur für seine Ethik und Theosophie von einigem Interesse waren. Wir müssen ferner nochmals darauf hinweisen, dass der Eklektiker Philo sich ebensowenig all' der Widersprüche und Inkonsequenzen bewusst war, die sich innerhalb des Rahmens seiner Lehre selbst dem forschenden Auge heute offen darbieten. Endlich aber ist zu beachten, dass die philonische Lehre nicht abgeschlossen vor uns liegt, und dass die Erkenntnislehre, soweit wir sie darstellen konnten, durchaus vereint und verbunden ist mit der Psychologie, während unsere heutige Erkenntnistheorie seit Kants klassischem

[1]) II, 13. 34. I, 439.
[2]) I, 184. 452. quaest. in Gen. IV § 215.
[3]) I, 439.

Vorbild die rein psychologische Seite von ihren Erörterungen aus-
schliesst. Vom Hineintragen neuerer Probleme in die Systeme
der alten Philosophen aber darf gewiss keine Rede sein. Mit
Recht weist Zeller (Vorträge und Abhandlungen II, 483) darauf
hin, dass das Bedürfnis erkenntnistheoretischer Untersuchungen
seit Sokrates auch bei den griechischen Philosophen schon rege
war, dass aber erst die Neuzeit ihre Bedeutung voll erkannt,
ihre Aufgabe scharf bestimmt habe.

Viel wichtiger und berechtigter als ein Vergleich mit der
jetzigen Erkenntnistheorie erscheint uns vielmehr ein solcher mit
den Vorgängern Philos in der Geschichte der griechischen Philosophie, zumal die Frage, welcher Schule Philo zugeteilt werden
müsse, auch heute noch nicht ganz entschieden ist. Mit Recht
bezeichnet allerdings die Mehrzahl der heutigen Forscher ihn als
einen Stoiker, und die ständigen Hinweise, die wir in der Darstellung seiner Erkenntnislehren gegeben haben, erheben die Vermutung, die Stein in seinen Forschungen über die Stoiker (Berliner
Studien Bd. VII, p. 226) ausgesprochen, zur Gewissheit, dass
nämlich Philo auch in erkenntnistheoretischer Hinsicht ein Stoiker
sei. Wir können sogar seine Stellung genauer noch charakterisieren.
Auf der einen Seite steht bei Philo die biblisch-theologische Anschauung, auf der anderen die eklektisch-philosophische. Für die
letztere kommen die vorplatonischen Lehrsysteme durchweg nicht
in Betracht. Denn was man von Anklängen an die Pythagoreer, die
Eleaten und Heraklit auffindet, verdankt Philo nicht einer direkten
Beschäftigung mit jenen Lehren, sondern nur der allgemeinen
Grundlage, die sie für die weitere Entwicklung der griechischen
Philosophie, vor allem für Plato, abgaben. Dasselbe gilt für die
Sophisten und Cyniker: auch sie kannte Philo vor allem nur in
ihren Fortsetzungen, der Skepsis und der Stoa. Der Epikureismus
und verwandte Lehren kommen aus bereits erörterten ethischen
Gründen nicht in Betracht, der Neupythagoreismus wenigstens
nicht in der Erkenntnistheorie. So verbleiben denn für die
eklektisch-philosophische Seite: die akademisch-peripatetische
Schule, die Stoiker, die Skeptiker. Der Anteil dieser Richtungen
an der philonischen Erkenntnislehre verteilt sich nun derart, dass
die stoische Anschauung durchgehends die Grundlage für dieselbe

abgiebt. Wo ihre Hülfsmittel versagen oder nicht genügend befriedigen, greift Philo auf Plato-Aristoteles zurück, so z. B. bei der Frage nach der Entstehung der Erkenntniskräfte oder bei physiologischen Erörterungen: beides war in der Stoa ziemlich in den Hintergrund gedrängt worden. Wo endlich die Konsequenzen der zweiten Richtung mit denen der ersten (biblisch-theologischen) in Widerspruch geraten, schiebt er jene mit Hülfe der Skepsis bei Seite, um dann, freien Weg dadurch gewinnend, diesen zuzueilen und sich aufzuschwingen zum Höchsten, zu Gott. Denn ihm gehört alles (I, 182), die Welt mit all' ihren Geschöpfen, der Mensch mit all' seinen Eigenschaften, die Erkenntniskräfte mit all' ihren Thätigkeiten — und diese Lehre ist es, die uns Philo trotz aller Abhängigkeit als selbständigen Denker wiederum erweist.

Inhalt.

Berliner Studien für classische Philologie und Archäologie.

Dreizehnter Band. Zweites Heft.

DIE EICHE
IN ALTER UND NEUER ZEIT.

EINE
MYTHOLOGISCH-KULTURGESCHICHTLICHE STUDIE

VON

DR. PAUL WAGLER.

II. TEIL.

BERLIN 1891.

VERLAG VON S. CALVARY & Co.

VERLAG VON S. CALVARY & CO. IN BERLIN.

BERLINER STUDIEN
FÜR
CLASSISCHE PHILOLOGIE UND ARCHAEOLOGIE.

Bisher erschienen:

Erster Band. X, 783 S. gr. 8. Preis 19 Mark.

Zweiter Band. XII. 490 S. gr. 8. Preis 17 Mark.
Inhalt: Wilhelm Soltau, Die Gültigkeit der Plebiscite (S. 1 - 176, Einzelpreis 5 M.). — Hermannus Illecardus Grundmann, Quid in elocutione Arriani Herodoto debeatur (S. 177—268. Einzelpreis 3 M.) — Carolus Aemilius Illing, De antidosi. (S. 269—307. Einzelpreis 1 M. 80 Pf.) — Selmar Peine, De ornamentis triumphalibus. (S. 309 - 397. Einzelpreis 3 M. 50 Pf.) — Joannes Schmidt, Ulixes Posthomericus, Particula prima. (S. 399—490 Einzelpreis 4 M. 50 Pf.)

Dritter Band. XXII, 436 S. gr. 8. Preis 12 Mark.
Inhalt: Ludwig Stein, Die Psychologie der Stoa. 1. Bd. Metaphysisch-anthropologischer Theil. (VIII, 216 S. Einzelpreis 7 M.) - Wilhelm Kämpf, De pronominum personalium usu et collocatione apud poetas scaenicos Romanorum. (II. 48 S. Einzelpreis 1 M. 60 Pf.) - Wilhelm Peez, Die Tropenden Äschylus, Sophokles u. Euripides. (XII, 172 S. Einzelpr. 6 M. 80 Pf.

Vierter Band. XVIII, 322 S. gr. 8. Preis 10 Mark.
Inhalt: Paulus Cassel, Zoroaster, sein Name und seine Zeit. Eine iranische Glosse. (VIII, 24 S. Einzelpreis 1 M. 20 Pf) — Wilhelm Kämpf. Flavii Cresconii Corippi Africani grammatici opera edita et explicata. (XVI. 268 S. Einzelpreis 9 M. 60 Pf.) — Ernst Brey. De Septem fabulae Aeschyleae stasimo altero. (IV. 30 S. Einzelpreis 1 M. 20 Pf.)

Fünfter Band. XVI, 687 S. gr. 8. Preis 18 Mark.
Inhalt: P. Langen, Plautinische Studien. (VIII, 400 S. Einzelpreis 13 M. —) Th. Puschmann. Nachträge zu Alexander Trallianus. (192 S. Einzelpreis 6 M. 60 P. -) Emil August Junghahn, Studien zu Thukydides. Neue Folge.(V. 95 S. Einzelpreis 3 M. 60 Pf.)

Sechster Band. VIII, 295 S. gr. 8. Preis 8 Mark.
Inhalt. Armand Gasqny, De Fabio Planciade Fulgentio, Virgilii interprete. (IV. 44 S 1 M. 60 Pf.) — W. Streit. Zur Geschichte des zweiten punischen Krieges in Italien nach der Schlacht von Cannä. (IV, 57 S. Einzelpreis 2 M.) - Hölzer, Beiträge zu einer Theorie der lateinischen Semasiologie. (VIII, 194 S. Einzelpreis 6 M. 50 Pf.)

Siebenter Band. XXVIII, 562 S. gr. 8. Preis 14 Mark.
Inhalt: Ludwig Stein, Die Erkenntnistheorie der Stoa (zweiter Band der Psychologie). (VIII, 389 S. 12 M.) — Karl Troost, Des Aeneas Irrfahrt von Troja nach Karthago etc. Uebertragung des zweiten und dritten Buches der Vergil'schen Aeneis in Oktaven nebst Einleitung. (XX, 80 S. Einzelpreis 3 M. 20 Pf) Beiträge zur griechischen Geschichte. (92 S. Einzelpreis 2 M. 50 Pf.)

Achter Band. XIV, 198 S. gr. 8. Preis 6 Mark.
Inhalt: Johannes Maisel, Observationes in Cassium Dionem IV, 24 S. gr. 8. Einzelpreis 1 M. 50 Pf. — Alfredus Gudeman, De Heroidum Ovidii Codice Planudeo. VI. 90 S. gr. 8. Einzelpreis 3 Mark. — Otto Schultz, Die Ortsgottheiten der griechischen und römischen Kunst. (IV, 84 S. gr. 8. Einzelpreis 3 Mark.)

Neunter Band. XX, 398 S. gr. 8. Preis 11 Mark 20 Pf.
Inhalt: Valerianus de Schöffer, De Deli Insulae rebus. VIII. 244 S. gr. 8. Einzelpreis 8 M. — Karl Troost. Inhalt und Echtheit der Platonischen Dialoge auf Grund logischer Analyse. IV, 48 S. gr. 8. Einzelpreis 2 M.— B. Heisterbergk, Fragen der ältesten Geschichte Sicliens. VIII. 106 S. gr. 8. Einzelpreis 4 M.

Zehnter Band. VIII, 324 S. gr. 8. Preis 9 Mark.
Inhalt: Cornelii Taciti de vita et moribus Julii Agricolae über. Ad fidem codicum ed. A. E. Schoene. IV, 48 S. gr. 8. Einzelpreis 2 M. — G. Goerres, Studien zur griechischen Mythologie. erste Folge, 248 S. gr. 8. Einzelpreis 8 M. — Friederich Soltau, Zur Erklärung der in Pnoischer Sprache gehaltenen Reden des Karthagiulensers Hanno im 5. Akt der Komödie Poenulus von Plautus. 32 S. gr. 8. Einzelpreis 1 M. 20 Pf.

Elfter Band. XII, 192 S. gr. 8. Preis 5 Mark 20 Pf.
Inhalt: Otto Dingeldein. Haben die Theatermasken der Alten die Stimme verstärkt? 48 S. gr. 8. Einzelpreis 1 M. 50 Pf. Maximiani elegiae. Ad fidem codicis Etonensis rec. et emend. M. Petschenig. VI, 37 S. gr. 8. Einzelpreis 1 M. 50 Pf. — J. V. Prasek. Medien und das Haus des Kyaxares, 110 S. gr. 8. Einzelpreis 3 M. 50 Pf.

Zwölfter Band: 407 S. gr. 8. 10 M. 80 Pf.
Inhalt: Gottfried Görres. Studien zur griechischen Mythologie. Neue Folge Einzelpreis 9 Mark. - E. v. Stern, Das Hannibalische Truppenverzeichnis bei Livius (XXI, C. 22). Einzelpreis 1 Mk. 50 Pf. — K. Troost. Zenonis Citiensis de rebus physicis doctrinae fundamentum ex adjectis fragmentis constitutum. Einzelpreis 3 Mark.

Dreizehnter Band: (unter der Presse).
Inhalt: M. Freudenthal, Die Philologie des Philo von Alexandrien. IV. 78 S. gr. 8. 3 Mark 40 Pf. — P. R. Wagler. Die Eiche im Volksglauben. 2. Theil (ca. 120 S. Einzelpreis ca. 4 M.) — H. Blümner, Die Farbenbezeichnungen bei den römischen Dichtern. (ca. 120 S. Einzelpreis ca. 4 M.)

BERLINER STUDIEN

FÜR

CLASSISCHE PHILOLOGIE UND ARCHAEOLOGIE.

DREIZEHNTER BAND.

ZWEITES HEFT.

DIE EICHE IN ALTER UND NEUER ZEIT.

EINE MYTHOLOGISCH-KULTURGESCHICHTLICHE STUDIE

VON

Dr. Paul Wagler.

II. TEIL.

BERLIN 1891.

VERLAG VON S. CALVARY & Co.

DIE EICHE
IN ALTER UND NEUER ZEIT.

EINE

MYTHOLOGISCH-KULTURGESCHICHTLICHE STUDIE

VON

DR. PAUL WAGLER.

II. TEIL.

BERLIN 1891.

VERLAG VON S. CALVARY & Co.

Der I. Teil ist Ostern 1891 als wissenschaftliche Beilage des Programms des Königl. Gymnasiums zu Wurzen i. S. erschienen.

Die Eiche im Kultus und in der Mythologie der Griechen und Römer.

Allgemeine Zeugnisse über Zeus-Juppiter-Eichen.

Zuvörderst seien hier diejenigen Zeugnisse übersichtlich zusammengestellt, die sich nicht auf einzelne spezielle dem höchsten Gotte geweihte Eichbaumexemplare beziehen, sondern ganz im allgemeinen die Thatsache bekunden, dass die Eiche der erwählte Zeusbaum (bez. Juppiterbaum) gewesen ist.

„Ἔπαιξε παρὰ τὴν δρῦν, ἥτις ἐστὶν ἱερὰ τοῦ Διός." Schol. Aristoph. Vögel 480. „Olim, quas vellent esse in tutela sua, Divi legerunt arbores. Quercus Iovi Et myrtus Veneri placuit, Phoebo laurea, Pinus Cybebae, populus celsa Herculi." Phaedr. fab. 3,17. „Arborum genera numinibus suis dicata perpetuo servantur: ut Iovi aesculus, Apollini laurus, Minervae olea, Veneri myrtus, Herculi populus." Plin. n. h. 12 § 3. „Apta fretis abies, bellis accommoda cornus, Quercus amica Iovi, tumulos tectura cupressus." Claudian. de raptu Proserp. 2,107 f. „Et quae deciderant patula Iovis arbore glandes." Ov. met. 1,106. „Aëriae quercus . . . silva alta Iovis." Verg. Aen. 3,680. „. . nemorumque Iovi quae maxima frondet Aesculus" Verg. Georg. 2,15. „Sicubi magna Iovis antiquo robore quercus Ingentis tendat ramos" Verg. Georg. 3,332. „Quercus in tutela Iovis est." Schol. Verg. Ecl. 1,17. „Haec enim arbor (sc. ilex) in tutela Iovis est." Serv. Verg. Aen. 5,129.

Ζεὺς Δωδωναῖος.

Das hohe Alter der Eiche im hellenischen Kultus ergiebt sich aus vielen Thatsachen. Das älteste Orakel des griechischen Altertums war bekanntlich das Zeusorakel zu Dodona in Epirus. Hier stand ein uralter heiliger Eichenhain und mitten darin die eigentliche heilige Orakeleiche [1]) des Zeus, die noch heiliger war, als alle anderen Eichen des Haines. Wie kam das Volk dazu, gerade hier zu Dodona dem höchsten Gotte früher Verehrung zu zollen, als anderswo? Wie kam speziell die Eiche dazu, für den Wohnsitz der höchsten Gottheit zu gelten? Die Antwort wird sich ergeben, wenn wir vorher einer doppelten Thatsache gebührende Beachtung schenken. [2]) Erstlich ist durch genaue und fortgesetzte Beobachtungen das definitive Resultat gewonnen worden, dass noch heute kein anderer europäischer Ort so oft von den schwersten Gewittern heimgesucht wird wie das Thal von Janina, in welchem sich das Orakel befand. „Im Juni 1868 hat es bei Janina an 23 Tagen gedonnert und geblitzt." [3]) Wir können mit Bestimmtheit annehmen, dass wie heute so schon vor Jahrtausenden die schwersten Gewitter sich häufig über Dodona entluden. Nun ist es aber fürs zweite eine jedem Forstmanne bekannte Thatsache, dass der Blitz gern in Eichen schlägt. [4]) Das Thal von Dodona war voll uralter Eichen. Wie oft mag solch einem an sich schon ehrwürdigen greisen Baumriesen der Blitz einen Arm oder Ast abgesplittert haben, wie mancher Baum mag zer-

[1]) Sie galt für den zweitältesten aller berühmten heiligen Bäume. Vgl. Pausan. 8, 23 p. 103 (Walz-Schubart).

[2]) Cramer anecd. Graec. Paris. 3 p. 213 Zeile 8 ff. findet sich folgendes Scholion: „Φηγὸς ἡ δρῦς, ἣν τῷ Διὶ ὡς ζφογόνῳ ἀφιέρωσαν οἱ παλαιοὶ ζφοτρόφον φυτὸν οὖσαν. Πάλαι γὰρ οἱ ἄνθρωποι δρυκάρποις ἐτρέφοντο." Der Umstand, dass die Eiche ein Nährbaum der ältesten Geschlechter war, hat in der That mitgewirkt, den Baum dem Zeus zu heiligen.

[3]) A. Mommsen, Delphika S. 5. Griech. Jahreszeiten S. 432. Lorentz, Die Taube im Altertum S. 39.

[4]) Vergl. Schneidemühl in der „Gegenwart" von 1889 S. 197. Wagler, Die Eiche in a. u. n. Z. I. Teil S. 9, wo weitere Litteratur-nachweise.

schmettert worden sein vom himmlischen Feuer. Wenn wir nun
weiter bedenken, wie heilig den Alten zu allen Zeiten die
ἐνηλύσια waren,[5]) wie sie jeden Ort, den Ζεὺς καταιβάτης[6]) mit
seinem Blitze berührt hatte, ohne weiteres für geweiht erklärten,
weil sie von der Annahme ausgingen, die Gottheit selbst sei
herniedergestiegen und habe dadurch den Ort geheiligt, so werden
wir es begreiflich finden, dass die alten Pelasger gerade den
dodonäischen Eichenhain zu einem Heiligtume ersten Ranges erhoben.[6b]) Dazu kam, dass die fortwährenden Gewitterregen,
denen die Landschaft von Dodona ihre grosse Fruchtbarkeit
verdankte, von Zeus (νεφεληγερέτης, ὑέτιος, ὄμβριος, νάῖος[7]) her-
niedergesandt wurden: ihm gebührte besonderer Dank, besondere
Verehrung. So erklärt sich wohl am natürlichsten, dass Dodona
zur geweihten Kultstätte des Zeus werden konnte, und ich halte
die Kluft zwischen den Begriffen „Kultstätte" und „Orakelstätte"
keineswegs für allzu gross. Das plus der letzteren beruhte auf
der Phantasie des Volkes und bestand zunächst darin, dass die
betreffende an dem Orte verehrte Gottheit nicht stumm blieb,
sondern als in irgend einer Form „Lebenszeichen" von sich
gebend gedacht wurde. Diese Lebenszeichen wurden dann als
„Winke" oder Willenskundgebungen des Gottes betrachtet: so
wurde aus der blossen Kultstätte das Orakel. Die mächtigen
Eichen des dodonäischen Waldthales wurden also der geheimnisvolle Wohnsitz des höchsten Gottes: aus dem Baume verkündete
er den Sterblichen seinen Willen, im und am Baume genoss er
seine Verehrung. Die Eiche war das eigentliche Werkzeug der
göttlichen Weissagung, sie erhielt ihre Kraft aus dem in ihr

---

[5]) Vgl. Hesych. s. v. ἠλύσιον, Pollux 9,41 Ammian. Marcell. 23, 5, 13
(= p. 275 Zeile 4 ed. Eyssenhardt). Roscher, Gorgonen S. 121 ff.

[6]) Vgl. Pausan. 5, 14, 10.

[6b]) Übrigens wurde Zeus auch auf dem Troischen Ida in einem
Eichenhaine verehrt.

[7]) Sch. Il. 16, 233: „ὑῤηλὰ γὰρ τὰ ἰκεῖ χωρία"; diese Worte beziehen sich zum Teil auf den Quellenreichtum der Gegend. „Tomarus
mons centum fontibus circa radices Theopompo celebratus." Plin. 4
praef. §. 2. Vgl. Theopomp. fragm. 230 ed. Müller. Lorentz, Die
Taube S. 39. Preller, Griech. Mythol. I. Bd.[3] S. 96.

1*

lebenden göttlichen Wesen; Zeus hiess davon der „Eichenzeus,“
Ζεὺς φηγός[8]) oder φηγοναῖος[9]) (ἔνδενδρος).[10]) Zu diesem Pelasger-
zeus von Dodona betet schon Achilles in der Iliade (16, 233 ff.):
„Ζεῦ ἄνα, Δωδωναῖε[11]) Πελασγικέ, τηλόθι ναίων, Δωδώνης μεδέων
δυσχειμέρου · ἀμφὶ δὲ Σελλοὶ Σοὶ ναίουσ᾿ ὑποφῆται ἀνιπτόποδες
χαμαιεῦναι.“ Odyss. 14, 328 und 19, 297 erzählt der unerkannte
Odysseus dem Sauhirten Eumaios, das andre Mal der Penelope, der
thesprotische König Pheidon habe ihm erzählt, Odysseus habe sich
nach Dodona begeben, „ὄφρα θεοῖο ἐκ δρυὸς ὑψικόμοιο Διὸς βουλὴν
ἐπακούσαι, ὅππως νοστήσῃ Ἰθάκης ἐς πίονα δῆμον.“ Über das dodonäische Zeichenorakel ist schon viel geschrieben worden (vgl. die
litterarischen Nachweise bei Schömann, Griech. Altert. II[2] S. 326
Anm. 6, desgleichen am Anfange der gleich anzuführenden Pro-
grammabhandlung von Stützle). Hier seien insbesondere folgende
Schriften und Werke in Erinnerung gebracht:

---

[8]) In dem arkadischen Könige Phegeus, dem Sohne des Alpheios,
der in den Sagen des nordwestarkadischen Psophis eine Rolle spielt
und ausser von Apollodor (3, 7, 7) namentlich von Pausanias mehrfach
erwähnt wird (z. B. 8, 24, 2 u. 10), sieht Goerres (Studien zur griech.
Mythol. S. 17) den verblassten Baumalten der Phegoseiche, den Zeus
selbst. Auch in Dryops, dem Stammherrn der Dryoper (Eichenleute),
erblickt Goerres, der auch Lykaon für eine Erscheinungsform des
Zeus hält, einen Ζεὺς Δρύοψ, den „aus der Eiche schauenden Zeus,“
dessen Verehrung namentlich im ältesten Arkadien geblüht haben
soll.

[9]) Dem Ζεὺς φηγοναῖος ist der römische Iupiter fagutalis zur
Seite zu stellen. Auf dem esquilinischen Berge befand sich ein
uralter heiliger Hain, in dem eine schon vor Gründung der Stadt
dem Iupiter geweihte Buche stand: das Baumsacellum des Buchen-
Iupiter. Vgl. Festus p. 87. Plin. n. h. 16, 15. Varro de l. l. 5 p. 152.
Bötticher, Baumkultus S. 51 u. 154. Murr, Die Pflanzenwelt in der
griech. Mythol. S. 6 Anm. 2.

[10]) Die Pamphylier verehrten einen δρύμνιος δαίμων: so wurde
Zeus genannt. Vgl. Tzetz. Lycophr. 536. Zu Ζεὺς φηγοναῖος vgl.
Euphorion bei Steph. Byz. s. v. Δωδώνη Schol. Villois. p. 450 A. 8.

[11]) Zenodot schrieb statt Δωδωναῖε᾿: Φηγωναῖε᾿. Vergl. Steph. Byz.
s. v. Δωδώνη.

Cordes, De oraculo Dodonaeo, Göttingen, 1826.

Lasaulx, Das pelasgische Orakel des Zeus zu Dodona, Würz-
burg 1840.

Arneth, Über das Taubenorakel von Dodona, Wien, 1840.

Bötticher, Baumkultus S. 111 ff.

Preller unter „Dodona" in Paulys Realencyclopaedie.

Gerlach, Dodona, Basel, 1859, cf. Bergk im Philologus Bd. 23.

Overbeck, Beiträge zur Erkenntniss und Kritik der Zeusreligion
(in den „Abhandl. der philol.-hist. Klasse der Kgl. Sächs.
Gesellsch. d. Wiss." vom Jahre 1865) S. 31 ff.

Perthes, Die Peleiaden von Dodona, Progr. des Progymn. zu
Mörs 1869.

Const. Carapanos, Dodone et ses ruines, 2 Bände. (Sehr wichtig!)

Lorentz,[12]) Die Taube im Altertume, Progr. des Gymn. zu
Wurzen, 1886 S. 36 ff.

Stützle,[13]) Das griechische Orakelwesen, und besonders die Orakel-
stätten Dodona und Delphi. Progr. des Kgl. Gymn. zu Ell-
wangen, 1887, besonders S. 15 ff.

Da der umfangreiche auf Dodona bezügliche Stoff demnach schon
wiederholt eingehend und fleissig behandelt ist und neues Material,
welches geeignet wäre, das Dunkel so vieler streitiger und un-
klarer Einzelheiten[14]) aufzuhellen, schwerlich beizubringen ist,
so werde ich mich hier absichtlich auf das Wichtigste beschränken.
Es ist ausserordentlich zu bedauern, dass die verschiedenen Zeugnisse der Alten, die das dodonäische Orakel betreffen, infolge der
einander vielfach widersprechenden Angaben eher dazu geeignet
sind, uns vollends verwirrt zu machen, als uns ein klares Bild
zu geben. Sicherlich wäre nichts interessanter, als eine genaue
Kenntnis gerade der Einzelheiten. Aber eben diese fehlt uns:
wir können uns keine klare Vorstellung machen, wie es eigentlich
bei diesem Zeichenorakel zuging. Dazu kommt, dass zu den

---

[12]) Mit der Lorentz'schen Beantwortung der heiklen Peleiaden-
frage erkläre ich mich in der Hauptsache einverstanden.

[13]) Eine besonnene, alle Dinge ruhig erwägende und daher gute
Arbeit.

[14]) Ich erinnere nur an die herodoteischen Berichte über die Entstehung des Orakels!

verschiedenen Perioden des vielleicht zweitausendjährigen Bestehens die Gebräuche, Ritualien, Kulthandlungen u. s. f. schwerlich immer ganz die gleichen waren. Trotz alledem scheint soviel festzustehen, dass das eigentliche Orakel gebende Element die heilige Zeuseiche war, nicht die πελειάδες, nicht der heilige Quell Anapauomenos, nicht das Erzbecken! Aus dem 80. Fragmente des Hesiod (Göttling S. 270: „ἐν πυθμένι φηγοῦ") geht dies — abgesehen von anderen Stellen — unzweideutig hervor. Also in der Tiefe d. h. im Stamme des heiligen Baumes wohnte die höchste Gottheit: er war durchdrungen von ihrem numen. Das gilt von der historischen Zeit sicherlich nicht minder als von der vorhistorischen. Der Eichenzeus aber verkündete den Sterblichen seinen Willen durch das Rauschen seines heiligen Baumes. Je nachdem der Wind mächtig durch die Krone brauste oder nur ein leises Rascheln sich vernehmen liess oder vollständige Windstille eingetreten war, lautete die jeweilige Antwort. Der geheimnisvolle Dodonabaum konnte also gewissermassen „reden". Äschylos (Prom. 832 ff.) spricht von den „προςήγοροι δρύες" als von einem „τέρας ἄπιστον", vgl. Soph. Trach. 171 („ὡς τὴν παλαιὰν φηγὸν αὐδῆσαί ποτε") und Trach. 1168 (πρὸς τῆς πατρῴας καὶ πολυγλώσσου δρυός"). In späterer Zeit, als der dodonäische Gottesdienst sich manches von dem berühmten Ammonium angeeignet hatte, thronte auch in Dodona Zeus in einem Tempel an der Seite der Dione, den Eichenkranz auf dem Haupte.[15] Der Eichenkranz erscheint also hier als der Rest und letzte Niederschlag des ehemaligen Baumwesens.

Die Heiligkeit der dodonäischen Eiche übertragen auf Teile und Pflanzreiser dieses Baumes.

Als die Argonauten sich zur Abfahrt rüsteten, fügte die Göttin Athene dem Kiele der Argo[16] ein redendes Stück Holz

---

[15]) Vgl. Preller, Griech. Mythol. I. Bd.² S. 97. Unger, Philologus 1863 S. 393. Max Duncker, Gesch. d. Altert. 5. Bd. S. 120. Weisser, Bilderatlas zur Weltgesch. Taf. 73 Fig. 21 (Münze von Epirus). Auch auf einer Münze aus Patrae erscheint der Eichenkranz neben dem Blitze als Attribut des höchsten Gottes. Vgl. Weisser, Taf. 35 Fig. 14.

[16]) Die Argo selbst war angeblich aus dem Holze einer un-

vom dodonäischen Orakelbaume gleichsam als eine Art Amulet
ein, damit die Argonauten selbst auf hoher See Gelegenheit
haben sollten, den Willen des höchsten Gottes zu erkunden.[17]
‚De semine Dodonaeo', also ein Pflanzreis des berühmten Exem-
plares zu Dodona, lässt Ovid (met. 7, 623) die heilige Zeuseiche
sein, unter welcher der Zeussohn Aiakos zu seinem Vater betete, er
möchte doch die durch Pest öde und menschenleer gewordene
Insel Ägina wieder bevölkern, worauf Zeus, nachdem „intremuit
ramisque sonum sine flamine motis alta dedit quercus (7, 629)"
— was als Zeichen der Erhörung zu betrachten war —, über
Nacht einen Haufen Ameisen in Menschen verwandelte, die
Aiakos ihres Ursprungs halber Myrmidonen (= μύρμηχες) nannte.[18]

Ζεὺς Λυχαῖος.

Λυχαῖος ist ein Beiname des Zeus, den dieser nach der gewöhnlichen Annahme von dem arkadischen Berge Lykaion hatte.
Hier befand sich seit alten Zeiten ein Altar des Zeus. Lykaon,
ein Sohn des Pelasgos, König in Arkadien, soll den Zeusdienst
auf dem Lykaion gegründet haben. Ganz unzweifelhaft stand auf
dem Gipfel des Lykaion die heilige Eiche des Zeus. Die eichel-
essenden Arkadier verehrten — was ist natürlicher als das? —
daselbst ihren Eichenzeus. Wie in Dodona, so war auch hier
selbstverständlich nicht die Eiche selbst das Gottwesen, sondern
nur ein Bild, eine Erscheinungsform des letzteren, sofern nämlich

verwüstlichen Baumart gezimmert, die den Namen Eon oder Leon
hatte und dem robur ähnlich war. Plin. n. h. 13 §. 119.
[17]) Vgl. Roscher Lex. I Sp. 502, 52 ff. und daselbst die ein-
schlägige alte Litteratur. Murr, Die Pflanzenwelt in d griech. Myth.
S. 5 Anm. 5. Bötticher, Baumkultus S. 113. Warnke, Pflanzen in
Sitte, Sage u. Geschichte S. 33.
[18]) Vgl. Roscher, Lex. I Sp. 110, 19 ff. Murr, a. a. O. S. 6.
Bötticher a. a. O. S. 40, 114, 248, 409 f. Auch den Deukalion setzt
der Scholiast zu Il. 16, 233 (Bd. II Dind.) in Beziehung zur heiligen
Eiche in Epirus. Nach Angaben bei Thrasybulos und Akestodoros
soll Deukalion nach der grossen Flut ‚ἐπὶ τῇ δρυΐ', also ‚auf' oder
‚an' der Eiche gewahrsagt haben. Vgl. Overbeck, Beiträge zur Erkenntnis und Kritik der Zeusreligion S. 34.

der Gott durch den Baum, im und am Baume den Menschen sein
Dasein sichtbar werden liess bez. offenbarte. Nicht weit von der
heiligen Eiche auf dem Lykaion, in einem Distrikt, der Kretea
hiess, sprang eine Quelle aus der Erde, wie denn überhaupt
Quelle und Eichbaum in der Mythologie aufs engste zusammen-
gehören. Jene Quelle hiess die Hagnoquelle oder der Hagnoborn
nach der Nymphe Hagno. In Zeiten grosser Dürre und Trockenheit brach der Priester des Lykäischen Zeus einen Eichenzweig
(δρυὸς κλάδον), sprach ein Gebet über das Wasser, brachte das
übliche Opfer und hielt darauf den Bittzweig der Eiche ober-
flächlich (nicht tief) in die Quelle. Sogleich erhob sich ein Nebel,
der sich bald zu einer Wolke verdichtete; letzterer wuchs zu-
sehends, indem sie andere Wolken anzog, und bald strömte
erquickender Regen herab auf die durstenden Fluren Arkadiens.[19]
Dieser Regenzauber[20] (aquaelicium) war offenbar eine uralte
Kulthandlung. Der eingetauchte Eichenzweig ist das Sinnbild
des Zeus, des befruchtenden Himmelsgottes, die Quelle das Sinnbild der zu befruchtenden Erdgöttin, wahrscheinlich also der alt-
mythischen Zeusmutter Rhea. Das Eintauchen des Zweiges in die

[19] Vgl. Pausan. 8, 38, 2—4. Roscher Lex. I Sp. 1815 s. v.
‚Hagno'. Preller, Griech. Myth. I. Bd.² S. 100. Murr, a. a. O. S. 6 f.
Bei Mannhardt, Die Götter d. deutschen u. nord. Völker S. 195 (unten)
begegnen wir folgender Parallele: „Ein Mädchen von zehn Jahren
nahm einen Pfahl und rührte damit im Brunnen umeinander. Fragt
sie der Nachbar: ‚Was thust du da?‘ ‚Ha, erwiderte sie, so thut es
meine Mutter auch, sie nimmt einen Stecken und rührt damit im
Brunnen um, dann kommt das Wetter.‘" —

[20] Bei diesem Anlasse sei auf eine eigentümliche Angabe des
Plinius hingewiesen (n. h. 28 §. 113). Dort heisst es (nach Demo-
krit), wenn man caput und guttur eines Chamäleons mit dem Holze
der robur-Eiche verbrenne, so entstünden „imbrium et tonitruum
concursus". Das nennt Gellius (10, 12, 3) „ultra humanam fidem".
Nach altgermanischem Glauben wurde die Asche eines verbrannten
Eichhörnchens (letzteres stand wegen seiner roten Farbe bekanntlich
unter Donars Schutz) zum Wetterzauber benutzt: ins Wasser geworfen
erzeugte sie Donner und Blitz. Vgl. W. Mannhardt, Die Götter d.
deutschen u. nord. Völker S. 192.

Quelle deutete vielleicht die geschlechtliche Verbindung der beiden Gottheiten an und sollte letztere an ihre Pflicht gemahnen.[21]

Zeus als Pflanzer des ihm geheiligten Baumes.

Von dem Zeustempel zu Tyana oder Tyriaeon (die Lesart bei Ovid. met. 8, 719 ist unsicher) in Phrygien stand neben einer heiligen Linde eine heilige Eiche, umgeben von einer mässig hohen Mauer (also ein Baumsacellum!). Von diesen Tempelbäumen, die beständig mit serta geschmückt waren (Ov. met. 8, 723), erzählten sich die Ortseinwohner eine merkwürdige Geschichte.[22] Die Sage selbst ist bekannt: Zeus machte den guten Philemon und die fromme Baucis zur Belohnung für ihren Biedersinn und ihre aufrichtige Gastfreundschaft zunächst — auf ihren Wunsch — zu Priestern seines delubrum, und als sie hochbetagt einst vor den heiligen Tempelstufen standen, verwandelte er sie in Bäume, den Philemon in eine Eiche, die Baucis in eine Linde.[23] Es erscheint also in dieser für die Theorie der Transfiguration solcher Persönlichkeiten, die sich der besonderen Gunst des Gottes zu erfreuen haben, bedeutungsvollen Sage Zeus selbst als Pflanzer seines heiligen Tempel- oder Gottesbaumes, der Eiche. Was die Linde anlangt, in die Baucis verwandelt wird, so ist sie, der Baum mit den weicheren Formen, ein passendes Pendant zu dem männlich-schönen Eichbaum. Für einen Hermesbaum braucht sie deswegen noch nicht zu gelten; (Zeus befand sich bekanntlich in Begleitung des Hermes, als er in der Hütte des Philemon Gastfreundschaft genoss).

---

[21] Vgl. Goerres, Studien zur griech. Myth. S. 26.

[22] Man lese das meisterhaft gelungene an köstlichem Détail reiche Idyll bei Ovid met. 8, 620 ff. Die trefflichsten Stellen sind diejenigen, in welchen das dürftige, genügsame, sich im engsten Zirkel abspielende Klein- und Stillleben der beiden braven Alten gezeichnet wird. Manches erinnert mich immer lebhaft an die Art Jean Pauls, bei aller sonstigen Verschiedenheit der beiden Autoren.

[23] Vgl. Bötticher S. 43, 154, 249, 260 f.

Die Phegos-Eiche vor dem Skäischen Thore von Troja.

In der Ilias wird mehrfach eine heilige Zeus-Eiche erwähnt, die vor dem Skäischen Thore von Troja stand.[24]) Sie soll das einzige Eichbaumexemplar in Trojas Nähe gewesen sein.[25]) Als der göttergleiche Sarpedon im Kampfe verwundet worden war, trugen ihn seine Gefährten unter den stattlichen Zeusbaum (Il. 5, 693), „ἵνα ὑπὸ τοῦ πατρὸς ἰαθῇ", wie der Scholiast (Bd. III Dindorf) nicht übel vermutet, und auf denselben hohen Baum setzen sich die Zeuskinder[26a]) Athene und Apollo, nachdem ihre Begegnung an der φηγός schon 7, 22 hervorgehoben ist, in Gestalt „hochfliegender Geier"[26b]), um über die versammelten Troer und Achäer einen guten Überblick zu haben (Il. 7, 60). Der Scholiast bezeichnet es als passend (καλῶς), dass die beiden sich auf der Eiche ihres Vaters niederlassen. Auch Il. 21, 549 ist von Belang; hier lehnt sich Apollo, in eine Nebelwolke gehüllt, an denselben heiligen Baum seines Vaters, um ungesehen dem Agenor beizustehen.

---

[24]) Z. B. Il. 6, 237; 9, 354; 11, 170.

[25]) Vgl. Eustath. p. 653, 47; 664, 31; 1263, 14.

[26a]) In einer hohlen Eiche verbergen sich auch die Zeuskinder Kastor und Polydeukes, als sie den Aphariden einen Hinterhalt legen. Lynkeus ersteigt den Taygetos und erspäht die Dioskuren „δρυὸς ἐν στελέχει". Pind. Nem. 10, 61 (115). Vgl. Apollod. 3, 11 § 4. Roscher, Lex. I Sp. 1160. Dadurch, dass die Söhne des Himmelsgottes dem hohlen väterlichen Eichbaum vorübergehend gleichsam einverleibt sind, erscheinen sie fortan recht eigentlich als Söhne des Eichen-Zeus.

[26b]) In der nordischen Mythologie sitzt Thiassi, der Riese der Herbststürme, als Adler auf der Eiche. Vgl. Simrock, Handb. d. deutschen Mythol. S. 513. Über die spanische Romanze, nach welcher die Königstochter auf dem Eichenwipfel sass und den ganzen Baum mit ihren Haaren bedeckte, handelt W. Schwartz in dem Kapitel: „Der himmlische Lichtbaum der Indogermanen in Sage und Kultus" (Indogerm. Volksgl. S. 46).

Die übrigen Gottheiten der Griechen in ihrer Beziehung
zur Eiche.

Eiche und Berggottheiten: Rhea-Eiche, Pan-Eich, Tmolos-Kranz.

Nicht nur dem Zeus war die Eiche geweiht, sondern auch
der Bergmutter Rhea. [27]) Apollonius Rhodius (1,1123 ff.
Merkel) erzählt, dass die Argonauten, als sie der hochehrwürdigen Idäischen
Mutter ihr Opfer bringen wollten, sich mit Eichenlaub bekränzten.
„Natürlich, bemerkt der Scholiast $\dot{\epsilon}u$ ‚δρυΐνοιτι φύλλοις‘, „ἡ γὰρ
δρῦς ἱερὰ τῆς 'Ρέας.“ Nach Apollodor im 3. Buche περὶ θεῶν sei
die Eiche deswegen der Rhea heilig, fährt der Scholiast fort, weil
sie „καὶ πρὸς στέγας καὶ πρὸς τροφὴν πρῶτον χρησιμεῦσαι“. Die nährende
Eigenschaft der Eicheln mag allerdings bei Kybele, der Personifikation der mütterlichen, gern spendenden Natur, in Betracht
gekommen sein. Mit dem Kulte der μεγάλη μήτηρ, ὀρεία μήτηρ
(= Kybele-Rhea) war die Verehrung des waldbeherrschenden
arkadischen Hirtengottes Pan aufs engste verknüpft; beide Gottheiten repräsentieren die wilde und erhabene Berg- und Waldnatur
(ὄρειοι θεοί) [28]) und werden überhaupt oft zusammen genannt. [29])
Aber noch mehr! Wir haben dafür, dass die Eiche wie der Rhea
so auch dem Pan heilig war, das positive Zeugnis des Pausanias
(8,54, 4) „Διαβάντι δὲ τὸν Γαράτην καὶ προελθόντι σταδίους δέκα
Πανός ἐστιν ἱερὸν καὶ πρὸς αὐτῷ δρῦς, ἱερὰ καὶ αὕτη τοῦ Πανός.“ [30])

---

[27]) Vgl. Dierbach, Flora mythol. S. 26. Murr a. a. O. S. 8.

[28]) Vgl. die „Eichen hervorbringenden Berge“ Aristoph.
Thesmoph. 114.

[29]) Z. B. Pindar Pyth. 3,77 ff. u. Fragm. 72 (Christ p. 216 oben).
Aristoph. Vögel 744 ff.

[30]) Vgl. Athenaeus 2 p. 52 E: „ζητηΐ Πανὸς ἄγαλμα“ (nach Nikander
im 2. Buche der Georgica). Die Dierbachsche Annahme (S. 27), die
Steineiche sei dem Pan als dem „ewigen Feueräther“ geheiligt gewesen, da sie vom Blitze vorzugsweise getroffen werde, scheint darum
unhaltbar, weil die Auffassung Pans als des Symboles des Weltalls,
der Sphärenharmonie und des Feueräthers erst in viel späterer Zeit
Bedeutung erlangte. Vgl. Murr a. a. O. S. 8. Auch römische Autoren
erwähnen den Pan nicht selten mit der ilex zusammen, z. B. Tibull
2, 5, 27. Diese Stelle ist auch insofern interessant, als aus ihr hervor-

Als Schiedsrichter bei einem musikalischen Wettstreit zwischen Apollo und Pan tritt bei Ovid Tmolos, ein lydischer Berggott, auf. „Quercu (mit Eichenlaub) coma caerula .. cingitur et pendent circum cava tempora glandes": so beschreibt Ovid kurz sein Aussehen (met. 11ᵣ 157 ff.). ³¹)

Demeter. Ausser Platanenhainen und aus verschiedenen Bäumen gemischten Hainen scheinen der Demeter vorzugsweise Eichenhaine geheiligt gewesen zu sein, was uns einigermassen wunder nehmen kann, da doch Demeter durch Einführung edlerer Früchte die alte Eichelkost bekanntlich zurückdrängte. Trotz alledem werden wir anzunehmen haben, dass die Eichen in ihrer Eigenschaft als Nährbäume hie und da zu der Nahrung spendenden Göttin in Beziehung gesetzt wurden. Die uralte heilige Eiche, die der frevelnde Erysichthon fällte, gehörte einem Cereale nemus an, sie war eine Deoïa quercus. ³²) Die in der Eiche wohnende Nymphe war Cereri gratissima. ³³) Pausanias (8, 54, 5) berichtet, dass sich am Wege von Tegea nach Argos vor dem Partheniongebirge ein umfangreicher Eichenhain (δρύες πολλαί) befand und in diesem Haine (ἐν τῷ ἄλσει τῶν δρυῶν) das Heiligtum der Demeter. Desgleichen ward Demeter bei Phigalia in Arkadien hart an der messenischen Grenze in einem Eichenhaine verehrt. ³⁴) Niemand soll sich mit der Sense den reifen Ähren nahen d. h. niemand soll die Ernte beginnen, der nicht zuvor, den Kranz von Eichen-

gebt, dass hölzerne Bilder der altitalischen Hirtengöttin Pales gern unter ilices Aufstellung fanden. Pales war eine Feldgottheit, die gute Bergweide gab. Bisweilen wird sie mit Vesta und der mater deum zusammengestellt. Ferner mag hier nicht unerwähnt bleiben, dass der lateinische Waldgott Silvanus ausser als Pecudifer, Lactifer, Pomifer, Cannabifer, Linifer auch als Glandifer vorkommt. Vgl. Orelli inscr. 1614.

³¹) Beim Kampfe des Herakles mit Acheloos ist die Ortsnymphe Kalydon anwesend; auch sie erscheint „φηγῷ ἐστεμμένη": ein Kranz von den Zweigen des arkadischen Nährbaumes schmückt ihr Haupt. Philostrat. II imag. 4 S. 868.

³²) Ov. met. 8, 741 u. 758.

³³) Ov met. 8, 771.

³⁴) Vgl. Pausan. 8, 42, 12.

laub ums Haupt gewunden, der Demeter(Ceres?) ungeordnete Reigen getanzt und fromme Sprüche hergesagt hat. [35]) Hier diente offenbar der Eichenkranz zur Erinnerung an die längst vergangenen und zum Glück für immer überwundenen Zeiten der Eichelkost.

Hera. Auch zur Hera stand die Eiche in einiger, wenn auch geringer Beziehung. Zunächst ist hier an das zu erinnern, was Pausanias über das Fest Daidala erzählt. [36]) Ferner muss es nach Plutarch (quaest. Rom. cap. 92) scheinen, als ob der Eichenkranz der Hera heilig war; sonach hätte sie diese Eigenschaft mit ihrem Gatten Zeus geteilt. Die Worte sind „ . . ἦ ὅτι Διὸς καὶ "Ηρας ἱερὸς ὁ στέφανός (es ist speziell vom Eichenkranz die Rede) ἐστιν, οὓς πολιούχους νομίζουσιν;" [37])

Artemis. Wenn wir einer Stelle bei Kallimachos (hymn. in Dian. v. 237 ff.) Glauben schenken dürfen, so scheint eine φηγός ursprünglich Tempel und Bild der berühmten Artemis zu Ephesos gewesen zu sein. „Die kriegerischen Amazonen weihten dir, Herrscherin Οὖπις (Beiname der Artemis) ein hölzernes Götterbild — das βρέτας der Artemis — unter einer schönstämmigen Eiche; die Sacra vollzog die Amazonenkönigin Hippo, darauf führten die Amazonen Kreistänze, Reigen und Waffentänze auf." Schon vor Aufstellung des ersten Bildes der Göttin war der heilige Baum, der später den berühmten Tempelbau (das Artemision) zu Ephesos hervorrief, von den Amazonen als Asyl benutzt worden, als sie vor Herakles und Dionysos flüchteten. [38])

Herakles. Auch das Leben des Herakles, des Sohnes des Ζεὺς σθένιος, [38a]) bleibt im Mythus nicht ohne alle Beziehung zur

---

[35])Vgl. Georg. 1, 347 f.
[36]) Paus. 9, 3, 3 ff. Cf. Plut. bei Euseb. praep. evang. 3, 83 ff. (s. den Fragmentband der Dübnerschen Plutarchausgabe (Paris, Didot) S. 19) Roscher Lex. I Sp. 2080 Zeile 60 ff.; Wieseler in Paulys Realencycl. IV. p. 546. Wagler, Die Eiche I. Teil S. 38.
[37]) Oder denkt hier Plutarch an Iupiter und die römische Juno?
[38]) Pausan. 7, 2, 7. Bötticher a. a. O S. 142 u. 185. Anders freilich Dionys. Perieg. 829, der von einer Ulme (πτελίη) spricht, bei der die Amazonen einen Altar errichtet hätten.
[38a]) Vgl. Plut. de mus. 26. Pausan. 2, 32, 7; 2, 34, 6. Bei Lykophron 1164 ist οῧνεια (die Mächtige) ein Beiname der Zeustochter Athene.

Eiche. Nach Plinius (n. h. 16 § 239) erscheint er als Pflanzer zweier heiliger Eichen bei den Altären des Ζεὺς στράτιος im pontischen Heraklea. Die dodonäische Orakeleiche, also der Baum seines Vaters, verkündet ihm seines Lebens Ende.[35 b]) Unter einer Eiche (ὑπὸ δρυΐ) auf dem Oeta wird er zum Gott, als er durch Selbstverbrennung auf einem Scheiterhaufen aus dem Leben scheidet.[35 c])

Διόνυσος Φηγαλεύς und die Bakchantinnen.

Der Gott Dionysos steht sonst zur Eiche in keiner näheren Beziehung, hat aber dennoch den Beinamen Φηγαλεύς. Wir werden Eustathios beistimmen, wenn er (p. 664, 46) dieses cognomen daraus erklärt, dass sich die dem Dionysos heiligen Weinreben (ἄμπελοι) gern an φηγοί emporwinden. Auch der dem Dionysos heilige Epheu klammert sich gern an Eichen an.[39]) Bei Euripides (Bacch. 703) schildert der Bote dem thebanischen König Pentheus das Aussehen und Gebahren der Bakchantinnen (Mainaden). Daselbst heisst es:

„ἐπὶ δ'ἔθεντο κισσίνους
στεφάνους δρυός τε μίλακός τ'ἀνθεσφόρου."

Danach trugen die Bakchantinnen Kränze von Epheu, Eichenlaub und blühenden Eiben- (oder Taxus-)zweigen auf dem Haupte.[40]) Schlafende Bakchantinnen schmiegen ihr Haupt mit Vorliebe in am Boden liegendes Eichenlaub.[41]

Hekate. Bäume mit immergrünen Blättern waren namentlich den Gottheiten der Unterwelt gewidmet.[42]) So erklärt es sich,

---

[35 b]) Vgl. Soph. Trach. 170 ff., 1168. Sen. Herc. Oet. 1472 ff.

[35 c]) Callim. hymn. in Dian. v. 159. Otto Schneider (vol. I p. 231) versteht die Worte ὑπὸ δρυΐ so, als ob Herakles „quercina materia" verbrannt worden sei: vgl. Sen. Herc. Oet. 1634—1640 (ed. Leo). Soph. Trach. 1195. Der Gipfel des Oeta liege so hoch, dass daselbst Eichen nicht mehr vorkämen. Auch bei dieser Auffassung bleibt die Thatsache bemerkenswert.

[39]) Vgl. Eurip. Hec. 398.

[40]) Vgl. Eurip. Bacch. 110 u. Theocr. 26, 3.

[41]) Vgl. Eurip. Bacch. 685.

[42]) Im allgemeinen gehörte die Eiche zu den „glücklichen" Bäumen

dass Hekate, die mehrfach mit Göttinnen vermischt wird, die zur Unterwelt in enger Beziehung stehen,[42b]) mit Eichenlaub bekränzt erscheint.[43]) Möglich, dass auch bei Rhea eine gewisse Beziehung zur Unterwelt mit dazu beitrug, ihr die Eiche zu heiligen. Rhea und Hekate sind nicht ohne jede Identifizierung geblieben: die Bezeichnung ἀνταίη δαίμων (Gottheit, an die man sich mit Bitten wendet,) ist beiden gemeinsam. Vgl. Roscher, Selene S. 96. u. 125.

Die Eumeniden und Moiren. Persephone. Der ernste Charakter der dunkellaubigen immergrünen Steineiche passt zu den Eumeniden und Moiren. In einem ἄλσος πρίνων befand sich bei Sikyon ein Tempel der Göttinnen, welche die Athener Σεμναί, die Sikyonier Εὐμενίδες nennen, also ein Tempel der Erinyen. Und an einer lichten Stelle dieses Ilex-Haines stand der Altar der Moiren.[44]) Innerhalb des heiligen Hainbezirkes der arkadischen Δέσποινα (Persephone) standen ausser anderen Bäumen auch ein Ölbaum und eine Steineiche, die wunderbarerweise aus einer Wurzel hervorwuchsen.[45])

Dämonen-Eichen. Es gab nicht nur heilige Götterbäume, wie die dodonäische Eiche, sondern auch heilige Dämonenbäume oder Halbgottbäume. Solch ein Baum war die Phorbas-Eiche.

und nach einer Stelle bei Makrobius (3, 20, 2 ed. Eyssenhardt) die immergrüne Ilex nicht minder als die übrigen Eichenarten. Die Stelle selbst lautet: „Ait enim Veranius de verbis pontificalibus: felices arbores putantur esse quercus, aesculus, ilex etc." Vgl. Bötticher S. 304.

[42b]) Vgl. Roscher, Selene S. 90, 120 u. 122.

[43]) Vgl. Apoll. Rhod. Arg. 3, 1214 ff., dazu das Scholion „δρυῒνῳ κλάδῳ στέφεται ἡ Ἑκάτη. Weiter teilt der Scholiast eine Stelle aus den 'Ριζοτόμοι' des Sophokles mit, aus der die dasselbe hervorgeht. Cf. Sophokl. Fragm. 490 Nauck, Lycophr. 1180, Roscher Lex. I Sp. 1898. Auch mit Artemis wurde Hekate identificiert und, wie diese, zu einer Mondgöttin und Herrscherin der Nacht. Roscher, Selene S. 116. Inmitten eines dunkeln Ilexhaines zu Kolchis stand nach Ovid (Heroid. 12, 67 ff.) das goldene von ungeübter Hand gefertigte Bild der durch ‚triplices voltus' (Artemis, Selene, Hekate) gekennzeichneten Artemis in einem marmornen Tempel oder doch in dessen Nähe.

[44]) Pausan. 2, 11, 4.

[45]) Pausan. 8, 37, 10.

Sie stand in Böotien an der heiligen pythischen Strasse, die nach
Delphi führte. Phorbas herrschte über die Phlegyer, ein räube-
risches ursprünglich thrakisches Volk. Seine Wohnung und Thron-
stätte war die Eiche. Unter ihren Zweigen hielt er strenges
Gericht. Die Köpfe der von ihm Hingerichteten befestigte er an
den Zweigen seines Wohnbaumes; der letztere hing beständig
voller Schädel. Weiter berichtet der Mythos, die Eiche sei später
vom Blitze des Zeus zerschmettert, Phorbas selbst von Apollo
im Ringkampf erschlagen worden.[46]) Aber nachdem der Dämonen-
baum längst verschwunden, hiess die Stätte noch Jahrhunderte
lang „Δρυὸς κεφαλαί“ („Köpfe an der Eiche“)[47]) Wir haben es
hier offenbar mit dunkeln Erinnerungen an eine uralte Vergangenheit zu thun, an ein halbwildes, grausames Zeitalter, in dem der
Dämonenkultus noch blutige Menschenopfer forderte. Als später
mildere Sitten die Oberhand gewannen, schwanden die Menschenopfer mehr und mehr, wohl aber blieb vielfach eine symbolische
Handlung fortbestehen. Man hängte fortan statt des dem Tode
durchs Los Verfallenen bloss seine Kleider an den heiligen Baum;
den Mann selbst jagte man in die Wildnis, damit er für die
Lebenden nicht mehr vorhanden d. h. so gut wie tot war. Eine
heilige Zeuseiche wird es wohl gewesen sein, an der symbolisch
die Kleider des Anthiden aufgehängt wurden, den das Los bezeichnete.[48])

Die Hamadryaden.

Sinnig und poesiereich erscheint der antike Glaube, nach
welchem jeder Baum, namentlich jeder grosse und schöne, von
einer Schutzgottheit beseelt oder bewohnt gedacht wurde, die mit
ihrem Baume lebte und starb.[49]) Die Dryaden (von δρῦς, ur-

---

[46]) „Wie die Dryoper von Herakles getötet wurden, so wurden
die Phlegyer von Apollo vernichtet.“ Epistologr. Graeci ed. Hercher
S. 631 in der Mitte.
[47]) Philostr. imag. 2, 19. Herod. 9, 39. Thucyd. 3, 24. Bötticher,
Baumkultus S. 48, 127 u. 137. Murr, Die Pflanzenwelt in d. gr.
Myth S. 10.
[48]) Vgl. Plin. n. h. 8 § 81.
[49]) Serv. Verg. Ecl. 10, 62. Ov. fast. 4, 232. Serv. Verg. Aen. 3, 34
u 10, 18 (bei Thilo-Hagen u. d. varr. lectt.). Hom. hymn. in Vener.

prünglich „Baum", dann speziell „Eiche")[50]) oder Hamadryaden —
die letztere Bezeichnung ist für die hier in Frage kommenden
Beziehungen noch charakteristischer — werden meist als Nymphen
vorgestellt, als hübsche und anmutige Jungfrauen verliebten
Temperamentes, deren Dasein eins ist mit ihrem Lebensbaume,
aus dem sie sich verkünden, in dessen Nähe sie beständig weilen,
an den sie sich klammern.[51]) Wer den Baum, in dem die Hamadryade wohnt, fällt, der vernichtet zugleich die baumbewohnende
Nymphe, und wer einen Baum, der zu stürzen droht, stützt, der
rettet der Nymphe das Leben. Die Hamadryaden sind nach
alledem personifizierte Bäume; „sie freuen sich, wenn Regen die
Eichen erquickt, und weinen, wenn die Eichen ohne Blätter
stehen."[52]) Charon von Lampsakos erzählt eine hübsche Geschichte
von einem Knidier Rhoikos, der zu Ninos in Assyrien eine schöne
Eiche erblickte, die nahe daran war, zu Boden zu fallen. Sogleich
gab er seinen Sklaven Befehl, den Baum zu stützen. Da trat
die Nymphe, die schon darauf gefaßt gewesen war, mit dem
Baume zu sterben, zu ihrem Lebensretter hin, sprach ihm ihren
Dank aus und sagte, er solle sich zur Belohnung etwas von ihr
wünschen. Da wünschte sich Rhoikos den Genuss ihrer Liebe.
Die Nymphe sagte zu, stellte aber die Bedingung, dass Rhoikos
den Umgang mit anderen Frauen meiden sollte; eine Biene werde
die Liebesbotin sein zwischen ihr, der Hamadryade, und ihm.
Einst sass Rhoikos gerade beim Brettspiel und war in sein Spiel
vertieft, da kam die Biene geflogen, wurde aber von Rhoikos, der
nicht aufgelegt war, hart angelassen. Die Biene erzählte das der
Nymphe, worüber die letztere in Zorn geriet; fortan entzog sie

v. 264—272. Callim. hymn. εἰς Δῆλον 83. „Non sine hamadryadis
fato cadit arborea trabs" singt Ausonius.

[50]) Vgl. Prob. ad Verg. Georg. 1, 11: „Dryades a quercubus",
Pausan. 10, 32, 9: „ἀπό τε ἄλλων δένδρων καὶ μάλιστα ἀπὸ τῶν
δρυῶν".

[51]) Vgl. Stat. Theb. 6, 113. Bei Catull 61, 23 heissen sie Hama-
dryades deae; doch zählen sie im homerischen Hymnus (in Vener.
259) weder zu den Sterblichen noch zu den Unsterblichen, haben
be r eine lange Lebensdauer.

[52]) Callim. hymn. εἰς Δῆλον v. 84 f. Vgl. Nonn. 22, 101 ff.

dem Rhoikos ihre Gunst und lähmte ihn zur Strafe.[53]) Ein weit
älteres, dabei nicht minder anmutiges Eichenmärchen, das schon
Eumelos behandelt hatte, berichtet Tzetzes.[54]) Arkas, der Sohn
des Zeus oder des Apollo und der Kallisto, der Tochter des
Lykaon, traf einst auf der Jagd eine Hamadryade, die in grösster
Lebensgefahr schwebte, weil das Erdreich, auf welchem die Eiche
stand, ἐν ᾖ γεγονυῖα ἦν ἡ νύμφη, von einem durch Regengüsse an-
geschwellten und über die Ufer getretenen Flusse weggespült
wurde. Da leitete Arkas das wildflutende Wasser in andere
Bahnen, so dass die Eichenwurzeln nicht mehr unterwaschen
wurden, und beschüttete die letzteren wieder reichlich mit Erde,
so dass die Eiche fest stand wie zuvor. Auch diese Nymphe,
Chrysopeleia mit Namen (nach Eumelos), belohnte ihren Retter
und Ritter mit dem Genusse ihrer Liebe und gebar ihm zwei
Söhne, Elatos und Apheidas, die Stammväter der Arkader.[55])
Meisterhaft ist die Ovidische Schilderung[56]) des Frevels des Erysichthon, des Sohnes des thessalischen Königs Triopas. Ein frecher
Verächter der Götter, scheute sich Erysichthon nicht, in einem
der Demeter heiligen Haine eine uralte ehrwürdige Rieseneiche
zu fällen, die mit weissen Binden, Gedenktäfelchen und Kränzen
geschmückt war. Als die famuli zögerten, den ersten Hieb zu
thun, riss Erysichthon selbst die Axt an sich; da fing die Eiche
an zu zittern ‚gemitumque dedit' und erblasste. Als der Frevler

---

[53]) Schol. zu Apoll. Rhod. 2, 477. Roscher Lex. I Sp. 1825, 61 ff.

[54]) Im Scholion zu Lycophr. Alex. v. 480. Vgl. Roscher, Lex.
I, Sp. 552, 66 ff.; Sp. 905, 59 ff.; Sp. 1826, 1 ff.

[55]) Hier fällt mir ein deutsches Märchen von Musaeus ein (Aus-
wahl von Müller S. 124—130). Eine Eichenelfe, welche von dem
jungen Knappen Krokus geschützt wurde, belohnte diesen damit, dass
sie sein Weib ward. Drei Töchter entsprossen der Ehe: Bela, Therba
und Libussa. Die Eiche war der Lebensbaum der Elfe (Dryade),
welche die Zukunft vorauswusste. Wenn Krokus zur Nachtzeit unten
an der Wurzel schlummerte, flüsterte die Elfe ihm angenehme Träume
ins Ohr und verkündete ihm in bedeutsamen Bildern die Begegnisse
des folgenden Tages. Eines Tages wurde die Eiche vom Blitz zer-
splittert, die Elfe aber wurde von dem Tage an nicht mehr gesehen.

[56]) Ov. met. 8, 741—776.

dennoch zuschlug, floss Blut aus der Eiche. Plötzlich ertönten mitten aus dem Eichstamme die Worte: „Nympha sub hoc ego sum Cereri gratissima ligno etc." Sterbend prophezeite die von Demeter geliebte und beschützte Hamadryade dem Frevler, dass die Unthat gerächt werden würde. Endlich nach unzähligen Hieben stürzte der Koloss „et multam prostravit pondere silvam". Die Nymphe starb mit ihrem Baume, Erysichthon aber wurde zur Strafe für sein sacrilegium mit einem nie zu stillenden Hunger gepeinigt.[57] Auch der Vater des Paraibios, ein thrakischer Thyner, häufte durch einen ähnlichen Frevel schwere Schuld auf sich und seine Nachkommen. Als jener einst auf den Bergen Bäume fällte, kam er auch an eine alte Eiche, aus welcher eine Hamadryade ihn anflehte, „μὴ ταμέειν πρέμνον δρυὸς ἥλικος, ᾗ ἔπι πουλὺν αἰῶνα τρίβεσκε διηνεκές." Aber der Rauhe hatte kein Ohr und kein Herz für die Bitten der geängsteten Nymphe: in thörichtem und jugendlichem Übermute fällte er den Baum.[58] Vgl. im allgemeinen Roschers Lex. unter „Hamadryaden" und Preller in Paulys Realencyclop. unter „Nymphae", Mannhardt, Antike Wald- und Feldkulte S. 4—38. Interessant ist das Vorkommen einer Hamadryade Namens „Eichel" (Βάλανος). Ihr Name ist von Pherenikos überliefert.[59] Sie war eine Tochter des Oxylos und der Hamadryas, einer Schwester des Oxylos.[60] Den griechischen Hamadryaden vergleichbar erscheinen die römischen virae (= virgines) querquetulanae, von denen Festus[61] sagt, sie seien „nymphae praesidentes querqueto virescenti."[62]

---

[57] Vgl. Bötticher S. 44, 182, 189, 200. Mannhardt, Antike Wald- und Feldkulte S. 11. Nach Kallimachos (hymn. in Cererem v. 38 ff.) war übrigens der von Erysichthon gefällte Baum keine Eiche, sondern eine Pappel (αἴγειρος).

[58] Apoll. Rhod. 2, 475 ff. Roscher, Lex. I Sp. 1826, 4 ff. Bötticher S. 201.

[59] Bei Athen. 3, 78 b.

[60] Roscher, Lex. I Sp. 748, 14 ff. Murr a. a. O. S. 9.

[61] p. 261(a), 17 (Müller).

[62] Vgl. Varro de l. l. 5, 8 § 49. Preller. Röm. Myth.¹ p. 88. Henzen, Acta fratr. Arval. p. 145.

2*

Die Eiche als τρόπαιον. Jupiter Feretrius. Mars.

Das Wort τρόπαιον pflegt mit „Siegeszeichen" übersetzt zu werden; da es jedoch lautlich mit τρέπειν (sc. εἰς φυγήν) zusammenhängt, ist die Grundbedeutung etwa „Fluchtdenkmal", d. h. Denkmal, an der Stelle errichtet, wo die Feinde in die Flucht geschlagen worden sind. Die Gottheiten, die zum Siege verhalfen, hiessen dementsprechend θεοί τροπαῖοι. Zu ihnen gehörten z. B. auch Poseidon und Hera. Aber der höchste θεός τρόπαιος (oder τροπαῖος, die Betonung ist schwankend) ist natürlich Zeus selbst. Er, Ζεύς τροπαῖος,[68] war es, den man um Verleihung des Sieges anflehte, bevor man auszog zum blutigen Streite, ihm gebührte also auch der erste Dank von seiten des Siegers, dessen Bitte soeben Erhörung gefunden hatte. Woraus bestand nun solch ein τρόπαιον? Sicherlich aus erbeuteten Rüstungen, Schilden und Helmen der Feinde, die an einen Baum oder eine aufgerichtete Stange, gelegentlich wohl auch einmal an einen Steinpfeiler aufgehängt wurden. Vorzugsweise wurde der dem Zeus heilige Eichbaum zur Herstellung eines τρόπαιον verwandt, entweder in der Weise, dass man den Baum so liess, wie die Natur ihn geschaffen hatte, und ihn mit den erbeuteten Waffenstücken behing, oder so, dass man dem grünen Baume zunächst mit der Axt Krone und Äste abschlug und nur den Baumstamm als τρόπαιον ausrüstete, vgl. Fig. 55 u. 63 bei Bötticher: die auf beiden Bildern den Eichbaum hütende Schlange ist der schlangengestaltige Ortsgenius oder Ortsdämon, der das τρόπαιον beschirmt und die Opferatzung gereicht bekommt.[64] Solch ein dem Ζεύς τροπαῖος feierlich geweihtes Siegeszeichen galt auch dem Feinde als heilig und blieb von ihm unangetastet: es war geradezu ein hölzernes Bild des höchsten Gottes („Ζηνός βρέτας" Eurip. Phoen. 1250). Wie die Griechen dem Ζεύς τροπαῖος, so weihten siegreiche römische Feldherren die erbeutete Rüstung feindlicher Heerführer dem Iupiter Feretrius. Als Romulus den Acron, den König der altsabinischen

---

[68] So genannt z. B. Soph. Antig. 143. Eurip. Heraclid. 867. Soph. Trach. 303. Arist. de mund. 7: Ζεύς τροπαιοῦχος. Vgl. Preller, Griech. Mythol. I² S. 109.

[64] Vgl. das Wandbild Mus. Borb. Vol. 7, T. 7. Bötticher S. 73.

Stadt Caenina (zwischen Rom und Tibur) im Zweikampfe getötet hatte, „δρῦν ἔτεμεν ὑπερμεγέθη" und befestigte daran die spolia opima seines Gegners; darauf setzte er sich den Lorbeerkranz aufs Haupt und machte sich fertig zum Triumphgang. Auf letzterem trug Romulus unter Siegesgesängen und Jubelrufen der Menge den schweren Waffenbaum eigenhändig; „τὸ δὲ τρόπαιον ἀνάθημα Φερετρίου Διὸς ἐπωνομάσθη". So Plutarch (Romul. 16). In demselben Kapitel erzählt Plutarch weiter, dass im ganzen nur drei römischen Feldherren die hohe Ehre des Waffenbaumtragens beim Triumphe zu teil geworden sei, nämlich ausser dem Romulus noch dem Cornelius Cossus (437 vor Chr.; vgl. Liv. 4, 20) nach Besiegung des Vejenterkönigs Tolumnius und dem Claudius Marcellus (Consul 222 vor Chr.) nach Tötung des feindlichen Häuptlings Britomartus (oder Britomaris-Virdumarus). Nach Plutarch hätten zwar alle drei Sieger die Trophäenbäume selbst getragen, aber es sei nicht richtig, wenn Dionys von Halikarnass (2, 34) behaupte, Romulus hätte sich beim Triumphzuge eines Wagens bedient; vielmehr sei Romulus zu Fuss gegangen, nur Cossus und Marcellus seien gefahren, und zwar mit einem Viergespann (τέθριππον). Zum Beweise für seine Behauptung macht Plutarch geltend, in Rom seien viele „τροπαιοφόροι εἰκόνες" des Romulus zu sehen, aber alle „πεζαί". Bei Livius (1, 10) hängt Romulus die einzelnen Stücke der Waffenrüstung des Akron an einem Traggestelle (ferculum) auf, nimmt dieses und steigt damit zum Burghügel (‚in Capitolium', dieses war noch unbewohnt) empor, „ibique ea cum ad quercum pastoribus sacram[45]) deposuisset, simul cum dono designavit templo Iovis fines cognomenque addidit deo . . . Haec templi est origo, quod primum omnium Romae sacratum est." Diese Stelle ist ausserordentlich wichtig. Wir erfahren hier, dass lange vor Romulus ein heiliger Eichbaum auf dem Capitolinischen oder Saturnischen Hügel — der letztere Name ist der ältere, vgl. Varro de l. l. 5, 41 — gestanden hat, dem von den Hirten hohe Verehrung gezollt wurde. Diese gewiss uralte Eiche war Bild und Tempel des Gottes zugleich, und Romulus wusste keinen ge-

---

[45]) Also ein Baumsacellum! Vgl. Festus p. 319: „Sacella dicuntur loca diis sacrata sine tecto" und Gell. 6, 12, 5.

weihteren Ort zur Aufbewahrung und Widmung seiner Ehrenbeute
als den altheiligen Iupiterbaum auf dem Capitol. Hier erhielt
fortan Iupiter Feretrius[66]) seinen Tempel, den ersten, den Rom
gesehen. Der heilige Baum rief also die Tempelstiftung nachträglich neben sich hervor. Unter Ancus Martius wurde die
„aedis Iovis Feretrii amplificata" (Liv. 1, 33 am Ende), soll
jedoch auch nach dieser Erweiterung nur eine Länge von 15 Fuss
gehabt haben (Dion. 2, 34). In diesem Tempel also, den wir
uns ursprünglich als ein lediglich zur Aufbewahrung der spolia
dienendes donarium zu denken haben, erfolgten seiner Zeit die
weiteren zwei Aufstellungen von spolia opima, von denen oben
die Rede war, vgl. Properz 5, 10, wo der auf Iupiter Feretrius
bezügliche Stoff poetisch behandelt ist, ferner Bötticher S. 73
und 134. Besonders bei den Dichtern finden sich mehrfach Hin-
weisungen oder Anspielungen auf die alte Sitte der Waffenbaum-
weihe, so z. B. Verg. Aen. 11, 5 ff., wo Äneas die Rüstung
des erschlagenen Mezentius an eine grosse Eiche hängt, der
die Äste gekappt waren, „tibi, magne, tropaeum, bellipotens!"
Servius bemerkt zu der Stelle ganz richtig, dass tropaea gern
auf Anhöhen aufgestellt wurden („non figebantur nisi in emi-
nentioribus locis"). Ein anderes Beispiel in der Äneide steht
10, 421 ff. Hier gelobt Pallas dem Vater Thybris: „Wenn du
mir den Sieg über Halaesus verleihst, haec arma exuviasque viri
tua quercus habebit." Man vergleiche auch Statius Theb. 2, 707 ff.,
wo Tydeus die Waffen der von ihm erschlagenen Thebaner, die
ihm einen Hinterhalt gelegt hatten, gleichfalls an einer Eiche befestigt. Schön ist auch die bildliche Redeweise des Lucan, der
(Phars. 1, 136 ff.) den berühmten seinem Ruhme vertrauenden
Pompeius mit einer uralten Tropäumeiche vergleicht, die vor
Altersschwäche jeden Augenblick umzustürzen droht: beide heiligt
die Erinnerung an den Ruhm früherer Tage, und nur mit Ehr-
furcht beschaut man sie. „Nam spolia, erläutert der Scholiast,
appendebantur in quercubus." Vgl. Sidon. Apoll. carm. 2, 399:
„quercus . . tropaeis curva tremit".

---

[66]) Den Namen Feretrius will Livius von „ferre" ableiten, andere,
wie Plutarch (Romul. 16), von „ferire".

Aber auch dem römischen Kriegsgotte Mars, dem Vater des Romulus und Remus, dem mythischen Stammvater aller Quiriten, war die Eiche heilig. So spricht Sueton im Leben des Vespasian (cap. 5) von einer „quercus antiqua, quae erat Marti sacra." Diese Eiche stand ,in suburbano' und war ein Schicksalsbaum der berühmten Familie der Flavier. Bei jeder Niederkunft der Vespasia, der Mutter des Vespasian, liess der heilige Familienbaum einen neuen Zweig ausschlagen, aus dessen Umfang und Kraft auf die Zukunft d. h. Glück, Lebensdauer und einstige Machtstellung des Neugeborenen geschlossen werden konnte („haud dubia signa futuri fati"): war der Zweig zart und schwächlich, so starb das Kind bald, war er stark und von gewaltigen Dimensionen („instar arboris'), so war das Kind zum Herrscher ausersehen und hohes Glück stand ihm bevor. [67] Auch die wichtige Stelle des Dionys von Halikarnass (1, 14), die von dem alten Marsorakel (χρηστήριον Ἄρεος πάνυ ἀρχαῖον) zu Tiora (Matiene) handelt, gehört hierher. Auf einer hölzernen Säule (ἐπὶ κίονος ξυλίνης) sass daselbst ein „θεόπεμπτος ὄρνις, ὃν αὐτοὶ μὲν (näml. die Aboriginer) πῖκον, Ἕλληνες δὲ δρυοκολάπτην καλοῦσιν." [68] Die Säule, auf welcher der Specht sass, hatte offenbar die göttliche Orakelkraft in sich. Nun ist freilich nicht ausdrücklich gesagt, dass das Holz von einer Eiche herrührte. Aber wer die Dionysstelle unbefangen liest, dem wird es mindestens wahrscheinlich, dass es eine heilige Marseiche gewesen sein wird, von der jene κίων ξυλίνη stammte. Dionys vergleicht nämlich das Marsorakel zu Tiora mit dem dodonäischen: bei letzterem habe eine Taube, auf einer heiligen Eiche sitzend, Orakel erteilt, dagegen bei den Aboriginern ein Specht auf einer hölzernen Säule. Also dort der grüne lebendige Baum, hier ein blosser Baumstumpf, aber doch wohl beide Male eine Eiche! Von vornherein ist übrigens zu erwarten, dass der bei den Latinern notorisch dem Mars ge-

---

[67] Vgl. Bötticher S. 171. Wagler, die Eiche I. S. 39.

[68] Über den Baumspecht vgl. Plut. mor. 268, 9 (quaest. Rom. cap. 21). Aristot. Tierk. 8, 3 u. 9, 10, 2. Aristoph. av. 480 (u. Schol.) u. 979. Strabo 5, 4, 2. Lob. Phryn. 679. Über die Spechtaugurien, welche die Römer von den Sabinern übernommen haben, handelt auch Hopf, Tierorakel u. Orakeltiere S. 145 f.

heiligte und bei einem Orakel des Mars als Weissagevogel be-
teiligte Specht nicht auf einem beliebigen Baume sitzt, sondern
auf einem, der gleichsam durchströmt und durchzogen ist vom
Geiste des Mars: dieser Baum konnte aber nach allem nur die
Eiche sein.[69]) Selbst zu Ares scheint die Eiche in einiger Beziehung gestanden zu haben. Wird doch mehrfach erzählt, dass
das goldwollige Vliess, welches in der Argonautensage bekanntlich
eine grosse Rolle spielt, in dem heiligen Haine des Ares zu
Kolchis an den Zweigen einer heiligen Areseiche („Mavortis in
arbore" Val. Flacc. 7, 519) aufgehängt war.[70]) Noch ein kurzes
Wort über den Baumspecht, von dem soeben die Rede war. Auch
der latinische Weissagegott Picus, der Vater des Faunus (Verg.
Aen. 7, 48) und Gemahl der Canens, wurde in roherer Gestalt
als eine hölzerne Säule mit einem Spechte dargestellt, zuweilen
allerdings auch als Augur mit dem Augurstab, später vorzugsweise als Jüngling mit einem Spechte auf dem Haupte. Aus
seinem Symbol bildete sich die Mythe, Canens oder Pomona habe
den Picus geliebt, später habe auch Circe Neigung zu ihm gefasst,
sei aber verschmäht worden und habe ihn deshalb in einen Specht
verwandelt.[71]) Dieser Picus wohnte in einem Haine am aventinischen
Hügel; es war ein bekannter Orakelhain, nicht nur dem Picus
geweiht, sondern gleichzeitig auch dem Faunus Fatuus. Was uns
an diesem heiligen Haine wesentlich interessieren muss, ist der
Umstand, dass er ein ilex-Hain war, wie aus dem Zeugnisse des
Ovid (fast. 3, 295 ff.) klar und unzweideutig hervorgeht. Weiter
erzählt Ovid ausführlich, wie König Numa mit Hilfe des Faunus
und Picus den Blitz des Iupiter eliciert.[72])

[69]) Vgl. Bötticher S. 114, 164, 407.

[70]) Apollod. 1, 9, 16 (κρεμάμενον ἐκ δρυός). Schol. Tzetz. zu
Lycophr. Alex. 21—22 (p. 309: δρῦς). Apoll. Argon. 2, 1147 u. 1270
(Merkel). Philostr. imag. 12. Serv. ad Verg. Georg. 2, 140. Val. Flacc.
5, 228 ff., 250 ff. (sacrata quercus), 8, 460. Bötticher S. 407. von Hahn,
Sagwissensch. Studien S. 501 Anm. 16. Über die Deutung des Mythus
(Gewitterscenerie, Vliess=Sonne u. s. w.) vgl. die Litteratur bei Murr,
Die Pflanzenwelt in d. gr. Myth. S. 11 Anm. 2. S. auch Mannhardt,
Die lettischen Sonnenmythen S. 243 u. 283.

[71]) Verg. Aen. 7, 191. Ov. met. 14, 388 ff.

[72]) Ov. fast. 3, 327 ff. Bötticher S. 183.

Der Eichenkranz, insbesondere die corona civica und Capitolina.

Eichenkränze waren von jeher ein ehrendes Symbol. In dem grossen hellenischen Nationalfeste der Pythien erwarben die Sieger in der historischen Zeit bekanntlich Lorbeerkränze; aber nach Ov. met. 1, 448 ff. erhielt in den allerältesten Zeiten der Sieger „aesculeae . . frondis honorem". Wichtiger ist die römische corona civica. Sie bestand aus Eichenlaub, welches anfänglich von der ilex-Eiche, später vorzugsweise von der aesculus genommen wurde, und war eine glänzende militärische Auszeichnung („militum virtutis insigne clarissimum" Plin. n. h. 16 § 7), die ihren Träger aufs höchste ehrte; bei Quintilian (6, 3, 79) heisst sie „difficillima et gloriosissima omnium." Plinius teilt a. a. O. ausdrücklich mit, dass die coronae murales, vallares, aureae und rostratae den civicae nachstanden: nur die corona graminea sive obsidionalis galt für ‚nobilior'.[73]) Die am schwierigsten zu erlangenden Kronen waren ihren materiellen Bestandteilen nach die wertlosesten und wohlfeilsten.[74]) Verliehen wurde der Eichenkranz ursprünglich dem Beherzten, der mit eigener Lebensgefahr einen vom Feinde aufs äusserste bedrängten Kameraden glücklich aus dem Getümmel der Schlacht rettete und so dem gewissen Tode rechtzeitig entriss. Natürlich musste vor jeder einzelnen Verleihung der corona durch Zeugenaussagen u. dergl. vorerst genügend festgestellt sein, dass man es im vorliegenden Falle nicht mit Humbug zu thun habe, dass vielmehr die betreffende Heldenthat wirklich geschehen war. Mit anderen Worten: die Erlangung der civica wurde namentlich in den Zeiten der Republik nicht leicht gemacht. Plinius spricht von ‚leges artae et superbae' (16 § 12). In vielen Fällen wird der römische Feldherr selbst Augenzeuge obiger Art von Tapferkeitsbeweisen einzelner Soldaten gewesen sein. Der Retter erhielt die corona civica entweder aus der Hand des Geretteten — in diesem Falle hatte aber letzterer erst die Ge-

---

[73]) Plin. n. h. 22 § 6 u. § 13 a. E. Festus s. v. „obsidionalis": „civica corona singularis salutis signum erat, obsidionalis universorum civium servatorum."

[74]) Plin. n. h. 16 § 14.

nehmigung des Feldherrn einzuholen, der den Fall genau unter-
suchte — oder direkt aus der manus imperatoria;[75]) aber der
Gerettete selber musste ausdrücklich zugeben gerettet worden
zu sein; andernfalls war die Zeugenaussage kraftlos.[76]) Der
Gerettete musste — das ist für die Verleihung der civica wichtig —
römischer Bürger sein, der Retter am liebsten gleichfalls civis
Romanus, nur ausnahmsweise wurde auch ein advena bekränzt.[77])
Der Jurist Masurius Sabinus stellte, wie wir durch Gellius (5, 6, 13)
wissen, im 11. Buche seiner Memorabilia folgende Bedingungen
zusammen: „civicam coronam tum dari solitam . ., cum is, qui
civem servaverat, eodem tempore etiam hostem occiderat neque
locum in ea pugna reliquerat."[78]) Dass aber diese letzteren
beiden Punkte nicht als gar zu starre Norm zu nehmen sind,
sondern gewissen Modifikationen unterlegen haben, beweist gleich
der folgende Text des Gellius (5, 6, 14).[79]) Daselbst wird erzählt, ein römischer Bürger habe einem anderen das Leben gerettet und bei der Gelegenheit zwei Feinde getötet, aber auf der
Stelle, wo er kämpfte, nicht standzuhalten vermocht, sondern sei
vor den drängenden Feinden zurückgewichen. Nun sei die Frage
entstanden, ob jener Tapfere trotzdem mit der civica zu beschenken
sei oder nicht. Kaiser Tiberius, bei dem man sich Rat und Entscheidung holte, habe die sofortige Verleihung der corona befohlen,
„quod appareret ex tam iniquo loco civem ab eo servatum, ut
etiam a fortiter pugnantibus retineri non quiverit". Umgekehrt,
hätte der edle Retter zwar keinen Feind geradezu getötet, aber
durch kräftige Abwehr unter schwierigen Verhältnissen seinen
Standpunkt dennoch wacker behauptet, so würde ihm wohl auch
die corona verliehen worden sein. — Zur Herstellung der civica
bediente man sich anfänglich des Laubes der immergrünen Steineiche (ilex)[80]), später „magis placuit ex aesculo Iovi sacra".[81])

---

[75]) Tac. ann. 15, 12. Sen. de benef. 1, 5, 6.
[76]) Plin. n. h. 16 § 12.
[77]) Vgl. Schol. zu Lucan. Phars. I, 358.
[78]) Cf. Plin. n. h. 16 § 12.
[79]) Vgl. auch Polyb. 6, 39, 6.
[80]) Vgl. Festus p. 42 ed. O. Müller.
[81]) Plin. n. h. 16 § 11. Gellius 5, 6, 12.

Die gewöhnliche Bezeichnung ist corona civica (= ὁ στέφανος ὁ πολιτικός Dio Cass. 47, 13, 3), doch finden sich auch andere:

c. querna Ov. fast. 1, 614; trist. 6, 1, 36.
c. quernea Suet. Calig. 19.
c. quercea Tac. ann. 2, 83.
c. ilign(e)a Caecil. bei Gellius 5, 6, 12.
servati civis c. Tac. ann. 15, 12; vgl. Lucan. Phars. 1, 358.
civilis quercus Verg. Aen. 6, 772.
quercus Ov. fast. 4, 953.
ὁ στέφανος ὁ δρύινος Dio Cass. 53, 16, 4.
δρυὸς στέφανος Plut. Coriol. 3.

Plinius beschreibt (16 § 13) die mit dem Bürgerkranze verbundenen Ehren. Der Beschenkte durfte zeitlebens öffentlich im Schmucke seines Ehrenkranzes erscheinen, so oft er wollte. Betrat er die ludi, so pflegte sich sogar der Senat von seinen Sitzen zu erheben, in dessen allernächster Nähe übrigens der Kranzträger seinen Sessel hatte. Er selbst,[82] sein Vater und sogar sein avus paternus waren frei von allen Abgaben. Familie und Nachkommen des Dekorierten genossen gleichfalls vorzügliche Ehre. Der dankbare Gerettete ehrte naturgemäss seinen Retter zeitlebens pietätvoll wie einen zweiten Vater.[83] Oft freilich mag es auch vorgekommen sein, dass die Geretteten hinterher nur zögernd und ungern bekannten, gerettet worden zu sein: „non quo turpe sit protectum in acie ex hostium manibus eripi (nam id accidere nisi forti viro et pugnanti comminus non potest), sed onus beneficii reformidant, quod permagnum est, alieno debere idem quod parenti."[84] Die coronae civicae sind dona militaria, von denen jedenfalls schon in sehr alten Zeiten der römischen Geschichte Gebrauch gemacht worden ist, möglicherweise bereits zur Zeit

---

[82]) War er aus dem Heere ausgeschieden, so wurde er nicht selten durch eine Anstellung mit passender Beschäftigung versorgt. Der jüngere Plinius bedauert in seinem Panegyricus (cap. 13), dass die Beaufsichtigung der Waffen- und Leibesübungen meist einem energielosen Graeculus magister überlassen werde, statt, wie früher, einem von den Veteranen, „cui decus muralis aut civica."

[83]) Vgl. Polyb. 6, 39.

[84]) Cic. pro Planc. § 72.

der Könige. Vom Beginn der Republik an lässt sich das Vorkommen der civicae sicher nachweisen. Das älteste mir bekannt gewordene Beispiel der Verleihung fällt zusammen mit den sagenumwobenen Ereignissen des Jahres 496 vor Chr. In diesem Jahre wurde, wie es heisst, der letzte Versuch der vertriebenen Tarquinier, die Wiedereinsetzung zu erlangen, durch die Schlacht am See Regillus unter dem Diktator A. Postumius vereitelt. In dieser Schlacht that sich besonders Marcius (Coriolanus) hervor, ein kräftiger Jüngling aus patrizischem Geschlechte. Als er sah, dass in seiner nächsten Nähe ein römischer Krieger im Getümmel der Schlacht zu Fall gekommen war, sprang er, seinen Schild vorhaltend, schnell entschlossen vor den am Boden liegenden Kameraden und streckte, um diesen zu schützen, einen eindringenden Latiner mit tötlichem Schwertstreiche nieder. Zur Belohnung für diese Heldenthat empfing Marcius aus der Hand des A. Postumius feierlich den Eichenkranz. „Τοῦτον γὰρ ὁ νόμος τῷ πολίτην ὑπερασπίσαντι[85]) τὸν στέφανον ἀποδέδωκεν."[86]) — Ein anderer Held, dem die corona civica auf Grund seiner kühnen Kriegsthaten vierzehnmal verliehen wurde — die höchste Zahl, von der berichtet wird — war L. Siccius (Sicinius?) Dentatus.[87]) Im ganzen Heere wurde er „der römische Achilles" genannt, und Plinius[88]) giebt an, Siccius habe in 120 Schlachten stets siegreich gekämpft und zwar in 40 dém Heeresdienste geweihten Jahren.[89]) Dentatus war tribunus plebei Sp. Tarpeio A. Aternio cos. (= 454 vor Chr.). Er soll sich hauptsächlich in den Kämpfen gegen die Äquer hervorgethan haben, aber, von den Decemvirn angefeindet, in einem Hinterhalte umgekommen sein, den ihm diese gelegt hatten.[90]) Mit sechs — nach Livius (6, 20) sogar mit acht —

---

[85]) Das Verbum ὑπερασπίζειν gebraucht in dem gleichen Zusammenhange auch Polyb. 6, 39, 6.

[86]) Plut. Coriol. 3.

[87]) Die Zahl 14 wird mitgeteilt von Plin. 7 § 102, 16 § 14, 22 § 9. Gellius 2, 11 und Dionys. Hal. 10, 37.

[88]) 7 § 101 u. 22 § 9.

[89]) Vgl. Dion. Hal. 10, 37 u. 11, 25.

[90]) Vgl. Dion. Hal. 11, 27.

Bürgerkränzen folgt der bekannte M. Manlius Capitolinus († 384).[91]) Diesem dankte auch der Reiteroberst Servilius sein Leben. — Als der Konsul L. Papirius Cursor im Jahre 293 vor Chr. die Samniter bei Aquilonia und Saepinum überwunden hatte, kehrte er mit reicher Beute nach Rom zurück und feierte hier einen glänzenden Triumph. In imposantem Zuge „pedites equitesque insignes donis transiere ac transvecti sunt; multae civicae coronae vallaresque ac murales conspectae."[92]) Als der 17jährige P. Cornelius Scipio, der spätere Sieger von Zama, in dem unglücklichen Reitergefecht am Ticinus (im September 218 vor Chr.) seinen verwundeten Vater, wie man sich erzählte, mit kräftigem Arme aus dem Getümmel herausgehauen hatte, soll auch ihm die corona civica angeboten, dieselbe aber von ihm aus naheliegenden Gründen in edeler Bescheidenheit abgelehnt worden sein.[93]) — Als nach den Verlusten in der Schlacht bei Cannae, in welcher allein gegen 100 Senatoren gefallen waren, der Senat im Jahre 216 vor Chr. wieder neu ergänzt wurde, hatten die Inhaber einer Bürgerkrone verhältnismässig leichtes Avancement.[94]) — Im Kriege gegen den aufständischen Tacfarinas in Numidien zeichnete sich ein gregarius miles, Namens Rufus Helvius, dadurch aus, dass er einem Mitbürger das Leben rettete. Der Prokonsul Apronius beschenkte ihn für seine That „torquibus et hasta." Aber dem Kaiser Tiberius schien diese Belohnung zu gering: er fügte die Bürgerkrone hinzu. Bei dieser Gelegenheit liess er Helvius seine Teilnahme ausdrücken, dass ihm der Ehrenkranz nicht gleich nach geschehener Heldenthat von Apronius bewilligt worden sei, der doch als Prokonsul unabhängiges imperium, also auch das Recht der selbständigen Verleihung habe.[95]) Rufus hat hiervon den Beinamen Civica angenommen. In Vicovaro bei Tivoli, dem alten Varia, ist eine auf ihn bezügliche Inschrift aufgefunden worden.[96])

---

[91]) Plin. 7 § 103 u. 16 § 14.

[92]) Liv. 10, 46.

[93]) Plin. n. h. 16 § 14, wo „apud Trebiam" wohl irrtümlich für „apud Ticinum".

[94]) Liv. 23, 23, 6.

[95]) Tac. ann. 3, 21. Sueton. Tib. 32.

[96]) Vgl. C. I. L. vol. XIV No. 3472.

„M. Helvius, M. f., Cam(ilia näml. tribu), Rufus Civica, prim(us)
pil(us), balneum municipibus et incolis dedit." Auch sonst kommt
Civica als cognomen masculinum vor, vielleicht von der corona
civica hergenommen. [97]) —

Der freiere Gebrauch in der Verleihung der corona civica.

Was mit dem freieren Gebrauche, der sich seit dem ersten
Jahrhundert vor Chr. neben dem althergebrachten einschlich, ge-
meint sei, wird der Leser unschwer aus den folgenden Beispielen
erkennen. L. Gellius Poplicola, vir censorius, meinte, die römische
Republik schulde dem Cicero eine corona civica, „quod eius opera
esset atrocissima illa Catilinae coniuratio detecta vindicataque. [98]) —
Bekanntlich gab es in Rom eine Zeit, in der man sich in allen
möglichen Auszeichnungen Julius Cäsars erschöpfte: es war die
Zeit, als Cäsar nach dem Siege über die Söhne des Pompejus bei
Munda (45 vor Chr.) ruhmgekrönt aus Spanien zurückgekehrt
war. Alle nur erdenklichen Ehren wurden Cäsar zu teil, die aus-
zuführen hier nicht der Ort ist. Wohl aber ist hier zu erwähnen,
dass der Senat beschloss, Statuen von Cäsar sollten in den Muni-
zipien und in allen Tempeln Roms aufgestellt werden, ausserdem
zwei Statuen auf den Rostra, die eine geschmückt mit der corona
civica („ὡς τοὺς πολίτας σεσωκότος"), die andere mit der obsidionalis („ὡς τὴν πόλιν ἐκ πολιορκίας ἐξῃρημένου"). [99]) — Im Jahre 43
vor Chr. waren der römische Senat und die Bürgerschaft so ein-
geschüchtert, dass man den Triumvirn M. Lepidus, M. Antonius
und C. Caesar Octavianus, statt sie wegen der Ermordung
einiger römischer Bürger zur Rechenschaft zu ziehen, ausser
anderen Ehren die coronae civicae zuerkannte „ὡς εὐεργέταις καὶ
σωτῆρσι τῆς πόλεως γεγονόσι", weil sie nicht noch mehr römische
Bürger getötet hätten, mit anderen Worten: weil sie so viele,

---

[97]) Vgl. Suet. Domitian. 10. Tac. Agric. 42; ferner der Konsul
des Jahres 135 nach Chr. Sex. Vetulenus Civica Pompeianus, Inscr.
ap. Grut. 250.

[98]) Gell. 5, 6, 15. Cic. in Pison. 3, 6.

[99]) Cass. Dio 44, 4. Cic. pro Deiot. 12, 34.

die sie hätten töten können, am Leben erhalten hätten. [100]) Welcher Missbrauch der altehrwürdigen, Jahrhunderte hindurch sorgsam gepflegten Einrichtung! Die Greuel der Bürgerkriege brachten es eben mit sich, dass seitdem „meritum coepit videri civem non occidere." [101]) Die Sullanische Proskription verhiess jedem, der einen römischen Bürger tötete, Straflosigkeit, ja obendrein Geldbelohnung. Es fehlte nicht viel, fügte Seneca (de benefic. 5, 16, 3) mit sarkastischer Ironie hinzu, da hätte man die Mörder noch mit der corona civica beschenkt! — Die Bürgerkrone wurde in der Folge namentlich den römischen Kaisern verliehen, wenn das Volk seinem Oberhaupte für milde, das Leben der Bürger schonende Regierung danken wollte: „civicae coronae . . insigne clarissimum iam pridem . . et clementiae imperatorum." [102]) Über der porta des Palatiums des Kaisers Augustus und seiner Nachfolger — am sog. fastigium (Vordergiebel) — war seit dem Januar des Jahres 27 vor Chr. auf Senatsbeschluss ein Eichenkranz angebracht, [103]) rechts und links daneben zur Erinnerung an glorreiche Schlachten und Siege je ein Lorbeerzweig. „Augustus civicam a genere humano accepit ipse" [104]) als Belohnung für seine Milde und Menschenfreundlichkeit. [105]) Τὸ τὸν στέφανον τὸν δρύϊνον . . ἀρτᾶσθαι τότε οἱ (dem Augustus) ὡς καὶ ἀεὶ . . τοὺς πολίτας σώζοντι ἐψηφίσθη." [106]) Augustus selbst schrieb von sich nieder: „Rem publicam ex mea potestate in senat(us populique Romani a)rbitrium transtuli, und für dieses mein Verdienst wurde die civica über meiner ianua befestigt." [107]) Kaiser Tiberius dagegen „civicam in vestibulo coronam recusavit". [108]) Im Jahre 14 nach Chr. war

---

[100]) Cass. Dio 47, 13, 3.

[101]) Plin. n. h. 16 § 7.

[102]) Plin. n. h. 16 § 7.

[103]) C. I. L. 1 p. 384: Fasti Praenestini ad Idus Ianuar. und Mommsen zum monum. Ancyran. 6, 14. Dio Cass. 53, 16, 4. Val. Max. 2, 8, 7. Ov. met. 1, 562 f.; fast. 1, 614; 4, 953; trist. 3, 1, 36.

[104]) Plin. n. h. 16 § 8.

[105]) Vgl. Senec. de clem. 1, 26, 5.

[106]) Cass. Dio 53, 16, 4.

[107]) Mon. Ancyr. 6, 14.

[108]) Sueton. Tib. 26.

Germanicus in das collegium sacerdotum Augustalium aufgenommen worden.[109]) Nach seinem Tode († 19 nach Chr.) wurden ihm von dem trauernden Volke, welches den Verlust des edlen Mannes noch immer nicht fassen konnte, alle nur möglichen Ehren dekretiert, u. a. curulische Sessel mit Eichenkränzen darüber für die Mitglieder jenes Kollegiums, dem er bei Lebzeiten angehört hatte.[110]) Von Caligula wissen wir durch Sueton,[111]) dass er sich eines Tages das seltsame Vergnügen machte, über eine Schiffsbrücke hin- und herzureiten „phalerato equo insignisque quernea corona et securi et cetra (kleiner Lederschild) et gladio aureaque chlamyde." Sein Nachfolger, Kaiser Claudius, befestigte neben der corona civica an der Palatina domus noch eine andere Krone, die navalis corona, „traiecti et quasi domiti Oceani insigne".[112]) Der Eichenkranz findet sich auch oft auf Münzen der römischen Kaiser mit der Aufschrift:

OB

CIVIS

SERVATOS·

Vgl. Cohen, Méd. imp.² I. Oct. Aug. No. 206–216 S. 91 f.; No. 367 S. 114; No. 377 S. 115; No. 407 S. 119; No. 434 S. 124 u. sonst oft. Die Kaiser wurden dadurch in einer für sie sehr schmeichelhaften Weise als Retter des Staates bezeichnet. — Schwierig ist die Beantwortung der Frage, warum die Römer zur corona civica sich gerade des Eichenlaubes bedienten. Gellius (5, 6, 12) giebt die an sich ganz verständliche, aber hinsichtlich ihres Zusammenhanges mit dem Thema dunkle Antwort: „quoniam cibus victusque antiquissimus quercus capi solitus." Am meisten hat sich von den Alten Plutarch abgemüht, der Sache auf die Spur zu kommen.[113]) Ob man, meint er, die Eiche vielleicht um der Arkadier willen so geehrt habe, die durch das Orakel des Gottes βαλανηφάγοι genannt worden seien? Oder habe man zum Eichenlaube gegriffen, weil solches schnell und überall zur Hand sei, wo auch immer

---

[109]) Tac. annal. 1, 54.
[110]) Tac. annal. 2, 83.
[111]) Calig. 19.
[112]) Suet. Claud. 17.
[113]) Vgl. Plut. quaest. Roman. cap. 92 und Coriol. cap. 3.

das Heer sich befinde? Oder weil der Eichenkranz dem Ζεύς
Πολιεύς (Πολιοῦχος), dem Stadtschirmer,[114] heilig sei? Plutarch
lässt die Frage offen. Am hinfälligsten ist wohl die erste Meinung.
Die zweite kann, insofern sie einen praktischen Punkt betrifft,
wohl in Frage kommen, befriedigt aber nicht, denn es war doch
auch an anderen Bäumen kein Mangel. Der Wahrheit am nächsten
scheint mir Plutarch mit der dritten Vermutung gekommen zu
sein. Nur dürfen wir nicht an den griechischen Ζεύς Πολιεύς
denken, sondern an den italisch-römischen Iuppiter Stator, Victor,
Bellipotens, Feretrius. Ihm war ja die Eiche gleichfalls heilig,
wie denn auch Plinius (16 § 7) nicht ohne Absicht hinzufügt:
„Civica iligna primo fuit, postea magis placuit ex aesculo Iovi
sacra.“ Da übrigens auch heilige Marseichen bei den Römern
vorkommen, so erscheint es — dies würde eine neue mögliche
Beantwortung unserer Frage sein — nicht ausgeschlossen, dass
man die betreffende Eiche, von der man die Zweige zu brechen
im Begriffe stand, vorher dem Kriegsgotte Mars weihte bez. die
Zweige von einer dem Mars schon längst geheiligten Eiche nahm
Doch ist dies blosse Vermutung, der — soviel ich weiss — ausdrückliche Zeugnisse nicht zur Seite stehen.

Es giebt auch einen weniger bekannten Ehrenkranz aus
Eichenlaub, der in der Sprache der Dichter „quercus Capitolina“
genannt wird. Ihn verdienten diejenigen, welche in den Capitolinischen Agonen[115] mit einem Gedichte gesiegt hatten. Diese
Agonen wurden erstmalig von Domitian eingesetzt, nach dem
Muster der Olympischen Spiele, und zwar in dem Jahre, in dem
er zusammen mit Servius Cornelius Dolabella das Konsulat be-
kleidete.[116] Es war Domitians zwölftes Konsulatsjahr: 86 nach Chr.
In diesen jedes fünfte Jahr stattfindenden Agonen stritten alle
möglichen artifices um den Preis, auch Kitharöden.[117] Der Preis

[114] Vgl. Preller, Griech. Myth. I² S. 101 u. 116.
[115] Diese sind nicht zu verwechseln mit den ludi Capitolini, die
nach Vertreibung der Gallier zu Ehren des Iuppiter angestellt wurden;
vgl. Liv. 5, 50.
[116] Vgl. Censorin. de die nat. cap. 18 § 15. Sueton. Domitian.
cap. 4.
[117] Vgl. Meurs. op. vol. X p. 788 A.

bestand bei dem agon Capitolinus (= certamen Capitolinum)[118]) in einem Eichenkranz, wie aus mehreren diesbezüglichen Dichterstellen hervorgeht, z. B. Juvenal 6, 387: „an Capitolinam deberet Pollio quercum sperare“; Stat. silv. 5, 3, 231 ff.: „Heu quod me mixta quercus non pressit oliva et fugit speratus honos, cum lustra parentis invida Tarpei canerem!“ Statius hatte nämlich im Jahre 94 Misserfolg im Capitolinischen Agon. Für den Eichenkranz entschied man sich dem Iuppiter Capitolinus zu Ehren[119]), während in den olympischen Spielen der Sieger bekanntlich einen Kranz vom heiligen Ölbaume erhielt, nachdem ihm vorher schon, gleich nach errungenem Siege, ein Palmzweig gereicht worden war. — Auch Toten setzten die Alten bisweilen, um sie zu ehren, goldene Eichenkränze aufs Haupt, besonders in Griechenland, Etrurien und in der Krim. Im heutigen Oria, dem alten Uria, in Unteritalien, ist im Jahre 1877 ein Skelett ausgegraben worden mit einem goldenen Eichenkranz, von dem 12 Blätter erhalten sind.[120]) Ein gleicher Totenkranz wurde in einem Grabe zu Vulci aufgefunden.[121]) Desgleichen hat der Eichenkranz eine Rolle gespielt als ἀνάθημα. Dem delischen Apollo weihte Lysander, der Sohn des Aristokritos, einen „στέφανος χρυσοῦς δρυός“,[122]) und Kaiser Nero legte im Tempel zu Olympia vier aus Gold angefertigte Kränze nieder, nämlich drei Kotinoskränze und einen Eichenkranz.[123])

Die sortes Praenestinae.

In Praeneste, der alten Stadt Latiums, war ein reicher Fortunatempel mit einem Orakel, den sortes Praenestinae. Diese Lose waren aus Eichenholz (robur) d. h. sie waren mit altertümlichen Buchstaben oder Schriftzeichen auf Roburholz eingekritzelt. Aufbewahrt wurden die sortes in einem Kasten (arca), der im Tempel

---

[118]) Suet. Domit. 13.
[119]) Vgl Herodian ab exc. divi Marci 1, 9, 2.
[120]) Vgl. Archäolog. Zeitung Jahrg. 35 S. 180.
[121]) Vgl. Daremberg et Saglio, Dictionnaire des antiquités Grecques et Romaines p. 1522, sowie die Abbildung fig. 1972 auf S. 1523.
[122]) Dittenberger, Sylloge inscr. Graec. p. 509 Zeile 1.
[123]) Pausan. 5, 12, 8.

seinen Platz hatte.[124]) Dass diese Orakellose aus Eichenholz gebildet waren, beruhte schwerlich auf Zufall. Dieselbe prophetische
Kraft, die im Zeusbaum zu Dodona steckte, wohnte auch den
römischen Iuppiter-Eichen inne. Von solch einer heiligen Iuppiter-
Eiche stammte sicherlich das Holz, das zu den sortes verarbeitet
worden war. Diese sortes wurden einst — so berichtet wenigstens
Sueton (Tib. 63) — von Kaiser Tiberius, der das Orakel vernichten wollte, im versiegelten Kasten mit nach Rom geschleppt:
als man aber in Rom den Kasten öffnete, waren die sortes daraus
verschwunden. Als man nachforschte, entdeckte man sie an der
alten Stelle im Tempel zu Praeneste.[125])

---

[124]) Cic. de divin. 2, 41.

[125]) Heiliges Holz, welches eines Tages plötzlich und unbefugter
Weise von jemand weggetragen wird, kehrt überhaupt gern von selbst
an seinen alten Ort zurück: das ist ein Zug, dem wir auch in deutschen
Sagen öfters begegnen. Das Holz zeigt eben durch das Verschwinden
seine göttliche Kraft. — Von einer sortium consuetudo der alten
Deutschen berichtet Tacitus (Germ. 10). Die daselbst erwähnte frugifera
arbor war möglicherweise eine Eiche; vielleicht ist auch die Buche
gemeint. —

Die Eiche im Cultus der Germanen und ihrer Nachbarstämme.

Die Kelten.

Äusserst wichtig ist das Zeugnis des Maximus Tyrius, eines griechischen Sophisten aus der zweiten Hälfte des zweiten Jahrhunderts nach Chr. In der achten seiner philosophisch-rhetorischen Dissertationen (p. 142 ed. Reiske) finden sich die wichtigen Worte: „Κελτοὶ σέβουσι μὲν Δία, ἄγαλμα δὲ Διὸς Κελτικὸν ὑψηλὴ δρῦς."[1]) Die keltische Religion war bekanntlich polytheistisch; in Gallien verschmolz ihr Götterhimmel bald mit dem römischen: Teutates wurde mit Mars, Belisama mit Minerva, der Donnergott Taranis mit Iuppiter identificiert. Der Gott der Beredtsamkeit hiess bei den Kelten Ogmius, und Epona war die Göttin der Pferdezucht. Mancherlei weist darauf hin, dass bei den Kelten auch Wäldern, Bäumen, Quellen und Flüssen eine grosse Verehrung zu teil geworden ist. Da die Druiden[2]) schriftliche Aufzeichnung ihrer

---

[1]) Die Eichen waren also gewissermassen ein ‚Bild' der Gottheit, vgl. Claudian in pr. consul. Stilich. I, 229: „Robora numinis instar barbarici nostrae feriant impune secures." Vgl. Keysler, Antiquitates septentrion. et celticae S. 68. Bernhard Hertzog, Edelsasser Chronik 111, Fol. 12. Stöber, Sagen d. Elsasses S. 153 Anm.

[2]) Über den Ursprung des Wortes ‚Druide', welches eigentlich ‚Zauberer' bedeutet, s. Grimm, Mythol., Nachträge S. 305. Plinius (n. h. 16 § 249) leitet ‚Druide' von ‚δρῦς' ab. Ihm schliesst sich auch Georg Curtius an. Nach Langegg (Deutsche Rundschau, Juni 1890 S. 405) ist das Wort ‚Druide' aus den gälischen Wörtern ‚do' (Gott) und ‚ronyd' (sprechend — Particip. von ronyddim sprechen) gebildet. Suidas nennt die Druiden „φιλόσοφοι καὶ σεμνόθεοι." Über

Lehren und Kulte verboten, so ist von der religiösen Litteratur der festländischen Kelten nichts bekannt. Aber die nicht miss-zuverstehenden Worte des Maximus Tyrius zeigen deutlich, dass auch bei den keltischen Völkerstämmen die Eiche dem Blitzgotte heilig war. Im Département Maine, einem alten Sitze des Kelten-volkes, werden die einzelnen Eichen auf den Feldern noch jetzt göttlich verehrt. Die Geistlichen haben überall Heiligenbilder darangehängt, um der Verehrung einen christlichen Charakter zu geben, aber der Ursprung der Verehrung ist entschieden vor-christlich.[3]) In mehr als einer Hinsicht interessant und naturwahr ist die Erzählung des Lucan (Phars. 3, 429 ff.) von der Ver-nichtung des heiligen keltischen Eichenhaines in Massilia.[4]) Cäsar gab Befehl den Hain zu fällen. Aber die Soldaten zeigten Angst und wollten es nicht thun: . . . „fortes tremuere manus motique verenda maiestate luci, si robora sacra ferirent, in sua credebant redituras membra secures" (429 ff.) Cäsar blieb nichts weiter übrig, als selbst die Axt zur Hand zu nehmen und einige Bäume zu fällen; dann erst folgten die Cohorten seinem Beispiele, weil sie den Zorn Cäsars nicht weniger fürchteten als den der Götter: ‚nodosa impellitur ilex silvaque Dodones' (440). Als das die Ein-geborenen sahen, brachen sie in Wehklagen aus, aber die in Massilia eingeschlossenen waffenfähigen Gallier frohlockten, weil sie glaubten, ihre Götter würden sich die Schmach nicht gefallen lassen und nun zur Strafe für den Frevel die Römer vernichten. Hier haben wir es offenbar mit einem uralten Druidenheiligtum zu thun (pavet ipse sacerdos accessus!), dessen Zerstörung sogar den rauhen römischen Soldaten nahe ging. Heutzutage ist das Gestade von Marseille baumlos; aber in einigen Torfmooren Frank-

---

ihre Stellung und Thätigkeit im Staate vgl. Caesar de bello Gall. 6, 13 u. 14. Der Gallier Divitiacus Aeduus war solch ein Druide. Vgl. Cic. de divin. 1, 41. Über die keltischen Druiden vgl. auch Hopf, Tierorakel u. Orakeltiere S. 23. Bei den Galliern galt Britannien als die eigentliche Heimat des Druidentums. In Gallien befand sich das druidische Hauptheiligtum nicht weit vom heutigen Chartres. Der britannische Hauptdruidensitz war die Insel Mona, jetzt Anglesey.

[3]) Vgl. Schleiden, Für Baum und Wald S. 32.

[4]) Vgl. Masius, Naturstudien S. 192.

reichs liegen noch riesenmässige Baumreste begraben, die von der Üppigkeit einstigen Waldwuchses beredtes Zeugnis ablegen. So sind beispielsweise im nördlichen Frankreich bei Yseux (unfern Abbeville) im Torfmoor der Somme Eichen von 14 Fuss Durchmesser entdeckt worden.[5])

Die Mistel.

Die Mistel, ein Schmarotzergewächs, spielt sowohl in der antiken wie in der nordischen Mythologie eine gewisse Rolle und genoss schon im frühesten Altertum — namentlich, wenn sie an Eichbäumen vorkam — grosse Verehrung. Man wähnte, die Mistel sei vom Himmel auf die Äste hehrer Bäume, wie der Eiche und Esche, herabgefallen. Solch ein auf übernatürliche Weise entstandenes, fremdartiges, in seinem Wachstum rätselhaftes und in die Augen fallendes Gewächs musste auch übernatürliche Kräfte und zauberische Beziehungen in sich bergen. Besonders bei den alten Galliern galt die hoch oben in den Bäumen thronende Mistel für heilig und segenspendend.[1]) Am 6. Tage nach dem ersten Neumond des neuen Jahres fuhr alljährlich der Druide, in weisse Gewänder gehüllt, feierlich auf einem mit zwei weissen Stieren bespannten Wagen nach der Stelle des Waldes, wo an einer Eiche (robur) die gottgesegnete Mistel wuchs, die er dann unter genauer Beobachtung vieler Ritualien mit einer goldenen Sichel abschnitt.[2]) Die niederfallenden Zweige wurden, damit sie die unheilige Erde nicht berührten, mit ausgespannten Tüchern aufgefangen.[3]) Alsdann wurden Gebete gesprochen und die Götter um heilbringende Wirkung der Mistelzweige angefleht. Wer nun die Mistel berührte, dem widerfuhr das ganze Jahr kein Leid: Krankheit, Unglück und Behexung, alles wurde durch die Wunder-

---

[5]) Vgl. Humboldt, Kosmos I S. 298 und II S. 21.

[1]) Vgl. Plin. n. h. 16 § 249.

[2]) Plin. 16 § 250 f. Nach Plinius (l. l.) nannten die Druiden die Mistel in ihrer Sprache „die alles heilende" (,omnia sanantem appellantes suo vocabulo').

[3]) Vgl. Bötticher, Baumkultus S. 530.

kraft der Mistel verscheucht.[4]) In das Getränk gethan, sollte sie
alle unfruchtbaren Tiere fruchtbar machen und ein Heilmittel
gegen alle Gifte sein. Über die mythischen Schmarotzerpflanzen
am himmlischen Lichtbaum, speciell über Aeneas, der, um in die
Unterwelt zu gelangen, von der Eiche, die im nächtlichen Dunkel
an des Avernus Rand emporragt, die viscusartige Pflanze bricht,
handelt eingehend Schwartz, Irdogermanischer Volksglaube, S. 71 ff.
und S. 98.[5]) Nach dem Glauben der Griechen und Römer sollte
ein Zweig des Strauches die Pforten der Unterwelt öffnen. —
Aber auch das von dem Druidentum durchaus verschiedene
Priestertum der Germanen scheint den Misteln, insbesondere solchen,
die auf Eichen gewachsen waren, besondere Aufmerksamkeit zu-
gewandt zu haben. In vielen Gegenden gilt noch heute ein
Mistelstück als Amulet und wird besonders Kindern umgehängt,
um sie vor Behexung zu sichern. Rosenkränze aus Mistelholz
sind noch jetzt in katholischen Gegenden nichts Seltenes.[6]) Ein
Trank, mit Zuthat eines Mistelzweigleins eingebraut, heilt alle
Krankheiten. Einem siebenjährigen Kinde soll man Eichenmisteln
in Milch zu trinken geben, so bleibt es von schwerer Krankheit
verschont.[7]) In manchen Gegenden Frankreichs tragen die Bauern,
wenn sie sich gegenseitig zum neuen Jahre gratulieren, Mistelzweige in der Hand. Besonders in England spielen dieselben —
die Mistle-toes — eine grosse Rolle, und zwar zur Weihnachts-
zeit, wo sie in vielen mit immergrünen Stechpalmen geschmückten
Häusern angebracht werden. Angesichts der Mistel wünschen
dann die Männer ihren Frauen Glück und Wohlergehen. Auch
ist der hie und da in Deutschland vorkommende Brauch, gute
Freunde zu Fastnacht oder zu Ostern zu überfallen und mit
grünen Ruten zu schlagen, wahrscheinlich ein Rest jener altheidnischen Sitte, nach welcher die Berührung eines Mistelzweiges

---

[4]) Plin. l. l. Warnke, Die Pflanzen in Sitte, Sage und Geschichte
S. 100 ff. Wagner, Malerische Botanik S. 6.

[5]) Vgl. Aen. 6, 136 ff.; 6, 205 ff. Ov. met. 14, 114 ff.

[6]) Vgl. Dierbach, Flora mythologica S. 151. Grimm, Mythol.,
Nachträge S. 353 unten.

[7]) Vgl. Mannhardt, Germanische Mythen S. 134.

resp. das Berührtwerden von einem solchen vor allem Übel schützte.[8]) — Aus der altnordischen (skandinavischen) Götterlehre ist die Mistel dadurch bekannt, dass der tückische Loki dem blinden Gott Hadu den Arm so lenkte, dass dieser mit dem Mistelsprosspfeile — die östlich von Walhalla wachsende Mistel war ihrer Jugend wegen nicht mit vereidigt worden, Balders schonen zu wollen — den Götterliebling Balder erschoss. Eine ähnliche Mythe erzählt das persische Epos Shah Nâmeh.[9]) —

Heilige Eichenhaine der Deutschen.

Die alten Deutschen verehrten bekanntlich ihre Götter mit Vorliebe im undurchdringlichen Dunkel heiliger Wälder, besonders der Eichenhaine[1]), wo Opfer dargebracht, sowie Volks- und Gerichtsversammlungen abgehalten wurden. Wie es hierbei etwa zugegangen sein mag — genauere Kunde fehlt uns, — schildert Warnke.[2]) Sie hielten es, wie Tacitus berichtet,[3]) nicht „ex magnitudine caelestium deos parietibus cohibere," sondern „lucos ac nemora consecrant"; Tempelgebäude hat es bei unseren Altvordern nicht gegeben, und es zeugt von tiefsinniger Naturbetrachtung, dass unsere alten Vorfahren gerade der Eiche besondere Verehrung zollten.[4]) Selbstverständlich genossen die Bäume geheiligter Haine allen nur erdenklichen Schutz und waren der wirtschaftlichen Nutzniessung durchaus entzogen. Kein Un-

---

[8]) Vgl. Warnke, die Pflanzen in Sitte, Sage und Geschichte S. 101.

[9]) Vgl. v. Langegg „Heilige Bäume und Pflanzen" in der „deutschen Rundschau" von Julius Rodenberg, Juniheft 1890 S. 406.

[1]) „Drusus liess in Deutschlands Forsten goldne Römeradler horsten, an den heilgen Göttereichen klang die Axt mit freveln Streichen." K. Simrock (Drusus' Tod).

[2]) S. 29—30.

[3]) German. 9. Ob der von Tacitus (cap. 39) erwähnte heilige Hain der Semnonen („silva auguriis patrum et prisca formidine sacra'), in welchem sogar noch Menschenopfer vollzogen wurden, ein Eichenhain war, vermögen wir nicht zu entscheiden; doch ist es mir recht wahrscheinlich.

[4]) Das Wort ‚Eiche' bedeutet ‚Verehrung', altindisch igjâ, ahd. eih, mhd. eich.

eingeweihter durfte, bei Verlust des Lebens und Eigentums, den
heiligen Eichenhain betreten, noch gar einen Zweig vom heiligen
Baume brechen.[5]) Selbst später, als die mittelalterlichen Gemein-
waldungen allen Markgenossen zugänglich wurden, existierte noch
lange ein Gesetz, welches die „fruchttragenden" Bäume vor dem
Axthiebe schützte. Die Frucht heisst gotisch akran, also mit den
akran-tragenden Bäumen sind die „Eckern" tragenden gemeint,
Eichen und Buchen.[6]) Ohne Zweifel sind die mittelalterlichen
Bannwälder aus heidnischen Hainen hervorgegangen: der königliche
Machtspruch trat an die Stelle des Kultus. Das heutige Städtchen
Dreieichenhain in der hessischen Provinz Starkenburg, Kreis Offen-
bach, 5 Kilometer nordöstlich vom Bahnhof Langen, war ehedem
der Mittelpunkt des alten Reichs- und königlichen Bannforstes
„zur Dreieichen" (= Drieichahi). Ohne Zweifel ist der Name
aus dem früher dort geübten heidnischen Kultus dreier Eichen zu
erklären.[7]) Durch die heiligen Haine ging man nicht, sondern
man kroch hindurch. Mindestens aber betrat man sie gefesselt,
um die Unterwerfung unter die Allmacht der Gottheit anzudeuten.
An die Stelle dieser symbolischen Selbstfesselung trat dann in
christlicher Zeit das Falten der Hände zum Gebet.[8]) Örtliche
Benennungen heiliger Wälder, wie sie fast in ganz Deutschland
vorkommen, z. B. „heiliges Holz", „Heiligenloh" (lô = Hain,
Gebüsch), „Heilighölzl" (in Franken) oder schlechthin „der Hain"
für Stellen in der Feldmark, wo längst kein Baum mehr steht,
sind ohne Zweifel auf die heidnische Zeit zurückzuführen,[9]) des-

[5]) Vgl. Henne-Am Rhyn, Die deutsche Volkssage 2. Aufl. S. 90.
[6]) Über Bannwälder, Freibäume und Schutzbäume vgl. Mannhardt, Baumkultus S. 39 u. 76. Grimm, Mythol. S. 543.
[7]) Grimm, Mythol. S. 60.
[8]) Kolbe, Hessische Volkssitten u. Gebräuche im Lichte d. heidn.
Vorzeit S. 63. Die germanischen Semnonen leiteten den Ursprung
ihres Volkes (initia gentis) aus einem heil. Haine her, den man nur
gefesselt betreten durfte. „Nemo nisi vinculo ligatus ingreditur"
Tac. Germ. cap. 39.
[9]) Wo jetzt die Stadt Görlitz steht, war vor alters ein Urwald,
ein dichter heiliger Eichenhain, in welchem lange vor der Wenden
Ankunft die deutschen Landesbewohner den Gott Schwabus (?) ver-

gleichen die Bezeichnung „heilige Eiche“, die sich z. B. in dem
ehemals zum Herzogtum Bremen gehörigen Amt Blumenthal erhalten hat, worüber in einem Aktenvolumen des Amtes vorkommt:
„Merkwürdig ist hier noch ein alter dicker Eichbaum hinter dem
Amthause auf dem Felde, genannt die ‚heilige Eiche‘, der 1000 Jahre
alt geworden ist.“ [10]) Christliche Kirchen oder Kapellen hätten
schwerlich dem sie umgebenden Walde als solchem das Beiwort
„heilig“ verliehen. [11]) In den altdeutschen Weistümern waren trotz
des Waldreichtums des Landes auf Baumfrevel geradezu grausame
und rohe Strafen gesetzt. So findet sich zum Beispiel in dem
Weistume für die hohe Mark, am östlichen Abhange des Taunus
in Hessen-Homburg, vom Jahre 1401 folgende Bestimmung: „Wer
eine Eiche oder Buche frevelhaft schält, dem soll der Bauch auf-
geschnitten, ein Darm herausgenommen und an den Baum genagelt, der Frevler aber so lange um denselben geführt werden,
bis die beschädigte Stelle durch seine Eingeweide bedeckt ist.“ [12])
Übrigens gehörte zu einem heiligen deutschen Haine die Eiche
nicht unbedingt: Buche, Esche, Haselstrauch und andere Bäume
thaten's auch. [13]) Aber wahrhaftig, es war kein Mangel an Eichen
im alten Germanien! [14]) Einst ist jedenfalls ganz Deutschland mit

---

ehrten. Noch jetzt heisst zum Andenken daran eine Gasse
der Hainwald. Vgl. Karl Haupt, Sagenbuch der Lausitz II. Teil
S. 71.

[10]) Vgl. Harrys, Volkssagen, Märchen und Legenden aus Niedersachsen, I. Abteilung S. 89 Anm.

[11]) Vgl. Grimm, Mythol. S. 59. Wuttke S. 14 u. 107.

[12]) Vgl. J. Grimm, Weistümer-Sammlung 3, 488—490. Maurer,
Geschichte der Markverfassung 1856 p. 370 f.

[13]) Vgl. Kummer, Skizzen u. Bilder S. 130.

[14]) Vgl. Plin. n. h. 16 § 5 und 6. Die höchste Eichenwaldung
war nicht weit von den Chauken (zwischen Ems und Elbe), namentlich
um zwei Seen. Am Ufer standen üppig aufwachsende Eichen. Aber
vom Wasser unterspült oder durch Stürme losgerissen nahmen ihre
weit verzweigten Wurzeln ganze Inseln mit sich fort. Dadurch
ins Gleichgewicht gebracht, schwammen sie stehend mit ihren wie
Takelwerk weit ausgebreiteten Ästen und setzten dadurch oft die
römischen Flotten in Schrecken, wenn sie, von den Wellen fort-
getrieben, gleichsam absichtlich gegen die Vorderteile der stillliegenden

Eichenwäldern bedeckt gewesen, an deren Stelle später vielfach
Buchenwaldungen, die an Boden und Licht minder grosse An-
forderungen stellen, und Nadelhölzer traten. [15]) Übrigens galt der
Baumkultus stets dem höheren Wesen, dem der Hain resp. der
einzelen Baum geheiligt war, nie dem Baume oder Holze selbst. [16]) —

Die Eiche dem Donar geweiht.

Alles Rote war bekanntlich dem Donar heilig. Er ist es,
der den als rot gedachten Blitz schleudert, und weil nach alter
Beobachtung der Blitz gern in Eichen einschlägt und andererseits
alles vom Blitze Getroffene — die herabsteigende Gottheit war
selbst dahin gekommen — ohne weiteres für geheiligt galt, so erklärt es sich, wie die alten Deutschen darauf kamen, die Eichen
vorzugsweise dem Donar, Thunar, nordisch Thor zuzusprechen. [1])
Dazu mochte wohl auch die rote Borke des Eichbaums das Ihrige
beitragen, denn sie erinnerte an Thunars Feuerstrahl. Dem Baume
wurde noch eine erhöhte Wichtigkeit beigelegt, wenn der Wetter-
strahl seinen Stamm zerklüftet hatte. [2]) Selbstverständlich wird
man stets die schönste und stattlichste Eiche des Waldes heraus-
gesucht und dem Donnerer ausdrücklich geweiht haben. [3]) Natürlich

---

Schiffe anschwammen und diese nun in Ermangelung anderer Hilfs-
mittel eine Art Seegefecht gegen Eichen liefern mussten. — In dem
unermesslichen Hercynischen Eichenwalde wurden durch den Gegen-
druck auf einander treffender Wurzeln ganze Hügel gebildet oder, wo
der Boden dem Drucke nicht folgte, bildeten sich bogenförmige
Wurzelwölbungen, wie eine Art Thore, die bis zu den gleichfalls mit
einander ringenden Ästen hinaufreichten und weit genug waren, um
ganze Reiterscharen durchzulassen.
[15]) Vgl. Herm. Jäger, Deutsche Bäume und Wälder S. 16. Masius,
Naturstudien S. 49.
[16]) Vgl. Simrock, Handbuch d. deutschen Mytholog. S. 510 f.
[1]) Vgl. Wuttke, Der deutsche Volksaberglaube S. 21.
[2]) Mannhardt, die Götter der deutschen und nordischen Völker
S. 191.
[3]) In der Bretagne nennen noch heutigen Tags die Holzhacker
die schönste Eiche des Waldes „l'arbre de dieu", und in Frankreich
begegnet man vielen „chênes du bon dieu". Dem entsprechen die

durfte der Opferstein und heiliges Gerät nicht fehlen. An den
Zweigen der Eiche hingen die Köpfe geopferter Tiere.[4] All-
gemein bekannt ist, dass zwischen 725 und 731 bei Geismar an
der Edder, unweit Fritzlar in Hessen, der Apostel Bonifatius
(Winfried) solch eine heilige Donareiche (Donnereiche) fällte, um
den Heiden zu beweisen, dass es mit ihrem Gotte nichts sei.
Wilibald († 786) giebt uns hiervon in seiner Vita sancti Bonifatii
(Monumenta Germaniae historica 2. Band) eine ausführliche
Schilderung (abgedruckt bei Grimm, Mythol. S. 58). Bei Mühlhausen in Thüringen soll auch einst eine grosse heilige Donareiche
gestanden haben, aus deren Holz später ein Kasten gemacht wurde,
welcher noch jetzt in der Kirche des Dorfes Eichenried gezeigt
wird.[5] Laut der Vorbeschreibung des alten Steuerkatasters zu
Speckswinkel stand im letzteren Orte vor alters eine hochverehrte
Donareiche, die später durch den noch jetzt vorhandenen Eichbaum
ersetzt wurde. Die Dorfburschen begraben an diesem Orte noch
jetzt alljährlich die Kirmes.[6] — Auch der in Süddeutschland
Donnerpuppe genannte Hirschkäfer, der auf Eichen seinen liebsten
Aufenthalt hat, war dem Donar heilig.[7] Weil die Eiche dem
Thor geweiht war, erschlägt er die darunter flüchtenden Riesen,
aber unter der Buche hat er keine Macht über sie.[8] Kreuze
als Zeichen des die Ehe weihenden Hammers Donars wurden in
Fortsetzung einer uralten heidnischen Sitte selbst in christlicher
Zeit noch vielfach von eben getrauten Ehepaaren in Eichen ein-
geschnitten, z. B. in die grosse Eiche in der Westhelle, einem

---

vielen „Herrgottseichen", eine Bezeichnung, die namentlich im Hessischen
häufig anzutreffen ist.

[4] Vgl. Gust. Freytag, Bilder aus der deutschen Vergangenheit
I. S. 227. Mannhardt, Die Götter d. deutschen u. nord. Völker S. 148.

[5] Vgl. Grashof, Mühlhausen S. 10. Grimm, Mythol. III. Bd.
Nachträge S. 34. Eine andere Donnereiche weist Rochholz nach
(Aargau II, 43).

[6] Kolbe, Hessische Volkssitten und Gebräuche im Lichte der
heidnischen Vorzeit S. 92.

[7] Vgl. Mannhardt, Die Götter d. deutschen u. nord. Völker S. 191.

[8] Grimm, Nachträge S. 64.

Walde bei Dahle.[9]) — Eiche und Quelle sind seit den ältesten
Zeiten in Wirklichkeit und Sage aufs engste mit einander verbunden,[10]) ja viele Eichen verdankten ihre Heiligkeit oder sonstige
Berühmtheit geradezu der an ihrem Fusse entspringenden Quelle.
Die uralte Verehrung der Bäume hing wegen des erquickenden
und feuchten Schattens eines Laubdaches mit dem Dienste der
heiligen Quellen[11]) zusammen. Da in der nordischen Mythologie
dem Thor Quellen heilig waren, so wird auch Donar solche gehabt haben. Zu ihnen gehört das in der Nähe des Rodensteins
am Fusse einer alten Eiche hervorsprudelnde „Eichbrünnchen",
welches mit dem Berge in inniger sagenhafter Verbindung steht.
In christlicher Zeit liessen die Rodensteiner in diesem „heiligen"
Wasser Jahrhunderte lang ihre Kinder taufen.[12]) Andererseits
wurden solche vormals geheiligten in der Nähe von alten Eichen
entspringenden Quellen späterhin vielfach gemieden, weil es daselbst „umgehe". In der Flur des Schulzen zu Riemke (Kirchspiel Deilingbofen) springt ein Quell vortrefflichen Wassers am
Fusse einer alten Eiche. Dahin fürchten die Leute, zumal nach
Sonnenuntergang, zu gehen, denn an dem Borne hat man oft eine
weisse Jungfer wandeln und spinnen gesehen.[13]) — Über die nahe
Verwandtschaft von Eiche und Quelle handelt auch Schreiber,
Sagen aus den Gegenden des Rheins und des Schwarzwaldes I 2

---

[9]) Vgl. Kuhn, Westfäl. Sagen II. S. 44. Mannhardt, Germanische
Mythen S. 24. Donar musste später dem St. Peter weichen. Daher
heissen viele mit Eichwaldungen bedeckte Berge, welche in vor-
christlicher Zeit ,Donnersberg' geheissen haben, jetzt ,Petersberg'.
Über sonstige nach Donar benannte Örtlichkeiten s. Ludw. Bechstein,
Mythe, Sage, Märe und Fabel im Leben u. Bewusstsein d. deutschen
Volkes III. Teil S. 57 u. Heinr. Rückert, Kulturgeschichte des deutschen
Volkes in der Zeit des Übergangs aus dem Heidentum in das Christen-
tum, I. Teil S. 127.

[10]) Vgl. z. B. Serv. zu Verg. Aen. 3, 466; Plin. n. h. 2, 228;
Ov. fast. 2, 165 f.; 3, 295 ff.; Hor. od. 3, 13, 13 ff.

[11]) Vgl. Varro de l. l. 6, 22.

[12]) Vgl. Wolf, Hessische Sagen S. 22.

[13]) Kuhn, Westfäl. Sagen I. S. 128. Weisse Jungfern weisen uns
zur Unterwelt. Man lese auch die Geschichte von der Entstehung
des Schongauer Bades am Lindenberge bei Rochholz, Aargau I. S. 22 f.

S. 207. — Die Beziehung Odins zur Eiche anlangend, soll nicht
unerwähnt bleiben, dass in der Edda Odin bei der Hochzeit des
Gotenkönigs Siggeir ein Schwert bis an das Heft in den Stamm
einer lebenden heiligen Eiche stösst, um die der Saal gebaut war,
mit der Bestimmung, dass es dem gehören soll, der imstande ist,
es wieder aus dem Stamme herauszuziehen. Das vollbringt nur
Sigmund, Wölsungs Sohn. [14])

Romove. [1])

Die Religion desjenigen Volkszweiges, welcher dem Lande
Preussen östlich von der Weichsel den Namen gegeben hat —
wir meinen die Porussi, Borussi, Prussi oder Pruzzen — trug
wesentlich den Charakter des Naturdienstes. Die Altpreussen
waren slavischen Ursprungs, vermischten sich aber, nachdem sie
von dieser Küstenlandschaft Besitz genommen, mit zurück-
gebliebenen Resten germanischer Bevölkerung, denn nicht alle
deutschen Stämme waren mit der grossen Gotenwanderung ab-
gezogen. Mit ausserordentlicher Zähigkeit hielt das slavische
Heidenvolk der Preussen an seinen alten Kulten fest. Adalbert
von Prag und Bruno von Magdeburg mussten bekanntlich ihre
Bekehrungsversuche mit dem Leben bezahlen. Mag auch die
spätere Sage manchen Zug hinzugedichtet haben, [2]) soviel steht
fest, dass im Kultus der altheidnischen Preussen der Eichbaum
eine hervorragende Rolle gespielt hat. Der heiligste Ort des
Landes war Romove: Daselbst stand nach Angabe der Chronisten
Lucas David, Simon Grunau, Leo, Caspar Schütz und Hartknoch [3])
eine uralte immergrüne heilige Eiche, welche vor allen heiligen
Eichen des Preussenlandes besonders in Ehren gehalten wurde.

---

[14]) Vgl. v. Hahn, Sagwissenschaftliche Studien S. 231.

[1]) Vgl. Grässe, Sagenb. d. preuss. Staats II. Bd. S. 523f. Bechstein, Deutsches Sagenbuch S. 202.

[2]) Das wichtige Originalwerk des Bischofs Christian von Culm,
des Apostels der Preussen, ist nicht mehr auf unsere Zeit gekommen,
hat aber im 16. Jahrhundert noch existiert und ist namentlich von
Simon Grunau und Lucas David benutzt worden.

[3]) Die Stellen selbst sind genau citiert bei Tettau-Temme S. 21.
Vgl. Voigt, Geschichte Preussens I. S. 580.

Seidene Vorhänge, acht Ellen hoch, waren um sie ausgespannt und verhüllten den heiligen Baum nebst den daran befestigten Bildern der drei daselbst verehrten Gottheiten. Die Waidelotten oder Priester hatten allein das Recht, den Vorhang zurückzustreifen; dies geschah nur an den vornehmsten Festtagen, oder wenn ein edeler Preusse mit reichen Opfern gekommen war. Das liebste Geschenk war den Göttern das Blut der Feinde, vornehmlich der Christen. Die unter der Romove-Eiche verehrten Gottheiten hiessen Perkunos, Pikollos und Potrimpos. Perkunos war der vornehmste, der Gott des Donners und Blitzes: sein Antlitz war feuerrot, aufgeblasen und zornig, sein Haupt mit Feuerflammen gekröut (Symbol des Blitzes!). Pikollos war der Gott des Todes, Potrimpos der Gott des Getreides und des Krieges. Diese Götter wurden bei allen wichtigen Angelegenheiten um Rat gefragt, und aus der Eiche verkündeten sie ihren Willen. An der Spitze des Romove-Kultes stand als Vorgesetzter der Waidelotten der Kriwe-Kriwaito (d. h. Herr nächst Gott), der erste Priester, der meist das Bockopfer besorgte. Die Eiche selbst war so heilig, dass ein Blatt von ihr, als Amulet am Halse getragen, gegen alles Unglück sicherte. Wer einen Eid ableistete, berührte dabei mit der einen Hand den heiligen Baum. Selbst als die Preussen Christen geworden waren, dauerte das heimliche Beten an der Eiche noch lange fort. Um diesen Unfug zu beseitigen, liess der Hochmeister Winrich von Kniprode (1351—1382)[4] auf Bitten des Bischofs von Ermeland die Eiche durch den Obersten Heinrich von Schnidekopf umhauen.[5] Bei den heutigen Litauern hat sich der Name Perkúnas fast nur noch in der Wendung „Perkúnas griáuja" erhalten, d. h. „Perkunas schlägt nieder = es donnert"; ausserdem in den Resten alter mythologischer Volkslieder. „Der Gewittergott Perkun zerschmettert den grünen (goldenen) Eichbaum; es fliesst (hochauf spritzt) das Blut der Eiche!" Dieser Zug kehrt in

---

[4] Vgl. Alex. Horn, Kulturbilder aus Altpreussen S. 15.

[5] Tettau-Temme, die Volkssagen Ostpreussens, Litauens und Westpreussens S. 19 ff. Grimm, Mythol. S. 62. Joh. Voigt, Geschichte Preussens I. S. 595—597.

lettischen Liedern mehrfach wieder.[6]) Dem litauischen (lettischen) Perkúnas, Pehrkons, Perkúnos ist der bekanntere slavische Perun zur Seite zu stellen (polnisch heisst der Blitzstrahl Piorun, böhmisch Perrun), dessen Bild in Kiew stand und im Jahre 988 auf Befehl des Grossfürsten Wladimir bei der grossen Russenbekehrung in den Dnjepr geworfen wurde.[7]) Urkunden des Slavenvolkes enthalten bei Grenzfestsetzungen nicht selten den bedeutsamen Ausdruck „Do Peronowa dubu" d. h. „bis zu Peruns Eiche".[8]) — Aber auch andere Gottheiten scheinen nach Henneberger, Caspar Schütz und Lucas David von den alten Preussen unter Eichen verehrt worden zu sein, z. B. Gorcho, der Gott des Essens und des Trinkens. Seine Eiche war nächst der zu Romove die heiligste und grösste im ganzen Lande. Sie soll da gestanden haben, wo heute das Städtchen Heiligenbeil liegt. Die Verehrung des Gorcho erfolgte hauptsächlich nach verrichteter Ernte, sein Bildnis wurde alle Jahre zerbrochen und nach erfolgter Einsammlung der Früchte wieder neu hergestellt. Der Ermeländische Bischof Anselmus machte endlich der Abgötterei ein Ende und verbrannte die Eiche samt ihrem Götzen.[9]) Viele Götter, denen man Schlangen hielt und Milch vorsetzte, deren Namen aber leider nicht genannt werden, sollen an einer dritten heiligen Rieseneiche verehrt worden sein, die unweit Wehlau gestanden hat, über dem Pregel, in dem Dorfe Oppen, in einem Garten an der Landstrasse von Königsberg nach Ragnit.[10]) Eine vierte heilige Göttereiche der heidnischen Preussen stand angeblich eine Meile vom heutigen Thorn. Hermann von Balke, der erste Landmeister in Preussen,

---

[6]) Vgl. W. Mannhardt, Die lettischen Sonnenmythen, Lieder No. 72, 73, 75 und 78 (Seite 82 und 83).

[7]) Grimm, Mythol. S. 142f.

[8]) Vgl. Mannhardt, German. Mythen S. 132 Anm. 4. Über Perkunas s. Veckenstedt, Die Mythen, Sagen und Legenden der Zamaiten (Litauer) I. S. 127—131. Nach litauischer Sage sitzt auch das „weinende Mädchen" oft auf einer Eiche, vgl. Veckenstedt I. S. 195.

[9]) Vgl. Tettau-Temme S. 35ff. Bechstein, Deutsches Sagenbuch S. 204.

[10]) Vgl. Tettau-Temme S. 22. Grässe, Sagenb. d. preuss. Staats II. Bd. S. 619.

unter dem die bereits Bekehrten mehrfach in ihren alten Götzendienst zurückfielen, soll die riesige Eiche trotz grossen Wider-
standes der wilden Horden erobert und als eine Art Festung
gegen die Preussen gebraucht haben. [11]) — Der heilige Jodocus
war bei den Altpreussen der Beschützer der Gewässer; wer ihm
opferte, hatte kein Ungemach auf dem Wasser zu fürchten. Auch
Jodocus hatte seine Eiche: sie war gross und inwendig hohl und
stand in der Nähe der Stadt Labian hart am Wasser. Jeder
vorbeisegelnde Schiffer warf einen Pfennig in ihre Höhlung. [12])

Marieneichen.

Es ist eine bekannte Thatsache, dass im Elsass, in den
Niederlanden, in Belgien und anderswo vielfach Marienkapellen
oder Marienkirchen einst ihre Entstehung heiligen Marieneichen
zu verdanken hatten. Häufig wurde der Eichbaum geradezu
stehen gelassen und die neue Kapelle über ihn hinweggezimmert.
Woher nun aber jene Marieneichen? Wir wissen, dass die ersten
Apostel des Christentums nicht alle solche Eiferer wie Bonifatius,
sondern in der Regel klug genug waren, die alteingewurzelten
Kulte der bekehrten Heiden nicht mit einem Male radikal zu
vernichten, was wohl auch nicht geglückt sein würde; vielmehr
schufen sie dadurch, dass sie Christliches auf Heidnisches pfropften,
allmähliche aus Anbequemung hervorgegangene Übergänge. Dem
heidnischen Glauben an heilige Bäume wurde ein christlicher Ge-
halt untergeschoben. Zuweilen — namentlich in Armorica und
in Irland soll das öfters vorgekommen sein — weihte das neu
bekehrte Volk ehedem heilige Götzenbäume irgend einem grossen
Christenheiligen der Gegend, um ihm nach seiner Art für die erfolgte Bekehrung zu danken. So wurde dem irländischen Heiligen
Columbanus (550—615), einem der ältesten Apostel des Christentums, eine alte Götzeneiche zu Kenmare in Irland geweiht, und

---

[11]) Vgl. Tettau-Temme S. 37. Bechstein, Deutsches Sagenbuch
S. 234.

[12]) Vgl. Tettau-Temme S. 122. Grässe, Sagenbuch d. preuss.
Staats II. Bd. S. 638. Bechstein, Deutsches Sagenbuch S. 220.

Columban wehrte sich nicht gegen dieses Geschenk.[1]) Noch lange erhielt sich der Glaube, dass ein Splitter der Eiche, im Munde getragen, vor dem Tode durch Erhängen schütze. — Nun war aber doch in heidnischen Zeiten der Eichbaum dem Donar geweiht gewesen. Donars Altäre wurden aber seitens der christlichen Bekehrer Gott und dem heiligen Petrus geweiht, deren Walten und Wirken Ähnlichkeiten aufwies mit dem Donnergotte. Dagegen fehlt es an Analogieen zwischen Donar und Maria, deren Wesen doch grundverschieden ist. Woher also die Marieneichen? Eine annehmbare Antwort auf diese Frage giebt Wolf in seinen Beiträgen zur deutschen Mythologie (I. S. 197 ff.). Wolf meint, nicht über Donar hinweg seien die heiligen Marieneichen zu erklären, sondern Donars Gemahlin, Sippia, der auch die Eiche geweiht gewesen zu sein scheine, sei hier als die heidnische Vorgängerin der christlichen Maria zu betrachten. Von dem milden Wesen der Sippia ist der Übergang zur gnadenreichen Maria jedenfalls natürlicher und weit minder hart, als von Donar. Hie und da, z. B. bei der weiter unten erwähnten elsässischen Eiche bei Plobsheim, scheint geradezu keltischer Druidenkultus dem späteren Marienkult an Eichen vorangegangen zu sein.[2]) Die ergiebigste Quelle für das Studium der ältesten sagenumwobenen Marieneichen, besonders der belgischen, die zahlreich gewesen sind, bietet das Wichmann'sche Werk ‚Brabantia Mariana' Antverpiae, 1632. Einige Beispiele seien hier aufgeführt. In Merfelt fand man vor uralten Zeiten an einem Eichbaume ein wunderthätiges Marienbild. Alsbald wurde an Ort und Stelle eine Kapelle erbaut. Noch lange stand der Eichbaum mit dem Marienbilde inmitten des Altars. ‚De ramis pendent miraculorum indicia diversa.'[3]) Muttergottesbilder, die an einer Eiche befestigt aufgefunden worden sind, kehren in der Sage stets von selbst an die Eiche zurück, auch wenn sie noch so oft fortgetragen werden. Bei Aerschot befand sich ein Eichbaum, zu dessen

---

[1]) Vgl. v. Langegg in der „Deutschen Rundschau" von Rodenberg, Juni 1890 S. 404.

[2]) Vgl. das Hertzog'sche Citat bei Stöber, Sagen des Elsass, S. 153.

[3]) Wichmann p. 416. Wolf, Niederländische Sagen S. 264.

Marienbild alljährlich feierlich gewallfahrtet wurde. An der Eiche angelangt sang man unter freiem Himmel Loblieder zu Ehren der Diva virgo. Einst hatten die Bewohner von Beerse das Wunderbildchen mit in ihr Dorf genommen, aber am folgenden Morgen war es von da verschwunden und stand wieder an der Eiche. Später baute man eine kleine Kapelle an dem Orte, jetzt steht daselbst eine hübsche Kirche (Onse lieve Vrouwe ten heyligen Eyck).[4]) — Weitere uralte Marienbilder an Eichen erwähnt Wichmann p. 280: „Onse lieve Vrouwe te Houdtbeverle ante hominum memoriam ad quercum pendula fuit" und p. 322: „Beata Maria virgo in Scheutveld ad quercum fuit collocata." An Bäumen, woran Marienbilder hingen, sah man nachts zuweilen ein wunderbares Licht. Auch an der Scheutvelder Eiche wurde ein „coeleste lumen" bemerkt, wie Wichmann für die Mitternachtsstunde zu Pfingsten 1450 ausdrücklich angiebt. Früh morgens fand man unter der Eiche „cercos plurimos". Der Gebrauch solcher luminaria stammt offenbar aus heidnischer Zeit. Die heidnische Gottheit, die Jahrhunderte lang unter dem Baume verehrt worden war, empfing ihre Opferfeuer und Lichter auch noch, als die Bewohner schon Christen geworden waren, aber nicht mehr bei Tage und öffentlich, sondern verstohlen des Nachts, ein „pessimus usus" (Wichmann p. 322), der sich aber trotz kirchlichen Verbotes noch lange erhielt.[5]) — Auf einem Hügel, da wo jetzt die

---

[4]) Wichmann p. 422. Wolf, Niederländ. Sagen S. 265.
[5]) Vgl. Wolf, Niederl. Sagen S. 504 und 703f. Montanus S. 11 In mehr als einer Beziehung lehrreich ist die Sage von der heiligen Eiche in dem Kreuzhorst bei Magdeburg, welche man bei Grässe, Sagenbuch d. preuss. Staats I. Bd. S. 274 nachlesen wolle. Der hier an seiner Eiche plötzlich erscheinende hochbetagte Greis ist der alte Heidengott, der dem Erzbischof Norbert (um 1130 n. Chr.) Vorwürfe macht wegen seiner Verfolgung der noch nicht zu Christen gewordenen Bewohner des Landes. Der weisse Stab, den der alte Sachsengott zurücklässt, hat eine leuchtende Spitze (gemeint ist offenbar die heidnische Opferkerze!). Der Baum war unzerstörbar für jede Menschengewalt, gleichzeitig aber ein Asyl für solche, die Schutz gegen Verfolgung unter seinem Laubdache suchten. Wer sich mit Säge oder Axt nahte, war augenblicklich des Todes, desgleichen

Kirche von Scherpenheuvel (Scharfhügel) steht, stand im 12. Jahrhundert eine uralte Eiche mit einem Muttergottesbildchen, welches viele Wunder vollbrachte. Ein Hirt, der es mit fortnehmen wollte, war wie versteinert und konnte kein Glied rühren. Aus der Eiche wurde später eine zahllose Menge von Muttergottesbildchen geschnitzt, die alle mirakulös waren.[6] — Zu Ronsse in Flandern steht seit 1639 die vielbesuchte Kapelle „Unserer lieben Frau vom weissen Zweige." Vor vielen hundert Jahren stand an der Stelle eine gewaltige uralte Eiche, zwischen deren dichten Zweigen ein hölzernes Marienbild hing. Der Zweig, an dem das Bild hing, trug schneeweisse Blätter. Davon hiess das Bild „Maria zum weissen Zweige."[7] — Eine alte Wallfahrtskapelle „Maria zur Eich" bei Plobsheim im Elsass erwähnt Bernhard Hertzog in seiner „Edelsasser Chronik".[8] Der Sage zufolge haben sich Tauben einem jagenden Ritter bemerklich gemacht; der Ritter ging den Tauben nach, und als sich diese auf einer grossen Eiche niederliessen, in deren hohlem Stamme er ein Marienbild mit dem Jesusknaben erblickte, gelobte er sofort, indem er andächtig auf die Kniee fiel, an Ort und Stelle der heiligen Maria ein Bethaus bauen zu lassen.[9] — Die Wallfahrtskirche „Unserer

---

jeder Wegelagerer oder Räuber, der sein Opfer bis unter den Baum verfolgte. Der „steinalte, unbekannte Mann mit langherabwallendem Bart", der einer anderen Sage zufolge plötzlich hinter der Eiche stand, welche ein unnützer Knabe erklettern wollte, um das Nest eines Fliegenschnäpperpärchens auszunehmen, ist sicherlich der heidnische Donar, der seine Vögel — der Fliegenschnäpper gehört zur Art der unter Donars Schutze stehenden Rotschwänzchen — beschützt. Könnte das Behauptete hiernach noch bezweifelt werden, der plötzlich entstehende Sturmwind, der aus der Eiche losbricht, die dem Knaben nachgeschleuderte goldrote Hacke (der Blitz) sowie das krachende Gewitter, welches sogleich beginnt, entfernen jeden Zweifel. Vgl. Mannhardt, Die Götter der deutschen und nordischen Völker S. 192.

[6] Vgl. Wolf, Niederländ. Sagen S. 270 und 635.
[7] Näheres bei Wolf, Deutsche Märchen und Sagen S. 371.
[8] 111, fol. 12. An der Stelle scheint ehedem keltischer Druidenkult geblüht zu haben.
[9] Vgl. Stöber, Sagen des Elsasses S. 153.

Lieben Frauen zur Eich" in Görsdorf in der Grafschaft Hanau-
Lichtenberg lässt die Sage auf folgende Weise entstanden sein:
Im Jahre 1518 erklärte ein Hirt, Unsere liebe Frau erschiene
ihm regelmässig des Nachts im Traume und ginge hernach jedesmal in eine hohle Eiche. Darauf suchte man in der Eiche und
fand allda eine Wachskerze und eine Tafel, auf welcher Maria
gemalt war. Von Stund an wurde zu „Unserer Lieben Frau zur
Eichen" viel gepilgert. Bald darauf liess Graf Reinhard von
Zweibrücken und Bitsch von eigenem und gesammeltem Gelde
eine herrliche Kirche daselbst erbauen; „die Eiche liess man in
der Kirche stehen." Im Jahre 1580 liess ein evangelischer Graf,
an den die Herrschaft gefallen war, die Kirche abbrechen, „weil
des Laufens kein Ende war," und die Abgötterei einstellen. [10])
Andere Marienbilder an Eichen befanden sich in Omel, [11]) am
Ochsenwege nach Zoutleeuw, im Sonienwalde (hier befand sich
das Marienbild an einer „quercus Jesu" („Herrgottseiche"), nebenbei bemerkt unfern einer ‚quercus diabolica'!) [12]) — Von Elsässer
Marienkapellen bezw. Marieneichen erwähnt Stöber (S. 32) noch
die „Maria in der Eich" bei Ruelisheim. Im Walde bemerkten
einst Knaben einen alten Eichbaum, der in hellen Flammen stand.
Als die obere Baumhälfte verbrannt war, erhob sich aus dem
unteren Teile des Stammes ein Marienbild. Die Stätte galt sofort
für heilig, und Kranke nahmen zu ihr scharenweise ihre Zuflucht.
Auch die Kapelle Mariahilf im Illwalde bei Schlettstadt, die einem
ähnlichen Wunder ihre Entstehung verdankt, soll nicht unerwähnt
bleiben. [13]) — Auf dem Welschen Berge zwischen Friedingen
und Mühlheim stand ehemals die Kapelle Mariahilf. Einst hörten
Hirten einen lieblichen Gesang, und als sie dem Schalle nach-
gingen, kamen sie an eine schöne Eiche, aus deren Zweigen die
heilige Jungfrau ihr Lied ertönen liess. Maria zeigte sich zwar

---

[10]) Vgl. Stöber, Sagen des Elsass S. 341. Man lese auch das
diesbezügliche Stöber'sche Gedicht in Stöbers Oberrheinischem Sagen-
buche S. 398, sowie die einschlägigen Anmerkungen S. 577.
[11]) Vgl. Wolf, Niederländ. Sagen S. 264.
[12]) Vgl. Herdegom, Diva virgo candida p. 244 und 261.
[13]) Vgl. Stöber S. 134.

in Zukunft nicht mehr, heilte aber von der Eiche aus viele kranke
Pilger, von deren Opferspenden schliesslich die genannte Kapelle
an der geweihten Opferstätte erbaut wurde. [14]) Noch jetzt befindet
sich am Altar zu Mühlheim ein uraltes Gemälde, auf welchem
ein hölzernes in eine altehrwürdige Eiche eingefügtes Marienbild
zu sehen ist. — Im ebenen Felde, wo man von Mindelau nach
Mindelheim geht, steht eine Kapelle, die man gemeinhin das
„Eichekäpele" nennt. Jn grauer Vorzeit fuhr einmal ein Bauer
da vorbei. Plötzlich klang ihm aus einer alten hohlen Eiche
liebliche Musik entgegen. Gleich darauf fiel aus der gespaltenen
Rinde ein Muttergottesbild zu Füssen des staunenden Fuhrmanns.
Die fromme Kindlichkeit der damaligen Zeit erbaute bald an
dieser Stelle eine hölzerne Kapelle, und viele wallfahrteten zur
wunderthätigen Muttergottes im Eichekäpele. Das Kirchlein ist
bis auf den heutigen Tag ein hölzernes geblieben, weil eine Stein-
mauer, die man am Tage aufführte, in der Nacht stets wieder
von selbst einstürzte. [15]) — Interessant ist auch, was Woeste [16])
unter der Überschrift „Die Dueke - mor" mitteilt. Eine Stunde
von Iserlohn ist der Frönsperter Berg und an demselben eine
Stelle, wo drei Wege zusammentreffen. Dort stand früher eine
altehrwürdige Eiche, und dicht daneben scheint vor der Reformation
eine Kapelle gestanden zu haben. Der Ort hiess im Volksmund
„an der Dueke - mor." Letztere Worte scheinen aus dem alt-
sächsischen „diurlica modar" entstanden zu sein, was soviel bedeutet als „die erleuchtete (erlauchte) Mutter". Also auch hier
wird neben der geweihten älteren Eiche eine später gebaute
Marienkapelle vor vielen Jahrhunderten gestanden haben. In
uralten Zeiten, so erzählt die Sage weiter, hat man an dieser
Stelle einen tollen Götzendienst getrieben. Vom alten heidnischen
Opferkult hat sich hier übrigens ein merkwürdiger Rest der Tribut-
darbringung bis auf den heutigen Tag erhalten. Wer des Weges
ziehen muss, bricht am ersten besten Baume ein Reis ab und legt
es andächtig an der Dueke-mor nieder. Unterlässt er das, so

---

[14]) Näheres bei Meier, Schwäbische Sagen I. S. 323.

[15]) Schöppner, Sagenbuch der bayerischen Lande, III. Bd. S. 202.

[16]) Volksüberlieferungen in der Grafschaft Mark S. 46. Vgl. auch
Grässe, Sagenb. d. preuss. Staats I. Bd. S. 780.

geht er irre oder es widerfährt ihm etwas Schlimmeres. . Man
findet dort in der Regel einen Haufen Reisig, der auf diese Weise
hingekommen ist. [17] — Das sächsische Vorwerk Eicha bei Naun-
hof verdankt seinen Namen einer hohen Eiche, die dort stand,
und unter der die alten Sorbenwenden ihre Abgötterei getrieben
haben sollen. An der Eiche war später ein wunderthätiges
Marienbild, zu dem viel gewallfahrtet wurde. „In kurzem ward
ein Gotteshaus an jener Stell erbaut, das man bei Eicha hart am
Weg noch heutzutage schaut." [18] — Bei Horn in Unterösterreich
steht die an früheren Baumkult erinnernde „Marienkirche zu
den drei Eichen", bei Auroldsmünster in Oberösterreich die
Wallfahrtskirche „Maria-Eich" u. s. w., desgleichen bei Marnau
und bei München. Wer in katholischen Ländern gereist ist, weiss,
dass es heutzutage daselbst kaum eine einzeln stehende grosse
schöne Eiche giebt, die nicht mit einem Marienbilde oder sonst
einem Heiligenbilde geschmückt wäre. [19] Auch Uhland lässt in

---

[17] Vgl. Kuhn, Westf. Sagen I. S. 143.
[18] Vgl. Ziehnert, Sachsens Volkssagen S. 198 ff. Grässe, Der
Sagenschatz des Königreichs Sachsen S. 273. Bei Panzer (Bayerische
Sagen II. S. 376) erscheint die Mutter Gottes einem Ritter, dem
tags zuvor seine beiden Töchter gestorben waren, im Traume und
mahnt ihn, ihr zwischen zwei näher bezeichneten Eichen
eine Kirche zu bauen und darin seine Töchter zu begraben.
[19] Man vergleiche: „Im Hage steht ein Eichenbaum an einer
kühlen Quelle, der mit belaubter Krone wölbt die schönste Wald-
kapelle. An seinem Stamm das Heiligenbild der Mutter mit
dem Kinde ist von den Blättern grün bekränzt, verwachsen mit
der Rinde. Davor im Moos mit goldnem Schein stehn schlanke
Königskerzen, die leuchten bis zum Bild hinauf, wie Flammen aus
dem Herzen." Bilder des heiligen Ullrich sowie des heiligen Colomannus
(† 1012) hängen schon seit dem 12. Jahrhundert an Eichen bei Zolling
und Bischofsmais. Vgl. Höfler, Volksmedicin und Aberglaube in Oberbayern S. 125. Unter diesen Eichen wird öfters Messe gelesen.
Ferner: „Aus der Urzeit steht ein Malbaum riesig noch im Eichen-
forst, gipfeldürr und moosumsponnen, auf den Ästen Mispelborst.
Von dem Stamme blickt die Jungfrau mit dem Kinde
himmlisch mild, fromme Leute knien voll Andacht vor dem
benedeiten Bild. An dem Stamme liegt ein Runstein, von den

seinem „Ernst von Schwaben" Werner an einer uralten hohen
Eiche ein Muttergottesbild anbringen (Zeile 764 ff.), und Johanna
klagt bei Schiller (Jungfrau von Orleans IV, 1):

> „Frommer Stab! O, hätt' ich nimmer
> Mit dem Schwerte Dich vertauscht!
> Hätt' es nie in Deinen Zweigen,
> · Heilge Eiche, mir gerauscht!
> Wärst Du nimmer mir erschienen,
> Hohe Himmelskönigin!
> Nimm, ich kann sie nicht verdienen,
> Deine Krone, nimm sie hin!"

Übrigens wurden wenn auch vorzugsweise so doch nicht aus-
schliesslich Eichen der Mutter Gottes geweiht; auch aus alten
Linden, Holunderbäumen, Fichten, Haselstauden, Ahorn- und
Lärchenbäumen offenbarte sich vereinzelt die wunderthätige
Himmelskönigin. [20])

Eiche und Kloster.

Ohne Zweifel sind vielfach an den Stellen oder doch in unmittelbarer Nähe der Stellen, wo in heidnischer Vorzeit heilige
Eichen bez. Eichenhaine gestanden haben, später christliche
Klöster, Kapellen, Kirchen und dergl. entstanden. Die alten
Sagen oder Legenden über die Gründung der Klöster haben es
oft mit Eichen zu thun. [1]) Das Fällen solcher heil. Bäume in
vormals heidnischen Opferhainen wurde noch im 11. Jahrhundert
als schlimmes Vergehen betrachtet, und manche Klostergründungs-
sage knüpft an dieses Verbot an, indem solche zum Zwecke des

Flechten grau bedeckt, den das Messer wilder Heiden einst
mit Opferblut befleckt." Beide Gedichte sind von Heinrich
von Reder.

[20]) Vgl. Stöber S. 33. Bechstein, Mythe, Sage, Märe und Fabel,
III. Teil S. 22,

[1]) Noch jetzt bitten in der Oberpfalz alte Holzhacker, wenn sie
einen schönen und gesunden Baum fällen müssen, diesen vorher
heimlich um Verzeihung. — Eichbaum und Kapelle sind oft benachbart und in enger Verbindung. Vgl. die Sage von der Veste Comburg
bei Schöppner, Sagenbuch der bayerischen Lande I. Bd. S. 373.

Klosterbaues gefällten Bäume bluteten. Die direkte Veranlassung zur frommen Gründung wird in den meisten Sagen durch eine wunderbare Erscheinung an oder in der Nähe der Eiche gegeben. Dem Grafen Albrecht von Orlamünde erschien einst, als er jagend im Walde streifte, unter einer grossen Eiche ein Hirsch mit einem glänzenden goldenen Kreuze zwischen dem prächtigen Geweih. Da erkannte der Graf, dass der Ort heilig sei, und erbaute daselbst das Kloster Preetz. Bis auf den heutigen Tag steht noch die grosse heilige Eiche mitten im Dorfe vor der Wohnung des Klosterpropstes.[2]) Es ist Thatsache, dass einst ein grosser Wald die ganze Gegend bedeckte, wo jetzt Preetz und die Gründe des Klosters liegen. — Auch die von Bonifatius an der Stelle der in der Nähe Geismars umgehauenen Donareiche errichtete St. Peterskapelle kann als Beispiel der zahlreichen nach Einführung des Christentums an den Stätten einzelner heiliger Bäume entstandenen Waldkapellen betrachtet werden.[3]) — Ferner wird der Name des Klosters Herdecke von der Sage zur Eiche in Beziehung gesetzt und entweder als „Herthas Eiche" (Eiche, wo der Hertha geopfert worden) erklärt oder als „hier de Eke!" (hier [ist] die Eiche!), Worte, welche die Prinzessin Fredaruna, eine Nichte Karls des Grossen, ausgerufen haben soll, als sie den rechten Ort gefunden zu haben glaubte, ein prächtiges Jungfrauenkloster darauf zu erbauen, dessen fromme erste Äbtissin

---

[2]) Müllenhoff, Sagen aus Schleswig-Holstein S. 110. Auch die Gründung des Kirchleins Maria-Eich nächst Planegg bei München wird auf eine Jagdscene zurückgeführt. Der Kurfürst verfolgte einen Zwanzigender, bis dieser schliesslich unter einer heiligen Marieneiche Halt machte. „Da ward der Wald zum Tempel, die Eiche zum Altar, es sinket in die Kniee die ganze Jägerschar. Ein Kirchlein ward erbauet recht um den Stamm heran, er selber sollt' das Bildnis geradeso tragen fortan" u. s. w. Vgl. das Gedicht „Maria Eich" bei Schöppner, Sagenbuch der bayerischen Lande I. Bd. S. 451.

[3]) Übrigens bezeichnet das heutige Fritzlarer St. Peters-Münster höchstwahrscheinlich die Stätte jener alten Peterskapelle, wodurch dieselbe damals als Fridislare ein „Ort des Friedens" d. h. des Gottesfriedens wurde. Vgl. Kolbe, Hessische Volkssitten und Gebräuche pp. S. 65.

sie selbst wurde.[4] — Auf dem hohen Esch bei Hücker, von welchem man einen weiten Überblick geniesst über das Hügelland zwischen dem Süntel und Osnig, stand ebedem ein uralter Eichbaum, „ein Heiligtum noch aus der Väter Zeit". Bei diesem wurde lange nach dem Tode des westfälischen Helden Weking eine Wallfahrtskapelle errichtet. Das christliche Heiligtum stand im Schatten der heiligen Eiche.[5] — Die Sage berichtet, dass vor tausend und mehr Jahren an der Donau zwei übergrosse Eichen standen, an welchen das dumme Heidenvolk seinen Götzendienst verrichtete. Bei der niederen dieser beiden Eichen wurde der Aftergöttin Isis (?) geopfert, bis der heilige Meldensische Bischof Pirminius diesen Götzenbaum mit apostolischem Eifer fällte und an dessen Statt das dem wahren Gotte geweihte Kloster Niederalteich erbaute.[6] — Ehedem heilige Bäume verloren übrigens, wenn der Kultus sich von ihnen abwandte und sie gefällt wurden, nicht ohne weiteres ihren Charakter. Letzterer ging vielmehr nun in den Baumstamm oder den daraus gezimmerten Balken über, also in das Holz und in alles, was aus diesem durch Menschenhand hergestellt wurde. So blieb der Baumstamm noch Symbol des Kultus, desgleichen der daraus gefertigte christliche Opfer- und Bildstock, der sonach oft als Stellvertreter eines geheiligten heidnischen Opferbaumes erscheint.[7]

Die Eiche und der Teufel.

Die Vorstellung des Teufels sowie teuflischer Geister war unserem Heidentum fremd. Das alte Judentum empfing die Lehre von einer gegen die gute Gottheit beständig ankämpfenden Macht aus den an Palästina angrenzenden Morgenländern erst durch das babylonische Exil.[1] Zur Zeit Christi und der Apostel hatte die Idee vom Teufel im jüdischen Volke bereits mächtig Wurzel

---

[4] Vgl. Stahl, Westfäl. Sagen u. Gesch. S. 100 f. Grässe, Sagenb. d. preuss. Staates I. S. 750.

[5] Vgl. Kuhn, Westfäl. Sagen I. S. 264.

[6] Schöppner, Sagenb. d. bayerischen Lande II. Bd. S. 64.

[7] Vgl. Rochholz, Aargau I. S. 76.

[1] Vgl. L. Bechstein, Mythe, Sage, Märe und Fabel III. Teil S. 134 und die Schriften von Roskoff (Geschichte des Teufels) und Graf.

gefasst. Die Heidenbekehrer benutzten den bereits vorhandenen Teufelsglauben und lehrten, jede heidnische Gottheit sei ein Teufel. Der Teufel spielte bekanntlich im Volksglauben des germanischen Mittelalters eine grosse Rolle. Christlich-dogmatische Vorstellungen von einem Satan oder bösen Geiste vermischten sich mit mythologischen Reminiscenzen aus der altheidnischen Götterwelt. Von den grossen Göttern der Altvordern gingen verhältnismässig nur wenige, immerhin aber einige Züge auf den Teufel über. Wendungen wie „da soll der Teufel dreinschlagen!" weisen zweifellos auf den alten Donnergott (Thor), der die krachenden Blitze schleudert. Die Redensart „Roter Bart — Teufelsart" entstand aus christlichem Abscheu vor dem rotbärtigen Donar. Dementsprechend tritt der Böse mit roter Hahnenfeder, rotem Mantel und rotem Haare auf. Die Bocksfüsse des Gottseibeiuns sind Hinweise auf die Böcke Donars, die den mächtigen Streitwagen des Gottes ziehen. Schwefeldämpfe und Blitz beim Erscheinen des Satans deuten unverkennbar auf die Wahrnehmungen beim Einschlagen des Gewitters hin. So oft der Unhold ein Opfer entführt, nimmt er es mit sich in die Luft, die letztere aber ist das unbestrittene Gebiet des Gewittergottes. Bisweilen wurde der Teufel geradezu „Hammer" oder „Meister Hämmerlein" genannt, ein weiterer guter Beleg dafür, dass der Teufel an die Stelle des heidnischen Thunar trat.[2] Donars heiliger Baum, die Eiche, wurde fortan zum Teufelsbaum. Ausser Donar und Loki waren es aber vorzugsweise Elementargeister niederen Ranges, Riesen, Elben, Wichte, deren Eigenschaften auf den Teufel übertragen wurden. So erbte der Teufel, um nur ein Beispiel anzuführen, von den heidnischen Riesen die Tölpelei und Dummheit, so dass er im Kampfe mit

---

[2] Vgl. Mannhardt, Die Götter der deutschen und nordischen Völker S. 190. Henne-Am Rhyn, Die deutsche Volkssage 2. Aufl. S. 495. Es soll jetzt noch abergläubische Landleute geben, die, wenn der Blitz in eine Eiche geschlagen hat, sich bemühen, an dem beschädigten Baume die Spuren der „Teufelskrallen" zu erkennen, durch welche die Rinde abgeschält worden ist. Das Gleiche wird von belgischen Landleuten erzählt. Vgl. Wolf, Beitr. zur deutschen Myth. I. S. 67.

menschlicher List fast regelmässig unterliegt. Die Zähigkeit, mit der viele Eichenarten einen Teil ihres Laubes den ganzen Winter hindurch festhalten, hat — bekannten Sagen zufolge — dem armen dummen Teufel mehrfach einen schlimmen Streich gespielt. Einst erbat sich der Teufel vom Herrn die Herrschaft über den Wald. Der Herr gewährte ihm seine Bitte, fügte aber die Bedingung hinzu, dass er sein Regiment nicht eher antreten dürfe, als bis alle Bäume ohne Laub stünden. Es war die Eiche, die den Teufel betrog. Denn als die letzten Blätter von der Eiche fielen, hatten die anderen Bäume schon wieder ihr junges Grün.[3] Nach einer anderen Lesart kam der Teufel zum Herrn und sagte, er hätte eine Bitte, die ihm dieser durchaus nicht abschlagen dürfe, worauf Gott antwortete, er würde ihm Bescheid geben, wenn die Eiche kein Laub trüge.[4] Einst hatte der Teufel vom Herrn eine Summe Geldes zu empfangen. Der Herr sagte: „Ich zahle das Geld, sobald das Eichenlaub abfällt." Als das Eichenlaub abgefallen war, kam der Teufel und forderte sein Geld. Der Herr aber sprach: „In der Kirche zu Konstantinopel steht eine hohe Eiche, die hat noch all ihr Laub." Wütend zog der Teufel ab und machte sich auf, die Eiche zu suchen. Endlich, nachdem er sechs Monate gesucht, fand er sie. Als er wiederkam, hatten mittlerweile alle Eichen wieder ihre grünen Blätter bekommen. Da musste der Teufel seine Schuld, so ärgerlich es ihm auch war, fahren lassen.[5] — Die Ausbuchtungen (Kerben) an den Eichenblättern rühren nach einer bekannten Sage vom Teufel her. Dieser hatte einst mit einem Bauer einen Vertrag geschlossen, dass er dessen Seele holen dürfte, wenn das — damals noch glattrandige — Laub vom Eichbaum fiele. Natürlich glaubte der Teufel, der nächste Herbst werde ihm zum Siege verhelfen. Doch der Herbst war gekommen, und noch immer hielt die Eiche ihre braunen, dürren Blätter fest. Monat auf Monat verging. Endlich — es war mittlerweile Frühling geworden — fielen die letzten Blätter zur Erde. Der Teufel froh-

---

[3] Reling-Bohnhorst S. 10. v. Perger S. 293.
[4] v. Perger S. 293.
[5] Grimm, Kinder- und Hausmärchen, Göttingen 1837, II. S. 299.

lockte und wollte jetzt sein Recht geltend machen: da zeigte ihm der schadenfrohe Bauer die bereits kommenden jungen Blätter. Wütend fuhr der geprellte Teufel mit seinen Krallen in die Blätter, die dadurch und seitdem ausgebuchtet oder gelappt sind.[6] — Gerade alte Eichen galten vorzugsweise als Stätten grausigen schreckhaften Spuks. In vielen Sagen erscheint der Teufel plötzlich an einer Eiche, oder er sitzt mit glühenden Augen und feuersprühenden Hörnern auf einem Eichenaste.[7] Im Jahre 1220 wurde der Pfarrer Michel von Bürig am Rhein, der zugleich in Schlebuschrath Messe las, als er sich auf dem Amtswege statt des Gebetes mit einem Schwerte bewaffnet hatte, von einem auf einer Eiche stehenden riesengrossen Satan fast zu Tode geschreckt.[8] In der Nähe des Hofes von Gaedebehn in Mecklenburg stand auf einer Anhöhe hart am Wege, der nach Crivitz führt, eine uralte Eiche, die 1860 durch einen Blitz zertrümmert wurde. Auf dieser Eiche hauste der Teufel. Als einst ein Schäfer mit seiner Braut nach Crivitz zur Trauung fuhr, sprang der Teufel blitzschnell von der Eiche herunter und holte die Braut, musste sie aber loslassen, weil der Bräutigam mit seinem Stocke nach ihm warf. Die Braut stürzte vor Schrecken tot am Fusse der Eiche nieder. Die Brautkrone trieb ein Windstoss mitten durch die Eiche, die davon ein Loch behielt.[9] — Auch in der Sage von der verwünschten Prinzessin.[10] schreit urplötzlich der Teufel von einem Eichbaum herunter. — In der Liatkower Haide bei Militsch steht eine ungeheure Eiche, bei der es aber nicht geheuer ist. Man nennt sie die „Teufelseiche."

---

[6] Reling-Bohnhorst S. 10. Jäger, Deutsche Bäume und Wälder S. 20. v. Perger S. 292 f. v. Alpenburg, Mythen und Sagen Tirols S. 391 (Unterrinnthal und Salzburg). v. Zingerle, Sitten, Bräuche und Meinungen des Tiroler Volkes S. 102. Henne-Am Rhyn, Die deutsche Volkssage 2. Aufl. S. 95. Über die Ausbreitung der Mythe vom betrogenen Teufel s. Grimm, Märchen III. Bd. S. 131—143.

[7] Vgl. Montanus S. 159.

[8] Vgl. Caesarius Heisterbacensis dialog. 5 cap 55.

[9] Das Nähere s. bei Bartsch I. S. 427; vgl. auch I. S. 414: „Die Kroneiche."

[10] Mitgeteilt von Meier, Schwäbische Sagen I. S. 321.

Ein höhnisches Lachen, offenbar vom Bösen selbst herrührend, ist schon mehrfach aus den Ästen des Baumes heraus vernommen worden. Der Baum wird von jedem gemieden und ist verrufen. [11])

Bei Siebeneichen im Lauenburgischen stand in einem Eichwalde, wo es überhaupt nicht geheuer war, ein Eichbaum, in dessen Zweigen — alter mündlicher Überlieferung zufolge — einst der Teufel in Pferdegestalt hing. [12]) — In dem Walde Udensthal bei Imbach an der Wupper stand noch im Jahre 1640 eine riesengrosse, chemals heilige Eiche, welche für die „Lustlaube des Teufels" gehalten und von jedermann geflohen wurde. Niemand wagte die Axt an den Baum zu legen; der alte Riese fiel endlich von selber und vermoderte. [13]) — Im Herzogtum Gotha, bei Volkenroda, steht eine uralte in der Hauptsache noch gesunde Rieseneiche, deren Stamm 60 cm über der Erde reichlich 9 m Umfang hat. Dieser Baum heisst im Volksmunde von jeher nicht anders als „die Teufelseiche." [14]) — Einen Schäfer hielt der Teufel einmal unter einer Eiche mit magischer Gewalt so lange fest, bis er ein schwarzes Schaf als Lösegeld erhielt, dann erst liess er ihn frei (hannöversche Sage). [15]) — Noch heute giebt es abergläubische Leute, die in alten hohlen Eichenstämmen ein lautes Rumoren vernommen haben wollen. Dieser starke Lärm wird von alters her dem Teufel zugeschrieben, der ihn zum Andenken an den ehemaligen Götzendienst vollführe. [16]) Sicherlich ist hier unter Götzendienst in erster Linie der alte Donarkult zu verstehen, der mit heiligen Eichen in engster Verbindung stand. Ehedem wohnte Donar in der Eiche, später — nach Einführung des Christentums — der Teufel. — In der Tiefe des brabantischen Sonienwaldes stand noch im 17. Jahrhundert eine „quercus. diabolica". [17]) Dieselbe war vom Blitze mitten durch gespalten. Den Namen ,diabolica' hatte sie daher, „quia de coelo per fulmen,

---

[11]) Grässe, Sagenbuch des preuss. Staates II. Bd. S. 295.

[12]) Müllenhoff, Sagen in Schleswig-Holstein S. 235.

[13]) v. Perger S. 296. Montanus S. 159.

[14]) Hermann Wagner, Malerische Botanik IX S. 179.

[15]) Grässe, Sagenb. d. preuss. Staats II. Bd. S. 936.

[16]) Reling — Bohnhorst S. 9. Montanus S. 160.

[17]) Vgl. Wichmann, Brabantia Mariana p. 244.

— 63 —

cui diabolus saepe cooperatur, tacta ac per medium quasi secta.ᵃ ¹⁸) Hier sieht man recht deutlich, wie allerorten aus der alten Gewittergottheit später der Teufel wurde. Aber auch an die Stelle anderer an der Eiche verehrter Heidengottheiten trat in christlicher Zeit der Teufel. Als die berühmte Romove-Eiche der heidnischen Altpreussen zerstört war, unter und an welcher drei slavische Götzen verehrt worden waren, bemerkten die Preussen, die mittlerweile das Christentum angenommen hatten, gar oft um den Ort, wo die Eiche gestanden, schreckliche Gewitter, Donner und Blitz und Sausen und Stürmen (Erinnerung an Perkunas!). Dabei liessen sich allerlei unheimliche Gestalten blicken, welche bald aussahen wie Menschen, bald wie Waldmänner bald wie Drachen oder Schlangen oder Feuer. Selbst als auf der Stelle das Kloster der heil. Dreifaltigkeit gebaut worden war, trieb der Satan — denn er und kein anderer vollführte all den Spuk — in dem neuen Kloster allerlei Rumor, um die Diener Gottes zu verjagen. Endlich gelang es einem Teufelsbanner, den Satan, der dort durch die Abgötzen herrschte, aus seinem Sitze zu vertreiben. ¹⁹) In dem Eichwald auf der Petersinsel im Bielersee, zu der sich von Liegerz aus im Seebett ein Kieselsteindamm, der Heidenweg, hinzieht, erblickt man oftmals einen vom Kopf bis zum Fusse grün gekleideten Herrn, der zwischen den alten Eichbäumen hin- und hergeht. Dieser Herr, der unter dem Namen „der Grüne" bekannt ist, ist niemand anderes als der Teufel selbst. Seinem Erscheinen folgt immer eine stürmische Nacht. Dass auf der Petersinsel vor alters eine heidnische Kultstätte war, lassen die dort ausgegrabenen Altertümer ausser Zweifel erscheinen (Celtischer Eichenkult vermischt mit römisch-celtischem Pansdienst?) ²⁰) — Das Sprichwort „dem Teufel ein Kerzlein opfern" verdankt seinen Ursprung der mittelalterlichen Sitte, in der unmittelbaren Nähe ehemals heiliger Eichbäume nächtliche Kerzen (luminaria) anzuzünden. Dieser ent-

¹⁸) Herdegom, Diva virgo candida 261.
¹⁹) Tettau-Temme S. 20 ff.
²⁰) Kohlrusch, Schweizerisches Sagenb. I. Abteilung S. 60.

schieden heidnische Brauch erhielt sich bis gegen das Ende des 17. Jahrhunderts.[21]) Die Eiche war und ist nun einmal der Teufelsbaum. Unter gewissen Eichen und auf dem Stumpfe alter Eichen erscheint der Teufel, wenn er beschworen wird, ebenso sicher wie an Kreuzwegen.[22]) Bei Carzin stand früher eine Eiche, die bis auf den Stamm abgestorben war. Der Stamm selbst war hohl. In dieser Höhlung lutterte es öfter Geld, das von einem greulichen Hunde bewacht wurde. Das war der Teufel selbst.[23]) Zwischen Lengerich und Lienen steht ein alter Eichbaum, der ist verflucht. Niemand darf das Geringste von dem Baume nehmen. Einst kehrte sich eine Magd nicht daran, sondern holte ein paar Zweige und warf sie aufs Feuer. Da erschien aus der Eiche ein grosser kohlschwarzer Hund mit tellergrossen, glühenden Augen, legte sich auf die Asche und war nicht eher von der Stelle zu bringen, als bis alles wieder unter den Baum getragen war. Dann erst verschwand der Hund.[24]) Unter letzterem verbirgt sich der Teufel selbst,[25]) der bekanntlich in der Sage mit einer gewissen Vorliebe alle möglichen Tiergestalten annimmt. Im „Krapfenwaldl“ bei Wien hat sich der Teufel sogar einmal in eine Eichel verwandelt.[26]) Nach einer wendischen Volkssage mähte der Teufel einst eine Wiese. Da fragte der Teufel den Mann, dem die Wiese gehörte, ob er die Disteln mit weghauen sollte. „Alles, was dasteht, muss weg,“ war die rasche Antwort. Auf der Wiese stand eine zwei Klafter dicke Eiche. Der Teufel haute wie gewöhnlich weiter. Wapsch, war die Eiche mit weggemäht.[27]) —

[21]) Montanus S. 159.
[22]) Jäger S. 19. Montanus S. 159.
[23]) Knoop, Volkssagen, Erzählungen, Aberglauben, Gebräuche und Märchen aus dem östlichen Hinterpommern S. 73.
[24]) Kuhn, Westfäl. Sagen I. S. 60.
[25]) Vgl. Kuhn, Märkische Sagen S. 376.
[26]) Näheres bei Vernaleken, Mythen und Bräuche des Volkes in Österreich S. 374.
[27]) v. Schulenburg, Wendische Volkssagen und Gebräuche aus dem Spreewald. S. 188 f.

Der wilde Jäger.

Auch den wilden Jäger und seine Schar lässt die Sage gern in Eichwäldern oder an Eichen hausen, z. B. den gespenstischen Ziegler in dem grossen Eichwalde Grindel. Ziegler hat einen grünen Frack und rote Weste an und trägt eine gewaltige Ofenkrücke bei sich. Wenn er naht, fliehen die Holzdiebe so schnell sie können, bringen aber stets einen aufgeschwollenen Kopf heim.[1]) Ziegler oder, wie er anderwärts heisst, Hackelberg ist kein anderer als Wodan, der Windgott, die Sage von der „wilden Jagd" (Wodansheer, Wuotansheer) eine Deutung des durch die Luft heulenden Sturmwinds.[2]) Wahrscheinlich sind von Wodan erst manche Züge auf den Teufel übergegangen und von diesem dann auf den wilden Jäger.[3]) Der „Grünrock" ist ein Teufelsname, insofern man ihn als den „wilden Jäger" denkt.[4]) In der Phantasie des Tirolervolkes z. B. erscheint der Teufel noch heute in der Regel als grüner Jäger oder Schütz, eine rote Habichtfeder auf seinem Hute, und in Kleidern, die seine auffallende Körperbeschaffenheit verbergen.[5]) — In der Liatkower Heide bei Militsch steht eine ungeheure Eiche, bei der es aber nicht geheuer ist. Man nennt sie die Teufelseiche und erzählt von ihr, dass um die Tag- und Nachtgleiche von hier aus der wilde Jäger ausziehe. Als einst ein frecher Geselle sich unter Flüchen der Eiche näherte, erhob sich ein Sturmwind, trug ihn drei Meilen weit weg und schleuderte ihn mit solcher Gewalt zur Erde, dass er ein Bein und drei Rippen brach.[6]) — Im Zigeunergässchen in Herzogenaurach soll ehemals eine grosse Eiche gestanden haben. Noch jetzt versammelt sich daselbst eine wilde Geisterschar, die sich im Freien Speisen zubereitet. Dabei geht es lustig zu, man

---

[1]) Rochholz I. S. 178.
[2]) Grimm, Mythol. 599. Über das Wuotansheer handelt ausführ-L. Bechstein, Mythe, Sage, Märe und Fabel im Leben und Bewusstsein des deutschen Volkes, III. Teil. S. 58 ff.
[3]) Vgl. Grimm, Mythol. S. 870 ff.
[4]) Rochholz II. S. 203.
[5]) Alpenburg, Mythen und Sagen Tirols S. 249.
[6]) Grässe, Sagenb. d. preuss. Staates II. Bd S. 295.

singt und trommelt. Plötzlich saust „das wütende Heer" mit Ge-
heul durch die Luft.[7]) — Auch um die Bilseiche bei Albertshofen
im Forst zwischen Kitzingen und Dettelbach in Unterfranken, um
welche ein weiter, verrufener Platz liegt, der ebenso heisst, giebt
es häufig Nachtspuk und wildes Gelärme von einem Geisterheere,
welches aber die Sage nicht mehr zu kennen scheint. Oft pfeift
es dort, wie wenn der wilde Jäger an der Stätte hauste. In der
alten Heidenzeit sollen auf jenem Platze grosse Versammlungen
gehalten und Opfer verrichtet worden sein.[8])

Hexen- und Trudeneichen.

Mit dem Teufelsglauben aufs engste verknüpft war das ganze
Mittelalter hindurch das Hexentum, dessen Grundlagen gleichfalls
aus dem germanischen Altertume stammen. Die mönchische
Phantasie verwies die „den Hag Schädigenden" (ahd. hagazussa)
oder (nach anderer Annahme) „Waldfrauen, Waldgöttinnen"
(hagedissen) als wirklich bestehende Wesen in das Reich der
Dämonen und machte sie zu Helfershelferinnen, Dienerinnen, Ge-
nossinnen und Buhlen des Teufels. Der Glaube an Hexen wuchs
mit dem Emporkommen des Christentums; erst im vorigen Jahrhundert wurden die letzten „Hexen" hingerichtet. In Gesellschaft
des Bösen, ihres Herrn und Meisters, dem sie in allem zu Willen
waren, trieben nun nach der Meinung des unaufgeklärten Volkes
die Hexen allerlei Spuk und Unfug und stifteten Schaden. In
der Walpurgisnacht (auf den 1. Mai), in einigen Gegenden auch
am Michaelistage — diese Termine spielen bekanntlich in der
Geschichte des Hexentums eine bedeutsame Rolle — beobachtete
man mit Vorliebe gerade alte Eichen — die Teufelsbäume —
daraufhin, ob sich wohl an ihnen etwas Ungewöhnliches würde
wahrnehmen lassen. Bewegte der Wind die knarrenden alten
Äste, so war kein Zweifel, es schaukelten sich auf ihnen Hexen,
welche die erregte abergläubische Phantasie im Dunkel der Nacht
wirklich zu erkennen vermeinte. — Auf dem Anger bei Bucken-
hofen in Oberfranken wurde im Jahre 1804 die „Hexeneiche"

---

[7]) Panzer, Bayerische Sagen II. S. 72.
[8]) L. Bechstein, Mythe, Sage, Märe und Fabel III. Teil S. 70.
Derselbe, Deutsches Sagenbuch S. 667.

umgehauen. Sie war so gross, dass sie 60 Klafter Holz abwarf.[1] — Ein freier schöner Platz mitten im Walde bei Bischofsheim vor der Rhön heisst noch heute „die Tanzeiche". Hier standen einst drei Eichen, bei welchen sich die Hexen versammelten.[2] — Der Richter von Fransingen im Frickthal (nördl. Teil des schweizerischen Kantons Aargau) sah in einer Nacht des Jahres 1744 die „Hexeneiche" auf der Sinzenmatt erleuchtet. Er holte einen als mutig bekannten Feldscher der Panduren herbei und veranlasste ihn nach der erleuchteten Eiche zu schiessen, was dieser auch that. Am anderen Morgen fand man unter der Eiche Blutspuren. Diese Thatsache in Verbindung mit dem Umstande, dass eine alte Frau im Dorfe eine frische Schusswunde am Arme hatte, über die sie sich nicht genügend ausweisen konnte, genügte vollständig das Weib als Hexe zu erkennen und ihr den Prozess zu machen. Nun sollte aber die Hexeneiche verkauft werden. Lange Zeit meldete sich kein Käufer. Endlich erwarb sie der Tonis-Bub für 100 Gulden. Als dieser sie fällen wollte, wurden alle Äxte stumpf. Schliesslich aber fertigte ihm ein in seinem Fache hervorragender Schmied doch eine, die das Holz angriff. Als Tonis in den Eichstamm hieb, drohte die Eiche regelmässig nach der Seite umzustürzen, auf welcher er stand. Plötzlich hörte er — es war die Zeit des Abendläutens — ein furchtbares unterirdisches Getöse. Er lief davon und wurde vor Schrecken schwer krank. Sieben Tage darauf erhob sich ein heftiger Sturm und brachte die Eiche endlich zu Falle.[3] — Westlich am Säckenberge im Frickthale standen im Mooswalde drei grosse Eichen nahe bei einander. Heut sind die Bäume längst gefällt, aber ein toter Ring, der um den ehemaligen Standort der Bäume geht, beweist, dass dort einst ein Hexentanzplatz war. Auf dem Ringe wächst nichts, und niemand wagt hineinzutreten. Weidbuben sahen oft des Nachts dortselbst die Hexen zusammenkommen, zechen, schmausen und dann um die Eichen tanzen, wobei wunderschöne Tanzmusik erklang.[4] —

---

[1] v. Perger S. 294 f. Panzer II. S. 202.
[2] Panzer I. S. 251.
[3] v. Perger S. 295. Reling-Bohnhorst S. 9.
[4] Rochholz, Aargau II. S. 176.

5*

Eine einzelne Hexeneiche zwischen Eien und Gippingen, um die sich mehrere dunkelfarbige Grasringe, Hexenringe genannt, ziehen, erwähnt Rochholz.[5]) Ein anderer Hexentanzplatz soll sich unterhalb einer Eiche im Widacher zu Stalden am Bötzberge befunden haben. In der Walpurgisnacht konnte ein Bursche beobachten, wie seine eigene Geliebte vom Teufel im Tanze um den Eichbaum gerissen wurde. Jetzt noch, so versichert man, können Sonntagskinder an der betreffenden Stelle des Widacherwaldes den berüchtigten Hexentanz sehen.[6]) — Am südlichen Abhange des Julimont, nicht weit vom Dorfe Tschugg, liegt ein Eichwald, der sog. Foferenwald. In diesem Walde ist es nicht geheuer. Geht man hindurch, so fällt es einem oft bleischwer auf die Glieder, so dass man weder vor noch rückwärts schreiten kann. Ist dann die Angst auf das Höchste gestiegen, erschallt plötzlich ein Gelächter, welches höhnisch von Baum zu Baum durch alle Tonarten wiederhallt. Dies rührt von den Hexen her, die in den vielen Eichen wohnen und ihr schadenfrohes und boshaftes Wesen kundgeben.[7]) — Eine Trudeneiche erwähnt Friedr. Müller in seinen „Siebenbürgischen Sagen" (S. 142): Bei Radeln steht auf einer Wiese eine sonderbare Eiche, die die Gestalt eines Regenschirmes hat und gar nicht wächst. Kein Wunder: die Truden tanzen darauf; dann hört man weithin Lärmen, Rasseln und Musik.[8]) —

Eichen als zeitweilige Hüllen abgeschiedener Seelen. Kobolde, Klopf- und Poltergeister. Sonstige Spuk- und Gespenstereichen.

Wie in andere Bäume, so lässt die deutsche Sage die Seelen Verstorbener, sowohl Reiner und Seliger als auch Verdammter,[1])

---

[5]) Aargau I. S. 196.

[6]) Rochholz, Aargau II. S. 175. Die Sage berichtet übrigens auch von Hexentänzen unter anderen Bäumen, z. B. unter einer Buche oder einem Apfelbaum, vgl. Meier, Sagen aus Schwaben I. S. 195.

[7]) Kohlrusch, Schweizerisches Sagenbuch I. Abteilung S. 66 f. Rochholz I. S. 74.

[8]) Vgl. Nathusius, Die Blumenwelt S. 87.

[1]) Vgl. Mannhardt, Baumkultus S. 40.

auch in Eichen übergehen. Der Eichbaum wird nun der Wohnsitz der Seele, letztere hat den Eichbaum geradezu zum Leibe. Man vergleiche die Erzählung von dem Manne, der sich in Gestalt eines Baumes jedem auf den Nacken hängt und sich eine Strecke fortschleppen lässt, der des Nachts zwischen 12 und 1 Uhr beim Kirchhofe zu Trzebiatkow vorübergeht.[2] Damit hängt zusammen, dass solch eine Seele den Baum, ihren Leib, nie weit verlassen kann. Andererseits ist die Seele doch nicht ganz in den Baum gebannt. Sie ist vielmehr befähigt, sich als Schatten in Tier- oder Menschengestalt auch ausserhalb des Baumes, aber immer in dessen Nähe, blicken zu lassen, Wanderer zu schrecken, sie mit geschwollenem Gesicht nach Haus zu schicken, irre zu führen oder dergleichen mehr. Schlägt man mit der Axt in solch einen Baum, so quillt Blut hervor, und rote Adern durchziehen den Stamm, wie einige Sagen ausdrücklich erzählen. Im Buchenwald auf dem Kestenberg bei Birr zwischen den Schlössern Wildegg und Bruneck hat sich einst ein Jäger an einer Eiche erhängt. Der Schlossherr befahl, die Eiche zu fällen. Aber Blut quoll infolge der Axtbiebe aus dem Stamme, den rotes Geäder durchzog. Da verbrannte man Stamm und Leichnam. Seitdem pirscht der Tote als Wildhans durch den Wald. — Durch Vernichtung des Baumes ist die Seele wieder frei geworden, hat sich mit dem Sturmwind vereinigt und rast nun ruhelos in der wilden Jagd mit daher.[3] — In der Nähe von Hildburghausen befindet sich eine Eiche, die unter dem Namen „grosse Mehleiche" bekannt ist. Nachts zeigt sich öfters unter oder in der Nähe der Eiche eine totenbleiche Frau mit einem schweren Mehlsack. Es ist die verstorbene Müllerin, die die Leute unbarmherzig betrog und nun im Grabe keine Ruhe finden kann. Niemand nimmt ihr

---

[2] Knoop, Volkssagen etc. aus dem östl. Hinterpommern S. 20.
[3] Vgl. Rochholz, Aargau I. S. 73. Mannhardt, Baumkultus S. 41 f. Von sieben Eichen im Tiergarten zu Ivenack geht die Sage, es seien sieben Nonnen, die wegen schrecklicher Versündigung in diese Eichen ‚verwandelt' (richtiger wohl ‚verwiesen') worden seien. Wenn die Eichen in Jahrhunderten eine nach der anderen absterben werden, so werden auch die Nonnen eine nach der anderen erlöst d. h. frei werden. Vgl. Bartsch, Sagen etc. aus Mecklenburg I. S. 417.

den schweren Mehlsack ab.[4] — Es war einmal ein Zwillingspaar zu Strohen in der Bauernschaft Hellern bei Osnabrück, welches sich unter einer Eiche im Streite gegenseitig erschlug, weil beide behaupteten, das Erstlingsrecht auf das Erbe des väterlichen Hofes zu besitzen. Seitdem sind die Seelen auf ewig in den Eichbaum verwiesen. Niemand wagte von den Ästen oder Blättern der Eiche das Geringste zu nehmen oder gar zu verbrennen. Wer es dennoch that, dem erschien — aus der Eiche heraus- kommend — ein grosser, schwarzer Hund, der nicht eher wich, als bis das Holz wieder unter den Baum gelegt war.[5] Auf dem Felde von Sukow, am Wege, der nach Satow führt, rechts, erzürnten sich einst unter einer alten Eiche zwei Brüder von Flotow über ein Fuder Heu; im Streite erschoss der eine Bruder den anderen. Die Seele des Ermordeten hat fortan den Eich- baum zum Leibe bekommen. Noch jetzt hört man um Mitternacht zuweilen unter der Eiche Wehrufe, die der Erschossene ausstösst.[6] — Zwischen Sternberg und Brüel fällt ein wüster, unbebauter Fleck auf, etwa 30 Quadratklafter gross, vom Volksmunde „der Plessen- kirchhof" genannt. Daselbst wächst nichts, wohl aber fallen zwei grosse, mächtige Eichen auf. Unter diesen Eichen erschossen sich einst, so erzählt die Sage, zwei Brüder von Plessen, die sich tödlich hassten, und wurden unter den Bäumen begraben. Aber auch im Grabe hatten sie keine Ruhe. Sie sollen Hirtenknaben mit angelegter Flinte erschienen sein, Wanderer in den Wustrower See irre geleitet, Fuhrleute bis zum Kreuzwege bei Kobrow ver- folgt haben, dann aber jedesmal plötzlich verschwunden sein. — Die Eichen waren hier offenbar die Wohnung, von der die Geister sich infolge ihrer hamadryadenhaften Existenz nie weit ent- fernten.[7] — Nicht weit von Sülz steht ein Eichbaum, aus dem Blut quillt, wenn man mit der Axt hineinschlägt. Der Baum heisst die Elendseiche. Zur Kriegszeit sollen daselbst zwei

---

[4] Reling-Bohnborst S. 9. v. Perger S. 296.
[5] Vgl. Kuhn, Westfäl. Sagen I. S. 59. Grässe, Sagenb. d. preuss. Staats II. Bd. S. 864.
[6] Bartsch, Mecklenburg. Sagen I. S. 457.
[7] Bartsch, Sagen aus Mecklenb. I. S. 415.

Knaben verhungert sein.[8]) Offenbar verhält es sich hier mit
dem Blute ebenso wie in der Geschichte vom Wildegger Jäger. —
Auf dem Katharinenberg bei Hahn, Kirchspiel Rastede, stand
früher eine Eiche, aus der trat allnächtlich um 12 Uhr eine in
den Baum verwünschte (gebannte) Müllerin und klagte über den
Verlust ihres Geliebten, eines Fischers.[9]) — Kobolde, Klopf-
und Poltergeister lässt die Sage vornehmlich gern in alte hohle
Eichen verschlossen oder gebannt werden. Dadurch, dass man
dem unbequemen Quälgeiste den Eichbaum zum Leibe gab, wurde
man ihn los. Aus der hohlen Eiche auf dem Bless bei Salzungen
guckten oft Spukgesichter heraus und erschreckten die armen
Leute, die dort Holz suchten. Das waren Poltergeister, die von
den Jesuiten in die Eiche gebracht worden waren und ihrem
Unwillen über ihre Gefangenschaft nun durch lautes Rumoren
Luft machten.[10]) — Grimm erzählt in seiner Mythologie (S. 731)
von einem armen Ritter, der sein „Unglück" in einen hohlen
Eichbaum einschloss und fortan nur Glück hatte. Einer, der
dem Ritter nichts Gutes gönnte, ging in den Wald und löste es
in der Hoffnung, es werde nun dem Ritter wieder auf dem Nacken
sitzen. Statt dessen blieb das entbundene Unglück auf des Ver-
räters eigenem Halse hocken.[11]) Auch Elbe nehmen Pflanzen-
gestalt an. Auf dem Kirchhofe von Store-Hedding in Seeland
finden sich Überbleibsel eines Eichenwaldes. Das sind, sagt der
gemeine Mann, des Elfenkönigs Soldaten. Bei Tage sind sie
Bäume, bei Nacht tapfere Krieger.[12]) — So wurden ehedem
heilige Eichen später oftmals vermeintlicher Sitz von Gespenstern.

---

[8]; Bartsch a. a. O. I. S. 417.

[9]) Strackerjan, Oldenburg. Sagen I. S. 421.

[10]) Mannhardt, Baumkult S. 43.

[11]) Auch Feuersbrünste wurden hie und da in Eichen gebannt,
damit man sie los wurde. Müllenhoff erwähnt eine solche uralte
Eiche, die in Felsted stand und, als sie nach und nach verfaulte,
Pfropfen, Überreste von Werg u. dergl. zum Vorschein kommen liess.
Sagen aus Schleswig-Holstein S. 570. Über die mit einem Pflock
in eine Linde gebannte Pest vgl. Tettau-Temme, Die Volkss. Ostpreussens etc. S. 222.

[12]) Mannhardt, German. Mythen S. 474.

Das Volk glaubte, es sei daselbst nun „nicht mehr geheuer",
„nicht recht richtig", „es gehe um". So giebt es viele Sagen
vom Walten unheimlicher Mächte in und um Eichen. Man vergleiche das folgende Gedicht von Heinrich von Reder:

> „Im Winter nachts beim Mondenschein
> Ist's wundersam zu wandern
> Durch einen alten Eichenforst
> Von einem Stamm zum andern.
> Der Äste Schatten auf dem Schnee
> Sich wirr zusammenfügen
> Zu einer ries'gen Hexenschrift
> Mit grauenhaften Zügen.
> Du zauderst endlich selbst den Fuss
> Darüber hin zu setzen,
> Bis dich Gespenster ohne Rast
> Hinaus zum Walde hetzen."

In Schillers „Jungfrau von Orleans," Prolog, 2. Auftritt,
sagt Thibaut d'Arc, Johannas Vater:

> „Ich sehe sie (näml. Johanna) zu ganzen Stunden sinnend
> Dort unter dem Druidenbaume*) sitzen,
> Den alle glückliche Geschöpfe fliehn.
> Denn nicht geheuer ist's hier; ein böses Wesen
> Hat seinen Wohnsitz unter diesem Baum
> Schon seit der alten grauen Heidenzeit.
> Die Ältesten im Dorf erzählen sich
> Von diesem Baume schauerhafte Mären;
> Seltsamer Stimmen wundersamen Klang
> Vernimmt man oft aus seinen düstern Zweigen.
> Ich selbst, als mich in später Dämmrung einst
> Der Weg an diesem Baum vorüberführte,
> Hab' ein gespenstisch Weib hier sitzen sehn.
> Das streckte mir aus weitgefaltetem
> Gewande langsam eine dürre Hand
> Entgegen, gleich als winkt' es; doch ich eilte
> Fürbass, und Gott befahl ich meine Seele."

---

*) Überschrift des Prologs: Eine ländliche Gegend, vorn zur
Rechten ein Heiligenbild in einer Kapelle, zur Linken eine hohe Eiche.

Der Weg von Paschendale nach Moorslede führt durch ein kleines Gebüsch, in dem früher die abscheulichsten Gestalten, z: B. ein grosser, schwarzer Hund mit glühenden Augen, ein Totengerippe oder dergl., sichtbar wurden. Damit hatte es folgende Bewandtnis: An der Stelle des Spuks stand früher eine heilige Eiche, an der ein hölzernes Götzenbildchen befestigt war. Ein frommer Holzhacker hatte das Bild für einen ecce homo gehalten und dem Pfarrer gegeben. Dieser liess die Eiche fällen und wies dem Bilde einen Platz in der Kirche an: das Bild musste sich zufrieden geben, sein Geist spukte aber noch lange nachher in der Gegend jener Eiche. [13]) — Die Barakenfrau im Säckenberg, einem Walde bei Frick, verschwindet plötzlich, wenn man ihr nahekommt, und führt die Leute irre. Ihre Wanderung geht vom Ettenberg-Egg bis zum Kellergraben. Gewöhnlich hält sie sich unter einer Eiche auf. [14]) — An einer anderen alten Eiche im Aargau hat der Brugg-Joggeli seinen Aufenthalt. Einen Bauern aus Gross-Döttingen, der ihn höhnend gefragt hatte, ob er schon fertig gekocht habe, schickte er mit geschwollenem Kopfe heim. [15]) — Wunderlicher Spuk ist auch an den fünf Eichen bemerkt worden, die am Wege von Aerzen nach Selxen stehen. Manche wollen dort nackte Menschen tanzen gesehen haben. Andere haben allerhand Spuk von Tieren beobachtet, schwarze Riesenhunde mit feurigen Telleraugen und rasselnden Ketten, dreibeinige Hasen, lustiges Galgengesindel vom nahen Totenberge, schwarze Raben, Fledermäuse, so gross wie Nachteulen, weisse Kaninchen, insbesondere eine unter den Eichen hockende weisse Gans, die sich, als sie der alte Isaak in seinen Korb gesteckt hatte und forttragen wollte, immer schwerer machte. Als er den Korb zu Boden setzte, sass statt der Gans ein altes Weib darin. Isaak trug letzteres auf Verlangen sofort wieder nach den Eichen zurück. Hier angelangt, erhielt er von der Alten als Denkzettel noch eine tüchtige Maulschelle. [16]) — Den schwarzen Eichmann in Wohlen

---

[13]) Wolf, Deutsche Märchen u. Sagen S. 291 f. und S. 599.
[14]) Rochholz I. S. 59.
[15]) Rochholz I. S. 196.
[16]) Kuhn, Westfäl. Sagen I. S. 243. Grässe, Sagenb. d. preuss. Staats II. S. 933. Harrys, Volkssagen pp. Niedersachsens I. Abteilung

lässt die Sage auf einer alten Eiche wohnen, die an der Wohlener
Strasse steht, nicht weit vom Oberdorfe. Er soll manchmal vom
Baume heruntersteigen und die Wanderer verjagen oder irre-
führen. [17] — Ein spukhaftes „verlorenes Geschöpf" war die ge-
spenstische Häbeliese, die unter einem galgenförmigen Eichbaum
ihren Sitz hatte, der auf einer steilen Felswand bei Niedersachs-
werfen stand. Sie stand offenbar im Bunde mit dem Teufel. [18] —
An der sog. Spukeiche erschien ein Mann und eine Frau besonders
dem Bäcker von der Treseburg. [19] — Unter zwei tausendjährigen
Eichen, die dicht neben einem Weiher standen, der zu dem alten
Schlosse Volmerbeke gehörte — nicht weit vom Wege von Corte-
marke bei Turnhout nach Hooglede —, hielt sich früher, bei Tage
wenigstens, der Geist eines vor vielen hundert Jahren verstorbenen
reichen Schlossherrn auf, der des Nachts im nahen Schlosse ein
koboldartiges, unheimliches Treiben entwickelte. Bis in dieses
Jahrhundert wagte niemand die Eichen zu fällen, weil man
fürchtete, der Geist werde dem Führer des ersten Schlages das
Genick brechen. [20] Wir dürfen gewiss vermuten, dass jene Eichen
am Weiher in heidnischer Vorzeit heilig d. h. einer höheren
Gottheit geweiht waren. In christlicher Zeit wurden sie zum
Sitze eines gespenstigen Geistes. — Als der Mann, der um 1250
vom Erzbischof von Köln, Conrad von Hochsteden, zum Entwurfe
eines Grundrisses für den Dom aufgefordert worden war, sein
Geschick, sich selbst und den Bau verfluchte, schlug dicht neben
ihm der Blitz in eine Eiche, und ein furchtbarer Donnerschlag
begleitete den zündenden Strahl. Hellauf brannte der Stamm,

S. 54—58. Bechstein, Deutsches Sagenbuch S. 255. Im Langenhag
lässt sich zwischen Klingnau und Oberendingen oft ein gespenstischer
Hase sehen. Betrifft man ihn aber gerade an jener Lücke, wo schon
vor einem Jahrhundert eine alte Eiche die Grenze des Klingnauer
Stadtbannes bezeichnet hat, so ist er wie in den Erdboden versunken.
Rochholz, Aargau II. S. 63 f. (Teufel und Hexen nehmen bekanntlich
oft Hasengestalt an).

[17]) Rochholz I. S. 80.
[18]) Kuhn, Westfäl. Sagen I. S. 311.
[19]) Pröhle, Unterharzsagen S. 12.
[20]) Wolf, Deutsche Märchen u. Sagen S. 369.

und der Aufgeschreckte sah eine unheimliche Gestalt aus der Flamme hervortreten.[21]) — Auch schwarze Böcke spuken häufig unter Eichen.[22]) — Fürchterlicher Spuk ist ferner von jeher an den sog. „falschen Eichen" zwischen Woldegk und Göhren bemerkt worden.[23]) — Desgleichen ist in der Gyldeeiche zwischen Eslöf und Sallerup in Haragers Härad in Schweden seit alten Tagen viel Spukerei gespürt worden. Wer irgend vorbeiging, grüsste den Baum ehrerbietig: „Guten Morgen, Gylde! Guten Abend, Gylde!"[24]) —

Berchta.

Auch die altheidnische Göttin Berchta (ahd. Perahta d. h. die Leuchtende, Glänzende) — wohl nur eine Erscheinungsform der Frija, der Gemahlin Wodans — scheint mit der Eiche in einem gewissen Zusammenhange gestanden zu haben. Wenigstens weist auf diese Spur der heutige Volksglaube in Süddeutschland, zum Teil auch in Salzburg und Tirol. Dort spielt noch heute die Eisenberta (eiserne Bertha) als Kinderschreck eine ähnliche Rolle wie etwa bei uns der Knecht Ruprecht. Man erzählt den Kindern, dass um Weihnachten die Eisenberta, in eine Kuhhaut

---

[21]) Kiefer, Sagen d. Rheinlandes S. 257.

[22]) Darunter ist bald der Satan, bald Donar verborgen.

[23]) Diese Eichen sind angeblich seiner Zeit zum Andenken an einen Meuchelmord gepflanzt worden. Daher ihr Name. Vgl. Bartsch, Sagen pp. aus Mecklenburg I. S. 416.

[24]) Vgl. Mannhardt, Baumkultus S. 9. — Es fehlt auch nicht an Sagen, die es mit „Schatzeichen" zu thun haben, d. h. mit solchen meist alten Eichen, in deren unmittelbarer Nähe sich ein Schatz befindet, der von irgend einem lebenden, meist unheimlichen Wesen bewacht wird. In manchen Sagen ist der Hüter ein Kind (vgl. von Schulenburg, Wendische Volkssagen und Gebräucho aus dem Spreewald S. 208; ähnlich die Erzählung S. 207), in anderen ein Pudel oder sonst ein schwarzer Hund (vgl. „die Bettelküche" in E. Meier, Deutsche Sagen pp. aus Schwaben I. S. 35), in anderen eine Kröte mit feurigen Augen (= der Böse; vgl die Sage von der „schatzhütenden Kröte bei Laufenburg", Rochholz, Aargau II. S 49). Weiteres bei A. Kuhn, Märkische Sagen und Märchen S. 376.

gehüllt, an der sich noch die Hörner befinden, aus ihrer „Eiche"
hervortritt und Umzug hält unter den Menschen, dass sie von
Haus zu Haus zieht, fleissige und gute Kinder mit Nüssen und
Äpfeln belohnt, faule und unartige dagegen mit ihrer Rute be-
straft.[1]) Die Sagen von „weissen Frauen und Jungfrauen "wurzeln
ganz im germanischen Mythus und stehen mit der grossen alt-
germanischen Naturgöttin Berchta im Zusammenhang; die im
16. Jahrhundert berühmt gewordene durch Familienchronik nicht
näher bekannte weisse Ahnfrau der Herren von Neuhaus und
Rosenberg in Böhmen führte geradezu den Namen Bertha von
Rosenberg. Aus den Göttinnen Holda, Bertha und Ostara haben
sich die in allen Gauen Deutschlands bekannten und die festeste
Wurzel verratenden weissen Frauen oder Jungfrauen niederge-
schlagen, halbgöttliche Wesen, die den Blicken der Sterblichen
noch ab und zu sichtbar werden.[2]) Sie erscheinen meist bei Tage,
tragen einen Schlüsselbund im Gürtel, waschen sich an Quellen
und Bächen, hüten Schätze und kehren weinend zurück. Wie bei
Eisenberta, so ist auch bei den weissen Jungfern der Ausgangs-
ort ihres Erscheinens vielfach eine Eiche; aus dieser treten sie
heraus und beginnen ihre Wanderung. Von der Eiche auf dem
Klosterkopf, eine Viertelstunde von Stollberg, soll die weisse Jungfrau ausgehen. Die ortsübliche Deutung, die weisse Jungfer sei
die strenge und habsüchtige Aucrine, eine verstorbene Äbtissin
des Klosters, das ehemals in dortiger Gegend gestanden, ist natürlich jüngeren Ursprungs.[3]) Auch auf dem Fullfelde am linken
Aarufer tritt bisweilen eine weisse Jungfrau, die einen Schlüssel in
der Hand hält und einen weissen Kranz auf dem Kopfe hat, aus
einer alten Eiche, geht ein paarmal um den Baum herum und verschwindet dann wieder. Die Eiche heisst die „Bückli-Eiche".
Unter ihr wird ein Schatz vermutet, den ein schwarzer Pudel
hütet.[4]) — Im Zellerirle in Mittelfranken erschien einst einer
Magd eine weisse Jungfrau und forderte sie auf, ihr zu folgen.

---

[1]) Vgl. Panzer, Bayerische Sagen und Bräuche II. S. 117, 118
und 464.
[2]) Vgl. Grimm, Mythol. S. 914 u. 919.
[3]) Vgl. Pröhle, Unterharz. S. 157 (= neueste Auflage S. 242.)
[4]) Vgl. Rochholz, Aargau I. S. 262.

Die Magd willigte schliesslich ein. Da schwebte die weisse Gestalt den Schlossberg Landeck hinan, der durch die Thalach von Thalmässing getrennt ist. Auf einem Platze oberhalb des Blitzgartens, wo ehemals 3 Eichen standen, machte sie Halt.[1] — Ein in den Sagen von der weissen Jungfrau häufig wiederkehrender Zug ist der, dass die Jungfrau jemand bittet sie zu erlösen: nur solle sich der Betreffende vor nichts fürchten. Ein paarmal glückt es dem Ermutigten in der Hoffnung auf reichen Lohn seine Furcht zu überwinden. Schliesslich aber, im entscheidenden Momente, überkommt ihn unendliche Angst; damit ist das Erlösungswerk missglückt. Die Jungfrau erscheint traurig und teilt ihm bitterlich weinend mit, dass es nun noch lange dauern werde, bis ein anderer sie erlösen könne. Denn von der Eiche stehe noch nichts, aus deren Holze die Wiege gemacht werden müsse, in welcher ihr Erlöser gross gewiegt werden solle.[2]

Die Eichelsaat.

In vielen Sagen begegnen wir demselben Zuge, der darin besteht, dass jemand sich vertragsweise noch eine Saat und Ernte ausbedingt und dann hinterlistiger Weise Eicheln sät, während der andere Teil, der den Pact unterschrieben, arglos glaubt, es sei eine Getreidesaat oder dergl. beabsichtigt und es handele sich nur um höchstens ein Jahr. Hier fällt wohl jedem das Gedicht von K. Simrock ein, betitelt die „Eichelsaat". Erst wollten die Mönche von Dünwald (bei Mülheim) den benachbarten Junker von Schlebusch überlisten, wurden aber schliesslich von diesem überlistet, denn gegen den Wortlaut und Buchstaben des Vertrages waren sie hinterdrein machtlos.[1] Ähnliche Geschichten erzählt Strackerjan aus Oldenburg. Hier sind es drei alte Jungfern, die auf die nämliche Weise von den Grafen von Oldenburg hinter-

---

[1] Vgl. Panzer, Bayrische Sagen II. S. 198 f.
[2] Vgl. Kuhn, Westfäl. Sagen I. S. 242. Panzer, Bayerische Sagen II. S. 199. Zuweilen ist übrigens die letzterwähnte Eiche in der Sage durch den Nussbaum ersetzt, oder auch durch die Birke. Vgl. Panzer a. a. O. II. S. 200.
[1] Vgl. Kiefer, Sagen des Rheinlandes. S. 273 ff.

gangen wurden, wodurch das Neuenburgerholz bei Bockhorn entstand. Wegen dieses Betruges spuken die drei Jungfern noch
immer unter der Strickenrienbrücke, die in dem Bockhorner Wege
im Holze liegt.[2] — Eine andere Eichelsaatgeschichte erzählt Karl
Lynker in seinen „hessischen Sagen" (S. 144) unter der Überschrift: „Der Hiddeser Wald". Die Erzählung schliesst mit den
Worten: „und die Breunaer warten noch auf die Ernte bis auf
den heutigen Tag." —

Die Eiche und die Unthat.

Wenn strafbare Handlungen in einem Eichwalde begangen
werden, so hören, einem alten Aberglauben zufolge, die Eichen,
weil sie allem Unrechte feind sind, auf, Früchte zu tragen. Oft
gehen die Eichen vollständig ein, mindestens verkrüppeln sie und
bleiben in ihrem Wachstum erheblich zurück. Im Jahre 1249
wurde an deutschen Ordensrittern in einem Eichwalde hinter dem
Dorfe Krücken bei Kreuzburg in Ostpreussen Verrat geübt:
54 Ritter wurden von den wortbrüchigen Preussen im Walde
niedergemetzelt, einer wurde sogar an einen Eichbaum genagelt.
Von Stund an trug der Wald keine Eicheln mehr.[1] Ähnliches
erzählt die Sage von einem Eichwalde bei Hanau. Einst gerieten
hier Leute beim Eichelnsammeln mit einander in Streit, weil
keiner dem anderen einen Anteil gönnte; im Zorne verwünschten
sie sich gegenseitig. Seit der Zeit wachsen an den Eichen keine
Früchte mehr.[2] — An der Landstrasse zwischen Kneese und
Roggendorf bei Gadebusch in Mecklenburg stand bis 1868 eine
alte, während des Sommers mit Ausnahme der Spitze normal
grünbelaubte Eiche. Nur die Spitze wurde nie grün: ausserdem

---

[2] Vgl. Strackerjan I. S. 161. Zwei andere Beispiele giebt
Strackerjan II S. 153 und II S. 182.

[1] Tettau-Temme, Die Volkssagen Ostpreussens etc. S. 191. Grässe,
Sagenbuch des preussischen Staates II. Bd. S. 622. Man lese auch
die Geschichte von der Linde, unter der ein verräterischer Plan ent-
worfen wurde und die von Stund an verdorrte, bei Temme, Die
Volkssagen von Pommern und Rügen. S. 71.

[2] Wolf, Deutsche Märchen u. Sagen S. 308. von Perger, Pflanzensagen S. 293 f. Reling-Bohnhorst S. 10—11.

zeigte der Eichstamm eine auffallende Höhle. Unter diesem Baume
hat einmal ein Bruder den andern erschlagen und sich dann in
dem Gipfel der Eiche erhängt, der bald darnach vollständig verdorrte. Die Höhle am Fusse des Baumes wurde durch das Blut
des Erschlagenen hineingefressen.[2]) Unter den fünf Eichen zwischen
Selxen und Ärzen wurde vor vielen Jahren in Kriegszeiten einmal
unschuldiges Blut vergossen. Zwei von ihnen wurden davon be-
spritzt, bald darauf waren sie welk und dürr. Auch junge Stämme,
die man an ihre Stelle pflanzte, gingen wieder ein. Dies ist noch
immer die Wirkung des unschuldig vergossenen Blutes.[4]) — Östlich von dem Dorfe Gross-Ellenbach, gegen Gütersloh und Olfen
hin, befindet sich noch auf Gross-Ellenbacher Gemarkung ein
Walddistrikt, der nach einem alten Saalbuche des Oberamtes
Lindenfels der Spessbart genannt wird. Jetzt hat er noch zwei
Stunden im Umfange. In diesem Revier ist eine klare Bergquelle.
Dabei stand vor Zeiten eine uralte Eiche, bei der sich nach der
Angabe achtzigjähriger Greise in der Vorzeit zwei Männer ermordet haben sollen. Lange Zeit bezeichnete ein einfaches niederes
Kreuz die Stelle. Mit Bezug auf dieses Kreuz und dessen Bedeutung singen die Odenwälderinnen das Lied: „Es steht ein Baum
im Odenwald, der hat viel grüne Äst' u. s. w. „In diesem Liede
lautet eine Strophe: "Denn jüngst in meinem Morgentraum hat
mich ein Bild erschreckt: verdorben sah ich Blatt und Baum,
das Vöglein hingestreckt. Umschürzt mit einem goldnen Band
stand, die mir Treue schwur, mit einem andern Hand in Hand,
— ach, wars ein Traumbild nur? „Also der Treuebruch, der sich
unter dem Baume vollzog, „verdirbt Blatt und Baum." Möglich,
dass ausser dieser noch eine zweite Sage umlief, nach welcher
die beiden Liebhaber unter dem Baume im Zweikampfe fielen.
Jedenfalls lässt die Sage den Eichbaum als Feind alles Unrechts
verdorren, sobald er durch eine Unthat befleckt ist[5]) Eines Tages
liess ein Bösewicht sich gelüsten, seine gierige Hand nach dem

---

[2]) Bartsch, Sagen aus Mecklenburg I. S. 415.
[4]) Grässe, Sagenb. d. preuss. Staats II. Bd. S. 934.
[5]) Vgl. Baader, Sagen des Neckarthals, der Bergstrasse und des
Odenwaldes S. 350.

Schatze der Jodocuseiche bei Labiau auszustrecken. Er raubte alles, was er fand, nahe an 40 Mark, die aus Pfennigtributen bestanden, die von den abergläubischen auf der Deine fahrenden Fischern für den Wasserheiligen Jodocus nach und nach in die Höhlung des Baumes geworfen worden waren und sich dort angesammelt hatten. Von Stund an verdorrte die Eiche; aber wie die Eiche verdorrte, so verdorrte auch des Räubers Hand.[6] — Am Geisberg bei Mainz steht eine Eiche, die heisst im Volksmunde die Trauereiche. Die äussersten Zweige dieser merkwürdigen Eiche sind so dünn, wie bei der babylonischen Weide, und hängen gleich dieser zur Erde. Hier soll einmal ein Räuberhauptmann einen Trompetercourrier erschossen bez. erdolcht haben, der von Idstein nach Mainz ritt, um dem Kurfürsten nach vollbrachter Sendung Bericht zu erstatten.[7] — Nicht weit von Stettin liegt der Stolzenburger Forst; in diesem fielen dem Wanderer vier kleine verkrüppelte Eichen auf. Die Bäume waren verkümmert, weil in ihrer nächsten Nähe ein Jäger und ein Wilddieb einst auf einander geschossen hatten. Erst im Sterben erkannten sie sich als Brüder und verfluchten die Stelle des doppelten Brudermordes.[8] Hier und in ähnlichen Fällen waren jedenfalls die unnormalen Eichen das πρότερον, die sich daran knüpfenden Sagen ein zur Erklärung jener Erscheinung aus der mythenbildenden Phantasie des Volkes entstandenes ὕστερον. — Eine Gräfin, die ihr hochgelegenes Schloss ganz umbauen lassen wollte, befahl den „armen Leuten", einen grossmächtigen Eichstamm den Berg hinaufzuschaffen. Das war zu viel verlangt gewesen. Die „armen Leute" vollbrachten das Werk zwar schliesslich, aber von Stund an blieb der ungeheure Eichenblock unbeweglich Jahrhunderte lang liegen; Niemand brachte ihn mehr von der Stelle. Er lag bis ins vorige Jahrhundert im Schlosshofe zu Illeraichheim zwischen Memmingen und Ulm.[9] — Das Eingehen oder Dürrwerden von

---

[6] Bechstein, Deutsches Sagenbuch S. 220.

[7] Vgl. Henninger, Nassau in seinen Sagen, Geschichten und Liedern, I. Bd. S. 219—223.

[8] Temme, Die Volkssagen von Pommern S. 273 f. Reling-Bohnhorst S 11. von Perger S. 294.

[9] Vgl. Schöppner, Sagenbuch der bayerischen Lande II. Bd. S. 31.

Eichbäumen wird in manchen Sagen darauf zurückgeführt, dass unschuldig Angeklagte, denen es nicht möglich war die Richter von ihrer Unschuld zu überzeugen, kurz vor ihrer Hinrichtung in der Angst der Verzweiflung den Himmel anflehten, er möge den Justizmord dadurch offenbaren, dass er die in der Nähe des Richt- platzes stehenden Eichen von Stund' an verdorren lasse. War der schuldlose Delinquent hingerichtet, so ging sein letzter Wunsch regelmässig in Erfüllung.[10]) Dieser letzte Wunsch erstreckt sich selbstverständlich nicht in allen Sagen auf das Absterben von Eichen — es werden auch andere Wunderzeichen von Gott er- beten, die dann gleichfalls geschehen, — aber immerhin ist die Zahl derjenigen Sagen, in welchen gerade Eichen eine Rolle spielen, bemerkenswert. In seinen „hessischen Sagen" erzählt Wolf (S. 133 f.) unter der Überschrift „des Fremdlings Fluch" folgendes: „Vor vielen hundert Jahren kam ein fremder Mann nach Giessen und suchte dort weinend und wehklagend sein Weib und seine Kinder. Statt dem Ärmsten beizustehen, beschuldigte man ihn, er habe die Seinen ermordet. Keine Beteuerung seiner Unschuld half ihm. Im Angesichte des Galgens, der auf dem sog. Trieb bei Giessen, rechts von der Strasse nach Grünberg errichtet war, rief er die prophetischen Worte: „Dass ihr einen Unschuldigen ge- richtet habt, des zum Zeichen werdet ihr diese Eichbäume gipfel- dürr werden sehen von heute an; daraus möget ihr sehen und mir glauben lernen, dass ihr unschuldig Blut vergossen habt." So starb er und wurde unter dem Galgen eingescharrt. Wenige Tage darauf kam die gesuchte Frau mit ihren Kindern nach Giessen und suchte ihren Mann. Jetzt beklagte man das Geschehene, aber es war zu spät. Als der Frühling kam, da schlugen alle Bäume in und um Giessen aus, nur die Eichen kränkelten und manche starben selbst ab; wie viele man auch nachpflanzte, nicht eine gedieh. So schwer lastete der Fluch auf der Stelle. 1830 zeigte man noch dem Wanderer die kraft- und saftlosen Bäume,

---

[10]) Es ist tief in der menschlichen Natur gegründet, dass der Unglückliche sein Leid den Felsen, Bäumen und Wäldern klage. Grimm, Mythol. 613. Vernaleken, Mythen und Bräuche des Volkes in Österreich S. 117 ff.

nachher gingen sie vollends ein; heute sind sie nicht mehr zu
sehen. — Noch interessanter hinsichtlich der Einzelheiten ist die
Sage, die Lynker[11]) von einem Eichwald mitteilt, der im Melsunger
Forste am Wege nach Spangenberg steht. Eine Magd, der zur
Last gelegt wurde, dass sie heimlich geboren und ihr Kind um-
gebracht habe, beteuerte ihre Unschuld bis zum letzten Augenblicke. Auf der Richtstätte angekommen, wandte sie sich noch
einmal an ihren Richter und sagte: „So gewiss, als ich unschuldig
sterben muss, so gewiss möge Gott geben, dass die Spitzen der
Eichen in diesem Walde alle verdorren!" Das Urteil ward voll-
streckt, aber die Gipfel der Bäume wurden alsbald welk und
starben ab. Bis auf diesen Tag verdorren die Kronen der Eichen
in diesem Forste schon frühzeitig[12]) — In Thüringen, bei dem
Dorfe Reichenbach, fand man einst einen schlafenden Soldaten und
bei ihm einen kostbaren Kelch. Sogleich vermutete man, der
Kelch sei gestohlen, und knüpfte den Soldaten, obwohl dieser zur Beteuerung seiner Unschuld prophetisch ausrief, dass in dem dortigen
Walde nie wieder Eichen wachsen würden, vorschnell auf. Später
stellte sich heraus, dass ein anderer der Dieb gewesen war und
dass dieser eigentliche Dieb dem schlafenden Soldaten den Kelch
in den Sack gesteckt hatte. Die Eichen aber begannen völlig
aus dem Walde zu verschwinden.[13]) — Um Mörder ausfindig zu
machen, wendet man sich an den Eichbaum, der das Verbrechen
verabscheut. Man schlägt eine Axt in eine Eiche, sagt erst eine
unverständliche Zauberformel, die ich hier weglasse, und nennt
darauf der Reihe nach die Namen aller Personen, auf die sich

---

[11]) Deutsche Sagen und Sitten in hessischen Gauen S. 117 f.

[12]) Ganz Ähnliches erzählt die Sage über eine Pappel auf dem
Knickenberge, wo ein Schornsteinfegergeselle ausrief: „So wahr ich
unschuldig bin, wird dieser Besen ausgrünen." Die Pappel sah aus
wie ein mit dem Stiel in die Erde gesteckter Besen. Knoop, Volkssagen aus dem östlichen Hinterpommern S. 152. — In einer anderen
Sage kommt ein Justizmord durch eine gefällte Eiche ans Tageslicht,
vergl. die Sage von dem hölzernen Raben auf dem Mittelturme zu
Prenzlau bei Kuhn, Märkische Sagen S 215.

[13]) v. Perger, Pflanzensagen S. 294. Ähnliches bei Bechstein,
Sagen des Rhöngebirges S. 52.

der Verdacht lenkt. Wird der Name des Thäters genannt, so fängt
der Axtstiel an zu zittern und zu wackeln. Glaubt man aber,
dass ein vollständig Unbekannter der Thäter war — in diesem
Falle lassen sich natürlich keine Namen nennen —, so ist ein
anderes Verfahren einzuschlagen. Man macht an der Stelle, wo
der Erschlagene gefunden wurde, ein Feuer aus trockenem Eichen-
holze, schüttet darin dreimal von dem Blute, das aus des Ermordeten Wunden geronnen, und wechsel dem Toten die Schuhe
um: der rechte Schuh wird auf den linken Fuss gezogen, der
linke Schuh auf den rechten Fuss Von Stund an ist der Mörder,
wo er auch sei, mit Wahn und Blindheit geschlagen; mit mag-
netischer Kraft fühlt er sich hingezogen zum Orte seiner Unthat:
er kommt von selbst zur Leiche zurück, wo man ihn nur zu er-
greifen braucht. Diese Procedur heisst das „Blutbannen". Alte
Landleute erzählen noch heute Beispiele davon, die sie einst als
Kinder von ihren Grosseltern gehört.[14] — Auf den Gräbern unschuldig Hingerichteter wachsen von selbst Bäume, sog. Blutbäume,
namentlich Eichen, um das Unrecht zu offenbaren.[15] Unweit von
Camern liegt der Galgenberg. Dort ist vor Jahrhunderten einmal
ein Unschuldiger hingerichtet und eingescharrt worden. Noch
kurz bevor er den tödlichen Streich empfing, bat er Gott,
wenigstens nach seinem Tode ein Zeichen zu geben, dass er unschuldig sei. An der Stelle, wo er begraben lag, wuchsen bald
darauf von selbst sieben Eichen aus der Erde, die sich wunderbarer Weise zu einem Stamme vereinigten. Als man einst mit
der Axt hineinschlug, schwitzte der Stamm Blut.[16] — Der Name
‚Blutbäume" kommt daher, dass man allgemein annahm, das Blut
schuldlos Gerichteter gehe samt deren Seele in den Baum über.[17]
Hier erscheint also der Eichbaum als zeitweilige Hülle einer ab-
geschiedenen Seele. Ist irgendwo ein Held durch Verrat gefallen,
so wächst seine Seele in eine Eiche hinein, die auf dem Grabe des
Gemordeten zu spriessen beginnt.[17a] So erzählte man sich, die

---

[14] Montanus S. 159 f.
[15] Wuttke S. 14.
[16] Kuhn-Schwartz, Norddeutsche Sagen S. 106.
[17] Mannhardt, Baumkultus S. 40.
[17a] Eichen auf Gräbern begegnen wir mehrfach in der deutschen

6*

70 Fuss hohe „schöne Eiche" im Walde bei Lüchow, der sog.
Planke, sei aus dem Munde eines tückisch erschlagenen Königs
hervorgewachsen. Von den Landleuten wird diese Eiche für heilig
gehalten. Jetzt ist sie verdorrt. Unzählige Wanderer haben ihren
Namen in die Rinde gemeisselt.[18])

Die Eiche als Prophetin.

Wenn die Eichen sehr viele Eicheln tragen, kommt ein früher
Schnee und ein langer Winter.[1]) Im Saterlande ist der Glaube
verbreitet: Wenn es viele Eicheln giebt, so wird im nächsten
Jahre die Roggenernte gut.[2]) Ferner lässt sich um Michaelis aus
den geöffneten Galläpfeln der Charakter des folgenden Jahres erkennen: Findet man eine Spinne darin, so wird es unglücklich,
eine Fliege, so wird es mittelmässig, eine Made, so wird es fruchtbar.
Findet man nichts, so deutet es auf ein Sterben. Ist der Gall-
apfel inwendig feucht, so deutet es auf ein nasses, ist er dürr,
auf ein trockenes Jahr, ist er dünn, so folgt ein heisser Sommer.[3])

Sage. Am Lindenberge bei Thale war eine Mahleiche. Ein Ritter
entführte ein Mädchen und wurde von den Verfolgern erstochen. Die
Entführte pflanzte diese Eiche auf seine Grabstätte. Pröhle, Sagen
des Unterharzes S. 8. Ob sie die Eiche pflanzte? Vielleicht ist die
Sage früher anders erzählt worden.

[18]) Harrys, Volkssagen, Märchen und Legenden Niedersachsens
1. Abteilung S. 88. Mannhardt, Baumkultus S. 39.

[1]) Dieser Glaube ist alt, vgl. Geopon. 1, 4, 1. Arat. v. 315 p. 134.
Theophr. de sign. tempest. p. 438. Trägt die πρῖνος mässige Früchte,
so lässt sich auf einen mässigen Winter rechnen, hat sie dagegen
sehr reichliche Früchte, so steht langanhaltende Trockenheit bevor.
Plut. fragm. ed. Dübner vol. V p. 34 Zeile 34 ff. Etwas anders
Zeile 40 ff.: Wenn die πρῖνοι nicht übermässig tragen, folgt ein
langer Winter. Wenn sie aber reich tragen, so verdorrt im Sommer
darauf das Getreide. Vgl. Arat. Diosem. v. 1044 ff.

[2]) Vgl. Strackerjan I. S. 27.

[3]) Vgl. Ritter v. Perger S. 302. Ähnlich Reling-Bohnhorst S. 13.
Anders Grimm, Mythol., Nachträge, S. 471 (Aberglaube No. 968):
‚Die Eiche ist ein weissagender Baum: eine Fliege in Galläpfeln be-
deutet Krieg, ein Wurm Teuerung, eine Spinne Pestilenz, Maden
Misswachs.' Vgl. Kuhn, Westfäl. Sagen II. S. 96.

Jedes Frühjahr, wenn die Eichen zu grünen beginnen, soll ein schweres Unwetter vorkommen; man nennt dies in Oldenburg den „Eekbomsgrull".[4] Wenn viele Eicheln wachsen, wird zu Weihnachten Schnee fallen (Glaube in Böhmen).[5] Eine alte Bauernregel sagt: „Treibt die Esche vor der Eiche, hält der Sommer grosse Bleiche; treibt die Eiche vor der Esche, hält der Sommer grosse Wäsche." Derselbe Reimspruch hat sich im Munde des englischen Landvolkes erhalten und lautet da wie folgt: „If the oak's before the ash, Then you may expect a splash; But if the ash is 'fore the oak, Then you must beware of soak."[6] — Wenn Eichen stürzen, so bedeutet das Unglück. Bei Hartenstein in Sachsen stand eine Eiche, welche auf geheimnisvolle Weise mit den Schicksalen des Hauses Schönburg — Hartenstein ist Besitztum der Fürsten von Schönburg — verknüpft war. Im Jahre 1840 stürzte der Baum; bald darauf starben zwei der Schönburger.[7] — Auf der alten Landstrasse von Hannover nach Osnabrück, bei dem Dorfe Oster-Kappeln, stand eine uralte Eiche, deren letzter kleiner Zweig im Jahre 1849 zum letzten Male grün gewesen war. Der Baum war vielleicht von gleichem Alter mit der einst grossen Dynastie der Welfen. Es war an einem ruhigen Sommernachmittage des für das hannoversche Königshaus bekanntlich so verhängnisvollen Jahres 1866, als der greise Riese ohne sichtbare Veranlassung — die Luft war fast windstill — krachend quer über die Chaussee zu Boden stürzte. Das Landvolk schrie den Sturz des Baumes als ein böses Omen für das hannoversche Königshaus aus. Der König Georg V., der davon hörte, gab Befehl den Riesenstamm wieder aufzurichten, was mit grosser Mühe und vielen Kosten auch gelang. Der Eichstumpf wurde mit eisernen Ketten an benachbarte Bäume geklammert. Im Sommer 1868 ist er abgebrannt. Das Landvolk aber behielt Recht mit seinem Aber-

---

[4] Vgl. Strackerjan II. S. 73.

[5] Siehe Grohmann S. 102.

[6] Vgl. von Langegg in Rodenbergs „Deutscher Rundschau", Juni 1890, S. 405.

[7] Grässe, Der Sagenschatz des Königreichs Sachsen S. 379. v. Perger S. 299 f. Mannhardt S. 50.

glauben: wenige Monate nach dem Sturze des Baumes gehörte Hannover zur preussischen Monarchie.[*]) —

Gebräuche, bei denen die Eiche eine Rolle spielt. Sonstiger Aberglaube und Kultus.

Ist ein Füllen zur Welt gekommen, so empfiehlt es sich, die Nachgeburt so hoch wie möglich an eine Eiche (oder Esche) zu hängen, damit das Tier gedeihe und stets den Kopf hoch trage. (Ostfriesland, Oldenburg.[1]) Ausgeschlüpfte Gänseküchlein steckt man durch einen Eichendopp; erblickt sie dann der Fuchs, so erscheinen sie ihm so gross wie eine Eiche, und er wagt sich nicht dran.[1a]) — Die „Erdmänkes" (Erdmännchen) verschwinden, wenn man ihnen Essen in einem Eichendopp (êkeldopp) aufs Feuer setzt.[1b]) — Eichbaum und Nussbaum leben in Feindschaft mit einander; sie können nicht beisammen stehen, ohne dass einer von beiden eingeht.[2]) — Um Bauholz gegen Holzwürmer zu sichern, soll man am Peterstage vor Sonnenaufgang mit einem Stück Eichenholz daranschlagen und dabei sprechen: „Sunte worm wut du herut, sunte Peter is kommen".[3]) — Besonders bemerkenswert erscheint der in manchen Gegenden Norddeutschlands und an der Sieg und Lahn anzutreffende heidnische Gebrauch des sog. „Scharholzes". Unter letzterem ist ein Wurzelstück (Block oder

---

[*]) Siehe „Gartenlaube" vom Jahre 1869 S. 48. — Übrigens hatte auch Sibilla weiss (= Sibilla vaticinans), eine heilige, weise Frau und berühmte Wahrsagerin, welche die Zukunft enthüllte und Krieg, Viehseuche u. s. f. prophezeite, ihr festes Schloss in einem uralten jetzt längst abgetriebenen E i c h w a l d e bei Lonnerstadt in Oberfranken. Vgl. Panzer, Bayerische Sagen II. S. 54 und 425. Diesem Walde verdankte sie zum Teil ihre prophetische Kraft. Das erinnert an die dodonäischen Priesterinnen, die doch auch eine Art von Sibyllen waren.

[1]) Vgl. Wuttke S. 423. Strackerjan I. S. 105.

[1a]) Kuhn, Märk. Sagen S. 381 No. 40.

[1b]) Kuhn, Westfäl. Sagen S. 95 und 111.

[2]) Grimm, Mythol. Nachtr. S. 471 (Aberglaube No. 972). Montanus S. 160. Ähnliches schon bei Plinius (n. h. 24 § 1.)

[3]) Grimm, Anhang S. 466 (Aberglaube No. 877).

Erdstummel) einer Eiche zu verstehen. Selbiges wird alljährlich am Johannismorgen — nach anderer Angabe zu Weihnachten — als eine Art Amulet oder Hauspenat derartig am Herde befestigt bezw. in die Herdwand unterhalb des Hehlhakens eingemauert, dass es zwar beständig von der Flamme beleckt wird, aber doch nie ganz verbrennt. Jedes Scharholz muss genau ein Jahr am Herde aushalten. Es dient dazu, das Glück des Hauses zu erhalten und letzteres vor dem Einschlagen des Blitzes zu bewahren sowie vor Behexung zu schützen; ferner bewirkt es, dass die auf dem Herde gekochten Speisen den Familiengliedern gut bekommen. Es scheint sonach der Grundblock dem Donar zu Ehren geglimmt zu haben, denn dieser ist als Gott des Blitzes zugleich Gott des Feuers und als solcher Beschützer des häuslichen Herdes und der Familie, deren Gesundheit er beschirmt. Hat das Scharholz sein Jahr abgedient, so wird es durch ein neues ersetzt; der verkohlte Rest wird entweder als Mittel gegen allerlei Übel sorgfältig weiter aufbewahrt oder, zu Staub zerrieben, unter das Saatkorn und andere Samen gemischt und auf die Felder gestreut, damit reichere Ernte zustande komme und der Bilsenschnitter, der böse Geist der Körnerfrüchte, fernbleibe. Selbst heute ist das Scharholz im Sieg- und Lahngebiete sowie bei altgläubigen Bergbewohnern noch nicht in Vergessenheit geraten. Auch in der Niederlausitz und dem daranstossenden Sachsen, wo einst Wenden wohnten und noch wohnen, ist der Gebrauch noch anzutreffen. [4]) — Eine eigentümliche Sitte herrscht in manchen westfälischen Dörfern, z. B. in Genna zwischen Hagen und Iserlohn. Stirbt dort jemand, so wird dieser Todesfall zunächst dem Nachbar mitgeteilt. Dieser weiss schon, dass er die Pflicht hat, die Kunde sogleich seinem Nachbar zu übermitteln und so jeder weiter. Der letzte Dorfbewohner geht hinaus in den Wald, berührt mit der Hand eine Eiche und sagt dieser die Todesbotschaft mit lauter Stimme an. Unterlässt er dies, so stirbt jemand in seinem Hause. [5]) — Eine eigentüm-

---

[4]) Vgl. Montanus S. 159. Jäger S. 19 f. v. Perger S. 292. Mannhardt, Baumkultus S. 228. Kuhn, Westfäl. Sagen II. S. 104 f.

[5]) Vgl. K. Simrock, Handb. d. deutschen Mythol. S. 601. Wuttke S. 431. Stahl, Westfäl. Sagen S. 125 f. Kuhn II. S. 52.

liche, des Humors nicht ganz entbehrende Sitte bestand früher in Kühnhard in Mittelfranken. Dort stand eine alte Eiche, an der eine grosse Keule hing. So oft ein Mann von seinem Weibe geschlagen wurde, holten die Nachbarn den Riesenknüppel von der Eiche und lehnten ihn an die Hausthür des Pantoffelhelden. Daraufhin hatten die Eheleute geradezu die Pflicht sich zu versöhnen, der „Hausherr" aber musste den „aufmerksamen" Nachbarn eine Weinspende zum besten geben. Erst wenn das geschehen war, wurde der Knüppel wieder an die Eiche zurückgetragen. Davon führt das Dorf Kühuhard den Beisatz „am Schlegel".[6]) — Die Weiber von Weilheim bei Tübingen hatten das Recht, jeden Frühling eine Eiche zu fällen und das Geld zu vertrinken. Dieses erst im gegenwärtigen Jahrhundert abgeschaffte Recht ist ihnen vermutlich in alter Zeit von den Geistlichen eingeräumt worden, damit die Frauen letzteren helfen sollten, die Männerwelt vom heidnischen Baumkultus abzubringen.[7]) Es ist überhaupt selbstverständlich, dass die Einführung des Christentums nicht imstande war, die heidnischen Kulte mit einem Schlage auszurotten.[7*]) Spuren ehedem heiliger Eichen haben sich bis in unser Jahrhundert hinein allenthalben erhalten, namentlich in Niedersachsen und Westfalen. Beim paderbornischen Dorfe Wormeln steht eine alte heilige Eiche, zu welcher die Einwohner von Wormeln und Calenberg noch jetzt feierlich ziehen, und im Fürstentum Minden pflegten die jungen Leute beiderlei Geschlechts am

---

[6]) Vgl. Reling-Bohnhorst S. 11. v. Perger S. 300. Panzer, Bayerische Sagen I. S. 252.

[7]) v. Perger S. 300. Mannhardt, Germanische Mythen S. 25.

[7*]) Das Eifern der Kirche gegen den Baumkultus erhellt aus einer Stelle aus dem Concil zu Nantes im Jahre 895. Dort heisst es wörtlich: „Summo studio decertare debent episcopi et eorum ministri, ut arbores daemonibus consecratae, quas vulgus colit et in tanta veneratione habet, ut nec ramum nec surculum audeat amputare, radicitus excidantur atque comburantur." Nicht milder klingt eine Stelle aus einer Predigt des heil. Eligius (+ 659): „Arbores, quas sacras vocant, succidite! Videte, quanta stultitia est hominum, si arbori insensibili et mortuae honorem impendunt et Dei omnipotentis praecepta contemnunt." Vgl. Grimm, D. Myth., Nachtr. S. 402 u. 406.

ersten Ostertage unter lautem Jubel Reigen um eine alte Eiche
zu führen.[8]) Der Dienst, der den genannten Bäumen bewiesen
wurde, war offenbar halb heidnisch, halb christlich. — Auf der
Haar nahe bei Iserlohn stand noch im vorigen Jahrhundert eine
uralte Eiche, um welche her in einer gewissen Entfernung sieben
Löcher waren. Am 1. Ostertage zog das Volk zur Eiche. Nun
galt es, mit sieben Sprüngen alle sieben Löcher zu treffen und
dabei stets mit der rechten Hand den Eichstamm zu berühren.
Wem das Springen gelang, der hatte mindestens noch sieben Jahre
zu leben, bezw. er bekam innerhalb dieser Zeit eine Frau. — Zu
Fastnacht pflegte man den „Kaerl" (die letzte Erntegarbe als
Puppe) an diesen Baum zu hängen. Wo die alte Eiche stand,
ist jetzt eine junge gepflanzt.[9]) — Eheversprechen, feierlich unter
einer Eiche gegeben, haben in Böhmen unbedingt bindende Kraft
und werden in böhmischen Volksliedern oft erwähnt,[10]) z. B. „Kdyt
jsem slíbila Pod zeleném dubem, Že my svojí budem" (d. h. „Ich
habe Dir ja versprochen unter der grünen Eiche, dass wir einander gehören werden.") — Als Gerichtsbäume dienten unseren
heidnischen Vorfahren die Eiche, die darum oft als mahaleich,
(ahd. mahal⸗Versammlung), Dreieich und Siebeneichen vorkommt,
und die Linde.[11]) — Am Sonntag Invocavit (dem sog. Funken-
sonntage) pflegte nach alter Sitte auf dem Marxberge bei Trier
die Verbrennung der am Donnerstage vorher aufgepflanzten
„Frühlingseiche" stattzufinden. Weber und Metzger, die an-
gesehensten Zünfte, bildeten dabei die Ehrenwache. Die gefällte
Eiche wurde nebst einem Feuerrade ins Moselthal gerollt. Die
Ceremonie hatte den Zweck, den „bösen Sämann" zu vertreiben
und von der heil. Jungfrau Gedeihen und Segnung der Feldfrüchte,

---

[8]) Vgl. Grimm, Mythol. S. 59 u. 64. v. Perger S. 300 f.
[9]) Kuhn, Westfäl. Sagen II. S. 149 f.
[10]) Vgl. Grohmann, Aberglauben und Gebräuche aus Böhmen und
Mähren S. 87.
[11]) Kolbe, hessische Volkssitten und Gebräuche S. 86. Alle
unseren heutigen Dorflinden, unter welchen sich das Volk bis zur
Mitte dieses Jahrhunderts zu versammeln pflegte, um die öffentlichen
Bekanntmachungen anzuhören, stammen von diesen Gerichtslinden ab.

vor allem Abwendung des Hagelschadens zu erlangen. [12]) — Bis
ins 13. Jahrhundert reicht die Verwendung der Eiche als Maibaum in Questenberg (bei Stolberg-Rossla) am Harz zurück.
Alljährlich am Tage vor Pfingsten wurde die schönste Eiche im
Forste ausgesucht; zunächst wurden ihr die Äste gekappt. Am
dritten Pfingsttage wurde der Stamm abgesägt, die Eiche von der
männlichen Jugend auf den Schultern auf den nahen Questenberg
getragen, dort aufgestellt, mit einem Kranze geschmückt und von
tanzenden Paaren umjubelt. Später wurde nur alle sieben Jahre
eine neue Eiche zu diesem Zwecke gefällt, jetzt nur dann, wenn
der alte Stumpf nicht mehr stehen will. [13]) Die Elbwenden nördlich
von Salzwedel richteten gleichfalls eine im Walde gefällte Eiche
auf einem Hügel im Dorfe auf. Hier pflegte aber der „Maibaum"
erst an Mariä Himmelfahrt, also erst am 2. Juli eingegraben zu
werden; er blieb mehrere Jahre lang stehen, bis er von selbst
umfiel. Am nächsten 2. Juli wurde er dann durch einen neuen
Baum ersetzt. Nicht nur, dass die Dorfbewohner um den Baum
tanzten, auch das Vieh wurde um den segenbringenden „Hahnbaum"
getrieben, um es gegen Behexung zu sichern. [14]) Zum „Maien-
einfahren" bedient man sich im Rheinlande neben der Buche, Birke
oder Weide auch eines armsdicken Eichenastes, der in die letzte
Garbe gesteckt wird. [15]) Beim Pfingstritt („Maienreiten") in
Schwaben wird der Pfingstbutz in belaubte Eichenzweige gehüllt. [16])
Auch der „Wasservogel" (Pfingstlümmel"„Pfingsthansl") in
Baiern (z. B. in Wurmlingen) wird mitunter in Eichenlaub ge-
kleidet. [17]) — Im November bildet in manchen Gegenden (z. B. in

---

[12]) Vgl. Mannhardt, Baumkultus S. 178, 501 und 596. Das Rad,
zumal das flammende, ist Sinnbild des Donners, Donars. Vgl. Grimm,
D. Myth. Nachtr. S. 70.

[13]) Vgl. Reimann, Deutsche Volksfeste S. 249. Mannhardt, Baumkult S. 175.

[14]) Näheres bei Mannhardt a. a. O. S. 174.

[15]) Vgl. Mannhardt, a. a. O. S. 199 u. 201 f Über Verwendung
von Eichenzweigen als bouquet de la poilée im Nivernais vgl. Mannhardt S. 205.

[16]) Vgl. Mannhardt S. 349.

[17]) Mannhardt S. 353 und 385.

Niederbaiern, Österreich und der Oberpfalz) das Eichenlaub einen
nötigen Bestandteil beim Binden der sog. Martinigerte (Mirtesgard'n),
mit welcher die Mägde im folgenden Frühjahr die Kühe zum ersten
Weidegang aus dem Stalle treiben. [18]) — In den Weihnachts-
gebräuchen der Serben, Kroaten und Dalmatier spielen junge
Eichen eine hervorragende Rolle als verkörperte Vegetationsdämonen
nach Art unserer Maibäume. [19]) — Die Zeit von St. Thomas bis
Lichtmess heisst im Saterlande „die blauen 6 Wochen". In dieser
Zeit soll man die Eichen beschneiden, um das Wachstum zu be-
fördern. [20]) — Eines Eichenzweiges, der gegen Mittag hin in die
Höhe wuchs, bediente man sich, um jemand seiner Mannheit zu
berauben. Die Ceremonien bei dieser Zauberei giebt Montanus
(S. 160) an, wo auch ein Recept notiert ist, die verlorene Mannheit wiederzuerlangen. Ein Pfahl, aus einer Eiche gebildet, in
die der Blitz geschlagen hat, dient dem Zauberer unter gewissem
Hokuspokus dazu, ein Pferd zu verlähmen. [21]) — In Cerneghem
glaubt man die Hexe zu entdecken, wenn man ein Feuer von
Buchen-, Ulmen- und Eichenholz macht. Wenn die Flammen der
drei Holzarten sich vereinigen, so ist die Frau, die dann zuerst
ins Haus tritt, die gesuchte Hexe. [21a])
Die Bierhefe wird, ehe man sie in die Maische legt, mit einem
belaubten Eichenzweige gestrichen (Saterland). [22]) — Der ewige
Jude darf nur da rasten, wo zwei Eichen ins Kreuz gewachsen
sind (Westfalen). [23]) Dagegen pflegt die gleichfalls ewig ruhelos
umherkreisende Herodias stets von Mitternacht bis zum ersten
Hahnenkrähen auf einer Eiche zu sitzen, woraus nicht mit Unrecht
zu entnehmen sein wird, dass die Eiche ihr d. h. der unter ihrem
Namen verborgenen Göttin einst geheiligt war. [23a]) Bäume, ins-

---

[18]) Mannhardt a. a. O. S. 273. Derselbe, Germanische Mythen S. 15.

[19]) Näheres bei Mannhardt S. 224 u. 236. Über Eichenpfähle
beim Osterfeuer s. Mannhardt S. 503.

[20]) Strackerjan II. S. 58.

[21]) Montanus S. 160.

[21a]) Wolf, Deutsche Märchen und Sagen S. 275.

[22]) Strackerjan I. S. 107.

[23]) Wuttke S. 446. Kuhn, Westfäl. Sagen II. S. 33.

[23a]) Vgl. Wolf, Beitr. z. deutschen Mythol. I. S. 198. Die ge-

besondere heilige Bäume, bluten wie verwundete Menschen, wenn
man sie mit der Axt verletzt (vgl. Walter Tells Worte bei
Schiller Akt 3 Sc. 3). Dieser Glaube ist uralt und vielen Völkern
gemeinsam. Die Missionare hatten Mühe, ihn auszurotten. Noch
heute ist er vielfach anzutreffen. Im zweiten Jahrzehnt des
15. Jahrhunderts weilte in Niederlitauen unter den noch halb
heidnischen Zemaiten der Mönch Hieronymus aus Prag. Dieser
gab Befehl einen für heilig gehaltenen Wald zu fällen. Da die
zu Bekehrenden zögerten das ‚sacrum lignum' anzurühren, fällte
Hieronymus selbst den ersten Baum. Als jene sahen, dass kein
Blut kam, gingen sie selbst ans Werk, und in kurzer Zeit erlagen
ihrer Axt viele Bäume. So drang man nach und nach bis in die
Mitte des Hains vor, wo eine uralte und ganz besonders heilige
Eiche stand. Anfänglich wollte keiner auf diese den ersten Hieb
führen. Endlich redete sich einer der Bekehrten Mut ein, ver-
spottete die Umstehenden, dass sie Angst hätten vor einem leblosen Holze, und that den ersten Axtschlag. Im selben Augenblicke stürzte der Waghalsige zu Boden. Er bildete sich in
diesem Augenblicke ernstlich ein, der Hieb habe statt den Baum
sein Schienbein getroffen. Hieronymus hob den vermeintlich schwer
Verletzten auf, stellte aber sofort fest, dass gar keine Wunde an
ihm zu bemerken war. Dem Ärmsten war von Jugend auf die
Vorstellung anerzogen worden, dass heilige Bäume von einem für
göttlich erachteten Geiste erfüllt seien und, verletze sie jemand,
verbluten müssten wie ein Mensch. Christ geworden liess er diesen
Glauben fahren. Aber im entscheidenden Augenblicke brachen
alle jene alten Vorstellungen mit unwiderstehlicher Macht in seinem
Innern hervor. Den Streich führen, sich für einen Sünder halten,
den die wohlverdiente Strafe — die Zerschmetterung des eigenen
Schienbeins — getroffen, niederstürzen —: alles war das Werk

---

schichtliche Herodias ist die Enkelin Herodes des Grossen. Herodes
Antipas, des grossen Herodes zweiter Sohn, entbrannte in Liebe zu
Herodias und entführte sie mit ihrer Zustimmung. Seine Gemahlin
verstiess er und lebte mit jener in durch das Gesetz verbotener Ehe.
Johannes der Täufer musste seine Entrüstung über diese Ehe mit
dem Leben bezahlen.

eines Augenblicks. [24]) — Über das Durchkriechen durch sog. Heil-
eichen behufs Abstreifung der Krankheit ist im I. Teile S. 22 f.
ausführlich gehandelt. Hier einige kurze Zusätze. In Hessen führen
solche Bäume mehrfach die Bezeichnung „Nadelöhr". Woher
dieser Name, ist leicht zu erraten. Kolbe führt in seinem Buche:
„Hessische Volkssitten und Gebräuche im Lichte der heidnischen
Vorzeit" mehrere Exemplare solcher Nadelöhre genau an. Ein
Nadelöhr befand sich im hessischen Süllingswalde, an der Strasse
von Friedewald nach Berka. Als der Baum verfallen war, liess
Landgraf Moritz an derselben Stelle ein s t e i n e r n e s Nadelöhr er-
richten, welches aber nicht mehr Heilzwecken, sondern bloss noch
zur Volksbelustigung diente, indem jeder, der des Weges kam,
korpulente Leute nicht ausgeschlossen, hindurch zu kriechen hatte.
(S. 66) — Ein hohler Eichbaum stand auch einst auf der Höhe
des Waldweges, welcher von Speckswinkel nach Josbach führt,
etwa 40 Minuten von ersterem Orte entfernt. Der Ort, wo einst
dieser Baum gestanden, heisst bis heute „das Nadelöhr". Auch
das benachbarte Mengsberg hatte einen solchen Baum, die Wald-
stätte heisst noch „das Mengsberger Nadelöhr" (S. 62 f.). Noch
jetzt steht nahe bei Speckswinkel, an dem Wege nach Erxdorf, eine
grosse Heileiche, die im Volksmunde „der Gichtbaum" heisst.
An dem Baume weilt an gewissen Tagen ein Mann aus Reptich,
der es versteht, die Gicht der Heilung Suchenden in den Baum
zu bannen. (S. 61). — Sehr interessant ist der Umstand, dass
die christliche Kirche, die solchen Aberglauben gern beseitigt gesehen hätte, sich trotz alledem der althergebrachten Sitte mutatis
mutandis accommodierte. Man baute nämlich in Wallfahrtskirchen
mehrfach Altäre, welche zum Durchkriechen (ev. zum Durch-
schreiten) eingerichtet waren. Die Heilkraft wurde von den Gebeinen der Heiligen und Märtyrer erwartet, die auf, in oder unter
dem Altare ruhten (S. 66). [25])

---

[24]) Vgl. Aeneae Sylvii Europa c. 26. Mannhardt, Baumkult S. 36 f.
[25]) Über das Durchkriechen handelt auch Höfler, Volksmedicin
und Aberglaube in Oberbayern S. 42, desgleichen Mannhardt, Die
Götter d. deutschen und nordischen Völker S. 197, Henne—Am Rhyn,
Die deutsche Volkssage 2. Aufl. S. 99. Grässe, Sagenb. d. preuss.
Staats I. S. 95 und II. S. 1037 (Wunderheileiche im Sachsenwalde,

Anhang.

Die Eiche im alten Testamente.

Von jeher haben die Eichen — bei fast allen Völkern — in hohem Ansehen gestanden, so schon im grauen Altertum bei den Persern und bei den Israeliten.

Von den fünf hebräischen Wörtern, die alle zunächst einen starken Baum bezeichnen, אֵיל אַלָּה אֵלָה אֵלוֹן אַלּוֹן, sind die ersten drei nicht durch „Eiche" zu übersetzen, sondern durch „Terebinthe", während die letzten beiden „Eiche" zu bedeuten scheinen. Celsius (Hierobot. I. S. 34, 58 ff.) wollte gar nur dem letzten Worte die Bedeutung „Eiche" zugestehen. Es gab und giebt in Palästina sowohl Eichen als Terebinthen. Der Sprachgebrauch scheint die Bäume leider nicht streng genug getrennt zu haben. Terebinthen also werden es wohl gewesen sein und

---

eine halbe Stunde östlich von Mölln. Das Durchkriechen blühte hier namentlich ums Jahr 1825). — Die indische Gottheit, die etwa dem Donar entspricht, ist Indra, der streitbare Träger des Donnerkeils. Dieser Indra hatte gleichfalls einen heilkräftigen Baum, den immergrünen Keuschbaum (vitex negundo), dessen meiste Arten in Ostindien zu Hause sind; der indische Hautkranke kroch, „um sonnenrein zu werden", entweder dreimal durch diesen Baum oder dreimal durch ein Wagenrad, das Sinnbild des Sonnenrades. Vgl. Holtzmann, Indra nach den Vorstellungen des Mahâbhârata (Zeitschr. der deutschen morgenländ. Gesellsch. Bd. 32). Rigvêda VIII, 80, 7; nach Aufrechts Übersetzung indischer Studien IV, 2. Schliesslich sei hier noch — als weiterer Nachtrag zum Kapitel „Die Eiche in der Medicin" — ein hinterpommersches Recept zur Heilung erfrorener Glieder mitgeteilt: Das im Spätherbst noch auf den Eichen sitzende Laub wird ausgekocht. In das heisse Wasser steckt man die angefrorenen Hände oder Füsse, wodurch der Frost ausgezogen wird. Vgl. Knoop, Volkssagen pp. aus dem östl. Hinterpommern S. 176 No. 201. —

nicht Eichen, unter deren Schatten der biblischen Sage zufolge Abraham im Haine Mamre seine Zelte aufschlug. [1]) Die Terebinthe ist minder stark als die Eiche, hat aber immergrüne Blätter, traubenförmige Früchte und erreicht gleich der Eiche ein sehr hohes Alter. Luther, der auch die ersten drei Wörter mit „Eiche" übersetzt hat, hat wie es scheint absichtlich den unbekannten Terebinthenbaum durch den allbekannten Eichbaum ersetzt, um vom deutschen Volke besser verstanden zu werden; aus dem gleichen Grunde übersetzte ja Luther auch „Groschen": wissenschaftlich minder genau, dafür aber volkstümlich. Die zweite und fünfte hebrä-

---

[1]) Die Lage des Hains Mamre ist — nebenbei bemerkt — nicht sicher bekannt. — Übrigens liegt mir ein Zeitungsausschnitt vor vom 5. Februar d. J., betreffend eine sog. „Abrahamseiche" in Palästina. Hiernach finden sich im südlichen Teile von Palästina, auf dem Hügellande zwischen dem toten Meere und Ghazzeh (Gaza), weit zerstreut in den Winkeln der Thäler sehr alte Bäume. Zu den grössten derselben gehört als einer der berühmtesten Bäume der Vorzeit die Abraham-Eiche bei El Chalil (Hebron), von den heutigen Arabern Sindian genannt, deren Stamm am Grunde einen Umfang von $6^1/_2$ Meter hat. Dieser zerteilt sich bald in drei Stämme und einer derselben weiter nach oben noch in zwei. Die Äste reichen auf der Bergseite 14 Meter, auf der Thalseite $23^1/_2$ Meter weit in kräftiger gesunder Verzweigung. Die imposante Krone hat einen Durchmesser von 16 Klaftern und beweist, dass es in diesem Lande nur an Baumwuchs fehlt, um auf dem dürren Boden einen strotzenden Rasen zu erzeugen, denn unter dem Dache der Eiche ist reichlicher Grasboden. Letzterer ist im Orient eine solche Seltenheit, dass die Familien Hebrons und der Umgegend bei Landpartieen und Familienfesten hierher wandern. Diese Eiche wird sehr viel genannt. Um 1340 sah sie der Engländer John Maundeville, und die Worte des Josephus machen es angeblich wahrscheinlich, dass sie schon zu Christi Zeiten ein sehr grosser Baum war (?). Nicht weit von Hebron soll nach von Langegg (Deutsche Rundschau, Juni 1890 S. 413) eine Eiche stehen, welche die Sarazenen Dirpe nennen. Die Leute glauben, dieses Baumexemplar stamme aus Abrahams Zeit und sei das letzte übriggebliebene aus dem Haine Mamre (!). Seit Christus am Kreuze gestorben sei, sei diese Eiche dürr und verdorrt. Ein Prinz aus dem Abendlande werde kommen und mit Hilfe der Christen das gelobte Land gewinnen; dann werde dieser Baum wieder grünen und Blätter und Früchte tragen.

ische Vokabel kommen zweimal dicht neben einander vor, nämlich
Jesaia 6, 13 und Hosea 4, 13,[2]) ein Beweis dafür, dass sie nicht genau
dasselbe bedeuteten. Ich sehe von allen den Bibelstellen ab, die es
mit der Terebinthe zu thun haben — es sind die zahlreicheren und
wichtigeren — und verweise betreffs der Eiche auf den Artikel
„Eiche" in Winers biblischem Realwörterbuch I[2] S. 357.[3]) Siehe
auch v. Baudissin, Stud. z. semit. Religionsgesch. S. 184 ff.

Historische Eichen.

Einer alten Lokalsage zufolge wurde der berühmte Hussiten-
feldherr Johann Žižka unter einer Eiche geboren. Im südlichen
Böhmen, 3 Kilometer von dem Marktflecken Forbes (Borovany),
etwa 3 Wegstunden von Budweis steht der Meierhof Trocnow.
In dem Walde, welcher neben den zum Trocnower Hofe gehörigen
Feldern und kleinen Teichen gelegen ist, stand jene Eiche.
Žižkas Mutter war im Sommer aufs Feld gegangen, um die
Schnitter zu überwachen: da kam plötzlich ein schweres Gewitter,
und die Geängstigte flüchtete sich unter jene Eiche, wo die Wehen
sie überkamen. Im grössten Gewitter gebar sie den Knaben:
Donner war Žižkas „erstes Hören". Die Eiche ward als Žižkas-
Eiche (Žižkowi-Dub) bezeichnet und stand als gefeiter Baum
bis zu Ende des 17. Jahrhunderts in hoher Verehrung bei dem
Landvolke. Wenn ein müder Wanderer unter ihr einschlummerte,
umfingen ihn bald wunderbare Träume von Schlacht und Morden:
in unbeschreiblicher Angst und mit Herzklopfen wachte er auf.
Das Volk hatte den Aberglauben, ein Schiefer oder Splitter dieser
Eiche in den Axt- oder Hammerstiel oder in ein anderes Werkzeug eingefügt, verleihe dem, der mit dem Instrumente arbeite,
unverwüstliche Kräfte. Die römische Hierarchie, der jener
Aberglaube verhasst war und die ein begreifliches Interesse
daran hatte, das Andenken an Žižka nach Kräften auszurotten,
gab ums Jahr 1695 den Befehl, den Baum zu entfernen. Selbst
die Wurzeln wurden aus der Erde herausgenommen und vernichtet.

---

[2]) Diese Stelle handelt vom Götzendienst unter Eichen.

[3]) Vgl. auch Gesenius, Hebräisches Handwörterbuch über das
alte Testament I[8]. S. 53, auch 40 und 51. Über den Baumkultus
der Israeliten überhaupt vgl. Bötticher S. 518 ff.

Bald darauf liess der Propst des Forbeser Klosters, Konrad Fischer († 1701), genau auf derselben Stelle, wo die Eiche gestanden hatte, eine Kapelle Johannes des Täufers bauen, mit der Aufschrift: „Hic locus olim exosus nativitate Zizkae nunc ex asse nativitati Ioannis Baptistae consecratus." Darunter stand in czechischer Sprache: „Zde se narodil ku zlè paméti Jan Žižka z Trocnova" (= hier ist Johann Žižka von Trocnow zum bösen Andenken geboren). Offenbar haben jenen Geistlichen die Verhältnisse nicht anders handeln lassen, und er hat die Stelle für die Nachkommen bezeichnen wollen. Aber auch diese Kapelle steht nicht mehr: sie ist wegen ihrer den Žižka verdammenden Inschrift im Jahre 1869 von der deutschen Jugend des Gymnasiums in Budweis in demonstrativer Weise niedergerissen worden. Gegenwärtig sind nur noch Überreste der Kapelle am Rande des Waldes zwischen zwei Linden zu sehen. Noch heute wird die Stelle von Reisenden viel besucht. Der Versuch, den eine Anzahl böhmischer Bürger neuerdings gemacht hat, aus Privatmitteln jene Stätte mit einem würdigen, die vorzüglichen strategischen Leistungen des hervorragenden Heerführers anerkennenden Monumente zu schmücken, ist daran gescheitert, dass vom Fürsten Schwarzenberg, dem gegenwärtig Grund und Boden gehört, die Erlaubnis zur Aufstellung trotz aller Bemühungen bisher nicht erlangt werden konnte. [1]) — In Callenberg bei Lichtenstein, wo Kunz von Kaufungen die ledernen Leitern für den Prinzenraub fertigte, stehen noch heute ungefähr 200 Schritte vom Rittergute an der Strasse von Waldenburg nach Lichtenstein zwei sehr alte, jedoch nicht schön gewachsene Eichen, die angeblich zum Andenken an den Prinzenraub gepflanzt worden sind. An der Stelle, wo jene Leitern angefertigt wurden, ist jetzt folgende Inschrift zu lesen: „Hier knüpfte Leitern der Teufelskerl Kunz Kaufung, zu rauben des Landes Perl. Hans Schwalbe dazu ihm war bereit, gelobt sei Gott in Ewigkeit." [2]) — Im Jahre 1499 soll Dietrich von Harras

---

[1]) Diese Mitteilungen verdanke ich teils einem Briefe des Herrn Karl Bukovsky in Forbes, teils kürzeren Angaben in Tomek's Žižkabiographie (S. 2) und im Anhange von Alfred Meissners Epos „Žižka' S. 185 f.

[2]) Vgl. Grässe, Der Sagenschatz des Königreichs Sachsen. S. 315.

den von Körner besungenen Sprung von der Felshöhe, die noch jetzt davon der „Harrassprung" heisst, in die Zschopau gethan haben.

> „Und er teilt die Wogen mit kräftiger Hand,
> Und die Seinen stehn an des Ufers Rand
> Und begrüssen freudig den Schwimmer.
> Gott verlässt den Mutigen nimmer."

Wo „die Seinen" gestanden haben mögen, auf der Mundwiese, dem Haustein gegenüber, da beschattet eine uralte Eiche, die, wenn sie reden könnte, die beste Auskunft über das kühne Wagnis zu geben vermöchte, ein steinernes Denkmal, welches in altertümlichen Buchstaben die Aufschrift trägt: „Ritter von Harras, der tapfere Springer." [3] — Erst in der Mitte dieses Jahrhunderts ward die Eiche im ehemaligen Hieronymitenkloster Sant Onofrio auf dem Janiculum in Rom vom Blitze zerschmettert, unter deren Laubdach der kranke Dichter des „befreiten Jerusalem", der unsterbliche Tasso, einst geträumt. [4] Dagegen war der Baum in Harvstehude, unter dem Friedrich von Hagedorn, der Verfasser von „Johann der muntere Seifensieder", zu dichten pflegte, nicht — wie man hie und da irrtümlich angegeben findet — eine Eiche, sondern eine Linde, die mehrere Jahre nach seinem Tode vom Blitze getroffen und dermassen beschädigt ward, dass man sie umhauen musste. [5] — Auf dem Gipfel eines hohen Berges an der ehemaligen hessisch-sächsischen Grenze steht noch jetzt die sog. Zigeunereiche, die im dreissigjährigen Kriege dadurch Berühmtheit erlangte, dass unter ihr eine Zigeunerbande mit hessischen Männern ein Bündnis schloss, welches die nächtliche Überrumpelung des ahnungslosen Pappenheim bezweckte. Der Plan wurde durch ein Zigeunermädchen, das den Pappenheim heimlich liebte, diesem noch rechtzeitig verraten und so vereitelt. [6] — Bekannt und von

---

[3] Gartenlaube von 1870 S. 335. Ziehnert, Sachsens Volkssagen S. 182. Gebauer, Unser deutsches Land und Volk. 7. Band: Bilder aus dem sächsischen Berglande u. s. w. S. 94 und 95.

[4] Hermann Wagner, Malerische Botanik S. 178 f.

[5] Vgl. Schröders Lexicon der Hamburgischen Schriftsteller Bd. III. S. 55.

[6] Alles Nähere s. bei Heusinger, Sagen aus dem Werrathale S. 36 ff., insbesondere S. 47.

Dichtern besungen ist die Wallensteineiche bei Stralsund. Unter
dieser Eiche sass im Juli 1628 der gewaltige Feldherr bei der
Belagerung jener Stadt, als eine feindliche Kugel dahergesaust
kam und ihm ein gefülltes Weinglas vor dem Munde zerschlug.
Hierin sah der abergläubische Wallenstein ein Zeichen, dass es
geraten sei, von der weiteren Belagerung abzusehen. Die Stral-
sunder feiern noch jetzt das Wallensteinfest. [7] — Nicht weit von
Kirchberg im Walde bei Schmeheim steht eine alte Eiche, die
heisst die Trompetereiche. In dieser Gegend, so erzählt die Sage,
standen sich im dreissigjährigen Kriege die Schweden und die
Kaiserlichen gegenüber, als plötzlich Friede geschlossen wurde.
Jedes Heer sandte an das andere einen Trompeter, ihm die
Friedensbotschaft zu verkünden. Bei jener Eiche begegneten
sich beide Trompeter, stiegen auf den Baum und bliesen die
Friedensklänge in alle Welt hinaus. Davon heisst die Eiche
die „Trompetereiche." [7a]) — In Nieda in der Lausitz zeigt
man eine Tetzeleiche, wo der berüchtigte Ablasskrämer seinen
Markt und Predigt gehalten haben soll. Dass Tetzel in Nieda
gewesen, ist nicht zu erweisen, doch nicht unmöglich, denn
Nieda ist ein grosses und sehr altes Kirchspiel. [8]) — Noch jetzt
zeigt in Newforest ein Steinmal die Stelle, wo bis vor 130 Jahren
jene Eiche stand, unter deren Zweigen Wilhelm der Rote (Rufus)
nach einer 13 jährigen rohen und gewaltthätigen Regierung auf
der Jagd von Tyrrells Händen fiel (2. August 1100). Das Geschoss
des Mörders hatte sein Ziel gefehlt, es traf den Stamm, aber ab-
prallend durchbohrte es noch die Brust des Königs, der sterbend
zusammenbrach. [9]) — Im Walde von Sherwood in Nottinghamshire
steht noch heute der Eichbaum, unter welchem einst Johann ohne

---

[7]) Vgl. Reling u. Bohnhorst, Unsere Pflanzen nach ihren deutschen Voksnamen, ihrer Stellung in Mythologie und Volksglauben
in Sitte und Sage, in Geschichte und Litteratur S. 11. Ritter von
Perger, Deutsche Pflanzensagen S. 298 und das Gedicht von Günther,
„Wallenstein vor Stralsund", abgedruckt z. B. im Lesebuch von Hopf
und Paulsiek (Quarta) S. 273.

[7a]) Bechstein, Sagenschatz des Thüringerlandes 3. Teil S. 229
[8]) Karl Haupt, Sagenbuch der Lausitz II. Teil S. 134.
[9]) Hermann Masius, Naturstudien S. 34.

Land (1199—1216 König von England) Audienz erteilte. In
demselben Walde erinnern jetzt noch mehrere alte Eichen an den
bekannten englischen Volkshelden und Freibeuter Robin Hood
(1160—1247), der in vielen Liedern besungen worden ist. Sein
Lieblingsaufenthalt war der freie Wald, wo er mit seinen lustigen
Genossen hauste, mild und grossmütig gegen das unterdrückte
Volk, unerbittlich gegen die tyrannischen Feudalherren. [10]) — In
England, eine Meile von Shrewsbury, liegt in der Tiefe eines
Waldes das sog. „Boscobel house": hier genoss Karl II. (1660—1685
König von England), als er flüchtig und verbannt war, eine wahr-
haft hochherzige Gastfreundschaft. In der Nähe befindet sich die
Königseiche (royal oak), in deren hohlem Stamm Karl sich
einst verborgen hielt, um sich den Verfolgungen seiner Feinde
zu entziehen. Jetzt ist diese Eiche durch eine Backsteinmauer
geschützt und von Lorbeerbäumen umgeben, welche man seit diesem
Ereignis dort gepflanzt hat. Als Karl in den ungestörten Besitz
des Thrones gelangt war, besichtigte er eines Tages auch die
Eiche, in welche er sich einst geflüchtet hatte; er pflückte von
diesem denkwürdigen Baume einige Eicheln, welche er in den
St. Jamespark pflanzte und zeitlebens alle Morgen eigenhändig
begoss. [11]) — Unter der „grossen Eiche" bei Leipzig weilte am
19. Mai 1809 Friedrich August der Gerechte, wie eine Inschrift
an Ort und Stelle bekundet. — In der Nähe von Schloss Augusten-
burg, dem Stammschloss unserer erlauchten deutschen Kaiserin,
an der Flensburger Föhrde, stehen die drei historischen Eichen,
die ein Alter von mindestens 400 Jahren haben. Sie heissen die
„Schwureichen", weil unter ihnen — so geht die Sage — von
dem damaligen Herzog und einigen hervorragenden Adeligen in
der Mitternachtsstunde der Sturz des dänischen Staatsministers
Grafen von Griffenfeldt beschworen worden ist. — Im Parke des
Schlosses Creisau in Schlesien (zwischen Schweidnitz und Reichen-

---

[10]) Vgl. Robin Hood, a collection of all the ancient poems, songs
and ballads pp. by Joseph Ritson, 2 voll., London 1832. Masius,
Naturstudien S. 33. Neuere Schriftsteller neigen übrigens dazu,
Robin Hood als eine mythische Persönlichkeit zu betrachten, in der sich
der Hass der Angelsachsen gegen die normannischen Eroberer verkörperte.

[11]) Vgl. De Genlis, botanique hist. et lit.

bach) steht auf einer freien saftiggrünen Rasenfläche eine herrliche
echt deutsche Eiche, die mit ihren kolossalen Zweigen weit aus-
greift in die Luft. An den mächtigen Stamm der Eiche lehnt
sich eine einfache Ruhebank, — Moltkes ehemaliges Lieblings-
plätzchen. Mancher strategische Plan, der später Europa in
Staunen setzte, ist unter dem schattenden Blätterdache dieser Eiche
entstanden. [12])

Rieseneichen.

Wer sich für uralte europäische Eichenexemplare, [1]) Baumriesen und Baumgreise, interessiert, dem seien folgende Bücher
bezw. Bücherstellen zum Nachlesen empfohlen:

1. Reling-Bohnhorst S. 12 f.
2. Gartenlaube, Jahrgang 1880 No. 26 (Abhandlung über den
   Hasbruch von Ferdinand Lindner, mit zwei wohlgelungenen
   Illustrationen).
3. Mielk, Die Riesen der Pflanzenwelt.
4. Göppert, Die Riesen des Pflanzenreiches.
5. Gartenlaube, Jahrgang 1869 S. 47 ff.
6. Herm. Wagner, Malerische Botanik S. 178 ff.
7. Herm. Jäger, Deutsche Bäume und Wälder S. 17 ff.
8. Karl Müller von Halle, Das Buch der Pflanzenwelt I. Bd.
   S. 232.
9. v. Humboldts Kosmos I. S. 298.
10. Kerner v. Marilaun, Pflanzenleben I. S. 681.
11. Rossmässler, Der Wald S. 392 unten.
12. Koch, Dendrologie, 2. Teil 2. Abteilung S. 26.
13. Deutsche Rundschau von Rodenberg, Juni 1890 S. 404.
14. Dorenwell-Hummel, Charakterbilder aus deutschen Gauen,
    Städten und Stätten, 2. Abteilung (Bilder aus dem nord-
    deutschen Binnenlande) S. 208.
15 Willibald von Schulenburg, Wendische Volkssagen und
    Gebräuche aus dem Spreewald S. 22 Anmerkung u. S. 276.

---

[12]) Vgl. Gartenlaube von 1873 S. 396.
[1]) Eine Riesenilex beschreibt schon Plinius (n. h. 16 § 242).

Humboldt führt als die älteste und dickste Eiche Europas
eine Eiche bei Saintes im Département de la Charente inférieure
an. Ihr Alter wird auf 2000 Jahre geschätzt. Andere Riesen-
eichen standen bez. stehen im Ruhrthal bei dem Dörfchen
Niederreimer, ³/₄ Stunde von Arnsberg, — im Hasbruch,
wo die Oldenburger Geest in der Nähe der alten Cisterzienser-
abtei Hude an die Marsch grenzt: die hohle Eiche, die dicke
Eiche, die Amalieneiche u. s. f. — in Pleischwitz bei Breslau
(bis 1857) — zu Killerod in Schweden — im Klosterwalde in
Schonen — bei Welbecklane — auf dem Begräbnisplatz zu
Crayford — auf Ledeburs Hofe zu Wetter, Amt Grönenberg bei
Osnabrück, zu Boden geworfen durch den Sturm am 7. Dezember
1868 — bei dem Dorfe Oster-Cappeln, an der alten Landstrasse von Hannover nach Osnabrück, 1866 gestürzt — die sechs
Krainer Eichen bei dem Dorfe Krain zwischen Liegnitz und
Goldberg, unweit der Stelle, wo die Schlacht an der Katzbach
stattgefunden hat; ihr Alter wird auf 1200 Jahre geschätzt —
im Urwald bei Neuenburg und Bolhorn, unweit der Varel-Wilhelms-
hafenbahn — bei Dodersbach in Holstein — in Berterode, eine
Meile nördlich von Eisenach — bei Bamberg (jetzt nicht mehr) —
bei Behmel an der Lahn in Hessen — zu Damony in England —
bei Leipzig (ungefähr 800 Jahre alt) — bei Schloss Pirkeln im
Kirchspiel Allendorf in Livland — zu Remscheid in der Rheinprovinz
— im Muskauer Park — beim schwäbischen Dorfe Hohenstaufen —
die riesige sog. Grafschaftseiche („Shire—oak"), welche an der
Stelle steht, wo die drei Grafschaften York, Nottingham und Derby
aneinander stossen, und daher gleichzeitig drei shires beschattet — die
„Crouch—oak" bei Addlestone in der Grafschaft Surrey, als Grenz-
marke des königlichen Forstes von Windsor — die „Königseiche"
in der Nähe des Dorfes Pausin, in der Buten-Heide nördlich vom
eigentlichen Brieselang, 11 km westlich von Spandau (3 m Durchmesser: 30 m Höhe, 1000 Jahre alt, seit 1870 im Absterben) —
auf dem Rittergute Kadien am Frischen Haff (Westpreussen).
Dieser Riesenbaum soll Deutschlands stärkste Eiche sein. Er hat
einen mittleren Stammumfang von 9,36 m und ist im Innern hohl.
Die Höhlung ist so gross, dass einst eine aus 35 elf- bis zwölf-
jährigen Knaben bestehende Schulklasse darin Platz fand. —

Klopstock. Linde. Schlusswort.

Die mittelalterliche Symbolik liess Eichenlaubkränze zum Zeichen der Beständigkeit und Standhaftigkeit, der Männlichkeit und Festigkeit tragen. [1]) Aber die Rolle eines eigentlichen deutschen Nationalbaumes hat die Eiche im Mittelalter nicht gespielt. Walther von der Vogelweide und andere Dichter erwähnen nirgends die Eiche, wohl aber häufig genug die Linde. Erst Klopstock und seine Anhänger sangen beständig in ihren Bardieten von „deutschen Eichen" als dem Symbole der zu erstrebenden deutschen Freiheit, Macht und Stärke. [2]) Seitdem haben zahllose Dichter, die Sänger der Freiheitskriege voran, [3]) den Klopstockschen Gebrauch ohne weiteres angenommen, und unsere patriotischen Lieder feiern mit Nachdruck und Stolz die „deutschen Eichen". [4]) So erklärt es sich, dass der Deutsche seit 100 Jahren zwei Nationalbäume hat, die Eiche und die Linde. Beide Bäume können auch ferner infolge ihrer grundverschiedenen Natur unbeschadet ihres Glanzes nebeneinander unsere Symbole und Ideale bleiben. Die gewaltige Eiche ist der heroische, die zum Gemüte sprechende Linde mit ihren weichen Formen der lyrische Baum. [5]). Liebende haben ihr Rendez-vous selbstverständlich unter einer Linde — wem fiele hier nicht sofort das herrliche Walthersche Lied ein „under der linden, an

---

[1]) Vgl. Bechstein, Mythe, Sage, Märe und Fabel III. Teil S. 23.

[2]) Vgl. Schleiden, Für Baum und Wald S. 33. Kummer, Skizzen und Bilder aus allen Reichen der Natur S. 129. Reling-Bohnhorst S. 8.

[3]) Dass Theodor Körner unter einer Eiche begraben liegt, ist bekannt. Vgl. das Rückertsche Gedicht „Körners Geist".

[4]) Auf keinen Fall dürfen wir uns einbilden, dass die Eichen besonders in Deutschland heimisch sind. Vgl. Wagler, Die Eiche I. Teil S. 8. Kalifornien und das Stromgebiet des Mississippi können in Wahrheit Eichenländer (oaklands) genannt werden.

[5]) Die zwei neuesten von der Linde handelnden Schriften sind folgende:

O. Lohr, Die Linde ein deutscher Baum, Spandau, 1889.

E. Plaumann, Die deutsche Lindenpoesie, Programm des kgl. Gymnasiums zu Danzig, Ostern 1890.

der heiden? — aber der Krieger, der in den Kampf zieht, nimmt sich die Eiche zum Bilde, deren Grundeigenschaften Trotz, Kühnheit, Eigensinn, Naturwüchsigkeit und unbezwingliche Heldenkraft zu sein scheinen.[6]) Da ist jede Wurzel, jede Furche des Stammes ein Charakter, jedes Blatt hat seine krause Eigenart, jeder Ast springt in eigensinnigen Windungen vom Stamme ab, mit einem Worte: die Eiche ist ein stolzer Charakterbaum ersten Ranges von malerischer männlicher Schönheit. Bei Pflanzung einer deutschen Freiheitseiche sang man im Jahre 1814 zum Gedächtnis der Leipziger Schlacht das schöne Arndtsche Lied, welches anhebt mit den Worten: „Wir pflanzen die Eiche, den heiligen Baum, den König der Sträuche im luftigen Raum: ein fröhliches Zeichen, ein Denkmal der Ehre den Jahren, die weichen, erwachs' er und währe Jahrhunderte durch." Zu allen Zeiten zierte man sich gern mit Eichenblättern; von unseren Turnern, siegreichen Kriegern und fröhlichen Wanderern weiss das jedermann. Mehrere Orden führen den Zusatz „mit Eichenlaub", der ihren Wert erhöht,[7]) und unsere Generale tragen Eichenlaub darstellende Goldstickereien an ihrer Galauniform. Mehrfach zeigen auch Münzen, z. B. unsere Markstücke, den Eichenkranz, desgleichen Briefmarken, z. B. unsere 5 Pfennigwertzeichen auf der rechten Hälfte. Die Frucht des Baumes, die Eichel, charakterisiert 8 Blätter des deutschen Kartenspiels. Auch auf Wappen kommt das Eichenblatt nicht selten vor. So zeigt beispielsweise das Wappen des Fürsten Bismarck

---

[6]) Das Schwert des kriegerischen Hunnenkönigs Attila († 454) lässt die Sage nicht ohne Absicht unter einer Eiche begraben sein. „Unterm Eichbaum auf der Heide liegt ein Riesenschwert uralt, oft in seiner dunklen Scheide zuckt es durch den Felsenspalt." Lingg, Attilas Schwert. Der Held Žižka ist unter einer Eiche geboren. — Andrerseits ist gerade wegen seines knorrigen Wuchses der Eichbaum seit langer Zeit auch Sinnbild der ungehobelten rohen Jugend, die erst durch Erziehung und Unterricht zu brauchbaren Menschen wird. Vgl. Gräve, Volkssagen u. volkstüml. Denkmale der Lausitz S. 161.

[7]) Es giebt auch einen Orden der Eichenkrone, gestiftet 1841 von König Wilhelm II. der Niederlande für die Angehörigen seines Grossherzogtums Luxemburg.

drei Eichenblätter und drei Kleeblätter.[⁹]) Die Stadt Hoyerswerda
(Regierungsbezirk Liegnitz), der Sage nach von Hovoran erbaut
und gegründet, hat im Stadtwappen bis diese Stunde drei grünende
Eichen. Das Nähere über den Gründer, der zwei fünfknotige
Eichenzweige kreuzweise im goldenen Felde seines freiherrlichen
Wappens führte und auch Duba (d. h. Eiche) genannt wurde,
s. bei Karl Haupt, Sagenbuch der Lausitz II. Teil S. 103 f. Wie
in der Heraldik so spielt auch in der Ornamentik das Eichenlaub
eine grosse Rolle; vgl. Franz Sales Meyer, Handbuch der
Ornamentik. — Um das Andenken eines Dahingeschiedenen zu
ehren und die lebenden Geschlechter an den grossen Verlust
würdig zu erinnern, pflanzt man Eichen.[⁹]) Erinnert sei hier nur
an die Wilhelms- und Friedrichseichen, die vor wenigen Jahren

---

[⁹]) „Wo solch dreieinig Kleeblatt in voller Kraft gedeiht, wächst
auch die deutsche Eiche empor in Herrlichkeit; nicht sei's der welsche
Lorbeer; es schlinge stolz und kühn um deutsche Heldenstirnen sich
deutsches Eichengrün!" Hermann von Bismarck. Vgl. die Bismarck-
biographie von Fedor von Köppen S. 701.

[⁹]) Auch andere Erinnerungen werden vielfach durch Eichen festgehalten. So bezeichnet in Wittenberg vor dem Elsterthore die von
einem gusseisernen Geländer umschlossene sog. Luthereiche die Stelle,
wo angeblich der grosse Reformator im Dezember des Jahres 1520
die päpstliche Bulle verbrannte. — Die „Gustav Freytag-Eiche" im
Schwarzathal, am Eingang zum Werrathal, verdankt ihren Namen
dem Schriftsteller und Gust. Freytag-Verehrer Harweck-Waldstedt,
der vor circa 12 Jahren in Blankenburg wohnte. Der Baum kann
einige hundert Jahre alt sein, ist nicht gerade recht gross und
imposant, da er nicht hoch ist, sondern bloss einen umfangreichen
Stamm hat. Das Schönste an ihm dürfte seine Lage sein. Die Eiche
ist bezeichnet mit einer einfachen Tafel „Gustav Freytag-Eiche" und
bietet unter ihren Zweigen einige Ruheplätze. Der Roman Ingo und
Ingraban hat hierzu wie zu der Bezeichnung des Ingofelsens im
Schwarzathal Veranlassung gegeben. — Die Grabstätte des berühmten
Heinrich von Cotta (geb. 1763, gest. 1844) liegt auf der Burghöhe
Heinrichseck (ihm zu Ehren so genannt) bei Tharandt, inmitten der
bekannten 80 Eichen, welche ihm ein Jahr zuvor, an seinem 80. Geburtstage (am 30. Okt. 1843), seine treuen Schüler und Freunde in höchst
sinniger Weise zur Erinnerung gepflanzt hatten.

allenthalben in Deutschland kurz nach dem Tode der beiden un-
vergesslichen Herrscher gepflanzt wurden. Friedens- oder Er-
innerungszeichen, die meisten wohl 1871 gepflanzt, mahnen uns
derer nicht zu vergessen, die einst fürs Vaterland auf dem Felde
der Ehre gefallen sind. In vornehmen Familien erbt sich noch
vielfach die alte Sitte fort, bei Geburt eines Kindes eine Eiche
zu pflanzen, der man denselben Namen beilegt wie dem Kinde
bei der Taufe.[10]) Hier erscheint also der Eichbaum gleichsam
als alterego des Menschen. Geht der Baum ein, so ist das ein
böses Vorzeichen für Lebensdauer und Gesundheit des Kindes,
dessen Dasein mit dem des Baumes eng verknüpft ist. Mensch
und Baum sind oft miteinander verglichen worden. Die Volks-
poesie denkt sich mit Vorliebe den Baum beseelt. Im Mittelalter
wurden einzelne Bäume mit „Frau" angeredet; wurden sie verletzt, so strömten sie Blut aus. Der lettische Knabe umarmte,
wenn sein Vater gestorben war, klagend eine Eiche und sagte dabei:

> „Wirst Du nicht, lieber Eichbaum,
> In den Vater Dich verwandeln?
> Werden diese grünen Äste
> Nicht zu weissen Händen werden?
> Diese grünen Blätter
> Nicht zu Worten der Liebe?"[11])

---

[10]) Wenn englische Könige den Thron besteigen, so erwählen sie
sich eine Eiche, ihren Namen zu tragen und künftigen Geschlechtern
lebendig zu erhalten. Masius S. 32. — Bei Muskau ist ein Eichen-
busch, der dem Wanderer dadurch auffällt, dass die schönen alten
Bäume alle paarweise stehen. Das soll daher kommen, dass jedes
Muskauer Brautpaar am Hochzeitsmorgen hinauszog und in andächtigem
Ernste zwei Eichen nebeneinander pflanzte als Sinnbilder ihres Lebens
und ihrer Liebesvereinigung. Wie der Baum wuchs und gedieh oder
einging und erkrankte, so, glaubte man, wachse oder schwinde das Glück
dessen, der ihn gepflanzt. Grässe, Sagenb. d. preuss. Staats II. Bd.
S. 368. Karl Haupt, Sagenb. d. Lausitz II. Teil S. 129. — Seinem
König Karl II. († 1685) zu Ehren nannte Halley († 1742) das Sternbild
am südlichen Himmel zwischen Centaur und Argo die „Karlseiche."

[11]) Vgl. Masius, Naturstudien S. 137. Schön sagt das angel-
sächsische Alphabet: „Eiche ist auf dem Land den Menschenkindern
Fleisches Behältnis (= Sarg), fährt häufig über Wasserhuhnes Bad,
erforscht die See: jeder habe Eiche, den edlen Baum!" Masius S. 32.

Die Eiche im deutschen Liede.

Eine Sammlung von Dichterstellen.

Der Eichenkranz.

A. Als Ehrenschmuck des deutschen Kriegers und Helden.

Euch allen Dank! Zum Lohn euch allen
Ein Zweig vom grossen Eichenkranz!
Und nun lasst's euch aufs neu gefallen
Im Schoss des schönen Vaterlands!

Karl Gerok (Ein Friedensgruss unsern
heimkehrenden Kriegern März, 1871).

Schlingen einst die Bruderbande
Sich um alle deutschen Lande,
Ist der letzte Feind versöhnt:
Dann lasst Eichenkränze pflücken
Und die Stirn der Sieger schmücken;
Nur wer ausharrt, wird gekrönt.

Mandel (Bundeslied).

Beschritten ist der Grenze
Geweihter Zauberkreis,
Nicht mehr um Eichenkränze
Ficht Jüngling nun und Greis:
Nun gilt es um das Leben,
Es gilt ums höchste Gut pp.

Schenkendorf (Landsturm).

Als ich um Deine Lanze jüngst
Den Eichenkranz dir wand pp.

Stolberg.

Ja, frischbelaubt steht sie (die deutsche Eiche) in neuem Glanze
Und will mit Friedensschatten euch umspannen.
Auf denn zum Kampfe nach dem Eichenkranze,
Zum letzten Kampfe gegen den Tyrannen.

Kladderadatsch vom 24. Juli 1870.

Mit Kränzen deutscher Eichen
Schmück' ihn, mein Vaterland!
Hartmann von Siebeneichen,
So ist der Held genannt. —

Festkalender von P o c c i und G o e r r e s.
(Hartmann von Siebeneichen rettete der Sage
zufolge seinem Kaiser Barbarossa durch seinen
Opfertod das Leben).

In dieser Zeit, so reich au schönem Sterben,
An Heldentod in frühen Jugendtagen;
Ward dir's nicht, auf dem Siegesfeld erschlagen,
Den heil'gen Eichenkranz dir zu erwerben.

U h l a n d (auf Gangloffs Tod).

Treuer, biedrer, deutscher Held,
Gott mit uns und Gott mit dir!
Der die Ehre oben hält,
Stehe bei dir für und für.
Nimm mit Vaterlandesrettern, nimm den Kranz von Eichen-
blättern!

A r n d t (der Waffenschmied der deutschen
Freibeit = Scharnhorst).

Vergiss die treuen Toten nicht und schmücke
Auch unsre Urne mit dem Eichenkranz.

Th. K ö r n e r (Aufruf).

Du, Säule, trägst zur Nachwelt stolz die Kunde
Von unsrer Brüder ew'gem Heldenruhm.
Nimmer verwelk' Euch das krönende Reis:
Lorbeer und Eiche, der Lebenden Preis.

F r i e d r. H o f m a n n (Den treuen Toten, zur
Denkmalsenthüllung auf der Rudelsburg).

B. Als Ehrenschmuck der deutschen Jungfrau.

Deutsche Jungfraun, schlingt den Reigen,
Dass es rechter Festtag sei,
Kränzt mit grünen Eichenzweigen
Euch die Stirne, stolz und frei.

K ö h l e r (Vaterlandslied).

C. Als Attribut der Germania.

Und als vor Sedans Mauern geschlagen wir die Schlacht,
Da hüllt' in Todesschauern das Blutfeld ein die Nacht.
Der Sterne Schimmer breitet sich über das Gefild,
Hin durch die Wahlstatt schreitet ein hehres Frauenbild.
Des Hauptes gold'ne Flechten umrauscht ein Eichenkranz,
Es blinkt in ihrer Rechten ein Schwert im Sternenglanz.

Kladderadatsch vom 11. September 1870.

Nun kleide dich in Himmelblau,
O du mein deutsches Vaterland!
Nun nimm, du hochgeliebte Frau,
Dein Harfenspiel in deine Hand!
Nun flicht den grünen Eichenkranz
Dir in dein goldig Lockenhaar!

Martin (Nun freue dich!).

Heil Dir im Eichenkranz,
Fürstin des Abendlands,
Heil, Deutschland, dir!

Geibel.

D. Als Attribut des sorglosen deutschen Trinkers.

Mit Eichenlaub den Hut bekränzt!
Wohlauf und trinkt den Wein,
Der duftend uns entgegenglänzt,
Ihn sandte Vater Rhein.

Voss (Rheinweinlied um 1780).

E. Als Dichterlohn.

Wie er so heimlich glücklich lebt,
Da droben in den Wolken schwebt
Ein Eichkranz, ewig jung belaubt,
Den setzt die Nachwelt ihm aufs Haupt.

Goethe, Hans Sachsens poetische Sendung.

Wohl Grössre preist man unser eigen,
Um deren Stirnen ewig grün
Im Kranz, gewebt aus Eichenzweigen,
Die Lorbeern der Hellenen blühn.

Geibel in „Ludwig Uhland".

Die Eiche als spezifisch deutscher Baum d. h. als Sinnbild des freien starken deutschen Vaterlandes, des Landes der Treue und Frömmigkeit.

Verlöscht die Leuchten! Doch unlöschbar lodert
Im deutschen Herzen der Begeist'rung Flamme.
Noch steht die deutsche Eiche unvermodert,
Und neues Leben quillt im alten Stamme.

Kladderadatsch vom 24. Juli 1870.

Du hast die Eiche dein Symbol genannt;
O halte fest an dem, mein Vaterland!
Es wühlt sich ihre Wurzel tiefe Bahn,
Ihr mark'ger Stamm strebt kräftig himmelan.
Sie wanket nicht in Sturm und Wettergraus;
Sie breitet weit die grünen Arme aus.
Sie bietet Schatten und gewähret Schutz;
Sie altert spät, der mächt'gen Zeit zum Trutz.
Sie ist mit Recht auf ihre Jahre stolz.
Denn fester mit den Jahren wird ihr Holz.
Und merke, Vaterland, sie wirft ihr Laub,
Auch wenn es dürr, nicht grollend in den Staub;
Sie hält es fest, bis neu der Saft sich regt,
Der Frühling kommt und es zu Grabe trägt.

J. Sturm (Symbol).

Kennt ihr das Land, so wunderschön
In seiner Eichen grünem Kranz? . . .
Das schöne Land ist uns bekannt,
Es ist ja unser Vaterland!

Veit Weber 1814.

Nicht in kalten Marmorsteinen,
Nicht in Tempeln dumpf und tot, —
In den frischen Eichenhainen
Webt und rauscht der deutsche Gott! —

Uhland (Freie Kunst).

„Sinnbild alter deutscher Treue,
Das des Reiches Glanz gesehn,

Eiche, hehre, stolze, freie,
Sieh, dein Volk wird auferstehn.
Brüder, alle die da wallen,
Her zu diesem heil'gen Baum,
Lasst ein deutsches Lied erschallen
Auf dem altgeweihten Raum:
Wie in Sturmeswehn die Eiche,
Stehet fest bei Treu und Recht;
Einend schirme alle Zweige
Einer Krone Laubgeflecht."

Inschriftstafel an der Königseiche in
der Nähe des Dorfes Pausin in der Buten-
Heide, nördl. vom eigentlichen Briesslang,
11 km. westl. von Spandau.

Der schönste Schmuck im deutschen Haine,
Die Eiche ist's, wer stimmt nicht bei?
Dass Deutschland nur in allem andern
So wie in diesem einig sei.

Sie passt so recht zum deutschen Herzen,
Sie strebt so mächtig himmelan;
Geheimnisvoll wölbt sie den Tempel,
In ihrem Schatten betet man.

Sie mahnet an vergang'ne Tage,
Sie zählet nach Jahrhunderten;
Wie viel der Wandrer sinnend standen,
Die ihre Kraft bewunderten!

Wie manchen Sturm sie überdauert
— Weissagend überkommt es mich —
Herr, sei dem Vaterlande gnädig,
Bei seinen Eichen bitt' ich dich.

K. Poels (Der deutsche Baum).

Land der Eichen, Land der Treue,
Männerstammes reifer Kern.

Stägemann.

Zum Eichenwald, zum Eichenwald,
Wo Gott in hohen Wipfeln wallt,
Möcht' ich wohl täglich wandern.

Schenkendorf (Das Vaterland).

Und er (Scharnhorst) steht uns wie ein heil'ges Zeichen,
Wie ein hohes, festes Götterpfand,
Dass die Schande wird entweichen
Aus dem Vaterlande grüner Eichen,
Aus dem heil'gen deutschen Land.

Arndt (Scharnhorst der Ehrenbote.)

Kennt ihr das Land, wo Strom und Fluss
Dem Meere bringen frohen Gruss? . . .
Kennt ihr das Land, in dessen Mark
Die Eichen stehn als Riesen stark?

Müller v. d. Werra (Das deutsche Lied).

Gegrüsst, du Land der Treue,
Mit Eichen frisch und grün!
O gieb, dass ich mich freue
Noch lang an deinem Blühn!

Gegrüsst, du Land der Treue,
Das mir das Leben gab!
Von deinen Eichen streue
Ein Blatt nur auf mein Grab!

Joh. Nep. Vogl (Gruss an das Vaterland).

Da (in Westfalen) steht die alte Treue, wie die Eichen
Noch stark und grün nach tausend Jahren stehn;
Da bleibt der Kern, wenn rasch sich auch die Speichen
Am Rad der Zeit umschwingend mögen drehn.

Westphalia von einem unbekannten
Verfasser. -

Es war der Sturm mein grösster Feind
Seit meiner Kindheit Tagen,
Hat's übel stets mit mir gemeint,
Und dacht' mich umzuschlagen;
Doch nahm, je grösser die Gefahr,
Ich fester den Entschluss nur wahr:
Ich halte Stand dem Winde!

Wenn andre vor des Windes Gier
Sich tief und zitternd neigen,
Ich schau ihn an und fang ihn hier
Mit meinen dichten Zweigen.
Die schwachen Nachbarstämme auch,
Sie schütz' ich, recht nach deutschem Brauch;
   Ich halte Stand dem Winde!

Und griff er noch so fürchterlich
In meine tapfern Äste,
Ich klamm're an die Erde mich
Und bleibe stark und feste.
Ich wachs' auf deutschen Bodens Raum,
Ich weiss, ich bin ein deutscher Baum,
   Ich halte Stand dem Winde!

Löwenstein, Ein Lied von der Eiche.

   Wollt nimmer von mir weichen,
   Mir immer nahe sein,
   Treu wie die deutschen Eichen,
     Wie Mond- und Sonnenschein.

Schenkendorf (Erneuter Schwur).

Wie mir deine Freuden winken
Nach der Knechtschaft, nach dem Streit!
Vaterland, ich muss versinken
Hier in deiner Herrlichkeit.
Wo die hohen Eichen sausen,
Himmelan das Haupt gewandt,
Wo die starken Ströme brausen,
Alles das ist deutsches Land.

Schenkendorf (Frühlingsgruss an
das Vaterland, 1814).

Hinter uns, im Graun der Nächte,
Liegt die Schande, liegt die Schmach,
Liegt der Frevel fremder Knechte,
Der die deutsche Eiche brach . . .

Wachse, du Freiheit der deutschen Eichen,
Wachse empor über unsere Leichen!
Vaterland, höre den heiligen Eid!

Th. Körner (Bundeslied vor der Schlacht).

Du Münsterturm, so hoch und schön,
Du Strom, der uns umzieht,
Ihr Eichen auf des Wasgaus Höhn,
Auf, werdet Klang und Lied!

Hackenschmidt (Mein Elsass deutsch!)

Abendlüfte wehen,
Durch den grünen Wald,
Und wie Riesen stehen
Eichen, schon so alt.

O, ihr alten Eichen
Aus der Riesenzeit,
Ihr, die hohen Zeugen
Der Vergangenheit,

Wachst nur ihr entgegen
Einer bessern Zeit,
Sollt die Häupter regen
Noch in freier Zeit! —

Buchner (Vaterlands Trost, 1813).

Blühe, du deutsches Reich,
Wachse, der Eiche gleich,
Kraftvoll und hehr!

Geibel.

Ich war ja draussen, wie mein Herz begehrt,
Und wandermüde bin ich heimgekehrt.
Ich sah die Pracht in all' den fernen Reichen,
Und liebe doppelt nun die deutschen Eichen.

Karl Woermann (Das Vaterhaus).

Wie ist es so herrlich, das Land zu durchwandern,
Das Land von der Weichsel bis hin an den Rhein!
Wer von uns vertauschte wohl mit einem andern
Das Land, wo die kräftigen Eichen gedeihn?

Heisterbergk (Turners Wanderlied).

Die deutschen Eichen wanken nicht,
Ob auch die Wellen türmen,
Der alte Zeitenstrom erbricht
Sich nicht mit seinen Stürmen,
Die deutschen Eichen wanken nicht, Hurrah!

Es horstet fest Erinnerung
In den gewalt'gen Zweigen,
Wird nimmermehr sich vor dem Schwung
Der Sklavengeissel neigen.
Die deutschen Eichen wanken nicht, Hurrah!

An ferne Heldenzeiten mahnt
Das Rauschen ihrer Gipfel,
Und weite, reiche Aussicht bahnt
Der riesenhafte Wipfel.
Die deutschen Eichen wanken nicht, Hurrah!

Alexander Graf von Würtemberg
(Die deutschen Eichen).

Umschattet kühl vom Eichenlaub
Im Moose mag ich liegen
Und mich in süsse Träumerei'n
Vergangner Zeiten wiegen.

Die stolzen Gipfel rauschen mir
Gar wunderbare Sagen
Von Deutschlands Kraft und Einigkeit
Aus märchenhaften Tagen.

Heinrich v. Reder.

Geschmacklos muss ich das Rückert'sche Gedicht nennen,
welches beginnt:

Wie ihr zu dem Wahn gekommen,
Deutsche, dass für euren Baum
Ihr die Eich' habt angenommen,
Zu begreifen weiss ich's kaum.

8*

Sie ein Bild von eurem Reiche?
Welch ein krüpplig Jammerbild!*)
Denn verkümmert wie die Eiche
Wächst kein Baum im Lenzgefild. u. s. f. . . .

Und ihr (die deutschen Eichen werden angeredet) habt bestanden!
Unter allen
Grünt ihr frisch und kühn mit starkem Mut;
Wohl kein Pilger wird vorüberwallen,
Der in eurem Schatten nicht geruht. . . .
Schönes Bild von alter deutscher Treue,
Wie sie bessre Zeiten angeschaut! — . . .
Deutsches Volk, du herrlichstes von allen,
Deine Eichen stehn, du bist gefallen!

Körner, Die Eichen.

Du sollst aufs neue glänzen in deutscher Städte Kreis;
Willkommen, lass dich kränzen mit Eich' und Ehrenpreis.

Müller von der Werra, An das befreite Strassburg.

Du blühetest die schönste aller Eichen,
Germania, im tiefsten Kern gesunde;
Als dir der Römer gegenüberstande,
Konnt' an die Äste dir sein Speer nicht reichen.

Rückert, Gebarnischte Sonette.

Wir schwören bei eurem heiligen Blut,
Bei eurem Antlitz, dem bleichen,
Bei der Erde, darin ihr als Sieger ruht,
Bei dem Rauschen von Lotbringens Eichen:
Wir wachen an euren Grüften.

Weitbrecht, Den Toten von Gravelotte.

Oft, wo die Eichen der Heimat gerauscht,
Hab' ich mit heiligem Schauer gelauscht.

Gerok, Libanon.

---

*) Es ist freilich ein grosser Unterschied zwischen einer jungen
noch im Wachstum begriffenen Eiche und einem sozusagen fertigen
Exemplare. Für das letztere sind Rückerts Worte doppelt unzutreffend

Ein Eichbaum grenzt an den Tann im Süd
Und streckt hinein einen Zweig, —
Der Eichenzweig, der im Tannenwald blüht,
Er heisst: Deutsch-Österreich. etc.

G. v. Meyern, Der Adler im Tann.

Bald in heilgem Eichenhain
Singen freie Sänger wieder
Freien Völkern Friedenslieder.

Mahlmann, Beim siegreichen Einzug in Leipzig nach der Völkerschlacht.

Sei gegrüsst, du Eichenwald, dessen Haupt die Wolke küsst,
Berg und Thäler mannigfalt, deutscher Frühling, sei gegrüsst!

A. Traeger, Ewig Dein.

Durch alle Gaun der freien Sachsen
Ergeht sich stolz das Riesenkind (die Elbe),
Es sieht wie sonst die Eichen wachsen,
Doch sucht es seinen Wittekind.

Buchner, Das Lied von den deutschen Strömen.

Der Himmel hilft, die Hölle muss uns weichen!
Drauf, wackres Volk! Drauf! ruft die Freiheit, drauf!
Hoch schlägt Dein Herz, hoch wachsen Deine Eichen.

Th. Körner, Aufruf.

Wenn die Hörner schallen
Und die Büchsen knallen,
Blüht auf Feindesleichen
Freiheit deutscher Eichen.

Kiefer, Jägerlied.

Er (der deutsche Bursche, das personifizierte Deutschland) ist ein
täppisches Rieselein,
Reisst aus dem Boden die Eiche
Und schlägt euch damit den Rücken wund
Und die Köpfe windelweiche.

H. Heine, Deutschland.

Die Eiche das Symbol des charakterstarken eisenfesten freien Mannes, insonderheit des Helden und des deutschen Vaterlandsfreundes.

Der hohen Eiche Stamm, des Waldes Stolz,
Er treibt die Wurzeln mächtig in den Boden,
Der Erde Steingerippe fest umklammernd,
Indes die Krone mit des Laubes Schmuck
Frei in des Äthers Licht und Lüften spielt.
So schaffe dir, wenn du ein tücht'ger Mann
Zu sein begehrest, einen festen Stand,
Der Sorge Pein, der Arbeit Schweiss nicht scheuend.
Dann aber blick hinaus mit freier Stirne
In Gottes weite Welt und lass dein Herz
An allem Grossen, Schönen sich erlaben!

Viehoffs deutsches Lesebuch S. 45.

Frei und unerschütterlich
Wachsen unsre Eichen;
Mit dem Schmuck der grünen Blätter
Stehn sie fest in Sturm und Wetter,
Wanken nicht noch weichen.

Wie die Eichen himmelan
Trotz den Stürmen streben,
Wollen wir auch ihnen gleichen,
Frei und fest wie deutsche Eichen
Unser Haupt erheben.

Darum sei der Eichenbaum
Unser Bundeszeichen,
Dass in Thaten und Gedanken
Wir nicht schwanken oder wanken,
Niemals mutlos weichen.

Hoffmann von Fallersleben (Bundeszeichen).

O eine Eiche pflanzt auf diesen Hügel,
Die grünste sucht, so weit die Amsel ruft,
Die streue Schatten auf des Helden Gruft,
Und Lieder rausch' in ihr des Windes Flügel.

Em. Geibel (Schill).

Der Väter Macht erwuchs wie ihre Eiche,
Zur Riesengrösse auf hob sich ihr Mut.

Bundeslied von 1893.

> Wie eine deutsche Eiche
> Soll sein der deutsche Mann,
> Soll stehen jedem Streiche
> Und schirmen, wo er kann.

Nep. Vogl (Der deutsche Mann).

„Eine deutsche edle Eiche (nämlich Herzog Leopold)
Ruhte einst auf diesem Stein.
Herzog Leopoldens Leiche
Soll allhie gerastet sein."

Inschrift in der Leopoldskapelle bei Sempach
zum Andenken an den 1386 in der Schlacht
bei Sempach gefallenen Herzog Leopold von
Österreich. Vgl. Gartenlaube 1871 S. 254.

Luther.

Mächtiger Eichbaum
Deutschen Stammes, Gottes Kraft!
Droben im Wipfel braust der Sturm,
Du stehst mit tausendbogigen Armen
Dem Sturm entgegen und grünst!
Der Sturm braust fort! Es liegen da
Der dürren, armen Äste
Zehn darniedergesaust. Du, Eichbaum, stehst,
Bist Luther!

Herder.

> Moosigen Eichen gleich
> Achten silberne Greise
> Nicht der eilenden Jahre Flug.

F. L. Graf zu Stolberg, Der Harz.

O Wilhelm, du Eiche so königsstark,
In Wettern ergraut, von Eisenmark,
Der Gründer und erste Kaiser vom Reich,
An Siegen und Ehren ohne Vergleich,
Doch friedvoll und fromm, demütig und mild,
Der Treue, der deutschen, ergreifendstes Bild.

Evers, Vaterländische Festdichtungen, S. 11.

Nicht zu werfen, nicht zu bannen, gleich dem Wald auf Dunsinan,
Rücken Eichen, deutsche Eichen, rückt das deutsche Heer heran.

Alfred Meissner (Vor der Entscheidung).

Wen trägt man aus dem Kampfe dort auf den Eichenstumpf?
„Gott sei mir Sünder gnädig!" — er stöhnt's, er röchelt's dumpf,
O königliche Eiche, dich hat der Blitz zerspällt!
O Ulrich, tapfrer Ritter, dich hat das Schwert gefällt!

Uhland (Die Döffinger Schlacht).

Wie unter Blitzesflammen,
Wie unter Sturmeswehn
Zwei Eichen dicht beisammen
Auf zähen Wurzeln stehn,
So stehen kühngestaltig
Die beiden Helden dort,
In Waffen der gewaltig
Und jener in dem Wort.

Hagenbach, Luther und Frundsberg.

Milon besah den grossen Rumpf:
„Was ist das für 'ne Leiche?
Man sieht noch am zerhau'nen Stumpf,
Wie mächtig war die Eiche."

Uhland, Roland Schildträger.
(Hier Eiche = Riese.)

Stimmungslieder.

A. Gedichtet beim Betreten eines ehrwürdigen Eichenhaines.

Ich trat in einen heilig düstern
Eichwald, da hört' ich leis und lind
Ein Bächlein unter Blumen flüstern,
Wie das Gebet von einem Kind.

Und mich ergriff ein süsses Grauen,
Es rauscht der Wald geheimnisvoll,
Als möcht' er mir was anvertrauen,
Das noch mein Herz nicht wissen soll;

Als möcht' er heimlich mir entdecken,
Was Gottes Liebe sinnt und will.
Doch schien er plötzlich zu erschrecken
Vor Gottes Näh' — und wurde still.

Lenau (Der Eichwald).

Aus den Gärten komm ich zu euch, ihr Söhne des Berges!
Aus den Gärten; da lebt die Natur, geduldig und häuslich,
Pflegend und wieder gepflegt, mit den fleissigen Menschen zusammen.
Aber ihr, ihr Herrlichen, steht, wie ein Volk von Titanen,
In der zahmeren Welt und gehört nur euch und dem Himmel,
Der euch nährt' und erzog, und der Erde, die euch geboren.
Keiner von euch ist noch in der Menschen Schule gegangen,
Und ihr drängt euch, fröhlich und frei, aus kräftiger Wurzel
Untereinander herauf und ergreift, wie der Adler die Beute,
Mit gewaltigem Arme den Raum und gegen die Wolken
Ist euch heiter und gross die sonnige Krone gerichtet.
Eine Welt ist jeder von euch; wie die Sterne des Himmels
Lebt ihr, jeder ein Gott, in freiem Bunde zusammen. u. s. f.

Fr. Hölderlin (Die Eichblume, 1797).

Du wundersamer Eichenwald
Mit deinen dunkeln Zweigen,
Die schattig bis zum grünen Moos
Mit trautem Gruss sich neigen!

An deinem träumerischen Teich
Blüht Hagedorn und Schlehe,
Und lauschig durch die Büsche ziehn
Zum Wiesenplan die Rehe.

Bisweilen tönt der Weihe Ruf
Verhallend aus dem Innern,
Als wie ein ferner Klageton
Aus schmerzlichem Erinnern.

Heinrich v. Roder.

B. Gedichtet vor einer einzelnen alten Eiche.

Unter deines Schattens heil'gem Düster,
Das so freundlich mir zur Stille winkt,
Wo der Lüfte Wehn im Blattgeflüster
Mir wie frommer Geister Nähe dünkt,

Sinn ich schauend deinem Sein und Werden,
Der Geschichte deines Lebens nach.
Sprich, wie war es damals hier auf Erden,
Als dein Keim aus diesem Boden brach?

Wohl ein halb Jahrtausend ist verflossen,
Seit dein junger Schössling aufwärts stieg.
Wie viel Thränen sind seitdem verflossen,
Wie allmächtig tobten Pest und Krieg,
Wie verwandelten sich die Gestalten
Dieses Landes, das dir Nahrung gab!
Wie viel Sitten sahest du veralten,
Wie viel Völker traten auf und ab!

Blitze rasselten um deine Krone,
Und der Sturm zerschüttelte dein Haar,
Fluten brausten oft an deinem Throne, —
Doch du standest fest und wunderbar.
Wie viel Menschen sind auf deinen Fluren
Hingestorben und vom Hauch verweht!
Ach, der Mensch mit einer Gottheit Spuren
Muss verwesen, und der Baum besteht.

Und wie viele werden noch vermodern,
Eh' dein Gipfel sich zur Erde bricht!
Aber daure! — Sieh, wir alle fordern
Deines Lebens lange Dauer nicht.
Einst vergehst du doch mit Stamm und Laube,
Wie dein Wesen, edler Baum, zerfällt;
Doch der Mensch erhebt aus seinem Staube
Sich empor zu einer neuen Welt.

Fülleborn (An eine alte Eiche).

Die Majestät der Eichen, in einzelnen Liederstellen verherrlicht.

Die Eichenwälder heben prächtig
Die breiten Kronen; stolz und mächtig
Durchbrauset sie des Sturms Choral.

Wolfgang Müller (Westfalen, Land und Brauch).

Die Tanne hüllt sich in ihr ernst Gewand,
Kahl starrt die Buche, nur die Eiche hält
Das Laub noch fest mit ihrer zähen Kraft.
Osterwald, Waldgang im November.

„Kein Sturm ist mich zu beugen stark;
Kraft ist mein Stamm und Kraft mein Mark —"
sagt von sich selbst der Eichbaum bei
A. Grün, Die Baumpredigt.

Hohe Eichen beten rings im Kreise
Ihre frommen, uralten Gebete.
Georg Freiherr von Dyherrn (Der See im Walde).

Wie ist der deutsche Wald so schön,
Der Buchenhain an Bergeshöh'n,
Der starken Eiche Stolz und Macht,
Der schlanken Birke Wipfelpracht, etc.
Behr (Im deutschen und im fremden Wald,
Gartenlaube von 1873, S. 327).

Dort im Mondschein ragt tot und kahl
Uralter Eichen Patriarchenzahl,
Wie Geister der im Kampf Erschlagnen fast,
Ein stummes Händeringen jeder Ast.
Anast. Grün.

Ja, dich nennt man mit Recht des Waldes Königin, Eiche;
Unter den Bäumen ist herrlicher keiner als du.
Wer dich schauet, der fühlt: zur Herrschaft bist du geboren,
Und die Söhne des Walds beugen sich willig vor dir,
Weichen dir weithin aus; nur selten wagt in die Nähe
Deines gewaltigen Stamms trotzig ein anderer sich.
Weithin greifest du aus mit deinen Wurzeln und Ästen,
Tief in die Erde hinein, weit in die Lüfte hinaus.
W. Osterwald.

In der mächtgen Eichen Rauschen
Mische sich der Männersang.
Weismann, Ins Freie!

Es rauscht in der Eiche hochstrebendem Raum,
Im grünen Bereiche ein Liedestraum.

W. Osterwald, Gruss an den Wald.

Der Eichwald brauset, die Wolken ziehn,
Das Mägdlein sitzet an Ufers Grün.

Schiller, Des Mädchens Klage.

Die Eiche starret mächtig,
Und eigensinnig zackt sich Ast an Ast.

Goethe.

Schon stand im Nebelkleid die Eiche,
Ein aufgetürmter Riese, da.

Goethe.

Die Eiche säuselte wie Sterbeseufzer,
Tiefschmerzlich sang die Nachtigall herab.

H. Heine.

Ich kenne einen deutschen Strom,
Umwölbt von ernster Eichen Dom.

Dingelstedt, Die Weser.

Eiche und Blitz (bez. Sturm).

Blitze durchzucken die Luft, krachend im Donnergeroll!
Eichwald beugt sich, es stürzt splitternd der alternde Stamm.

Mahlmann (Die Sturmnacht).

„Ihr Schwestern, ich will's im Vertrauen euch sagen,"
Nimmt rauschend die Eiche, die stolze, das Wort,
„Mich treibt es hinauf in den Himmel zu ragen,
Bis über die Wolken die Krone zu tragen,
Stets höher zu tragen Jahrhunderte fort."

Schon fallen des Donners gewichtige Keile
Mit hohem Gepolter ins knarrende Holz;
Hier fahren der Blitze vielschneidige Beile
Und schlagen mit mächtigen Hieben in Eile
Zu Boden der Eiche hochfahrenden Stolz.

Adolf Stöber (Der Bäume Gedanken).

Er ruft! Sein Sturm erwacht und seine Blitze fliegen,
Der Donner rollt, es bebt der Hochgebirge Schoss,
Die Eiche stürzt, doch die Orkane wiegen
Der Rose Blütenkelch im stillen Thale gross.

Mahlmann (Glück im Vertrauen).

„Wer mag mit mir sich messen?"
„Ich", sprach die hohe Eiche,
Mit stolzem Wipfel rauschend.
Dem Schosse schwarzer Wolken
Entspringt der Blitz gleich einer
Ergrimmten Feuerschlange
Und knickt die starke Eiche,
Wie einer Blume Stengel
Der unvorsichtge Knabe.

E. Kulmann (Der Blitz).

Ich weiss es wohl, die Eiche muss erliegen,
Derweil das Rohr am Bach durch schwankes Biegen
In Wind und Wetter stehn bleibt, nach wie vor.

Heine (Fresco-Sonette an Christian S.[ethe].)

„Mächtig zürnt der Himmel im Gewitter,
Schmettert manche Rieseneich' in Splitter."

Lenau (Die drei Indianer.)

Nachträge zum I. Teil.

S. 25 ist zu den Attributen von δρῦς hinzuzufügen: >δρῦς ἀζαλέας< Il. 11, 494. Diese Stelle hätte auch S. 31 mit erwähnt werden sollen, wo davon die Rede ist, dass fallende Krieger besonders gern mit fallenden Bäumen verglichen werden.

Zu S. 27: Der Prophet Jeremia (2, 27) tadelt die, welche da sprechen zum Holze: „Du bist mein Vater" und zum Stein: „Du hast mich gezeuget."

Zur Sache vgl. auch Wolf, Zeitschr. für d. Myth. II, 157 und Barth, Hertha S. 94. Auf derselben Seite konnte mit erwähnt werden, dass analog den alten Kentauren es in der germanischen Mythologie die Riesen sind, welche mühelos Eichen aus dem Boden reissen. Vgl. Kuhn, Westfäl. Sagen I. S. 230 u. 348.

S. 36 (Orts- und Personennamen von der Eiche gebildet) war die mir nachträglich bekannt gewordene Schrift von Dr. Jos. Murr zu citieren, welche betitelt ist: >Die geographischen und mythologischen Namen der altgriechischen Welt in ihrer Verwertung für antike Pflanzengeographie. II. Teil, Innsbruck, 1889.< S. 4 bis 8 giebt Murr eine Zusammenstellung, die in einigen Punkten als eine Ergänzung meiner Ausführungen von denjenigen nachgelesen werden möge, die sich für diesen speziellen Gegenstand besonders interessieren.

Zu S. 38. (Die Eiche als Grabbaum):

Grimm erwähnt ein podolisches Volkslied, nach welchem auf einem Grabhügel ein Eichbäumchen spriesst. Vgl. Lorentz, Die Taube im Altert. S. 42. Der slavische Volksstamm der Obotriten pflegte gleichfalls im 8. und 9. Jahrhundert an die Ostseite der Grabhügel eine Eiche zu setzen. Vgl. von Perger S. 292.

Nachträge zum II. Teil.

Zu S. 11: Da nach W. H. Roschers geistvollen Untersuchungen Pan weiter nichts ist als der als Gott personificierte Hirte, so wird die Eiche wohl hauptsächlich deswegen dem Pan heilig gewesen sein, weil die Hirten, um sich vor den heissen Sonnenstrahlen der Mittagsglut zu schützen, ihr Ruheplätzchen vorzugsweise oft unter Kühlung spendenden Eichen wählten, worüber sich leicht zahlreiche Belege beibringen lassen, z. B. Calpurn. Ecl. 2, 12; Nemes. Ecl. 3, 2; Verg. Ecl. 7, 1; Theocr. 12, 8. Gelegentlich verschmähten die Hirten freilich auch den Schatten anderer Bäume nicht; vergl. Theocr. 1, 21; Verg. Ecl. 5, 3; Nemes. Ecl. 1, 31.

Zur corona civica S. 25 ff.: Der Eichenlaubkranz auf der bei Weisser, Bilderatl. z. Weltgesch., Taf. 38 Fig. 7 abgebildeten Münze soll daran erinnern, dass durch den Sieg des C. Lutatius Catulus bei den ägatischen Inseln (241) viele römische Bürger aus der karthagischen Gefangenschaft ohne Lösegeld befreit worden sind. Von sonstigen Abbildungen der corona civica seien noch folgende erwähnt: Weisser, Taf. 43 Fig. 2 (Kaiser Augustus) und Fig. 25 (Tiberius); Taf. 47 Fig. 13 (Alexander Severus); Fickelscherer, Das Kriegswesen der Alten, Figg. 83 (Grabstein des Centurionen Qu. Sertorius) und 84 (Dekorierter Centurio: Manius Caelius).

Zu Seite 102: Ein Riesenbaum ist auch die sog. deutsche Kaisereiche zu Eppelborn im Regierungsbezirk Trier, etwa drei Stunden von den Spicherer Höhen. Sie ist 600 Jahre alt, $17^1/_2$ m hoch, mit einer Wendeltreppe und mehreren Galerien ausgestattet und trägt mit Leichtigkeit 400 Personen. Näheres in der Leipziger Illustrierten Zeitung vom 21. Febr. 1891 S. 201.

—

Schlussbemerkung. Da, soviel mir bekannt ist, eine Monographie über die Eiche bisher nicht existiert hat, so war es mit mancher Mühe verbunden, den leider sehr zerstreuten, dabei reichen

Stoff zu sammeln und zu sichten. Dass die vorliegende Abhandlung nicht alles enthält, weiss keiner besser als ich selbst. Manches habe ich, um diesen zweiten Teil nicht zu sehr anschwellen zu lassen, absichtlich im Schreibpulte zurückbehalten. Wenn das Gebotene den geehrten Leser über die wichtigeren Gesichtspunkte des Themas in der Hauptsache richtig zu orientieren vermochte, wenn es ferner geeignet war, zu neuen Forschungen auf diesem, wie ich meine, nicht uninteressanten Gebiete anzuregen, so ist für dieses Mal mein Zweck mehr als erreicht.

Der Verfasser.

VERLAG VON S. CALVARY & Co. IN BERLIN.

JAHRESBERICHT
über die
Fortschritte der classischen Alterthumswissenschaft
begründet von **Conrad Bursian**,
herausgegeben von
Iwan Müller.

Mit den Beiblättern:

BIBLIOTHECA PHILOLOGICA CLASSICA
und
Biographisches Jahrbuch für Alterthumskunde.

Jährlich 4 Bände gr. 8. zu 20—30 Bogen (in 12 Heften zu 6—10 Bogen.)
Subscriptionspreis für 90 Bogen (12 Hefte) **30 Mark.**
Ladenpreis (nach Erscheinen des 1. Heftes) **36 Mark.**

Die erste Folge (Acht Jahrgänge in 25 Bänden), die Literatur der Jahre 1873—1880 umfassend
und die zweite Folge (Band 26—65): die Literatur der Jahre 1881 bis 1890), werden zusammen bei
Subscription auf Jahrgang 1 der dritten Folge (1891) zum Subscriptionspreise von 520 Mark abgegeben
Der Jahresbericht erscheint seit dem Jahre 1874 und verfolgt das Programm: auf dem sich immer
mehr ausdehnenden Gebiete der classischen Sprach- und Alterthums-Forschung einen vollständigen
Wegweiser zu bieten und ein möglichst objectives Bild dessen zu geben, was in den verschiedenen
Zweigen dieser Wissenschaft innerhalb eines Jahres geleistet worden ist.

Bibliotheca philologica classica.
Verzeichniss der auf dem Gebiete der classischen Alterthumswissenschaft
erschienenen Bücher, Zeitschriften, Dissertationen,
Programm-Abhandlungen, Aufsätze in Zeitschriften und Recensionen.
Jahrgang 1—17. 1874—1890.
Preis des Jahrganges von 4 Heften (zusammen ca. 25 Bogen gr. 8.) **6 Mark.**

Die Bibliotheca philologica classica ist das einzige Verzeichniss, welches die sämmtlichen auf
dem Gebiete der classischen Alterthumswissenschaft erscheinenden Werke aller Literaturen systematisch
verzeichnet. Bei schnellem Erscheinen gewährt diese Zeitschrift dem Fachmanne die genaueste Einsicht in die Bewegung und Fortbildung der Wissenschaft und ergänzt somit den Jahresbericht in
bibliographischer Hinsicht.

Biographisches Jahrbuch für Alterthumskunde
begründet von **Conrad Bursian**,
herausgegeben von
Iwan Müller.
Erster bis Elfter Jahrgang: 1878—1888. 48 Mark.
**Vorzugspreis bei Abnahme eines vollständigen Exemplars und Subscription
auf die Fortsetzung 36 Mark.**

Das biographische Jahrbuch bringt Nekrologe der verstorbenen Philologen und Alterthums-
forscher nach authentischen Quellen.

BERLINER PHILOLOGISCHE WOCHENSCHRIFT.
herausgegeben von
Ch. Belger und O. Seyffert.

Wöchentlich 2 Bogen roy.-8. Abonnementspreis 6 Mark vierteljährlich.
Jahrgang I—X, Oktober 1881—December 1890 werden mit 135 Mark abgegeben.

Diese Zeitschrift ist bestimmt, für den Philologen ein Central-Organ auf allen Gebieten der
Alterthumskunde zu bilden und ihn mit den Fortschritten der Wissenschaft möglichst schnell und
vollständig bekannt zu machen.

VERLAG VON S. CALVARY & CO. IN BERLIN.

Calvary's philologische und archaeologische Bibliothek.

Subscriptionspreis für den Band 1 M. 50 Pf. Einzelpreis 2 Mark.

I. Serie. 15 Bände und ein Supplementband.

Band 1: **Wolf, F. A., Prolegomena ad Homerum.** Cum notis ineditis Immanuelis Bekkeri. Editio secunda cui accedunt partis secundae prolegomenorum quae supersunt ex Wolfii manuscriptis eruta. Einzelpreis 2 Mark.

Band 2—6: **Müller, K. O., Kunstarchaeologische Werke.** Erste Gesammtausgabe. 5 Bände. Einzelpreis 10 Mark.

Band 7—15: **Niebuhr, B. G., Römische Geschichte.** Neue Ausgabe von M. Isler. 3 Bde. in 9 Theilen. Einzelpreis (einschliessl. d. Registerbandes) 18 Mark.

Supplementband: **Register zu Niebuhr's Römischer Geschichte.**
Der Supplementband wird den Abnehmern der ersten Serie mit 1 M. 50 Pf. berechnet, einzeln 2 Mark.

II. Serie. 18 Bände.

Band 16—20: **Dobree, P. P., Adversaria critica.** Editio in Germania prima cum praefatione Guilelmi Wagneri. 2 Bände in 6 Theilen. Einzelpreis 12 M.

Band 21—24: **Bentley, R., Dissertation upon the letters of Phalaris and other critical works** with introduction and notes by W. Wagner. Ein Band in 4 Theilen. Einzelpreis 8 Mark.

Band 25: **Dobree, P. P., Observationes Aristophaneae.** Edidit illustravit G. Wagner. Einzelpreis 1 M. 50 Pf.

Band 26—31, 33 u. 48: **Humboldt, W. v., Ueber die Verschiedenheit des menschlichen Sprachbaues.** Mit erläuternden Anmerkungen u. Excursen von A. F. Pott. 2. Aufl. Mit Nachträgen von A. F. Pott u. einem systematischen u. alphabetischen Register von A. Vanicek. 2 Bde. in 8 Thl. Einzelpr. 16 M.

III. Serie. 15 Bände und ein Supplementband.

Band 32 u. 43: **Hudemann, E. E., Geschichte des römischen Postwesens während der Kaiserzeit.** Zweite durch Nachträge, eine Inhalts-Angabe, ein Regist. u. eine Strassenkarte d. römisch. Reich. vermehrte Aufl. Einzelpr. 4 M.

Band 34—42: **Becker, A. W., Charikles.** Bilder altgriechischer Sitte, zur genaueren Kenntniss des griechischen Privatlebens. Neu bearbeitet von H. Göll. 3 Bände in 9 Theilen. Einzelpreis 18 Mark.

Band 44—47: **Rangabé, A. R., Précis d'une histoire de la Littérature néohellénique.** 4 Bde. Einzelpreis 8 Mark

Supplementband: **Müller, Lucian, Friedrich Ritschl.** Eine wissenschaftliche Biographie. 2. Aufl. Einzelpreis 3 Mark.

IV. und V. Serie. ca. 35 Bände.

Band 49—55. 74—78, 86 u. ff.: **Reisig, K., Vorlesungen über lateinische Sprachwissenschaft.** 1. Theil: Etymologie, neu bearbeitet von H. Hagen, 3 Bde. Einzelpreis 6 M. 2. Theil: Semasiologie, neu bearbeitet von Heerdegen. 2 Bde. Einzelpreis 4 Mark. 3. Theil: Syntax, neu bearbeitet von J. H. Schmalz und G. Landgraf. 9 Bände. Einzelpreis 18 Mark. Register von G. Landgraf. Einzelpreis 2 Mark.

Band 56—61. 72. 2. Hälfte 73. 79/80. **Meier, M. H. E. und G. F. Schoemann, Der attische Process.** Neu bearbeitet von J. H. Lipsius. 2 Bände in 10 Thln. Einzelpreis 20 Mark.

Band 62—70. **Becker, A. W., Gallus oder römische Scenen aus der Zeit Augusts.** Zur genaueren Kenntniss des römischen Privatlebens. Neu bearbeitet von H. Göll. 9 Bände. Einzelpreis 18 Mark.

Band 71—72. 1. Hülfte. **Ussing, J. L., Erziehung und Jugendunterricht bei den Griechen und Römern.** Neue Bearbeitung. Einzelpreis 3 Mark.

VI. und VII. Serie. ca. 32 Bände.

Band 81—85. 89 u. ff. **Holm, A., Griechische Geschichte** von ihrem Ursprunge bis zum Untergange der Selbständigkeit Griechenlands. ca. 20 Bände. Einzelpreis ca. 40 Mark.

In Vorbereitung befinden sich:
Movers, F. K., Die Phönizier. Neu bearbeitet von J. Krall. — **Reimann, H., Lehrbuch der griechischen und römischen Metrik. — R. Westphal, Lehrbuch einer allgemeinen Metrik.** u. A.

Wegen der Fortsetzung behalten wir uns Mittheilung vor.

Berliner Studien für classische Philologie und Archaeologie.

Dreizehnter Band. Drittes Heft.

DIE FARBENBEZEICHNUNGEN

BEI DEN

RÖMISCHEN DICHTERN.

VON

HUGO BLÜMNER.

BERLIN 1892.

VERLAG VON S. CALVARY & CO.

VORWORT.

Die hier in Buchform vorliegende Abhandlung ist zu einem Theil bereits anderwärts veröffentlicht worden. Ehe das gesammte Material verarbeitet war, hatte ich, den Umfang der Arbeit unterschätzend und in der Meinung, dafs eine philologische Zeitschrift der beste Platz für sie sei, die Redaktion des »Philologus« um Aufnahme der Abhandlung ersucht, die mir denn auch bereitwilligst gewährt wurde. Das war schon im Jahre 1888; der Abdruck begann 1889, in Bd. II der neuen Folge, wo S. 142—167 und S. 706—722 das Kapitel über Weifs und vom Kapitel über Schwarz der erste Abschnitt (ater) veröffentlicht wurde. Das Manuscript war im Frühjahr 1889 fertig geworden; allein einer Fortsetzung des Abdruckes war die grofse Menge der Verpflichtungen, welche die Redaktion des »Philologus« noch zu erfüllen hatte, hinderlich. Auch für die nächsten Jahre war der nöthige Platz nicht leicht zu beschaffen; und so würde der weitere Abdruck der Abhandlung im »Philologus« noch eine ganze Reihe von Jahren in Anspruch genommen haben, die Arbeit selbst in lauter kleine Bruchstücke auseinandergerissen worden sein. Nun beruht aber meines Erachtens der Hauptwerth einer Arbeit, wie die vorliegende, wesentlich auf ihrer bequemen Benutzbarkeit für lexikographische Zwecke; gerade diese aber mufste bei einer solchen stückweisen Veröffentlichung aufserordentlich erschwert, fast un-

möglich gemacht werden. So entschlofs ich mich denn, unter
bereitwilliger Zustimmung der Redaktion des »Philologus«, die
Abhandlung wieder zurückzuziehen und als besonderes Buch erscheinen zu lassen; natürlich mufsten dabei die bereits im »Philologus« abgedruckten Abschnitte mit aufgenommen werden, indessen ist dergleichen ja in andern ähnlichen Fällen auch schon
oft genug erfolgt.

Noch ein zweites Bruchstück der Arbeit findet sich bereits
an anderer Stelle publicirt; ich habe nämlich, anknüpfend an
Gellius II 26, in den »Philologischen Abhandlungen, Martin Hertz
zum 70. Geburtstage von ehemaligen Schülern dargebracht« (Ber-
lin 1888) auf S. 14 ff. über die wesentlichsten Farbenbezeichnungen für Roth (ruber, rubicundus, rutilus etc.) gehandelt und auf
Wunsch Wölfflins denselben Gegenstand nochmals besprochen im
»Archiv für latein. Lexikographie« Bd. VI S. 399: »Die rothe
Farbe im Lateinischen«, hier freilich in der Art, dafs vornehmlich die prosaische Litteratur berücksichtigt wurde, der poetische
Sprachgebrauch aber, namentlich der klassischen Zeit, mehr in den
Hintergrund trat. Das Interesse der Vollständigkeit erforderte es,
auch diesen Abschnitt in dem vorliegenden Buche wieder zum
Abdruck zu bringen; jedoch mufs bemerkt werden, dafs der Abschnitt über Roth, wie er hier vorliegt, nichts weniger als ein
wortgetreuer Abdruck der erstgenannten Abhandlung ist. Denn
abgesehen davon, dafs das Quellenmaterial (zumal aus der christlichen Poesie) seit jener ersten Behandlung eine Erweiterung erfahren hat, waren an jener Stelle auch keineswegs alle Bezeichnungen für Roth, sondern nur die von Gellius a. a. O. aufge-
führten besprochen worden, während der entsprechende, ganz neu
ausgearbeitete Abschnitt des Buches sämmtliche, in der poetischen
Litteratur vorhandenen Bezeichnungen für Roth in neuer Anord-
nung und gröfserer Vollständigkeit des Materials behandelt. So

darf demnach auch dieser Abschnitt trotz jener früheren Aufsätze seine Bedeutung für sich in Anspruch nehmen.. Ganz neu, resp. zum ersten Male abgedruckt sind alle übrigen Abschnitte, d. h. der Schluſs von Schwarz und die Kapitel über die Mittelfarben, über Gelb, Blau und Grün. Endlich habe ich, um die Brauchbarkeit der Schrift zu erhöhen, ein genaues Sachregister beigefügt, sowie ein Verzeichnifs derjenigen Stellen, die in kritischer oder exegetischer Hinsicht mehr oder weniger wichtig sind; denn naturgemäſs ist ja ein Buch, wie das vorliegende, weniger zur Lektüre, als zu gelegentlicher Benutzung bestimmt, für die derartige Register unerläſslich sind.

Was das Quellenmaterial anlangt, so ist dabei die heidnische Litteratur vollständig in Betracht gezogen; von der christlichen, abgesehen von dem, was in den Poetae Latini minores ed. Baehrens sich findet, noch die Gedichte des Ausonius (ed. Peiper), Claudian (ed. Jeep), Apollinaris Sidonius (ed. Lütjohann), Corippus (ed. Partsch), theilweise auch des Venantius Fortunatus (ed. Leo), sowie die poetischen Partieen bei Martianus Capella (ed. Eyſsenhardt) und Boetius (ed. Peiper). Die Poetae Latini minores sind in der Regel in der Abkürzung P. L. M., Bd. IV derselben, die Anthologia Latina, mit A. L. citirt.

Aeltere Litteratur über den hier behandelten Stoff giebt es wenig. Zu nennen ist vornehmlich Döring, De coloribus veterum. Gotha 1788 (auch in dessen Commentationes, Nürnberg 1839, auf p. 86 ff. wieder abgedruckt). C. G. Jacob, Quaestiones epicae, Lips. 1839, p. 69 ff. Marg, De usu et significatione epithetorum quorundam colores indicantium, Gymn.-Progr. von Bromberg 1857. O. Weise, Die Farbenbezeichnungen bei den Griechen und Römern, im Philologus Bd. XLVI, 593 ff. Ueber vergilische Farbenbezeichnungen handelt Th. R. Price in dem (mir unzugänglichen) American Journal of philology IV 1 ff.

Zu vergleichen ist ferner O. Weise, Die Farbenbezeichnungen der Indogermanen, in Bezzenbergers Beiträgen zur Kunde der indogermanischen Sprachen, II 273; und Boehmer, De colorum nominibus equinorum, in dessen Romanischen Studien I 231 ff. Der über alte Farbennamen handelnde Abschnitt in Goethe's Farbenlehre (»Farbenbenennungen der Griechen und Römer«) ist von Interesse, aber ohne Belegstellen.

Zürich, im Oktober 1891.

H. Blümner.

Inhaltsverzeichniss.

Wir haben bei den Farbenbezeichnungen, nicht nur im Lateinischen, sondern überhaupt, im Wesentlichen drei verschiedene
Arten zu unterscheiden: 1. solche, welche absolut eine bestimmte
Farbe in allen ihren Nüancen bezeichnen und nicht von der Vergleichung mit irgend welchem farbigen Gegenstande entlehnt sind,
sondern an sich schon in ihrem Stamm die Bedeutung der Farbe
enthalten. Das sind also, wie bei uns weifs, schwarz, roth etc.,
so im Lat. albus, ater, ruber u. dgl. 2. diejenigen, welche von
einem Vergleich mit irgend welchem Gegenstand der belebten
oder unbelebten Natur entnommen sind. wie unser rosig, lat. roseus, lacteus, oder auch einen Farbstoff bezeichnen, wie purpurn,
purpureus, ohne dafs dabei der Gedanke der Färbung durch diesen Stoff noch festgehalten wäre. Diese Ausdrücke gehören, wie
bei uns so auch im Lateinischen, vornehmlich der poetischen Diction, weniger der Sprache des täglichen Lebens an; hinsichtlich
ihrer Bildung ist zu beachten, dafs in unserer leicht Zusammen-
setzungen bildenden Sprache, ebenso wie im Griechischen, die
meisten solcher Farbenbezeichnungen den verglichenen Gegenstand
entweder mit dem Namen der Farbe selbst verbinden: rosenroth,
grasgrün, kohlschwarz, oder wenigstens die Endung »farben« hin-
zufügen: fleischfarben, wie im Griech. $\rho o\delta \acute{o}\chi\rho o\upsilon\varsigma$ u. ä.; der lateinischen Sprache dagegen, die sich der Composition viel weni-
ger zu bedienen im Stande ist, genügt schon das vom verglichenen Gegenstand selbst gebildete Adjectiv mit der für Farben und
Stoffe charakteristischen Endung eus, und zusammengesetzte Adjectiva mit color gehören erst der späteren Latinität an. 3. Farbenbezeichnungen, die man in gewissem Sinne relative nennen
kann. Streng genommen sollte man sie eigentlich überhaupt nicht
Farbenbezeichnungen nennen, da sie weniger eine Farbe, als den

Begriff der größeren oder geringeren Leuchtkraft oder Helligkeit, der Intensität irgend einer beliebigen Farbe enthalten, während sie freilich im Sprachgebrauch vornehmlich für die entsprechende Nüance einer bestimmten Farbe gebraucht werden. So bedeutet unser ›blaß‹ an und für sich jegliche Farbe in sehr zartem Ton, weshalb wir von blaßgelb, blaßroth etc. sprechen; im speciellen aber verstehen wir darunter ein mattes weiß. Ebenso verhalten sich im Lat. candidus, pallidus wahrscheinlich ursprünglich auch rutilus, indem dieselben an sich keine bestimmte weiße oder gelbe oder rothe Farbe, sondern das Strahlende, das Blasse oder Stumpfe, das metallisch Leuchtende bedeuteten, aus dieser relativen Bedeutung aber mehr und mehr in die absolute einer bestimmten, nur eben in der bezeichneten Weise nüancirten Farbe übergegangen sind.

Aber nicht aus diesem Gesichtspunkte haben wir im Folgenden die Farben zu betrachten. Da wir uns zur Aufgabe gestellt haben, den Sprachgebrauch der römischen Dichter hinsichtlich der Farbenbezeichnungen zu untersuchen, um einerseits einen Beitrag zur Erkenntnis der lateinischen poetischen Diction, speciell der Epitheta, zu geben, andrerseits durch Zusammenstellung aller einschlägigen Stellen die Bedeutung der einzelnen Bezeichnungen, die Unterschiede und Nüancen derselben untereinander möglichst festzustellen, empfiehlt es sich die Farben der Reihe nach abzuhandeln und dabei von dem oben ausgesprochenen allgemeinen Einteilungsgrund abzusehen.

I. Weifs.

1. albus.[1])

Während bei manchen Farbebezeichnungen, wie z. B. bei ruber (vgl. meine im Vorwort angeführte Abhandlung S. 16) im dichterischen Sprachgebrauch das Verbum des entsprechenden Stammes resp. das dazu gehörige Partic. praes. bei weitem häufiger
zur Anwendung kommt, als das Adjectivum, gilt dies von albus
keineswegs. Unter den ungefähr 300 Fällen, die für uns in Betracht kommen, fallen etwa 67 Proc. auf albus, 18 Proc. auf
albere, davon 11 Proc. auf das Partic. albens, sodafs also das
Adjectivum etwa sechsmal häufiger angewandt ist, als das Par-
ticipium. Wie die Beispiele weiter unten zeigen werden, hat dabei albere viel häufiger die Bedeutung »weifslich sein«, als »weifs,
d. h. von ausgesprochen weifser Farbe sein«. Von sonstigen zu
dem Stamm gehörigen Wörtern kommt am häufigsten vor, obgleich im ganzen auch nicht zahlreich vertreten, albescere (ich
habe 17 Beispiele notirt); alle übrigen sind in unsrer poetischen
Litteratur nur ganz spärlich vertreten: je einmal albidus (Ov.
met. III 74); albulus (Catull 29, 8); albicascere (Matius ap.
Gell. XV, 25); zweimal albatus (Hor. Sat II 2, 61. Pers. 2, 40)
und dreimal albicare (Catull. 63, 87. Hor. Carm. I 4, 4. Priap.
76, 2 Baehr.); dazu kommen noch einige vereinzelte Composita,
nämlich albicapillus (Plaut. Mil. gl. 631); albicomus (Venant.
Fortun. 4, 2), albiplumis (Anth. Lat. 550, 11 Baehr.) und albicolor (Coripp. Iust. I 329).

Was nun die Bedeutung von albus[2]) anlangt, so bezeichnet
es an sich die weifse Farbe κατ' ἐξοχήν, namentlich im Gegen-

[1]) Ueber albus und candidus handelt Marg in der im Vorwort angeführten Abhandlung S. 12 ff.
[2]) Der von Döderlein, Lat. Synon. III 196 bezweifelte Zusammenhang mit ἀλφός, nach Hesych. s. v. a. λευκός, als Subst. ein weifser
Ausschlag, ist heut so ziemlich allgemein angenommen; vgl. Curtius, gr.
Etymologie⁴, S. 292f. Kuhn, Ztschr. f. vgl. Sprachforsch. IV 109.

satz zur schwarzen; vgl. Lucr. II 820: et quoniam plagae quod-
dam genus excipit in se Pupula, cum sentire colorem dicitur album, Atque aliud porro, nigrum cum et cetera sentit. Catull.
93, 2: utrum sis albus an ater homo. Phaedr. III 15, 10: niger
an albus nascerer. Der Gegensatz von albus zu dem ursprünglich der Klasse der relativen Farbenbezeichnungen angehörigen
candidus. candere, wird sehr bestimmt von Servius ad Verg.
Georg. III 82 in folgenden Worten ausgesprochen: aliud est candidum, id est quadam nitenti luce perfusum esse, aliud album,
quod pallori constat esse vicinum. Diese Unterscheidung entspricht durchaus dem Sprachgebrauch: und der auch sonst[1] dafür angeführte Beleg Verg. Ecl. 7, 38: candidior cycnis, hedera
formosior alba ist nach dieser Richtung hin ganz bezeichnend.
In der That werden wir auch finden, dafs auf gewisse Dinge, die
eine sehr stark glänzende weifse Farbe haben, wie z. B. der Mond,
albus niemals angewandt wird; für andere, welche ausgesprochen
weifs, aber ebenfalls von starker Leuchtkraft sind, wie Schnee,
Schwanenfedern u dgl , kommt es zwar vor, aber bei weitem
nicht so häufig als candidus.[2] Ebenso charakteristisch ist die
Anwendung beider Bezeichnungen auf die menschliche Hautfarbe. Für den weifsen, aber dabei gesunden Teint von Frauen
ist candidus ein gewöhnliches Attribut; hingegen kommt albus
in solcher Anwendung nur ganz vereinzelt vor. Ein paar mal
bedeutet es allerdings die von Natur weifse Hautfarbe, theils im
Gegensatz zu derjenigen, welche durch Schminke erzielt wird

---

[1] Vgl. Döderlein a. a. O. 193.

[2] Hingegen hat Doederlein ebenso Unrecht, wenn er III 193 behauptet, dafs das album sich mehr dem Gelblichen nähere, obschon das
bisweilen der Fall ist, wie wenn er VI 50 sagt, album sei das Weifse,
insofern es der Gegensatz aller Farbe überhaupt ist, das Farblose, candidum aber das Weifse, insofern es selbst eine positive Farbe ist. Man
vgl. die Bemerkungen von Marg a. a. O., welcher selbst den Satz aufstellt: Constat, omne candidum album quoque esse, non omne album
etiam candidum, der allerdings nur theilweise zutreffend ist, da, wie die
Beispiele oben zeigen, eine candida puella in der Regel nicht alba genannt werden kann.

(Hor. Sat. I 2, 124: nec magis alba velit, quam dat natura, videri), theils im Gegensatz zur schwarzen Race (Iuv. 2, 23); im Sinne von candidus, also wirklich als zartes, anmuthiges Weifs, finden wir es nur Hor. Carm. II 5, 18: albo humero nitens; id. Sat. I 2, 36: mirator cunni albi; Mart. XI 84, 3: alba brachia; Claud. in Olyb. et Prob. 90: album pectus. Das sind aber die einzigen Stellen, welche man dafür anführen kann; eine verschwindend kleine Zahl gegenüber der Menge von Stellen, wo candidus in diesem Sinne steht. Sonst aber bedeutet albus, wo es von der menschlichen Haut gebraucht wird, nicht die natürliche gesunde Hautfarbe, sondern entweder die, welche durch Furcht, Schrecken u. dgl. entsteht (Enn. trag. frg. 46 Vahl. Ov. am. I 7, 51. Ap. Sid. 5, 601), daher auch direct albus timor (Pers. 3, 115, oder pallor, Hor. ep. 7, 15); oder es ist ein Zeichen von Krankheit, zumal von Wassersucht (Hor. Carm II 2. 15; Sat. II 2, 21. Pers. 3, 98. Sulpic. sat. 36. Seren. Sammon. 510; ähnlich ist wohl auch Plaut. Capt. 647 gemeint); oder es charakterisirt den sich den bräunenden Sonnenstrahlen nicht aussetzenden Städter (Mart. I 55, 14; X 12, 9), daher auch übertragen Mart. III 58, 24: non segnis albo pallet otio copo.

Sehr häufig wird albus für die weifsen Haare des Alters gebraucht; zwar nicht so gewöhnlich, wie canus, grau, aber doch unvergleichlich öfter, als candidus. So finden wir es denn bei crinis (Iuv. 2, 112) und crines (Verg. A. VII 417; IX 651. Stat. Silv. IV 3, 116: alba crinibus); capillus (Hor. Carm. III 14. 25: albescens; id. ep. 17, 23. Plaut. mil. gl. 631: albicapillus. Symphos. 188) und capilli (Tib. I 8, 45 Prop. IV (III) 25, 13. Ov. her. 13, 161; met. XV 213: alba capillos. Priap. 76, 2 Baehr.: caput albicet capillis. Maximian. 2, 55); coma (Ov. am. I 8, 111) und comae (Ov. a. a. II 266; met. XIII 534; ex Pont. IV 12, 30, jedesmal albentes); caesaries (P. L. M. 19, I 44); barba (Plaut. Bacch. 1101); auch direct mit canities (Ov. met. X 424) oder mit cani (Dracont. 8, 589: albentes cani, wo aber v. Duhn crines vermuthet) verbunden; ferner bei caput (Nemes. ecl. 1, 13), facies (Mart. IV 78, 2: alba pilo), tempora (Ov. met. III 516: albentia), und übertragen auch bei senecta (Prop IV 4 (III 5),

24 und fast wörtlich gleichlautend Ov. trist. IV 8, 2). — Wie
in diesen Fällen nicht an silberweiſse, sondern mehr an grau-
weiſse Haare zu denken ist, so ist auch, wenn albus von Zähnen
gebraucht wird, wie Plaut. Epid. 428, und von thierischen Zähnen Verg. A. VII 667; XI 681, nicht der Glanz derselben, sondern die weiſse Farbe an sich im Gegensatz zum umgebenden
Mund oder thierischen Rachen die Hauptsache, wie die betr.
Stellen das von selbst ergeben. — Häufig wird sodann albus
resp. albere gebraucht von menschlichen oder thierischen Gebeinen, bei denen ja auch die weiſse Farbe in der Regel nur
stumpf oder gelblich blaſs ist; und zwar weniger in der Form,
daſs die Knochen selbst dies Attribut erhalten (so Hor. Sat. I
8, 16: albis informem ossibus agrum. Claud. rapt. Pros. III 341
[al. IV 10]: immania ossa . . . albent. Ap. Sid. carm. 7, 192:
albentes lunae), als in der Weise, daſs die Erde, auf der sie zahlreich liegen, als weiſs von Gebeinen bezeichnet wird: so campi,
Verg. A. XII 36 und in Nachahmung davon Coripp. Ioh. III 296;
humus, Ov. Fast. I 558 und fast wörtlich ebenso III 708; sco-
puli, Verg. A. V 865; solum Sen. Oed. 94: cf. Stat. Silv. II 7.
65: albos ossſbus Italis Philippos. Uebrigens ist dabei noch hervorzuheben, daſs es wohl nicht zufällig ist, wenn unter den zehn
angeführten Stellen das Adj. albus nur dreimal vorkommt (Verg.
A. V 865. Hor. u. Stat. ll. ll.), sonst aber immer das Verbum
albere (bei Coripp. l. l. albescere) gebraucht ist; denn es liegt
wohl darin der Gedanke, daſs die Erde nicht an sich, sondern
nur durch die auf ihr liegenden Gebeine weiſs ist, weshalb man
nicht alba humus direct sagen wollte. Aehnlich sagt Val. Fl.
III 167: sparsusque cerebro albet ager. — Das weiſse Mark der
Knochen erwähnt Ov. met. XIV 207.

Was die weiſse Farbe in der Thierwelt anlangt, so zeigen
auch hier die Beispiele, daſs albus zwar meist von reinem Weiſs,
vielfach aber auch von einem mehr in's Graue hinüberspielenden
Weiſs gebraucht wird. Unter den Vierfüſslern sind am häufigsten die Pferde so bezeichnet, und zwar meist mit Beziehung
auf den Triumph, bei welchem bekanntlich der siegreiche Feldherr mit einem Viergespann weiſser Rosse auf das Capitol fuhr;

vgl. Plaut. Asin. 279. Verg. A. X 575; XII 164. Hor. S. I 7, 8.
Prop. V (IV) 1, 32. Ov. met. VIII 33. Mart. VIII 26, 2. Claud.
cons. Stilich. III 20. Ap. Sid. carm. 2, 375. Nun sagt aber Verg·
Geo. III 81 ff. von den Hengsten: honesti Spadices glaucique, co·
lor deterrimus albis Et gilvo. Wie man das zu verstehen habe,
darüber waren schon die alten Erklärer nicht ganz einig. Servius giebt a. d. St. die oben angeführte Unterscheidung von candidus und albus, bemerkt aber weiterhin: multi ita legunt: ›albis et gilvo‹, ut non album vel gilvum, sed albogilvum vituperet
[quod falsum est]. quod si singuli colores vituperandi sunt, quando
magis mixtus uterque, id est albogilvus? Indessen diese zweite Erklärung dürfte wohl schwerlich zu halten sein, da sonst Vergil
sicherlich albis et gilvis geschrieben hätte; eher möchte man glauben, dafs Virgil an dieser Stelle unter den equi albi die gewöhnlichen Schimmel versteht, deren Farbe allerdings mehr ein schmutziges Weifs ist, während man zu den Triumphalrossen nur tadel-
lose Exemplare aussuchen mochte, wie solche bekanntlich in Per-
sien besonders gezüchtet wurden. — Sonst lieben aber die Dichter auch die weifse Farbe an gefleckten Rossen (Schecken) hervorzuheben, namentlich bei schwarzen Pferden: Verg. A. IX 49.
Stat. Theb. VI 336. Coripp. Ioh. IV 520; und zumal in der Form,
dafs die Vorderfüfse und die Stirn weifs sind, Verg. A. V 565:
albis .... equus bicolor maculis, vestigia primi Albi pedis fron-
temque ostentans arduus albam, und, vielleicht in Nachahmung,
Sil. It. XVI 349: patrium frons alba nitebat Insigne et patrio pes
omnis concolor albo. Bei andern Vierfüfslern wird die weifse
Farbe vornehmlich hervorgehoben, wenn es sich um Opferthiere
handelt (alba victima, Ov. Fast. I 720); so ganz besonders bei
Rindern (Verg. Geo. II 146. Hor. C. saec. 49. Ov. ex P. IV
9, 50; auch wenn sonst etwas feierliches damit verbunden ist,
wie Ov. Fast. IV 826: am. III 4, 24; Erwähnung weifsgefleckter
Rinder Verg. Geo. III 56). Ebenso kommt der weifse Ziegen-
bock als Opferthier vor bei Hor. C. III 8, 6; hingegen ist P.
L. M. 19, I 7 der weifse Fleck auf der Stirn des Bockes eine besondere Schönheit, während bei Verg. Ecl. 2, 41: capreoli, spar-
sis etiamnunc pellibus albo, solche weifse Flecken gemeint sind,

welche später, wenn die Thiere älter sind, dunkler werden, vgl.
Serv. z. d. St. — Auch weifse Lämmer als Opfer für ober-
irdische Gottheiten sind bekannt und oft erwähnt. Verg. Geo. III
386; A. III 120. Ov. Fast. I 56; hier galt die weifse Farbe ja
nicht allein als Schönheit, sondern sie verlieh dem Thiere noch be-
sondern Werth wegen der in reinem Weifs hochgeschätzten Wolle
(vgl. unten), daher Calpurn. ecl. 2, 36 den Gegensatz hervorhebt:
niger albae maritus ovis. Da man dem Wasser der Flüsse oder
Bäche, von dem die Heerden tranken, Einflufs auf die Färbung
des Felles zuschrieb (vgl. Prisc. carm. 2, 431: hoc albat gurgite
nigras), so nennt Mart. XII 63, 3 den Galaesus, dem man auch
solche Kraft nachrühmte, direct albus. — Hingegen wird bei der
weifsen Sau mit ihren dreifsig weifsen Ferkeln in der bekannten
Gründungsgeschichte von Alba longa die Farbe nur hervorgehoben, weil sie eben im Mythus eine Rolle spielt; s. Verg. A.
III 392; VIII 45 u. 82. Prop. V (IV), 1, 35. Iuv. 6, 177. (Zu
Iuv. 13, 117: alba omenta porci bemerken die Erklärer: alba e
natura adipis; vel porci albi; doch ist wohl erstere Erklärung vor-
zuziehen). — Bei Hunden wird nur einmal von weifsen Flecken
im Fell gesprochen, Ov. met. III 221. — Wenn albus als Attribut des Elephanten vorkommt (Hor. Ep. II 1, 196), so sind
damit die seltenen weifsen Elephanten gemeint, deren Farbe freilich auch kein ganz reines Weifs ist; wenn es dagegen mehrfach
auch vom Esel gesagt ist (Ov. met. XI 176: villis albentibus;
Pers. I 59: auriculas albas), so ist hier direct die Bedeutung grau-
lich weifs anzunehmen. — Endlich können wir es hier noch anführen, dafs der weifsliche Schaum, welcher Thieren bei Anstrengung oder Wuth und wohl auch rasenden Menschen vor den
Mund tritt, in der Regel albens genannt wird, seltener albus oder
albidus (so Enn. Ann. 507. Ov met. III 74): bei Pferden Ov.
met. XV 519. Stat. Theb. VI 419. Enn. l. l., bei Hunden Ov.
met. VII 415; bei Schlangen Ov. met. III 74; bei einem rasenden Menschen Sil. Ital. IV 251.

Unter den Vögeln sind es die Schwäne, die am häufigsten dies Attribut erhalten, albi olores, Verg. A. XI 580. Ov.
her. 7, 2. Stat. Theb. IX 858. Sil. It. XIV 190; albi cygni,

Ov. met. XIV 519; der Schwan ist daher auch der weifse Vogel
κατ' ἐξοχήν, Hor. C. II 20, 11; cf. Ov. met. X 719; XII 144.
Demnächst tritt albus zur Taube, namentlich der der Venus heiligen, Tib. I 7, 18. Ov. Fast. I 452. Ps. Ov. her. 15, 37; cf.
den albulus columbus bei Cat. 29, 8, und Anth. L. 550, 11
(Baehr.): albiplumem columbam; ferner zur Gans, Hor. S. II
8, 88. Petron. c. 93 v. 4. Dagegen ist der weifse Rabe bei
den Alten bereits ebenso sprichwörtlich als Seltenheit, wie bei
uns der weifse Sperling; vgl. Lucr. II 822 conveniebat enim
corvos quoque saepe volantis Ex albis album pinnis iactare colorem. Iuv. 7, 202: corvo rarior albo: und wenn Iuv. 13, 141
von weifsen Hennen spricht, so hat das den gleichen Sinn, da
die italischen Landwirthe solche weifse Hennen nicht liebten
(Colum. VIII 2, 7) und dieselben daher ungewöhnlich waren.
Auch sei hier noch bemerkt, dafs die Excremente der Vögel als
weifs bezeichnet werden: so vom Raben Hor. S. I 8, 37; vom
Hahn Seren. Samm. 714. — Aus der übrigen Thierwelt sind
keine Beispiele anzuführen, als höchstens der bei Ov. met. VI 380
beschriebene weifse Bauch des Frosches.

Wenn wir zum Pflanzenreich übergehen so sind es unter
den Blumen selbstverständlich die Lilien, welche am häufigsten
mit dem fast Epitheton perpetuum gewordenen albus versehen
werden: Verg. Geo. IV 130; Aen. XII 68. Ps. Tib. III 4, 33.
Prop. II 3, 10. Ov. fast. IV 442. Petron. c. 127 v. 5. Val. Fl.
VI 492. Dracont. 6, 7. Sonstige Blumen erhalten das Attribut
nur vereinzelt: so die überhaupt sehr selten erwähnten weifsen
Rosen (rosae albentes), Ov. a. a. III 182. A. L. 499, 6: die
äufsere Blattreihe der Narzisse (Ov. met. III 510), die weifse
Kamille (Cat. 61, 190: alba parthenice), die Blüthe des Ligu-
sters (Verg. Ecl. 2, 18. Claud. rapt. Pros. II 130) und des
Birnbaums (Verg. Geo. II 81). — Unter den Sträuchern
können wir von vornherein diejenigen aussondern, welche das
Attribut albus mehr aus botanischem, als aus poetischem Gesichtspunkt erhalten, insofern es nämlich zur Bezeichnung der
Gattung erforderlich ist: so bei der Zaunrübe, bei den Alten
vitis alba genannt, Ov. met. XIII 800. Colum. X 347; ferner

beim Weifsdorn, spina alba, Ov. Fast. VI 130 u. 165, und
auch bei der einen Art des Epheu, hedera alba, Verg. Ecl. 7,
38, denn es gab auch eine hedera nigra, und Servius sagt z. d.
St.: nigra autem vel alba hedera non ex foliis sed ex ligno cog-
noscitur. Dasselbe ist auch Colum. X 417 mit der alba ficus
der Fall, quae servat flavae cognomine cerae; der didaktische
Dichter umschreibt auf diese Weise nur diejenige Feigenart,
welche sonst albicerata hiefs, s. Plin. XV 70. — Auch bei der
Weifspappel, populus alba, ist, wenn sie bei Dichtern so genannt wird, das Epitheton bisweilen ein lediglich botanisches, so
namentlich bei Seren. Samm. 164 u. 697; allein in anderen Erwähnungen ist doch meist das Epitheton als ein wirklich bezeich-
nendes aus poetischen Rücksichten gewählt, da das hellere Laub
der Pappel, das freilich noch ziemlich weit davon entfernt ist,
rein weifs zu sein, damit charakterisirt werden soll; man vgl.,
abgesehen von blofsen Erwähnungen wie Hor. C. II 3, 9. Tib. I
4, 30 (wo die Hss. allerdings alta haben, aber alba eine durchaus wahrscheinliche Emendation ist). Ov. her. 9, 64, namentlich Stat. Silv. III 1, 185: populeaque movens albentia tempora
silva, und Sil. It. X 531: albae populus alta comae. Wahrscheinlich hat man daher auch bei Val. Fl. V 10: pars auguris alba
Fronde caput vittisque legant die Blätter der Weifspappel zu verstehen; denn für die grauweifsen Blätter der Olive kommt albus
nur ganz vereinzelt vor (Ov. her. 11, 67: ramis albentis olivae).
Lucil. frg. 1181 k (Lachm.) nennt auch den jungen Rebenschöfs-
ling (pampinus) alba; der Farbenton desselben kommt ja auch
in der That dem Weifs recht nahe. Wenn aber Ov. Fast. V 357
sagt: maturis albescit messis aristis, so ist da nach unserer Anschauung der Begriff des albus schon beträchtlich erweitert, da
die reife Halmfrucht bei weitem mehr dem Gelb angehört,
wie denn sonst auch flavus das gewöhnliche Attribut dafür ist.
Es gehört das also zu den Fällen, wo albus in den Begriff des
gelblich-weifsen übergegangen ist; eben dahin rechne ich Calpurn.
ecl. 4, 116: messis .... nec inertibus albet avenis, vom wilden
oder tauben Hafer gesagt. — Efsbare weifse Schwämme
nennt Ov. Fast. IV 697.

Spärlich ist die Anwendung von albus für Objekte aus dem Mineralreich. Der Marmor, welchen die Griechen bekanntlich λίθος λευκός nennen, wird im Lat. öfter mit candidus bezeichnet; als lapis albus kommt er nur bei Hor. S. I 6, 116 und Ap. Sid. carm. 11, 19 (vom parischen Marmor) vor. Plumbum album bei Lucr. VI 1077 ist der stehende Name für Zinn, im Gegensatz zu plumbum nigrum, Blei (vgl. meine Technologie IV 81); alba cerussa, Bleiweifs (als Schminke), hat Mart. X 22, 2. Bei Verg. A. XII 87 wird album orichalcum genannt. Da man unter orichalcum später in der Regel Messing verstand (s. Technologie IV 194ff.), so fiel das Attribut album bereits dem Servius auf, welcher z. d. St. bemerkt: alboque orichalco: auri scilicet comparatione; nam album non est; also nur im Vergleich zu dem gelben Golde werde das orichalcum weifs genannt. Falls nicht Vergil eine in der That weifse Erzmischung (die als χαλκὸς λευκός in griech. Quellen vorkommt, vgl. Technol. S. 198f.) gemeint hat, sondern Messing, so müfsten wir hier diejenige Bedeutung von albus annehmen, der wir bisher noch nicht begegnet sind, die wir aber in andern Beispielen noch wiederfinden werden, nämlich hell, wobei der Begriff der weifsen Farbe in den Hintergrund tritt und der der Helligkeit, wenn auch nicht gerade im Sinn des Strahlenden, vorwaltet. — Sodann spricht Catull. 63, 87 von umida albicantis loca litoris. Die Erklärer deuten das verschieden: die älteren denken an den weifsen Sand des Strandes (man könnte auch an weifse Uferfelsen denken); Riese erklärt: »glänzend von der Sonne beschienen«, was nicht gut angeht, da der Begriff des Glanzes dem albus fern liegt; Ellis und Baehrens fassen es als weifs vom Schaume der den Strand bespülenden Wogen, was am meisten für sich hat, da, wie wir unten sehen werden, gerade der Schaum des Meeres häufig durch albere bezeichnet wird. — Bei Iuv. 1, 111 gehen die albi pedes des Emporkömmlings, der früher Sklave gewesen war, auf die Kreide, mit der man die Füfse des zum Verkauf auf dem Gerüst aufgestellten Sklaven bestrich.

Wenden wir uns zu den Naturprodukten, so haben wir da zunächst der Wolle zu gedenken, an der die Dichter gern

die weifse Farbe hervorheben, namentlich wenn es sich um den
Gegensatz zur gefärbten handelt, so alba lana; Verg. Geo. II 465,
oder albens, Sil. It. XVI 569; album vellus, Ov. her. 7, 100.
Stat. Silv I 2, 21, oder stamen, Iuv. 12, 65. Weiterhin ist zu
nennen die Milch, Ov. am. III 5, 13: (lac) quod spumis stri-
dentibus albet (vgl. damit Priscian. carm 2. 452 vom Steine Ga-
laktit: albescit lacta liquescens), auch der Käse (Dracont. 8, 415:
caseus albens); ferner Eiweifs (Hor. S. II 4, 13) und Talg
(Auson. XVIII 14, 19). Beim Wachs (Ov. am I 12, 30. P. L.
M. 42, VI 8) hat man natürlich nur an gebleichtes, nicht an
Wachs im ursprünglichen Zustande zu denken, da letzteres gelblich ist, s. unter flavus. Von weifsem Pfeffer spricht Hor. S.
II 4, 74 u. 8, 48; weifse Graupe nennt Stat. Silv. IV, 9, 35.
Albere kommt vereinzelt von Perlen vor (Auson. X 70; albus
lapillus bei Ap. Sid. carm. 14, 3); bei Martial heifst es vom
Elfenbein VII 13, 1 albescit, und VIII 28, 12 albet, es bezieht
sich dies aber nicht auf die natürliche Weifse desselben (hierfür
ziehen die Dichter candidum ebur vor), sondern auf das Bleichen
des gelbgewordenen (vgl. Mart. IV 61 mit der Anm. Friedländers). — Wenn in allen diesen Fällen der Begriff der Weifse
mehr oder weniger festgehalten ist, so ist das dagegen nicht der
Fall, wenn der Römer den hellen Wein, wie wir, weifs nennt,
vinum album, Plaut. Menaech 915; Coum album, Hor. S. II 4,
29; Mareotides albae, Verg. Geo II 91 (wenn Cor. Iustin. III
99 die dona Lyaei alba colore nivis nennt, so ist das eine arge
poetische Uebertreibung). Hierbei ist wiederum der Begriff des
Hellen mafsgebend gewesen, namentlich im Gegensatz zum dunkeln Wein, den die Römer (wie heut noch die Italiener) schwarz
(vinum atrum oder nigrum) nennen.

Auch im übrigen Gebiet der Natur und Naturerschei-
nungen findet albus bei den Dichtern häufige Anwendung. Vor
allem haben wir da des Meeres zu gedenken. Dasselbe ist
allerdings an und für sich, wenn es in Ruhe ist, kein mare album, sondern, wie wir an anderen Stellen sehen werden, caeruleum, bläulich; aber wenn Sturm es aufregt und die Wellen
schäumenden Gischt aufwerfen, dann nimmt es jene Färbung an,

welche zwar in der Regel bei den Dichtern mit canus, da sie
sich mehr dem Grau nähert, aber auch häufig mit albus bezeichnet wird. Das Adj. albus selbst wird allerdings nirgends für
diesen Zustand des aufgeregten Meeres gebraucht; die gewöhnliche Bezeichnung ist vielmehr das albescere, das weifslich-grau-
werden durch den Schaum (Verg. Geo. III 237: fluctus uti medio coepit cum albescere ponto, und fast wörtlich ebenso Aen.
VII 528; ähnlich Ov. met. XI 480: cum mare sub noctem tumidis albescere coepit fluctibus; ferner Lucr. II 773. Sil. It. VIII
429 u. XIV 360), oder albere, namentlich wenn dabei der Schaum,
welcher dem Meere das geschilderte Aussehen verleiht, genannt
wird (Ov. met. VII 263: spumis tumentibus albet; ib. XI 501:
spumis sonantibus albet; vgl. Ap. Sid. carm. V 241: albet aquosa
acies, nämlich von Seeungeheuern). Etwas anderes ist es, wenn
Stat. Silv. I 3, 65 von albentes lacus in der Villa des Manlius
Vopiscus spricht, womit wohl nur ›helle Teiche‹ gemeint sind,
obgleich ich sonst keine Parallele hierzu anführen kann. Dagegen
ist es wiederum gewöhnlich, dafs die schwefelhaltigen Gewässer oder Quellen, die ein milchig-weisses Aussehen haben,
durch albus näher charakterisirt werden, wie der Nar. Verg. A.
VII 517: sulfurea Nar albus aqua   Sil. It. VIII 453: Nar . . .
albescentibus undis.   Claud de VI cons. Hon. 519: amnis . . .
albet. — Weiterhin finden wir dann albus wieder in der Bedeutung des reinen Weifs, wenn es, was allerdings nur sehr selten
der Fall ist, vom Schnee gesagt wird (Lucr. VI 836. Manil.
Astr. II 419. Mart. IV 2, 6) oder vom Hagel (Varr. Sat. Menipp.
p. 234, 5 Riese) oder vom Reif (Hor. C. I 4, 4: nec prata canis albicant pruinis. A. L. 138, 20: humus hibernis albescit
operta pruinis; cf. Coripp. Ioh. II 19), in welchen Fällen sonst
häufiger canus vorkommt. Auch hier bemerken wir, dafs albere,
albescere, albicare gesagt ist, sobald das Weifssein nicht vom
Schnee oder Reif selbst, sondern von der damit bedeckten Erde
ausgesagt ist (vgl. oben S. 6). Ebenso sagt Claud. rapt. Pros.
III 232: rore albet ager, vom Thau, in nicht gerade sehr passender Anwendung, da für blitzende Thautropfen der color albus
nicht sehr angebracht scheint.

Zwischen den Bedeutungen grau und hell, die wir beide bereits mehrfach für albus gefunden haben, steht es gewissermafsen in der Mitte, wenn albus oder albescere, wie bekanntlich auch in Prosa sehr gewöhnlich, zur Bezeichnung der Morgendämmerung gebraucht wird (heut noch ital. alba, franz. aube). Auch wir sagen von dieser Morgenstunde sowohl »der Tag graut«, als »es wird hell«. So sprechen denn auch die Dichter von alba lux (Lucan. II 720) oder albens lux Coripp. Ioh. VII 84), lux albescit (Verg. A. IV 586; vgl. Matius ap. Gell. XV 25: cum albicascit Phoebus) oder auch von den im Morgengrauen heller werdenden Gegenständen: von der Erde (Val. Fl. II 72: albet ager) oder von Bauwerken (id. III 258: orta dies notaeque albescere turres). Damit hängt es zusammen, dafs auch der Morgenstern dies Attribut erhält; Ovid spricht mehrfach von dem albus equus des Lucifer (met. XV 189 u. trist. III 5, 56). Auffallender ist Verg. Geo. I 365 ff.: saepe etiam stellas, vento inpendente, videbis Praecipitis caelo labi, noctisque per umbram Flammarum longos a tergo albescere tractus; der feurige Streif der Sternschnuppe scheint durch albescere nicht sehr treffend bezeichnet, doch deutet uns das noctis per umbram an, dafs nicht so wohl an starken Glanz, als an den Gegensatz des hellen Streifens zu dem schwarzen Nachthimmel zu denken ist. Horat. C. I 12, 27 nennt auch das Sternbild der Zwillinge alba stella: vielleicht weniger im Sinne von hell, oder wie manche Erklärer meinen, in der unten noch zu erwähnenden Bedeutung günstig, glückbringend, als im Sinne von hellmachend, weil ihr Aufgang klaren Himmel und Ende der Sturmzeit bedeutet: also im gleichen Sinn, wie er auch diejenigen Winde, welche wolkenlosen Himmel bringen, albi nennt, den Iapyx, C. III 27, 19, und den Notus, der sonst als regenbringender Wind eher ater heifst, aber doch bisweilen, wie in den Bergen der Föhn, die Wolken vertreibt und klares Wetter bringt, C. I 7, 15: Albus ut obscuro deterget nubila coelo Saepe Notus neque parturit imbres Perpetuo[1]).

---

[1]) Ich glaube, dafs auf diese Weise das Epitheton albus sich genügend erklären läfst. Lucas, Quaest. lexilogicae p. 181 meint, Horaz

— Geradezu hell, klar, bedeutet albus, wenn es von der Sonne gesagt ist, zumal im Gegensatz zur dunkeln Nacht; so Ennius wiederholt, Ann. frg. 92: sol albus recessit in infera noctis; frg. 547: fugit albus iubar Hyperionis. Im gleichen Sinne wird der Aether, d. h. der klare Himmel, albus genannt, Catull. 63, 40. Sil. It. V 283; und ebenso die hellen, wolkenlosen Tage, wie sie der Hochsommer zu bringen pflegt, Mart. X 62, 6.

Unter den Produkten des Gewerbfleifses ist es vor allem die Kleidung, zu welcher sehr häufig die Bezeichnung albus hinzutritt, und zwar meist im Adjectiv (alba, Neutr. plur., bedeutet direkt weifse Kleider, Ov. a. a. III 191 u Fast. IV 619), welches auch an sich in poetischer Redeweise einen weifsgeklei-deten bedeuten kann (Pers. 1, 16); letzteres wird bisweilen auch durch albatus wiedergegeben (Hor. S. II 2, 60. Pers. 2, 40). Selt-ner ist albens (Stat. Silv. V 2. 67. Coripp. Iust. II 316; von Bin-den Ov. met. II 410 u. XV 676); spät albicolor (Coripp. Iust. I 329). In den weitaus meisten Fällen der Erwähnung bezieht sich die Beifügung der weifsen Farbe darauf, dafs das festliche Tracht ist (vgl. die angef. Stellen und Ov. am. III 13, 27; trist. III 13, 14; ib V 5, 8. Fast. V 355), namentlich zu gottesdienst-lichen Zwecken, weshalb es auch Priestertracht ist (Verg. A. X 539. Prop. V (IV) 11, 54 von einer Vestalin; Mopsus bei Val. Fl. I 385), und Hor. C. I 35, 21 die Göttin Fides selbst albo ve-lata panno nennt. Bei Schilderung römischer Verhältnisse ist in der Männertracht meist die weifse Toga (toga candida) damit gemeint, vgl. Stat. Silv. V 2, 67; daher es auch die passende Tracht für den Theaterbesuch ist, Mart. XIV 137. Iuv. 3, 179: vgl. aufserdem noch Ov. am. III 2, 41. Mart. XIV 139. Coripp. Iust. II 315 und Ap. Sid. carm. 23, 324 von Wagenlenkern.

---

habe das homerische Epitheton des Notus ἀργεστής (z. B. Il. XI 306) falsch übersetzt: es gehe nicht auf die Farbe, sondern auf die Schnellig-keit und Gewalt des Windes. Andere beziehen ἀργεστής auf den weifsen Schaum, den der Südwind im Meere hervorbringt; das Irrige der An-sicht von Lucas beweist aber die Bemerkung des Poseidonius bei Strab. I p. 29, dafs der ἀργεστής νότος auch λευκόνοτος heifse; vgl. auch ebd. XVII p. 837.

Auch die weifsen Kopfbinden (vittae) gehören zur festlichen
Tracht (Ov. am. III 6, 56; met. II 413; Sil It. XVI 243), werden aber noch öfter als Abzeichen priesterlicher Würde (Ov. met.
II 410 u. XV 676) oder der Seher (Stat. Ach. I 11; Theb. IV
218 u. VI 331) erwähnt. In allen diesen Fällen ist es lediglich
die weifse Farbe selbst, auf die es ankommt, ohne dafs der Begriff des Glanzes, den weifse Stoffe oft haben, dabei in Betracht
käme; und daher kommt denn albus im übrigen als Attribut der
Leinwand für gewöhnlich nicht vor, und wenn einmal bei Ov.
her. 2, 12 die Segel alba vela heifsen, so ist das vereinzelt, da
sonst in der dichterischen Sprache auch hierfür candidus stehend
ist. — Bei der Bewaffnung wird ein paar mal weifse Farbe
des Helmbusches erwähnt, Stat. Theb. VI 331. Sil. It. II 399.
Bei Vergil A. IX 548 heifst der Schild parma alba; die neueren Erklärer (Servius bietet nichts darüber) fassen das als einen
ganz einfachen, nicht mit kunstreichen Arbeiten verzierten Schild,
legen aber damit in albus eine Bedeutung, die sich sonst nirgends
nachweisen läfst. Das inglorius bei Vergil ist wohl nur durch
parma selbst begründet, weil diese der Schild der geringer ge-
achteten Velites ist; albus aber dürfte hier, wie bei Val. Fl VI
99, wo albentes parmae genannt sind, sich nur auf die helle
Farbe des Leders bezieht, da die parma in der Regel von Leder
war. Unverständlich jedoch ist mir, worauf bei Ap. Sid. carm.
5, 91: albis os nigrum telis gravidum die Farbenbezeichnung sich
bezieht.

Sonst ist albus als Epitheton ornans bei gewerblichen Objekten anderer Art ungemein selten; ich kann nur anführen Pers.
5, 183: fidelia alba, ein weifser Thontopf; Nemes. Cyneg. 153:
mulctra, der Melkeimer aus weifsem Holz; Auson. XVIII 14, 75:
alba pagina, vom Papier. Ein paarmal kommt der weifse Brett-
stein vor, P. L. M. 15, 194. A. L. 374, 3; bedeutungsvoller ist
der weifse Stimmstein, der bekannte freisprechende calculus
Minervae, vgl. Ov. met. XV 46. Orest. trag. 944, der sprichwörtlich geworden war, Mart. XI 36, 1: gemma alba. Sprichwörtlich ist auch alba linea signare, Lucil. frg. 769 (Lachm.),
wobei eine weifse Linie deswegen gewählt ist, weil dieselbe auf

weifsem Papier eben nicht sichtbar ist (also wie wir umgekehrt: »etwas in den Schornstein schreiben«, weil man die schwarze Schrift in dem Rufs der Esse nicht sieht); und ferner Plaut. Pers I 2, 22: albo rete aliena bona oppugnare, weil ein weifses Netz nicht in die Augen fällt, man also damit jemanden leichter umgarnen kann.

Schliefslich haben wir noch die übertragene, auch in Prosa nicht ungewöhnliche Bedeutung von albus anzuführen, wonach dasselbe für etwas günstiges, glückliches steht, wie umgekehrt ater für unheilvolles, schlechtes; sei es nun, dafs diese Bedeutung vom glückbringenden weifsen Stimmstein herkomme, sei es, was wohl wahrscheinlicher, dafs man überhaupt das Helle, Weifse im Gegensatz zum Dunkeln, Schwarzen, als freundlich und segenbringend auffafste. So spricht Hor. Ep. II 2, 189 vom genius albus et ater: Stat. Silv. IV 8, 18 von der alba Atropos. Vgl. ferner Pers. 1, 110: per me sint omnia alba. Mart. X 3, 10: quos rumor alba vehit penna. Sil. It. XV 53: albus dies; dazu auch die schon oben S. 4 angeführten Beispiele.

2. Candidus.

Es ist schon oben davon die Rede gewesen, welches die eigentliche Bedeutung von candere, candidus ist, und in welcher Weise sich dasselbe von albere, albus, unterscheidet. Bevor wir aber näher darauf eintreten, dies durch Beispiele aus der poetischen Literatur zu belegen, müssen wir darauf hinweisen, dafs die nach verschiedenen Richtungen hin erweiterte Bedeutung dieser Worte von vornherein den Ausschlufs einer ganzen Anzahl von Fällen nothwendig macht. Candere (candor nur äufserst selten) geht bekanntlich aus der Bedeutung von »weifs glänzen« in die von »aus Hitze erglühen, glühend heifs sein« über: sei es nun, dafs die schon frühzeitig gemachte Beobachtung, dafs glühend gemachtes Eisen weifse Farbe annimmt, zu dieser erweiterten Bedeutung führte, sei es dafs überhaupt der lebhafte Glanz, welcher bei glühenden Körpern beobachtet wird, auch ohne Rücksicht auf die weifse Farbe jene Veränderung des Sinnes veranlafst hat. Da bei derselben aber vielfach der Begriff des Glanzes völlig aufgegeben ist, wie z. B. wenn candere von sommerlicher Hitze, vom Wasser u. a. m. gebraucht wird, so haben wir der· artige Fälle hier nicht weiter in Betracht zu ziehen; im einzelnen wird freilich die Unterscheidung oft nicht möglich sein, d. h. wir werden Beispiele anzuführen haben, bei denen eben so gut der Begriff der weifsen Farbe oder des strahlenden Glanzes, wie der der Hitze oder Gluth allein angenommen werden kann. Das Adject. candidus hat diesen Wandel der Bedeutung nicht durchgemacht, es wird nie im Sinne von ›glühend heifs‹ gebraucht; dafür ist es sehr häufig in übertragenem Sinne gebraucht worden, indem der Begriff des Hellen, Heitern auf abstrakte Dinge oder auf menschliche Verhältnisse übertragen wurde und in die Bedeutung einerseits von ›glücklich, froh‹, andererseits von ›klar, offen, wohlgeneigt‹ u. dgl. überging. Auch diese Fälle haben wir demnach auszuscheiden und ebenso, wo candor im entsprechenden Sinne vorkommt, was gleichfalls sehr gewöhnlich ist, während hier wiederum candere diese übertragenen Bedeutungen nicht erhalten hat.

Was die zum Stamme candere gehörigen, hier in Betracht kommenden Wörter zunächst rein äufserlich, nach der Häufigkeit der Anwendung betrachtet, anlangt, so überwiegt in den von uns anzuführenden Fällen, d. h. also denjenigen, bei denen es sich um die Bedeutung von Farbe oder Glanz handelt, weitaus das Adj. candidus. Unter den in runder Zahl 400 Belegstellen, die ich zusammengestellt habe, entfallen etwa 68 Proc. auf candidus, nur 15 Proc. auf das Partic. candens, 10 Proc. auf Umschreibungen mit candor, während andere Formen des Verbums candere nur ganz vereinzelt (etwa 3 Proc.) vorkommen. Von andern Wörtern finden wir candefacere (Plaut. Most 259), candescere (in nicht übertragenem Sinne) fünfmal (incandescere einmal, Cat. 64, 13[1]); candicare, candidare u. a. garnicht, ausgenommen das Partic. candidatus, Plaut. Rud. 270. Auf gewisse Unterschiede im Ge-

---

[1] Ov. met. II 728 gehört nicht hierher.

brauch von candidus und candens werden wir noch hinzuweisen haben.

Candidus bezeichnet im allgemeinen, wie schon gesagt, ein schönes, glänzendes Weifs[1]) und ist als solches ebenso dem niger entgegengesetzt, wie albus dem ater; vgl. Lucr. II, 765: cur ea, quae nigro fuerint paulo ante colore, Marmoreo fieri possint candore repentes. Verg. Ecl. 2, 16: quamvis ille niger, quamvis tu candidus esses. Ps. Verg. Dirae 99: candida nigra oculi cernunt. Iuv. 3, 30: qui nigrum in candida vertunt.[2]) Bisweilen wird es allerdings fast identisch mit albus gebraucht, so z. B. Lucr. II 731: ne forte haec albis ex alba rearis Principiis esse, ante oculos quae candida cernis, wie denn auch der Gebrauch beider Worte in vielen Fällen ganz der gleiche ist; indessen ist es noch eher candens, welches dem albus nahe steht und daher auch den Gegensatz zu ater bildet, so Lucr. II 771: continuo id fieri candens videatur et album; Ov. met. XI 314: candida de nigris et de candentibus atra Qui facere adsuerat. Indessen ist die ursprüngliche Bedeutung von candere doch wohl nicht die der weifsen Farbe, sondern des Leuchtens, resp. des in mehr weifsem als röthlichem Lichte Strahlens.[3])

Wir beginnen die Aufzählung der Anwendungen von candere, candidus, wiederum mit dem menschlichen Körper. Wenn wir oben sahen, dafs das albere bei demselben eine wirkliche Weifse, d. h. eine kranke, ungesunde Hautfarbe bedeutet, so ist dagegen der candor der Haut resp. des Fleisches ein hervorragendes, bei den Dichtern so ungemein häufig angebrachtes Lob von schönen Mädchen, Frauen und Jünglingen, dafs mehr als ein Viertel aller in Betracht gezogenen Fälle eben

---

1) Döderlein a. a. O. 194f.

2) Dafs dieser Gegensatz nicht immer festgehalten, sondern bisweilen auch dem albus niger, dem candidus ater entgegengesetzt wird, zeigen u. a. die oben S. 4 angeführten Beispiele.

3) Benfey in Kuhns Zeitschr. VII 59 bringt candere zusammen mit der Wurzel kand, leuchten; vgl. Curtius a. a. O. S. 522. Ein Zusammenhang mit canus, canere, der bisweilen angenommen wird (auch mit γανοῦν), erscheint mir zweifelhaft.

hierauf fallen. Die Candida puella kommt fast bei allen Dichtern vor, vgl. Catull. 13, 4; 35, 8; 68, 70; 86. 1; Verg. Ecl. 7, 38. Hor. ep. 11, 27; Sat. I 2, 123. Ps. Tib. IV 2, 12. Prop. III 15 (II 22), 8; V (IV) 8, 32; Ov. am. I 7, 7; ib. 7, 40; II 7, 5; met. XIII 789. Pers. 3, 110. Priap. 46, 1. Mart. I 115, 2; IV 62, 2. Coripp. Iust. II 50. Orest. trag. 57; auch Frauen aus der Heroensage oder Göttinnen werden nicht selten durch dies Beiwort ausgezeichnet. Verg. Ecl. 2, 46; Aen. V 571; VIII 138; ib. 608; Cir. 392; Catal. 11, 27. Prop. II 9, 10; III 21 (II 26) 16; III 26, 5 (IV 28, 51). Ov. am. II 18, 29. Petron. frg. 51, 16. Stat. Silv. IV 8, 29. Iuv. 6, 526. Claud. rapt. Pros. I 216; II 18. Dracont. 8, 440. Ap. Sid. ep. IV 8, 5 v. 12. P. L. M. 53, 231; und die Dichter lieben es, die strahlende Weifse des schönen Frauenkörpers durch allerlei Vergleiche mit andern, durch besondere Weifse sich auszeichnende Dinge, wie Schnee, Lilien u. dgl., noch mehr hervorzuheben. Einen Gegensatz zur puella candida bildet sowohl die flava, die Blondine, da diese gewöhnlich lebhaftere Farben hat, wie die fusca, die Brünette, deren Teint gebräunt ist, vgl. Ov. am. II 4, 39: candida me capiet, capiet me flava puella, Est etiam in fusco grata colore venus; ib. III 7, 23: flava Chlide, candida Pitho. Fast. III 493: ut puto praeposita est fuscae mihi candida pelex. Ps. Ov. her. 15, 35: candida si non sum, placuit Cepheïa Perseo Andromede, patriae fusca colore suae. In andern Wendungen wird im allgemeinen der candor corporis gepriesen (Plaut. Menaech 181. Prop. I 2, 19; III 20 (II 25), 41. Claud. ephital. Pall. et Cel. 126. Anth. Lat. 213, 1), die candida membra (Ov. met. II 607. Ps. Tib. IV 4, 6), die candida forma (Prop. III 27 (II 29), 30; IV 10 (III 11), 16); bisweilen wird auch in malerischer Weise hervorgehoben, dafs die wahre Schönheit dieses candor eben darin besteht, dafs auch das Blut durch die Haut schimmert, und erst die Verbindung von zartem Weifs und sanfter Röthe den wirklich schönen Teint ergiebt: Ov. am. III 3, 5: candida candorem roseo suffusa rubore; met. X 594: inque puellari corpus candore ruborem traxerat. Dracont 8, 519: candida sis roseo perfundens membra rubore, (aber in richtiger Mischung, Claud. nupt. Hon. et Mar. 269: nimio nec sanguine candor abundat); doch kann auch das Blut einer Wunde einen effektvollen Farbengegensatz bewirken. Ov. met. II 607: candida puniceo perfudit membra cruore, und in Nachahmung Orest. trag. 792: candida puniceo rutilantur membra cruore. — Seltner wird die Schönheit des candor am männlichen Geschlecht gepriesen; am erwachsenen Mann überhaupt nicht, denn für den ziemt sich diese mehr weibische Hautfarbe nicht (vgl. Ov. a. a. I 723: candidus in nauta turpis color), aber an Knaben und Jünglingen: Verg. Ecl. 2, 16. Hor ep. 3, 9; Ep. II 2, 4. Prop. I 20, 45. Calpurn. ecl. 6, 14. Mart. IV 42, 5. P. L. M. 53, 33; auch hier wird daneben das Roth der Gesundheit nicht vergessen: Ps. Tib. III 4, 21: candor erat, qualem praefert Latonia Luna, Et color in niveo corpore purpureus. Ov. met. III 423: in niveo mixtum candore ruborem. Dracont. 2, 66: quem rubor ut roseus sic candor lacteus ornat; hingegen von blutiger Wunde Sil. It. IV 204: per candida membra it fumans cruor. — Selbstverständlich ist es vor allem das Gesicht, in welchem sich diese gepriesene Hautfarbe zeigt, daher dieses ganz besonders gern genannt wird, als candida ora (Ov. med. fac. 52: met. II 861. Dracont. 7, 20. A. L. 218, 2) oder candor in ore (Ov. a. a. III 227; met. IX 787. Prop. IV (III) 24, 8); facies candida (Prop. II 3, 9. Maximian. 4, 7), vultus candidus (Mart. VI 39, 12. A. L. 131, 1). Hier vornehmlich sucht die Kokette die von der Natur versagte Farbe durch Schminke zu ersetzen, Ov. a. a. III 199: inducta candorem quaerere creta; und hier ist es auch, wo der Wechsel von Weifs und Roth, nicht blofs von Natur, sondern auch durch vorübergehende Affekte, durch das Erblassen der Furcht oder das Erröthen der Scham hervorgerufen, von besonderem Reize ist, vgl. Stat. Silv. II 1, 41: purpureo suffusus sanguine candor; id. Theb. II 231: candida purpureum fusae super ora ruborem. P. L. M. 42, I 35: rubor et candor pingunt tibi vultus. Dracont. 6, 8: candor pallorque ruborque .. qui vernat in ore puellis. Maximian. 1, 89: candida contempsi, nisi quae suffusa rubore Vernarent, propriis ora serena rosis. Orest. trag. 127: permixtus

candore rubor pallore fugato.[1]) Dafs aber das Erblassen der
Wangen, wofür sonst pallere die gewöhnliche Bezeichnung ist,
durch candere wiedergegeben wird, ist selten; s. Senec. Phaedr.
870: ne languido pallore canderent genae. — Weiterhin werden
dann bei Mädchen wie bei Jünglingen, wenn auch vornehmlich
bei ersteren, gerühmt der glänzend weifse Hals, candida colla
(Verg. Geo. IV 337. Prop. IV 16 (III 17), 29. Ov. a. a. II
457; met. IX 388. Claud. carm. 30 (48), 11. Dracont. 2, 85),
die Brust (Verg. A. IX 432. Ov. her. 15 (16), 250; ex Pont.
II 5, 37. Lucan. X 141), die Schultern (Hor. C. I 2, 31; ib.
13, 9), die Arme, candida brachia (Prop. III 8 (II 16), 24;
III 15 (II 22), 5. Ov. am. III 7, 8. Eleg. in Maec. (P. L. M.
6), 61. Stat. Silv. III 5, 66. Sil. It. III 414) oder candentes
lacerti (Tib. I 8, 33), die Hände (Plaut. Pseud. 1262. Stat.
Silv. III 4, 59), der Nacken (Hor. C. III 9, 2. Iuv. 10, 345);
auch die Weichen, inguina, diese aber nur in Beziehung auf
die Skylla, um den Gegensatz zwischen dem zarten Frauenkörper
und den häfslichen daran gefügten Hundeleibern recht anschau-

---

[1]) Ich füge hier noch einige andere Beispiele dieses dichterischen
Brauches an, bei denen candere nicht vorkommt, sondern andere Bezeichnungen. Enn. Ann. frg. 355: et simul erubuit ceu lacte et purpura mixta. Ps. Tib. III 4, 30: color in niveo corpore purpureus; ib. 32:
inficitur teneras ore rubente genas. Ov. am. I 8, 35: decet alba quidem
pudor ora; ib. III 3, 6: niveo lucet in ore rubor. Ps. Ov. her. 19 (20),
120: quique subest niveo lenis in ore rubor. Sen. Phaedr. 384: ora
tingens nitida (Markland: nivea) purpureus rubor. Stat. Theb. I 537:
pariter pallorque ruborque Purpureas hausere genas. Ib. XI 336: alter-
nos vultus pallorque ruborque mutat. Id. Ach. I 161: niveo natat igni
in ore purpureus. Claud. epith. Pall. et Cel. 41: niveas infecerat igni
Solque pudorque genas. Id. rapt. Pros. I 271: niveos infecit purpura
vultus. Dracont. 2, 67: illi purpureo niveo natat ignis in ore; ib. 8, 499:
venit pallente rubore, Nam flammis perfusa genas albentibus ibat; ib. 10,
229: permixto pallore rubens; ib. 13, 9: pallens herba rubet: color est
hic semper amantum Maximian. 1, 133: pro niveo rutiloque prius nunc
inficit ora Pallor; id. 4, 29: subito inficiens vultum pallorque ruborque.
Orest. trag. 524: pallida puniceo perfundens ora cruore. Dazu vgl. man
das ausführliche, an Hom. Il. IV 141 sich anlehnende Gleichnifs bei
Verg. Aen. XII 66 ff.

lich hervortreten zu lassen (Verg. ecl. 6, 75 und Ciris 59: candida succinctam latrantibus inguina monstris. Prop. V (IV) 4,
40: candidaque in saevos inguina versa canes); ferner die Schenkel (Ps. Tib. IV 3, 10. Nemesian. Cyneg. 00) und Füfse
(Hor. C. IV 1, 27). Zur schärferen Beleuchtung des Weifs dient
auch hier bisweilen noch die Hervorhebung bunter, zumal rother
Tracht; so Eleg. in Maec. 61: subducere vestem Brachia purpuream candidiora nive. Nemes. Cyneg 90: candida puniceis
aptantur crura cothurnis; auch blutiger Wunden, wie Ps. Tib. IV
3, 10: candidaque hamatis crura notare rubis. — Durchmustern
wir die zahlreichen von uns angeführten Stellen, so mufs eines
auffallen: während im allgemeinen, wie wir oben sagten, der Gebrauch von candens gegenüber dem von candidus resp. candor
sich etwa wie 1:5 verhält, kommen hier unter 114 Stellen, die
sich auf den candor des menschlichen Körpers beziehen, nur zwei
Stellen vor, wo anstatt candidus resp. candor das Partic. candens
gebraucht ist, nämlich Hor. C. I 2, 31: candentes humeri, und
Tib. I 8, 33: candentes lacerti. Das stimmt zu dem oben von
uns Gesagten, dafs candens sich mehr dem albus, dem gewöhnlichen Weifs, nähert, als candidus, wofür wir auch weiterhin noch
andere Belege finden werden.

Für die weifsen Haare ist candidus beträchtlich seltner
als canus, und auch seltner als albus. Wir finden sie sowohl
durch candidus bezeichnet (Ps. Verg. Cir. 121: candida caesarie
tempora. Val. Fl. VI 61: candidus crinis. Mart. VII 89, 3
candidas .. comas. Auson. XIX 38, 4: caput ... candidum.
P. L. M. 19, I 46: candida tempora), als durch candere (Prop.
III 10 (II 18), 5: si iam canis aetas mea candeat annis. Ps.
Verg. Cir. 320: candentes canos) und candescere (Tib. I 10, 43:
caput candescere canis). Im allgemeinen hat man dabei wohl
an silberweifses Haar zu denken; doch ist das nicht in allen
Fällen so genau zu nehmen, da wir an verschiedenen Stellen die
canities der Haare mit dem candor zusammen verbunden finden.
Wenn Verg. ecl. 1, 27 fg. den Tityrus sagen läfst: Libertas;
quae sera, tamen respexit inertem, Candidior postquam tondenti
barba cadebat, so geht das auf einen »etwas weifsen«, also grau-

melirten Bart eines alternden Mannes. [1]) — Die Zähne heifsen
bei Cat. 39, 1 candidi dentes, hier mit sehr bestimmter Hindeutung, wie der Zusammenhang ergiebt, dafs sie glänzend weifs
sind, wogegen A. L. 114, 8 bei candentes dentes nur an den
Gegensatz der weifsen Zähne zu den rosea labia gedacht ist. —
Dafs Gebeine candida genannt werden, ist auch nur vereinzelt,
gegenüber der häufigen Anwendung, die wir hierfür bei albus gefunden haben; ich kann nur Ps. Tib. III 2, 10: candidaque
ossa super nigra favilla teget, und ebd. 17: ossa Incinctae nigra
candida veste legent, dafür anführen, wo beide Male der Gegensatz der weifsen Knochen gegen die schwarze Asche resp. die
schwarzen Trauerkleider den Dichter veranlafst hat, die stärkere
Farbenbezeichnung zu wählen.

Sehr häufig ist dagegen, wenn wir nunmehr zur Thierwelt
übergehen, der Gebrauch von candidus für Pferde, zumal (wie
bei albus) für Triumphalgespanne; Verg A. III 358: candore
nivali; XII 84: qui candore nives anteirent. Ov. met. VIII 373:
nive candidioribus equis; ib. XII 77. Sil. It. IV 219. Claud.
cons. Stilich. II 369; id. VI cons. Honor. 370; ib. 476 u. 507.
Il. Latina 733. Mart. Capell. II 126. Wie wir gern von schnee-
weifsen Rossen sprechen, so finden wir auch hier mehrfach den
Vergleich mit dem Schnee gewählt; ein Unterschied im Gebrauch
von candidus und candens liegt jedoch nicht vor, wie ja denn
überhaupt der dichterische Sprachgebrauch im allgemeinen der
war, dafs zwar candidus fast durchweg für schimmerndes Weifs
und nur ausnahmsweise für Weifs schlechthin oder gar für mattes
Weifs verwendet wurde, candens dagegen zwar sehr häufig in der
letzteren Bedeutung, aber nicht minder oft auch ganz mit candidus identisch gebraucht wird. — Es folgen die glänzendweifsen

---

[1]) Servius z. d. St. will allerdings, weil unter der Person des Tity-
rus hier Vergil selbst spreche, candidior nicht auf barba beziehen, da
Vergil damals erst 28 Jahre alt gewesen sei (nam XXVIII annorum bar-
bam quivis potest metere, sed non canam), sondern auf die libertas.
Allein die Allegorie geht nicht so weit, dafs überall in der Rolle des
Tityrus Vergil zu suchen ist; gerade die candidior barba entspricht dem
Gedanken, dafs die libertas sera kam.

Rinder, sowohl in Beziehung auf Opfer (Verg. A. IV 61; V 236;
IX 628. Ov. met. XII 248; trist. IV 2, 5. Senec. Agam. 364;
Oed. 303; Med. 60. Stat. Ach. I 315; Theb. VI 865. Inc.
Nux 173), als ohne dieselbe (Varr. Sat. Men. p. 146, 4. Ov.
am. III 5, 10. Stat. Theb. IX 334. Sil. It. IV 548. Dracont. 8, 418). Wenn auch hier der Gebrauch von candidus und
candens wechselt, so kann man sich erinnern, dafs unter den
Rinderheerden Italiens neben blendend weifsen auch silbergraue
sehr häufig anzutreffen sind. — Nur spärlich sind Schafe oder
Widder mit candidus verbunden (Lucr. II 322. Verg. Geo.
III 387); ferner haben wir auch hier die albanische Sau
anzuführen, obgleich für diese, der etymologischen Spielerei wegen, albus häufiger ist, vgl. Verg. Aen. VIII 82. Iuv. 12. 72;
und wenn Iuv. 10, 355 von einem candidulus porcus spricht, so
liegt darin für den, der nicht an unsere Schweinerace, sondern
an die glatten Thierchen im Süden denkt (wie nach einer bekannten Anekdote das Kind ausruft: Ho veduto un piccolo ani-
male nero tutto bianco!), nichts Verwunderliches. [1]

Unter den Vögeln steht in erster Linie wiederum der
schneeige Schwan, für dessen Gefieder der candor so recht die
passende Bezeichnung ist; vgl. Verg ecl. 7, 38; Aen. IX 563.
Ov. her. 15 (16), 250 Lucil. Aetn. 89. Sil. It. XIII 116. Mart.
I 115, 2. Mart. Capell. IX 918. Wenn bei Germanic. Arat.
465 auch das Sternbild des Schwans candidus cycnus heifst, so
kann dabei ebensogut die Farbe des Schwans selbst, als der
Glanz des Gestirnes (vgl. unten) mafsgebend gewesen sein. Seltner dagegen ist die Benennung für Tauben (Stat. Theb. XII 20.
Dracont. 10, 158); [2] Gänse (Lucr. IV 681. Nemes. Cyneg. 314,
A. L. 406, 2) und Störche (Verg. Geo II 320. Ov. met

---

[1] Die weifse Hirschkuh bei Sil. It. XIII 116 ist poetische Erfindung.

[2] Wenn bei Stat. Theb. IX 768 die boeotische Stadt Thisbe candida heifst, so ist dabei vielleicht die Taubenzucht, um deren willen der
Ort berühmt war (vgl. Ov. met. XI 300. Stat. Theb. VII 261), die Veranlassung gewesen.

VI 26);[1]) Claud. in Eutr. I 318 gebraucht candor auch vom
sprichwörtlichen weifsen Raben, für den albus sicher mehr
angebracht ist. Ebenfalls aus später Quelle ist die candens sepia
A. L. 295, 2; es handelt sich dabei um den Gegensatz des Aeufsern
gegen den schwarzen Saft des Thieres.

In der Pflanzenwelt behaupten ebenfalls die Lilien den
Vorrang, meist candida lilia genannt (Verg. A VI 708. Prop.
I 20, 38. Ov. met. IV 355; ib. V 392. Calpurn. ecl. 3, 53
u. 6, 33. Nemes. ecl. 2, 47. A. L. 420, 111. Dracont. 10, 116;
vgl. Mart. I 115, 3 und die Stellen mit candor, Claud. epith.
Pall. et Cel. 126. A. L. 214. 4. Dracont 6, 8), viel seltner
candentia (Claud. laus Seren. 90. A. L. 420, 38; vgl. Nemes.
ecl. 4, 22: nec semper lilia candent. Bei Ov. met. XII 441
lesen die neueren Herausgeber: canentia lilia), was das oben über
den Gebrauch von candens Gesagte bestätigt. Neben den Lilien
kommen andere Blumen kaum in Frage; die Blüthe des Ligu-
sterstrauchs nennen Ov. met. XIII 789 Mart. I 115, 3. Claud.
in Eutrop. I 348, sämmtlich für Vergleiche; eine ganze Reihe
von Sträuchern finden wir im zehnten Buch des Columella als
candida bezeichnet (97 leucoia, 186 lactuca, 254 beta, 396 cucumis, 402 fiscella), den Balsamstrauch bei Stat. Silv. III
2, 141: candida opobalsama; die Weifspappel heifst bei Verg.
Ecl. 9, 41 candida populus, was neben dem sonst üblichen populus alba eben so gerechtfertigt ist, wie unsere botanische Bezeichnung Silberpappel. — Unter den Früchten sind es die
Aepfel, bei denen einige Male die Weifse gerühmt wird, freilich nur in Verbindung mit der die Reife andeutenden Röthe;
so Ov. met. III 483: poma . . . candida parte, parte rubent.
Ps. Tib. III 4, 34: candida mala rubent. A. L. 408, 10: candida . . . sanguine poma rubent.

Im Mineralreich ist zu nennen der Marmor oder sonst
weifser Stein (Kalkstein); so Mart. VI 13, 3: candida lygdos,

---

[1]) Vgl. ferner noch Ps. Verg. Cir. 205: candida ciris. Wenn A. L.
320, 1 vom capo phasianicus es heifst: Candida Phoebeo praefulgunt
ora rubore, so scheint hier candidus ausnahmsweise von glänzend rother
Farbe gebraucht zu sein.

und daher auch candens Paros bei Ap. Sid. carm. 22, 140, namentlich aber die daraus gefertigten Gegenstände oder Bauwerke, wie Bildsäulen, A. L. 210, 1: die weifsen Stimmsteine (s. den Abschn. am Ende), Altäre, Ov. Fast. IV 394. Mart. IX 90, 17; bei Ov. ex P. III 2, 53 mit malerischem Hinweis auf den Kontrast des darauf vergossenen rothen Blutes: araque quae fuerat natura candida saxi, Decolor adfuso tincta cruore rubet; ferner Häuser und Mauern, vgl. candida tecta, Ov. tr. I 9, 7. Claud. cons. Stilich. II 227; area, Stat. Silv. II 2, 89; villa, Hor. ep. 1, 29: moenia, Rutil Namat. II 63; und bei Ov. met. X 595 wieder malerisch: cum super atria velum Candida purpureum simulatas inficit umbras; oder auch Ortschaften, welche auf weifsen Kalkfelsen liegen und daher weit ins Land hinein schimmern, wie Anxur, Hor. Sat. 1, 5, 26: saxis late candentibus Anxur, bei Mart. V 1, 6 direkt candidus Anxur genannt, oder bei Prop. IV 15 (III 16). 3 die candida culmina von Tibur. — Wenn es bei Ps. Verg. Cir. 102 heifst: candida Thesei Purpureis late ridentia littora conchis, so hat man da wohl nicht, wie oben S. 11 bei albicans litus an die weifse Meeresbrandung, sondern, worauf der Gegensatz zu den purpurnen Muscheln hindeutet, an weifsen Ufersand zu denken, wie auch Sil. It. X 205 von candentes arenae spricht; denn es liegt an letzterer Stelle durchaus kein Grund vor, hier candens mit glühend heifs zu übersetzen. — Weiterhin haben wir noch einiges vereinzelte aus diesem Gebiete anzuführen: so das Silber (nur einmal im Vergleich, Mart. I 115, 3; wenn Auson. Mosell. 231 den Spiegel candens honor nennt, kann man wohl überhaupt an Metallspiegel denken); häufiger das weifsglühende Eisen, Lucr. VI 148: candens ferrum, ebenso Ov. Fast. IV 287; candens ensis, Verg. A. XII 90; chalybs, Sil. It. I 171, wobei man allerdings, zumal überall candens steht (das Partic., weil es sich um eine vorübergehende, nicht um eine dauernde Eigenschaft des Eisens handelt), auch blofs die Bedeutung des Glühens oder Erhitztseins annehmen kann. — Endlich kämen auch die beiden

weifsen Schminken, die Kreide (Ov. a. a. III 199) und das
Bleiweifs (Mart. IV 25, 2) in Betracht.[1])

Unter den Naturprodukten nennen wir wiederum zunächst
die Wolle (»die schimmernde Wolle«, bei Schiller), wobei es
sich zunächst um das Rohprodukt, nicht um Gewebe handelt
(Catull. 64, 318. Calpurn. ecl. 5, 71, wo fusca lana den Gegensatz bildet; Sen. lud. Claud. 4 v. 5. Stat. Silv. I 4, 123);
ferner die Milch (Lucr. I 258. Varr. Sat. Menipp. p. 102, 1;
ib 145, 4. Ov. her. 15 (16), 249; ex Pont II 5, 37), in der
Regel zu Vergleichen benutzt, wobei wohl auch hervorgehoben
wird, dafs es sich um frischgemolkene Milch handelt, die ja in
der That weifser ist als abgestandene (Ov. am. III 5, 13: candidior, quod adhuc spumis stridentibus albet, Et modo sicca-
tam, lacte, relinquit ovem); auch Käse (Ov. Fast. IV 371) und
das Weifse des Eies (Mart. XIII 40, 1. Seren. Samm. 764;
1043; 1047). Wenn Ov. met VIII 677 die Wabe candidus
favus nennt, so ist dabei wohl nicht das weifsliche Wachs gemeint, sondern der darin enthaltende, weifs schimmernde Honig
selbst, der bei Ov. Fast. III 762 candida mella heifst (Ov. ebd.
I 186 liest Peter mit einigen Hss.: et data sub niveo candida
mella cado, dagegen Merkel mit anderen condita. Vielleicht ist
hier auch anstatt sub cado, was mir wenig passend erscheinen will,
sub favo zu lesen). Da es in der That Honig giebt, welcher
weifsliche Farbe hat, so kann man auch hier neben der Bedeutung des Schimmers noch die der weifsen Farbe beibehalten;
sonst ist allerdings flavus das gewöhnlichere Attribut für den
goldgelben Honig. — Das Weifsbrot heifst in Prosa häufig
panis candidus; in der Poesie habe ich nur das späte candens
quadra gefunden, A. L. 291, 6. Für den weifsen Wein wird
candidus nicht gebraucht, doch hat Tib. I 5, 24 candida musta,
was auf Most von weifsem Weine geht, vgl. Plin. XXIII 29:
musta differentias habent naturalis has, quod sunt candida aut

---

[1]) Welchen Edelstein Prisc. carm. 2, 855 mit den Worten: gemma-
que, quae radios emittit candida solis, meint, weifs ich nicht zu sagen;
vielleicht den Diamant, event. den Opal.

nigra aut inter utrumque. — Sehr bezeichnend ist candidus für
das Elfenbein oder für daraus gefertigte Gegenstände (Catull.
64. 45. Verg. A. VI 895. Ov. ex P. III 3, 98); und da, wo
das Material nicht angegeben ist und der Gegenstand nur candidus genannt wird, wie Bettfüfse (Cat. 61, 111), die Griffe
(cornua) einer Bücherrolle (Ov. tr. I 1, 8), ein Plectrum (Mart.
XIV 167, wo allerdings manche Handschr. garrula lesen), hat
man sicherlich an Elfenbein zu denken. — Endlich sind noch
die Perlen hier anzuführen (Sil. It. XII 66. Claud. VI cons.
Honor. 528).

Vom Wasser wird albus. wie wir gesehen haben, nur gebraucht, wenn dasselbe im Zustande des Schaumes oder
durch Schwefelbestandtheile weifslich ist. Beide Fälle
kommen auch hier in Betracht: für Schaum der Wellen, wenn
auch nicht candidus, so doch candere (Lucr. II 767: vertitur
in canos candenti marmore fluctus) und incandescere (Cat. 64, 13:
spumis incanduit unda); und der schwefelhaltige Nar heifst bei
Mart. VII 93, 1 candidus amnis. Indessen wird candidus doch
noch in weiterem Sinne gebraucht, als albus, indem es von ganz
klarem, farblosem und durchsichtigem Wasser gesagt wird.
Diese Bedeutung hat es offenbar bei Mart. VI 42, 19: quae tam
candida, tam serena lucet, Ut nullas ibi suspiceris undas Et cre-
das vacuam nitere lygdon. Bei Val. Fl. IV 97: (Sol) traxit
diem candentibus undis, kann man freilich eher daran denken,
dafs der Augenblick gemeint ist, wo die Sonne zuerst voll das
Meer bescheint, da hierfür der Ausdruck candere auch sonst gebräuchlich ist; vgl. die Beispiele unten und Enn. trag. frg. 332
(Vahl.): lumine . . . terra et cava caerula candent.

Ungemein häufig ist candidus als Attribut für Schnee und
Eis. In den meisten Fällen handelt es sich da wieder um Vergleiche. indem Kleider, Pferde, Frauenkörper u. dgl. als weifser
denn Schnee gepriesen werden; so Cat. 80, 2. Verg. A. XII 84.
Eleg. in Maecen 62. Ov. am. III 5, 11; ib. 7, 8; her. 15
(16), 249; met. VIII 373; ex Pont II 5, 38. Sil. It. XIII 116.
Mart. I 115, 3; IV 42, 5; VII 33, 2; XII 82, 7. Auson. IV
5, 6. Claud. epith. Pall. et Cel. 126. Coripp. Iust. I 328;

doch kommt in einzelnen Fällen auch der Schnee als solcher in Betracht (Ov. a. a. II 232; trist. III 10, 10 u. 22. A. L. 107, 1. Claud. bell. Poll. 345) oder die damit bedeckten Berge und Länder (Hor. C. I 9, 1; III 25, 10. Senec. Herc. Oet. 1052. German. Arat. 584. Stat. Theb. IV 290). Ausdrücklich wird bisweilen hervorgehoben, dafs der Dichter ganz frisch gefallenen Schnee meint, der sich seine jungfräuliche Weifse noch bewahrt hat, Ov. am. III 5, 11: candidior nivibus, tunc cum cecidere recentes; ex P. II 5, 38: non calcata candidiore nive. Wenn hierbei unter den 26 Fällen, die wir aufgezählt, sich nur dreimal candens findet (Stat. Theb. IV 290. A. L. 107, 1 und Claud. bell. Poll. 345), sonst immer candidus resp. candor, so entspricht das zwar ungefähr dem Verhältnifs, das wir oben im allgemeinen für candidus und candens constatirt haben, verdient aber immerhin, da es sich um einen so ausgesprochen weifsen und schimmernden Gegenstand, wie Schnee, handelt, Beachtung. Für den Reif (sonst meist cana pruina) findet sich candere nur in späten Stellen (Avian. fab. 34, 7. Claud. VI cons. Hon. 476; epist. 2, 15. Mart. Cap. II 116).

Sodann ist ebenfalls sehr oft angewandt, und zwar schon in unsern frühesten Quellen, candere und candidus für die Sonne und deren Glanz. Es ist bald der Himmelskörper selbst oder das von ihm ausgehende Licht, welches so bezeichnet wird (Enn. trag. frg. 318 Vahl.: candentem in coelo facem; ib. 367: hoc lumen candidum; ib. 402: hoc sublimen candens; Ann. frg. 93: candida lux. Naev. frg. 51 Ribb.: solis candor. Lucr. V 282; ib. 1194. Ps. Verg. Culex 43. Ov. met. VI 49. Ps. Tib. IV 1, 65. A. L. 139, 3), bald der personificirte Sonnengott, Sol oder Phoebus selbst oder sein Wagen (Enn. Ann. frg. 548: radiis rota candida. Attius frg. 518 Ribb.: Sol ... candido curru. Incert. trag. 183 Ribb.: qui per caelum candidus equitas. Verg. A. VIII 728: candentis Phoebi. Ov. met. XV 30. Val. Fl. III 559. A. L. 139, 43. Coripp. Ioh. II 158 u. III 26), bald die vom Sonnenlicht beleuchteten Gegenstände (Pacuv. frg. 88 Ribb.: terra .. solis exortu capessit candorem; Enn. trag. frg. 322, s. oben S. 27). Wie wir diesen candor solis zu verstehen haben, das zeigt am deutlichsten Ov. met. XV 193: mane rubet, terraque rubet cum conditur ima: candidus in summo est. Es ist also nicht der rothe Schein der auf- oder untergehenden Sonne, sondern der blendende, eigentlich farblose Schimmer des Tagesgestirns, welcher durch candor gekennzeichnet wird. Ebenso bekommt das Licht überhaupt oder helle, klare Luft diese Bezeichnung (Plaut. Amphitr. 547. Lucr. IV 338: V 776. Stat. Silv. III 1, 71. Rut. Nam. I 197) und schöne, sonnenhelle Tage (Ov. her. 15 (16), 318: trist. II 142: Fast. I 637: V 548. Petron. frg. 41, 2), diese dann auch im übertragenen Sinne von glücklichen, ungetrübten Tagen (candidi soles, Catull. 8, 3). Wenn bei Hor. C. III 7, 1 auch der Favonius candidus genannt wird, so ist (wie oben beim Iapyx und Notus, s. S. 14 f.) die aufheiternde Wirkung des Windes dabei der Grundgedanke. — Aber auch die andern Himmelskörper, die nicht den überwältigenden Glanz der Sonne, sondern milderen Schimmer haben, werden candida genannt: so der Mond (Verg. Aen. VII 8; Ciris 37. Ov. met. IV 332. Petron. sat. 89 v. 54) und sehr häufig die Sterne (Plaut. Rud. 3. Lucr. V 1208. Cic. Arat. 174: 248: 249: 410. Cic. ap. Prisc. II p. 105, 9. Hor. C. III 15, 6. Verg. Geo. I 217. Manil. Astr. I 322: ib. 703: 711: 715: 756: 802: V 217. German. Arat. 41; 203; 233; 480. Senec. Phaedr. 340. Val. Fl. VII 22; von der Milchstrafse Ov. met. I 169). Der Begriff des Weifsschimmerns bleibt auch hierbei sicherlich bestehen: wir, die wir kein dem candor entsprechendes Wort haben, sprechen daher gern vom silbernen Mond und Sternen und geben damit denselben Eindruck wieder, den der Römer durch candidus bezeichnen will. — Hingegen erscheint candidus für den mehr röthlichen Schimmer einer Flamme sehr wenig passend. Wenn bei Enn. Ann. frg. 157 es heifst: prodinunt famuli: tum candida lumina lucent, so kann man allerdings wohl nur an Fackeln denken: es heifst also da »schimmernd« schlechtweg, eine Bedeutung, die für candere gerade in der älteren Poesie gewöhnlich gewesen zu sein scheint, wenigstens darnach zu urtheilen, dafs wir es bei Ennius nur in diesem Sinne, und nicht weniger als siebenmal, dazu in den

Fragmenten anderer älterer Tragiker viermal, ebenfalls im Sinne des Schimmerns, finden: eine Thatsache, die man wohl darauf hindeuten darf, dafs diese, wie wir oben angenommen haben ursprüngliche Bedeutung des Wortes gegenüber der abgeleiteten Bedeutung ›weifs sein‹ in der älteren Poesie noch überwog. Wenn es aber bei Val. Fl. VIII 247 heifst: sed neque se pingues tum candida flamma per auras Explicuit nec tura videt concordia Mopsus, vom Vermählungsopfer des Jason und der Medea, so möchte ich hier, mit Rücksicht auf den Zusammenhang, candidus nicht als Bezeichnung des farbigen Glanzes fassen, sondern eher im Sinne von ›rein‹ oder ›ungetrübt‹, wie man ja auch von einer vox candida spricht, Plin. XXVIII 58, oder von omina candida, glückverheifsenden, Prop. V (IV) 1, 67 und dergl. Die Flamme kann sich in der dicken Luft (pingues aurae) nicht hell und klar entwickeln, und dies giebt ein ungünstiges Vorzeichen für die Ehe ab.

Unter den gewerblichen Produkten ist es selbstverständlich abermals die Tracht, und zwar wesentlich die festliche und die priesterliche weifse Kleidung, auf welche die Mehrzahl der Belegstellen entfällt; vgl. candida vestis, toga, velamina u. ä., Plaut. Casin. 767. Titin. frg. 167 Ribb. Cat. 64, 308. Ps. Verg. Cul. 130. Ov. her. 4, 71; 10, 41. Val. Fl. III 432. Stat. Silv. II 7, 10; Theb. VII 654. Dracont. 8, 617. Coripp. Ioh. I 260; Iust. II 117; auch candida (Neutr. plur.) bedeutet weifse Gewänder, Mart. II 46, 5; VIII 28, 16. Wie albus, so wird auch candidus oft im Sinne von weifsgekleidet (das prosaische candidatus nur bei Plaut. Rud. 270) gebraucht, Mart. IV 2, 4. Coripp. Iust. II 101; candida Roma, Mart. VIII 65, 6; exercitus, Claud. nupt. Hon. et Mar. 295; curia, id. in Eutr. I 308; namentlich candida turba, Tib. II 1, 16. Ov. Fast. II 654; ib. IV 906. Coripp. Iust. III 161. — Auch weifse Binden, infulae (Lucan. II 355; V 144) und Decken (Hor. S. II 6, 103) gehören hierher. Im allgemeinen hat man bei der Tracht u. dgl. sowohl an wollene, wie an linnene Stoffe zu denken, obgleich, wo es sich um römische Tracht oder um Binden handelt, durchschnittlich Wolle als Stoff anzunehmen ist;

aber auch der »schneeige Lein«, für den albus, wie wir erwähnten, eine ungewöhnliche Bezeichnung ist, wird gern in seiner schimmernden Weise durch candere bezeichnet, sei es nun, dafs es sich um leinene Tücher oder Kleider (Mart. XII 82, 7. Stat. Silv. I 6, 31. Val. Fl. VI 225; vgl. Grat. Cyneg. 44), um Zelte (Ov. met. VIII 43. Val. Fl. II 447. Cor. Ioh. II 273) oder um Segel handelt (Cat. 64, 235. Prop. I 17, 26. Ov. a. a. II 6; Fast. V 162. Lucil. Aetn. 585. Val. Fl. I 381. Orest. trag. 43). — Für Schuhwerk, das ja nur selten aus weifsem Leder gefertigt wurde, kommt candidus nur einmal vor, Mart. VII 33, 2.

Von sonstigen Dingen haben wir endlich noch anzuführen Krystall oder Glas, welches um des Gegensatzes zu dem darin enthaltenen rothen Weine willen candidus heifst bei Mart. VIII 77, 5: candida nigrescant vetulo crystalla Falerno, und, wie bei albus, den weifsen Spielstein (A. L. 372, 2) und Stimmstein (Varr. Sat. Men. p. 165, 9 Pers. 2, 2. Mart. XII 34, 7); hier kommt denn der glückverheifsende Sinn der weifsen Farbe hinzu, sodafs halb in eigentlicher Bedeutung, halb in übertragenem Sinne Ov. met. XV 47 von einer candida sententia sprechen kann und Catull. 68, 148 von einem lapis candidior.

3. Niveus, lacteus, eburneus, marmoreus, argenteus.

Von den am häufigsten zu Vergleichen benutzten, durch blendende Weifse sich auszeichnenden Dingen werden Adjectiva gebildet, welche, ursprünglich den Stoff selbst bedeutend, in erweitertem Sinne und namentlich von den Dichtern mit Vorliebe als Farbenbezeichnungen für weifs verwandt werden: es sind dies die oben genannten: Schnee, Milch, Elfenbein, Marmor und Silber. Die Bedeutung dieser Epitheta liegt fast überall so klar am Tage, dafs wir darüber nicht zu sprechen und nur die Dinge anzuführen haben, zu denen sie von den Dichtern gesetzt werden.

Niveus (die Form nivalis ist in dieser Bedeutung sehr selten, vgl. Verg. A. III 538. Stat. Theb. VI 524), »schneeig, schneeweifs«, ist unter allen diesen Epitheta weitaus am häufigsten und in den mannichfaltigsten Fällen zur Anwendung gekommen. Ganz besonders beliebt ist es (darin dem candidus entsprechend, dem alle diese Bezeichnungen näher stehen, als dem albus) für den Körper resp. Teint von Frauen und Mädchen, von Knaben und Jünglingen, wie ja auch bei uns gerade hierfür schneeweifs ein gern gebrauchtes Attribut ist (vgl. Schneewittchen). Es wird daher sowohl direkt zu puella oder zum Namen der betreffenden Person gesetzt (niveae Ov. a. a. III 189 u. 309; nympha, Fast. I 427; puellae, P. L. M. 53, 242; mit Eigennamen Verg. A. XI 39; id. Catal. 11, 1. Prop. III 5, 37 (II 13, 53). Mart. XI 22, 1. Dracont. 9, 75; 10, 426; vergl. ferner: nivea proles, Sen. Agam. 216; nivei coetus, Claud. in Olybr. et Prob. 248; niveae turmae, id. rapt. Pros. II 64), als verbunden mit corpus (Ov. am. III 2, 42; met. X 432. Ps. Tib. III 4, 30), artus (Cat. 64, 364. Val. Fl. I 219. Sil. It. XII 243. Stat. Silv. I 2, 20; ib. II 3, 32. Ps. Verg. Cir. 399. Dracont. 7, 22), membra (A. L. 210, 5); ferner mit color (Hor. C. II 4, 3. Ov. Fast. II 763. Nemes. ecl. 4, 44. A. L. 518, 1. Maximian. 5, 26) und candor (Ov. met. III 423) oder decus (A. L. 511, 1). — Sehen wir die einzelnen Theile des Körpers durch, zu denen es gesetzt wird, so finden wir auch hier wieder besonders das Gesicht genannt, os, ora (Ov. am. III 3, 6; her. 19 (20), 120. Senec. Phaedr. 384, hier aber erst nach der Emendation von Markland nivea ora für nitida. Stat. Ach. I 161. Dracont. 2, 67. Maximian. I 133), vultus (Stat. Silv. I 2. 23 und 244. Claud. rapt. Pros. I 271); ferner die Stirn (Ov. met. X 138. Sil. It. VII 446. Stat. Silv. III 4, 86; Theb. IX 787), auch die Wangen, obgleich diese nicht durch klassische Beispiele zu belegen (Claud. epith. Pall. 41. Coripp. Iust. II 75), und Ohren (Mart. IX 59, 18); weiterhin Hals (Verg. Cir. 170), Schultern (P. L. M. 42, I 84), Brust (Tib. I 4, 12. Manil. Astr. I 751. Sen. Herc. fur. 549. Stat. Theb. IX 883. Mart. XIV 149, 2. Claud. carm. min. 14 (69), 3. Dracont. 8, 204), Arme (Verg. A. VIII 387. Ov. am. II 16, 29. Petron. sat. 124 v. 249. Sil. Ital. XIV 496. A. L. 396, 28. Claud. in Olybr. et Prob. 87; in Eutrop. II 187. P. L. M. 42, I 76),

Hände (Cat. 63, 8. Prop. IV 5 (III 6), 12), Finger (Mart.
VI 3. 5. Maximian. 4, 11), Nacken (Ov. am. II 4, 41. Manil. Astr. V 555. Claud. laus Seren. 120), Seiten (Hor. C.
III 27, 25. Prop. IV 13 (III 14), 11. A. L. 39, 8) und Füfse,
pes (Cat. 61, 9. Tib. I 5, 66. Ps. Verg. Lydia 10. Manil.
Ast. V 519) oder planta (Stat. Ach. I 100. Claud. nupt. Hon.
et Mar. 152). Von der malerischen Hervorhebung des Gegensatzes der weifsen Haut zu der Röthe des Blutes ist schon oben
die Rede gewesen, vgl auch Stat. Theb. IX 883: ibat purpureus niveo de pectore sanguis, und Cat. 63, 8; auch andere
Farbenkontraste, in denen etwas recht gegen den schneeigen
Teint Abstechendes gewählt ist, dienen zur Hebung des Epithetons, so schmutziger Staub, Ov. am. III 2, 42: sordide de niveo
corpore pulvis abi, oder schwarze Tracht, Ov. a. a. III 189:
pulla decent niveas; schwarze Haare auf weifsem Nacken, id. am.
II 4, 41: seu pendent nivea pulli cervice capilli; gelbe Schuhe
am Fufs, Cat. 61. 9: niveo gerens luteum pede soccum.

Für weifses Haar kommt niveus seltner vor, als wir in
diesem Falle schneeweifs gebrauchen. Aus klassischer Poesie
wäre (neben Hor. C. IV 13, 12 capitis nives) Cat. 64, 309 dafür anzuführen, wenn hier anstatt des hdschr.: at roseo niveae
residebant vertice vittae mit Guarinus roseae niveo zu lesen wäre,
was wohl am meisten für sich hat und von Baehrens und Riese
aufgenommen worden ist. Aufserdem ist zu vgl. Ser. Samm. 50:
niveum depellere vultum, von weifsen Haaren im Gesicht, wo
crinem bereits Conjectur der Abschreiber ist; nivei cani hat der
späte Maximian. 2, 25. — Auch zu den Zähnen wird es gesetzt, Ov. her. 17 (18), 18. Mart. V 43, 1, wo nigri dentes
den Gegensatz bilden; Ser. Samm. 1030; von Thierzähnen Calpurn. ecl. 6, 45 (vom Eber) und Nemes. Cyneg. 164 (vom
Hunde).[1]

Unter den Thieren sind in erster Reihe wieder die Pferde
zu nennen, zumal die beim Triumph dienenden, Cat. 55, 26.
Verg. A. III 538. Tib. I 7. 8. Ov. a. a. I 214; ex Pont. II

---

[1] A. 114, 21: nivei latices vom männlichen Samen.

8, 50; Fast. VI 724. Stat. Theb. VI 330 u. 524; ib. XII 532.
Nemes. frg. 4, 20. Claud. bell. Poll. 127. Ap. Sid. carm. 9,
153; auch die dem Sonnengott und der Luna beigelegten Rosse
denkt man sich am liebsten von dieser Farbe (Ov. am. II 1,
24; rem. am. 258; Fast. IV 374). Für den Schaum, der an-
gestrengten Pferden vor das Maul tritt, gebraucht niveus Stat.
Theb. IV 245 und VIII 319. Dann folgen die Opferthiere
(Sen. Agam. 606. Val. Fl. I 90), besonders die Rinder (Prop.
III 12 (II 19), 26. Ov. am. III 13, 13; met. X 272; ex Pont.
IV 4, 31. Sen. Phaedr. 508. Sil. Ital. III 218; XIV 568);
doch gehört hier die reine weifse Farbe so sehr zur Schönheit,
dafs sie auch ohne jene Tendenz häufig hervorgehoben wird
(Verg. ecl. 6, 46 u. 53; Geo. I 15. Ov. am. II 12, 25; ib.
III 5, 23; met. I 652; II 852 u. 865; V 330; Fast. IV 826.
Ps. Tib. III 4, 67. Sen. Med. 61. Stat. Silv. I 4, 129; Ach.
I 315. Nemes. ecl. 4, 34. A. L. 4, 3. Auson. VIII 30). Dagegen
hat das Kalb, welches Hor. C. IV 2, 59 zum Opfer bestimmt,
nur einen weifsen Fleck auf sonst dunklem Fell: qua notam
duxit niveus videri, cetera fulvus. — Ferner die Schafe (Tib.
II 5, 38. Calpurn. ecl. 5, 37. Iuv. 12, 3. Prisc. carm. 2,
431, daher das Zeichen des Widders bei Manil. Astr. III 445:
nivei vellera signi), wozu noch unten die Stellen über die Wolle
zu vergleichen sind. — Vereinzelt ist dagegen der schneeweifse
Hund, Ov. met. III 218: niveis Leucon villis; und die nivei
lepores bei Calp. ecl. 7, 58 sind mir naturhistorisch nicht bekannt.

Unter den Vögeln gelten die meisten Stellen dem beliebten Dichtervogel, dem Schwan (Verg. Geo II 192; A. VII 699.
Ps. Tib. III 6, 8. Prop. IV 2 (III 3), 39. Ov. met. VII 379.
Manil. Astr. I 339. Grat. Cyneg. 77. Sen. Agam. 714. Val.
Fl. VI 102. Sil. It. VII 441. Stat. Theb. VIII 676. Dracont.
8, 453), der daher sogar als Sternbild noch niveus heifst (German. Arat. 615. Stat. Theb. III 534), und sicher sind die niveae alae, welche der Dichter dem Amor und der Victoria verleiht (Sil. It. XI 413 und XV 99) in Gedanken an die majestätischen Flügel des Schwanes erfunden. Schneeweifse Tauben

nennen Cat. 68, 125. Ov. met. II 536 f.; XIII 674; XV 715.
Sil. It. III 682. A. L. 550, 12. Dracont. 10, 156). Die Federn der Jagdnetze (Nemes. Cyn. 310) mögen ebenso wie die
der Helmbüsche (Sil. It. II 399; IV 13. Stat. Theb. IV 130)
von Schwänen oder Tauben herrühren, so weit nicht bei letzteren an Büsche aus weifsen Pferdehaaren zu denken ist.

Für Blumen kommt niveus selten als Attribut vor. Für
Lilien habe ich es auffallender Weise nirgends gefunden, sonst
von Liguster Ov. met. XIII 789; von Hyacinthen Colum.
X 100; von zarten Lauchstengeln (porri stipites) Mart. XIII
19, 2. Die nivea poma des Maulbeerstrauchs bei Ov. met. IV
89 gehören dem Verwandlungsmythus an.

Bei den Mineralien ist zuerst der Marmor anzuführen,
Ov. met. XIV 313, an den man auch bei den nivea metalla
des Sil. It. VIII 482 oder den niveae rupes des Stat. Silv. I
5, 3 zu denken hat, wie denn auch Paros deshalb nivea heifst,
Verg. A. III 126. Ferner aus Marmor gefertigte Dinge, wie
Bauwerke oder Theile von solchen (templum, Ov. Fast. I 637;
limen Phoebi, Verg. A. VIII 720; columnae, Sil. It. VI 664;
Claud. in Rufin. I 162. A. L. 531, 2), Bildsäulen (Mart. VII
50, 3. Stat. Theb. IX 636), Stimm- und Spielsteine (Ov.
met. XV 41. P. L. M. 15, 194). Wenn bei Stat Silv. II 3, 17
es heifst: niveae posuit se margine ripae, so hat man vermuthlich an marmorne Ufereinfassung zu denken, wie ebd. I 5, 51
bei dem niveus margo amnis. — Bezeichnend wird niveus auch
zu Perlen gesetzt (Mart. XII 49, 12. Ser. Samm. 944. Ap.
Sid. carm. 22, 54); an solche hat man auch zu denken, wo nivei lapilli genannt sind, wie Hor. S. I 2, 80; Boet. III 4, 2
(niveae gemmae, ib. III 8, 11) und Sen. Phaedr. 399, hier ausdrücklich donum maris genannt; vgl. Ov. a. a. IV 129: vos
quoque non caris aures onerate lapillis, quos legit in viridi decolor Indus aqua. — Zum Salz setzt niveus hinzu Claud. carm.
26 (49), 58 und Ser. Samm. 1105.

Unter den Naturprodukten begegnen wir wesentlich den
schon bei albus und candidus besprochenen: vor allem der Wolle,
vellus, lana, stamen, pensa (Verg. Geo. III 391. Tib. I 6, 80;

II 4, 28. Senec. Med. 99. Sen. lud. Claud. 4 v. 5. Val. Fl. I 431. Sil. It. XV 709. Claud. in Eutr. I 276. Ap. Sid. carm. 14, 2) und der Milch (Verg. ecl. 2, 20, wo allerdings Vofs nivei mit dem vorhergehenden pecoris verbindet, aber minder gut; Ps. Tib. III 2, 20; ib. 5, 34. Ov. met. XIII 829; Fast. IV 151 u. 780. Senec. Oedip. 507 u. 578. Seren. Samm. 338 u. 1034) nebst Käse (Calpurn. ecl. 2, 70. Nemesian. ecl. 3, 69); auch Mehl finden wir, vornehmlich das feine Weizenmehl (similago, Ser. Samm. 263) und den daraus bereiteten Brei, puls (Mart. V 78, 9 u. XIII 35, 2) oder das Brot (Mart. XIII 47, 1. Iuv. 5, 70). Ferner Eier (Ps. Verg. Cir. 490. Ser. Samm. 477); vereinzelt Wachs (Dracont. 10, 485), häufig dagegen wiederum Elfenbein (Ov. met. X 247. Lucan. X 144. Sil It. XI 581 u. XVI 206. Mart. VIII 51, 6 u. XIV 5, 2. Stat. Theb. IX 689. Ser. Samm. 547. A. L. 376, 2; auch die niveae sedes bei Cat. 64, 303 sind, nach v. 45 ebd., elfenbeinerne).

Weniger mit dem modernen Sprachgebrauch stimmt es, wenn Wasser schneeweifs genannt wird; es liegen hierfür aber eine Anzahl bestimmter Fälle vor. Zwar bei Naev. trag. frg. 7 (Ribb.) haben die Handschriften: animi iubeo fonte lavere me memini manus, und hier ist amnis niveo Conjectur Ribbecks (Bücheler: eam niveo). Dagegen heifst es bei Sen. Phaedr. 511 sq.: fessus gravi labore niveo corpus Elisso fovet (Rutgers conj. dafür vivo), und dies findet seine Stütze im Oedip. 433: qui bibet Gangen niveumque quisquis frangit Araxen. Bei Sil. It. IV 534 heifst es: monte procelloso Murranum miserat Anxur, Tritonis niveo te sacra, Phalante, profundo; und Mart. VII 32, 11 nennt das Wasser der aqua Virgo: niveae undae. Es ist dies so ziemlich der einzige Fall, wo die Bedeutung von niveus erweitert und in die von candidus, d. h. krystallklar, durchsichtig-schimmernd übergegangen ist. Dagegen bei Cic. frg. progn., de divin. I 7, 13: saxaque cana salis niveo spumata liquore ist die Bedeutung der weifsen Farbe, da es sich um den weifsen Gischt der Brandung handelt, festgehalten. — Nicht häufig ist es als Epitheton des Mondes (Ov. met. XIV 367. P. L. M. 59, 17) und vom Tageslicht (Ps. Tib. III 3, 25. A. L. 122, 2), in letzterem Falle schon etwas in übertragener Bedeutung, d. h. im Sinne von glückspendend, selig.

Was endlich die gewerblichen Produkte anlangt, so nimmt da wiederum die meisten Stellen die Kleidung in Anspruch, zumal die Festtracht (Ov. met. X 432; Fast. III 363. Ps. Tib. IV 2, 12. Phaedr. V 7, 36 sq. Sil. It. III 695; XV 31. Stat. Theb. VI 330. Mart. IV 34, 2; IX 49, 8); daher in dichterischer Sprache auch weifsgekleidete Personen direkt nivei genannt werden (Calpurn ecl. 7, 29: tribuni. Iuven. 10, 45: Quirites. Claud. IV cons. Hon. 568: cohortes). Da Weifs, wie bei uns, als Farbe der Unschuld und Reinheit gilt, so wird es auch Tracht der Pietas (Stat. Silv. III 3, 3) und daher auch in übertragenem Sinne mit derselben verbunden (id. Theb. XI 472), und ähnlich mit der simplicitas (Mart. VIII 73, 2). Ebenso finden wir niveus bei Binden (Verg. Geo. III 487; A. IV 459; VI 665. Ov. met. XIII 643. Val. Fl. II 271. Stat. Theb. II 738; III 467) und Schleiern (P. L. M. 42, I 67), bei Linnen überhaupt (Verg. A. I 469. Coripp. Ioh. II 273. Ven. Fort. II 3, 19) und den daraus gefertigten Polstern (Iuv. 7, 221). Ferner sind zu nennen die aus weifsem Leder gefertigten Schuhe (Ov. a. a. III 271. Phaedr. V 7, 37); vermuthlich hat man sich auch bei Calpurn. ecl. 6, 30 das capistrum niveum aus weifsem Leder zu denken. Die weifsen Melkeimer (mulctraria) bei Verg. Geo. III 177 entsprechen den oben S. 16 erwähnten; unsicher sind bei Verg. Copa 16 die nivei calathi, da die meisten Hss. hier das bessere vimineis anstatt in niveis bieten. Auch das Fafs, niveus cadus, bei Ov. Tr. I 186 ist mir nicht unverdächtig, da ich oben S. 28 dafür favo vermuthet habe. Wenn endlich Sil. It. IV 545 von nivea arma spricht, so hat Silius wohl silberne Rüstungsstücke dabei im Auge gehabt; man vgl. aber auch das griech. λεύκασπις, λευκόθωραξ u. dgl.

Lacteus, »milchweifs«, wird am häufigsten von der menschlichen Haut gebraucht; so von Mädchen Cat. 55, 17 (lacteolae puellae), von Kindern (vernae) Mart. III 58, 22; lacteus candor der Haut, Dracont. 2, 66; speciell vom Hals Mart. I 31, 6. Sil. It. IV 154; XVI 520. Stat. Silv. II 1, 50. Ap. Sid. carm. 11, 110; auch als Besonderheit der gallischen Race Verg. A. VIII 660; von der Brust, Mart. Cap. II 126. A. L. 396, 4; vom Nacken Verg. A. X 137. Maximian. 1, 93. Alle sonstigen Anwendungen sind durchaus vereinzelt: vom Schwan, Claud. VI cons. Honor. 174; Mohn, Verg. Catal. 3, 12; der Stengel der lactuca, Colum. X 188; vom weifsen Stimmstein, Mart. VIII 45. 2; von Gefäfsen, A. L. 341, 6; vom Mond, Mart. Cap. VI 585. Sonst kommt es noch als gewöhnliche Bezeichnung der auch bei uns vom selben Gleichnifs benannten Milchstrafse vor, die in Prosa meist via lactea heifst (so auch Ov. met. I 169), bei Dichtern auch circulus lacteus (Cic. Arat. 249) oder orbis (ib. 286. German. Arat. 457 sq. Manil. Astron. I 753), ferner plaga (Stat. Silv. I 2, 51), semita (Auson. II 3, 38) oder axis (Dracont. 5, 325). Auffallend ist die lacticolor spongia bei Auson. XVIII 15, 54, der zum Auswischen der Schrift dienende Schwamm.

Eburneus (oder eburnus) kommt in der Bedeutung »elfenbeinweifs« nur vom menschlichen Körper vor: allgemein A. L. 398, 1, oder von einer Jungfrau Ov. met. X 275; sonst von einzelnen Theilen, wie Hals (id. met. III 422; IV 335), Nacken (id. her. 19 (20), 57), Rücken (id. met. X 592), Arme (id. am. III 7, 7), Finger (Prop. II 1, 9). Dasselbe gilt von marmoreus, das von der Brust gesagt ist (Lucil. frg. 1038 Lachm.), von der Kehle (Sil. It. XII 246), vom Nacken (Verg. Geo. IV 523), von den Armen (Verg. Cir. 450), Händen (Ov. met. III 481. Mart. VIII 56, 14), Fingern (Ov. met. XIII 746. A. L. 274, 5) und Füfsen (Verg. Cir. 256. Ov. am. II 11, 15. Nemes. Ecl. 2, 21). Bei beiden Worten freilich mag der Begriff der Weifse nicht der allein dabei zu Grunde liegende sein, sondern auch der Vergleich mit einem aus Elfenbein oder

Marmor fein gemeifselten Bildwerke mit unterlaufen; doch liegt
offenbar nur der Begriff der weifsen Farbe vor, wenn Lucr. II
765 und 775 von marmoreus candor resp. color spricht. Bei
Ap. Sid. carm. 22, 138 heifst der gelbe numidische Marmor
eburnea saxa; vgl. ebd. 11, 19: eburnus lapis; allein hier bedeutet eburneus die Farbe des alten, gelbgewordenen Elfenbeins,
wie ebd. 5, 37: Nomadum lapis antiquum mentitur ebur, beweist. Wenn Verg. A. VI 727 das Meer marmoreus aequor
nennt, so brauchen wir nur daran zu erinnern, dafs die Dichter
überhaupt die weifs schäumende Meeresfläche gern marmor nennen.

Argenteus endlich ist im Sinne von 'silberweifs' nicht gerade häufig. Wir finden es, wie eburneus, wesentlich bei dem
dergleichen malerische Attribute liebenden Ovid, sonst nur hier
und da; und zwar als Epitheton von Schwänen (Mart. Cap.
IX 918), Tauben (Ov. met. II 536) und Gänsen (Verg. A.
VIII 655. A. I. 294, 1), bei Lilien (Prop. V (IV), 4, 25.
Ov. met. X 213); beim Mond (Ov. her. 17 (18), 21) und bei
einer Quelle (Ov. met. III 407), welche letzteren ja auch bei uns
gern als silbern bezeichnet werden.

II. Schwarz.[1])

1. Ater.

Wir haben schon oben bemerkt und einige Belegstellen dafür angeführt, daſs ater ebenso den Gegensatz zu albus bildet, wie niger zu candidus. Wie albus nur weiſs im allgemeinen oder ein stumpfes Weiſs bedeutet, so ist auch ater schlechtweg schwarz oder matt-schwarz, und wie albus vielfach überhaupt nicht eine weiſse, sondern überhaupt nur eine helle, schwache Farbe bezeichnet, so finden wir auch ater für Dinge gebraucht, die man kaum als schwärzlich, eher allgemein als dunkel bezeichnen dürfte.[2]) Allerdings wird ater verhältnifsmäſsig häufiger und in weiterem Sinne gebraucht, als sein Seitenstück albus, denn fast in allen Fällen, wo überhaupt die Dichter das Epitheton schwarz hinzufügen, finden wir eben so wohl ater als niger gebraucht; aber der Grad der Häufigkeit ist es, welcher in den einzelnen Fällen uns jenen Unterschied der Grundbedeutung erkennen läſst. Dazu ist dann noch eine Bemerkung zu machen: es ist ganz auffallend, wie spärlich die Dichter der späteren Zeit, namentlich die christlichen, das Wort ater anwenden, gegenüber niger. Erinnert man sich daran, daſs die romanischen Sprachen

---

[1]) Ueber niger und ater handelt Jacob, quaest. epicae p. 73. Marg l. l. p. 16.

[2]) Vgl. Doederlein a. a. O., dem in diesem Falle Marg mit Unrecht widerspricht, indem er behauptet, albus sei dem niger, candidus dem ater entgegengesetzt; er giebt übrigens selbst zu, daſs die Schriftsteller jenen von ihm aufgestellten Unterschied sehr häufig nicht beachteten. Mit einer allgemeinen Wendung könnte man sagen: etwas Häſsliches kann nicht candidum sein, wohl aber album; etwas Schönes kann unter Umständen nigrum sein, aber nicht atrum. So auch Jacob Quaest. epicae p. 73: per v. 'niger' res per se oculis non ingrata, immo pulchra, significari potest, sed per v. 'ater' res dira, quae nos moerore et tristitia implet. Die Ableitung des Wortes von αἴθω, ἄνθραξ, ardere ist zwar von den Etymologen vielfach angenommen, aber nichts weniger als gewiſs.

ihre Bezeichnungen für schwarz nur von letzterem Worte entlehnt haben (nero, noir), so dürfen wir darin wohl einen Beweis dafür erblicken. dafs gegen das Ende der heidnischen Latinität hin ater immer mehr von niger verdrängt worden ist.

Beim Menschen sind es begreiflicher Weise nur wenig Dinge, für welche ater in Betracht kommt. Zunächst die Hautfarbe, so weit es sich dabei um dunkelfarbige Aegypter (Plaut. Poen. 1291) oder direkt um Mohren handelt (Ov. am. I 13, 31 vom Memnon, den die Alten sich als Neger dachten; Auson. XIX 41, 9: (anus) ... atra colore, ut quae Niliaca nascitur in Meroe), weshalb auch Claud. carm. min. 27 (47), 19 Syene atra nennt; bei Catull. 39, 12 kommt sogar Lanuvinus ater vor, wo es sich doch jedenfalls nur darum handeln kann, dafs die Bewohner Lanuviums sich durch dunkleren Teint von ihren Nachbaren unterschieden. Allein, wie man sieht, sind das nur sehr wenig Beispiele; das gewöhnliche Epitheton ist vielmehr für Aegypter, Inder, Neger u. dgl. niger, für Angehörige der weifsen Race, die eine gebräunte Hautfarbe haben, fuscus. — Für schwarze Haare kommt ater nur ganz vereinzelt vor (Plaut. Merc. 306. Ov. am. I 14, 9); auch hier ist niger das gewöhnliche. Für schwarze Augen sucht man es vergeblich; dagegen nennt Sil. It. IX 399 so die leeren Höhlen ausgeschlagener Augen: atra manant Orbibus elisis et trunca lumina fronte. Mehrfach kommt es von schlechten oder unreinlich gehaltenen Zähnen vor, Caecil. Stat. frg. 268 Ribb. Hor. epod. 8, 3; Ep. I 18, 7 (dagegen ist bei Hor. epod. 6, 15: si quis atro dente me petiverit mit atro der übertragene Sinn von böse, mifsgünstig, verbunden). — Feststehendes Attribut aber ist ater für das Blut, selbstverständlich nicht blofs von Menschen, sondern auch von Thieren. Es ist klar, dafs damit nicht das helle, klare Blut, wie es im Körper pulsirt und unmittelbar bei einer Verletzung heraustritt, gemeint ist, sondern vielmehr das im geronnenen Zustande dunkel gewordene, welches auch wir schwarz nennen, wie der Grieche auch von μέλαν αἷμα spricht; daher findet sich nicht blofs sehr oft ater sanguis (Ennius trag. frag. 414 Vahl. Verg. Geo. III 221; ib. 507; A. III 28; ib. 33;

ib. 622. Ov. met. VII 259; XII 256. Grat Cyn. 353. Val.
Fl. VI 708; cf. V 176. Sil. It. VIII 646; IX 153; XIII 566.
Stat. Theb. VI 211), sondern ebenso cruor (Verg. A. IV 687;
IX 333; XI 646. Hor. ep. 17, 31; Sen. Oedip. 141; cf. Sil.
It. II 186), tabum (Verg. A. III 626; IX 472), sanies (Sil. It.
VI 236), namentlich wenn Mischung des Blutes mit Staub und
Schweifs hervorgehoben wird (Verg. A. II 272. Stat. Theb. VIII
712); daher auch das mit Blut gefärbte, wie Flüsse, Wagen u.
dgl. (Sil. It. II 186; ib. 686; VI 107),[1]) und Wunden (Verg.
A. IX 700. Lucan. VI 750. Sil. It. VI 68; IX 173. Ser.
Samm. 831). Damit hängt es dann weiter zusammen, wenn
direkt Lunge, Adern, Schlund u. dgl. ater genannt werden,
sei es nun, dafs dieselben in Folge einer Verwundung bluten (Sil.
It. V 256: tum fervidus atro Pulmone exundat per hiantia viscera sanguis), sei es dafs an Veränderung der Beschaffenheit des
Blutes in Folge einer Krankheit gedacht ist (Lucr. VI 1145: su-
dabant . . . fauces . . . atrae sanguine. Senec. Oed. 381: infecit
atras lividus fibras cruor); und eben deshalb werden auch Ge-
schwülste (tumores, Sil. It. II 626), die Haut von Kranken
(Lucan. VI 95: iam riget atra cutis) oder Striemen (vibices
Ser. Samm. 796) dadurch bezeichnet; und die bläulich schwarzen Flecken, welche auf der Haut durch Stofs oder Schlag
entstehen, nennen die Dichter direkt schwarz, wobei es sich bald
um wirkliche Prügel handelt (so Plaut. Poen. 1290: ita replebo
atra atritate eam, atrior multo ut siet; id. Rud. 1000: fiet tibi
puniceum corium, postea atrum denuo), bald um die Schläge,
welche man bei ausschweifender Trauer sich auf Wangen, Brust
oder Arme versetzte (daher atrae genae, Trag. inc. bei Ribb. v.
332; Lucan. II 37: planctu liventes atra lacertos; ähnlich Stat.
Silv. II 6, 82); doch ist hier, wie wir später sehen werden, lividus die gewöhnliche Bezeichnung für solche Verletzungen. Wenn
die Galle (resp. Gallenergufs) ater genannt wird (bilis, Plaut.

---

[1]) Silius Italicus ist überhaupt im Gebrauch von ater ungemein frei-
gebig; von den rund etwa 450 Fällen, die ich notirt, kommen circa 90
auf ihn, also der fünfte Theil aller Dichterstellen.

Amphitr. 727; Capt. 596); fel, Verg. A. VIII 219. P. L. M.
53, 147. Mart. Cap. VII 726), so ist bei diesem, auch in Prosa
gewöhnlichen Gebrauch nicht an den natürlichen, sondern an
einen veränderten Zustand der Galle gedacht, den die Alten als
Zeichen schwerer Erkrankung auffafsten, die μελαγχολία, bei der
sich die Galle in das Blut ergiefst.[1])

Aus der Thierwelt sind es wesentlich die schwarzen, als
Opfer für die Unterwelt dienenden Rinder und Schafe, die
bisweilen in Bezug hierauf mit ater bezeichnet werden (Verg. A.
VI 249. Ov. met. VII 244. Sen. Oed. 569. Stat. Theb. IV
445; VII 476; ebd. II 541 vom Schwein); doch ist auch hier,
wo es sich ja meist um ausgesprochen tiefschwarze Farbe handelt, niger weitaus häufiger, und ebenso bei Pferden (Stat.
Theb. IV 227, wo nur von einem maculis discolor atris equus
die Rede ist)[2]) oder Hunden (Ov. met. III 218; bei Ter.
Phorm. 706 ist der ater canis ein unheimliches Omen). Bei Sil.
It. IX 570 heifst der Elephant mit seinem mehr schwärzlich-
grauen Fell: atra mole fera. — Mit den Vögeln steht es ähnlich; beim Raben, dessen tiefes Schwarz bei uns sprichwörtlich
ist, kommt ater nur einmal vor (Cat. 108, 4: atro gutture cor-
vus), hingegen häufiger beim Geier (Sen. Thyest. 10. Iuv. 13,
51. Seren. Samm. 204; ib. 622 und 1012; bei Grat. Cyneg. 79
liest Bährens: volture ab atro anst. des handschriftlichen volture
avaro); wobei freilich in Anschlag zu bringen ist, dafs es sich
in einigen Fällen (bei Sen. und Iuv.) um den Geier handelt,
welcher in der Unterwelt dem Tityos die Leber ausfrifst, und
dafs daher ater dort in gleichem Sinne gesetzt sein kann, wie
es überhaupt zur Unterwelt und zu allem, was mit dieser zusammenhängt, gesetzt wird (s. unten). — Oefters tritt ater als nähere Bezeichnung zu Schlangen hinzu. Ich sehe dabei zunächst
ab von denjenigen Stellen, in denen es sich um die Schlangen

---

[1]) Es ist daher nicht richtig, wenn Weise (im Philologus XLVI 604)
in dieser Bezeichnung einen Widerspruch gegen die sonst charakteristische gelblich-grüne Farbe der Galle findet.

[2]) Von Pferdehaaren ist wahrscheinlich auch der Helmbusch,
atrae iubae bei Sil. It. V 165, zu denken.

der Erinyen handelt, weil es da ebenfalls der Begriff der schrecklichen Unterwelt ist, der das Epitheton veranlafst hat; wo es aber
sonst als Epitheton der Schlangen erscheint (Hor. C. III 4, 17;
Sat. II 8, 95. Verg. Geo. I 129. Ov. met. XIV 410. Stat.
Theb. I 563. Sil. It. III 191; VI 198; VII 423. Iuv. 5, 91.
Ap. Sid. carm. 15, 10) dürfen wir es in den meisten Fällen
nicht als wirkliche Bezeichnung einer schwarzen Farbe auffassen,
sondern müssen mehr an den übertragenen Sinn 'schrecklich,
furchtbar' denken; denn gerade die gefährlichsten, giftigsten
Schlangen pflegen ja keineswegs von schwarzer Farbe zu sein.[1]
Die Dichter schildern aber überhaupt gern alles Häfsliche, Ent-
setzenerregende als schwarz; so daher auch Hor. A. P. 3: atrum
piscem (während bei Auson. Mos. 110 es sich um die realisti-
sche Beschreibung einer wirklichen Fischsorte handelt).

Aus dem Pflanzenreiche, in dem ja die schwarze Farbe
überhaupt nicht häufig ist, haben wir nur sehr wenig anzuführen:
die reifen Maulbeeren (Ov. met. IV 125 u. 165), das Ebenholz (ib. XI 610. A. L. 507, 7), beides im eigentlichen Sinne
schwarz genannt; dagegen häufiger, mehr im Sinne von dunkel
oder schwärzlich, das Laub (Verg. A. XI 523. Stat. Theb. IV
467), zumal von Cypresse (Verg. A. III 64) und Steineiche
(Ov. her. 12, 67), daher auch Wald oder Hain überhaupt (Verg.
A. I 165. Grat. Cyn. 431). Auch einige Blattpflanzen resp.
Gemüse finden sich so bezeichnet (Plaut. Pseud. 814. Pompon.
frg. 128 Ribb. Colum. X 377).

Sehr zahlreich sind die Fälle, in denen ater als Epitheton
zu allem durch Feuer Geschwärzten hinzutritt,[2] vornehmlich zur
Asche, sei es von Thieren oder von Pflanzen (cinis, Verg. A.
IV 633. Ser. Samm. 799; favilla, Verg. A. V 666. Ov. met.
XIII 604. Senec. Troad. 21), obgleich hier eigentlich die Be-

---

[1] Heyne ad Virg. Geo. I 129 versteht sicher mit Unrecht wirklich
schwarze Schlangen darunter; anders Wagner ad h. l. Vgl. auch Bentley ad Hor. S. II 3, 95. Im selben Sinne ist die atra tigris bei Verg.
Geo. IV 407 zu verstehen, vgl. Jacob p. 74.

[2] So der verbrannte Phaëthon, Val. Fl. V 430; der Scheiterhaufen,
Sil. It. VIII 102.

zeichnung grau nach unserer Anschauung näher liegen würde,
wie denn auch canus als Attribut dafür noch etwas häufiger ist.
In intensiverer Bedeutung erscheint ater wiederum, wenn es zum
Rufs (fuligo, Aus. XIX 38, 4) oder zum Rauch hinzutritt (fumus, Verg. A. IX 239. Sen. Agam. 483. Val. Fl. IV 676. Sil.
It. II 658. Coripp. Ioh. VIII (VII), 73; vapor, Verg. A. VII
466. Sil. It. XII 135: ib. XIV 593; auch nubes, Verg. Geo.
II 308; Aen. III 572, oder fluctus, Val. Fl. VII 572). Dies
führt denn dahin, dafs die Dichter selbst Feuer und Flammen,
wegen des von ihnen ausgehenden Rauches, ohne weiteres schwarz
nennen: so ignis Hor. ep. 5, 82. Verg. A. VIII 198; XI 186.
Lucan. II 299; III 98. Sil. It. XIII 477; XIV 421; XVII 181.
Stat. Theb. VI 81; flamma, Sil. It. III 702; cf. Sen. Med. 148;
incendia, Stat. Theb. IV 523; VII 159; fervores, Sil. It. VII 364;
auch Fackeln, faces, Ps. Sen. Octav. 123. Lucan. II 301. Val.
Fl. III 96. Sil. It. IX 600. Claud. in Ruf. I 49. Freilich liegt
in manchem der hier angeführten Fälle wohl mehr die übertragene Bedeutung des Verderblichen, Unheilvollen, als die schwarze
Farbe zu Grunde; so z. B. bemerkt Servius ad Verg. Aen. XI
186: atqui ignes atri non sunt; sed epitheton traxit de negotio,
ut 'atris' diceret, hoc est funebribus. Wenn dagegen Verg. A.
XII 591 vom ater odor des Rauches spricht, so steht das nur
im Sinne von odor atri fumi, cf. Serv. ad h. l.: 'ater odor'
nove: nam in odore quis color est? sed hoc dicit: odor atrae
rei, fumi scilicet; und ebenso ist es poetische Licenz, wenn Sil.
It. I 355 den Schwefel, dessen Rauch nicht einmal schwarz ist,
ater nennt. Bisweilen ist auch in jenen Stellen eine Flamme gemeint, welche ganz besonders schwarzen Rauch verbreitet, wie
Hor. ep. 5, 81: uti bitumen atris ignibus (flagrat), oder es ist
sonst ein andrer Grund für die Beifügung des Epithetons vorhanden, wie Stat. Theb. IV 528, wo es sich um den Phlegethon
in der Unterwelt handelt, das Epitheton also der Unterwelt wegen gewählt sein kann.

Zur Erde schlechtweg tritt ater nur selten (Verg. A. X 730.
Ov. met. VI 558); häufiger zu Schmutz (Verg. Geo. III 430.
Sil. It. VIII 382) und Staub (Hor. S. II 8, 55. Lucan. VIII 57.

Sil. It. X 511. Coripp. Ioh. VI (V) 666); bei Verg. A. XII 450 ist a rum agmen ein mit Staub bedeckter. Entsprechend werden vulkanische Eruptionsstoffe (Lucil. Aetna 361 u. 469) bezeichnet oder schmutzige Sümpfe (Verg A. VII 801. Sil. It. V 6 9. Stat. Theb. I 385). Die schwarze Kohle, die bei uns neben Raben und Pech vornehmlich zum Bild tiefster Schwärze dient, spielt bei den Dichtern keine grofse Rolle; ich kenne nur eine Stelle dafür, Ter. Ad. 849: tam atra quam carbo est Vereinzelt tritt ater auch zu Steinen hinzu, wie Stat. Silv. V 3, 81 zu rupes; bei Iuv. 6, 350 geht ater silex auf das Pflaster, also auf die schwärzliche Lava oder den Basalt, den die Römer zum Strafsenpflaster benutzten, während bei Verg. A. VI 602 die atra silex zu der dort beschriebenen Unterweltstrafe gehört und das Epitheton dadurch genügende Erklärung findet. Beim schwarzen, Unglück bringenden Stimmstein setzt es Ov. met. XIV 41 u. 44. — Wenn dagegen Verg. A. VII 525 die gezückten Schwerter (stricti enses) eine atra seges nennt, so kann man da über den Sinn von ater im Zweifel sein. Denn das Eisen ist freilich an sich schwarz, aber zur Waffe verarbeitet, als Stahl, ist es glänzend und der Farbe nach eher als bläulich zu bezeichnen (weshalb denn auch caeruleus als Epitheton für Waffen vorkommt); man wird daher eher daran denken müssen, dafs in diesem Falle wieder nur die übertragene Bedeutung zu Grunde liegt, wegen des Verderblichen der Waffen, und ebenso, wenn Sil. It. I 230 vom ater chalybis fetus oder IV 619 von einer atra cuspis spricht. Anders freilich erklärt Servius ad Verg. l. l.; er sagt: per atram vero fertilem significat, ut ostenditur in georgicis. Die entsprechende Stelle Georg. II 203 lautet: nigra fere et presso pinguis sub vomere terra Et cui putre solum .... Optuma frumentis; aber diese Stelle hat mit jener sicherlich nichts zu thun, und die Erklärung des Servius ist viel zu weit hergeholt.

Unter den Natur- und gewerblichen Produkten ist die schwarze Kleidung, die man bei Trauer zu tragen pflegte, öfters durch ater bezeichnet (vestes, Ov. met. VI 288 und 568; VIII 448 u. 778. Val. Fl. III 406. Stat. Theb. XII 363. Sil. It. XI 269; toga, Prop. V (IV), 7, 28); wobei ater (ähnlich wie

wir es bei albus und candidus gefunden haben) auch direkt im
Sinne von schwarzgekleidet zu Personen gesetzt werden kann
(lictores, Hor. ep. I 7, 6. Antigone, Stat. Theb. VII 244). Sonst
liegen nur vereinzelte Fälle vor: Pferdegeschirr (also Leder),
Sil. It. VII 687; Tinte oder Schriftzüge mit solcher (Hor. A.
P. 446, mit absichtlichem Doppelsinn; Aus. XVIII 15, 52: Cadmi
filiae atricolores), Pech (Verg. Geo. I 275. Ov. met. XII 402).
Mehr dunkel, als schwarz, bedeutet ater beim Brot, wie ja auch
unser Schwarzbrot einer Erweiterung des Begriffs schwarz seine
Benennung verdankt (panis ater, Ter. Eun. 939), und auch beim
Wein, dessen dunkelrothe Farbe an sich eben so wenig schwarz
ist, wie die des vinum album weifs; cf Plaut. Men. 915. In
letzteren beiden Fällen ist ater offenbar nicht in poetischem, sondern in vulgärem, der täglichen Redeweise entlehntem Sinne gebraucht.

Bei weitem die häufigste Anwendung findet ater als stehendes Attribut der Nacht, und zwar ist die atra nox noch beträchtlich häufiger als nigra nox, weil zugleich das Unheimliche
der nächtlichen Dunkelheit, welches der Deutsche in seinem
Sprüchwort »die Nacht ist keines Menschen Freund« ausdrückt,
in dem Epitheton angedeutet liegt. So Hor. ep. 10, 9. Verg.
A. I 89; II 560; IV 570; V 721; VI 272; ib. 866. Ps. Tib.
IV 13, 11. Ov. her. 14, 78; met. V 71; X 454. German. Arat.
291; ib. 695. Manil. Astron. V 726. Sen. Herc. fur. 286; ib.
709; Thyest. 480; Herc. Oet. 1289 (cf. Inc. Oct. 729, wo es
aber auf Conjectur beruht). Lucan. I 579; III 424; IV 472;
IX 839. Val. Fl. V 94. Sil. It. V 36; ib. 127; VII 126; ib. 728;
VIII 165; XV 545; ib. 812; XVI 718. Stat. Theb. I 346; VII
454; VIII 692. Il. Latina 632. A. L. 139, 28; 271, 49; 543,
17. Coripp. Ioh. IV 697; VII (VI), 12; VIII (VII), 278; ferner
in bildlicher Redeweise atrum caput noctis, Sen. Herc. f. 947;
sinus, Sil. It. XIII 254; amictus, ib. XV 284. Damit hängt es
zusammen, dafs auch der Abend (Verg. A. V 19) oder ein dunk-
lerer Strich des Himmels (limes, Sen. Thyest. 699) so heifsen;
für die Finsternifs, tenebrae, lassen sich dagegen nur ein paar
Stellen namhaft machen (Sil. It. XII 249. Symphos. 76). Da-

für ist es dann wiederum ein ganz gewöhnliches Attribut der
Wolken (nubes, Lucr. VI 180. Cic. Arat. 192. Verg. A. IV
248; X 264; ib 662. Hor. C. II 16, 2; III 29, 43. Prop. II
5, 22. Ov. met. II 790; XII 51; Ibis 216. German. frg. 4, 155.
Senec. Thyest. 624; ib 1076; Phoen. 32; ib. 60; Phaedr. 683;
Oed. 1022; Med. 345 (Conj. für. astra); Herc. Oet. 1137. Lucan. III 409; VI 518. Stat. Theb. I 646. Sil. It. III 490;[1])
XIV 594; XV 128; Claud. bell. Pollent. 378. A. L. 136, 16;
nubila, Verg. A. V 512. Sen. Phaedr. 963); auch vom stürmischen Himmel oder Unwetter, (tempestas, Lucr. VI 258.
Verg. A. II 516; V 693. Sil. It. VII 723; bruma, P. L. M. 58,
7, 1; hiems, Verg. A. VII 214. Claud. IV cons. Hon. 172) oder
auch von der durch Unwetter resp. durch die eingetretene Nacht
verdunkelten Luft (aether resp. aethra, Val. Fl. I 81; III 500.
Sil. It. VI 607; aer, Lucr. IV 337; ib. 343. Lucan. IV 74)[2]);
vom Nebel (nebula, Verg. A. II 356; VIII 258. Val. Fl. VI
745. Lucan. I 541; caligo, Verg. A. IX 36; XI 876. Stat.
Theb. X 735. Sil. It. IX 513; XIV 313; vapor, Sen. Oed. 47);
vom Regen, wegen der denselben bringenden schwarzen Wolken
(imbres, Verg. Geo. I 236. German. frg. 4, 52. Stat. Theb. III
122; nimbus, Plaut. Merc. 880), und auch von regenbringenden
Sturmwinden (turbines, Verg. A. I 511; X 603; XII 923;
Culex 318; vom Notus Lucan. V 608). — Sonst ist es in der
Natur vornehmlich noch das Meer, welches ater heifst, wenn
der dunkle Himmel seine Fluthen schwarz erscheinen läfst, wie
auch wir von schwarzen Wellen sprechen: fluctus, Verg. A. V
2.[3]) Dracont. 9, 201; mare, Hor. S. II 2, 16; sinus Hadriae,
id. C. III 27, 18; aestus maris, Ps. Verg. Dirae 59; aggeres
aequoris, Sil. It. XVII 270; vgl. dazu Gell. II 30, 11: id quo-

---

[1]) Sil. It. I 311 auch übertragen von nubes telorum.
[2]) Daher auch bezeichnend vom Chaos, Sen. Agam. 508.
[3]) Hierzu Servius: atros autem secundum Plinium dicit, qui ait in
naturali historia, non esse maris certum colorem, sed pro qualitate ventorum mutari, et aut flavum esse, aut luculentum, aut atrum (cf. Isid.
or. XIII 14, 3). Bei Plinius steht davon freilich nichts. Vergl. auch
Jacob p. 76.

que a peritissimis rerum philosophis observatum est, austris spi-
rantibus mare fieri glaucum et caeruleum, aquilonibus obscurius
atriusque. Auch als Epitheton der Höhlen haben wir ater hier
noch anzuführen, Verg. A. I 60; VIII 258; ib. 262. Stat. Theb.
VII 670.

In den meisten der zuletzt angeführten Fälle handelt es
sich nicht um eine schwarze Farbe, welche den Dingen an sich
anhaftet, sondern um eine durch Lichtmangel hervorgerufene;
und da für die Anschauung der Alten die Unterwelt lichtlos ist,
so ist ater, zumal hierbei auch die übertragene Bedeutung des
Traurigen oder Schrecklichen sich wirksam erweist, ein aufserordentlich häufiges Epitheton für die Unterwelt und alles, was
in derselben befindlich ist und zu ihr gehört. So finden wir
denn den Tartarus selbst so bezeichnet (Lucr. III 964. Manil.
Astr. II 46. Stat. Theb. VIII 78), häufiger aber Umschreibungen dafür, wie atra sedes (Sil. It. VII 229) thalamus (ib. VIII
117), carcer (Sen. Herc. Oet. 1145), cubile (id. Thyest. 70),[1]
ianua (Verg. A. VI 127), limen (Stat. Silv. II 1, 227), fornaces
(Sil. It. XIII 836), vorago (Verg. A. IX 105; X 114. Orest.
trag. 776), fauces (Verg. A. VI 240). Ferner die Flüsse der
Unterwelt, der Styx (Verg. Geo. I 243. Sen. Phaedr. 485; Herc.
Oet. 1927), Cocytus (Verg. A. VI 132. Hor. C. II 14. 17),
Acheron (Sen. Agam. 630), Phlegethon (ib. 790. Sil. It. XIV 61.
Stat. Theb. IV 523), Lethe (Stat. Theb. VI 498), oder allgemein palus (Sil. It. III 484), lacus (ib. XIII 516), aquae (ib.
XIII 468). Schwarz sind auch die in der Unterwelt gedachten
Haine oder Wälder, silvae (Ov. met. V 541), luci (id. Fast. III
801), nemus (Verg. A. VII 565); ferner das Rossegespann des
Unterweltfürsten (Ov. met. V 360), der Cerberus (Hor. C. II
13, 34. Sen. Herc. fur. 59); ebenso die entsetzlichen Furien,
die atrae sorores (Stat. Theb. XI 75), Tisiphone (Stat. Theb. I
107. Sil. It. II 529) Allecto (atrum lumen, Verg. A. VII 456),

---

[1] Unsicher ist die Lesart Sen. Herc. fur. 1111, wo die Hss. atri
regina (oder regia) poli haben, woraus die Herausgeber regio oder regia
populi gemacht haben.

Megaera (Sil. It. XIII 575), ihr Schlangenhaar (Verg. A. IV 472; VII 329. Prop. IV 4 (III 5), 40. Ov. met. IV 454; X 349. Stat. Theb. II 282) und die Fackeln, die sie schwingen (Verg. A. IV 384. Sen. Med. 15). Den Geier, der dem Tityos die Leber ausfrifst (die selbst atrum viscus ist, Tib. I 3, 76), sowie den drohenden Fels, haben wir schon oben erwähnt. Daher werden denn auch schreckliche Ungeheuer, welche nichts mit der Unterwelt zu thun haben, wie die Hydra (Verg. A. VI 576) oder die Charybdis (Lucan. I 547. Sil. It. XIV 474) atrae genannt.

Wir sind damit schon ganz zu der übertragenen Bedeutung von ater gelangt, welche wir zwar auch in manchen der bisher angeführten Fälle als mehr oder weniger vorhanden annehmen mufsten, aber doch so, dafs daneben die ursprüngliche Bedeutung der schwarzen Farbe oder wenigstens des Schwärzlichen, Dunkeln, immer noch bestehen blieb. Die übertragene Bedeutung von ater spielt bei den Römern eine viel gröfsere Rolle, als bei uns die des Wortes schwarz, obgleich ja auch wir von schwarzer Seele, schwarzen Plänen u. dgl. sprechen. Nach oberflächlicher Schätzung gehören ungefähr ¼ sämmtlicher Fälle, wo die Dichter ater gebrauchen, dieser übertragenen Bedeutung an. Davon entfällt ein beträchtlicher Theil auf den Tod und was damit zusammenhängt. Die atra mors, auch mitunter personificirt gedacht als atra Mors, hat natürlich mit dem, was bei uns ›schwarzer Tod‹ heifst, nichts zu thun; es ist auch keineswegs an sich ein gewaltsamer, schrecklicher Tod, obgleich mitunter diese Bedeutung zu Grunde liegt; vielmehr soll durch atra nur das Furchtbare des Sterbens überhaupt, das Unheimliche, das für den Lebenslustigen der Gedanke an den Tod hat, bezeichnet werden. Vgl. Hor. C. I 28, 13. Tib. I 3, 4; ib. 10, 33. Sen. Oed. 165 (wo daneben die Hss. mors alta lesen). Stat. Theb. IV 528. Sil. It. VI 53; XIII 775. Consol. ad Liv. 360; bildlich die schwarzen Flügel, alae, des Todes, Hor. S. II 1, 58; seltner letum, Stat. Theb. I 594, oder funus, Lucr. II 580. Senec. Agam. 800. Dazu vgl. man die fila atra der Parzen bei Hor. C. II 3, 16; atrae Esquiliae, id. S. II 6, 32, wegen der

dort Begrabenen; ferner caedes, Sil. It. I 419; supplicia, Stat.
Theb. XII 780. Als Epitheton von Krankheiten erscheint es
ebenfalls, namentlich von schrecklichen (lues Mart. I 78, 2; pestis,
Sen. Oed. 1082. Sil. It. IV 305; XIV, 615); häufiger noch beim
Gift, wo schon deswegen nicht von irgendwelcher Beziehung auf
die Farbe die Rede sein kann, weil gerade die Gifte in der Regel ihre verderbliche Kraft nicht durch ihr Aeufseres verrathen;
so venena, Verg. Geo. II 130; A. II 221. Hor. C. I 37, 27.
Val. Fl. VII 165. Sil. It. III 312; XI 550. Mart. VII 72 13.
Ser. Samm. 839. A. L. 22, 14; virus, Ser. Samm. 820. A. L.
152, 9, oder auch vergiftete Geschosse Ov. her. 9, 115. —
Unter den übrigen Fällen übertragener Bedeutung beschränke ich
mich, bei der ungemeinen Häufigkeit derselben, auf eine Aus-
wahl der gebräuchlichsten. Dahin gehört vor allem die Bezeich-
nung eines unheilvollen Tages (bisweilen auch des Todestages)
als dies ater (resp. atra), ein bekanntlich nicht blofs bei den
Dichtern, sondern auch im gewöhnlichen Leben sehr beliebter
Ausdruck, vgl. Afran. frg. 163 Ribb. Verg. A. VI 429; XI 28.
Prop. III 2 (II 11), 4. Ov. a. a. I 418; Fast. I 58. Val. Fl.
V 41. Sil. It. V 591. Stat. Theb. III 636; VIII 376. P. L.
M. 36, 22; vgl. atra lux, Sen. Phaedr. 1226. Ferner werden
Krieg und Schlacht (Sil. It. III 211; V 379; XVII 599), da-
her auch Bellona selbst (Stat. Theb. VII 72), sowie sonstige
Trauer oder Abscheu erregende Dinge so bezeichnet, als Blitz-
schlag (Sil. It. IV 433. Stat. Silv. I 4, 64), unheilkündende
Kometen (Sil. It. I 462), Brand, auch ohne dafs dabei, wie
an den oben citirten Stellen. an Qualm und Rauch gedacht ist
(Ov. Fast. II 161. Sil. It. IX 441. Stat. Theb. VI 81); die
Sorge (Hor. C. III 1, 40; ib. 14, 13; IV 11, 35; id. S. II
7, 115), Furcht und Schrecken (Lucr. IV 271; VI 254. Verg.
A. IX 719; XII 335. Petron. 89 v. 8), Hunger (Claud. VI
cons. Hon. 322; cons. Stilich. I 278) und Kälte (Ser. Samm.
253); ferner häfsliche Leidenschaften, wie Zorn (Val. Fl. II 205),
Neid (Stat. Silv. IV 8, 16. Mart. Cap. 5, 566) u. dgl.; auch
Trauer und Schmerz (Sen. Herc. f. 698. Sil. It. II 549.
Dracont. 8, 597; 9, 51).

Wenn nun zwar die Dichter auch niger ziemlich entsprechend im übertragenen Sinne gebrauchen, so sind die Fälle hierfür doch bei weitem weniger zahlreich. Wie wir im Folgenden sehen werden, ist bei niger in den meisten Beispielen wirklich der Begriff der schwarzen Farbe der vorherrschende, während wir bei ater, wie die angeführten Fälle zeigen, zu unterscheiden haben: 1. solche Beispiele, wo bestimmte schwarze Farbe gemeint ist; 2. wo keine ausgesprochen schwarze Farbe, sondern mehr eine bald schwärzliche, bald lediglich dunklere Färbung eines Dinges gemeint ist; 3. wo neben der Farbe auch die übertragene Bedeutung des Unheilvollen mit zu Grunde liegt; 4. wo letztere allein die Beifügung des Epithetons veranlaßt hat.

2. Niger.

Wie neben albus in der Dichtersprache albens, wenn auch theilweise mit modificirter Bedeutung, neben candidus candens, neben ruber rubens einhergeht, so neben niger das Partic. nigrans, und zwar ist das numerische Verhältniß dies, daß von 100 Fällen ungefähr 9 auf nigrans die übrigen auf niger fallen. Irgendwelche Modification der Bedeutung läßt sich freilich hier nicht nachweisen; es kommt ebenso bei den mannichfaltigsten Dingen als bei den Dichtern der verschiedensten Perioden vor, und es sind wohl lediglich metrische Gründe, welche die Wahl des Particips an Stelle des Adjectivs in den einzelnen Fällen veranlaßt haben. Das Verbum nigrare selbst ist dagegen in andern Formen in der Dichtersprache sehr selten; Lucr. II 733: quae nigrant nigro de semine nata, in intransitiver Bedeutung und Stat. Silv. II 6, 82: atros nigrasset planctu genetrix sibi saeva lacertos in transitiver. Im älteren Latein findet sich für das intransitive schwarz sein auch die Form nigrere, Pacuv. frg. 88 und Attius frg. 260 (Ribb.). Von andern, von niger abgeleiteten Worten begegnet uns am häufigsten nigrescere, von solchen Dingen gesagt, welche, an sich nicht schwarz, durch irgendwelchen Einfluß die schwarze Farbe annehmen. Ganz vereinzelt sind subniger (Plaut. Pseud. 1218 und Merc. 640) und perniger (Plaut.

Poen. 1113); nigellus (Varr. Sat. Men. p. 184, 2 Riese. Auson.
XVIII 14, 74, A. L. 292. 2); von Substantiven nigror in der
ältern Sprache (Pacuv. frg. 412 Ribb. Lucil. frg. 189 Lachm.
Lucr. III 39), nigredo in der späteren (A. L. 507, 12).

Von der Bedeutung des Wortes niger und von seinem Verhältnifs einerseits zu ater, andrerseits zu candidus, ist schon oben
die Rede gewesen; wir haben gesehen, um es hier kurz zu wie-
derholen, dafs niger und candidus sich ebenso gegenüber stehen,
wie ater und albus (vgl. Virg. Ecl. 2, 16: quamvis ille niger,
quamvis tu candidus esses. Ov. met. XI 314 candida de nigris
facere; Iuv. 3, 30: nigrum in candida vertere), wenngleich absolute Consequenz darin nicht herrscht und bisweilen ebenso niger und albus einander entgegengesetzt werden, wie in anderen
Fällen ater und candidus. Im allgemeinen bezeichnet also niger
ein tiefes glänzendes Schwarz von ausgesprochener Intensität;
beim Durchgehen des Gebrauches aber werden wir finden, dafs
in der Mehrzahl der Fälle ein Unterschied zwischen niger und
ater, der anfangs sicher vorhanden war, nicht mehr da ist, indem
ganz dieselben Dinge, welchen die Dichter die Bezeichnung ater
beilegen, bald ebenso oft, bald mehr oder minder häufig das
Epitheton niger erhalten; der Unterschied zwischen beiden Worten ist daher wesentlich in den Fällen zu suchen, wo die eine
oder andere Bezeichnung für irgend einen Gegenstand fast oder
ganz ausschliefslich gesetzt wird.

Beginnen wir wiederum beim Menschen, so ist da, wie bei
ater, die schwarze Hautfarbe dasjenige, was am häufigsten
die Bezeichnung niger erhält; und zwar geht die Mehrzahl der
Fälle auf Angehörige einer fremden Race. Für's erste sind es
wirkliche Neger oder Mohren, die niger genannt werden: der
mythische Memnon, welchen man sich ja schon früh als Neger
dachte, mit seinem Gefolge (Virg. A. I 489.[1]) Ov. am. I 8, 3.

---

[1] Jacob p. 78 bezieht das Epitheton niger hier auf die auch bei
Hom. Od. XI 521 gepriesene Schönheit des Memnon, der auch bei Philostr. Imag. I 7 nicht ganz schwarz erscheine. Aber wenn auch die
bildende Kunst den Memnon nicht als Neger darstellt, so fafst ihn doch
die nachhomerische Poasie öfters so auf.

Manil. Astr. I 767. A. L. 369, 6. Claud. de cons. Stilich. I
265. Coripp. Ioh. I 186), sowie Aethiopen überhaupt (Lucr. VI
722 u. 1107: nigra saecla. Ov. met. II 235. Mart. XII 24, 6.
Claud. carm. min. 27 (47), 16. Ap. Sid. carm. 5, 53). Aber
viel gewöhnlicher handelt es sich nur um die braune Haut-
farbe aufsereuropäischer Völker, und zwar vornehmlich der
Aegypter (Manil. Astr. I 45. Lucan. X 303. Sil. It. IX 225.
Mart. I 104, 10; X 12, 12. Iuv. 15, 49. A. L. 363, 2; ib.
507, 6; daher auch Claud. carm. min. 19 (44), 100: ostia ni-
grantis Nili), Mauren (Sil. It. II 439; VII 683. Iuv. 5, 53.
Coripp. Ioh. I 245; II 137; IV 321; ib. 985; VI 93; VII 426;
VIII 415; ib. 482 u. 594), Massyler (Ap. Sid. carm. 5, 346) und
Inder (Ov. a. a. I 53. Ps. Tib. IV 2, 19. Mart. VII 30, 4;
X 16, 5. Claud. in Olyb. et Prop. cons. 170; de Manl. Theod.
cons. 32; de cons. Stilich. I 158; carm. min. 13 (52), 17. A.
L. 50, 10. Priscian. carm. 2, 829; daher Stat. Theb. VIII 238:
nigri triumphi, solche über Indien), oder überhaupt fabelhafte ferne
Völker (Priscian. 2, 894 u. 1013). Indessen werden auch im
weiteren Sinne Angehörige der weifsen Race, welche gebräunten
Teint haben, wie See- oder Landleute, so bezeichnet, vgl.
Plaut. Pseud. 1218. Verg. Ecl. 2, 16. Ov. a. a. I 724. Mart.
XII 54, 1); namentlich gebrauchen die Dichter, und zwar vor
allen Martial, niger gern von Frauen, aber freilich im spöttischen
Sinn, weil es beim weiblichen Geschlecht nicht gerade als Vorzug gilt, einen so dunklen Teint zu haben, vgl. Lucr. IV 1152.
Ov. a. a. III 270. Mart. I 72, 5; 115, 4; III 34, 2; IV 62, 1;
VI 39, 18; VII 13, 4; der geringere Grad, was wir brünett nennen, ist fuscus, vgl. Ov. rem. am. 327: si fusca est, nigra vocatur. In allen Fällen bezieht sich niger, wenn es allein gesagt
ist, nur auf die Hautfarbe, nicht auf die Haare; zur Bezeichnung letzterer mufs nothwendig immer (also abweichend von Bezeichnungen wie canus, flavus, rufus) hinzutreten coma (Prop. IV
4 (III 5), 24. Ov. am. II 4, 42; trist IV 8, 2; met. VII 289.
Mart IV 36, 1; VIII 64, 7), crinis (Plaut. Poen. 1113. Hor.
C. I 32, 1. Phaedr. II 2, 10, wo allerdings nigri allein schon
schwarze Haare heifst, nach Analogie von cani; Iuv. 6, 120.

Ser. Samm. 45; ib. 52. Claud. cons. Stilich. III 19) oder capillus (Hor. Ep. I 726; A. P. 37. Ps. Tib. III 5, 15. Symphos.
188), event. auch barba (Mart. XI 39, 3) oder supercilia (Maximian.
1, 195). — Ausdrückliche Hervorhebung der schwarzen Augen
ist nicht häufig; vgl. aufser Plaut. Poen. 1115. Varr. Sat. Menipp. 184, 2 und Hor. A. P. 37 noch Plaut. Merc. 640. Catull. 43, 2. Hor. C. I 32, 11. Prop. III 2 (II 12), 23; V (IV),
3, 14. Da ater hierfür nirgends vorkommt, so können wir auch
in diesen wenigen Beispielen immerhin einen Beleg sehen für die
oben besprochene Bedeutung von niger als glänzend schwarz.
— Für ungepflegte schwarze Zähne kommt auch niger wie ater
vor (Hor. C. II 8, 3. Ov. a. a. III 279. Mart V 43, 1).

Weiterhin ist auch niger ein häufiges Epitheton des Blutes,
wie ater; so niger sanguis (Varr. Sat. Men. p. 119, 4. Ov. met.
XII 426; cf. II 235 sq. Epiced. Drusi 385), cruor (Sen. Oed.
191. Nemes. Cyneg. 285), tabes resp. tabum (Lucan. IX 772.
Val. Fl. I 816. Stat. Theb. I 647), sanies (Lucan. VI 547);
daher auch das durch Blut Gefärbte, vgl. Verg. A. IV 454 von
den latices sacri; Ov. a. a. III 503: nigrescunt sanguine venae.
Stat. Theb. X 288: nigrantia tabo gramina. Coripp. Ioh. VIII
83: nigrescunt aequora. Für den Sinn des Attributs ist sehr
bezeichnend Lucan. I 615: rutilo nigrum pro sanguine virus;
es ist das dunkle, geronnene oder krankhafte, nicht das gesunde,
durch die Adern des lebendigen Körpers rinnende Blut, welches
niger heifst. Wenn die Fälle, wo es ater genannt wird, häufiger sind, so kommt das daher, dafs der Begriff des Häfslichen,
Ekelerregenden in ater liegt, den niger nicht oder wenigstens in
geringerem Mafse hat. Daher ist ater auch bei Wunden häufiger; für niger vgl. Ov. met. I 444 (wo auch das Gift, das
das Blut verändert, noch in Betracht kommt) und Sil. It. VI
620; von einer Narbe Ser. Samm. 152; von blutunterlaufenen
Stellen, wie den durch Schläge hervorgerufenen Flecken Stat.
Theb. VII 475: brachia planctu nigra; cf. Silv. II 6, 82: atros
nigrasset planctu sibi saeva lacertos. Iuv. 16, 11; daher auch
der bläuliche livor bei Ov. am. III 5, 26 (dagegen ist Sen.
Phaedr. 500: niger edaxque livor übertragen, also niger im Sinne

von furchtbar, schrecklich gemeint). Ueber die schwarze Galle
(Sen. Oed. 362. Sil. It. XI 551. Rutil. Nam. I 448) haben
wir oben gesprochen; bei Lucan. IX 930 heifsen die Eingeweide
von Kranken nigrae medullae; und wenn Iuv. 1, 72 von nigri
mariti spricht, bei durch Gift getödteten, so hat man dies nicht
damit zu erklären, dafs auch das Gift schwarz genannt wird, als
weil bei manchen Giften die Haut des Getödteten schwarze Flecke
bekam (wie z. B. beim Tode des Britannicus erzählt wird).

In der Thierwelt nennen wir auch hier zunächst die der
Unterwelt, den Manen, der Hekate u. s. w. dargebrachten schwarzen Opferthiere, im speciellen namentlich Rinder (Lucr. III
52. Verg. Geo. IV 546; A. III 120; V 97 u. 736; VI 153 u.
243. Ps. Tib. III 5 33. Stat. Theb. I 506; VIII 339. Sil.
It. I 119; XIII 405; ohne Beziehung auf Opfer nur Stat. Theb.
VI 265); seltner Schafe (Calpurn. ecl. 2, 36. Priscian. carm.
2, 431) und Schweine (Sen. Oed. 569. Ap. Sid. carm. 5, 92;
ib. 7, 192). Sodann ist aufser den auch bei ater genannten
Pferden (Grat. Cyn. 536. Val. Fl. I 147 vom Pferdeleib des
Nessus. Coripp. Ioh. IV 521; VI 455 von den Pferden der
Aurora), Hunden (Ov. met. III 221. Val. Fl. VI 111. Ser.
Samm. 665) und namentlich den Elephanten (Enn. Ann. frg.
465: it nigrum campis agmen, nach Servius ad Aen. VI 404:
hemistichium de elephantis dictum. Hor. ep. 12, 1. Sil. It. IX
240: belua nigrans. Mart. VI 77, 8. Claud. cons. Stilich. III
351. Ap. Sid. carm. 2, 375: ib. 22, 58. A. L. 376, 2) auch
noch der Bär anzuführen (Ov. met. II 478); und man kann
hierher auch den halbthierischen Pan (niger genannt P. L. M.
29, 8) und die als Ziegenfell gedachte Aegis (nigrans bei Verg.
A. VIII 353) rechnen. — Unter den Vögeln ist der Rabe,
dem wir bei ater nur einmal begegnet, öfters zu nennen (Prop.
III 25, 4 [II 28, 38]. Ov. met. II 535; Fast. II 257. Mart.
I 53, 7. Claud. in Eutr. I 348. Coripp. Ioh. VI 94), während
der Geier gar nicht vorkommt; dafür andere schwarze Vögel,
wie Krähe (nigrescere in der Verwandlungsgeschichte bei Ov.
met. II 581), Dohle (ebd. VII 468. Mart. I 115, 5 als Vergleich), Turteltaube (Ps. Ov. her. 15, 38), Schwalbe (Verg.

A. XII 473) und schwarze Schwäne (Lucr. II 824. Iuv. 6, 665).
— Dagegen sind Beispiele aus der übrigen Thierwelt selten; vereinzelt kommt niger beim Delphin (Ov. met. III 671 nigrescere bei der Verwandlung), Schlangen u dgl. (Verg. Geo. II
214. Ov. met. IV 578. Stat. Theb. V 573 vom Schlangenhirn)
vor; etwas häufiger bei den Ameisen (Verg. A. IV 404. Ov.
met. VII 641. Mart. I 115, 5. A. L. 292, 2; von der Cikade
auch Mart. l. l.). Zieht man dagegen in Vergleich, wie viel
häufiger ater gerade zu den Schlangen als Epitheton hinzutritt,
so finden wir auch hier, was uns andere Beispiele weiterhin noch
mehr bestätigen werden, dafs ater in beträchtlich höherem Grade
den Begriff des Häfslichen, Ekelhaften, Abscheulichen in sich enthält, als niger, das zwar auch Schreckliches und Furchtbares bezeichnet, aber meist in höherem, edlerem Sinne. Es kommt auch
das noch hinzu, dafs in den meisten der hier zuletzt angeführten
Fälle niger nicht ein Epitheton perpetuum des betr. Thieres, sondern nur zur Kennzeichnung einer bestimmten Species oder zur
Beschreibung oder als Vergleich gesetzt ist.

Dagegen finden wir niger im Pflanzenreich häufiger gebraucht, als ater, und zwar am meisten für dunkles Laub, zumal von der Steineiche, ilex, (Verg. ecl. 6, 54; Geo. III
333; A. IX 381. Ps. Verg. Cul. 140. Hor. C III 4, 57. Ov.
am. II 6, 49; met. IX 665; Fast. II 165; III 295. Sen. Thy.
654. Claud. in Rufin. I 336), seltner von andern immergrünen
Bäumen oder dunkeln Nadelhölzern, wie Myrthe (Ov. a. a. III
690), Epheu (Verg. Geo. II 258), Tanne (Verg. A. VIII 599)
Fichte (ebd. IX 87), Taxus (Sen. Herc. f. 693). Wenn dagegen bei Mart. I 76, 7 die Olive ebenfalls nigra heifst, so geht
das nicht auf die Blätter, da dies für das blaugraue Laub des
Oelbaums nicht passen würde (die gewöhnlichen Epitheta sind
sonst canus, caeruleus oder glaucus) sondern, wie Flach richtig
bemerkt, auf die dunkelgrünen Früchte (nigrae oleae bei Hor.
S. II 2, 46). Mit jenen Bezeichnungen hängt es zusammen,
wenn auch ohne nähere Angabe der Baumarten Wälder, Haine
oder Hügel niger heifsen, wie Hor. C. I 21, 7; IV 12, 11.
Stat Theb. V 153; X 538; XII 233, obgleich dabei auch, wie

sicher an der letzten Stelle (nemorum arcana nigra), an das
Dunkel des dichten Waldesschattens gedacht sein kann.¹) —
Weiterhin finden wir niger als Bezeichnung der dunkelpurpurnen Violen (Verg. Ecl. 10, 39; Geo. IV 275. A. L. 507,
9), beim schwarzen Liguster (Colum. X 300), sowie bei
verschiedenen Blattgemüsen und dergl. (Mart. XII 32, 19
vom Polei; Ser. Samm. 306 vom Lattich; Coripp. Ioh. I
358 u. VI 758 vom Meertang), bei Feld- und Baumfrüchten,
wie Oliven (s. oben), Bohnen (Ov. Fast. II 576 u. V 436,
nur von einer gewissen Sorte), reifen Maulbeeren (Hor. S. II
4, 22. Mart. I 72, 5; VIII 64, 7), Rauschbeeren (vaccinia,
Verg. ecl. 2, 18 u. 10, 39. Claud. rapt. Pros. II 39), Weintrauben (Cat. 17, 16. P. L. M. 42, IV 5), dem Saft der
Pflaume (Ov. met. XIII 815); bei Pfeffer und Weihrauch
(A. L. 507, 12), endlich beim Ebenholz (Verg. Geo. II 116).

Wie mit ater so wird auch mit niger alles durch Brand
oder Rauch Geschwärzte bezeichnet; vor allem die Asche
(immer favilla, Ov. met. VI 325; Fast. II 523. Ps. Tib. III 2,
10. Priap. 14, 10. Colum. X 354. A. L. 379, 59) und der
Rauch selbst (fumus, Hor. C. III 6, 4. Ov. met. XIII 601;
Fast. V 505. Lucan. III 505; VI 535. Mart II 90, 7. Sil. It.
II 659; cf. ib. 630; vapor, Val. Fl. II 332; caligo, Sil. It. IV
308); weiterhin das davon schwarz gewordene, wie ein verbrannter Leichnam (Stat. Theb. VIII 6), Holz und Balken (Verg.
ecl. 7, 50. Ov. met. VIII 648. Stat Theb. XII 424. Ser. Samm.
1106),²) die Schmiedewerkstatt und die Schmiede selbst
(Iuv. 13, 45 von der taberna Vulcani; Val. Fl. VII 647 von
den Cyklopen), Küchen und Kneipen (Mart. I 92, 9; III 2,
3; VII 61, 8; X 66, 3), auch alte Häuser, bei denen der

¹) Bei Stat. Theb. X 538 können aber die nigri colles dem Zusammenhange nach auch darauf gehen, dafs es sich um Sturmwolken handelt, die auf Bergen und Vorgebirgen sich festsetzen.

²) Vermuthlich sind auch die nigrae sudes bei Stat. Theb. X 532
als durch Brand geschwärzte Schanzpfähle zu erklären, wenn man nicht
überhaupt nur daran denken will, dafs das der Luft ausgesetzte Holz
schnell schwarz wird.

Rauch Thür und Wände geschwärzt hat (Mart. XI 34, 2; XII
61, 8. Auson. XVIII 31, 245); auch der niger Maro bei Iuv.
7, 227 (durch Rauch geschwärztes Manuscript des Vergil) gehört hierher, und die nigrae Thebae bei Stat. Theb. X 324.
Bisweilen, aber seltner als ater, tritt niger auch zum Feuer hinzu,
wenn dasselbe als finster, qualmig bezeichnet werden soll; so
Lucan. I 652; VI 502. Stat. Theb. V 175 (dagegen bei Hor.
C. IV 12, 26 in übertragener Bedeutung, wovon unten).

Wenn die Erde nigra heifst, was nur ein paar mal vorkommt (Verg. Geo. II 203; ib. 255), so handelt es sich dabei
vornehmlich um gute Ackerkrume, bei der die schwarze Farbe
ein Kennzeichen der Güte ist (anders Ov. med. fac. 8, wo niger
um des Gegensatzes zum Marmor willen hinzugefügt ist). Sonst
finden wir es, wie ater, bei Schmutz (Lucan. IV 310. Stat.
Theb. VIII 243; daher Mart. I 99, 13: nigrae sordibus mone-
tae), Staub (Verg. A. IX 33. Hor. C. I 6, 14. Val. Fl. I 13.
Sil. It. V 535), daher auch zu Schlamm (P. L. M. 38, 2, 24)
und Sumpf gesetzt (Sen. Thyest. 665). Eine besondere Besprechung verdienen hierbei diejenigen Fälle, wo von nigra arena
die Rede ist. Der gewöhnliche Sand, welcher weifslich oder
gelblich ist und auch meist bei den Dichtern die entsprechenden
Attribute führt, kann damit nicht gemeint sein. In einigen Fällen
bedeutet es den mit schwarzem Schlamm vermischten Flufs-
oder Meeressand; so vom fruchtbaren Nilschlamm Verg. Geo.
IV 293, und vom Meeresschlamm ebd. III 241 u. Aen. IX 714;
A. L. 211, 10. Auf schwarzen fruchtbaren Schlamm geht es
sicherlich auch, wenn bei Verg. Geo. IV 126 es heifst: qua niger humectat flaventia culta Galaesus. Zwar erklären die Herausgeber, niger bedeute, dafs der Dichter den Flufs dunkelblau
durch gelbliche Kornfelder hinfliefsen sah; allein dafs dies nicht
richtig sein kann, zeigt die Anspielung, die sich bei Ap. Sidon.
carm. 24, 59 auf diese Vergilstelle findet: (horti) quales Cory-
cium senem beantes fuscabat picei latex Galaesi. Piceus kann
doch ein dunkelblau fliefsender Strom schwerlich genannt werden. — Bei Val. Fl. VI 716 mufs nigrae arenae geradezu die
Bedeutung von fruchtbarer Erde haben, da es sich dort um einen

darin wachsenden Oelbaum handelt; bei Prop. V (IV), 6, 83: gaude, Crasse, nigras si quid sapis inter harenas müssen wir nigras darauf beziehen, dafs hier von der Unterwelt die Rede ist, für welche niger ein ebenso beliebtes Epitheton ist, wie ater; und bei Claud. carm. min. 26 (48), 39 erklärt sich niger dadurch. dafs hier von Finsternifs gesprochen wird, in der auch der Sand schwarz erscheint.

Aus dem Mineralreich sind sodann noch zu nennen einige intensiv schwarze Steine, wie Bimstein (Petron. 120 v. 74), Mühlsteine (Ov. med. fac. 72), Gagat (Prisc. 2, 581), Magneteisenstein (Claud. carm. min. 30 [48], 13) oder allgemein schwarze Stimm- und Spielsteine (Ov. met. XV 46. Mart. XII 34, 7. P. L. M. 15, 194). Wenn Val. Fl. IV 697 von nigrantia litora spricht, so bezieht sich hier nigrantia auf die dunkeln, der Küste nahen Klippen der kurz vorher genannten Cyaneae rupes, deren Name schon Veranlassung zu dem Epitheton gab, da dunkelblau eben auch bisweilen durch niger bezeichnet wird (vgl. oben die nigrae violae); und eben deshalb kann auch Prisc. carm. 2, 1009 den Sapphir niger nennen. da mit dem Sapphir der Alten nicht unser heut so genannter Edelstein, sondern der χύανος oder Lasurstein gemeint ist (vgl. meine Technologie III 274). — Schwarzes Eisen habe ich nur einmal gefunden (Claud. in Eutrop. II 343); da es sich hier um Fesseln handelt, ist die Bezeichnung gerechtfertigt. Dagegen wird der das blanke Eisen entstellende Rost (rubigo) von Schwertern, Werkzeugen etc. mehrfach nigra genannt (Lucan. I 243. Stat. Silv. I 3, 103. Claud. de cons. Stilich. II 194). Blei heifst bekanntlich im Lat. überhaupt plumbum nigrum; bei den Dichtern, die ja nicht oft Blei zu erwähnen Gelegenheit gehabt haben, habe ich nur eine dem entsprechende Stelle gefunden, Stat. Theb. VI 732: nigrantia plumbo tegmina. — Das schwarze Salz bei Hor. Sat. II 4, 74 und Ep. II 2, 60 (doch wäre an letzterer Stelle auch die Annahme übertragener Bedeutung von niger möglich) ist kein Scherz, sondern es ist damit aus Holzasche ausgelaugtes Salz gemeint (vgl. Plin. XXXI 83). Schwarzer Asphalt wird Verg. Geo. III 451 und Claud. VI cons. Hon. 325

genannt; beträchtlich häufiger dagegen wird die Schwärze des
Pechs erwähnt, welches freilich fast an allen Stellen nicht um
seiner selbst willen, sondern nur zum Vergleich, um besonders
tiefes Schwarz zu bezeichnen, angeführt ist, vgl. Ov. a. a. II 658;
ex Pont. III 3. 97; IV 15, 45; met. XII 402. Ps. Ov. her. 17
(18), 7. Grat. Cyn. 363. Mart. I 115, 5.

Bei einigen Naturprodukten steht niger in einem mehr
der Prosa, als der poetischen Diktion entsprechenden Gebrauche,
um bestimmte Gattungen von denselben durch Bezeichnung der
Farbe zu unterscheiden. Schwarzes Mehl (Mart. XI 2. 4) und
Brot (ebd. XI 56, 8) wurde auch im gewöhnlichen Leben niger
genannt, und ganz besonders der dunkle Rothwein, für den wir
erheblich mehr Belegstellen anführen können, als bei ater, die
aber fast sämmtlich dem der prosaischen Rede nahe stehenden
Martial angehören (es ist fast immer Falerner damit gemeint, s.
VIII 56, 14; ib. 77, 5; IX 22, 8; ib. 90, 5; XI 8, 7; ib. 50, 7;
vgl. Ser. Samm. 549); vom Most Mart. IV 46, 9 (vom Oel-
schaum, der sogen. amurca, Verg. Geo. I 194; weniger wegen der
Farbe, als wegen des damit verbundenen Schmutzes). Weiterhin
ist der Saft der Sepia (Hor. S. I 4, 100. Ov. hal. 21) und die
daraus bereitete Tinte zu nennen (Pers. 3, 13. Mart. XIV 5, 2.
Symphos. 20. Auson. XVIII 14, 74). Bei Hor. S. I 5, 30
heifst eine Augensalbe von ihrer Farbe nigra collyria; und dies
findet in der That durch Cels. VI 6, 7 seine Erklärung. Wenn
dagegen bei Martial öfters von schwarzer Toilettensalbe die Rede
ist (VI 55, 2; XII 17, 8; ib. 38, 3 und in dem für unecht gehaltenen Gedichte III 3, 1), so scheint dies weniger auf die Farbe
selbst, als darauf zu gehen, dafs dieselbe bei übermäfsigem Gebrauch die Haut dunkel färbte (s. Friedländer zu III 3). —
Von sonstigen gewerblichen Erzeugnissen sind anzuführen
diejenigen Stellen, in denen niger von schwarzer Trauerkleidung
steht (Hor. S. I 8, 23. Ov. Ibis. 102. Ps. Tib. III 2, 18. Val.
Fl. II 106. Iuv. 10, 245. A. L. 316, 1; ohne Bedeutung der
Trauer Mart. IV 2, 3; von in Trauer Gekleideten Stat. Silv. II
1, 19 und Theb. XII 111); ferner schwarzes Leder, zumal die
sog. aluta (vgl. meine Technologie I 264), mehrfach mit Bezie-

hung auf den Senatorenschuh (Hor. S. I 6, 27. Mart. VII 35, 1.
Iuv. 7, 192); auch das billige schwarze Thongeschirr, nach Art
der sogenannten Bucchero-Gefäfse (Mart. I 26, 8; V 78, 7; VII
53, 6. Iuv. 6, 343). Dazu kommen noch ein paar besondere
Fälle. Mart. V 6, 15 nennt den umbilicus eines Buches niger,
wobei man ebenso wohl an schwarzes Holz wie an Horn denken
kann. Bei den Bechern von argentum nigrum, Ap. Sid. carm. 17, 8
hat man sicherlich an Silber mit Emaileinlage zu denken. Wenn
es bei Stat. Theb. X 929 heifst: et clipei niger umbo cadit, so
erklärt sich dies daraus, dafs es sich um den vom Blitz getroffe-
nen Kapaneus handelt: die Schwärze ist die Folge des Blitz-
schlages, nicht eine Eigenschaft des Schildumbo an sich. Unklar ist mir die Bedeutung von nigra tabella, womit ein gemal-
tes Portrait gemeint ist, A. L. 337, 1.

Wir kommen zu den übrigen Erscheinungen in der Natur,
bei denen das Epitheton niger häufig ist. In erster Linie steht
auch hier die Nacht, nigra nox (Lucr. IV 535. Varr. Sat. Men.
p. 219, 2. Verg. A. VII 414. Ov. met. XV 187. Manil. Astr
I 621. Sil. It. XI 516. Symphos. 37; noctis nigror, Pacuv. frg.
412 Ribb. Lucil. frg. 189 Lachm.; vgl. nocte nigrior, Mart. I
115, 5), der Nachthimmel (Stat. Theb. V 367: nigri vertices;
Manil. I 711: niger Olympus), die nächtliche Finsternifs (caligo,
Sil. It. X 540; umbra, ebd. IX 148. Manil. I 222), die Erde
(Pacuv. 88 Ribb.: occasu nigret) und die Luft bei Nacht (Virg.
Geo. I 428. Lucan. IX 5; aber Stat. Theb. IV 585 niger aer
von der ewigen Nacht der Blinden); ferner die mannichfaltigen Bilder, die die Dichter von der Nacht brauchen (quadrigae noctis, Ps.
Tib. III 4, 17; equi, Sil. It. XV 285; meta, ebd. V 24; amictus,
Stat. Theb. III 416; alae, Manil. III 194; V 60); übertragen
heifst selbst die Stille der Nacht niger (Stat. Theb. I 368: nigra silentia) und die Furcht, welche sie hervorruft (Val. Fl. II
45: niger noctis metus. Lucan. V 564: niger horror). Ebenso
der Abend (A. L. 211, 31) und die Schatten die er über die
Erde (Sil. It. XII 647, vgl. Pacuv. v. 88) und das Meer wirft
(Stat. Theb. I 686), daher auch das ferne Thule mit seinen
langen Nächten nigra heifst (Stat. Silv. IV 4, 62; V 2, 54); die

Uebertragung geht sogar so weit, dafs German. Arat. 607 nigrescere selbst vom Untergange eines Sternbildes gebraucht, streng
genommen also im Sinne von verschwinden. Ebenso tritt niger
zu Finsternifs schlechtweg, gleichviel woher dieselbe kommt
(Verg. A. XI 824: tenebris nigrescunt omnia. Stat. Theb. XII
254. Dracont. 10, 399. Il. Latina 465) und zu jeglichem Schatten (Lucr. IV 339; ib. 376. Sil. It. V 484), wie zu allem, was
schwarz erscheint, weil es des Lichtes entbehrt, also Höhlen
(Stat. Theb. X 135. Sil. It. VI 661. Claud. in Olybr. et Prob.
I 42. Ap. Sid. carm. 16, 92. P. L. M. 59, 18) oder zum Ge-
fängnifs (Iuv. 13, 245). Im gleichen Sinne gehört hierher der
dunkle Sturmhimmel oder die Regenwolken, caelum (pice
nigrius, Ps. Ov. her. 17 [18], 7. Ov. Fast. V 323), nubes
(Lucr. VI 526. Verg. A. V 516. Ov. met. X 449; XV 783.
Stat. Theb. II 106; fascia nigra, Iuv. 14, 294; auch globi, Sil.
It. IV 443; ib VI 321); daher in freierer Anwendung auch
vom Regen selbst gesagt (Attius frg. 260 Ribb. Lucr. VI 256.
Verg. A. IV 120; V 696), wie von den regenbringenden Winden (Cat. 68, 63. Verg. Geo. I 320; A. XI 596. Hor. C. I
4, 7. Sil. It. XII 148 u. 620. A. L. 421, 22), zumal den Süd-
winden (Auster, Verg. Geo. III 278. Lucan. IX 320. Stat. Theb.
V 705. Claud. bell. Pollent. 59; Eurus, Hor. ep. 10, 5. Val.
Fl. II 365), doch auch vom kalten Boreas (Stat. Theb. VIII
411. Sil. It. XVII 249); selbst ein Sternbild, das Regengewölk
bringt, kann niger heifsen, wie bei Manil. Astr. IV 530. Sehr
häufig ist auch die Schwärze des stürmischen Meeres durch niger bezeichnet (Ps. Verg. Dirae 55. Hor. C. III 27, 23. Prop.
IV 6 [III 7], 56. Ov. met. XI 500; ib. 568; trist. I 4, 5.
Val. Fl. I 578. Sil. It. XIV 380; XVII 258 u. 272. Stat. Theb.
IX 464; Lucan. IV 411 nennt eine unheimliche Quelle eines
finstern Haines nigri fontes).[1]

Eine sehr grofse Zahl von Stellen sind auch hier bezüglich

---

[1] Vgl. Jacob p. 77: existimandum est, undam tanto impetu in locum declivem et profundum sese proiecisse, ut qui in loco superiore
stabant, colorem eius genuinum vix discernere valerent.

der Unterwelt anzuführen, obgleich wir da in einigen Fällen wiederum dem Unterschied in der Bedeutung von ater und niger nachzugehen im Stande sind. Zunächst heifst der Tartarus selbst niger (nigra Tartara, Verg. A. VI 134. Stat. Theb. I 307) oder der Orcus (Hor. C. IV 2, 23. Grat. Cyn. 348. A. L. 292, 5), oder in poetischer Umschreibung niger polus (Sen. Herc. Oet. 562; ib. 942; Agam. 793), domus (Prop. IV 11 [III 12], 33. Coripp. Ioh. VI 136), ianua (Prop. V 11 [IV 12], 2), hiatus (Stat. Theb. VIII 378); sodann die Flüsse und Sümpfe der Unterwelt, flumina (Tib. I 3, 68. Stat. Theb. IV 521), der Styx (Ov. met. XI 500, als Avernus id. am. III 9, 27. Stat. Theb. III 146), gurges (Sen. Herc. f. 558), orae (Stat. Theb. XI 410; vgl. oben nigrae arenae), palus (Ps. Tib. III 3, 37. Sil. It. XI 573), lacus (Verg. A. VI 238), limus (Verg. Geo. IV 478), — humoristisch selbst die Frösche der Unterwelt (Iuv. 2, 150, wie bei Mart. VII 14, 6 die Taube im Elysium); die Haine und Wälder, luci (Verg. Geo. IV 468), silvae (Sen. Herc. f. 840) und Wiesen (Claud. rapt. Proserp. I 280). Ferner auch hier Wagen und Rosse des Unterweltbeherrschers (Mart. X 50, 6. Sil. It. VII 690. Claud. l. l. II 227), der Cerberus (Tib. I 3, 71. Sen. Agam. 14. Stat. Theb. II 29), Charon (Val. Fl. I 814), die Schlangen (ebd. II 195) und Fackeln der Furien (Stat. Theb. IV 133). Was ich aber als bezeichnend für die Bedeutung beider Epitheta betrachte, das ist, dafs die Abscheu erregenden Furien, welche sich die römischen Dichter ja nicht im Charakter der griechischen Eumeniden, sondern mehr wie die etruskischen Todesdämonen dachten, zwar häufig atrae, aber niemals nigrae heifsen; und dafs umgekehrt ater niemals vorkommt für die zwar unheimlichen, aber nicht entsetzlich gedachten und einen Gegenstand religiöser Verehrung bildenden Schatten der Verstorbenen in der Unterwelt, wohl aber niger (Hor. C. I 24, 18. Lucil. Aetn. 77. Sil. It. XII 122. Val. Fl. IV 260. Mart. V 34, 3. P. L. M. 38, 2, 1; bei Pers. 5, 185 auch die Lemuren, für die allerdings ater ebenso gut passen würde. ebenso Stat. Theb. IV 440: nigri terrigenae, von Gespenstern); und ganz besonders, dafs der schreckliche Herrscher der Unterwelt selbst oft als niger, niemals aber als ater bezeichnet wird. Er heifst bald allgemein niger deus (Ov. her. 2, 72), vindex (Claud. in Rufin. II 459), raptor (Stat. Theb. XII 272), nigra maiestas (Claud. rapt. Pros. I 79), bald niger Dis (Ov. met. IV 438. Manil. Astr. II 951. Stat. Theb. IV 291), bald geradezu niger Iuppiter (Sen. Herc. Oet. 1709. Sil. It. VIII 116. Stat. Theb. II 49), und selbst von seiner Gemahlin heifst es bei Sil. It. V 222: nigrum pectus Divae. In diesen Fällen wäre ater, der göttlichen Majestät gegenüber, geradezu undenkbar.

In übertragenem Sinne (wohin die auf die Unterwelt bezüglichen Beispiele nur zum Theil gehören, da bei beiden der Begriff der Schwärze noch mit in Betracht kommt) ist niger viel seltner als ater. Wenn dort ungefähr 25 Proc. aller gesammelten Beispiele auf die übertragene Bedeutung entfallen, sind es hier nur etwa 7—8 Proc. Dazu gehört vornehmlich der Tod (Lucr. III 39. Sil. It. XIII 560. Stat. Theb. IX 851) und die Todesstunde (Ps. Tib. III 5, 5. Prop. III 19, 18 [II 23, 34]) und alles, was damit zusammenhängt oder den Tod bringt, also das Gespinnst der Parzen (Ov. tr. V 13, 24. Stat. Theb. III 241), sowie diese selbst (nigrae sorores, Stat. Theb. VI 376), Waffen (Sil. It. XV 634. Stat. Ach. I 435), Gift (venenum, Verg. A. IV 514. Stat. Theb. I 566. Claud. in Olybr. et Prob. cons. 188. Coripp. Ioh. III 113; virus, Ov. hal. 131. A. L. 142, 40; pocula, Prop. III 23 [II 27], 10), Todesurtheil (theta, d. h. *Θάνατος*, bei Pers. 4, 13): hingegen kommt niger bei Krankheiten nicht vor. Auch der Scheiterhaufen und seine Flamme heifst niger (Hor. C. IV 12, 26. Mart. XI 91, 8). Aber auch der Bruder des Todes, der Schlaf, wird niger genannt, sei es nun wegen der Aehnlichkeit mit dem Tode, sei es wegen seiner nahen Beziehung zur Nacht: Stat. Silv. I 3, 42 nennt ihn geradezu niger somnus und beschreibt in der Behausung des Schlafgottes Theb. X 97 die nigrantia armenta, und ebd. 109, wie supra torum niger efflat anhelo ore vapor; Claud. in Rufin. II 325 spricht von den nigrae alae des Sopor.[1]). So spricht

---

[1]) Es kann hier daran erinnert werden, dafs Nonn. Dion. XXXIII 40 den Schlaf *μελανόχρους* nennt und dafs auf der schönen Lekythos bei

auch Lucr. III 827 echt poetisch von den nigrae lethargi un-
dae; und selbst die Träume, ohne dafs dabei an unheimlichen
Inhalt derselben zu denken wäre, heifsen nigra somnia bei Tib.
II 1, 90 und Ov. tr. V 13, 24. Sonst führen namentlich
schlechte und verderbliche Dinge das Epitheton: böse
Menschen (Hor. S. I 4, 85 u. 91. Phaedr. III 15, 10; cf. A.
L. 22, 2: nigra pectora), der Neid, abstrakt und personificirt
(Ov. met. II 760. Sil. It. VIII 292. Mart. IV 27, 5), der
Aberglaube (Stat. Theb VI 11), die Furcht (Val. Fl. III 404),
das boshafte Gerücht (Mart. X 3, 9. Claud. bell. Pollent. 201)
u. a. m.; vgl. Hor. S. I 9, 73; Ep. II 2, 60. Stat. IX 461;
X 26; XI 226.

Vergleichen wir daher zum Schlufs den Gebrauch von niger
mit den am Schlufs des Artikels über ater zusammengestellten
Bedeutungen des letzteren, so finden wir folgendes: wie ater
kommt niger bei den Dichtern sowohl für ausgesprochen schwarze,
als für blofs schwärzliche Farbe oder für die dunklen Nüancen
anderer Farben (namentlich von blau und grün) vor; nur ist der
Unterschied beachtenswerth, dafs im allgemeinen niger das glänzende, ater das matte schwarz bezeichnet, obgleich sich dieser
Unterschied nur in einigen wenigen Fällen konstatiren läfst. Stärker ist der Unterschied, wo neben der Farbe auch die übertragene Bedeutung des Unheilvollen mit zu Grunde liegt oder wo
letztere allein noch vorhanden ist: hier liegt in ater neben dem
Verderblichen auch der Begriff des Häfslichen, Abscheu·Erregen-
den enthalten, in niger der des Furchtbaren, Schrecklichen.

3. Piceus.

Von jenen bildlichen Ausdrücken, mit welchen wir gern ein
besonders tiefes Schwarz kennzeichnen, als »rabenschwarz, kohlschwarz, pechschwarz«, kennt der Lateiner nur das eine pechschwarz, piceus[1]) und auch dies ist im ganzen nicht gerade häufig

Robert, Thanatos Taf. 2, gerade Hypnos es ist, welcher durch dunkle Hautfarbe sich von seinem Genossen unterscheidet.
1) Carboneus kommt einmal für tiefschwarz vor, P. L. M. 64, 18 u. 20.

gebraucht worden. So kommt der ›kohlpechrabenschwarze Mohr‹ unseres Kinderbuches nur selten vor, A. L. 363, 2: et piceo gaudet corpore verna niger; vom Aegypter Ap. Sid. carm. 5, 460; von den Indern ebd. 14, 3 u. 22, 54   Hingegen ist es jedenfalls scherzhafte Uebertreibung, wenn Auson. XVIII 31, 241 die Bojer picei nennt. Worauf sich freilich dies Epitheton bezieht, ist mir nicht klar, zumal man nicht recht weifs, was für Bojer gemeint sind. Da Ptolem. II 15, 2 noch Bojer in Unter-Pannonien kennt, so könnte man wohl an die in jenen Gegenden betriebene Eisenindustrie und daher bei dem Epitheton an die schwarzen Gesichter der Bergleute und Schmiede denken. Ebenfalls in komischer Hyperbel spricht Mart. II 41, 7 von picei dentes als schlecht gepflegten, schwarzen Zähnen; und ziemlich starke poetische Uebertreibung ist es ferner, wenn Verg. A. IX 813 den Schweifs des Turnus piceum flumen nennt, weil er mit Staub und Blut vermischt ist (piceum est sordidum, erklärt Servius). Wohl in Nachahmung Vergils spricht Val. Fl. III 577 von piceus sudor.

Sonst kommt piceus in der Thier- und Pflanzenwelt nur sehr vereinzelt vor. Von Schafen gebraucht es Val Fl. III 439; bei Ov. met. X 101 heifst die Esche ornus picea, zweifellos im Hinblick auf die in der That pechschwarzen Schuppen der Blüthenknospen der gemeinen Esche (Fraxinus excelsior). Ferner Harz bei Ov. met. IX 659; der Saft der Sepia A. L. 295, 2: fruchtbare Erde bei Ap. Sid. carm. 7, 144. Die gewöhnlichste Anwendung bezieht sich jedoch auf Rauch und Wolken. Der Rauch, namentlich von Fackeln, wird öfters piceus genannt: Verg. Geo. II 309: A. III 573. Sen. Thyest. 772. Sil. It. II 671; IV 308; XIV 593: dabei mufs man freilich in Anschlag bringen, dafs hier der Gedanke an das zu den Fackeln verwandte Pech auch in Betracht kommt, und an einigen Stellen wird man geradezu nicht ›pechschwarz‹, sondern ›vom Pech herkommend‹ oder ›pechhaltig‹ übersetzen müssen; so wenn Verg. A. IX 75 die Fackel piceum lumen nennt oder Lucan. VI 135 von picei ignes spricht. — Ebenso häufig tritt das Epitheton zu stürmischen Wolken (vgl. Tib. I 4, 43. Ov. met. XI 549. Val. Fl.

I 617 u. 622. Sil. It. V 47; VI 322; XII 661. Rutil. Namat.
I 632. Claud. rapt. Pros. I 162) und Nebel (Ov. met. I 265;
II 233), und, entsprechend dem gleichen Sprachgebrauch von
ater und niger, auch zu Regen und Wind (Val. Fl. II 115.
Sil. It. XII 620; XIV 62. Ap. Sid. carm. 22, 129). Hingegen
ist es wiederum selten, namentlich wenn wir die moderne Redeweise damit vergleichen, dafs die Nacht pechschwarz heifst (Stat.
Theb. I 97; der Nachthimmel Val. Fl. II 517); beim Schatten
steht es Stat. Theb. X 149. Zur Unterwelt tritt es nur ein
paar mal bei Claudian hinzu (in Rufin. I 121; rapt. Pros. III
90); dagegen setzt es Ov. met. II 800 zum Gifte, sodafs, nach
dem oben S. 53 Gesagten, hier die ursprünglich übertragene Bedeutung des schwarzen Giftes zur wörtlichen geworden ist. Von
dem piceus Galaesus endlich bei Ap. Sid. carm. 24, 59 ist oben
S. 61 die Rede gewesen.

III. Mittlere Farbenbezeichnungen.

(Grau, blafs, dunkel).

1. Canus.

Unter Grau verstehen wir eine Mittelfarbe, welche aus Weifs und Schwarz gemischt ist, und unterscheiden die verschiedenen Nüancen derselben, je nachdem das Weifs oder das Schwarz darin überwiegt, als hell- oder weifsgrau und dunkel- oder schwarzgrau. Doch neigt sich unser Sprachgebrauch dahin, dafs im Begriff grau an sich der Charakter des Dunkeln, Schwarzen mehr überwiegt und wir viel eher in die Lage kommen, etwas dem reinen Schwarz sehr nahe kommendes grau zu nennen, als etwas dem Weifs sehr verwandtes. Etwas anders liegt die Sache bei canus, das wir in der Regel schlechtweg mit grau verdeutschen; denn wie wir weiter unten aus den beigebrachten Beispielen ersehen werden, steht canus nicht dem Schwarz, sondern vielmehr dem Weifs nahe. Wir nennen z. B. den Elephanten gewöhnlich grau, sprechen wohl auch von dem Grau der Nacht, was beides im Lateinischen nicht vorkommt; dagegen wäre es für uns undenkbar, dafs Lilien oder Schnee grau genannt würde, während der Lateiner dafür nicht selten canus gebraucht. Ich glaube daher auch nicht, dafs canus, wie mehrfach angenommen wird, seiner Entstehung nach mit dem griech. καίω zusammenhängt und auf die Farbe der Asche deutet; vielmehr wird die andere Etymologie, wonach es mit candere stammverwandt ist, wohl den Vorzug verdienen.[1])

Vom selben Stamm haben wir als Substantiva das ganz ver-

---

[1]) Weise bei Bezzenberger, Beiträge II 289 führt canus auf Wurzel kâs, glänzen, zurück, die in osk. casnar, Greis, erhalten ist. Auch Doederlein, Etymol. VI 51 nahm Entstehung aus casnus an, dachte aber an das griech. καθαρός dabei.

einzelt vorkommende, wohl nur dem älteren Latein angehörige canitudo (Plaut. ap. Paul. Diac. p. 62, 1 Müller), und canities, welches fast ausschliefslich nur im Sinne des grauen Haars resp. des hohen Alters (von Menschen) vorkommt;[1]) als Zeitwörter canēre, das die Dichter gern gebrauchen, während es in Prosa ungewöhnlich ist, canescere und incanescere. Statistisch berechnet ist das Verhältnifs dies, dafs auf 100 Fälle der Anwendung eines zum Stamm can gehörigen Wortes etwa 15 auf canities und 12 auf canere fallen; doch ist, wie bei canities, auch bei canere ein Unterschied im Gebrauch zu beachten, wovon unten noch die Rede sein wird. Canescere und incanescere sind selten; aufserdem sind noch die Formen incanus, vom beginnenden Grau, und praecanus, von vorzeitigem Grau (nur einmal nachweisbar, bei Hor. Ep. I 20, 24), zu verzeichnen.

Weitaus am häufigsten wird canus gebraucht von der grauen Farbe des Greisenhaares und im Zusammenhange damit, in einer jedenfalls schon früh eingetretenen Erweiterung des Begriffes, von alten Menschen, oder im Sinne von alt schlechtweg, doch wesentlich in Verbindung mit abstrakten Begriffen, meist der Zeit, nicht von Gegenständen. Ungefähr 55 Proc. aller Fälle entfallen auf diese Bedeutungen. Wenn wir zunächst von denjenigen sprechen, wo es sich in Wirklichkeit um graue oder weifse Haare handelt — denn ein Unterschied besteht da eigentlich nicht, wie auch bei uns weifses Haar oft genug grau genannt wird (umge-kehrt seltner) —, so kommen hier zunächst alle die Stellen in Betracht, wo canus als Epitheton zu den Haaren selbst hinzutritt, also zu capilli (Hor. C. II 11, 15. Ov. am. III 12, 21;

---

[1]) Ich wüfste als Beispiel abweichenden Gebrauches aus den Dichtern eigentlich nur Manil. Astron. V 680 anzuführen, wo canities maris von der grauen Farbe des erregten Meeres gesagt ist. Wenn bei Ov. met. I 238 canities in Bezug auf das Wolfsfell gesagt ist, so kommt dabei doch in Betracht, dafs damit zunächst die canities, d. h. die grauen Haare des verwandelten Lykaon gemeint sind: canities eadem est. Und Iuv. 10, 207: inguinis aegri canities geht doch auch auf graue Haare, denn es findet seine Parallele in dem wiederholt bei Martial vorkommenden canus cunnus (s. o.).

her. 13, 161; a. a. II 117; met. I 266; IV 474; Fast. III 669.
Priap. 76, 1), comae (Tib. I 2, 92; ib. 6, 86. Prop. V [IV],
9, 52. Ov. a. a. III 75. Sen. Phoen. frg. 78; Oed. 568; Troad.
192. Mart. IV 53, 3. Nemes. ecl. 1, 9), crines (Cat. 64, 350.
Ov. met. XIII 427. Lucan. I 288. Sil. It. VI 560: laceris ca-
nentes crinibus; ib. XIII 311. Stat. Theb. IX 163), barba (Mart.
IV 36, 1); oder auch zum Kopf resp. zu den Kopftheilen, an
denen die grauen Haare sitzen, also canum caput (Plaut. Asin.
934; Bacch. 1101; Merc. 305; Casin. 518. Cat. 68, 126
[124]. Tib. I 1, 72. Ov. Fast. V 57. Pers. 1, 83), vertex
(Calpurn. 7, 73: vertice canus. Sil. It. VI 426: cano vertice, cf.
V 486), mentum (Virg. A. VI 809), in komischer Diction auch
cunnus (Mart. II 34, 3; IX 37, 7) und inguen (Iuv. 10, 207:
inguinis aegri canities). Diese Anwendung ist so gewöhnlich, dafs
cani allein (sc. crines oder capilli) schon die grauen Haare bedeutet, s. Ps. Verg. Cir. 320. Tib. I 10, 43. Ps. Tib. III 5,
15. Ov. met. III 275; ib. 516; VI 26; VIII 9; ib. 568; X 391;
XII 465; XIV 655; XV 211; ex Pont I 4, 1. Phaedr. II 2, 10.
Sen. Herc. fur. 1256. Pers. 5, 65. Seren. Samm. 44. Lucan.
II 122; ib. 375; V 274; VII 372. Petron. 126 v. 4; frg. 40, 1.
Val. Fl. I 711. Stat. Theb. VII 474; X 706. Auson. IV 9,
13. Claud. in Ruf. II 67; rapt. Proserp. I 177. A. L. 497, 1.
Dracont. 8, 589; 9. 208. Maximian. 2, 25; und in gleichem
Sinne wird canities zu vielen Malen für graue Haare gebraucht,
vgl. Cat. 64. 224. Verg. A. VI 300; IX 612; X 192; ib. 549;
ib. 844; XII 611. Ov. a. a. III 163; met. I 238; VII 289;
VIII 528; X 425; trist. IV 1. 74; ib. 10, 93. Pers. 1, 9. Lucan. VIII 57. Val. Fl. VI 306. Sil. It. V 579: X 511; Stat.
Silv. III 3, 19; Theb. II 98; III 138: IV 581; VIII 243; XI
341; ib. 583. Iuv. 3, 26; 10. 208. Claud. in Ruf. I 134; IV
cons Honor. 506: nupt. Hon. et Mar. 158; ib. 325; bell. Gildon. 25; in Eutrop. I 92: ib. II praef. 25; cons. Stilich. II 443;
bell. Pollent. 460; rapt. Pros. I 50: III 12; carm. min. 39 [50],
30. Sodann aber bedeutet canus, gerade so wie unser grau, an
sich schon »grauhaarig«. Es unterscheidet sich hierin von albus, candidus, ater, niger, die allein gesetzt auf die Haut des

Menschen, nicht auf die Farbe seiner Haare gehen, und es steht
dafür in einer Reihe mit flavus, rutilus u. dgl. So wird also
ein Mensch mit grauem Haar schlechtweg canus (resp. incanus,
praecanus) genannt; vgl. Plaut. Merc. 639; Rud. 125; Cas.
239. Hor. Ep. I 20, 24. Tib. I 8, 29. Prop. III 5, 24 [II
13, 40]; III 8 [II 16], 22. Eleg. in Maecen. 1, 137. Ov. Fast.
IV 339. Phaedr. app. 18, 10. Petron. 139 v. 7. Mart. III
43, 3; X 67, 2; XII 32, 5; XIV 27, 1. Iuv. 12, 32. Auson.
XVIII 26. 9; XIX 38, 1; und in entsprechender Weise werden
auch abstrakte Begriffe cana genannt, zumeist solche der Zeit,
wie senectus (Cat. 108, 1. Verg. A. V 416: canebat senectus.
Tib. I 8, 42. Ov. her. 14, 109. Sen. Herc. fur. 201), anilitas
(Cat. 61, 162 [155]), aevum (Val. Fl. VI 122: canens aevum.
Claud. cons. Stilich. III 106), aetas (Sil. It. III 328: incanuit
aetas. Claud. bell. Pollent. 35: canuit aetas. Ap. Sid. carm. 2,
289: canens aetas), saecula (Cat. 95, 6. Mart. VIII 80, 2),
anni (Prop. III 10 [II 8], 5); weiterhin aber auch andere Ab-
strakta, denen man den Begriff des Alters beilegen will, wie cana
iura (Mart. I 15, 2), amicitia (id. IV 67, 2), gravitas (Coripp.
Ioh IV 237). Es war eine sehr naheliegende Erweiterung des
ursprünglichen Farbenbegriffs, dafs man damit, wie in den letzten Beispielen, den Begriff des Bejahrten verband; und so kommt
auch canities öfters in dem Sinne vor, dafs dabei der Gedanke
an das graue Haar fast ganz bei Seite gelassen ist, z. B. Hor.
C. I 9, 17; ib. II 11, 8: canities morosa. Prop. I 8, 46. Claud.
Manl. Theod. cons. 19: canities animi. Und wenn uralte Gottheiten wie die Vesta (Verg. A. V 744; IX 259. Mart. I 70, 3),
die Fides (Verg. A. I 292. Dracont. 5, 112), die Pales (Stat.
Theb. VI 111), auch Thetis (Cat. 66, 70. Ov. met. II 509;
Fast. II 191[1]), canae genannt werden, so wird man dabei
weniger daran zu denken haben, dafs sich der Dichter dieselben
als grauhaarige Frauen denkt, als dafs er damit die Ehrwürdig-

---

[1] Es ist wohl nicht notwendig, hier mit Riese zu Catull l. l. eine Vermischung des Begriffs der altersgrauen Göttin mit der ποιλὴ ἁλς anzunehmen, obgleich auch Baehrens z. d. St. bemerkt: Tethys hic pro »mare« poni-
tur; zumal da canus nur vom aufgeregten Meere gesagt wird (s. oben S. 78).

keit dieser Gottheiten andeuten will. Eine noch gröfsere Erweiterung des Begriffes canus, wo derselbe zwar auch von Theilen des menschlichen Körpers, aber von solchen, bei denen an
graue Haare nicht gedacht werden kann, gesagt ist, gehört der
derbkomischen Redeweise an: so cana gula, Iuv. 14, 10; cana
labra, Mart. IX 27, 5; canus podex, Claud. carm. min. 8 [76],
5 (event. kann man die oben erwähnten canus cunnus, canities
inguinis auch hierher ziehen).

Die Zeitwörter canere und canescere finden sich in dieser
sonst gewöhnlichsten Anwendung des Begriffes canus nicht gerade häufig, wie ein Blick auf die Zahlenverhältnisse darlegt.
Unter circa 165 Fällen sind nämlich nur sechs, in denen canere
von grauen Haaren oder Alter gebraucht ist (Verg. A. V 416.
Val. Fl. V 486: VI 122. Sil. It. VI 560; XIII 311. Claud.
bell. Poll. 35); und da diesen sechs Fällen 30 gegenüberstehen,
welche sich auf nur ungefähr 140 Beispiele der anderweitigen,
nicht auf Haar und Alter bezüglichen Anwendung von canus
vertheilen, so geht daraus die Thatsache hervor, dafs canere in
dem eben angeführten Sinn bei den Dichtern nicht beliebt war.[1])
Auch canescere und incanescere kommen nur je einmal vor (Ov.
met. IX 422. Sil. It. III 328).

Zu jenen sechs angeführten Fällen kommt noch ein eigen-
tümlicher, besonders aufzuführender hinzu, nämlich Verg. A. X
418, wo es vom Vater eines Helden heifst: ut senior leto canentia lumina solvit. Wie man hier das Attribut des im Tode
brechenden Auges zu fassen habe, darüber war sich bereits Servius nicht klar; er sagt z. d. St.: canentia lumina aut hypallage
est pro »ipse canens«, aut physicam rem dixit; dicuntur enim
pupillae mortis tempore albescere. Macrob. VI 6, 5 hält sich
nur an die erste Deutung und erklärt »vetustate senilia«. Die
zweite Erklärung des Servius ist denn auch schwerlich haltbar;

---

[1]) In besonders drastischer Weise zeigt dies Ovid. Bei diesem
kommt etwa in 30 Fällen canus und canities (einmal canescere) für graue
Haare vor, aber niemals canere; unter den etwa ebenfalls 30 Fällen aber,
wo graue Farbe in anderm Zusammenhang genannt ist, finden wir neun-
mal canere.

denn wenn man auch in canere hier den Begriff des farblos werden, den Glanz verlieren suchen wollte, so steht doch dem entgegen, dafs canere immer den Zustand, den Uebergang in die
Farbe des canum aber canescere bezeichnet. Man wird also am
besten in diesem Falle canere im Sinne von »alt sein« fassen,
obgleich es in diesem sonst auch nicht nachweisbar ist; canentia
lumina also »die altersschwachen Augen«.

In der Thierwelt kommt canus nicht häufig vor. Der
graue Ziegenbart (Verg. Geo. III 311), das Fell des Wolfes
(Ov. met. VI 527; cf. I 238; am. I 8, 56) und des Marders
(Grat. Cyn. 340) entsprechen durchaus unserem Grau; auch beim
Wasserhuhn (Blässe, Fulica atra) erscheint das Epitheton durch
die grauen Füfse des Thieres, obgleich der Körper mit seiner
Schieferfarbe eher schwarz genannt werden müfste, noch gerechtfertigt (Cic. prognost. fragm., de divin. I 8, 14); ebenso beim
Gewebe der Raupe (Ov. met. XV 372). Dagegen erkennen wir
den Unterschied zwischen canus und unserem deutschen grau,
wenn wir ersteres einigemale vom Schwan gesagt finden, dessen
Federn, wenigstens beim erwachsenen Thiere, für uns geradezu
ein Symbol ungetrübter Weifse sind (Ov. met. II 373. Ap. Sid.
ep. IX 15, 1 v. 34. P. L. M. 41, 10). — Den entsprechenden Beleg dafür, dafs canus im Grunde mehr grauweifs, als direkt grau ist, und sich daher bisweilen geradezu für weifs selbst
gebrauchen läfst, liefern im Pflanzenreich die Lilien, die
wiederholt cana oder canentia heifsen (Ov met. XII 411. Colum. X 99. Coripp. Iust. IV 150). Weiterhin wird es gebraucht
für Knospen und Blüthen verschiedener Gewächse, entweder
allgemein, wie cana germina (Calpurn. ecl. 5, 6), oder in speciellen Fällen, wie von der weifslichen Blüthe des Birnbaums
(Verg. Geo. II 71: ornus incanuit albo flore piri) oder des
Weinstocks (Mart. III 65, 3: vinea quod primis cum floret
cana racemis). Oefters auch wird es von Aehren gesagt (Ov.
met. I 110: VI 456; X 655; trist. IV 6, 11); da sonst für das
reife Aehrenfeld die gewöhnliche Bezeichnung flavus, gelb, ist, so
hat man hier wohl an den der Reife vorhergehenden Zustand, wo
die Aehren in der That mehr graue Färbung haben, zu denken.

Ebenso aber kommt canus auch (im Sinne von pallidus) von
der fahlen Farbe verblühter Sträucher vor (Ov. a. a. III 67:
hos ego, qui canent, frutices violaria vidi) oder von Wiesen,
welche ihre natürliche Farbe durch Brand eingebüfst haben (Ov.
met. II 212). — Grau heifst ferner der weifslich blühende Thy-
mian (Ov. Fast. V 272), [1]) der weifse Liguster, den wir auch
unter albus angeführt haben (Mart. IX 26, 3), und der Wermut
mit seinen graugrünen Blüthen (Ov. Fast. V 272). Ganz be-
besonders aber tritt das Epitheton zu einer Anzahl von Bäumen
hinzu, deren Laub eine dem Weifsgrau sich nähernde Färbung
hat, vor allem also die Weide (Verg. Geo. II 13. Ov. met. V
590. Lucan. IV 131: aber Colum. X 304 von der Weidenruthe),
Olive (Ov. met. VI 81. Stat. Theb. III 466. Sil. It XIII 69.
Iuv. 14, 144) und Weifspappel (Sen. Herc. Oet. 581 u. 793).
Wenn es dagegen bei Ov. Fast. III 142 heifst: cedit ab Iliacis
laurea cana focis, so kann hier cana selbstverständlich nicht auf
die Farbe der immergrünen Lorbeerblätter gehen, sondern bedeutet grau vor Alter oder vor Staub und Schmutz, wie eben
Kränze auch immergrünen Laubes mit der Zeit welken; vgl. unten
S. 80. Auch Sil. It. V 486: (quercus) vertice canenti, kann nicht
hierher gezogen werden, denn das Laub der Eiche entspricht
nicht der grauen Farbe: es ist hier vielmehr das Epitheton canens gewählt, weil die alte Eiche mit ihrem Wipfel dem grauen
Scheitel eines Greises verglichen wird. — Ferner wird canus
von einigen Früchten gesagt, und zwar von Quitten, mala
Cydonia (Verg. ecl. 2, 51, wo Servius bestätigt, dafs mala Cydonia gemeint sind. A. L. 117, 3: velleribus vestita cydonia
canis, codd. hirsutis): es handelt sich dabei aber, wie auch der
Wortlaut der betr. Stelle zeigt, nicht um die Farbe der Frucht
selbst, die ja goldgelb ist (daher aurea mala, s. unten unter
aureus), sondern um den zarten Flaum, welcher sie bedeckt.
Ebenso wird man vielleicht an den Flaum denken müssen, wenn

---

[1]) Beiläufig sei hier bemerkt, dafs Ovid überhaupt einen sehr um-
fassenden Gebrauch vom Worte canus, resp. canere, canities, macht; etwa
ein Fünftel sämmtlicher Beispiele füllt auf ihn.

Mart. VII 53, 7 die Pflaumen cana nennt; doch darf man hier
auch daran erinnern, dafs eine im Süden häufige Pflaumenart
gelbe Farbe hat (cerea pruna, s. unter cereus). Von sonstigen
Produkten der Natur oder des Handwerks sind noch anzuführen:
Honig (Mart. III 58, 34), wobei man sich erinnern mag, dafs
es neben gelbem Honig auch weifslichen giebt; Baumwolle
(Verg. Geo. II 120: nemora canentia lana), Weihrauchkörner
(Stat. Theb. VI 60), Mehl (A. L. 379, 10), eingesalzenes Fisch-
fleisch (Mart. III 77, 7: pelle melandrya cana), Bleiröhren
(Claud. carm. min. 26 [49], 58), Papyrus (Ps. Tib. III 1, 10).

Ist in allen diesen Fällen die Anwendung des Epithetons
eine durchaus vereinzelte, namentlich gegenüber der so umfangreichen Verwendung für graue Haare, so ist dasselbe dagegen
wiederum sehr häufig gebraucht für den Schaum der Wellen,
vornehmlich des Meeres, da Flüsse ja in der Regel auch bei
lebhaftem Ruderschlag nicht so stark schäumen, wie das Meer
(ein Beispiel ist Lucan. X 322: canescit fluctibus amnis). Hier
berührt sich also canus mit albus und candidus, welche wir beide
in ähnlichem Sinne verwendet gefunden haben; und es ist dabei
zu bemerken, dafs, wenn dort die Verba albere, albescere, candere,
candescere in den betreffenden Fällen sehr beliebt, zum Theil noch
häufiger sind, als die Adjektiva, so auch hier canere und canescere gern gebraucht werden. was wir uns auch hier, wie schon
oben einmal (S. 6) ein ähnlicher Fall erklärt wurde, dadurch zu erklären haben, dafs die Wogen oder die Meeresfläche nicht an sich
grau sind, sondern es erst durch Ruderschlag, Wind u. dergl.
werden. Für Gebrauch der Verba resp. Participia vgl. man[1])
Ov. her. 5, 65: canescant aequora remis; ib. 5, 54: remis canet
aqua; ib. 17 (18), 137: aequora canent. Manil. Astr. I 708:
freta canent. Lucan. l. l. Val. Fl. III 32: canebant aequora.
Sil. Ital. IV 247: canenti aequore; ib. XIV 362: canenti gurgite.
Stat. Theb. V 337: fragor canet; ferner für das Adjectivum: cana

---

1) Catull 64, 14 ist canenti e gurgite Conjectur, die Hss. haben
candenti; ebd. v. 13 ist spumis incanuit unda Correctur der Italiener
f. incanduit.

aqua (aquae), Ov. her. 2, 16. Val. Fl. V 306; fluctus, Lucr.
II 767. Cic. Arat. 71. Verg. A. VIII 673. Sil. It. XV 304;
gurges, Catull. 64, 18. Ps. Verg Cir. 514. Stat. Theb. XI 43;
aequor (aequora) Enn. Ann. frg. 476. Lucan. IV 587; ib. VIII
722; undae, Ps. Verg. Dirae 60; spuma, Senec. Phaedr. 1023;
Agam. 462; marmor, A. L. 211, 92; sulcus, P. L. M. 25, 12;
adspergo ponti. Stat. Theb. V 406; dazu vgl. Manil. Astr. V
690: canities maris Cic progn. frg., de divin. I 7, 13: saxa
cana salis spumata liquore. Stat. Ach. I 235: cana spumant
signa.[1]) — Auch das grauweifse Wasser schwefelhaltiger Gewässer wird mit canus bezeichnet, Mart. I 12, 2; VI 43, 2.

Nähert sich in diesem Gebrauch die Farbenbezeichnung canus schon sehr stark dem Begriff des Weifsen, so ist das in noch
viel höherem Grade der Fall bei den auch der Zahl nach noch
beträchtlich häufigeren Beispielen, wo canus von Schnee, Reif
oder Eis gesagt ist. Hier ist canus nicht blofs ein gelegentlich
angewandtes, sondern ein durch die ganze römische Poesie hindurch fast stehend gewordenes Epitheton. Man vgl. cana nix
(nives), Lucr. III 20. Hor. S. II 5, 41. Senec. Thy. 118;
Phaedr. 943. A. L. 71, 6. Claud. in Ol. et Prob. 270; pruina,
Verg. Geo. II 376. Hor. C. I 4, 4. Sen. Herc. fur. 139. Petron. 123 v. 185. Val. Fl. II 287. Sil. It. III 534. Claud.
nupt. Hon. et Mar. 52; grando, Sil. It. III 479; gelu, Verg.
Geo. III 442. Ov. tr. V 2, 66. Val. Fl. VI 611. A. L. 135,
16. Auson. XVIII 31, 2; bruma, Sen. Phaedr. 974. Stat. Theb.
IV 833; ferner die beschneiten Berge und Hügel, montes, Verg.
Geo I 43; colles. Sen. Phaedr. 8; apex, Sil. It. IV 746; ver-
tex, Petron. 122 v. 147; clivus, Sil. It. III 519; rupes, Lucan.
I 435; oder mit Namen genannte Berge, wie Athos, Aetna,
Rhodope u. a. m., vgl. Ov. Ibis 200. Sen. Troa. 73. Lucan.
I 680. Stat. Theb IV 654. Sil. It. XIV 66. Claud. in Rufin.
I 335; in Eutr. II 164; cf. Gigantom. 24. Auch von andern
beschneiten oder bereiften Dingen, wie Pflanzen etc., wird es ge-

---

[1]) Von anderweitigem Schaum kommt canus nur einmal vor, Sil.
It. I 424: canentem mandens aper ore cruorem.

sagt, vgl. Ps. Verg. Roset. 13: pruinosis canebat gemma frutetis.
Mart. VII 31, 5: canum holus pruinis. Sil. It. I 205: canet
barba gelu; daher denn auch die Jahreszeit, welche Schnee und
Reif bringt, selbst cana heifst, vgl. Ov. met. II 30. Stat. Theb.
V 112. Mart. I 49, 19; und bei Ap. Sid. carm. 5, 519 canens Hister, weil dort viel Schnee fällt. Auch vom Thau, oder
streng genommen von den mit Thau bedeckten und durch denselben weifslich schimmernden Gräsern wird canere gesagt, Verg.
Geo. III 325: dum gramina canent. Ov. Fast. III 880: canue-
rint herbae rore recente. A. L. 139, 42. In allen diesen Beispielen kommt canere wiederum öfters vor, als bei der im Eingang besprochenen Anwendung. Im übrigen liefern uns diese
Fälle ganz besonders den Beweis, dafs canus nicht streng unserem Begriffe grau entspricht. Von grauem Schnee[1]) oder Reif
würden wir im Deutschen nicht zu sprechen wagen; ist doch
»weifs wie Schnee« gerade auch bei uns ebenso sprichwörtlich,
wie wir niveus als Bezeichnung schimmernder Weifse bei den
Römern gefunden haben. Es ist also kein Zweifel, dafs in diesen
Fällen canus dem Begriff des absolut Weifsen ganz nahe kommt.

Mehrfach finden wir canus als Attribut der Asche (Ov.
a. a. II 440; met. VIII 53, 4. Petron. 120, 77. Stat. Silv. II
6, 90; Theb. I 512. Sil. It. XV 597). Wenn wir im vorhergehenden die Asche ebensowohl als weifs, wie als schwarz bezeichnet gefunden haben, und hier als grau, so hängt dies natürlich damit zusammen, dafs je nach Beschaffenheit des verbrannten Gegenstandes die Asche ebenso wohl weifs, wie grau
oder schwarz sein kann. Endlich sind noch einige Fälle zu
nennen, wo canus als Epitheton zu Staub (Ov. Ibis 388. Stat.
Silv. II 2, 7. Sil. It. XV 743. Claud. rapt. Pros. I 186) und
zu schmutzigen, staubbedeckten Dingen hinzutritt (Ov. am. I 8,
52: canescunt turpi tecta relicta situ, ja sogar ebd. met. VIII
802: labra incana situ, bei der Fames). Hier wiegt selbstverständlich der Begriff des Grauen wieder vor.

---

[1]) Freilich sagt Goethe in dem Gedicht »Schweizeralpe«: »Silbergrau bezeichnet dir früh der Schnee nun die Gipfel«. (Weimarsche Ausgabe II 137).

2. Pallidus.[1])

Unserem »blafs, bleich« entspricht das lateinische pallidus.
Dasselbe ist streng genommen als keine absolute, sondern nur
als eine relative Farbenbezeichnung zu betrachten; d. h. es bezeichnet nicht eine bestimmte Farbe oder irgend eine Nüance
einer solchen, sondern es drückt mehr einen Grad, und zwar
einen schwachen, wenig intensiven Grad einer beliebigen Farbe
aus. Auch wir sprechen von blafsroth. blafsgelb u. s. w., und
ähnlich wird pallidus gebraucht, daher auch von solchen Gegenständen, welche keine ausgesprochene Farbe, sondern nur einen
unbestimmten, mehr der Helle als dem Dunkel sich nähernden
Lichtton besitzen.[2]) Neben dieser allgemeinen Bedeutung kann
man aber auch noch eine speciellere constatiren, in welcher pallidus in der That die blasse Nüance einer bestimmten Farbe bedeutet: es dient nämlich als Farbenbezeichnung für verschiedene
Dinge, welche ganz ausgesprochen gelbe oder gelbliche Färbung
haben; so für Buchsbaum, Safran, Gold, Electrum, Schwefel, wofür die Beispiele weiter unten folgen werden.[3]) Und dem entspricht es daher, wenn Hor. ep. 10, 16 von pallor luteus spricht,
während er ebd. 7, 15 den pallor albus nennt.[4]) Daneben fin-

---

[1]) Ueber pallidus vgl. Jacob p. 86 ff.

[2]) Diese Ansicht ist sehr oft entwickelt worden. So bemerkt
schon Salmasius Exerc. Plin. p. 1154 C: pallidus color nullus est, sed est
affectus omnium colorum dilatiorum. Est viridis pallidus, est luteus, est
ruber et quicunque alius color non bene saturatus nec meraco fuco a
natura imbutus. Passow zu Pers. prol. 4: »Pallor scheint mir von jeder
stillen, nicht glänzenden und brennenden Farbe, oder eigentlich von der
Tendenz zur Farblosigkeit gesagt zu werden, also überhaupt von der
Annäherung an schwarz wie an weifs.« Marg p. 20: pallidus omnium colorum et lucis deminutionem indicat.

[3]) Es ist daher nicht richtig, wenn Marg l. l. behauptet, dafs
keine Farbe pallidus heifsen könne, nisi comparatus cum alio vegetiore.

[4]) Die Sprachvergleicher führen pallidus auf denselben Stamm wie
pullus zurück, s. Curtius, Etymol.[5], S. 271; Weise in Bezzenbergers
Beitr. II 290 meint, man habe im Lat. durch Differenzirung einen Namen für das hellere (pallidus) und einen für das dunklere Grau (pullus)
gewinnen wollen.

den sich auch Fälle, in denen eine mattgrüne Nüance angenommen werden muſs.

Was nun zunächst die zum Stamm gehörigen Wortformen anlangt, so ist unter allen in Betracht kommenden Fällen das Verbum pallere weitaus am häufigsten, indem es nämlich ungefähr die Hälfte aller Fälle ausmacht; davon kommt freilich wiederum etwas mehr als die Hälfte auf das Part. pallens, welches dem Adjekt. pallidus entspricht. In der Anwendung ist kein Unterschied zwischen pallidus und pallens nachzuweisen; ersteres findet sich ungefähr ebenso oft gebraucht, wie letzteres, und es ist offenbar, daſs bei der Wahl des einen oder andern lediglich metrische Rücksichten bestimmend waren. Dazu kommen dann noch die Diminutivform pallidulus (viermal) und das verstärkte vepallidus (einmal) vor. Unter den noch übrigen Wortformen fällt der Hauptantheil auf das Substant. pallor (etwa ein Sechstel aller Fälle); einige zwanzig mal haben wir pallescere,[1]) von dessen Compositis expallescere das gewöhnlichste ist (elf Fälle), seltner impallescere (dreimal) und oppallescere (einmal).

Hinsichtlich der Anwendung steht in erster Reihe die durch körperliche oder geistige Ursachen hervorgerufene Blässe des menschlichen Körpers, zumal des Gesichts;[2]) und zwar ist der Gebrauch hierfür gegenüber allen anderen Anwendungen des Wortes so sehr überwiegend — gut ³/₄ aller Beispiele beziehen sich darauf theils direkt, theils hängen sie wenigstens indirekt damit zusammen —, daſs man fast glauben möchte, es liege hier die erste und ursprüngliche Anwendung des Wortes vor. Am allerhäufigsten wird nun durch pallere das Erbleichen

---

[1]) Vielleicht auch häufiger, da pallui ebenso wohl von pallescere als von pallere kommen kann. Da es in den meisten Fällen aber unmöglich ist, dies bestimmt zu unterscheiden, habe ich alle Formen, die von pallui kommen, zu pallere gerechnet.

[2]) Daſs andere Theile des menschlichen Körpers, als die Haut, pallida genannt werden, kommt nicht vor; nur Lucan. IX 768: pallentia ossa, wäre anzuführen, wobei es sich aber nicht um »bleichende Gebeine« handelt, da hierfür albere der stehende Ausdruck ist (s. oben S. 6), sondern um die durch Verwundungen bloſsgelegten Knochen.

des Gesichts oder der Wangen in Folge von Furcht, Angst,
Sorge oder Schreck bezeichnet. Die Dichter drücken dies Erblassen auf sehr verschiedene Weise aus. Am gewöhnlichsten
ist es, dafs die betr. Personen selbst pallidi heifsen (Prop. IV 7
[III 8], 28; V [IV], 3, 41. Ov. her. 1, 14; 12, 97; rem. am.
602; met. IX 215. Senec. Thy. 563. Calp. ecl. 6, 82. Val.
Fl. VII 375. Stat. Theb. III 394; IV 322; V 590; VI 450;
XI 204. Mart I 49, 35; II 24, 3; V 27, 4; VIII 55, 3: XI
55, 6. Iuv. 7, 115. Claud. bell. Gild. 374; bell. Poll. 356;
carm. min. 6 [74], 17. Ap. Sid. carm. 5, 171; ib. 422; vepallidus, Hor. Sat. I 2 129; pallidulus, Iuv. 10, 82)[1]) oder
pallentes (Ov. a. a. III 487; met. VI 522. Il. Latina 945. Val.
Fl. I 824. Stat. Theb. IV 318; VI 393; IX 864; IX 534; XII
676 u. 695. Claud. bell. Gild. 178; Manl. Theod. cons. 300;
in Eutr. II 462. Mart. Cap. IX 888; ib. 902. Ap. Sid. carm.
2, 495; 5, 429; 14, 14; 15, 195. Coripp. Iust. III 18); oder
es wird ihr Erbleichen durch pallere als Prädikat wiedergegeben
(Ps. Verg. Catal 5, 17. Hor. C. III 27, 28 Ep. I 7, 7; ib.
19, 18. Prop. V [IV], 8, 9. Ov. a. a. II 446; III 703; met.
II 180; VII 136; IX 581; XV 764; tr. V 2, 1; fast. II 468;
V 514. Sen. Med. 347. Lucil. Aetn. 279. Il. Lat. 842. Pers.
3, 43; 5, 80; ib. 184. Lucan. I 616. Petron. 122 v. 125.
Sil. It. I 101; III 435; VII 703. Stat. Silv. I 2, 86; Ach. II
198; Theb. I 620; IV 506; V 413; VIII 137; XI 446. Mart.
XII 60, 7. Iuv. 6, 392; 11, 48; 13, 223. Claud. bell. Gild.
342; in Eutr. I 504; II 115; cons. Stilich. II 120; III 100;
laus. Ser. 176; rapt. Pros. I 191. Ap. Sid. carm. 5, 79; 7,
257; 15, 173; 23, 265. Coripp Ioh. IV 253; VI 163. P. L.
M. 49, 16) oder durch pallescere (Hor. Ep. I 1, 61; A. P.
429. Val. Fl. II 526. Claud. III cons. Hon. 203; IV cons.
Hon. 359) und seine Composita (expallescere, Hor. Ep. I 3, 10.
Ov. met. X 185. Lucan I 539. Sil. It. XII 146. Stat. Theb.

---

[1]) Die Beispiele sind hier nur für diejenigen Fälle zusammengestellt, wo der pallor die Folge oder das Zeichen der obenbezeichneten
Furcht, Sorge etc. ist.

XI 327; impallescere, Stat. Theb. VI 805; oppallescere, Coripp.
Ioh. VII 156) Dazu tritt dann bisweilen die Veranlassung (cu-
rae, metus etc.), meist im Ablativ, hinzu (Hor. Ep. I 1, 61:
culpa; Verg. A. VIII 709: morte futura; Prop. I 13, 7: curis;
Ov. met. VIII 465: metu; ib. IX 111 u. XIII 74 dgl.; Stat.
Silv. V 2, 100: crimine), oder es wird, meist ebenfalls im Ablativ, seltner im Accusativ, das Gesicht oder die Glieder, als
Stelle des Erbleichens, hinzugefügt (ore, Cat. 64, 100. Ov. met.
IV 106; VI 602 Claud. carm. min. 39 [50], 12; artus, Ps.
Verg. Cir. 81). Diese Anwendung ist, wie gesagt, weitaus die
häufigste; und sie ist dergestalt verbreitet, dafs bei pallere oder
pallor vielfach geradezu die ursprüngliche Bedeutung des Er-
blassens ganz verloren gegangen zu sein scheint und man in
vielen unter den von uns angeführten Fällen direkt die übertragene Bedeutung »erschrecken« oder »fürchten« annehmen
kann; so z. B. bei pallor, Prop. II 5, 30: hic tibi pallori erit;
Ov. Fast. VI 19: tacito pallore; Stat. Ach. I 157; gelidus pallor;
Theb. III 564: pallor et irae). Beträchtlich seltner ist es, dafs das
Gesicht selbst, die Wangen, die Farbe derselben zum Subjekt
des Erbleichens gemacht werden (ora, Ov. met. IV 135; VIII
465. Val. Fl. IV 490; ib. 701; VII 79; color, ib. XIII 582;
labra, Prop. V [IV], 8, 54) oder die Glieder resp. der ganze
Körper (membra, Ov. her. 16, 77; corpora, Sil. It. IX 51);
sehr gewöhnlich dagegen wieder Wendungen mit pallor, sei es
nun, dafs derselbe überhaupt in irgend welchen Zusammenhang
erwähnt wird (Hor. ep. 10, 16; S. I 8, 25. Ov. met. IV 487;
tr. I 4, 11. Inc. Octav. 725 Lucan. V 216; VIII 56. Val.
Fl. I 229; III 576 Sil. It. IV 458. Stat. Silv. V 1, 70; Ach.
I 515; Th. IV 767; ib. 803; X 336; XII 168; ib. 736. Coripp. Ioh. III 130. Orest. trag. 127), sei es, dafs Wendungen,
wie pallor in ore sedet (Ov. trist. III 9 18), pallor ora inficit
(Hor. ep. 7, 15) oder ähnliche gebraucht sind (Plaut. Men. 616:
pallorem incutit. Lucr. III 154: pallorem existere toto corpore.
Ps. Verg. Cir. 225: per viscera pallor. Hor. S. II 8, 36: vertere pallor faciem. Ov. met. XI 417: ora p. obit. Sen. Agam.
238: circuit p. genas; ib. 747: p. genas possidet; Herc. Oet.

1726: sedet p. genis. Sil. It. VII 427 : ora pervasit p Iuv. 4,
74: in facie sedebat p. Claud. in Ruf. II 131: infectae pallore
genae. Coripp. Ioh. VI 158: maculat pallore genas. Orest.
trag. 122: p. premit genas; ib. 154: it p. super ora).

Nicht ganz so häufig, wie in dem bisher besprochenen Gebrauche, aber immerhin noch zahlreich sind die Fälle, in denen
der pallor als Kennzeichen noch anderer seelischer Stimmungen
oder Leidenschaften auftritt: so vom Kummer und Trauer,
Plaut. Cist. I 1, 58. Sen. Herc. Oet. 255; Troad. 249. Stat.
Theb. VII 360; Rührung oder Aufregung, Hor. A. P. 429.
Stat. Theb. I 537. Mart. XI 61, 3. Dracont. 10, 219 (und
daher auch die tragische Maske bei Iuv. 3, 175: persona pallens;
bei Dracont. 10, 21: pallida Melpomene); ferner bei Zorn, Stat.
Theb. II 545; V 264; X 566; ib. 692 Ap. Sid. carm. 7, 298.
A. L. 487, 4; daher auch personificirt bei Val. Fl. II 205: genis pallentibus Irae; bei Neid, Ov. met. II 775: pallor in ore
(Invidiae) sedet. A. L. 119, 42; ib. 152, 10, und bei Gewinn-
sucht, Hor. S. II 3, 78. Pers. 4, 47. Lucan. IV 96: lucri
pallida tabes. Ganz besonders aber ist es ein Zeichen der Verliebtheit, vornehmlich der unglücklichen Liebe; palleat omnis
amans, sagt Ov. a. a. I 729, und Hor. C. III 10, 14 spricht
vom pallor amantium (darnach auch Claud. nupt. Hon. et
Mar. 80); und so wird dies Kennzeichen der Liebe in der Poesie
sehr oft erwähnt, s. Plaut. Pers. I 1, 24. Verg. A. IV 499.
Prop. I 1, 22; 5, 21; 9, 17; 13, 7; 15, 39. Ov. am. III 6,
25. Calpurn. ecl. 3, 45. Sen. Med. 867. Stat. Ach. I 309.
Nemes. ecl. 2, 41. Dracont. 2, 112; 8, 499. Maxim. 3, 6; 4, 29;
5, 11. P. L. M. 53, 250;[1]) daher heifsen denn auch Liebestränke,
welche Verliebtheit hervorrufen sollen, selbst pallentia, s. Tib. I 8,
17: pallentibus herbis;[2]) Ov. a. a. II 105: pallentia philtra.

---

[1]) Namentlich hierbei pflegen die Dichter auf den Wechsel von
Erröthen und Erblassen, von dem schon früher einmal (S. 22) die Rede
war, aufmerksam zu machen, vgl. Sen. Med. 867; Herc. Oet. 255. Stat.
Theb. I 537; Ach. I 309 u. s.

[2]) Dissen zieht, obgleich er selbst die Parallelstelle aus Ovid bei-
bringt, unbegreiflicherweise die Conjectur pollentibus vor.

Wie der pallor das Zeichen seelischer Aufregung ist, so
prägt sich in ihm nicht minder oft körperliches Leiden aus.
Zunächst bezeichnet es die Schwäche, welche angestrengte
geistige Arbeit zur Folge hat, und ist daher charakteristisch
für Dichter und Gelehrte: so Pers. 1, 26; ib. 124; 3, 85; 5,
62: impallescere chartis. Iuv. 7. 97. Dracont. 3, 18. Mart.
Cap. 4, 327: pallidus Aristoteles; daher nennt Pers. prol. 4 sogar die Dichterquelle pallida Pirene, d. h. bleichmachend. Körperliche Arbeit pflegt nicht blasse Hautfarbe zu verursachen,
ausgenommen, wenn sie in dunkeln, des bräunenden Sonnenlichts
entbehrenden Räumen vorgenommen werden muſs; daher sind
die Bergleute pallidi, vgl. Stat. Silv. IV 7, 15: pallidus fossor;
Lucan. IV 298: Asturii scrutator pallidus auri, und wohl darnach Claud. laus Serenae 75: pallidus Astur. Mart. III 58, 24
sagt: pallet copo, weil der Schenkwirth nur selten aus seiner
dunkeln, räucherigen popina herauskommt; ja er nennt die haupt-
städtische Bevölkerung überhaupt pallida turba, X 12, 10, im
Gegensatz zum gesund aussehenden Landmann, und wenn er IX
48, 8 von der pallida Roma spricht, so mag er dabei wohl das
gleiche im Sinne haben.[1]) Aber auch der Hunger äuſsert sich
durch Blässe des Gesichts, Verg. A. III 217: pallida ora fame.
Ov. met. VIII 801. Mart. III 38, 12: pallet fame; ib. XII 32,
8. Iuv. 15, 101. Coripp. Ioh. IV 324; und ebenso die Kälte,
Stat. Silv. V 1, 128: pallida frigora, d. h. blafs machend; Claud.
rapt. Pros. III 88. A. L. 304, 4. Auch Ausschweifungen,
namentlich geschlechtlicher Art, rufen den pallor hervor; in diesem Sinne hat pallere, zumal bei den satirischen Dichtern, oft
einen schimpflichen Nebensinn, vgl. Hor. S. II 2, 76. Mart. I 77.
Priap. 32, 2. Iuv. 1 43; 2, 50. A. L. 456, 1; und so spricht Pers.
5, 75 von pallentes mores, blafsmachendem Lebenswandel. Blässe,
nicht blofs der Wangen, sondern des ganzen Körpers, ist aber
auch Kennzeichen jeglicher körperlichen Schwäche oder Krank-

---

[1]) Friedländer erklärt es von den Verdauungsbeschwerden. Das
gleiche bedeutet es auch, wenn Stat. Theb. II 421 die skythische Völkerschaft der Geloner refugo pallentes sole nennt, weil sie wenig Son-
nenschein haben.

heit, vgl. Plaut. Merc. 376; Curc. 311. Ps. Tib. IV 4, 5;
pallentes artus. Ov. met. I 543;[1]) tr. III 5, 12; ex Pont. I
10, 28: membra cera pallidiora; Fast. IV 541. Senec. Phaedr.
840. Pers. 3, 94 u. 96. Calpurn. ecl. 6, 12. Iuv. 10, 189.[2])
Sil. It. XIV 637. Claud. Manl. Theod. 41; in Eutr. I 121; ib.
261; cons. Stil. II 344. Maxim. 6, 100; besonders seien hervorgehoben Entbindung (Plaut. Truc. 576: pallidast, ut pepe-
rit filium), Wunden (Stat. Theb. XII 141: vulnere pallens. Val.
Fl. III 192; übertr. Lucan. IX 933: pallentia vulnera) und Ver-
giftungen (nur übertragen. indem die Gifte selbst blafs heifsen,
vgl. Lucan. IV 322: pallida aconita; Prop. V [IV], 7, 36 pallida
vina, von vergiftetem Wein; Ap. Sid. carm. 2, 181 nennt die
Hand des Henkers, der den Giftbecher reicht, pallida lictoris
dextra; s. o. die Liebestränke).[3]) Daher nennt Verg. A. VI 275
die personificirten Krankheiten selbst pallentes Morbi; Ap. Sid.
carm. 5, 340 spricht von pallens pinguedo; bei Stat. Theb. III 614
heifst die Pythia, weil ihr ekstatischer Zustand ein krankhafter ist,

---

[1]) Ov. met. II 824 haben die Handschriften pallent amisso sanguine venae, was unwahrscheinlich ist; Haupt liest daher callent. Etwas
anderes ist es, wenn bei einem Opfer bei Lucan. I 618 die Eingeweide
pallida viscera heifsen; da handelt es sich eben um das farblose, Unglück verheifsende Aussehen derselben.

[2]) Die Stelle lautet: Da spatium vitae, multos da, Iuppiter, annos!
Hoc recto vultu, solum hoc et pallidus optas. Die Herausgeber fassen
hier pallidus in verschiedenem Sinne: bald als Angst, der Wunsch werde
nicht erfüllt werden, bald als heimliche Sorge, in der Gebete gehalten
werden, die man nicht gern zur Kunde anderer gelangen lassen will,
was beides sicherlich falsch ist. Weidner meint, es bedeute so viel als
»schwächlicher Greis«, was auch kein richtiger Gegensatz zu recto vultu
ist. Vgl. die Behandlung der Stelle bei Döllen, Beiträge z. Krit. Juve-
nals S. 143 ff., der sicher mit Recht der Erklärung Achaintres folgt,
dafs recto vultu — et pallidus hier so viel ist, wie sanus — et
aegrotus.

[3]) Man kann auch Ov. met. VII 208 hierher ziehen, wo Medea
sagt: currus quoque carmine nostro Pallet avi, pallet nostris aurora venenis, obgleich hier an Zauberei gedacht ist und an blasses Sonnenlicht,
s. unten S. 93.

pallida virgo;[1]) und wenn Ov. a. a. III 269 ein Mädchen pallida
nennt, so ist damit nicht der candor des weiblichen Teints, sondern ungesunde Blässe gemeint.[2]) — Seltner erscheint der pallor
als Kennzeichen des Alters (Ps. Tib. III 5, 25: pallebunt ora
senecta. Ov. met. VII 290; ib. 345: pallentia brachia. Stat.
Theb. II 98: canities pallorque; Iuv. 10, 229 nennt die Lippen
des Greises pallida labra); sehr häufig dagegen von Sterbenden
oder Toten (Cat. 65, 6. Verg. A. IV 644; VIII 197; ib. 709;
X 822; XII 221. Ov. met. X 381; XI 691; XIV 734; ib. 755;
XV 627; tr. III 9, 30. Lucan. VI 759: pallorque rigorque; VII
129: pallor mortis venturae. Val. Fl. III 287. Sil. It. VII 632;
ib. 703. Maxim. 1, 133. Orest. trag. 524); daher der ›bleiche
Tod‹, wie ja auch wir sagen, bei Hor. C. I 4, 13 und Sen.
Herc. fur. 559.

Wenn sodann pallidus ein sehr gewöhnliches Epitheton für
die Schatten der Verstorbenen in der Unterwelt ist (Lucr.
I 123: simulacra pallentia; ebenso Verg. Geo. I 477; oder
pallentes umbrae, animae, Verg. A. IV 26; ib. 242. Stat. Theb.
II 48; III 303; VIII 1; vgl. ferner Verg. A. I 134: ora pallida;
VI 480: Adrasti pallentis imago; Tib. I 10, 38: pallida turba.
Stat. Silv. II 7, 118. Val. Fl. V 347. Lucan. VI 517. Priap.
32, 12. Claud. in Ruf. I 127. Coripp. Ioh. VIII 345), so kann
man dies theils darauf zurückführen, dafs die Vorstellung an dem
Eindruck haftete, welchen man vom Leichnam zurück behielt,
theils aber mufs man hierbei auch das in Anschlag bringen, dafs
mit pallidus, wofür wir weiterhin noch andere Beispiele finden
werden, auch das bezeichnet wird, was farblos, ohne Licht und
Glanz ist, und eben dies dem Wesen der Schatten entspricht.
Eben damit hängt es auch zusammen, dafs Traumbilder so
genannt werden (simulacra pallida, Val. Fl. III 59; pallens imago,
Ov. her. 13, 109); in beiden Fällen sind freilich somnia dira
gemeint. Und da die Unterwelt überhaupt des Lichtes ent-

---

1) Aehnlich Grat. Cyneg. 446 manu pallente von der Hand des
entsühnenden Priesters.

2) Es ist also ein Fehler, wenn Dracont. 6, 8: candor pallorque
ruborque als weibliche Schönheiten zusammenstellt.

behrt und man sich demnach alles in derselben farblos und
schattenhaft vorstellt, so heifst sowohl sie selbst pallidus (Orcus,
Verg. Geo. I 277. Stat. Theb. XII 433. Lucan. VI 714; loca,
Enn. trag. frg. 71 Ribb. Hadrian. ap. Spart. 25; regnum, regna,
Verg. A. VIII 244. Lucil. Aetn. 77. Lucan. I 456. Sil. It.
III 483; XI 475; XIII 408; umbra, umbrae. Sil. It. VI 146;
XII 131; sedes. Lucan. VI 800; vgl. Claud. rapt. Pros. I 41;
II 326. Coripp. Ioh. VI 136), als ihre Haine (Lucan. VI 643.
Stat. Silv. III 3, 24) und Gewässer (Avernus, Sen. Phaedr.
1210. Stat. Silv. V 1, 27; aqua, Ps. Tib. III 1, 28; undae,
ib. III 5, 21. Sil. It. IX 250; lacus, Ps. Verg. Cul. 333); auch
die Götter der Unterwelt (Sen. Oed. 597. Stat Theb. IV 525),
Hekate (Lucan. VI 737) und Charon (Stat. Theb. VIII 18),
sowie die Erinyen (Sen. Agam. 799), zumal Tisiphone (Verg.
Geo. III 552; A. X 761. Petron. 121 v. 120. Sen. Herc. Oet.
1016). Es ist begreiflich, dafs schreckliche Fabelwesen, auch
wenn sie nichts mit der Unterwelt zu thun haben, bleich gedacht
werden; so die Gorgo (Stat. Theb. I 547) und die Sphinx
(ebd. II 508).

In der Thierwelt kommt pallidus als Farbenbezeichnung
so gut wie gar nicht vor; ich vermag nur drei Fälle anzuführen:
Val. Fl. I 775: multa pallens ferrugine taurus, wo absichtlich
ein häfsliches, mifsfarbiges Thier geschildert wird; Avian. 6, 12:
pallida ora, vom Frosch; und Dracont. 10, 442:. pallida colla,
von Schlangen. Dagegen ist es wiederum häufig in der Pflanzenwelt zu finden, und zwar wird es da zunächst gebraucht von
allen Arten Pflanzen, von Blumen und Laub, Gräsern und Saa-
ten, welche ihr natürliches Aussehen durch Kälte oder Hitze
oder sonst irgendwie eingebüfst haben und, wie wir sagen, >fahl<
geworden sind. So erscheint der pallor der Pflanzen als Folge
von Frost bei Ov. a. a. III 703: palluit, ut serae lectis de vite
racemis Pallescunt frondes, quas nova laesit hiems; Fast. IV 918:
pallet (Ceres) adusta gelu; Ap. Sid. carm. 2, 410: frigoribus
pallescit humus; von Hitze oder heifsen Winden: Ps. Verg.
Dirae 16. Sil. It. XII 373. Stat. Theb. VII 223: rosaria
pallent usta Noto; von schlechtem Wetter oder Mifswachs;

Ov. Fast. I 688. Coripp. Ioh. VI 352; vom Welken überhaupt
Ps. Verg. Roset. 34. Stat. Silv. III 3, 128. Claud. rapt. Pros.
III 240; daher nennt Stat. Silv. II 1, 217 den Herbst pallens
auctumnus. Dafs Gras oder Kräuter ohne Beziehung auf ihr Absterben pallentes heifsen, kommt nur einmal vor, [1] nämlich Verg.
Ecl. 6, 54, wo es vom Stier der Pasiphae heifst: ilice sub nigra
pallentis ruminat herbas. Freilich ist dieser Gebrauch von pallere,
da jede Andeutung des Welkseins hier fehlt, auffallend; Servius
erklärt: pallentes autem vel aridas vel quae ventris calore pro-
pria viriditate caruerunt. [2] Dagegen giebt es andere Pflanzen,
welche pallentes heifsen im Hinblick auf ihre natürliche Farbe,
und zwar haben wir dabei, worauf schon eingangs hingedeutet
wurde, meist an ein blasses Gelb, bisweilen auch an mattes, gelb-
liches Grün zu denken. Zunächst ist da zu nennen eine Sorte
der Violen, welche Hor. C. III 10, 14 als Parallele herbeizieht,
wenn er von der Blässe der Liebenden spricht: nec tinctus viola
pallor amantium; vgl. pallentes violae, Verg ecl. 2, 47. Manil.
Astr. V 257. Dracont. 10, 116; Colum. X 101: (viola) . . .
quae pallet. Die Erklärer denken bald an Goldlack, bald an
Nachtviolen; da wir aus Plin. XXI 27 wissen, dafs es unter den
violae verschiedene Arten gab: purpureae, luteae, albae, so wird
man, im Hinblick auf den pallor luteus bei Hor. ep. 10, 16,
wohl mit Schneider ad Scr. r. rust. II 2, 517 die pallentes violae für identisch mit den luteae halten; es ist also unser Levkoi
(Cheiranthus Cheiri L). [3] — Von sonstigen Blumen (allgemein
Dracont 6, 8 und 7, 46) wird nur noch bei Stat. Theb. VII 341
die Narzisse durch pallere bezeichnet; man hat dabei wohl
weniger an die weifse Blume zu denken, als daran, dafs in der

---

[1] Calpurn. ecl. 2, 32 haben die Hss.: at mihi Flora comas parienti
gramine pingit, wofür die Herausg. pallenti nach der Conjectur von
de Rooy lesen; sicherlich falsch. Ich würde viridanti vorschlagen.

[2] Kästner, den Jacob p. 88 citirt, erklärte es daher, dafs das Gras
im dichten Schatten einer Eiche von matter, gelblich-grauer Farbe zu
sein scheine. In anderem Sinne haben wir pallentes herbae bei Tib.
I 8, 17 gefunden, s. oben S. 85.

[3] Passow ad Pers. p. 213 wollte die pallentes violae als violae nigrae erklären; aber vgl. Wagner ad Verg. Ecl. 2, 46.

Mitte derselben, wie Dioscor. IV 158 sagt, sich ein κοῖλον χρο-
κοειδές befindet.

Sodann finden wir pallens mehrfach als Epitheton des
Epheus: Verg. ecl. 3, 39; Geo. VI 124. Stat. Theb.
VII 653; es hängt diese Bezeichnung aber weniger mit der Farbe der
Blätter, die ja nicht mattgrün sind, als mit der der Fruchtbüschel
(corymbi) zusammen, denn gerade diese werden auch anderweitig
pallentes genannt (Ps. Verg. Cul. 144: pingunt viridi pallore co-
rymbos, d. h. blafsgrün; ebd. 405. Calp. ecl. 7, 9).[1]) Dagegen
geht es sicherlich auf das matte, weifsliche Grün der Blätter,
wenn die Olive pallens heifst, Verg. ecl. 5, 16. Ps. Verg. Cir.
148. Bei Mart. IX 54, 1 freilich: si mihi Picena turdus palleret
oliva bezieht sich palleret auf turdus; es bleibt nur dabei unsicher, wie es zu erklären ist. Friedländer meint, es sei damit
die Farbe bezeichnet, die das Fleisch der Krammetsvögel durch
Mästung mit Oliven annahm; er verweist jedoch selbst auf ein
Fragment des Epicharm bei Ath. II p. 64 F, der diese Vögel
ἐλαιοφυλλοφάγους κιχέλας nennt, so dafs man wohl eher an
Ernährung durch Olivenblätter denken müfste. — In einer Anzahl von Fällen wird pallere zur Bezeichnung der Farbe von
Hülsenfrüchten, Gemüsen u. dgl. gebraucht, und zwar offenbar,
wenn sich dieselben in gekochtem Zustande befinden; so von
Lupinen, Ov. med. fac. 69; Bohnen, Mart. V 78, 10; XIII
7, 1; Grünkohl ebd. XIII 17, 1. Iuv. 5, 87; man setzte ihm,
damit er eine schönere Farbe bekomme, beim Kochen Salpeter
bei. Unsicher ist bei Ps. Verg. Catal. 3, 13 Ribb. das Epitheton des Kürbisses: die Hss. haben allerdings pallentesque

---

[1]) Es ist wahrscheinlich der κισσὸς λευκός gemeint, Diosc. II 210,
welcher seinen Namen von den weifsen Früchten hatte und nach Theophr. h. pl. III 18, 6 auch κορυμβίας hiefs. Allerdings gab es nach Theophr. ebd. auch eine Species mit weifslichen Blättern. Auch Döring,
Observ. ad Verg. Ecl. p. 9 (Commentat. p. 120) und Heyne ad Verg. Ecl.
3, 39 denken an eine bestimmte Epheugattung, während Wagner das
Epitheton, da es sich um geschnitztes Bildwerk handelt, für lediglich
ornandi causa adjectum hält, Jacob p. 87 aber hier einen Gegensatz zwischen dem color suhniger der Weinblätter und den folia minus nigra,
sed clarius viridantia des Epheus sucht, was ich für falsch halte.

cucurbitae, doch hat Ribbeck dafür die Emendation von Heinsius palantesque aufgenommen (Baehrens P. L. M. 16, 3 hat pallentes beibehalten). Sodann nennt Columella verschiedene hellgrüne oder gelbliche Blattgemüse pallentes: Gartensalat, lactuca, X 183, vgl. XI 3, 26: Cappadocia (lactuca), quae pallido et pexo densoque folio viret; ferner die cinara, X 241, deren Bedeutung nicht feststeht (wahrscheinlich eine Art Artischocke, vgl. Schneider l. l. p. 528 ff.), und Mangold, pallentia robora betae, X 326. Wenn dagegen der Kümmel pallens heifst, Pers. 5, 55 und Seren. Samm. 222, so hat man dies nicht auf die Pflanze selbst zu beziehen, sondern darauf, dafs der Genufs desselben angeblich blafs machte (vgl. Hor. Ep. I 19, 17: quodsi pallerem casu, biberent exsangue cuminum). — Auch das fahle Moos, welches altes Gemäuer überzieht, heifst so: Ov. met. I 374. Claud. in Olybr. et Prob. cons. 211; ferner bei Ov. V 537 die blafsgelbe Schale des Granatapfels, und a. a. III 705 sq. die Quitten und die unreifen Cornelkirschen. Ebenfalls auf blafsgelbe Färbung geht es, wenn der Safran so genannt wird, Stat. Theb. VI 210. Mart. VIII 14, 1 (daher auch mit Safran gefärbtes Wasser, wie man es zum Besprengen des Amphitheaters brauchte, Mart. VIII 33, 4: pallida unda croci). Sehr gewöhnlich ist endlich pallidus als Farbe des Buchsbaumholzes, und zwar des nicht mehr frischen (Mart. XII 32, 8: non recenti pallidus magis buxo). Freilich wird dieses nur selten selbst pallidus genannt (vgl. Coripp. Iust. IV 40; Val. Fl. V 105 pallentem Cytoron, weil dort viel Buchsbaum wächst); aber die Dichter haben eben selten Gelegenheit, vom Buchsbaum an sich zu sprechen, und derselbe dient daher, wo er vorkommt, in der Regel zum Vergleich, s. Ov. met. IV 134; XI 417. Priap. 32, 2. Nemes. ecl. 2, 41. Man möchte fast glauben, es sei eine sprichwörtliche Redensart gewesen, von jemandem, der recht schlecht aussah, zu sagen, er sei pallidior buxo. Schliefslich sei hier noch Lucan. III 414: putri iam robore pallor angeführt, wo pallor das fahle Aussehen faulenden Holzes bezeichnet.

Im Mineralreich ist es vornehmlich das Gold, welchem

das Epitheton pallens beigelegt wird: Cat. 64, 100; 81, 4. Ov. met. XI 110 u. 145. Sil. It. XVI 561. Mart. VIII 44, 10; IX 61, 3. Claud. cons. Stil. 228 (daher der bleiche Goldgräber concolor auro heifst, Sil. It. I 233). Es ist allerdings nicht das stehende Attribut des Goldes, welches sonst vielmehr in der Dichtersprache fulvum zu heifsen pflegt; bei pallidum mag wohl im allgemeinen mehr an die matte Farbe des natürlichen, nicht verarbeiteten Goldes gedacht sein, da das Epitheton für den strahlenden Glanz des verarbeiteten nicht passen würde. Sehr bezeichnend wird es auch vom Elektrum, dem mit Silber vermischten Golde, gesagt Sil. It. I 229. Stat. Theb. IV 270. Bei Mart. I 41, 4 heifsen die Schwefelfäden pallentia sulphurata; hier wie in jenen Fällen wiegt also die Bedeutung des Blafsgelben vor.

Dagegen tritt hinwiederum die Bedeutung des Glanzlosen, Matten schlechtweg mehr in den Vordergrund, wenn wir pallere von Lichterscheinungen, die nicht ihre normale Stärke haben, gebraucht finden. So wird es von der Sonne gesagt, wenn ihr Licht nicht seine volle Kraft hat, wie etwa in einem dichten Walde (Stat. Theb. IV 424: pallet mala lucis imago; in dichterischer Uebertreibung Coripp. Ioh. IV 696: pallescit ab hastis) oder bei Sonnenfinsternifs (Tib. II 5, 76. Sen. Herc. Oet. 1533. Lucil. Aetn. 238 Claud. carm. min. 30 [48], 3) oder weil regendrohendes Gewölk bereits einen Theil des Himmels bedeckt, wo ja das Sonnenlicht meist einen eigentümlich fahlen Schein bekommt (Sen. Oed. 45. Nemes. Cyneg. 206. A. L. 196, 17. Coripp. Ioh. II 253); und ebenso wird es von der Morgenröthe gebraucht, wenn dieselbe nicht in klarem Licht, einen schönen Tag verheifsend. sondern blafs oder gelblich anbricht (Verg. Geo. I 446. Ov. met. VII 209, wo allerdings venena die Schuld tragen. Stat. Theb. II 334; VI 26). Daher heifst auch der Tag selbst, wenn er des strahlenden Sonnenglanzes entbehrt, pallens (Lucan. VII 178; ib. 200. Phaedr. append. 6, 5. Ap. Sid. carm. 7, 406), und weiterhin werden sogar Schatten (A. L. 271, 48) und Finsternifs (Lucan. VI 646. Stat. Theb. V 383) pallentes genannt. Damit hängt es denn zusammen, wenn Verg.

Geo. III 357 die kurzen Wintertage pallentes umbrae, und
Stat. Theb. VII 286 den Winter selbst, eben dieser lichtlosen
Tage wegen, pallida bruma nennt; und in gleichem Sinne erklärt
sich Claud. rapt. Pros. II 112 ff.: lacus ... nemorum frondoso margine cinctus Vicinis pallescit aquis [1]) — Aber nicht blofs das
Gestirn des Tages, auch die Sterne erhalten dies Epitheton;
nicht an und für sich, wie wir wohl von den ›bleichen Sternen‹
sprechen, sondern wenn ihr Leuchten beim Nahen des Tages an
Intensität verliert, wo ja auch wir die Redensart gebrauchen, dafs
die Sterne ›erbleichen‹; so Ps. Verg. Lyd. 39. Stat. II 120;
XII 406. A. L. 543, 55. Claud. gigant. 39. Coripp. Iust. II
291; vgl. Rutil. Namat. 189. Beim Mond wird der pallor
zwar auch bisweilen als etwas besonderes, durch Verdunkelung
hervorgerufenes bezeichnet (so Sen. Med. 796. Lucan. V 549;
VI 502), dient aber in anderen Fällen auch nur als Kennzeichnung seines, der glänzenden Sonne gegenüber sanfteren, bleichen
Lichtes (Sen. Agam. 858. Claud. Manl. Theod. cons. 131. P.
L. M. 59, 27 u. 52). Wenn sonst Feuer oder Flammen pallentes heifsen, so liegt dabei immer eine besondere Ursache zu
Grunde; so heifst es bei Mart. III 65, 6 pallidus ignis von der
Flamme des Weihrauchs; bei Lucil. Aetn. 202: pallent incendia,
ist von den fahlen Flammen, welche dem Vulkan entsteigen, die
Rede; und Val. Fl. VII 586: viso pallescit flamma veneno er-
klärt sich von selbst.

Schliefslich sind noch einige Natur- und gewerbliche
Produkte anzuführen. Frisches Wachs (gebleichtes ist weifs,
ungebleichtes gelblich) dient einige Male den Dichtern zu ähn-

---

1) Das pallescere kommt also daher, dafs der See durch den ihn
dicht umgebenden Hain im Schatten liegt. Dabei ist aber nicht an die
grüne Farbe des Laubes zu denken, wie Jacob thut, der p. 87 die
Stelle so erklärt: fons vicinis (margini) aquis virescit ab repercussa vi-
ridium umbra. Jacob erklärt pallidus unrichtig als nahe verwandt mit
viridis; es nähert sich demselben in einigen Fällen allerdings, wird aber
nie direkt zu grün. Aufserdem geht vicinis nicht auf margini, sondern
wird durch haud procul inde, v. 112, erklärt: benachbart der vorher
beschriebenen Oertlichkeit.

lichem Vergleich für die Blässe des Gesichts, wie der oben erwähnte Buchsbaum (Ov. ex Pont. I 10, 28. Priap. 32, 2); vom Elfenbein heißt es Prop. V [IV], 7, 82: pallet ebur, wobei man an den gelblichen Ton zu denken hat, welchen dasselbe mit der Zeit annimmt. Wolle oder wollene Stoffe heißen pallentes, wenn sie entweder, von Natur weiß, durch Alter gelblich werden oder gefärbt durch das Alter ihre Farbe verlieren, »verschiefsen«, Lucil. frg. 900 Lachm. Prop. V [IV]. 5, 72. Mart. IX 57, 8. Wenn Martial eine Salbe, glaucina, pallida nennt, IX 26, 2, so werden wir uns die Farbe derselben wohl weifslich-gelb zu denken haben, ebenso wie IX 13. 4: Thetis unguento palleat uncta tuo, das Meer, in dem der dort angeredete Weichling badet, durch die Menge der von ihm gebrauchten Pomaden entsprechend gefärbt wird.

Fassen wir zum Schluß noch einmal die verschiedenen Bedeutungen von pallere, die sich uns aus den oben angeführten Fällen ergeben, zusammen, so sind es vornehmlich folgende: 1. die Blässe der menschlichen Haut, zumal des Gesichts; 2. ein blasses, mit Weiß vermischtes Gelb oder Grün; 3. das des Glanzes entbehrende, farblose, fahle schlechthin.

3. Pullus, furvus, fuscus, ferrugineus u. a.[1])

Ich erwähnte schon oben (S. 81), daß pullus wahrscheinlich vom selben Stamme, wie pallidus, herkommt, aber eine dunklere Nüance als letzteres bezeichnet. Dennoch entspricht pullus nicht unserm »dunkelgrau«: pulli capilli bei Ov. am. II 4, 41 (vgl. Maxim. 5, 26: pulla coma) sind keineswegs dunkle Haare, welche zu ergrauen begonnen haben, sondern im Gegentheil ganz schwarze. Das Wort hat freilich in der Poesie nur eine sehr spärliche Anwendung gefunden. Weitaus am häufigsten wird es von schwarzer Naturwolle gebraucht, sei es nun, daß dieselbe noch als

---

[1]) Ich lasse hier obscurus ebenso wie vorher clarus weg, weil mit diesen Epitheta nur die gröfsere oder geringere Menge der Helligkeit bezeichnet wird, eine Farbenbezeichnung aber ganz und gar nicht zu Grunde liegt.

Vliefs auf den Schafen sich befindet, sei es, dafs sie bereits Gespinnst oder verarbeitetes Gewebe ist.[1]) Es ward schon mehrfach
erwähnt (s. S. 45 u. 58), dafs die für Unterwelt, Manen u. s. w.
bestimmten Opferthiere schwarze Farbe zu haben pflegten; in
diesem Sinne finden wir die schwarzen Schafe erwähnt als
hostia pulla, Tib. I 2, 62; pulla agna, Hor. S. I 8, 27. Das
dunkle Fell derselben war zwar nicht so werthlos, wie das von
gefleckten Thieren (vgl. Verg. Geo. III 389: ne maculis infuscet
vellera pullis), aber immerhin weniger geschätzt, als das rein
weifse Vliefs, daher Kleider daraus meist vom niedrigen Stande
getragen (Calp. ecl. 7, 26 u. 81; häufig in Prosa), sonst aber
vornehmlich bei Trauer, in der man bekanntlich schwarze Kleidung trug (Ov. met. XI 48; Fast. IV 620. Iuv. 3, 213: pullati
proceres; in übertragenem Sinne spricht Dracont. 9, 98 von
pullata sidera). Wenn Ovid. a. a. III 189 sq. die pulla der
Frauenwelt empfiehlt, so thut er dies mit Rücksicht darauf, dafs
Damen mit zartem Teint die schwarze Farbe gut steht: pulla
decent niveas; hingegen ist met. XI 611 das pullum velamen
gewählt, weil die schwarze Farbe zur Dunkelheit der hier geschilderten Behausung des Schlafgottes am besten pafst.

Die sonstigen Anwendungen des Epithetons bei den Dichtern sind ganz vereinzelt. Die gering geschätzten schwarzen
Hühner heifsen bei Iuv. 13, 142: viles pulli. In der Pflanzenwelt dient es zur Farbenbezeichnung der dunkelgrünen Myrte
(Hor. C. I 18, 25), der reifen Maulbeeren (Ov. met. IV 160)
und Feigen (Hor. ep. 16, 46), sowie der sonst olus atrum genannten Kohlart (Colum. X 123; cf. ib. XII 7, 1 u. 4. Plin.
XIX 187). Aus allen diesen Beispielen geht hervor, dafs pullus
theils geradezu schwarz, theils schwärzlich (wie z. B. bei der
Myrte, Maulbeere, Feige, dem Kohl) oder allgemein dunkel be-

---

[1]) Döring Comment. p. 89, welcher pullus mit πελός, πελιός, πελιδ-
νός (oder πηλιδνός) zusammenstellt, hält diese Bedeutung von pullus für
die ursprüngliche, die anderweitigen Anwendungen aber für übertragene.
Mir ist das ebenfalls sehr wahrscheinlich, da auch später noch pullus
κατ' ἐξοχήν die dunkle Naturwolle bezeichnet, vgl. Non. p. 549, 30:
pullus color est, quem nunc Spanum vel nativum dicimus.

deutet, dafs dagegen die Bedeutung dunkelgrau oder gräulich, welche die Wörterbücher in der Regel angeben, streng genommen nirgends nachweisbar ist, was vom Gebrauch in der Prosa, da derselbe den hier zusammengestellten poetischen Beispielen entspricht, ebenfalls gilt; höchstens könnte man geltend machen, dafs die schwarzen Schafe und die Naturwolle derselben vielfach nicht rein schwarz, sondern mehr grauschwarz gewesen sein mögen, doch darf nicht übersehen werden, dafs die Trauerkleidung sicherlich ganz schwarz, nicht dunkelgrau war.

Noch seltner treffen wir auf furvus.[1]) Sehen wir uns nach seiner Anwendung um, so finden wir es gesagt von dunkeln Menschenracen (Iuv. 12, 104: furva gens; es können dem Zusammenhange nach eben so gut Indier oder Aegypter, als Neger sein), von Pferden (Sil. It. VII 683) und Schweinen (ebd. VIII 119), wobei man beidemale an schwarze Farbe zu denken hat, zumal es sich im letztern Falle um ein Opfer für die Unterwelt handelt; von Wolken und Nebel (Lucr. VI 461. Auson. VIII 45); von der Tinte (sepia, Auson. XVIII 14, 76 u. 15, 54); von der Nacht (Mart. Cap. VI 585), vom Schlaf (Tib. II 1, 89: furvus circumdatus alis Somnus) und Tod (Stat. Silv. V 1, 155), vor allem aber von der Unterwelt und was mit dieser zusammenhängt: Hor. C. II 13, 21: furvae regna Proserpinae. Ov. met. V 541: furvis sub antris (wo allerdings manche Herausgeber silvis sub atris lesen). Sen. Herc. Oet. 562: furva sceptra; ib. 1973: puppis furva (gegenüber der unpassenden Lesart fulva). Stat. Theb. VIII 10: postis furva. Aus alledem geht hervor, dafs furvus so gut wie identisch mit ater oder niger ist, und dafs namentlich der Nebensinn des Düster-Unheimlichen, den zumal ater hat, auch mit furvus verbunden wird.

Oefter dagegen gebrauchen die Dichter das in seiner Bedeutung wie, nach verbreiteter Meinung, auch seinem Stamm nach[2])

---

1) Furvus wird mit φρύνη, φρῦνος und mit ahd. brūn zusammengestellt, Curtius S. 303. Weise a. a. O. 287. Döderlein VI 142 vergleicht φύρω, πορφύρα.

2) Curtius und Weise ebd.; dagegen wollte Döderlein a. a. O. es auf σκοδιός zurückführen, was sicherlich unhaltbar ist.

verwandte fuscus. Es wird weitaus am häufigsten gebraucht von
der Farbe der menschlichen Haut; und zwar eines Theils
von Völkerracen, welche eine braune oder schwärzliche Haut
haben, wie Indier (Tib. II 3, 55: comites fusci, quos India tor-
ret, doch meint Dissen, dafs hier Aethiopier gemeint seien, da
man im weiteren Sinn auch Aethiopien India genannt habe; dafs
dies nicht nothwendig ist, zeigt Hor. S. II 8, 14, wo der fuscus
Hydaspes, wie sein Name beweist, zweifellos ein indischer Sklave
ist), Aegypter und Afrikaner überhaupt, da die Alten, welche die
dunkle Hautfärbung dem Einflufs der heifseren Sonne zuschrie-
ben, zwischen den einzelnen Racen nicht scharf unterschieden
(Verg. Moret. 33: fusca colore [Afra]. Prop. III 31 [II 33],
15: fuscis Aegyptus alumnis; id. V [IV], 6, 78: fusca regna, sc.
Meroe. Ps. Ov. her. 15, 36 von der Andromeda: patriae fusca
colore suae. Manil. Astr. IV 727: tellus Aegyptia . . . infuscat
corpora. Mart. V 42, 5: in Mareotide fusca; IX 35, 7: fusca
Syene. A. L. 507, 6: forma nigro fuscata colore); anderntheils
aber auch von Angehörigen der weifsen Race, deren Hautfarbe
durch Sonne, gymnastische Uebungen u. dgl. braun geworden
war, wie bei Landleuten oder kräftigen Jünglingen (Verg. ecl.
10, 38: fuscus Amyntas. Ov. a. a. I 513: fuscentur corpora
campo, sc. Martio. Stat. Theb. VI 576: pingui cutem fuscatur
olivo, als Folge der Einreibung mit Oel); namentlich aber von
Frauen, die, wie wir sagen, »brünett« sind, was, obgleich es
gerade im Süden sehr häufig ist, an und für sich nicht als Vorzug galt; vgl. Prop. III 20 [II 25], 42. Ov. am. II 4, 40; ib.
8, 22; a. a. III 191; Fast. III 493. Mart. VII 13, 2; ib. 29, 8.
Auson. IV 5, 3. Den Gegensatz zur fusca bildet die candida
puella; die Steigerung aber ins Unschöne ist die nigra, weshalb
Ov. a. a. II 657 den Rat giebt, wenn man eine nigra puella
liebe, so solle man sie als fusca bezeichnen, während er umgekehrt dem, der der Liebe entfliehen will, rem. am. 327 rät: si
fusca est, nigra vocetur.

Demnächst wird es mehrfach gesagt von dunkeln Schafen
(Calp. ecl. 5, 71. Sil. It. VIII 599. Prisc. carm. 2, 431; cf.
Verg. Georg. III 389, oben S. 96), sowie von den aus ihrer

Wolle hergestellten, naturfarbenen Kleidern (Mart. I 96, 9; XIV
127 u. 129; cf. Ov. Fast. II 575); ferner von Asche (Ps. Verg.
Dir. 60; daher auch Lucil. Aetn. 202: fusca ruina) und Schmutz
(Mart. VIII 51, 3: nulla caligina fusca sc. phiala); von dunkel-
farbigen Violen (Claud. rapt. Pros. II 128), von Gartensalat
(Colum. X 181: fusca lactuca), vom Saft der Nufsschalen
(Inc. Nux eleg. 155) und vom rothen Wein (Mart. II 40, 6.
Coripp. Iust. III 100). Sodann sind es die Wolken (Ov. met.
V 286. Stat. Theb. II 55), und die Winde, welche Sturmwolken bringen, haben fuscae alae (Val. Fl. VI 494. Sil. It. III
524; XIII 617); auch Finsternifs und Nacht (Enn. frg. trag.
183: fuscis crinibus Nox. Verg. A. VIII 369: Nox fuscis alis.
Eleg. in Maec. 131: infusca sub nocte. Stat. Theb. II 539:
fuscas intervolat auras. Coripp. Iust. II 102: fuscae tenebrae;
ib. 157: fusca umbra); daher auch eine finstere Wohnung bei
Mart. III 30, 3 fusca cella heifst und der der Nacht vorhergehende Abendstern bald selbst fuscus ist (Ov. Fast. II 314),
bald anderes dazu macht (Sil. It. XI 270: fuscabat et Hesperus
... properantem ad littora currum). So erscheint auch der zur
Nacht gehörige Schlaf fusco amictu (Ps. Tib. III 4, 55); und
es entspricht diesen zuletzt angeführten Anwendungen, wenn wir
es auch als Epitheton der Unterwelt (Prop. V [IV] 11, 5:
fuscae deus aulae. Mart. VI 54, 4) und der dazu gehörigen
Alekto finden (Verg. A. VII 408: fuscis dea alis).

Wenn demnach fuscus sich namentlich in den letzten Beispielen mit den Bezeichnungen für schwarz berührt, so kann es
doch nicht geradezu überall mit schwarz übersetzt werden, sondern vielfach nur mit ›dunkel‹; das geht nicht nur aus den zuerst angeführten Beispielen hervor, sondern auch aus dem Gebrauch der Verba fuscare und infuscare, welche nicht ›schwarz
machen‹, sondern ›verdunkeln‹ bedeuten. So werden sie mehrfach gebraucht vom Bart, der die Haut nicht gerade vollständig bedeckt, sondern, wie der sprossende, noch durchschimmern
läfst, also nur verdunkelt (Incert. trag. frg. 192 Ribb.: [barba]
intonsa infuscat pectus. Lucan. X 135: vix ulla tamen fuscante
lanugine genas. Stat. Silv. III 4, 66: [ne lanugine] pulchrae fuscaret

7*

gratia formae, mit ausnahmsweise intransitivem Gebrauch von
fuscare); von färbendem Blut (Verg. Geo. III 493: sanie in-
fuscatur arena. Stat. Ach. I 307: lactea quum pocula fuscant
sanguine);[1]) vom Purpur, der die Wolle färbt (Claud. rapt.
Pros. II 96: vellera Assyrii spumis fuscantur aeni); von der die
Zähne verderbenden Unreinlichkeit (Ov. a. a. III 197: ne
fuscet inertia dentes); von Wolken, welche das Tageslicht (Val.
Fl. I 395: longa nube fuscat diem) oder den Mond (Dracont.
9, 88: fuscantur cornua lunae) oder Sterne verdunkeln (Manil.
Astr. IV 532: fuscat caligine sidus), und dementsprechend läfst
Mart. XIV 62, 1 die Laterne, welche statt durchsichtigen Hor-
nes Scheiben aus Blase hat, sagen: cornea si non sum, numquid
sum fuscior? — Demnach haben wir die Bedeutung ›dunkel‹
überall zu Tage liegend.

Ich knüpfe hieran noch die Besprechung einer Farbenbezeichnung, welche sich von den vorher besprochenen sowohl hinsichtlich der Bedeutung, als hinsichtlich der Entstehung unterscheidet, insofern sie, wie einige der früher besprochenen Farbenbezeichnungen für weifs und schwarz, einem konkreten Gegenstande entnommen und dann erst verallgemeinert ist: nämlich ferrugineus.[2]) Ferrugo heifst der Rost des Eisens; das Wort kommt
aber in dieser Bedeutung nur ganz selten vor, dagegen öfters als
Farbe, und in gleichem Sinne das davon abgeleitete Adjekt. ferrugineus (in der Form ferruginus bei Lucr. IV 74). Nun ist
die Farbe des Eisenrostes braunroth, und wenn wir von Rostfarbe sprechen, so verstehen wir auch eine braunrothe Färbung
darunter; wollte man aber darnach ferrugineus entsprechend erklären (wie das allerdings die Wörterbücher thun), so würde man
dabei in den meisten Fällen auf Schwierigkeiten stofsen. Es ist
daher nothwendig, dafs wir zur Feststellung der Bedeutung die

---

1) In scherzhafter Uebertragung Plaut. Cist. I 1, 24: merum infu-
scabat, nämlich durch Zugiefsen von Wasser, obgleich nicht der Wein
dadurch dunkler wird, sondern das Wasser.

2) Ueber ferrugineus handelt Vofs zu Verg. Georg. I 189.

nicht gerade zahlreichen Fälle betrachten, in denen sich diese Farbenbezeichnung, welche in Prosa nicht üblich ist, findet. An einer schon oben (S. 89) angeführten Stelle spricht Val. Fl. I 776 von einem sordidus et multa pallens ferrugine taurus. Was hier mit ferrugo gemeint ist, ist nicht klar; man kann an blafsbraune Färbung, eine Mischung aus Rostfarbe und pallor, denken; da aber der hier beschriebene Stier häfslich, alt und krank (vgl. sordidus, ferner v. 777: aeger anhelans) geschildert werden soll und nicht abzusehen ist, was da die braunrothe Färbung für einen neuen Zug hineinbringen könnte (noch dazu m u l t a ferrugine), so möchte ich eher glauben, dafs Valerius Flaccus hier ferrugo gar nicht als Farbe, sondern in übertragener Bedeutung als Veränderung der Oberfläche durch das Alter gefafst hat. Wie der Rost altes Eisen überzieht und häfslich macht, so ist das Fell des Ochsen durch die Jahre fahl und unscheinbar geworden.

Verg Geo. IV 183 und Colum. X 306 nennen ferrugineos hyacinthos; zu ersterer Stelle bemerkt Servius: ferruginei, id est nigri coloris: ipse enim dixerat »sunt et vaccinia nigra« (ecl. 10, 39); qui enim graece hyacinthus, latine vaccinium dicitur. Schwerlich aber darf bei diesen Blumen, die sich allerdings nicht genau bestimmen lassen, da es verschiedene Sorten Hyacinthi giebt, an direktes Schwarz, welches überhaupt im Pflanzenreich nicht vorkommt, gedacht werden: man wird ein tiefblaues oder blaugrünes Schwarz annehmen dürfen (Colum. X 100 unterscheidet niveos und caeruleos hyacinthos). Ebenso wird man die Farbe der V i o l e n bei Claud. rapt. Pros. II 93 aufzufassen haben: violas ferrugine pingit. — Sodann wird mehrfach der P u r p u r durch ferrugo bezeichnet: Verg. A. IX 682 (al. 679): ferrugine clarus Hibera, und ebd. XI 772: peregrina ferrugine clarus; und ebenso werden G e w e b e und K l e i d e r mit diesem Epitheton gekennzeichnet, Plaut. mil. gl. 1178 eine causia ferruginea, ebd. 1179 ein palliolum ferrugineum, und Lucr. IV 74 ferrugina vela (im Theater). Zur ersten Stelle Vergils bemerkt Servius: ferrugo coloris genus est, qui vicinus est purpurae subnigrae. Da es bekanntlich Purpurarten von sehr mannichfaltiger

Färbung gab, darunter auch eine Sorte, die Hyacinthpurpur hiefs, so werden wir auch hier viel eher an blauschwarz oder blaugrün, als an rostfarben denken müssen. Plautus fügt a. a. O. 1179, wo es sich um eine Seemannskleidung resp. Verkleidung handelt, hinzu: nam is colos thalassicust. Brix erklärt nun allerdings, es sei ein >eisenrostfarbiger Hut (dunkelgrün? dunkelbraun?)< gemeint; allein er erklärt jenen Zusatz garnicht. Ich glaube, dafs die beigefügten Worte mit dazu beitragen, jene von uns angenommene Deutung zu bekräftigen; wahrscheinlich liegt nämlich ein Doppelsinn darin: einmal eine Anspielung darauf, dafs der color ferrugineus, als Meerpurpur, ein thalassicus ist, wie ja ϑαλασσαῖῃς auch direkt purpurn bedeutete; andrerseits aber der Gedanke, dafs diese Farbe, als ein grünliches Blau, der Farbe des Meeres, das selbst häufig so erscheint, gerade entspricht. So bezeichnet denn auch Coripp. Iust. I 326 die Farbe der Blauen (veneti), der bekannten Circusfraction, mit folgenden Versen: autumni venetus ferrugine dives et ostro Maturas uvas, maturas signat olivas; der Vergleich mit dem Herbst. mit den reifen Trauben und Oliven bestätigt die gegebene Erklärung. Auch wenn wir bei Ov. met. XIII 960 bei der Schilderung eines Seegottes lesen: viridem ferrugine barbam, so brauchen wir nicht an reines Grün zu denken; die Dichter schildern Bart und Haar von See- und Flufsgöttern, Tritonen, Nereiden etc. sowohl blau als grün, entsprechend der wechselnden Färbung des Wassers, und so können wir auch in diesem Falle an der Bedeutung eines tiefen Blaugrün festgehalten.

Etwas anders liegt aber die Sache in den folgenden Beispielen. Verg. Geo. I 467 heifst es bei Aufzählung der Unglückszeichen, die sich an die Ermordung Caesars anschlossen: Sol . . . caput obscura nitidum ferrugine texit. Hierzu bemerkt Servius: ferrugo autem est purpura nigrior Hispana; aber diese, lediglich auf Aen. IX 582 beruhende Bemerkung giebt hier keinen rechten Sinn, da man dem Zusammenhange nach ferrugo hier schwerlich anders fassen kann, wie als >Dunkelheit<. Denn nach Plut. Caes. 69 handelt es sich nicht um eine Sonnenfinsternifs oder dergl., sondern darum, dafs die Sonne in jenem Jahre beständig einen trüben und matten Schein hatte: ὅλον γὰρ ἐκεῖνον τὸν ἐνιαυτὸν ὠχρὸς μὲν ὁ κύκλος καὶ μαρμαρυγὰς οὐκ ἔχων ἀνέτελλεν. Aehnlich sagt Ov. met. XV 789, der sich bei seiner Schilderung jener Vorzeichen an Vergil anschliefst: caerulus et vultum ferrugine Lucifer atra; da hier caerulus dabei steht, um den unheimlichen bläulichen Schein des Lucifer zu bezeichnen, so werden wir auch hier ferrugine atra schlechtweg durch »schwarzes Dunkel« übersetzen dürfen. In entsprechender Wendung sagt Tib. I 4, 43 von einem bewölkten Sonnenaufgang: praetexens picea ferrugine caelum, wo das Epitheton picea deutlich die tiefe Schwärze des Gewölkes bezeichnet. Demnach werden wir ferrugineus auch nur im Sinne von schwarz oder schwärzlich zu fassen haben, wenn es von Gift gesagt ist, Auson. XVIII 27, 62, wie anderwärts atrum venenum. Der Gott der Unterwelt heifst bei Ap. Sid. carm. 9, 275 ferrugineus maritus, d. h. sicherlich dunkel; so heifst auch sonst zur Unterwelt gehöriges ferrugineus, wie der Hain daselbst, Stat. Theb. II 13; der Nachen des Charon Verg. A. VI 303: ferruginea cymbo, wo Serv. bemerkt: nigra, tristi; nam lugubrem esse hunc colorem ipse ostendit dicens »cum caput obscura etc.«; das Gewand des Hades Claud. rapt. Pros. II 275 oder das Gesicht eines der Unterwelt entsprossenen Ungeheurs Stat. Theb. I 600. Im selben Sinne heifsen bei Ap. Sidon. carm. 11, 16 und 23, 201 die Cyklopen so.

Ueberblicken wir nun die betrachteten Anwendungen des Wortes ferrugo resp. ferrugineus, so finden wir, dafs die doch jedenfalls ursprünglich vorhandene Bedeutung der Rostfarbe nirgends nachweisbar ist, es vielmehr überall tiefblau, blaugrün oder, in stärkerer Betonung der geringen Lichtquantität als der Farbe, schwärzlich, dunkel oder geradezu schwarz bedeutet. Ich vermuthe, man habe dies daher zu erklären, dafs ferrugo wohl schon früh seine ursprüngliche Bedeutung »Eisenrost« verlor und mit aerugo »Kupferrost« identificirt wurde. Der edle Rost eherner Geräthe oder Bildwerke aber, die sogen. Patina, zeigt keineswegs die grelle Farbe des gewöhnlichen Grünspans, sondern ist meist ein dunkles, der blauen Farbe oft ganz nahe stehendes Grün. So mochte ferrugineus zunächst die Bedeutung blaugrün erhalten, aus der dann die erweiterten des tiefblauen und schwarzen hervorgingen. [1]

Einige vereinzelte Bezeichnungen sind noch zu erwähnen. Bei Varr. Menipp. frg. 183, 5 findet sich der Vers: hic badius, iste gilvus, ille murinus. Es ist von Pferden die Rede,[2]) und während badius einen Fuchs, gilvus einen Falben bedeutet, ist murinus jedenfalls grau, von Vergleichung mit der Maus entnommen, wie auch wir von »mäusegrau« reden. Dasselbe wird bei Ter. Eun. 689 der color mustelinus sein, von einem alten Mann, im Vergleich mit einem Wiesel. — Plumbeus, das bei Mart. X 49, 5 von schlechtem Wein, ebd. 94, 4 von Aepfeln vorkommt, bedeutet wahrscheinlich »bleifarben«, d. h. blaugrau.

---

[1]) Döderlein VI 127 erklärt sogar ferrugo direkt als Purpurfarbe, unter Verweisung auf φάρμαιον φύρω, πορφύρα; aber diese Zurückweisung jedes Zusammenhangs mit ferrum dürfte doch etwas bedenklich sein.

[2]) Bei Pallad. IV 13, 4 werden folgende Pferdefarben aufgezählt: badius, aureus, albineus, russeus, murteus, cervinus, gilbus, scutulatus, albus, guttatus, candidissimus, niger, pressus. Sollte hier anst. murteus etwa murinus zu lesen sein?

IV. Gelb.[1]

1. Flavus.

Flavus, sowie fulvus und noch andere der hier zu besprechenden Farbenbezeichnungen werden in dem an anderer Stelle[2]) von mir behandelten Kapitel des Gellius II 26 als Bezeichnungen für rothe Farbe angeführt. Es ist das zunächst an und für sich sehr begreiflich, da zahlreiche Nüancen des Gelben sich dem ausgesprochenen Roth sehr nähern, wie andererseits manche Abstufungen des Roth dem Gelb. Indessen unterliegt es keinem Zweifel, und die beigebrachten Belege werden das erweisen, dafs, wenn man die genannten Bezeichnungen unter einen bestimmten Farbenbegriff einreihen will, sie in's Gelb, nicht in's Roth gehören.

Die Etymologie von flavus ist ungewifs. Curtius, Gr. Etymologie S. 188, will es nicht, wie fulvus, vom Stamme φλεγ, fulgere, herleiten, sondern (S. 202) eher mit χλόη, holus, helvus in Verbindung bringen, und zwar unter Hinweis darauf, dafs Ceres flava heifse, wie Demeter bei den Griechen χλόη. Indessen diese Ableitung des Wortes von einer Wurzel, welche ursprünglich auf das Grün der jungen Saat geht, stimmt wenig zu der sonstigen Anwendung des Wortes: das Beispiel der flava Ceres beweist nichts, weil bei diesem Beiwort, wie die anderweitige Verwendung von flavus darthut, nicht an die noch junge, grüne Saat, sondern an das schon reife, gelbe Getreide gedacht ist

---

[1]) Das Schriftchen von Arnold Ewald, Die Farbenbewegung. Erste Abtheilung. Gelb. Erste Hälfte. Berlin 1876 (mehr ist nicht erschienen) bietet für unsern Zweck nichts.

[2]) Philologische Abhandlungen, Martin Hertz dargebracht (Berlin 1888) S. 14 ff.

(s. unten S. 110). Ich mufs mich daher auf die Seite von O. Weise stellen, welcher in seiner schon mehrfach angeführten Abhandlung bei Bezzenberger II 280 fg. für die Zusammengehörigkeit von flavus und fulvus (welche er mit der Wurzel bhrâj = bharg in Verbindung bringt) eintritt, unter Anführung von Beispielen, die wir im Folgenden noch vermehren werden. Auch Döderlein VI 131 trat für die Zusammengehörigkeit von flavus und fulvus ein, indem er sie von der Wurzel φλεύω ableitete, nur drücke der helle Vokal die hellere, der dunklere die dunklere Farbe aus, — sicher richtig.[1]

Was die verschiedenen Formen des Stammes anlangt, so überwiegt das Adj. flavus bei weitem; daneben ist flavere ziemlich häufig, aber mit wenigen Ausnahmen nur im Partic. flavens (28 Beispiele gegenüber 170 mit flavus; nur drei Fälle mit andern Formen von flavere). Aufserdem kommt öfters flavescere, gelb werden, vor (16 mal).

Was nun die poetische Anwendung des Wortes anbetrifft, so ist weitaus die gewöhnlichste die zur Bezeichnung der Farbe des menschlichen Haares, die wir blond nennen; ungefähr die Hälfte aller von mir gesammelten Beispiele (104 von 216) entfällt hierauf. Es ist bekannt, dafs die Alten, bei denen blondes Haar nur vereinzelt vorkam, wohl gerade deshalb eine besondere Vorliebe dafür hatten; und dafs dies nicht blofs bei den Römerinnen der Kaiserzeit, die das köstliche Goldhaar der germanischen Frauen mit schwerem Gelde bezahlten, sondern schon im frühen griechischen Alterthum der Fall war, geht ja daraus hervor, dafs Homer manche seiner Helden gerade mit dieser Kopfzierde ausstattete.[2] So ist es denn begreiflich, dafs bei den Dichtern namentlich schönen Frauen solches Haar beigelegt wird (Hor. C. I 5, 4; II 4, 14; III 9, 19. Tib. I 5, 44. Ov. am. II 4, 39; ib. 43; III 7, 23; Fast. II 763. Priap. 51, 6. Mart. V 68, 2. Iuv. 6, 354. Claud. in Eutr. II 186; epith.

---

[1] Man vgl. über flavus aufserdem noch Jacob a. a. O. p. 86 und was dort citirt ist; ferner Marg l. l. p. 8 sq.

[2] Vgl. Hermann, Griech. Privatalterth. S. 34 fg.

Pall. et Cel. 127; in Olybr. et Prob. cons. 259; nupt. Hon. et
Mar. 242; cons. Stil. III 249), ganz besonders aber den Heroi-
nen. wie z. B. Europa (Ov. Fast. V 609), Ariadne (Catull. 64,
63; 66, 62), Arethusa (Verg. Geo. IV 352), Dido (Verg. Aen.
IV 590; ib. 698) und andern mehr (Verg. Georg. IV 339. Ps.
Verg. Cir. 511. Ov. her. 5, 122; 18 [19], 135; 19 [20], 57;
met. IX 307; ib. 715. Dracont. 8, 520; ib. 576); ja, selbst
Medea, die wir uns heut gewöhnlich schwarzhaarig vorstellen, ist
bei Val. Fl. VIII 237 blond.[1]) Auch bei sterblichen Jünglingen
(seltner bei Männern) gilt das blonde Haar als Vorzug, vgl. Catull. 64, 98; 68, 130. Verg. Aen. X 324. Ov. her. 12, 11;
Fast. III 60; met. VI 718. Sil. It. I 438; II 319; III 402; V
220; IX 414; XVI 487. Stat. Theb. IV 262; ib. 314; V 220;
VI 607; VIII 492, und unter den jugendlichen Personen der
Sage ist es der zarte Ganymed (Hor. C. IV 4, 4), aber auch
Achill (Stat. Ach. I 611. Claud. IV cons. Hon. 857) und Me-
leager (Iuv. 5, 115), welche die Dichter blond sich denken. Es
ist daher kein Wunder, dafs wir auch in der Götterwelt zahl-
reiche blondgelockte Gestalten antreffen; unter den weiblichen
Gottheiten ist es aufser Minerva (Ov. am. I 1, 7; met. II 749;
VI 130; VIII 275; Trist. I 10, 1. Fast. VI 652. Stat. Theb.
II 238; III 507)[2]) und Diana (Stat. Theb. II 238) vornehmlich
Ceres, bei der allerdings, wie oben angedeutet, die blonden
Haare eine Uebertragung des Gelbs der Aehren auf deren Be-
schützerin bedeuten (Verg. Geo. I 96. Tib. I 1. 15. Ov. am.
III 10, 3; ib. 43; met. VI 118; Fast. IV 424. Lucan. IV 412.
A. L. 138, 14. Claud. rapt. Pros. I 138. Auson. I 4, 1); un-
ter den Göttern aber finden wir den blonden Mercur (Verg. A.
IV 559), Apollo (Ov. am. V 15. 35; met. XI 165. Stat. Theb.
I 698) und Bacchus (Sen. Oed. 426. Nemes. ecl. 3, 36). Ganz
besonders häufig aber stofsen wir bei den römischen Dichtern,
insbesondere der Kaiserzeit, auf Erwähnung der blonden Barbaren

---

[1]) Auch schon bei Eurip. Med. 980.
[2]) Priap. 36, 4 haben die Hss.: Minerva flavo lumine est, was unmöglich angeht; Antonius conj. glauco, Haupt, dem Bährens folgt, ravo.

des Nordens. Die blauen Augen und blonden Haare der Germanen und der diesen verwandten Stämme waren den Römern schon bei ihren ersten kriegerischen Zusammenstöfsen mit denselben aufgefallen; sie gehörten fortan zur stehenden Kennzeichnung derselben, vgl. Ov. ex Pont. IV 2, 37. Manil. Astr. IV 716. Lucan. I 402; II 51; III 78; X 129. Val. Fl. VI 144. Sil. It. IV 200. Mart. VI 60, 3. Iuv. 13, 164; Auson. IX 3, 10 (26). Ap. Sid. carm. 5, 220; 7, 42; und begreiflicher Weise ganz besonders häufig bei Claudian, in Ruf. II 110; IV cons. Hon. 54; ib. 446; cons. Stil. I 203; ib. III 18; in Eutr. I 380; ib. II 103; bell. Pollent. 419; rapt. Pros. II 65; Fescenn. 4 (14), 15.

Es ist selbstverständlich, dafs es sich in allen diesen Fällen nicht um eine einzelne Nüance des Blond, sondern um all die mannichfaltigen Abstufungen desselben handelt, die wir kennen: das helle, fast weifse Semmelblond wird ebenso darunter zu verstehen sein, wie das mehr strohgelbe, das strahlend goldige und das dem Roth sich nähernde, das wir heute noch auf den Bildern der venezianischen Schule bewundern. Immerhin dürfen wir annehmen, dafs in der Mehrzahl der Fälle letztere beiden Arten gemeint sein werden; dafür spricht, dafs Tacit. Germ. 4 ausdrücklich den Germanen rutilas comas beilegt, und dafs auch bei den Dichtern öfters diese blonden Haare rutilae heifsen (vgl. weiter unten unter rutilus), während rufus von ausgesprochen rothem Haare gebraucht wird. Und so sagt auch deutlich genug Ser. Samm. 52: ad rutilam speciem nigros flavescere crines unguento cineris; und Claud. nupt. Hon. et Mar. 242: flavam rutilo vertice matrem; diese beiden Stellen können aber auch als Beleg dafür dienen, dafs der Begriff des Röthlichen in flavus selbst noch nicht enthalten ist (vgl. unten).

Sehen wir schliefslich noch nach der Art, wie flavus in den bezeichneten Fällen angewendet wird, so finden wir, dafs es theils so gebraucht wird, wie unser »blond«, d. h., dafs es direkt im Sinne von blondhaarig als Epitheton von Persönlichkeiten steht, also flava puella, flava dea, flavi Suevi etc., theils als Farbenbezeichnung zu den Haaren selbst hinzutritt, also zu capilli

(Ov. am. II 4, 43; her. 12, 11; Fast. II 763; V 609), crines
(Verg. Aen. IV 559; ib. 698. Ov. her. 19 [20], 57. Sen. Oed.
426. Stat. Theb. I 698; IV 314; VI 607. Lucan. X 129.
Claud. epith. Pall. et Cel. 127. Dracont. 8, 576), comae (Verg.
Aen. IV 590. Hor. C. I 5, 4. Tib. I 5, 44. Ov. her. 5, 122;
Fast. III 60. Val. Fl. VIII 237. Sil. It. V 220. Stat. Theb.
IV 262. Mart. V 68, 2. Dracont. 8, 520), caesaries (Sil. It.
IV 200 Iuv. 13, 164. Claud. IV cons. Hon. 446; cons. Sti-
lich. III 18), lanugo (Sil. It. II 319), galerus (Iuv. 6, 120);
theils endlich tritt es zu den Körpertheilen, welche von den
Haaren bedeckt sind, wie caput (Verg. Geo. IV 352. Ov. met.
XI 165), vertex (Catull. 64, 63; 66, 62. Ps. Verg. Cir. 511.
Sil. It. III 402. Stat. Theb. II 238. Claud. in Ruf. II 110),
tempora (Stat. Ach. I 611. Nemes. ecl. 3, 36), ora (Sil. It.
XVI 487),[1] malae (Ov. met. VI 718). Mitunter werden beide
Arten verbunden, indem flavus zur Persönlichkeit gesetzt und die
Haare, auf die es sich bezieht, hinzugefügt werden, so Verg. Aen.
X 324: flaventem prima lanugine malas Clytium; Ov. ¦met. IX
307: (Galanthis) flava comas, ebenso Aus. IV 9, 10 (26) von
der Bissula: Val. Fi. XI 144: flavi crine Satarchae; Sil. It. IX
414: flavus comarum Curio: Claud. cons. Stil. I 203: flaventes
vertice reges; ders. nupt. Hon. et Mar. 242: flavam vertice
matrem.

Bei Thieren ist flavus kein besonders häufiges Attribut.
Am meisten finden wir es noch beim Löwen, obgleich hier
nicht so oft wie fulvus, s. Hor. ep. 16, 33 (wo allerdings nur
ein Theil der Hss. und Ausgaben flavos leones liest, andere ra-
vos, saevos, fulvos);[2] Stat. Theb. IV 154: flavent leonum exu-

---

1) Eine zweifelhafte Stelle ist Sen. Phaedr. 660, wo die Hss. theils
et ora flavus tinguebat rubor, theils pudor haben. Das eine ist so auffallend wie das andere; denn weder kann von Scham die Rede sein,
noch würde zu rubor passend das Beiwort flavus treten. Da sicherlich
vom goldgelben Bartflaum die Rede ist, so könnte man an nitor denken.

2) Keller, Prolegomena zu Horaz S. 401 f. entscheidet sich für flavos, obgleich er bemerkt, flavus komme »von Menschenhaaren, vom Ti-
berflusse, vom Honig, von Getreide vor, aber von einem Thiere stehe es

viae; ib. VIII 574: iubae flaventis. Claud. bell. Poll. 327: fla-
ventes saetas. Ferner beim Pferde, wobei man wohl eher an
die röthliche Färbung des Goldfuchses, als an das mattere Gelb
eines Falben zu denken hat; denn wenn Stat. Theb.
VI 501 ein
Rofs flavus Arion nennt, so hat er ebd. v. 301 von demselben
Pferde gesagt: rutilae manifestus Arion igne iubae; Ov. met. XIII
848: turpis equus, nisi colla iubae flaventia velent. Vgl. Prop.
V (IV), 4, 20: flavas iubas, von einem Helmbusch; auch bei
Val. Fl. VI 226: flava galeri caesaries ist vermuthlich an Pferde-
haar zu denken; und Ov. Fast. V 380 beschreibt den Kentaur
Chiron als semivir et flavi corpore mixtus equi. Vereinzelt wird
es auch gebraucht vom Rehfell, Stat. Silv. I 2, 226: flavam
nebrida; vom Affen, Mart. XIV 97: flaventi corpora villo; und
von einem Seestier, Sil. It. V 132: aequorei tergo flaventi
iuvenci.

Dagegen ist es in der Pflanzenwelt ein stehendes Attribut
der in voller Reife prangenden Getreidefelder, der arva, rura,
campi etc. (Catull. 64, 354. Verg. ecl. 4, 28; Geo. I 73; ib.
316; IV 126; Aen. VII 721. Ps. Tib. IV 1, 184. Avian. 21, 2.
Colum. X 311. A. L. 379, 42. Claud. VI cons. Hon. 388;
in Eutr. I 112; rapt. Pros. I 187; II 121) oder der Aehren
allein (Val. Fl. I 70. Sil. It. VIII 61. Dracont. 11, 11. Coripp. Ioh. III 70), die daher poetisch auch ›das blonde Haar
der Erde‹ genannt werden (Tib. II 1, 48); und bei Sen. Oed.
50 bedeutet Ceres flava nichts anderes, als das gelbe Getreide
selbst (wie ›die goldne Ceres‹ in der ›Braut von Messina‹.)
— Als Beiwort von Blumen erscheint es nur selten, Colum. X
97: flaventia lumina calthae; Claud. rapt. Pros. III 126: flaventia
serta comarum; man liebte gelbe Blumen im Alterthum wohl
ebenso wenig, wie heutzutage, wo man auch bei den Dichtern
nur auf wenige Erwähnungen solcher stofsen dürfte. Dafs Verg.
Aen. V 309 die Blätter des Oelbaums flava nannte, setzte, wie

---

nie, — falls nicht die Wörterbücher eine wichtige Stelle übersehen haben‹. Dafs aber flavi leones recht gut gesagt werden kann, zeigen die
oben angeführten Stellen.

Gellius a. a. O. erwähnt, bereits im Alterthum die Erklärer in Verlegenheit und bleibt in der That auffallend; Servius erklärt zwar flava oliva sehr summarisch durch viridi, aber er hat offenbar gar nicht flava, sondern fulva gelesen, was daraus hervorgeht, dafs er zu V 309 die Parallele: ut super »iaspide fulva« beifügt, und zu letzteren Worten IV 261 unsere Stelle in der Fassung: »fulvaque caput nectentur oliva« citirt. Eine recht passende Erklärung dürfte man freilich weder für das eine noch für das andere finden; denn weder das röthlich gelbe flavus, noch das mehr dunkelgelbe fulvus scheint auf das Silbergrau der Olivenblätter, für die wir sonst canus als entsprechendes Beiwort gefunden haben, zu passen. Dagegen steht flavus ganz treffend bei Feigen, bei denen man natürlich nicht an die blaue Gattung denken darf (Mart. VII 31, 2: flavas Chias. Col. X 417: quae servat flavae cognomine cerae); auch wohl bei Aepfeln, von denen manche in der Reife gelb sind (A. L. 321, 3: flavescunt mala). Bei Stat. Theb. V 269 kann flava uva auch nicht auffallen, da manche Gattung Trauben in der Reife in der That durchaus wachsgelbe Färbung annimmt; und ebenso entspricht bei Verg. Dir. 16: flavescunt prata, vom Dürrwerden des verwelkenden Grases, jener in den meisten der angeführten Fälle bleibenden Bedeutung von flavus als eines mehr dem Hellen, als dem Dunkeln sich zuneigenden Gelb.

Unter den Mineralien ist flavus vor allem ein stehendes Epitheton des Goldes (welches freilich daneben nicht minder häufig fulvum heifst), s. Verg. A. I 592. Ov. met. VIII 701; IX 689. Mart. II 43, 11; VIII 51, 5; IX 23, 1; ib. 61, 3; XII 65, 6; XIV 12, 1. Cor. Ioh. III 367; der goldgelbe Chrysolith heifst daher ebenfalls flavo lumine, Prop. III 8 (II 16), 44. Auffallend könnte der sapphirus flavi coloris bei Prisc. carm. III 1009 scheinen; allein es wird sich dies dadurch erklären, dafs der Sapphir der Alten nicht der heut so genannte Edelstein, sondern Lavastein ist, dessen gelbe Schwefelkies-Theilchen goldartig leuchten und von den Alten vielfach wirklich für Gelb gehalten wurden.[1]) Bezeichnend tritt flavus auch zum gelben numidi-

---

[1]) Vgl. meine Technologie III 275.

schen Marmor (Stat. Silv. I 5, 36; II 2, 92), den man heut
Giallo antico nennt und bei dem helleres Gelb mit röthlichen
Adern wechselt. — Ferner finden wir flavus als gewöhnliches
Attribut des Sandes (der sonst allerdings auch fulva arena heifst),
Verg. Geo. III 350. Ov. met. IX 36; XIV 448; Trist. IV 1,
31; Ibis 47. Mart. VII 67, 5; XIV 68 (71), 1; daher auch
Val. Fl. I 613: multa flavus caput Eurus arena. Bei dem von
Gell. II 26, 13 citirten Pacuvius liest Hertz »fulvum pulve-
rem« gegenüber der Vulgata »flavum«, welche Ribbeck, Tragic.
Rom. frg. p. 107 Z. 244 beibehält. Entsprechend wird auch
der sandige Meeresstrand (Ov. met. XV 722) oder Libyen mit
seiner Wüste (Stat. Theb. IV 737) flava genannt.

Ganz besonders häufig aber, und der Zahl der Fälle nach
unmittelbar hinter der Anwendung auf blondes Haar kommend,
ist der Gebrauch von flavus als Epitheton von Flüssen. Am
bekanntesten ist der »gelbe Tiber«, der ja auch heut noch so
heifst: Verg. Aen. VII 31; X 816; Catal. 5, 23. Hor. C. I 2,
13; ib. 8, 8; II 3, 18. Epiced. Drusi 221. Ov. Fast. VI 228.
Sil. It. I 607; XI 207; XVI 680. Stat. Silv. IV 4, 5; aber auch bei
andern Flüssen ist es nicht selten, wie beim Simois, Tib. II 9, 12,
Volturnus, Stat. Silv. IV 3, 67. Sil. It. IX 513 und anderen,
vgl. Catull. 67, 33. Tib. I 7, 12. Ov. met. II 245. Sen. Herc.
Oet. 594. Val. Fl. III 35; ib. 544. Sil. It. XIV 231. Stat.
Theb. II 730; IV 239. Auson. X 160. Ap. Sid. carm. 24, 22.
Claud. rapt. Pros. IV 1 (III 332). Es hängt das weitaus in den
meisten Fällen wirklich mit der gelblichen Farbe der Flüsse, die
viel Schlamm und Sand mit sich führen, zusammen; indessen
hat es doch bisweilen auch einen andern Grund, denn beim
Hermus liegt Bezugnahme auf den goldhaltigen Sand deutlich
vor bei Stat. Silv. I 3, 107: flavis Hermus ripis et limo splen-
dente Tagus (wo ich jedoch anstatt ripis lieber rivis schreiben
möchte), und ebenso bei Sil. It. I 159. Wenn sonst Wasser (Pacuv.
l. l.) oder selbst das Meer (Enn. Annal. frg. 377: marmore flavo.
Claud. in Ruf. I 91: Euxini flavis undis) flava heifsen, so hat
man dabei nicht an die Farbe des Wassers, sondern an den auch

vom Meere mitgeführten Sand zu denken, wie Rutil. Nam. I 639: pontum flavescere arenis deutlich zeigt.

Von Natur· und gewerblichen Produkten sind zu nennen vornehmlich Wachs (Ov. met. III 487; VIII 198. Colum. X 417; von den Waben Ov. Fast. III 746; med. fac. 82. Stat. Theb. X 578. Coripp. Ioh. I 432) und Honig (Lucr. I 938; IV 13. Ov. met. I 112. Mart. I 55, 10); und wegen der Verwendung des letzteren auch Kuchen (Ov. Fast. VI 476: flava liba).[1]) Ferner wird mit flavus die Farbe bezeichnet, welche die mit Cedernöl behandelten Buchrollen annehmen, Ov. trist. III 1, 13, sowie der gelbliche Ton des alten Elfenbeins, Ov. am. II 5, 39. Von Kleidungsstücken kommt es für gewöhnlich nicht vor; wir werden hierfür andere Nüancen des Gelb im dichterischen Gebrauche finden. Als Ausnahmen sind zu verzeichnen Tib. II 2, 18: flava coniugio vincula, wo flava nur auf die gelbe Farbe des bräutlichen flammeum gehen kann, und P. L. M. 19, I 46: flaventi vitta.

So viel über den poetischen Gebrauch von flavus; auf die Bedeutung des Wortes kommen wir, nachdem wir fulvus besprochen haben werden, zurück.

2. Fulvus.[2])

Gegenüber flavus (mit flavere, flavescere) erscheint fulvus (es handelt sich nur um die adjectivische Form, da es ein entsprechendes Verbum, wie flavere von flavus, nicht giebt; fulvor kommt nur einmal in später Poesie vor, P. L. M. 38, II 27) etwas spärlicher in der römischen Dichtung angewandt, dafür aber in scheinbar sehr heterogenem Gebrauche.

Zunächst finden wir es einige Male als Bezeichnung blonden Haares, Verg. A. XI 642. Prop. II 2, 5. Ov. met. XII

---

[1]) Unklar ist mir die Bedeutung der panes Libyca solitas flavescere Syrte, bei Ap. Sid. carm. 17, 13; vielleicht ist hier nur besonders feiner Weizen gemeint, der in afrikanischer Sonne gereift ist.

[2]) Ueber fulvus vgl. Marg a. a. O. p. 9ff., dessen Aufzählung aber unvollständig und Resultate ungenau sind.

273; ex P. III 2, 74. Coripp. Ioh. IV 534, gleich flavus tritt es
auch direkt im Sinne von blondhaarig zu Personenbezeichnungen
hinzu, wie bei Verg. A. X 562: fulvus Camers, oder Claud. cons.
Stil. II 240: fulva Gallia, wo allerdings daneben auch flava Gallia
gelesen wird. Es fragt sich, ob wir in diesen nicht gerade zahlreichen Fällen fulvus auch gleich flavus im Sinne von blond
schlechtweg oder in dem einer besonderen Nüance zu fassen haben. Zieht man in Betracht, dafs fulvus, wie unten zu erwähnen,
das stehende Epitheton des Goldes ist, und vergleicht man dazu
noch die Stelle bei Stat. Ach. I 162: fulvoque nitet coma gra-
tior auro, so wird man wohl letztere Auffassung vorziehen und
demnach fulvus, wenn es von der Haarfarbe gebraucht wird, im
Sinne von goldblond fassen.[1])

Häufiger begegnet uns fulvus in der Thierwelt, und zwar
ist es ganz besonders der Löwe, der fulvus heifst (Verg. Geo.
IV 408; Aen. II 722; IV 159. Ps. Tib. III 6, 15. Ov. her.
10, 85; met. I 304; X 551; Fast. II 339. Sil. It. II 193; VII
288. Stat. Theb. I 397. Claud. III cons. Hon. 77; rapt. Pros.
III 98; carm. min. 24 [53], 1), resp. sein Fell, Mähne oder dgl.
(Lucr. V 898. Verg. A. VIII 552. Ov. met. X 698. Sen. Oed.
941; Herc. Oet. 1942. Orest. trag. 796. Sil. It. XVI 238.
Claud. cons. Stil. I 259); ja, der fulvus leo ist eine so stehende
dichterische Wendung geworden, dafs dieselbe selbst auf das
Sternbild des Löwen übergeht (German. Arat. 149; vgl. Claud.
in Olyb. et Prob. cons. 25) und ein schwülstiger Dichter, wie
Dracont. 5, 311, sogar die Wuth des Löwen rabies fulva nennt.
— Auch das Fell des Wolfes wird damit bezeichnet, Verg. A.
I 275; VII 688. Ov. met. XI 771; und vereinzelt auch das des
Ebers (Ov. a. a. II 373), des Tigers (wenigstens theilweise,
fulvus margo, Stat. Theb. VI 723), der Ziege (Hor. C. IV 4,

---

[1]) In einem späten Epigramm der A. L. 398, 5 heifst es von einem
Jüngling: fulvos poples erat. Eine besondere, speciell dem Knie zukom-
mende Farbe kann damit nicht gemeint sein; man wird also die Beine
überhaupt darunter verstehen müssen, für welche denn freilich die Farbenbezeichnung fulvus seltsam genug erscheint.

14), der Gemse (damma, Ov. hal. 64),[1]) der lakonischen Hunde
(Hor. ep. 6, 5), eines Kälbchens (Hor. C. IV 2, 60). Von
Pferden wird fulvus zwar nicht direkt gebraucht, wohl aber von
den in der Regel aus Pferdehaaren gefertigten Helmbüschen
(Ov. met. XII 88: equinis fulva iubis cassis. Sil. It. IX 450.
Claud. in Olybr. et Prob. cons. 93, wo es allerdings nur Conj.
von Paul ist anstatt des hdschr. flava); und wenn Thierfelle
schlechtweg fulva heifsen (Verg. Geo. III 383. Claud. in Ruf.
II 79), so wird man an irgendwelche der hier genannten Arten
zu denken haben. Ziehen wir aus diesen Anwendungen die Folgerung, so erhalten wir ein ziemlich dunkles mitunter dem Rothbraun sich näherndes Gelb; und dem entspricht es, wenn fulvus
auch ein gewöhnliches Epitheton des Adlers ist (Verg. Aen. XI
751; XII 247. Ov. Fast. V 732. Sil. It. XII 56. Stat. Theb.
I 548. Claud. bell. Gildon. 467; vom Seeadler Ov. met. VIII
146); auch die Flügel der Nachteule heifsen so bei Ov. met.
V 546. Ferner eine Fischart bei Ov. hal. 104, und Drachen
oder Schlangen bei Stat. Theb. XII 16 und Claud. rapt. Pros.
I 200; da namentlich bei letzteren der Begriff des Furchtbaren
erweckt werden soll, so herrscht auch hier der Begriff des Dunkeln vor, den wir demnach in allen der Thierwelt angehörigen
Anwendungen des Epithetons finden.

Der Pflanzenwelt gehören nur wenige, vereinzelte Fälle
an: Eschenholz (Ov. met. VII 677: si fraxinus esset, fulva
colore foret), der Stengel der Lilie (ib. X 191: lilia fulvis
haerentia virgis)[2]) und Myrrhen (Ov. met. XV 399); auch

---

[1]) Dafs damma (dama) nicht den Damhirsch, sondern die Gemse
oder eine Antilopen-Art bedeutet, zeigt O. Keller, Thiere des class.
Alterthums S. 49 u. 73.

[2]) Haupt-Korn lesen linguis anst. virgis und erklären es von »dem
überhängenden Theil der Kelchblätter der Lilie, der eine blafsgelbe,
gegen die Weifse des Kelches stark abstechende Färbung«; das pafst
aber weder zu dem Wortlaut, noch kann fulvus jemals »blafs-gelb« bedeuten. Herr Prof. Cramer in Zürich hat die Güte, mir hierüber folgendes
zu schreiben: »Das Wort haerentia zeigt, dafs Ovid nicht die verbreitete
weifse Lilie (Lilium candidum) im Sinn hatte; denn bei dieser Art sind
die Blüthen, wie bei vielen andern, aufrecht, oder doch unter einem

8*

hier dürfte überall ›röthlich-gelb‹ die treffendste Bezeichnung sein.[1])

Um so häufiger begegnet uns fulvus dafür wieder im Mineralreiche, wo es das eigentliche und stehende Attribut des Goldes ist; mehr als ein Drittel sämmtlicher Fälle, in denen die Dichter fulvus gebrauchen, entfällt hierauf. So finden wir das fulvum aurum bei Verg. A. VII 279; X 134; XI 776. Tib. I 1, 1. Ov. met. X 648; XI 103; XIV 345; ib. 395; trist. I 5, 25; ib. 7, 7; ex P. III 8, 3. Sen. Med. 825. Inc. Octavia 786. Petron. 119, 5; frg. 36, 3. Sil. It. IV 154; XIV 656; XV 25. Ilias Lat. 858. Stat. Silv. III 3, 202; Ach. I 162; Theb. IV 171. Maximian. I 19. Dracont. 10, 259. P. L. M. 46, 125; ib. 133; vgl. 38, II 27. A. L. 211, 40; ib. 110. Coripp. l. Anast. 30; Iust. I 282; II 394; IV 147; ib. 370; oder fulvum metallum, Ap. Sid. ep. II 10, 4 v. 10; ib. carm. 11, 98; 22, 148. P. L. M. 37, 131; ib. 141. Claud. in Ruf. II 134; nupt. Hon. et Mar. 57. Coripp. Iust. III 100; vgl. A. L. 211, 196: fulva metallorum rabies;[2]) auch bei anderen Umschreibungen, wie Stat. Silv. I 2, 127: fulvus limus; Claud. in Ruf. I 167: fulva glacies; carm. min. 1 (40), 8: pondera fulva soli; P. L. M. 38, II 8: fulvum venenum; Rut. Namat. I 356: glarea fulva Tagi. Es ist daher sehr begreiflich, dafs fulvus geradezu im Sinne von golden vorkommt; so vom goldenen Vliefs Ov. am. II 11, 4; her. 6, 14; a. a. III 335; von goldenen Früchten oder Blättern Ov. met. X 648. Lucan. IX 361. Sil. It. IV 639. Claud. rapt. Pros. II 293. Ap. Sid. carm. 24, 73; vgl. Calpurn.

spitzen Winkel schief nach oben abstehend, niemals hängend. Vielmehr dachte er an Lilium Martagon oder eine verwandte Form mit hängenden Blüthen. Für diese pafst denn auch fulvis virgis ganz gut, da die Enden der Stengel und besonders die Blüthenstiele dieser Art nicht grün, sondern mehr oder weniger röthlich angelaufen sind, hier und da vielleicht auch mehr röthlichgelb oder braungelb‹

1) Bei Ap. Sidon. carm. 22, 178 ist fulva fruge das Getreide, aber im Sinne von ›goldener Frucht‹, denn fulvus kommt bei Ap. Sidonius nur in der Bedeutung golden vor.

2) Bei Stat. Theb. I 144: nondum crasso laquearia fulta metallo wird man wohl fulva anstatt fulta zu lesen haben.

ecl. 7, 72; von Schmucksachen oder andern Gegenständen aus Gold Ov. XI 124: lammina fulva. Sil. It. VII 80: subtemine fulvo; id. VIII 469: fulvum monile; vielleicht auch die fulva frena ebd. IV 269. Claud. de cons. Stil. II 229: fulva intexta micantem veste Tagum. Ap. Sid. carm. 5, 461: fulvae carinae (vergoldet); ib. 589: Capitolia fulva; 7, 265: fulvus conus; vom goldenen Gespinnst der Parzen ebd. 15, 201 u. 22, 198; vom goldenen Zeitalter ebd. 7, 602 u. 22, 178; vgl. ebd. 11, 20; fulvus ardor chrysolithi. P. L. M. 47, 3: fulvum diadema; vgl. ebd. 53, 45: fulvus amor, von Danaes Goldregen. — Ein paar mal tritt fulvus auch zu dem mitunter dem Golde ähnlichen Erze hinzu, Ov. her. 3, 31; auch met. I 115: auro deterior, fulvo pretiosior aere, wo man allerdings auch: auro deterior fulvo, pretiosior aere lesen könnte. Lucan. IX 669. An Erz, event. auch an wirkliches Gold hat man zu denken, wenn Helme (Sil. It. V 78. Claud. rapt. Pros. II 21) oder die Aegis (Claud. IV cons. Hon 163) fulva heifsen.

Bei Verg Aen. IV 261 heifst der Jaspis fulva; und dasselbe Epitheton hat der Edelstein, vielleicht in Nachahmung Vergils, noch zweimal, Stat. Theb. VII 659 und Lucan X 122. Der Jaspis der Alten ist allem Anschein nach mit dem unsrigen identisch; aber eine feste Begrenzung der Farbe erhalten wir damit doch nicht, weil beim Jaspis die verschiedensten Farben vorkommen, roth, grün, blafs, weifsgestreift etc. (Technologie III 254 ff.). Servius ad Verg. l. l. fafst fulvus dort direkt als grün, unter Berufung auf die oben (S. 110) angeführte Stelle Verg. Aen. V 309, wo die Hss. heut flava oliva bieten. Mir erscheint diese Erklärung des Servius ungemein fraglich; denn wir können sonst nirgends eine Stelle nachweisen, wo fulvus wirklich die Bedeutung grün oder auch nur grünlich gehabt haben könnte. Wir werden daher auch hier wiederum an die Nüance eines stark zum Roth hinüber neigenden Gelb denken müssen; unsere Gemmensammlung enthalten übrigens auch direkt gelben Jaspis.

Sehr häufig trifft man sodann fulvus als Attribut des Sandes; bei Pacuv. frg. v. 244 Ribb. Enn. Ann. frg. 319 fulvus pulvis, sonst fulva arena, Verg. Geo III 110; Aen. V 374; VI

643; XII 276; ebd. 741. Ov. met. II 865; IX 36; X 716;
XI 355; ib. 499; trist. IV 6, 31; ex P. IV 4, 11. Manil. V
527. Sil. It. IV 241; vgl. dens. XVI 316. Hier könnte fulvus
schlechtweg gelb bedeuten, und Ov. met. IX 36 deutet auf die
Identität mit flavus hin; doch zeigt auch der Gegensatz gegen
niveus, ebd. II 865, dafs man eine dunklere Schattirung des gelben Sandes darin zu sehen hat. Wo wir dagegen fulvus als
Epitheton von Sternen finden (Tib. II 1, 88. Manil. Astr.
II 912. Stat. Theb. III 531), sogar vom Sonnenlicht gebraucht (Manil. II 942) und Feuer (Verg. Aen. VII 76), da
wiegt jedenfalls die speciellere Bedeutung des goldigrothen vor,
wenn man es auch nicht direkt mit goldig übersetzen dürfte;
und so hat man sich wohl auch den fulvus Olympus bei Val.
Fl. VII 158 zu erklären und wenn Ennius sogar die Luft, d. h.
doch wohl den strahlenden Aether, aer fulva nannte, Ann.
frg. 439.[1])

Es erscheint als ein merkwürdiger Gegensatz, wenn wir
dann dasselbe Attribut, das das glänzende Gold, die strahlenden Gestirne erhalten, als Epitheton von Wolken finden, Verg.
Aen. XII 792. Ov. met. III 273. Stat. Theb. IX 727. Nun
brauchte man dabei an und für sich noch nicht an dunkle Sturmwolken zu denken, denn mit Ausnahme von Verg. Dirae 38, wo
es allerdings heifst: Eurus agat mixtam fulva caligine nubem,
handelt es sich um Wolken, in welche Götter sich verbergen,
und man könnte daher auch an goldigrothe Wolken denken, wie
sie uns vom Abendhimmel her bekannt sind. Aber abgesehen
davon, dafs fulvus niemals für die Abendbeleuchtung vorkommt,
würden wir auch sonst mit dieser Erklärung schwerlich auskommen; denn wenn Ov. met. VI 707 die Flügel des Boreas fulvae
alae nennt, und dabei diesen selbst caligine tectus; wenn bei
Stat. Theb. X 125 Juno nimborum fulva creatrix genannt wird;
wenn bei Sen. Oed. 323 der Rauch caerulea fulvis mixta notis

---

1) Gell. III 26, 11, wo es zuerst citirt ist, haben die Codd. fulvi,
doch geht aus Gell. XIII 21, 14 hervor, dafs es fulva heifsen mufs und
dafs Ennius in der That aër weiblich gebrauchte.

heisst, und wenn endlich Claud. r. Pros. IV 112 (III 443) sagt: fulvis adnatat umbra fretis, so kann man jene Bedeutung unmöglich
gelten lassen, sondern wird hier wie dort wiederum an die dunkle
Nüance des Gelb, wie man sie bei Sturmwolken, im Rauche
u. a. m. nicht selten beobachtet, denken müssen, ohne dafs man
deswegen fulvus direkt im Sinne von dunkel oder schwärzlich
zu fassen brauchte.

Betrachten wir nun, nach Anführung sämmtlicher Fälle, was
Gell. II 26, 11 über die Bedeutung von fulvus und flavus sagt.
'Fulvus', heifst es da, videtur de rufo atque viridi mixtus in
aliis plus viridis, in aliis plus rufi habere. Sic poeta verborum
diligentissimus 'fulvam' aquilam dixit et iaspidem, 'fulvos' ga-
leros et 'fulvum' aurum et arenam 'fulvam' et 'fulvum' leonem,
sic Q. Ennius in annalibus 'aere fulva' dixit. 'Flavus' contra
videtur e viridi et rufo et albo concretus: sic 'flaventes' comae
et, quod mirari quosdam video, frondes olearum a Vergilio 'flavae' dicuntur, sic multo ante Pacuvius aquam 'flavam' dixit et
'fulvum' pulverem. — Wenn Gellius hier fulvus als eine Mischung
von Grün und Roth bezeichnet, so scheint mir dies nichts weiter
als eine Abstraktion aus seinen Beispielen zu sein, und ebenso,
wenn er flavus als eine Mischung aus Grün, Roth und Weifs
definirt; doch ist dabei immerhin beachtenswerth, dafs der Zusatz des Weifs flavus als eine hellere Farbe als fulvus erscheinen läfst. Vergleichen wir die Anwendung beider Worte,
so finden wir folgende Dinge durch beide Epitheta bezeichnet:
blondes Haar, Löwen, Pferde, Gold, Sand. Hingegen tritt niemals fulvus zum Getreide, wo wir doch flavus so häufig finden,
und niemals zu Flüssen; auch niemals zu Wachs u. dgl. Ziehen
wir nun in Betracht, dafs das Gelb des Getreides ein helleres ist,
das der Flüsse ein mehr mittleres (aber nicht nach Roth nei-
gendes), so werden wir den Unterschied von flavus und fulvus
mit Döderlein dahin aus dem Gebrauche feststellen, dafs flavus ursprünglich ein helleres, fulvus ein dunkleres Gelb bezeichnet, und
zwar letzteres in der Schattirung, dafs dieser dunklere Ton durch
einen Zusatz von Roth hervorgerufen ist. Während sich dann
flavus weiterhin zur Bedeutung von gelb schlechtweg erweitert

und daher beim blonden Haar auch die röthliche oder goldige Nüance desselben bezeichnen kann, tritt bei fulvus die Bedeutung des Röthlichen in einigen Fällen ganz besonders in den Vordergrund; daher seine stehende Verwendung beim Golde, das ja auch wir bisweilen das »rothe Gold« nennen.

3. Aureus, cereus, luteus, luridus, croceus u. a.

In dem schon öfters angezogenen Kapitel Gell. II 26 werden unter den Bezeichnungen für die rothe Farbe auch verschiedene übertragene angeführt. Es heifst da § 5: quippe qui 'rufus' color, a rubore quidem appellatus est, sed cum aliter rubeat ignis, aliter sanguis, aliter ostrum, aliter crocum, aliter aurum, has singulas rufi varietates Latina oratio singulis propriisque vocabulis non demonstrat omniaque ista significat una 'ruboris' appellatione, cum . . . . ex ipsis rebus vocabula colorum mutuatur et 'igneum' aliquid dicit et 'flammeum' et 'sanguineum' et 'croceum' et 'ostrinum' et 'aureum'. Von diesen durch Vergleichung entstandenen, wesentlich dichterischen Farbenbezeichnungen werden wir jedoch gut thun, nicht alle in die Abtheilung des Roth zu verweisen. Vom Feuer, der Flamme, dem Blute, dem Purpur lassen wir es gelten und besprechen daher die davon abgeleiteten Epitheta erst später; aber Saffran und Gold gehören nach unserer Farbenempfindung mehr dem Gelb an; »saffrangelb«, »goldgelb« sagen auch wir, und obgleich ja sicherlich auch ein ausgesprochen rother Ton darin ist, halten wir uns für berechtigt, croceus und aureus nebst einigen anderen, noch bestimmter auf Gelb hindeutenden Bezeichnungen zu letzterer Farbe zu ziehen. Wir müssen freilich schon hier bemerken, dafs eine scharfe Grenze zu ziehen im einzelnen oft ganz unmöglich ist. So gebrauchen z. B. die Dichter bei der Schilderung der Morgen- oder Abendröthe folgende Farbenbezeichnungen: rubor, rubicundus, croceus, luteus, flammeus, igneus, poeniceus, purpureus, roseus; und dennoch wäre es verfehlt, wenn wir diese sammt und sonders dem Roth zuweisen wollten, obschon die Mehrzahl derselben zweifellos dahin gehört. Aber croceus wird z. B. auch vom Eidotter gebraucht, luteus vom Schwefel, vom Wachs u. a. m.; keines von beiden für ganz ausgesprochen rothe Gegenstände, wie Blut; beide sind Farbstoffen entlehnt, die wir entschieden zum Gelb rechnen. Demnach wird es wohl nicht als Inkonsequenz betrachtet werden, wenn wir einander anscheinend so nahe stehende Farbenbezeichnungen hier trennen.

Unter den bei den Dichtern vorkommenden bildlichen Farbenbezeichnungen für Gelb sind die beiden zuletzt angeführten von Farbstoffen, aureus und cereus von Vergleichung mit anderen Stoffen entnommen. Was zunächst aureus anlangt, so berechtigt uns zur Hinübernahme desselben in die Rubrik Gelb, dafs wir auch fulvus, das stehende Epitheton des Goldes, hier behandelt haben, so wie dafs auch wir, obgleich wir vom ›rothen Golde‹ sprechen, doch nie ›goldroth‹, sondern nur ›goldgelb‹ gebrauchen. Freilich sagen wir ›golden‹ oder ›goldig‹ auch im Sinne einer weiteren Farbenbezeichnung, und es ist selbstverständlich, dafs wir nicht blofs Gegenstände von ausgeprägt gelber Farbe, sondern auch solche mit rother Nüance so bezeichnen; aber in den meisten Fällen wird doch die erstere Beziehung vorwalten. In der Regel haben wir dabei auch viel weniger die Farbe, als den an das leuchtende Metall erinnernden Glanz des betreffenden Gegenstandes im Auge, und das ist auch der Fall bei der häufigsten Anwendung. welche die Dichter vom Epitheton aureus machen (wobei natürlich alle Fälle ausgeschlossen sind, in denen es den Stoff, nicht die Farbe bezeichnet, oder wo es ein preisendes, erhebendes Attribut ist, wie z. B. die goldne Aphrodite u. dgl.), nämlich bei den Himmelskörpern, vornehmlich bei der Sonne, die ja auch wir die ›goldene‹ nennen; vgl. Enn. Ann. 95. Lucr. V 461. Cat. 63, 39. Verg. Geo. I 232; IV 51. Ov. met. VII 663. P. L. M. 24, 11. A. L. 139, 9; ib. 35; 543, 20. Auson. VII 8, 5. Prisc. carm. 1, 168. Coripp. Iust IV 251. Dafs es sich hierbei mehr um den Glanz des Himmelkörpers, als um seine Farbe handelt, zeigt sich schon in unserm Sprachgebrauch, da wir die Sonne zwar ›golden‹, aber nicht ›goldgelb‹ nennen können; und noch deutlicher zeigt es sich darin, dafs gerade so, wie wir nicht blofs von ›silbernen

Sternen‹, vom ›silbernen Mond‹ sprechen, sondern dieselben
Himmelskörper, trotz ihres sanfteren und in der That viel eher
an Silber erinnernden Lichtes, doch auch ›golden‹ zu nennen
pflegen, so auch die römischen Dichter die Gestirne aurea
nennen (Verg. Aen. II 488; XI 832. Hor. ep. 17, 41. Manil.
Astr. I 644; V 379; ib. 724. Auson. II 8, 39 [223]. Coripp.
Iust. III 182; und deshalb auch nox aurea bei Val. Fl V 566),
und ebenso den Mond, Verg. Geo. I 431 mit der Nachahmung
A. L. 196, 6. Ov. met. II 723; X 448. Mart. Cap. IX 902;
ib. 912. Immerhin ist bei letzterem zu beachten, dafs wenigstens bei Verg. l. l. es sich nicht um die gewöhnliche Erscheinung des Mondes handelt, sondern um den mehr röthlichen
Schein, den derselbe bei Sturm bekommt: vento semper rubet
aurea Phoebe; und so sagt auch Mart. Cap. IX 912: auratis
rubuit praedita cornibus. Es steht hier also aureus für ein stark
mit Roth vermengtes Gelb; und das zeigt auch Val. Fl. VI 27:
aureus ecfulsit campis rubor, wo offenbar damit die das Schlacht-
feld erfüllenden blinkenden Waffen gemeint sind. — Mit diesem
Gebrauche hängt es zusammen, wenn auch der Aether aureus
heifst bei Ov. met. XIII 587, der Himmel bei Varr. Sat. Menipp. p. 162, 2 (Riese): caeli cavernae aureae; oder das Feuer
des Blitzes, Lucr. VI 205; von ähnlicher Erscheinung Verg.
Aen. X 271: aureus ignis; und sicherlich dachte Ovid an derartige himmlische Lichterscheinungen, wenn er Fast. V 28 die
allegorische Figur der Maiestas aurea nannte. So nennt auch
Cat. 61, 99 das Fackellicht aureae comae.

In den übrigen in Betracht kommenden Fällen handelt es
sich fast nur um vereinzelte Anwendungen, hier aber fast durchweg mehr im Sinne der goldgelben Farbe, als des goldenen
Glanzes. Wir finden es zunächst bisweilen für blondes Haar
gebraucht, Verg. Aen. VIII 659 (von Galliern). Ov. am. I 14,
9; met. XII 395. Maximian. 1, 93. Ferner in der Thierwelt
von der Haselmaus, Mart. V 37, 8; von Schaffellen ebd.
XII 98, 2 (vgl. I 96, 5 mit der Anm. Friedländers); wenn aber
Mart. III 60, 7 aureus turtur sagt, wie III 58, 19 cereus turtur,
so bemerkt Gilbert bei Friedländer an letzterer Stelle entschieden

mit Recht, daſs es sich da um gerupfte und gebratne Vögel
handle; so wird wohl auch bei uns humoristisch übertreibend
von der ›goldgelben Gans‹ gesprochen. — Unter den Blumen
heiſst die Sternblume aureus bei Verg. Geo. IV 274; von den
Früchten die reifen Trauben, Tib. II 1, 45 (vgl. oben S. 111),
die gelben Quittenäpfel, Verg. ecl. 3, 71; ib. 8, 51. Petron. frg. 43, 1, die Datteln, Mart. XIII 27, 1. Unter den
Naturprodukten ist der Honig zu nennen, den auch wir wohl
als golden bezeichnen, Ov. Fast. IV 546; und unter den gewerblichen die gelben Brautschuhe, auf die es sicherlich sich bezieht,
wenn Cat. 61, 166 sagt: transfer omine cum bono limen aure-
olos pedes, denn ebd. 10 ist vom luteus soccus der Braut die
Rede, obgleich man auch hier lediglich eine liebkosend-preisende
Bezeichnung darin sehen könnte.

Cereus, unserm ›wachsgelb‹ entsprechend, ist streng genommen kein poetisches Epitheton, wie aureus, croceus u. a. Es
findet sich überhaupt nur selten bei den Dichtern, und in den
meisten Fällen, wo es vorkommt, dient es zur Bezeichnung einer
ganz speciellen Farbennüance, die auch in der Sprache des täglichen Lebens dem betreffenden Gegenstande beigelegt wurde.
So gab es namentlich Früchte, welche damit bezeichnet wurden
(wie ja auch wir z. B. ›Wachskirschen‹ haben); wenn wir bei
Verg. Ecl. 2, 53; Copa 18. A. L. 117, 5 von cerea prunea
lesen, so ist cerea kein schmückendes, sondern ein unterschei-
dendes Beiwort, denn eine Pflaumenart hiefs offenbar ›Wachspflaumen‹, vgl. Priap. 51, 9: magisque cera luteum nova pru-
num; Plin. XV 41 nennt sie cerina. Dasselbe ist der Fall bei
den Feigen, die Col. X 404 cereoli nennt; vgl. ebd. 417: quae
servat flavae cognomine cerae. Bei Mart. X 94, 6 sind die
cerea mala wahrscheinlich Quittenäpfel, die Calpurn. ecl. 2, 91
cerea Cydonia nennt.[1]) Daſs ferner Mart. IV 58, 19 gebratene
Turteltauben cerei nennt, haben wir oben gesehen; im selben

---

[1]) Friedländer zu Mart. l. l. erklärt anders: ›zarte, cerea, wie
Hor. C. I 13, 2, nicht wie Verg. Ecl. 2, 53 cerea (gelbe) pruna‹. Aber
die Stelle des Horaz ist die einzige, welche man für diese Bedeutung
anführen könnte, und sie ist sicherlich verdorben, vgl. oben.

Sinne wird die cerea ficedula XIII 5 aufzufassen sein, und sicherlich auch, vielleicht in bewufster Anlehnung, die cerei turdi bei Auson. XVIII 18, 2. Ferner gebraucht Mart. I 92, 7 u. IV 53, 5 cereus von Kleidern, welche durch den Gebrauch ihre Weifse verloren haben und gelblich oder schmutzig geworden sind. Daneben gab es freilich eine bestimmte Farbennüance bei Kleiderstoffen (wie etwa unsere crêmefarben), welche cerinus ›wachsfarbig‹ hiefs, wie aus Ov. a. a. III 184: et sua velleribus nomina cera dedit und Non. p. 548, 37, der Plautus citirt, hervorgeht; doch kommt cereus zufälliger Weise bei den Dichtern in diesem Sinne nirgends vor.

Aus alledem geht hervor, dafs cereus mehr eine technische, als eine poetische Farbenbezeichnung ist und ein blasses Gelb bedeutet; und um so mehr mufs es auffallen, wenn bei Hor. Carm. I 13 init. alle Handschriften, Scholien, sowie Servius ad Verg. Ecl. 2, 53 die Worte bieten: cum tu Lydia, Telephi cervicem roseam, cerea Telephi laudas brachia. Bentley hat anstatt ›cerea‹ die auf den Grammatiker Flavius Caper p. 2242 zurückgehende Variante ›lactea‹ aufgenommen, und ihm sind von neueren Herausgebern Peerlkamp, Meineke, Haupt, Nauck u. a. gefolgt, während die übrigen an der hdschr. Lesart festhalten. Es giebt dafür zwei Erklärungen; die eine fafst mit Servius, der zu Vergils cerea pruna bemerkt: aut cerei coloris aut mollia, das Epitheton im Sinne von ›zart‹ (so auch Friedländer s. u.); allein erstens ist cereus in dieser Bedeutung nicht nachweisbar (bei Hor. A. P. 163: cereus in vitium flecti heifst es ›wachsweich‹, d. h. nachgiebig); und andrerseits ist bei einem Jüngling Zartheit des Fleisches kein passendes Lob, und nur auf das Fleisch, nicht auf die Haut, konnte ein von der Weichheit des Wachses entnommener Vergleich gehen. Ueberdies aber verlangt der ganze Zusammenhang, die Gegenüberstellung der rosea cervix, eine Farbenbezeichnung, und das haben auch die meisten Erklärer, die cerea beibehalten, anerkannt. Sie fassen es aber gleich candida, im Sinne von ›wachsweifs‹. In eingehender Weise hat das noch jüngst O. Keller vertheidigt, Prolegomena S. 55 f. und sich dafür auf einige Ovidstellen berufen. Allein in der ersten, ex Ponto

I 10, 28: membraque sunt cera pallidiora nova ist nicht die
schöne Weiſse eines gesunden Teints geschildert, sondern die
krankhaſte Hautfarbe eines Leidenden, es heiſst also da gerade
»gelblich«, vgl. das oben S. 82 fg. Gesagte; und an der andern Stelle A. a. III 199: scitis et inducta candorem quaerere
cera, heiſst es nach besserer Lesung ganz zweifellos creta anst.
cera. Denn mir ist, obgleich Magerstedt, auf den sich Keller
beruſt, dies behauptet, keine Stelle bekannt, wonach weiſses
Wachs zur Schminke gedient hätte, wie es schon an sich undenkbar ist; wohl aber gebrauchte man hierfür weiſse Thonerde, wofür die Belege bei Marquardt, Privatleb. d. Röm.³ S. 788 Anm 2
zu finden sind. Wenn sich demnach nirgends eine Stelle nachweisen läſst, wo cereus im Sinne von »wachsweiſs« gebraucht
wäre, so thun andererseits die oben angeführten Stellen zur Genüge dar, daſs cereus, wo es eine Farbe bezeichnet, nur gelblich, blaſsgelb bedeuten kann, was bei Horaz selbstverständlich
nicht paſst. Es bleibt demnach nichts anderes übrig, als trotz
aller handschriftlichen Ueberlieferung eine Verderbniſs anzunehmen und »lactea« zu schreiben; Belege für den Gebrauch von
lacteus beim männlichen Teint s. oben S. 40.

Luteus wird, wie erwähnt, von Gellius unter die rothen
Farben gerechnet; wie wenig Werth aber darauf zu legen ist,
geht aus seiner wunderlichen Etymologie des Wortes hervor, l. l.
§ 14: luteus rufus color est dilutior; inde ei nomen quoque esse
factum videtur, eine Ableitung, die sich von selbst richtet. Vielmehr kommt luteus von lutum, jener Färberpflanze, die wir heut
Wau (Reseda luteola L.) nennen (vgl. meine Technologie I 243 f.);
es ist das diejenige Farbe, mit welcher nach römischem Hoch-
zeitsbrauch Kopftuch und Schuhe der Braut gefärbt wurden,
und so werden diese Kleidungsstücke denn auch bei Dichtern
direkt lutea genannt: das flammeum bei Lucan. II 361, die Schuhe
bei Cat. 61, 10; bei Sen. Phaedr. 327 als Frauentracht ohne
bräutliche Beziehung. Auch sonst werden nicht-hochzeitliche
Kleider, wie die palla bei Tib. I 7, 46; das pallium bei Varr.
Sat Men. p. 170, 5; der Gürtel bei Sen. Oed. 427, oder andere
gefärbte Stoffe, wie die Vela im Theater bei Lucr. IV 73, die

Filzkappen, gausapa, bei Pers. 6, 46 so bezeichnet; freilich wird
man keineswegs immer daran denken müssen, dafs die Dichter
wirklich dabei Färbung mit Wau im Sinne hatten, wofür als
sprechendes Beispiel auf Claud. nupt Hon. et Mar. 211 verwiesen werden kann: infecta croco velamina lutea, wo also die ursprüngliche Bedeutung so vergessen ist, dafs direkt mit Saffran
gefärbte Stoffe lutea heifsen. Nun läfst sich begreiflicherweise
in diesen Fällen nicht von vornherein eine bestimmte Nüance
des Gelb als Bedeutung bestimmen. Mit Wau erreicht man ein
schönes Gelb von verschiedenen, auch in das Grünliche und
Röthliche fallenden Schattirungen, je nachdem diese oder jene
Materialien (Säuren und Salze) mit dazu gebraucht werden. Da
nun der Brautschleier den offenbar von seiner Farbe entnomme-
nen Namen flammeum führt, da ferner Nemes. Cyneg. 319 geradezu rubescere luto zusammenstellt, wie Gellius luteus zum
Roth rechnet, so werden wir schwerlich fehl gehen, wenn wir die
Farbe des römischen Brautschleiers als röthlichgelb, etwa was
wir ›orange‹ nennen, bezeichnen. [1]) Dieser Farbenbestimmung
entspricht es denn auch durchaus, wenn wir luteus als ein häufiges Epitheton der Aurora, ihrer Kleidung und Attribute etc.
finden; so Verg. Aen. VII 26. Ov. met. VII 703; XIII 573; Fast.
IV 714. A. L. 319, 14 u. 21; Ap. Sid. carm. 2, 425; jedenfalls
mit Bezug darauf nennt Claud. cons. Stilich. II 471 die Zügel des
Sonnengottes lutea lora. Denn wenn wir daneben die Erscheinung
der Morgen- und Abendröthe in der Regel mit Farbenbezeichnungen verbunden finden, welche ganz bestimmt zum Roth gehören, so müssen wir doch auch in Betracht ziehen, dafs unter den
Farbentönen dieser Himmelserscheinungen neben dem intensiven

---

[1]) Ich halte es daher nicht für richtig, wenn Rofsbach, Röm. Ehe
S. 279 und Marquardt, Privatleben[3] S. 45 diesen Schleier direkt roth
nennen und letzterer Anm. 3 dies näher als eine braunrothe Farbe bezeichnet. Auf die Bemerkung des Schol. Iuv. 6, 225: est enim (sc. flammeum) sanguineum propter ruborem custodiendum, ist sicherlich nicht
viel zu geben; blutroth war die Farbe des Flammeums auf keinen Fall,
und die Deutung des Brauches ist zweifellos spätere Klügelei. Richtig
spricht dagegen Becker-Goell, Gallus II 28 von rothgelber Farbe.

Roth gerade das Orange als Uebergang zum Gelb eine hervorragende Rolle spielt.[1]) Luteus hat also in dieser Anwendung
dieselbe Bedeutung, wie wenn es von der Brauttracht gebraucht
wird.[2])

Daneben finden wir aber eine Anzahl anderer Stellen, in
denen luteus nichts als schlechtweg »gelb« bedeuten kann. Es
sind durchweg vereinzelt stehende Anwendungen, um die es sich
handelt. Horaz nennt die Furcht Ep. 10, 16 pallor luteus; das
kann ebenso nur ein blasses Gelb sein, wie wenn bei Pers. 3, 95
die lutea pellis ein Zeichen von Krankheit ist und Ser. Samm.
329 die Galle lutea fella nennt. Sulpic. sat. 54 sind mit lutea
corpora Wespen gemeint; hier also »röthlichgelbe«. Ferner heifsen
auch einige Blumen lutea; bei Verg. Catal. (P. L. M. 16)
3*, 12 die Veilchen, luteae violae, von denen auch Plinius
eine Sorte anführt, die er lutea nennt (s. oben bei pallidus S. 90);
sodann die Caltha, Verg. Ecl. 2, 50, worüber zu vgl. oben S. 110;
auch allgemein Kränze, bei denen gelbe Blumen verwendet waren, serta lutea, Verg. Copa 14. P. L. M. 11, 4. Nun liest
man auch Cat. 61, 192 ff.: uxor in thalamo tibi est, ore flori-
dulo nitens, alba parthenice velut luteumve papaver. Da es nach
Plin. XIX 168 sq. drei Arten Mohn giebt: weifsen, schwarzen
und rothen (flore rufo), so könnte nur die letztere Sorte hier
gemeint sein, und wir würden demnach hier eine Stelle haben,
wo luteus direkt roth bedeutet. Allein ich gestehe, dafs mir die
Richtigkeit des Textes an dieser Stelle, und zwar nicht blofs des
oben angeführten Bedenkens wegen, sehr zweifelhaft erscheint.

---

[1]) Man vgl. namentlich die Beschreibung des Sonnenaufgangs bei
Verg. Aen. VII 25: iamque rubescebat radiis mare et aethere ab alto
Aurora in roseis fulgebat lutea bigis, wo wir Roth, Rosa und Orange
deutlich unterscheiden können.

[2]) Wahrscheinlich im gleichen Sinn ist es gemeint, wenn Plaut.
Menaech. 918 es heifst: quin tu rogas, purpureum panem an puniceum
soleam ego esse an luteum? Die beiden andern Farbenbezeichnungen
weisen darauf hin, dafs auch luteus hier etwas dem Roth sich Näherndes bedeutet; also nicht saffrangelb, wie Brix erklärt, sondern orange,
was allerdings als Brotfarbe undenkbar ist, während gelb es keineswegs ist.

Die hier genannten Blumen dienen zum Vergleich des Antlitzes der Braut; letzteres würde, dem Wortlaute nach, verglichen werden mit weifser Camille oder rotem Mohn. Die Erklärer suchen hier auf verschiedene Weise zu deuten, wie der Dichter dazu komme, zwei Blumen von ganz verschiedener Färbung zum Vergleich zu nehmen. Ellis spricht sich zwar gar nicht darüber aus, Riese aber sagt: ›Heyses Uebersetzung 'wie der Lilie Schnee so weifs, wie der rosige Mohn glüht' fafst den Gegensatz als ›weifs und roth‹ zu deutsch auf; dem Italiener bezeichnet Weifs und ein sattes, goldnes, leuchtendes Braun, wie Tizianische Venusbilder beides vereinigen, eine glänzende Verbindung der Farbenschönheit‹. Abweichend erklärt Bährens p. 317: variant nimirum in eius ore pallor ruborque, qui est proprius cum formosarum tum amantium sponsarumque color, wofür er Belege anführt, wie wir solche oben S. 21 fg. zusammengestellt hben; dann fährt er fort: hinc apparet, parthenicen non posse disiungi a papavere: non vel hic vel ille flos comparatur cum ore rubente et pallente, sed ambo iuncti et iuxta positi hanc efficiunt similitudinem: 'luteumque' genuinum puto. Bährens erkennt also, dafs das v e zu seiner Erklärung nicht pafst, wie dasselbe auch mit der Rieseschen nicht vereinbar ist. Soll man nun ändern und 'luteumque' schreiben? — Aber die rothe Sorte des Mohn hat ein ganz grelles, schreiendes Roth, sodafs schwerlich ein Dichter dieselbe zum Vergleich des Teints eines schönen Mädchens genommen haben würde, wie das ja auch heut keinem Dichter einfällt (man vgl. was in den Philol. Abhandl. für M. Hertz S. 22 f. über rufus gesagt ist); und sodann ist in den Worten des Catull von einem Wechsel der Gesichtsfarbe, wie er allerdings bei einer Braut durchaus natürlich wäre, nicht die Rede. Demgemäfs ziehe ich vor, lacteumve papaver, auf den weifsen Mohn bezüglich zu schreiben, und in den Worten des Verg. Catal. (P. L. M. 16) 3', 12: luteae violae mihi lacteumque papaver eine Bestätigung dafür, event. eine bewufste Nachahmung zu finden.

Auf Früchte finden wir luteus angewandt bei Pflaumen, Priap. 51, 9 (s. oben S. 123) und Melonen, Colum. X 398; in beiden Fällen bedeutet es sicherlich ebenso einfach gelb, wie wenn

Ov. met. XV 351 den S c h w e f e l lutea sulphura nennt. Wenn bei
Mart. XI 47, 5 ein mit dem ceroma, der Ringersalbe, behan-
delter Körper luteum heifst, so bezieht sich dies darauf, dafs bei
derselben, wie ihr Name besagt, W a c h s einen wesentlichen Be-
standtheil ausmachte; und dafs auch letzteres lutea heifsen kann,
zeigt die schon angeführte Stelle der Priapeia, wo es heifst: magisque cera luteum. Endlich haben wir noch anzuführen Ps.
Tib. III 1, 9: lutea membrana, von einer Rolle, was sich durch
die oben S. 113 bei flavus angeführte Behandlung der Schrift-
rollen mit Cedernöl erklärt.

Wir haben demnach eine doppelte Bedeutung von luteus:
gelb schlechtweg und röthlichgelb. Vielleicht hat man die letztere als die ursprüngliche aufzufassen. Das Wort ist jedenfalls
im Zusammenhang mit der Entwicklung der Färberei entstanden;
und da gerade jene bei der Hochzeit übliche Farbennüance
schon in alten Zeiten hergestellt sein wird (denn nur durch ihr
hohes Alter wird man sich die rituelle Beibehaltung derselben zu
erklären haben), so ist es natürlich, dafs man ursprünglich gerade diese unter luteus verstand, und also die Verallgemeinerung
des Farbenbegriffes erst später erfolgt ist.

Vom selben Stamme wie lutum, luteus kommt zweifellos
auch l u r i d u s.[1]) Dasselbe verhält sich in seiner Bedeutung zu
luteus ähnlich, wie lividus zu caerulus; bedeutet lividus ein
schmutziges, caerulus ein reines Blau, so ist luteus gelb schlechtweg, luridus ein schmutziges, häfsliches Gelb.[2]) Vornehmlich
wird es gebraucht von der H a u t eines kranken oder alten Menschen; so bezeichnet Lucr. IV 330 sq. die Gelbsucht als luror: lurida praeterea fiunt quaecumque tuentur Arquati, quia luroris de
corpore eorum Semina multa fluunt simulacris obvia rerum; von
einer häfslichen Frau nennt Hor. ep. 17, 22 den Teint lurida
pellis, und so nennt entsprechend Ov. met. IV 267 das Erblei-

---

1) Froehde, Ztsch. f. vgl. Sprachw. XX 250. Curtius[5] S. 202. Das
Subst. luror bei Lucr. IV 331 (Claud. rapt. Pros. III 238 wird jetzt nach
den besseren Hss. livor anst. luror gelesen).

2) Apul. met. IX p. 650 spricht von luror buxeus des Körpers, also
gelb wie Buchsbaum (s. unten).

chen (pallor) und ebd. XIV 198 den Schrecken (horror) luridus.
Aber wie lividus wird es auch von Leichen gebraucht, lurida
membra, Ov. met. XIV 747 und ebd. I 147 lurida aconita, weil
die Wirkung des Giftes poetisch auf das Gift selbst übertragen
wird. Daher heifst auch der Tod selbst lurida mors, Sil. It.
XIII 560, oder lurida Mortis imago, Petron. 124 v. 257, und in
weiterer Uebertragung auch der Orcus, Hor. C. III 4, 74. —
Sonst kommt luridus vor bei schmutzig gelben Zähnen, Hor.
C. IV 13, 10; vom Kohl, Colum. X 325; vom Schwefel,
Ov. met. XIV 791; vom Mutterharz (galbanum), Calp. ecl. 5,
89. Endlich hat die Sonne, wenn sie trüben Schein hat (als
schlimmes Vorzeichen beim Tode Caesars), lurida lumina bei
Ov. met. XV 786; und ebenso kann der Mond eine lurida facies haben, Sen. Med. 793. Ueberall hat also luridus, wie lividus, den Nebensinn des Schmutzigen, Häfslichen, Unangenehmen;
beide stehen sich (auch in ihrer Anwendung) sehr nahe, nur dafs
luridus den gelben, lividus den blauen Grundton hat. [1]

Croceus [2] ist, wie luteus, von einem Farbstoff abgeleitet,
dem Saffran. Die Farben, welche sich mit Saffran erzielen lassen,
gehen wie die des Wau vom zarten Gelb bis zum Orange, ja
bis zu einem noch beträchtlich leuchtenderem Gelbroth, als bei
jenem möglich ist. Demgemäfs ist denn auch die Anwendung
des Epithetons bei den Dichtern grofsentheils identisch mit der
des Wortes luteus; ja Verg. ecl. 4, 44 nennt sogar das lutum
direkt croceum, [3] weshalb auch Non. p. 549, 18 direkt sagt:

---

[1] Infolge eines Versehens, das ich bedaure, aber nicht mehr gut-
machen konnte, ist die Sammlung der Stellen mit luridus nicht vollständig.

[2] Einmal kommt die Form crocinus (entsprechend dem griech.
κρόκινος) vor, Cat. 68, 134. Diejenigen Stellen, an denen croceus nicht
saffranfarbig, sondern zum Saffran gehörig bedeutet, wie z. B. Colum.
X 170: croceae Hyblae, d. h. Hyblae, wo Saffran wächst, sind natürlich
hier nicht berücksichtigt.

[3] Servius bemerkt z. d. St.: 'luto' colore rubicundo et est hypallage pro 'croco luteo'; nam crocum lutei coloris est. Da es sich um
Schafe handelt, so kann natürlich nicht von intensivem Roth, sondern
nur von Braunroth oder Gelbroth die Rede sein.

luteus color proprie crocinus est. Wie luteus, so ist auch croceus ein beliebtes Beiwort für die Morgenröthe; theils werden die ihr zugeschriebenen Kleider (Ov. a. a. III 179. A. L. 139, 1), Wagen und Pferde (Ov. met. III 150. Epiced. Drusi 282) oder ihre Lagerstätte (Verg. Geo. I 447; Aen. IV 585; IX 460. Eleg. in Maecen. 123) so genannt, theils Körpertheile, wie ihr Haar (Ov am. II 4, 43) oder Wangen (Ov. Fast. III 403. Ap. Sid. carm. 22, 48), theils der Sonnenaufgang, der Morgen, der Tag selbst (Ps. Verg. Ros. 2. Sen. Herc. f. 124. Claud. in Eutr. II 529. A. L. 543, 6; ib. 16); ja auch die Sonne bei Claud. cons. Stil. II 467. — Vom Brautschleier kommt freilich croceus nirgends vor, vielleicht weil eben dieser mit Wau, nicht mit Saffran gefärbt wurde und die Dichter daher nicht eine Farbenbezeichnung setzen wollten, welche irrthümliche Vorstellungen erwecken konnte; es kommt aber in verwandter Anwendung vor, beim Gewand des Hymenaeus Ov. met. X 1; dem des Cupido Cat. 68, 134; auch sonst bei Gewändern, Verg. Aen. XI 775. Val. Fl. VIII 234 und Buntwirkereien, Verg. Aen. I 649; ib. 711.[1])

Abgesehen hiervon handelt es sich auch bei croceus nur um einzelne Fälle der Anwendung. Mehrfach kommt es von blonden Haaren vor, Ov. a. a. I 530. A. L. 398, 3; vgl. Lucan. III 238: tingentes croceo medicamine crinem. Ferner vom Eidotter Mart. XIII 40, 1; von verschiedenen Blumen, wie Narcissen (Ov. met. III 509; nach der Beschreibung unsre weiße Tazette mit gelbem Kelche), vom Cytisus, Schneckenklee (Avian. 26, 5), von der Epheublüthe (Colum. X 301), von den gelbgrünen Laubsprossen der Mistel (Verg. Aen. VI 207); von Wiesen (Claud. in Ol. et Prob. cons. 273), Schilfpflanzen (frondes, Val. Fl. IV 23); ja in später Stelle sogar von Rosen (Dracont. 12, 6: crocei agri). Sodann von der Naturfarbe mancher Schafe (Verg. ecl. 4, 44); von den Federn des Spechtes (Sil.

---

[1]) Ich führe dabei nicht an die crocota (crocotulae), welche direkt mit Saffran gefärbte, nicht saffranfarbige Kleider bedeuten, weil bei diesen gar nicht mehr eine poetische Bezeichnung, sondern ein Terminus technicus vorliegt.

It. VIII 444); von B ü c h e r n (Iuv. 7, 23: crocea membrana tabella);[1]) und, um auch dies noch anzuführen, Lucr. VI 1186 bezeichnet die Sputa der Pestkranken als von der Farbe des Crocus: croci contacta colore.

Ziehen wir aus allen diesen Fällen das Resultat, so geht dasselbe dahin, dafs auch croceus nicht lediglich ein röthliches Gelb oder Orange bedeutet, sondern einerseits zu einem blassen, selbst grünlichen Gelb werden kann, wie das z. B. von der Mistel, den Wiesen, dem Schilf gilt, anderseits aber auch sich selbst einem lebhaften Roth nähert, wie bei der Rose, obgleich wir hier allerdings nur ein sehr spätes Beispiel haben.

Wir haben endlich noch einige seltnere Bezeichnungen für Gelb anzuführen. B u x e u s, in Prosa nicht selten im Sinn von »gelb wie Buchsbaum«, findet sich poetisch nur bei Varr. Sat. Menipp. p. 219, 1 (Riese): buxea rostra, von Entenschnäbeln, und Mart. II 41, 7, wo schlechte Zähne piceique buxeique genannt werden. — S u l f u r e u s, schwefelgelb, nur Mart. XII 48, 10 von gelber Gesichtsfarbe. — G i l v u s, das sicherlich mit unserm »gelb« zusammenhängt, ist überhaupt sehr selten; es kommt bei Varr. l. l. p. 183, 5 und bei Verg. Geo. III 83 von Pferden vor, im Sinne von unserm »Falben«. Zu letzterer Stelle bemerkt Servius: 'gilvus' est melinus color; doch ist melinus die Farbe des melischen Weifs, wie es die Maler brauchten, und an dieser Stelle ganz unverständlich. — Ein in Prosa und Poesie ebenfalls seltnes Wort für gelblich ist das seinem Stamme nach mit gilvus

---

[1]) So liest der Pithoeanus: crocea membrana tabella implentur, in zweiter Hand dagegen croceae tabellae. Die Herausgeber lesen bald so, bald so, und weichen auch in der Erklärung sehr von einander ab; Vofs ad Catull. p. 52 bezieht croceus auf die membrana, die bicolor bei Pers. 3, 10 heifst, d. h. innen weifs und aufsen gelb gefärbt; Weidner bezieht es mit Heinreich auf die Farbe des Holzes, die tabella crocea sei die Einfassung der pugillares; sicherlich falsch. Vielmehr hat man mit Ruperti, Mayor u. a. tabella im allgemeineren Sinn von Schriftstück überhaupt zu fassen und dabei wieder an die Färbung mit Cedernöl zu denken; die membrana aber, welche crocea tabella impletur (denn so mufs alsdann auch implentur geschrieben werden), ist das Pergamentfutteral der Rolle.

zusammenhängende galbinus. Bei Iuven. 2, 97 kommen galbina rasa (sc. vestimenta) vor, als besonders luxuriöse; im selben Sinne heifst ein solche Gewänder tragender Weichling Mart. III 82, 5 galbinatus; und so sagt ebd. I 96, 9 von einem, der Sittenstrenge predigt, aber dabei ein Wüstling ist, er habe galbinos mores. Die Farbe war also damals in der gewöhnlichen Männertracht nicht üblich (was auch Vopisc. Aurel. 34 zeigt). Die Glossare erklären das Wort, das auch in der Form galbanus vorkommt, durch χλωρός; nach der Beschreibung der den Namen Galbanum führenden Pflanze scheint es aber mehr gelb, als grün, zu bedeuten, event. ein gelblich-grün, wie bei dem Vogel, der Mart. XIII 68 galbina, im Lemma galbulus heifst und vermuthlich identisch ist mit dem bei Plin. XXX 94 erwähnten: avis icterus vocatur a colore . . . . hanc puto Latine vocari galgulum (wo v. Jan galbulum, Merula galbulam vermuthete). Die Bezeichnung war wohl nur ein Terminus technicus der Färbereien.

V. Blau.

1. Caeruleus.[1])

Caeruleus oder caerulus,[2]) welches man auf den gleichen Stamm wie caesius, das dem griech. γλαυκός entspricht (s. unten), zurückzuführen pflegt,[3]) entspricht in Bedeutung und Anwendung durchaus dem griech. κυάνεος, wie denn auch der Farbstoff, aus dem die in der Malerei und verschiedenen anderen Techniken gebräuchliche blaue Farbe bereitet wurde, mit diesen beiden Namen bezeichnet wird.[4]) Es ist mir sogar wahrscheinlich, dafs bei beiden Worten der Name des ursprünglichen Farbstoffes, des Lasursteins, das Prius war und dafs erst nach ihm die Adjektiva die allgemeinere Bedeutung der blauen Farbe erhalten haben. Ist das der Fall, so würde die ursprüngliche Bedeutung des Wortes mit dem auch später noch weitaus überwiegenden Gebrauche desselben übereinstimmen; denn die tiefblaue Färbung, welche der Lasurstein ergiebt, ist im wesentlichen dieselbe, wie das herrliche Blau, welches Meer und Himmel im Süden aufweisen.[5]) Freilich hat sich, wie wir gleich an Beispielen sehen

---

[1]) Vgl. Jacob, Quaest. epicae p. 79 sq.

[2]) Letztere Form ist fast nur bei Dichtern üblich, sonst im Gebrauch nach keiner Seite hin unterschieden. Blofs die substantivische Anwendung des Neutr. Plur. caerula (für das Meer oder den Himmel, sonst nicht üblich, ausgenommen Enn. Ann. frg. 505 Vahl.) ist lediglich auf diese Form beschränkt, und es kommt, aus naheliegenden metrischen Gründen, die Form caerulea nicht vor.

[3]) Nur sollte man es nicht, wie Döderlein VI 46, direkt als Deminutiv von caesius bezeichnen.

[4]) Vgl. meine Technologie IV 490 ff.

[5]) Freilich sagt Serv. ad Aen. VII 198: caeruleum est viride cum nigro, ut est mare; aber obgleich sicherlich die Nüancen des Grün wie des Schwarz bei caerulus vorkommen, so ist es doch nicht wahrscheinlich, dafs es gerade in dieser Bedeutung steht, wenn es vom Meere gebraucht wird, dessen dunkelgrüne Färbung im Süden viel ungewöhnlicher ist, als die tiefblaue.

werden, die Bedeutung nach verschiedenen Seiten hin, und zwar
sowohl in abschwächender wie in verstärkender Richtung, erweitert; aber es ist das doch, gegenüber der grofsen Zahl von
Beispielen im Sinne des reinen Blau, durchaus die Minderzahl
der Fälle.

Wenn wir bei Aufzählung der in Betracht kommenden Beispiele in der bisher beobachteten Reihenfolge bleiben, so ist zunächst hinsichtlich des Menschen anzuführen, dafs an einigen
wenigen Stellen (Hor. ep. 16, 7: caerulea pube, hier also, und
ganz singulär, caeruleus geradezu für blauäugig; Iuv. 13, 164:
caerula Germani lumina. Auson. IX 3, 10 von der Bissula:
oculos caerula) die blauen Augen der nordischen Barbaren mit
caeruleus bezeichnet werden. Wenn man die geringe Zahl dieser
Fälle mit der grofsen Menge derer vergleicht, in denen das blonde
nordische Haupthaar erwähnt wird (s. oben S. 108), so möchte
man glauben, dafs letzteres den Römern bei weitem merkwürdiger und auch begehrenswerther erschien, als die blauen Augen.[1]
Wenn dagegen einige nördliche Barbarenvölker, wie die Britan-
nier (Mart. XI 53, 1), die zu diesen gehörigen Brigantes (Sen.
lud. Claud. 12 v. 28) oder die Saxones (Ap. Sid. ep. VIII 9, 5
v. 21) caerulei genannt werden, so sind damit nicht die blauen
Augen gemeint, sondern es ist damit angespielt auf die bei jenen
Völkerschaften bestehende Sitte, ihren Leib mit blauen Farbstoffen
(vornehmlich mit Weid) zu bemalen oder tättowiren.[2]

[1] Es ist jedoch zu beachten, dafs oculus caeruleus, das tiefblaue
Auge, zu unterscheiden ist von caesius, dem hell- oder stahlblauen, dabei strahlenden Auge; vgl. Cic. N. D. 1 30, 83: caesios oculos Minervae,
caeruleos esse Neptuni, und mehr s. unten bei caesius.

[2] Vgl. Caes. b. G. V 14: omnes vero se Britanni vitro inficiunt,
quod caeruleum efficit colorem. Andere Stellen s. bei Friedländer zu
Mart. a. a. O. — Ganz alleinstehend ist die Anwendung des Wortes
caeruleus bei Maximian. 2, 26, wo es von einer alternden Dame heifst:
iam caeruleus inficit ora color. Hier lesen allerdings einige Hss.: Dum-
que tamen nivei circumdant tempora cani Et iam caeruleis inficit hora
notis; allein die erstere, von Bährens bevorzugte Lesart scheint auch
mir die bessere zu sein. Es würde in diesem Falle der bläuliche Ton,
den eine an sich etwas geröthete Gesichtsfarbe in höheren Jahren nicht
selten annimmt, gemeint sein.

Im Thierreich sind es vornehmlich die Schlangen und die meist diesen ähnlich gedachten mythischen Drachen, denen der caeruleus color beigelegt wird; vgl. Verg. Aen. II 381; V 87. Ov. met. III 38; IV 578; XII 13. Sen. Oed. 747. Val. Fl. VII 535. Sil. It. II 585. Claud. r. Pros. III 54. Dracont. 10, 490; vom Drachen Python Stat. Theb. I 562. Claud. IV cons. Hon. 537; und so werden denn auch die Schlangenhaare der Erinyen beschrieben, Enn. trag. frg. 28 (Ribb.). Verg. Geo. IV 482; Aen. VII 346. Stat. Theb. I 110. Claud. in Ruf. I 118, obgleich man bei diesen auch daran denken mufs, dafs, wie wir später sehen werden, caeruleus überhaupt bei Wesen, die zur Unterwelt gehören, ein nicht ungewöhnliches Epitheton ist. An lebhaftes, schönes Blau darf man in diesen Fällen sicherlich nicht denken; diese Thiere oder Fabelwesen sollen ja möglichst abschreckend geschildert werden, wir werden also auch hier jenen später noch mehrfach zu erwähnenden Uebergang in ein dunkles, schwärzliches Blau oder Blaugrau anzunehmen haben.[1]) Auch von andern, zumal im Wasser lebenden Thieren wird caeruleus gebraucht: von Fischen Manil. V 417. Stat. Theb. IX 242. Auson. Mos. 112; vom Seehund Auson. XIX 35, 2; wenn Avian. 6, 12 vom Frosch sagt: caeruleus cui notat ora color, so haben wir hier den auch anderweitig zu belegenden Uebergang in's Blaugrüne. Hingegen ist an einer andern Stelle Avians, fab. 15, 6, wo es vom Kranich heifst: caeruleam facerent livida terga gruem, mehr an Blaugrau zu denken.

Recht selten, namentlich wenn wir unsere modernen Dichter damit vergleichen, begegnen wir dem Epitheton caeruleus in der Pflanzenwelt, obgleich doch die Blumen dazu reichlich hätten Gelegenheit bieten können. Von der antiken Hyacinthe (bekanntlich nicht dieselbe Blume, die heut diesen Namen führt) finden wir es bei Colum. X 100; ebenfalls an blaue Blumen denkt Claud. carm. min. 19 (44), 21, wenn er von den Flügeln des Zephyros sagt: pennae, quas caerulus ambit flore color; und

---

[1]) Aber keineswegs direktes Schwarz; man vgl. dafür namentlich den Vers bei Ov. met. IV 578: nigraque caeruleis variari corpora guttis.

so spricht Stat. Theb. IV 449 von caerulcis sertis. Wenn aber Ennius Ann. frg. 505 (Vahl.) vom Pferde sagt: fert sese campi per caerula laetaque prata, so könnte man sich fragen, ob dabei, wie bei den Kränzen, an blaue Blumen zu denken ist, oder ob nicht caerula hier in jener oben angeführten Bedeutung steht, in der es sich mehr dem Grün als dem Blau nähert. Ganz sicher ist das der Fall, wenn es vom Oelbaum resp. dessen Blättern gesagt ist, Lucr. V 1371: olearum caerula plaga; Ov. a. a. II 518: caerula Palladis arbor; Manil. V 260: caeruleum oleis collem: im gleichen Sinne gebraucht es Verg. Copa 22 und Prop V (IV) 2, 43 von der Gurke. Hingegen haben wir wiederum an Schwarzblau zu denken, wenn die Beeren des Laurustinus (Viburnum tinus l.) caeruleae heifsen, und daher auch die Pflanze selbst, Ov. met. X 98: bacis caerula tinus; P. L. M. 38, I 3: caerulas laurus (vgl. Plin. XV 128).

Noch geringer sind die aus dem Mineralreich anzuführenden Fälle. Dafs der den Namen Hyacinth führende Edelstein caeruleus genannt wird (Claud. IV cons. Hon. 588. Ap. Sid. carm. 11, 25), ist begreiflich, da er in seiner Farbe mit der gleichnamigen Blume übereinstimmt. Den blauen Stahl aber suchen wir in der römischen Poesie vergeblich, nur an einer Stelle ist etwas derartiges angedeutet, bei Stat. Theb. IV 172: ferro caerula Lerne. Da es sich hier um einen aus Gold, Silber, Erz und Eisen gearbeiteten Schild mit ciselirten Figuren handelt, so hat man jedenfalls hier an die blaue Farbe des Stahls zu denken. Wenn dagegen bei Claud. VI cons. Hon. 325 der Schwefel sulphur caeruleum genannt wird, so kann es sich selbstverständlich nicht um das Mineral selbst handeln, für welches ja andere Farbenbezeichnungen üblich sind (vgl. oben S. 93, 129 fg.), sondern um den bläulichen Dampf des brennenden Schwefels, vgl. Ov. Fast. IV 739: caerulei de sulphure fumi.

Aber die umfassendste Anwendung findet caeruleus in Verbindung mit dem Meere und allem, was mit diesem in Zusammenhang steht. Bei der fast märchenhaften Bläue der südlichen Meere mufste diese Farbe ganz besonders geeignet erscheinen, als stehendes Epitheton des Meeres gebraucht zu werden. So finden wir es denn als Attribut bei mare: Ov. am. II 11, 12 (forma maris). Ps. Verg. Cir. 390. Sen. Phaedr. 1169; Agam. 462. Orest. trag. 364; cf. Aegaea caerula bei Val. Fl. I 562; pontus, Lucr. V 471 (ponti plaga caerula). Cat. 36, 11. Verg. Aen. XII 192. Ov. met. XIII 838; Tr. I 4, 25. Manil. V 677. Sen. Herc. Oet. 284. Auson. Mos. 219. A. L. 71, 6; aequor (aequora), Cat. 64, 7. Lucan. II 220. Val. Fl. VIII 3. Sil. It. XV 152. Colum. X 53; marmora, Dracont. 7, 141; freta, Verg. Aen. X 209. Ov. her. 15, 65. German. Arat. 311. Sen. Oed. 457; Troa. 393. P. L. M. 27, 1 u. 4; vada, Verg. Aen. VII 198. German. Ar. 154. Sil. It. II 2; Coripp. Ioh. I 196; gurges, Ov. met. II 528; fluctus, Stat. Silv. I 2, 117. Sil. It. XVII 51; unda (undae), Tib. I 3, 37; ib. 4, 45. Ov. her. 5, 42; 6, 67; 18 (19), 191; ex P. II 10, 33; hal. 104. Stat. Theb. VI 582; aqua (aquae), Ov. a. a. III 126; met. VIII 229; XV 699; trist. I 11, 40; ex P. III 5, 2. Sen. Herc. f. 132; Agam. 69; latices, Ov. trist. III 10, 29; amnis (auch vom Meere), Ps. Tib. III 4, 18; bildlich antra, Sil. It. III 49; viae, Plaut. Rud. 268; campi, Plaut. Trin. 834; prata, Enn. Ann. frg. 144; ferner regnum Neptuni, Ps. Verg. Cir. 483; vgl. auch Lucr. II 772 u. 774. Ov. ex P. III 10, 62. Besonders häufig aber ist in der dichterischen Sprache das substantive Neutr. plur. caerula (aber nie bei Ovid, hingegen am häufigsten bei Sil. Ital.); s. Verg. Aen. III 208; IV 583; VIII 672. Germ. Arat. 579; frg. 3, 6. Lucan. III 542. Val. Fl. I 460. Sil. It. I 21; ib. 575; III 59; IV 300; ib. 484; ib. 496; VI 363; VII 421; XI 472; XII 732; XIII 240; ib. 881; XIV 355; ib. 370; ib. 380; ib. 416; ib. 439; ib. 570; ib. 624; XV 239; XVI 27; ib. 37; XVII 628. Nemes. Cyn. 272. Auson. Mos. 283. Claud. III cons. Hon. 198; bell. Gildon. 97; Manl. Theod. cons. 182; r. Pros. II 3. Avian. fab. 20, 11. Rut. Nam. I 316. Ap. Sid. carm. 7, 16, Coripp. Ioh. I 322; IV 256. A. L. 295, 3.

Bei weitem seltner, obschon immer noch häufig, werden Flüsse mit dem Epitheton caeruleus versehen; es kommt jedoch selbst bei solchen vor, bei denen sonst flavus das stehende und streng genommen auch der Wahrheit am nächsten kommende

Attribut ist (vgl. oben S. 112), wie z. B. beim Tiber, Verg. Aen.
VIII 64.[1]) Ap. Sid. carm. 2, 320. Vgl. ferner vom Nil Verg.
Aen. VIII 713; vom Rhein Aus. Mos. 418; von der Mosel ebd.
62; ib. 84; der Adda, Claud. VI cons. Hon. 195; dem Liris,
Mart. XIII 83, 1, u. a. m. bei Tib. I 7, 12 u. 14. Sil. It. IV 82;
X 364. Stat. Silv. I 5, 51. Aus. Mos. 477. Am aller seltensten
wird es von sonstigen Gewässern gebraucht; vgl. Aus. Mos. 482:
stagna caerulea; id. XVIII 18, 13 caerula von einem Ententeiche;
Claud. carm. m. 26 (49), 28; caerulus lacus.

Damit hängt es zusammen, wenn caeruleus auch von Ma-
lereien, auf denen das Meer dargestellt ist, gebraucht wird; so
spricht Pers. 6, 33 von einer caerulea tabula, als einem jener Gemälde, auf denen bettelnde Schiffbrüchige die Scene ihres Un-
glücks, jedenfalls mit recht schreienden Farben, hatten darstellen
lassen; Stat. Theb. VI 543 sagt von einer Stickerei, die den
schwimmenden Leander vorstellte: picta translucet caerulus unda;
und 'in kühnerer Diction nennt sogar Auson. Mos. 141 die wirklichen Schwimmer caerula turba natantum. Andrerseits ward
die blaue Farbe des Meeres Veranlassung, dafs man auch den
Gottheiten des Meeres blaue Farbe beilegte.[2]) Poseidon ist
schon bei Homer der κυανοχαίτης; und wenn die römischen
Dichter ihn sehr oft ohne weiteres caeruleus nennen (Prop. IV 6
[III 7], 62. Ov. met. I 275; ex P. IV 16, 22. Stat. Silv. II 2,
21; Theb. VI 309. Colum. X 202), so ist doch auch bei ihnen
der zu Grunde liegende Gedanke der, dafs Kopf- und Barthaar
des Meergottes dunkelblaue Farbe haben. daher speciell caput
caeruleum, Val. Fl. I 642. Sil. It. XVII 239, wie auch weiterhin
sein Wagen und Rosse, Verg. Aen. V 819. Stat. Ach. I 78, und
sein Dreizack, Sil. It. XIV 13, so genannt werden, sowie die ihm
geweihten Binden, vittae, Val. Fl. I 189 u. 776. Das beschränkt
sich aber keineswegs auf den obersten Beherrscher des Meeres;

---

[1]) Servius z. d. St. erklärt caeruleus Thybris durch altus, profun-
dus; schwerlich richtig (auch bei uns spricht man von der »blauen Donau«, obgleich dieselbe ausgesprochen gelb ist).

[2]) Ueber die blaue Farbe der Meergötter vgl. Vofs, mythol. Briefe
II², 235 ff.

ganz dasselbe gilt auch von allen andern Meergottheiten (vgl. Ov. met. II 8; XIV 555; ex P. IV 16, 22), vom Nereus, Ov. her. 9, 14. Sen. Oed. 520. Pers. 1, 94. Stat. Ach. II 300; Proteus, Verg. Geo. IV 388. Ov. Fast. I 375. Stat. Theb. VII 336; Glaukos, Ov. met. XIII 962; Thetis, Hor. ep. 13, 16. Tib. I 5, 46. Prop. II 9, 15. Ov. met. XIII 288. Epiced. Drusi 435. Stat. Ach. I 650. Claud. r. Pros. II 48; sowie von all den zahlreichen Nereiden oder Najaden, Ov. met. XIV 555. Prop. III 21 (II 26) 16. Sen. Phaedr. 343 (hier freilich nur in der schlechteren Recension: in imis caerulus undis grex Nereidum, während die bessere: in imis pervius undis rex Nereidum hat). Stat. Silv. III 2, 13; ib. 4, 42; Theb. IX 400. Sil. It. VIII 199. A. L. 307, 10.[1]) Ferner sind caerulei die Flufsgötter, wie die Flüsse, deren Repräsentanten sie sind: Ov. a. a I 224; met. XIII 895; Epiced. Drusi 223. Stat. Theb. IX 415. Claud. in Ol. et Prob. cons. 214. Ap Sid. carm. 10, 6; und die Quellnymphen, Ov. met. III 342; V 432; XI 398; XIII 742; Fast. I 365; Ps. Verg. Cul. 106. Stat. Theb. I 38. Auch bei allen diesen Wesen sind es vornehmlich die Haare, die blau gedacht sind,[2]) obgleich in den meisten Fällen dies nicht eigens hervorgehoben wird: vgl. Stat. Theb. VII 336: crine genisque caerulus, vom Proteus; crinis caerulus, vom Tiber, Epiced. Drusi 223; coma caerula, vom Tigris, Ov. a. a. I 224; barba caerulea, vom Proteus, Ov. Fast. I 375; von einem Flufsgott Stat. Theb. IX 415. Doch denken sich die Dichter die blaue Farbe bisweilen auch weiter sich erstreckend; tota caerulus ore nennt Ov. met. XIII 895 den Acis; caerula brachia hat ebd. 962 der Glaucus; bei Claud. in Ol. et Prob.

---

[1]) So hat der Skythe Peucon bei Val. Fl. VI 563 jedenfalls nur deshalb tempora caerula, weil er der Sohn der Nymphe Maeotis ist.

[2]) Es ist wohl möglich, dafs diese Vorstellung noch in der ältern griechischen Kunst auch zu bildlichem Ausdruck gekommen ist; wenigstens haben die auf der Akropolis gefundenen archaischen Poros-Köpfe des Triton und Typhon dunkelblaues Kopf- und Barthaar. Die spätere Zeit hielt sich natürlich von solcher Barbarei fern; vgl. Prop. III 11, 9 (II 18, 31): si caeruleo quodam sua tempora fuco tinxerit, idcirco caerula forma bona est?

cons. 214 hat der Tiber glauca lumina, caeruleis infecta notis; und bei Ov. met. V 432 hat die Nymphe Cyane (ihrem Namen entsprechend) sogar caerulei crines digitique et crura pedesque. Ebenso werden denn auch andere Meerwesen mit dieser Farbe ausgestattet, wie Tritonen, Ov. her. 7, 50; met. I 333, und die mannichfachen Seeungeheuer, mit denen die Phantasie der Alten das Meer bevölkerte, Sen. Phaedr. 1045 u. 1050; Claud. nupt. Hon. et Mar. 163; die Scylla bei Verg. Aen. III 432; Cir. 51; ja selbst das Sternbild des Walfisches erscheint als caerula Pistrix bei Cic. Arat. 242; ib. 275; ib. 416.

In einigen anderen Fällen liegt die Bedeutung des Epithetons caeruleus weniger klar vor Augen. Wenn bei Ov. met. XI 158 der Berggott des Tmolus coma caerula hat, so erklären das die Herausgeber in der Regel, und wohl mit Recht, als hergenommen von der bläulichen Färbung, in welcher ferne Berge dem Beschauer erscheinen.[1]) Warum aber nennt Val. Fl. VII 563 den Boreas caeruleus? Da er mit Bezug auf ihn I 652 auch von einem caerulus horror spricht, so könnte man daran denken, dafs der rauhe Boreas das Eis hervorbringt, welches bei Verg. Georg. I 236 auch caerulea glacies heifst.[2]) Wenn sodann bei Ov. met. V 633 die Schweifstropfen einer Nymphe caeruleae guttae heifsen, so kann man sich dies daraus erklären, dafs die Nymphe selbst eben caerulea ist (vgl. die Anm. von Haupt: »bläulich heifsen die Tropfen, weil der Angstschweifs der Arethusa und ihr Zerrinnen in blaues Wasser als eins gedacht werden«); aber ebd. IX 173 heifst auch der Schweifs des Herkules caeruleus sudor, wo doch von derartigem Zusammenhang nicht die Rede ist.

Häufig ist der Gebrauch von caeruleus für das Blau des Himmels, Enn. Ann. 50: caeli caerula templa; vgl. ebd. 66. Ov. Fast. III 449. Lucil. Aetn. 333: caeruleus Iuppiter (hier liest Jacob: caeruleus sicco Iove fulgeat aether, anst. des handschr.

---

[1]) Was bedeutet bei Sen. Herc. Oet. 1879 caerula Crete?
[2]) Man vgl. Serv. ad. h. l.: caerulea frigore scilicet, quia ipse color convenit frigori; Servius scheint also weniger an blaues Eis zu denken, als daran, dafs man vor Kälte blau wird.

caeruleo siccus Iove). Manil. Astr. I 703; ib. 712; ib. 733. Val.
Fl. VII 378: caeruleus Olympus. Stat. Theb. X 118; auch das
substantivische caerula, obgleich sonst in der Regel das Meer bedeutend. kommt in diesem Sinne vor, Enn. trg. frg. 251: cava caerula. Lucr. VI 482. Mart. Cap. II 190; aber meist noch etwas
näher bestimmt, caeli caerula, Lucr. I 1090; VI 96. Ov. met.
XIV 814; Fast. II 487, oder caerula mundi, Lucr. V 769. Es
ist klar, dafs man dabei an das tiefe Blau des südlichen Himmels zu denken hat; und auch wenn Sen. Oed. 323 den Regenbogen caerulea fulvis mixta notis nennt, ist ein bestimmt ausgesprochenes Blau gemeint; aber wie wir schon oben sahen, dafs
caeruleus anderweitig vielfach geradezu in die Bedeutung des
dunkeln, schwärzlichen Blaus übergeht, so finden wir auch hier
es gebraucht vom blauschwarzen. bedeckten Himmel, welcher
Regen andeutet, Verg. Georg. I 453, [1]) und danach A. L. 196,
22; von Wolken, Cic. Arat. 204. Verg. Aen. VIII 622; Cir. 203.
Val. Fl. III 91, und direkt vom Regen selbst, Verg. Aen. III
194; ib. V 10. Ov. her. 7, 94 Val Fl. I 82. Stat. Theb.
V 362. Dracont. 10, 176; denn in letzterem Falle ist sicherlich
nicht das farblose Wasser des Regens, sondern die Regenwolke
oder der Regenhimmel gemeint. Aehnliche Bedeutung von caeruleus haben wir anzunehmen, wenn es bei Ov. met. XV 789
als Prodigium vom Morgenstern heifst: caerulus et vultum ferrugine Lucifer atra sparsus erat; vgl. Manil. Astr. I 409; oder
vom Monde bei Ps. Verg. Cir. 38: caeruleis bigis; Sen. Oed.
259: caeruli currus; vgl. P. I.. M. 59, 48: male caerula (Phoebe).
So wird die Bedeutung von caeruleus denn so sehr dem Schwarz
genähert, dafs selbst die Nacht und ihre Schatten so genannt
werden, Ps. Verg. Cir. 215. Val. Fl. III 400. Stat. Silv. I 6, 85;
Theb. II 528; und damit hängt es denn auch zusammen, dafs
die Unterwelt und was mit dieser in Verbindung steht, in den
Kreis des Epithetons gezogen wird: der Herrscher der Unterwelt,

[1]) Es heifst hier zwar von der Sonne: caerulens pluviam denun-
tiat, igneus Euro, es ist aber klar, dafs damit nicht die untergehende
Sonne selbst, sondern nur der Abendhimmel gemeint sein kann.

caeruleae dux ille comae, Stat. Theb. XI 66; sein Gespann, Ov. Fast. IV 446. Claud. r. Pros. I 276: Gigantom. 48; die Eumeniden, Stat. Theb. IX 173 (vgl. oben S. 136), auch die den Unterirdischen geweihten Binden, Verg. Aen. III 64. Val. Fl. VI 302;[1]) ja der Tod selbst wird caerulea mors genannt im Epiced. Drusi 93.

Bei anderweitigen Dingen ist die poetische Verwendung von caeruleus sehr vereinzelt. Am häufigsten finden wir es noch bei Gewändern (caeruleus von Binden s. oben und S 139), Enn. frg. inc. 54. Ov. met. XIV 45. Val. Fl. I 220. Sil. It. XV 679. Iuv 2, 97. Claud. cons. Stil. II 249. Ap. Sid. carm. 10, 6. P. L. M. 12, 5; in einigen dieser Fälle kommt freilich wiederum in Betracht, dafs es sich um poetische Beschreibung der Gewänder von solchen Wesen handelt, denen an und für sich die blaue Farbe beigelegt wird. Ein caerulus balteus kommt bei Val. Fl. III 189 vor. Sodann sind die Schiffe zu nennen, bei denen bisweilen blaue Färbung erwähnt ist;[2]) doch liegt auch da meist noch eine andere Beziehung zu Grunde. Bei Verg. Aen. VI 410 handelt es sich um den Nachen der Unterwelt, dessen Farbe ebd. 308 als ferruginea bezeichnet ist (vgl. oben S. 103); hier ist die dunkle Farbe wegen der Bestimmung des Schiffes gewählt. Ebd. V 122 führt das Schiff den Namen Scylla, und wir haben gesehen, dafs auch das Meerungeheuer selbst caerulea heifst.[3]) Bei Prop. III 25, 6 (II 28, 40) ist es der Nachen des Fatums, also ebenfalls zur Unterwelt gehörig und darum dunkel gedacht. Ov. met. XIV 555 sind es ursprünglich Schiffe, die in Najaden verwandelt werden: caeruleus, ut

---

1) Dafs caeruleus hier seinen Zusammenhang mit der blauen Farbe fast ganz verloren hat und direkt schwarz bedeutet, zeigt die Bemerkung des Serv. ad Aen. III 64: Cato ait, deposita veste purpurea feminas usas caerulea cum lugerent; veteres sane caeruleum nigrum accipiebant. Auch in der griech. Poesie ist Hades κυανοχαίτης, Hom. hymn. in Cer. 348.

2) So sind ja auch bei Homer die Schiffe κυανόπρωροι, Od. III 299; IX 482.

3) Hierzu Servius: caerulea aut nigra, aut altae carinae; omne enim altum nigrum est. Die zweite Erklärung ist sicher falsch.

fuerat, color est. Hingegen fehlt Ov. Fast. II 112 beim Schiff des Arion jede Nebenbeziehung.

Endlich ist noch eine Stelle zu besprechen, Iuv. 14, 128: mucida caerulei panis frusta. Hier fassen die Erklärer (auch Jacob a. a. O.) in der Regel caeruleus panis als schwarzes, d. h. gemeines Brot. Allein ich kann mich dieser Erklärung nicht anschliefsen. Ueberall, wo caeruleus die Bedeutung von schwärzlich oder direkt schwarz hat, ist, ebenso wie beim griech. *xváveoç*, doch immer noch die blaue Grundfarbe vorhanden; wenn es von schwarzen Beeren, von der Nacht, von Wolken, Haaren etc. gesagt wird, immer ist es doch ein Blauschwarz, bei schwarzem Brot aber ist der Grundton nicht bläulich, sondern rothbraun. Ich glaube daher, dafs in diesem Falle caeruleus auf die bläuliche Farbe des auf dem Brote angesetzten Schimmels geht.

Ueberblicken wir zum Schlufs noch einmal sämmtliche betrachteten Fälle, so kommen wir zu dem Resultat, dafs weitaus am häufigsten und wahrscheinlich auch ursprünglich caeruleus ein tiefes, gesättigtes Blau bedeutet; dasselbe geht aber einerseits in die Nüance gröfserer Helligkeit, wobei es sich dem Grünlichen nähert, andererseits in die gröfserer Dunkelheit, wobei es fast ein reines Schwarz wird, über; und zwar sind die Fälle in letzterer Bedeutung zahlreicher, als die in jener.[1]

2. Glaucus.

Glaucus, ein Epitheton, dem wir in Prosa nur sehr selten und auch in der poetischen Litteratur nicht gerade häufig begegnen, ist ein griechisches Lehnwort, entspricht aber in seiner

---

[1] Anderer Ansicht ist freilich Weise im Philologus XLVI 603. Er meint, caeruleus habe ursprünglich, als man dunkelblau noch nicht von schwarz geschieden hätte, ganz allgemein »dunkel« geheifsen, und so hätten es denn die späteren Dichter in dieser Bedeutung sowohl vom Dunkelgrün als vom Dunkelblau und Dunkelbraun gebraucht. Für letzteres kann ich keinen Beleg finden, da ich die von Weise angeführte Stelle des Iuvenal anders fasse, s. oben.

Anwendung dem griech. γλαυκός nur theilweise.[1]) Letzteres hat
bekanntlich ursprünglich den Grundbegriff des Lichten, Schimmernden überhaupt[2]) und bekommt von da aus, freilich in bereits sehr früher Zeit, die engere Bedeutung des in blauem Lichte
Strahlenden, des Bläulichen; das lat. glaucus aber, das die Römer von den Griechen erst zu einer Zeit herübernahmen, da die
engere Bedeutung die gewöhnliche geworden war, kennt jene
erste allgemeine Anwendung auf Strahlendes oder Schimmerndes
überhaupt nicht, sondern beschränkt sich auf die Bedeutung einer
nicht gerade intensiv blauen, vielmehr theils dem Grau, theils
dem Grün sich zuneigenden bläulichen Färbung. Wir finden es
daher fast niemals von blauen Augen gesagt (ich sehe dabei ab
von den gleich zu erwähnenden Augen der Meerwesen, die nicht
den blauen menschlichen entsprechen); denn was die Griechen
unter γλαυκῶπις verstehen, dafür verwenden die Römer das Wort
caesius. Die etwaige Stelle, wo glaucus von den blauen Augen
der Barbaren gesagt ist, findet sich bei Ap. Sid. carm. 5, 240,
wo es heifst: lumine glauco albet aquosa acies; der Wortlaut
zeigt, dafs der Dichter nicht an die tiefblauen Augen, welche
die hervorragendste Schönheit des germanischen Typus aus-
machen, denkt, sondern an jene Art, die wir »wasserblaue Augen«
nennen.

Beim menschlichen Körper spielt daher glaucus keine
Rolle; wenn Ap. Sid. ep. VIII 9, 5 v. 31 vom Herulus glaucis
genis spricht, imos Oceani colens recessus, algoso prope concolor profundo, so läfst sich dies wohl kaum anders, als von
Bemalung erklären, obgleich ein Irrthum des Dichters vorliegen
müfste, da sonst solche nur von den Inselkelten, speciell von
den Britanniern bekannt ist, dem deutschen Stamme der He-
ruler aber sicherlich fremd war.

In der Thierwelt ist das Epitheton ebenfalls ganz vereinzelt; Verg. Georg. III 82 nennt als die geschätztesten Farben

---

[1]) Ueber γλαυκός vgl. man die ausführliche Behandlung bei Lucas,
Quaest. lexilogic. p. 5 ff. und Veckenstedt, griech. Farbenlehre S. 143.
[2]) Vgl. Curtius, Etymol. S. 178.

bei den Pferden die spadices glaucique, und Servius erklärt hier:
glauci sunt felineis oculis, id est quodam splendore perfusis; aber
diese Erklärung pafst weder zum Zusammenhang, da der Dichter
hier vom Fell der Pferde, nicht von ihren Augen spricht, noch
stimmt sie mit dem übrigen Gebrauch des Wortes glaucus überein. sodafs man nicht umhin kann. hier einen Irrthum des vom
griech. γλαυκός beeinflufsten Commentators anzunehmen, welcher
glaucus im Sinne von caesius genommen hat. Vielmehr werden
wir bei glaucis ebenso wie spadices an die Farbe des Felles zu
denken und darunter Grau· oder Apfelschimmel, die ja auch bei
uns Blauschimmel genannt werden, zu verstehen haben, deren
Färbung ja in der That eine Mischung von Grau und Blau, mit
einem Stich ins Grünliche, ist.[1]) Wenn dann Stat. Ach. I 224
von der glauca forma eines Delphins spricht, so kann dabei
ebenso gut die blaugraue Farbe des Thieres gemeint, als die Bezeichnung im Zusammenhang mit dem Meere und den übrigen
Meerwesen überhaupt gewählt sein. — Häufiger treffen wir das
Epitheton in der Pflanzenwelt, und zwar theils allgemein vom
Laub der Bäume, Val. Fl. III 436; VI 296. Sil. It. IV 661,
theils speciell von den Blättern der Weide, Verg. Geo. II 13;
IV 182. Colum. X 332. Avian. 26, 6, und des Oelbaums,
Ps. Verg. Priap. 2, 9 (wo die Hss. alle glauca oliva haben, und
so liest auch Ribbeck: glauca oliva duro cocta frigore; Baehrens aber: coacta duro oliva frigore). Stat. Theb. II 99. Claud.
cons. Stil. II 228. Cor. Ioh. I 534; III 256; Iust. III 65, auch
von den Früchten des letzteren, Claud. in Eutr. II 272; ferner
vom Schilf, Verg. Aen. VI 416; X 205. Attius frg. trag. 257.
Cor. Ioh. VI 475. Vergleichen wir damit die Epitheta, welche
die Blätter der Weide und der Olive sonst bei den Dichtern erhalten (canus, s. oben S. 77; pallidus, S. 91; viridis, s. später),
so ergiebt sich daraus, dafs die Nüance des Grauen und des
Grünen dabei wesentlich in Betracht kommen. — Auch beim

---

[1]) Diese Beimischung des Grünen geht auch deutlich hervor aus
der Bemerkung bei Gell. II 26, 18: neque non potuit Vergilius, colorem
equi significare viridem volens, caerulum magis dicere ecum quam glaucum, sed maluit verbo uti notiore Graeco quam inusitato Latino.

Beryll, Prisc. carm. 2, 1019, ist die meergrüne Farbe ein wesentliches Kennzeichen; und wenn Mart. Cap. VII 725 von dem
Sande, in den die alten Mathematiker ihre Figuren zu zeichnen pflegten, sagt: tegmine glauco Pandere pulvereum formarum
ductibus aequor, so hat man dabei an den grauen oder graublauen Flufssand zu denken, dessen Farbe sich von der der flava
arena sehr wesentlich unterscheidet.

Die Hauptanwendung findet glaucus, wie caeruleus, für das
Meer, für Flüsse und damit im Zusammenhang Stehendes. Auch
hier wird man einen Unterschied in der Bedeutung erkennen
und beide Epitheta nicht als gleichwerthig betrachten. Zieht man
die anderweitige Verwendung von glaucus in Betracht, und andrerseits, dafs glaucus niemals, wie caeruleus, vom Himmel gebraucht wird, so wird man, wenn glaucus vom Meer gesagt ist,
wie Lucr. I 719. Ps. Verg. Cir. 452. Dracont. 7, 145. Ap.
Sid. carm. 7, 371. P. L. M. 24, 18, oder von Flüssen, wie
Auson. Mos. 189 u. 349; id. XI 158, ebenfalls dabei an die
zwischen Blau und Grün die Mitte haltende Färbung zu denken
haben, welche namentlich das Meer häufig zeigt, die aber auch
bei manchen Flüssen zu beobachten ist. Und in demselben
Sinne haben wir es daher zu verstehen, wenn auch glaucus ein
nicht ungewöhnliches Attribut der Meerdämonen ist. Neptun
selbst ist zwar nirgends so genannt, wohl aber Nereiden, Stat.
Silv. III 2, 34; IV 2, 28; Theb. IX 351; Amphitrite, Claud.
r. Pros. I 103; der Meergott Glaucus selbst, Ap. Sid. carm. 7,
27, und der Tiber ebd. 2, 27; die Höhle eines Flufsgottes Stat.
Theb. IV 108; die Gewänder von Nymphen oder dgl., Verg.
Aen. VIII 33; XII 885. Claud. VI cons. Hon. 166. Man mufs
aber dabei als bezeichnend hervorheben, dafs nirgends Haare
oder Bart solcher Wasserdämonen glauca genannt sind, sondern
dafs die Bezeichnung im wesentlichen auf die Augen geht; so
beim Proteus, Verg. Geo. IV 451; bei Najaden, Auson. Mos.
170; beim Tiber, Claud. in Ol. et Prob. cons. 214; bei Meerungeheuern Val. Fl. II 499; und besonders charakteristisch für den
Unterschied von caeruleus und glaucus ist dabei die oben citirte
Stelle bei Claudian, welche lautet: illi glauca nitent hirsuto lu

10*

mina vultu, Caeruleis infecta notis; die Augen sind also gedacht
als blaugrün mit tiefblauen Flecken. Man darf hier daran erinnern, dafs bei dem einen der auf der Akropolis gefundenen
Poros-Köpfe, der für den eines Triton gilt, neben dem indigo-
blauen Haupt- und Barthaar die Iris hellgrün, die Pupille schwarz
gemalt ist. Nach alledem dürfte es der dichterischen Anwendung am meisten entsprechen, wenn wir glaucus als »blaugrün«,
nicht mit Döderlein (Etymol. VI 146) als »weifsblau« bezeichnen.

3. Lividus.[1])

Bei Zusammenstellung der Dichterstellen mit livor, livere etc.[2])
haben wir selbstverständlich nur diejenigen Fälle in Betracht zu
ziehen, in denen das Wort in seiner eigentlichen und ursprünglichen, d. h. Farbenbedeutung gebraucht ist, während wir diejenigen bei Seite lassen, in denen die übertragene Bedeutung des
Neides, der Mifsgunst, vorliegt. Wir werden noch darauf zurück-
zu kommen haben, wie livere zu dieser übertragenen Bedeutung
gekommen sein mag; hingegen verzichte ich darauf, hier, wie
ich es in andern Fällen gethan, auf eine statistische Zusammenstellung bezüglich der Anwendung von Substantiv, Adjektiv und
Verbum einzutreten, da bei Ausschlufs der übertragenen Anwendung die Zahl der Beispiele dafür zu gering ist, und bemerke
nur, dafs livere resp. das Partic. livens ungefähr ebenso häufig
gebraucht ist, wie lividus; seltner ist die Konstruktion mit livor.
Livescere, d. h. lividus werden, findet sich vereinzelt.

Unter allen Fällen nun, wo wir bei den Dichtern diese Farbenbezeichnung finden, ist keiner verhältnifsmäfsig so häufig, als
die Beziehung auf irgend welche, vornehmlich durch Druck,
Schlag oder Stofs hervorgerufene Veränderung der mensch-

---

[1]) Vgl. A. Ewald, Die Farbenbewegung. I (Berlin 1876) S. 4 ff.
[2]) Die Abstammung des Wortes ist ganz unsicher. Doederlein VI
199 bringt es mit griech. χλεύη zusammen; Corssen, Krit. Beiträge zur
lat. Formenlehre S. 232, setzt einen Adjektivstamm plivo voraus, der die
Grundbedeutung blafs habe; Pott, Etymol. Forschgn. I 170 stellt es mit
μόλυβδος, plumbum zusammen. Vgl. Curtius, Etymol. S. 370.

lichen Hautfarbe. Bei dem Erotikern finden wir es öfters, dafs damit blaue Flecke gemeint sind, die durch zu leidenschaftliches Küssen entstanden sind und für deren Beseitigung, damit der eifersüchtige Ehemann nicht Verdacht schöpfe, man allerlei Geheimmittel anwandte; vgl. Tib. I 6, 13: livor. quem facit impresso mutua dente Venus. Prop. IV 7 (III 8), 22: me doceat livor mecum habuisse meam. Ov. am. I 7, 41: impressis livere labellis; ib. 8, 98: facta lascivis livida colla notis; trist. II 455: livor, impresso fieri qui solet ore. A. L. 40, 6: quae labris livida labra facit. Aber nicht immer sind solche livores auf so angenehme Weise entstanden; häufig sind Ketten und Fesseln die Ursache. Prop. V (IV). 7, 65: livere catenis brachia. Ov. am. II 2, 47: compedibus liventia crura. Epiced. Drusi 273: liventia colla catenis. Claud. in Eutr. II 343: crura liventia ferro. A. L. 420, 20: vincla, quae . . . Veneris nec brachia laedant . . . livida; oder anderweitiger Druck der Haut, wie Ov. met. X 258: pressos veniat ne livor in artus. Claud. epith. Pall. et Cel. 131. Ap. Sid. carm. 2, 137; ferner Prügel, Plaut. Trin. 793: livorem tute scapulis istoc concinnes tuis. Ov. her. 19 (20), 82: oraque sint digitis livida nostra tuis. Iuv. 16, 11: nigram in facie tumidis livoribus offam; und ganz besonders werden diese livores auch hervorgerufen durch die heftigen Schläge, welche man sich bei ausschweifender Trauer selbst auf Brust, Wangen oder Arme versetzte, s. Ov. met. VIII 535: liventia pectora tundunt. Lucan. II 37: planctu liventes atra lacertos. Stat. Silv. V 5, 12: liventes genae; Ach. I 132: planctu livere manus; Theb. III 135: liventia ora ungue premens. Sil. It. II 668: liventia planctu pectora. Claud. in Eutr. II 529: stat livida luctu, weshalb ders. VI cons. Hon. 332 die personificirte Trauer saucia lividus ora Luctus nennt. Als Hautkrankheit nennt Ser. Samm. 152 den livor atrox. — Seltner sind dagegen die Fälle, wo keine äufserliche Veranlassung, sondern ein innerlicher, sei es körperlicher, sei es geistiger Zustand eine entsprechende Veränderung der Hautfarbe hervorruft; so erscheinen als Veranlassung körperliche Anstrengung, wie bei den livida brachia Hor. C. I 8, 40, oder den livida ora bei Ap. Sid. carm. 7, 242; Aufregung bei den liventes genae Lucan. V 219; Krankheit bei dem lividus in rubro color vultu, A. L. 384, 5.

Weiterhin aber ist der livor auch das Zeichen der beginnenden Verwesung bei Leichen — weshalb bei Venant. Fort. II 7, 47 der Tod selbst livida Mors heifst —, und zwar wird es hier nicht blofs von der Haut gebraucht, wie Lucr. III 526: in pedibus primum digitos livescere et unguis; Stat. Theb. VI 133, sondern auch von den gebrochenen Augen, Stat. Theb. I 617: liventes in morte oculus. Daneben wird freilich livere auch noch anderweitig von Augen gebraucht, aber nicht von gesunden, normalen; bei Plaut. Truc 829: viden tu illic oculos livere (codd. iurere; Ritschl vermuthete neben livere auch lurere), wo allerdings die Lesart zweifelhaft ist, würde livere, falls es hier zu Recht bestände, als Zeichen des Wahnsinns stehen; bei Claud. in Ruf. I 318 heifsen die Augen der Megaera oculi liventes, womit jedenfalls der Gedanke an das Schreckliche des brechenden Auges (ähnlich wie bei manchen Darstellungen der Medusa) hervorgerufen werden soll, wenn man auch zunächst an blutunterlaufenes Aussehen des Weifsen im Auge zu denken hat. Es mag wohl im Zusammenhang mit dem livor des Todes gedacht sein, wenn Ap. Sid. carm. 16, 122 auch bleichende Knochen: livida defuncti pauperis ossa nennt; denn an und für sich ist dabei weifs mehr am Platze (vgl. oben S. 6), als blaugrau. Diese Färbung wird man nämlich in den meisten der bisher angeführten Fälle als die vom Dichter gemeinte betrachten dürfen; es ist ein unschönes, mitunter dem Schwärzlichen sich näherndes Blaugrau, bei dem man neben der Mischung von Grau und Blau auch bisweilen noch einen röthlichen Ton annehmen kann, da gerade durch Hautdruck entstandene Flecke jene eigenthümliche Mischung von Roth und Blau zu einer im wesentlich grauen Färbung aufweisen.

In dem gleichen Kreise bewegen sich auch fast alle andern Fälle, in denen wir lividus gebraucht finden. Beim menschlichen Körper kommen zunächst noch die Zähne in Betracht, wenn auch nur in der Stelle bei Hor. ep. 5, 47: hic inresectum saeva dente livido Canidia rodens pollicem;[1]) man kann auch noch Ov. met. II 776: livent rubigine dentes anführen, aber hierbei tritt die symbolische Bedeutung des livor hinzu, weil es sich dort um eine Schilderung des personificirten Neides handelt. Immerhin ist die Vorstellung, die sich der Dichter dabei von den lividi dentes gemacht hat, dieselbe, wie bei den Zähnen der alten Canidia; es sind schlechte, angefressene Zähne, die schwärzliche dunkle Flecke und an den Stellen, wo die Knochenwand sehr dünn und durchsichtig ist, einen entschieden bläulichen Rand zeigen.[1]) — Ferner wird es wiederholt als ungünstiges Vorzeichen angeführt, wenn bei Opfern die Eingeweide des Opferthieres livida sind; Sen. Oed. 381: inficit atras lividus fibras cruor; Lucan. I 620: (viscera) plurimus adsperso variabat sanguine livor; man hat also dabei an krankhafte, bläulich rothe resp. schwärzliche (vgl. atras fibras) Färbung anstatt des gesunden, natürlichen Fleischroth zu denken.

In der Thierwelt findet sich lividus vereinzelt; von Pferden Sil. It. VII 685, wobei denn nicht die vorher genannten Blauschimmel, sondern dunkelgraue, häfsliche Thiere gemeint sind, da die ganze Erscheinung: furvi iuga celsa trahebant Cornipedes, totusque novae formidinis arte Concolor aequabat liventia currus equorum Terga, Schrecken und Furcht einflöfsen soll. Wenn ferner auch Elephanten (Sil. It. IX 577) und Kraniche (Avian. 15, 6) hier zu nennen sind, so führt uns auch dies auf eine Farbe, die an sich eher grau, als blau zu nennen ist; dafs immerhin letzteres nicht fehlt, zeigt die letzt angeführte Stelle des Avian: caeruleam facerent livida terga gruem. Von Schlangenaugen steht es bei Stat. Theb. V 508: livida fax oculis; von einer Fischgattung (umbra, Aesche?) bei Ov. hal. 111; von Austern Mart VII 20, 7 u. X 37, 11; im letztern Falle ist es also ein schmutziges Blaugrau.

Im Pflanzenreich wird livor von Pflaumen gesagt, und

---

[1]) Durchaus mit Recht weist Ewald S. 10 es zurück, wenn Georges an dieser Stelle lividus mit »schwarzgelb« übersetzen will.

[2]) Ewald ebd. S. 20.

zwar ausdrücklich im Gegensatz zu den gelben Wachspflaumen, also von blauen, bei Ov. met. XIII 807: pruna, nigro liventia suco; dieselbe Farbe ist offenbar gemeint, wenn Weintrauben, deren Reife eben beginnt, so genannt werden, Hor. C. II 5, 10: iam tibi lividos distinguet autumnus racemos; Prop. V (IV) 2, 13: liventibus uva racemis; vgl. Iuv. 2, 61: uvaque conspecta livorem ducit ab uva. Wir haben hier wohl theils an das schwärzliche Blau zu denken, welches die Grundfarbe der Pflaumen und der Weinbeeren ist (daher nigro suco bei Ovid), theils auch daran, daſs beide Früchte, wenn sie noch von menschlicher Hand unberührt und mit leichtem Flaum bedeckt sind, einen bläulich-grauen Schimmer haben. Colum. X 389 nennt eine Gurkenart lividus cucumis (vgl. oben S. 137 caeruleus cucumis); es ist damit wohl eine geringe Sorte gemeint, vielleicht dieselbe welche Plin. IX 65 nigri nennt; es mag eine blaugrüne, dunkle Gattung sein. Wenn aber Claud. r. Pros. III 238 ein plötzliches Welken der Pflanzen mit den Worten schildert: livor permanat in herbas, so hat livor hier anscheinend weniger eine bestimmte Farbenbedeutung (da die verschiedenen Pflanzen im welken oder verdorrten Zustande sehr verschiedene Färbung haben), als die allgemeine eines leichenhaften Aussehens.

Unter den Mineralien wird das Blei bei Verg. Aen. VII 687 als livens plumbum bezeichnet; mit Recht weist Ewald S. 8 darauf hin, daſs bei uns die bleiernen Flintenkugeln scherzhaft › blaue Bohnen‹ genannt werden. Sodann werden die Flecken im phrygischen oder synadischen Marmor mehrfach durch diese Farbenbezeichnung wiedergegeben; Stat. Silv. I 5, 38: cavo Phrygiae quam Synados antro Ipse cruentavit maculis liventibus Attys; Ap. Sid. carm. 22, 137: cedat puniceo pretiosus livor in antro Synados. Beide Stellen, namentlich die erste, wo die Blutstropfen des entmannten Attys als Ursache dieser Flecken genannt sind, zeigen, daſs es sich hier mehr um ein röthliches Blau handelt; die Farbe wird dadurch bestimmt, daſs derjenige Marmor, in welchem man heut den alten synadischen zu erkennen glaubt, der sog. Paonazetto,[1] ein weiſser, von violetten Streifen durch-

---

[1] Vgl. meine Technologie III 52 fg.

zogener Stein ist. — Von einer metallenen Schale mit erhabener
Arbeit sagt Mart. VIII 51, 3: livescit nulla caligine fusca. Hier
wird also als Ruhm der Schale, die, wie es scheint, aus Elektron,
Gold und Silber bestand, [1]) ausgesagt, dafs sie nicht von caligo
überzogen fusca und livida werde; man mufs dabei ganz besonders an das Silber denken, welches leicht, namentlich wenn die
Qualität geringer ist, schwarz oder stumpf-grau wird. Ein ähnlicher Sinn scheint mir vorzuliegen, wenn Claud. r. Pros. IV 15
(III 346) von den liventibus spoliis eines Giganten spricht, die
an einem Baume aufgehängt sind; es ist der Rost gemeint, der
die Waffen überzieht, aber freilich nicht die Farbe des Eisenrostes.
Claudian gebraucht eben, wie schon oben ein Beispiel zeigte,
livere auch in freierem Sinne, wobei mehr an die Zeichen der
Zerstörung, als an die dadurch verursachte Farbe gedacht ist.

Das Eis bezeichnet Mart. VII 95, 10 als livida glacies;
aber es ist nicht das schöne, durchsichtig bläuliche Eis gemeint,
sondern der unappetitliche Eiszapfen, der sich in der Winterkälte
an den Bart eines eklen Patrons hängt: also schmutzig blaugrau.
Ebenso dient lividus, wenn wir es als Attribut des Wassers
finden, nicht wie caerulus oder glaucus als Lob, durch welches
die schöne Farbe des Wassers hervorgehoben werden soll, sondern im Gegentheil als Tadel, als Kennzeichen der Häfslichkeit;
so Catull. 17, 11; lividissima vorago; Sil. It. VIII 383: liventes
aquae. So wird auch der klare Mond bisweilen livida, wenn
Sturmwolken seine silberne Scheibe trüben, Claud. bell. Gild. 495:
luna conceptis livescet turbida Cauris; P. L. M. 59, 16: cur
fesso licescat circulus orbe.

Es geht aus den bisher besprochenen Beispielen zur Genüge
hervor, dafs der livor eine häfsliche, mifsachtete Farbe ist, der
namentlich auch die Beziehung auf den Tod den Charakter des
Widerwärtigen, Unheimlichen giebt. Daher kommt es denn, dafs
dieselbe, ähnlich wie ater und niger, mit dem Gift in Verbindung gebracht wird, wobei mehr eine symbolische, als eine wirkliche Farbenbezeichnung zu verstehen ist. Iuv. 6, 631 sagt von

---

[1]) S. Friedländer z. d. St.

vergifteten Speisen: livida fervent adipata veneno, als ob das Gift denselben gleichsam den livor mittheilte; andere bezeichnende Stellen sind Sil. It. II 707: liventi veneno; ib. VI 282: liventem nebulam veneni;[1]) Stat. Theb. IV 58: livescunt stagna venenis. Und wenn Mart. VIII 28, 9 zum Preise einer feinen Toga, welche er besingt, sagt: te nec Amyclaeo decuit livere veneno, so meint er damit zwar die in Amyklae blühende Purpurfärberei, und es könnte ein Widerspruch scheinen, dafs Purpur durch livor bezeichnet wird; aber er will hier absichtlich gegenüber der Weifse des ihm geschenkten Kleidungsstückes die Künste des Färbers herabsetzen, und darum bezeichnet er den Farbstoff als venenum, die Farbe als livor, wodurch sie geringwerthig und häfslich erscheinen soll. Aehnlich ist es, wenn Claud. cons. Stilich. II 32 von der Fides sagt: haec docuit nullo livescere fuco; fucus ist die rothe Schminke, mit der jemand seine natürliche Gesichtsfarbe verdeckt; indem dieselbe als lividus bezeichnet wird, als unschönes Blauroth, will der Dichter den Werth der Naturfarbe, der ungeschminkten Wahrheit um so mehr hervorheben. In beiden Fällen liegt also in livor der auch in andern Beispielen gefundene Begriff des Rothen mit enthalten, nur nicht in der schönen Farbenmischung des reinen Violett, sondern in stumpfer Schmutzfarbe.

Der Zusammenhang mit Leichen und mit Gift ist dann jedenfalls die Veranlassung gewesen, weshalb diese widerwärtig gedachte Farbe auch auf die Unterwelt übertragen wird. Das Wasser des Styx oder des Avernus ist livida, Verg. Aen. VI 320: vada livida.[2]) Sil. It. X 137. Stat. Theb. I 57. Claud. r. Pros.

---

[1]) Diese Stelle führt Ewald S. 6 unter dem Stichwort »Nebel« an und findet das dadurch motivirt, dafs der erst in der Entfernung recht sichtbare Nebel uns bläulich erscheint. Es bedarf aber dieser Motivirung nicht, da es sich um keinen wirklichen Nebel, sondern um den giftigen, im Tode ausgehauchten Athem eines Ungeheuers handelt.

[2]) Es ist daher falsch, wenn Ewald S. 7 diese Stelle unter dem Stichwort »seichtes Wasser« citirt und S. 9 bemerkt, dieselbe müsse als nnbrauchbar für die Farbenermittlung abgewiesen werden, weil seichtes Wasser als solches keine irgendwie bestimmte Farbe habe.

I 22. Ap. Sid. carm. 7, 295: und ebenso erscheint der Sand, den die unterirdischen Flüsse führen, Stat. Theb. IV 522: liventes Acheron eiectat arenas. P. L. M. 38, II 27: inter liventes pereat tibi fulvor arenas. Nicht minder soll der Eindruck des Ekelhaften, Abschreckenden erweckt werden, wenn Stat. Theb. II 514 die Hände der furchtbaren Sphinx liventes manus nennt.

Endlich ist es sehr begreiflich, dafs der Neid, die personificirte Invidia, weil livor in übertragenem Sinne damit identisch ist, auch selbst durch diese Farbe bezeichnet wird, wenn also Ov. met. II 776 von der Invidia sagt: livent rubigine dentes (s. oben S. 151) und Stat. Theb. II 14 von der livida tabes Invidiae spricht. Aber eine Besprechung verdient hierbei noch die Frage, wie die Römer dazu gekommen sind, den Neid gerade durch diese Farbe zu bezeichnen resp. die Farbenbezeichnung so sehr in übertragenem Sinne zu gebrauchen, dafs livere direkt neidisch sein bedeutet, und ebenso lividus. livor. Dabei mufs man jedenfalls von vornherein absehen von der Erklärung, welche Döderlein VI 499 giebt, wonach der livor eine Unterart der Mifsgunst sei, welche sich nur indirekt und gleichsam schielend verrathe; denn das Schielende, Schillernde sei in der Farbe des livor der Hauptbegriff Nirgends aber haben wir in unseren Beispielen den Begriff des Schielenden oder Schillernden, der überhaupt gar keiner bestimmten Farbe eigen ist, nachweisen können Ewald, welcher eine physiologisch-ethnologische Erklärung dafür versucht, weshalb die Römer nicht, gleich uns, den Neid sich unter dem Begriff der gelben Farbe vorstellten, giebt keine Hypothese darüber, warum sie sich den Neid unter der Farbe des livor dachten. Aber er weist S. 24 ganz richtig darauf hin, dafs es sich bei dieser Farbenwahl nicht um eine naturalistische, d. h. um eine am neidischen Menschen beobachtete, sondern um eine symbolische Farbe handelt. Unwillkürlich pflegt man ja gewisse abstrakte Begriffe mit gewissen Farben in Zusammenhang zu bringen. Niemand wird bestimmte Gründe dafür anführen können, wie man dazu gekommen ist, die Hoffnung als grün, die Treue als zu blau bezeichnen; und wenn wir in diesem Sinn die Entstehung der übertragenen Bedeutung des livor als der

Neidfarbe fassen, so werden wir wohl am wenigsten fehlgehen, zumal gerade hier diese symbolische Anwendung der Farbe sich noch recht gut erklären läfst. Denn livor ist, wie wir gesehen haben, in weitaus den meisten Fällen eine unbestimmte, häfsliche, selbst Widerwillen erregende Farbe; und dafs man eine so häfsliche Charaktereigenschaft, wie den Neid, gerade mit einer solchen Farbenbezeichnung in Verbindung bringt, liegt am Ende nahe genug.

Werfen wir schliefslich noch einen vergleichenden Rückblick auf die drei bisher betrachteten Farbenbezeichnungen für Blau, so sehen wir, dafs caeruleus der weiteste ist, indem es zwar ursprünglich ein reines, tiefes Blau, in erweitertem Sinne aber theils ein matteres, weifsliches oder grünliches, theils ein dunkleres, schwärzliches, ja direkt ein Blauschwarz bedeutet. Glaucus ist ein helles Blau, das sich theils dem Grau, theils dem Grün nähert, immerhin aber das Blau noch in merklicher Weise vorwalten läfst; lividus dagegen ist eine Mischung, in der das Blau nur noch eine geringe Rolle spielt, bald von Blau und Grau, bald von Blau und Roth, aber nie eine reine Farbe (daher niemals von Gewändern, Blumen, Edelsteinen u. dgl. gebraucht), sondern unschön und meist für Dinge angewandt, die man durch dies Epitheton zwar in bestimmter Weise kennzeichnen, aber nicht als schön charakterisiren will.

4. Caesius u. a.

Aufser den genannten sind alle anderweitigen Bezeichnungen für Blau ungemein spärlich. Schon oben ward caesius erwähnt als das lateinische (obschon nur im ältern Latein gebräuchliche) Correlat zum griech. γλαυκῶπις.[1]) Es hat wie dieses nicht blofs die specielle Bedeutung von »blauäugig«, in welchem Sinn wir es Lucr. IV 1153 (wo es als Palladium bezeichnet wird, vgl.

---

[1]) Vgl. Gell. II 26, 19: nostris autem veteribus caesia dicta est, quae a Graecis γλαυκῶπις, ut Nigidius ait, de colore caeli, quasi caelia. Natürlich eine falsche Etymologie.

Cic. N. D. I 30, 83) finden, sondern es erhält auch jenen Sinn, der von manchen Homererklärern als der eigentliche des Epithetons γλαυχῶπις bezeichnet wird, nämlich ›strahlenäugig‹. In dieser Bedeutung werden wir es nämlich zu fassen haben, wenn bei Catull. 45, 7 der Löwe caesius leo heifst, entsprechend dem homerischen Epitheton des Löwen γλαυχιώων (Il. XX 272; auch Hes. Scut. 430 und Quint. Smyrn. VII 488; die Schol. zu Homer erklären ἔμπυρον ὁρῶν). Wenigstens möchte ich hier caesius nicht mit Ellis ›grünäugig‹ oder mit Riese ›mit blaugrauen Augen‹ übersetzen, sondern nach der Darlegung von Lucas p. 50 fg. beziehe ich das Epitheton auf den schrecklichen strahlenden Blick des Löwen. Geradezu als häfsliche, abschreckende Körpereigenschaft erscheint es aber bei Ter. Heaut. 1060 fg., wo eine häfsliche Jungfrau als rufa, caesia, sparso ore, adunco naso geschildert wird; und auch Hecyr. 440, wo ein Mann als magnus, rubicundus, crispus, crassus, caesius, cadaverosa facie beschrieben wird, kann man es nicht als ein Schönheitszeichen fassen. Es wird daher in diesen Fällen nicht mit ›blauäugig‹ zu übersetzen, sondern von stechenden graublauen Augen zu verstehen sein. Es ist aufserdem zu beachten, dafs caesius stets nur von Augen gesagt ist, nie von andern Dingen, und zwar in der Weise, dafs die Beziehung auf das Auge bereits von selbst darin liegt, das Auge selbst daher erst nicht ausdrücklich genannt zu werden braucht (etwa wie wir das Wort blond gebrauchen, das auch an sich verständlich ist und der Beifügung des Haares nicht bedarf). Die Bemerkungen von Hertzberg zu Prop. p. 362 und von Baehrens zu Cat. p. 241, dafs caesius bei Catull συνεκδοχικῶς gebraucht sei, indem eine Eigenschaft von einem Thiere ausgesagt werde, die nur auf einen besonderen Theil des Thieres wirklich sich beziehe, sind demnach ungerechtfertigt. Das hindert natürlich nicht, dafs nicht (in Prosa mehrfach) auch caesii oculi vorkommen, wie wir trotz der klaren Bedeutung von blond auch von blonden Haaren sprechen. [1])

---

[1]) Weise a. a. O. S. 597 f. sagt, caesius und caeruleus hätten sich aus dem Adjekt. caesus zunächst in der Bedeutung ›dunkel‹ losgelöst,

Das griech. *κυάνεος* kommt als lat. cyaneus (abgesehen von spätern christlichen Dichtern) nur bei Ps. Verg. Dirae 40 vor, wo es vom Aether, also vom blauen Himmel gebraucht ist.

Vergleichende Farbenbezeichnungen (wie unser himmelblau, veilchenblau etc.) sind in der römischen Poesie nicht üblich; denn wo dergleichen vorkommt, geschieht es zur Bezeichnung einer bestimmten Nüance von Kleiderstoffen, und es liegt überall am Tage, dafs wir kein dichterisches Epitheton darin zu sehen, sondern die, vielleicht von den Fabriken aufgebrachten Namen für gewisse in Mode stehende Farben von Gewändern vor uns haben. So thalassina vestis, Lucr IV 1119, ein meerblaues (oder event. meergrünes) Kleid (anders thalassicus, bei Plaut. M. gl. 1179 u. 1282, wo es nicht, wie die Lexikographen sagen, ›meerfarben‹, sondern ›für das Meer passend‹ bedeutet); so ferner Iuv. 6, 519: xerampelinae, von der Farbe getrockneter Weinbeeren, ›rosinenfarben‹ (schwerlich ›dunkelbraun‹, wie Weidner will);[1] amethystina, öfters erwähnt: Iuv. 7, 136. Mart. I 96, 7; II 57, 2; XIV 154; violett, nach der Purpurfarbe, die von dem gleichnamigen Edelstein benannt war;[2] die ähnlich gefärbten ianthina, Mart. II 39, 1. Dazu kommt dann endlich noch venetus, die bekannte Farbe der einen wettfahrenden Partei im Circus, ein meerfarbenes Blau, Mart. VI 46, 1; X 48, 23; XIV 131. Ap. Sid. carm. 23, 324. Coripp. Iust. I 326; von anderweitiger Tracht Iuv. 3, 170.

---

aus der dann erst später die Bedeutung blau sich entwickelt habe (s. oben S. 144 Anm. 1). Caesius habe sich für einen helleren, caerulus für einen dunkleren Ton der blauen Farbe festgesetzt.

[1] Manche Erklärer denken nicht an die trockenen Weinbeeren, sondern an dürres Weinlaub. Ein altes Scholion bezeichnet die Farbe als inter coccineum et muriceum, d. h. mehr röthlich, als blau. Suid. s. v. *Ἀτραβατικός* identificirt die *ξηραμπέλιναι* mit den Atrebatischen, die schwarz seien (*τὸ γὰρ μέλαν ἄτρον καλοῦσι*); von der Völkerschaft der Atrebaten weifs Suidas eben nichts.

[2] Vgl. Technologie I 234.

VI. Roth.

1. Ruber.

Unter allen die rothe Farbe bezeichnenden Worten sind die mit dem Stamme rub zusammenhängenden weitaus die häufigsten. Die Etymologen bringen diesen Stamm mit dem griech. ἐρυθ (ἐρυθρός, ἐρευθος etc.) in Verbindung,[1] wie denn auch in der Art und in der Häufigkeit der Anwendung der griechische und der lateinische Stamm einander ungefähr gleich stehen mögen. Zum Stamme rub gehört zunächst das Zeitwort rubere (mit einigen Compositis: inrubere, Stat. Silv. V 3, 32; Theb. VI 231; IX 647, und subrubere, Ov. am. II 5, 36; a. a. II 316. A. L. 139, 46), die Inchoativa rubescere, erubescere, ferner rubefacere; das Adjectiv ruber (mit subruber), die seltneren Formen rubidus, rubicundus, und noch vereinzelter rubeus und rubellus; endlich das Subst. rubor. Wenn wir alle diese Worte lediglich vom statistischen Standpunkt betrachten, hinsichtlich der Häufigkeit ihrer dichterischen Verwendung, so fällt der Hauptantheil auf das Verbum rubere, zumal im Partic. rubens: hierauf kommen etwa 47% aller Fälle. Ungefähr 17% kommen auf das Subst. rubor und nur 12% auf ruber selbst.

Was nun die Anwendung der mit ruber unmittelbar zusammenhängenden Worte anlangt (wobei wir zunächst von den oben genannten seltnern Adjektivbildungen absehen),[2] so fällt der verhältnifsmäfsig gröfste Theil dem Menschen zu, und zwar in Beziehung auf die Haut. Selbstverständlich führt dieselbe nicht von vornherein und an sich dies Epitheton, sondern in ganz be-

---

[1] Curtius S. 252.

[2] Uebergangen sind alle Stellen, die sich auf das rothe Meer beziehen. Die Dichter sprechen zwar manchmal von diesem in Ausdrücken, als handle es sich wirklich um ein rothes Meer; aber da das nur poetische Ausdrucksweise ist und wir daraus über die Anwendung von ruber nichts lernen, so lohnt es sich nicht, diese Stellen mit heranzuziehen.

stimmter Anwendung. Röthe der Haut ist zunächst Kennzeichen
des Lebens und der Gesundheit, denn die Leiche und der
Kranke sind blafs; aber nicht die Röthe schlechtweg ist Kennzeichen eines gesunden, normalen Körpers oder Gesichtes, sondern die richtige Mischung von Weifs und Roth; und wir haben
schon oben (S. 21 fg.) Beispiele dafür angeführt, wie die Dichter,
namentlich in der Schilderung schöner Jungfrauen, gern die an-
gemessene Vereinigung dieser Gegensätze hervorheben. Denn in
der Regel ist es der weibliche Körper, an dem dieser rubor gerühmt wird; vgl. Ov. am. III 3, 5: candida candorem roseo
suffusa rubore Ante fuit; niveo lucet in ore rubor; id. her. 19
(20), 120: quique subest niveo lenis in ore rubor; a. a. III 200:
sanguine quae vero non rubet; met. X 594: inque puellari corpus candore ruborem traxerat. Sen. Phaedr. 384: ora tingens
nivea purpureus rubor. Claud. nupt. Hon. et Mar. 268: miscet
quam iuxta ruborem temperies. Ap. Sid. carm. 11, 83: collata
rubori pallida blatta latet. Dracont. 6, 8: candor pallorque ruborque; 8, 519: roseo perfundens membra rubore. Maxim. 1, 89:
candida ... suffusa rubore. A. L. 318, 3: facie rubenti; ib.
396, 3: mollia purpureum depromunt ora ruborem. P. L. M.
32, I 35: rubor et candor pingunt tibi vultus; von Jünglingen
Ov. met. III 423: in niveo mixtum candore ruborem. Stat.
Theb. IV 274: dulce rubens. Dracont. 2, 66: quem rubor ut
roseus sic candor lacteus ornat. Häufiger aber als solche dem
Gesicht dauernd anhaftende Röthe wird die durch irgendwelche
Veranlassung hervorgerufene akute Röthe von den Dichtern bemerkt. Diese kann doppelter Art sein: sie entspringt entweder
einer körperlichen oder einer geistigen Ursache. Unter den
körperlichen sind hervorzuheben: Erhitzung durch Sonnen-
wärme oder Feuer; so nennt Stat. Silv. I 5, 7 den Vulkan in-
cude rubentem. Mart. VIII 56, 18: Thestylis et rubras messi-
bus usta genas. Claud. cons. Stil. III 245: sudoribus ore rubent. Cor. Ioh. VI 302: fervore rubens; ib. VII 326: facies
rubet. Von dieser Röthe ist dann auch in übertragenem Sinne
die Rede; so nennt Claud. cons. Stil. II 257 das personificirte
Afrika calido rubicunda die, und andere Beispiele folgen weiter

unten, da dieselben auch unter einem andern Gesichtspunkt, dem
der Röthe des Feuers, aufgefafst werden können. Andere physische Ursachen des rubor sind: Schläge, wie wenn es bei Plaut.
Capt. 962 heifst: in ruborem te dabo; Ov. met. III 482: pectora traxerunt ruborem. Iuv. 6, 479: rubet ille flagello; ferner
Krankheit (Fieber), Lucr. IX 791: rubor igneus ora succendit;
übermäfsiger Weingenufs, Mart. V 4, 4. Daneben können noch
angeführt werden Iuv. 7, 196: adhuc a matre rubentem, von
der rothen Haut der Neugeborenen; und aus später lasciver
Quelle die mentula eines Alten, die bei Maxim. 5, 99 nullo
suffusa rubore heifst. — Bei weitem häufiger aber sind es geistige Ursachen, die eine gesteigerte, wenn auch vorübergehende
Röthe der Wangen resp. des Gesichts, ein Erröthen, wie wir es
nennen, hervorrufen; und zwar vor allem die Scham in ihren
mannichfaltigen Arten, sei es nun die züchtige Scham der Jungfrau oder sei es die des schlimmer That sich bewufsten Sünders
oder dgl. m.   Hier ist in erster Reihe erubescere der stehende
Ausdruck.[1]) Dasselbe wird theils absolut gebraucht, ohne nähere
Beifügung, wie Plaut. Truc. 291 sq. Ter. Ad. 643. Tib. II 3,
18. Prop. IV 13 (III 14), 20; V (IV) 11, 42. Ov. am. I 8,
35; II 8, 7; her. 16 (17), 84; met. I 755; IV 330; V 584;
VI 46; VIII 388; IX 471; X 293. Stat. Ach. II 192. Mart.
VIII 17, 4; ib. 59, 12; XI 16, 9. Iuv. 10, 326. Auson. XIII
22; XVIII 18, 17. Maxim. 5, 55. P. L. M. 36, 20; theils
mit Hinzufügung der Wangen, als des Sitzes des Erröthens, Ov.
am. II 8, 16; her. 19 (20), 6; fast. II 828.   Das Wort hat
denn auch eine so allgemeine Anwendung erfahren, dafs es mit
dem Begriff der Scham identisch geworden ist und daher diesem
entsprechend gebraucht, d. h. mit der Ursache der Scham direkt

---

[1]) Erubescere wird fast ausnahmslos nur von Erröthen in Folge
einer geistigen Leidenschaft, nicht im Sinne von Rothwerden schlechtweg (dies ist rubescere) gebraucht; am häufigsten von Scham, seltner
von Leidenschaften oder andern Empfindungen. Als Ausnahme ist nur
anzuführen Ov. ex P. II 1, 36: saxa erubuisse rosis; hier hat der Dichter offenbar ein poetisches Gleichnifs gebraucht und die Felsen, die
sich mit Rosen bekleiden, gewissermafsen erröthen lassen.

verbunden wird; diese tritt bald im Abl. hinzu, Ov. tr. IV 3,
64; V 11, 6; Ibis 348; Fast. II 168. Priap. 79, 3; bald im
Accus., Verg. Aen. II 542. Hor. C. I 27, 15: non erubescen-
dis ignibus. Claud. r. Pros. I 68. Maxim. 1, 66; seltner im
Dativ, Cor. Ioh. IV 665; ferner tritt der Infin. hinzu (die Scham,
etwas zu thun, zu leiden etc.), Verg. ecl. 6, 2. Sen. Herc. f.
476; Herc. Oet. 1711. Lucan. III 112. Lucil. Aetn. 635. Stat.
Silv. I 4, 5; II 6, 85. Mart. III 82, 27; VII 20, 6; X 64, 5;
XI 15, 5. A. L. 263, 2; oder seltner der Acc. c. Inf., Sen.
Herc. Oet. 1353. Dafs erubescere auch von nicht belebten We-
sen (Büchern z. B.) gebraucht wird, wie Ov. tr. III 1, 14. Stat.
Silv. III 3, 58, entspricht der dichterischen Freiheit. — Demnächst finden wir rubere, jedoch etwas seltner: Hor. ep. II 1,
267; ib. 2, 156. Ps. Tib. III 4, 32. Ov. am. I 12, 11; 13, 47;
14, 47. Pervigil. Ven. (A. L. 307) 26. Stat. Silv. I 2, 12;
ib. 245; Theb. XI 415. Mart. IV 17, 2; V 2, 7; VI 61, 3;
IX 67, 5. Iuv. 1, 166. Claud. IV cons. Hon. 617; cons. Stil.
II 327. Dracont. 10, 568. Coripp. Ioh. IV 253; subrubere,
Ov. am. II 5, 36; häufig ferner Verbindungen mit rubor, namentlich in Verbindung mit fundere, suffundere, wie Ov. met. I
484: suffunditur ora rubore; Stat. Theb. II 231: fusae super
ora ruborem. Nemes. ecl. 2, 13: suffusus rubor. Dracont. 8,
106: fusus in ora rubor. A. L. 433, 12: suffundunt ora ruborem. Andere Wendungen sind: Cat. 42, 16: ruborem exprima-
mus ore; id. 65, 24: manat ore rubor. Verg. Aen. XII 65:
ignem subiecit rubor. Tib. II 1, 30: est rubor (c. Inf.); ähnlich
Ov. a. a. III 167: nec rubor est, oder ebd. 83: non est tibi
rubori. Ferner Ov. her. 19 (20), 202: nil ruboris habent; met.
II 450: dat signa rubore pudoris; IV 529: rubor ora notavit;
tr. III 7, 26: causa ruboris eram; IV 3, 50: subit ora rubor;
ib. 70: fiat in ore rubor; Fast. V 69: verba digna rubore. Iuv.
13, 42: eiectum de fronte ruborem; vgl. noch Mart. VII 12, 4.
Stat. Theb. V 300. Symphos. 153. Claud. nupt. Hon. et Mar. 9.
Rut. Nam. II 9. Hingegen kommt weder ruber noch irgend ein
anderes Adjektivum im Sinne von schamroth vor.

Ganz entsprechend ist die poetische Redeweise in anderen

Fällen des Erröthens aus geistiger Ursache; vornehmlich kommen hierbei irgendwelche anderweitigen Leidenschaften oder Stimmungen in Betracht: die Liebe[1] z. B. Ov. met. VII 78: erubuere genae, doch wird hier meist der schnelle Wechsel von Erröthen und Erbleichen als charakteristisches Kennzeichen angegeben, Stat. Ach. I 309: palletque rubetque flamma recens; Theb. I 537: pariter pallorque ruborque purpureas hausere genas (zugleich Zeichen der Scham). Dracont. 2, 112: pallescunt omnes, subitus rubor inficit ora; 8, 499: regina venit pallente rubore, vgl. ebd. 501: fusus uterque color manifestum vulgat honorem; 10, 229: permixto pallore rubens. Maxim. 4, 29: subito inficiens vultum pallorque ruborque; Freude und Rührung, Stat. Silv. III 1, 89: erubuit; Ach. I 323: rubet; Theb. V 356; XII 588. Ap. Sid carm. 7, 434: laetitia erubuit veniamque rubore poposcit. Orest. trag. 127: permixtus candore rubor; Zorn und Wuth, Sen. Med. 866: flagrant genae rubentes, pallor fugat ruborem; id. Herc. Oet. 255: pallor ruborem pellit. Lucan. V 214: rubor inficit ora Stat. Ach. II 371: impulit ora rubor; Theb. VII 48: Irae rubentes; XI 336: vultus pallorque ruborque mutat. Ap. Sid. carm. 7, 257: pallet, rubet; Begeisterung und Raserei, Coripp. Ioh. III 97: rubor igneus inficit ora; VI 157: facies fervore rubescit; VI 163: pallet, rubet. Auch hier ist überall, wie man sieht, der Wechsel von Röthe und Blässe das Bezeichnende.

Sonst wird rubere auf einzelne Körpertheile nicht häufig angewandt. Die rothen Lippen finden sich nur einmal, Mart. IV 42, 10: Paestanis rubeant aemula labra rosis; die Dichter ziehen da das mehr poetische roseus vor. Von Haaren ist es gleichfalls ungewöhnlich, Mart. XII 54, 1, von einem häfslichen Menschen;[2] ähnlich von Augenbrauen Cat. 67, 46: ne tollat rubra

---

[1] D. h. die plötzlich sich zeigende Liebe, die sich dadurch verräth; die unglückliche Liebe dagegen entbehrt gerade der Röthe, Ps. Verg. Ciris 180: nullus in ore rubor, ubi enim rubor, obstat amori, wo Baehrens nec enim rubor vorschlägt.

[2] Zweifelhaft ist mir die Bedeutung von Manil. Astr. IV 716: Gallia vicino minus est infecta rubore. Nach dem vorhergehenden Verse:

supercilia. Dagegen kommt es wieder um so häufiger von Augen
vor, deren Röthe verschiedenen Ursachen entspringen kann: wir
finden sie als Zeichen von Zorn, Ov. met. VIII 466: oculis da-
bat ira ruborem; von Krankheit, Lucr. VI 1144: oculos suffusa
luce rubentes; danach Sen. Oed. 185: aegro rubor in vultu; von
Schlaflosigkeit, Stat. Theb. III 328: insomnês oculos rubor exci-
tat; von Weinen, Cat. 3, 18: flendo rubent ocelli. Auch bei
Thieren wird das rothe, blutunterlaufene Auge als Zeichen der
Wildheit hervorgehoben: beim Eber Att. frg. 443 Ribb.: rubore
ex oculis fulgens; beim Wolf Ov. met. XI 368: rubra suffusus
lumina flamma.

Ein sehr gewöhnliches Epitheton ist ruber beim Blut, wie
auch wir gern von ›rothem Blute‹ sprechen, obgleich die Farbe
dabei ja selbstverständlich ist, um malerisch zu wirken; so Lucr.
IV 1043: ruber umor. Verg. Catal. 11, 32: rubro sanguine.
Hor. C. III 13, 7. Ov. met. XIII 888. Lucan. IX 813: sudor
rubet. Coripp. Ioh. IV 933: flumina rubra (Ströme Bluts); ib.
1012: rubrum lutum. P. L. M. 65, 16: sanguinis unda rubens.
Es ist aber bei weitem häufiger, dafs nicht das Blut selbst, sondern der vom Blut gefärbte Gegenstand als rubens bezeichnet
wird, vor allen Dingen also Verwundete oder Körpertheile von
solchen, Krieger im Kampfe, Kriegsrosse u. dgl. m., wie Ov.
met. VIII 383: rubefecit sanguine saetas; XII 382: cornua rubefacta cruore. Cor. Ioh. IV 175: rubuerunt sanguine pinnae;
ib. 1159: quassis rubet ungula membris; namentlich auch die
Wunden selbst,[1] Iuv. 5, 27: rubra deterges vulnera mappa.
Claud. r. Pros. IV 95 (III 426): rubent in pectore sulci. Ap.
Sid. carm. 7, 240: rubra cicatricum vestigia; 22, 160: rubescere
sanguineo de rore. Ferner der blutgetränkte Erdboden, Wiesen,
Schneefelder, Berge, Felsen u. dgl., s. Verg. Aen. VIII 695: arva
caede rubescunt. Ov. am. II 16, 40: saxa cruore rubent; met.

Flava per ingentes surgit Germania partes, sollte man meinen, dafs rubor auf die rothblonden Haare geht, die man in Gallien seltner fände,
als im benachbarten Germanien; es könnte aber doch auch der Teint
damit gemeint sein.

[1] Auch Geschwüre, Lucr. VI 1164: ulceribus rubere corpus.

XI 19: rubuerunt sanguine (saxa); ib. 374: sanguine litus rubet
XII 71: Sigea rubebant litora; XIII 394: rubefacta sanguine
tellus; Fast. II 212: sanguine terra rubet. Sen. Herc. Oet. 869:
rubeat montis latus. Lucan. II 103: rubentia caede saxa. Sil.
It. III 547: sanguine rubere nives; IV 205: tellus perfusa rubescit. Stat. Theb. V 311: cuncta rubent tabo; VII 762: rubet
orbita membris. Claud. in Ruf. II 418: mons Aonius rubet; III
cons. Hon. 99: Alpinae rubuere nives. Ap Sid. carm 9, 39
Marathon rubet duello. Dracont. 9, 160: rubuisse videt (herbas).
A. L. 408, 9: sanguine poma rubent; weiterhin Meer und Flüsse,
Senec. Phaedr. 560: rubuit mare. Lucan. II 713: rubuit sanguine Nereus; VIII 34: caede rubens (amnis). Sil. It. I 267:
rubet aequore limes; IV 667: caede stagna rubent; VII 482
rubros fluctus. Stat. Theb. I 38: rubet sanguine Dirce; III 211:
rubebitis amnes. Claud. in Ruf. II 32: iam rubet Halys; praef.
4, 9: Alpheus rubuit; r Pros. II praef. (34), 43: rubuit Busi-
ride Nilus. Ap. Sid. carm. 2, 532: rubeat Metaurus. Dracont.
8, 76: fluminis unda rubet; Altäre, Gewänder, Waffen u. a. m.,
Hor. ep. 13, 51: cruore rubros pannos lavit. Ov. met. IV 482:
cruore rubentem pallam; trist IV 6 34: tela sanguine rubent;
ex P. III 254: cruore rubet (ara). Lucan. IX 663 harpen caede
rubentem. Sil. It. II 17: tela rubentia caede. Stat. Ach. II 179:
rubentem hastam; Theb. III 225: clipei cruenta lux rubet; VI
230: sanguine ferrum inrubuit; X 455: caede arma rubere. Iuv.
13, 37: arae rubenti.[1]) Claud. III cons. Hon. 36: ense rubens.
Cor. Ioh. IV 156: rubrum ferrum; ib 1123: cruore rubent enses;
1162: rubescit (ferrum omne); VIII 522: rubet (ferrum). Als
letztes Beispiel diene das scherzhafte: de sanguine thynni testa
rubet, bei Mart. IV 88, 5.

Spärlich finden wir ruber als Epitheton bei Thieren. Am
häufigsten steht es von Federn, wie bei Sen. Phaedr. 50: picta
rubenti linea penna, von den Federn der Jagdnetze, vgl. Nemes.
Cyneg. 319; speciell von den Federn des Flamingo Mart. III

---

1) Hierzu bemerkt der Schol.: sanguinolentae, vel ex igni. Dafs
erstere Deutung die richtige ist, ergiebt die Parallele Ov. ex P. III 2, 54.

58, 14; ib. 82, 9; XIII 71, 1; des Papageis Prisc. 2, 1033; von
den Halsfedern der Taube Lucr. II 803: rubra pyropo; von der
röthlich-gelben Brust der Rauchschwalbe P. L. M. 61, 43: rubro
pectore prognis. Als andere Einzelfälle sind zu erwähnen die
Füfse des Schwans, Ov. met. II 375, und der Ente, Auson.
XVIII 18, 14; der Schnabel des Kapauns, A. L. 320, 1; vgl.
aufserdem Ser. Sam. 169: rubros si legeris arbore vermes (Ker-
meswurm?) und Sen. Phaedr. 1054: rubente spargitur fuco latus,
von einem Ungeheuer. Bei dieser Gelegenheit können auch einige
Speisen aus der Thierwelt angeführt werden: von Fleisch Schinken, Mart. V 78, 10: cum rubente lardo; Wurst, Ap. Sid. ep.
VIII 11, 3 v. 46: ruber botellus; Lunge, Mart. VI 64, 20; ge-
kochte Krebse Verg. Geo. IV 47; Mart. II 43, 12.

Bei weitem 'häufiger treffen wir dann ruber wiederum in der
Pflanzenwelt, und zwar speciell bei Blumen, und unter diesen
wiederum vor allen bei der Rose, bei welcher die liebliche Röthe
in mannichfaltigen poetischen Wendungen gepriesen wird; s. Verg.
A. XII 68. Ps. Verg. Cul. 399; Roset. 15; ib. 38. Ov. ex P.
II 1, 36. Mart. IV 42, 10; ib. 55, 18; VI 10, 8; IX 60, 2;
ib. 61, 17; ib. 90, 6. Claud. Fescenn. 2 (12), 10. Ap. Sid.
carm. 2, 110. Dracont. 6, 8; 12, 4; ib. 6; 13, 9. A. L. 550,
13. P. L. M. 53, 35. Boet. cons. phil. II 3, 6. Ferner Hyacinthen (Verg. ecl. 3, 63. Nemes. ecl. 2, 45 u. 48); Crocus
(Verg. Geo. IV 182. P. L. M. 38, I 6), Narzissen (Ps. Verg.
Cir. 96), Mohn (P. L. M. 37, 128), Heliotrop (Ov. met. IV
268: est in parte rubor), Dornrosen (Claud. c. m. 25 [83], 3).
Daher ist denn (obwohl nur in späten Quellen) auch von rothen
Blumen schlechtweg die Rede, Claud. nupt. Hon. 187; Manl.
Theod. cons. 273; laus. Seren. 7; epithal. Pall. 116; r. Pros. II
90; ib. III 224. Dracont. 7, 46; Wiesen und Felder, auf denen
sie blühen, sind roth davon (Verg. Geo. IV 306: rubeant prata.
Coripp. Ioh. VI 353: rubuerunt floribus agri), ja Vergil Geo. II
319 spricht in poetischer Kühnheit vom rothen Frühling, vere
rubenti. Auffallender sind die Wendungen Verg. Georg. I 297:
at rubicunda Ceres medio succiditur aestu, und Ps. Verg. Priap.
2, 7: rubens arista sole fervido; man könnte hier, da die som-

merliche Hitze und die Sonne genannt sind, an Uebertragung des Begriffs der Röthe von dorther denken, doch ist wohl die roth-gelbe Farbe der nahezu reifen Aehren gemeint.[1]) Dagegen darf rubra alga bei Claud. c. m. 30 (48), 15 nicht auf die Farbe bezogen werden; der Wortlaut: quidquid Eois Indi litoribus rubra scrutantur in alga zeigt, dafs es sich um das rothe Meer han-delt, und das erklärt die poetische Ausdehnung auf den darin wachsenden Meertang, in dem die Perlen, denn solche sind ge-meint, gesucht werden.[2])

Oefters wird ruber von Früchten gebraucht; von Beeren besonders, wie von den Vogelbeeren (Verg. Geo. II 430: ru-bent aviaria bacis); Maulbeeren (A. L. 117, 7: mora rubentia suco); von der Frucht des Erdbeerbaums (Ov. met. X 101: pomo onerata rubenti arbutus); Cornelkirschen (Verg. Geo. II 34: prunis rubescere corna), sowie von anderm Kernobst (Prop. V [IV], 2, 15: cerasos, pruna, mora rubere), zumal von Aepfeln, (Verg. Copa 19. Hor. S. II 8, 31. Ps. Tib. III 4, 34. Ov. met. III 483; IV 332. Petron. frg. 50, 2. Coripp. Iust. I 325); auch die Zwiebel kann hier genannt werden (Ps. Verg. Moret. 84). Endlich die Weintrauben (Verg. ecl. 4, 29. Ps. Verg. Priap. 3, 14. Ov. a. a. II 316. Coripp. Ioh. III 71) und der daraus bereitete Wein (Ov. Fast. V 511. Mart. XI 56, 7, wo mit faece rubentis aceti schlechter Wein gemeint ist. Sil. It. VII 189), für den freilich niger die üblichere Bezeichnung ist (s. oben S. 63).

Im Mineralreich kommen für ruber in Betracht einige rothe Edelsteine (vgl. Ap Sid. carm. 2, 423: rubor gemma-rum), vornehmlich Pyrop (Lucr. II 803. Manil. Astr. V 712, beidemale aber im übertragenen Sinn als Bezeichnung einer Farbe) und Heliotrop (Prisc. carm. 2, 257); wir müssen auch die Korallen hierher rechnen, da deren animalische Natur den Alten unbekannt war, s. Prisc. 2, 1008 u. 1026. Auson. Mos. 69.

---

[1]) Nach. Colum. II 20, 2 soll man die Ernte beginnen, cum (grana) rubicundum colorem traxerunt; vgl. ebd. II 6, 3 u. 9, 13.

[2]) Heifst doch bei Verg. A. VIII 686 u. Ps. Tib. IV 2, 19 die Küste des rothen Meeres rubrum litus.

Ferner ist zu nennen der rothe Porphyr, denn solcher ist sicherlich gemeint bei Ap. Sid. carm. 5, 34: caesa rubenti Aethiopum de monte; vgl. ebd. 22, 141: rubro saxo, und A. L. 353, 2, wo allerdings bei dem nativus rubor der Marsyastatue noch besser an Rosso antico gedacht wird.[1]) Rothes Gold finden wir bei den alten Dichtern seltner, als bei den modernen, da hierfür, wie wir gesehen haben (s. oben S. 116), fulvus das stehende Epitheton ist, vgl. Mart. XIV 95, 1: Callaico rubeam metallo, und Claud. in Ruf. I 102: rubentis Pactoli. Wenn aber Avian. 2, 3 von rubrae arenae spricht, so ist das ebenso zu erklären, wie oben die rubra alga, also: der Sand des rothen Meeres.

Wir reihen an dieser Stelle die rothen, den verschiedenen Naturreichen angehörigen Farbstoffe an. Vor allem sind es die intensiv rothen, die in Betracht kommen; am häufigsten der Meerpurpur, Lucr. II 35: ostro rubenti. Verg. ecl. 4, 43: rubenti murice. Ps. Verg. Roset. 26: purpura rubra, aber von Blumen. Sen. Phaedr. 396: muricis Tyrii rubor; Med. 99: ostro niveus color perfusus rubuit. Stat. Silv I 2, 125: Sidonio rubescere tabo; ib. II 1, 133: rubenti murice; III 2, 139: pretiosa Tyros rubeat. Coripp. Ioh. IV 499: rubro in ostro. Boet. cons. phil. III 8, 12: rubens purpura. Ferner Scharlach, Hor. S. II 6, 102: rubro cocco. Mart. III 2, 11: cocco rubeat index; und Mennig, Verg. ecl. 10, 27. Ps. Verg. Cir. 505. Tib. II 1, 55. Ov. am. I 12, 11; daher denn auch von der rothen Schminke, Ov. med. fac. 73: nitri spuma rubentis; cf. a. a. III 200: arte rubet. Aber auch die mehr nach der Seite des Gelb hinneigenden Farbstoffe werden nicht selten mit ruber bezeichnet; besonders gilt das vom Saffran, resp. der Saffranlösung, mit der man bei Schauspielen im Theater oder Circus zu sprengen pflegte, vgl. Ov. am. II 6, 22; a. a. I 104; Fast. I 342. Mart. V 25, 7; VIII 33, 4; auch Wau, lutum, können wir hier anführen, nach der schon citirten Stelle Nemes. Cyneg. 319: rubescere luto, obgleich es hier als Farbe, nicht als Farbstoff,

---

[1]) Auch der calculus rubens, als Spielstein, A. L. 372, 2 ist wohl als aus natürlich rothem Stein hergestellt zu denken.

steht.[1]) Ebenso sind zu nennen die mit diesen Farbstoffen gefärbten Gegenstände (worauf auch einige der schon angeführten Stellen gehen) als Gewänder, Decken u. dgl., Verg. Geo. III 307: vellera Tyrios incocta rubores. Ov. a. a. III 170: de Tyrio murice lana rubet; met. VI 228: Tyrio rubentia suco. Sen. Herc. Oet. 668: bibit lana ruboris. Sil. It. III 236: rubrae velamine vestis; IX 240: sagulo rubenti. Stat. Theb. VII 656: rubet Tyrio thorax. Mart. V 8, 5: purpureis ruber lacernis. Claud. in Ruf. I 385: sponte rubebunt greges; carm. m. 46 (70), 8: Tyrio rubere toro. Ap. Sid. carm. 23, 324: color rubens. Coripp. Iust. I 324: russeus rubra veste refulgeas; ib. IV 231: vestis rubebat; ferner Sandalen und anderes Lederwerk, wie Pers. 5, 169: solea rubra; Coripp. Iust. II 109: lora laudato rubore; Cat. 22, 7: lora rubra, bei einem Buche; auch der ruber umbilicus des Buches, bei Mart. Cap. V 566; die Helmbüsche, bei denen Roth eine besonders beliebte Farbe gewesen zu sein scheint, s. Verg. Aen. IX 50; ib. 270; XII 89 Val. Fl. III 176. Sil. It. XVII 280; ib. 394. Coripp. Iust. III 241. P. L. M. 42, VIII 5; die mit Mennig gefärbten Priapostatuen, Hor. Sat. I 8, 5. Tib. I 1, 17. Ov. Fast. I 400; ib. 415; VI 333. Priap. 1 5; ib. 26, 9. Bei Iuv. 14, 192 heifsen die Gesetze rubrae leges, weil man die vertieften Inschriften roth zu färben pflegte; und die rubentes Aethiopes bei Stat. Theb. V 427 gehen nicht (wie ich früher annahm, Phil. Abh. S. 18) auf ihre Nähe der zona rubicunda, der heifsen Zone, sondern sicherlich darauf, dafs sie sich, nach Plin. XXXIII 112, mit Mennig bemalten. Auch die Thonwaaren mufs man wohl mit hierher rechnen, da der an sich schon röthliche Thon meist durch Zusatz von Röthel oder sonst einer färbenden Substanz einen noch lebhafteren Ton bekam; s. Ov. Fast. V 522. Pers. 5, 182. Mart. I 55, 10; II 43, 12; IV 66, 8; XI 27, 5; XIII 7, 1; XIV 106, 1.

Die Röthe des Feuers geben die Dichter lieber durch rutilus wieder; hier kann man nur anführen Stat. Silv. V 3, 32:

---

[1]) Auch bei Gell. II 26 erscheint lutum unter den rothen Farben, s. oben S. 126.

tunc mihi vultibus ignis inrubuit, auf einen Scheiterhaufen, und Stat. Theb. X 844: arma rubent, auf den Widerschein einer brennenden Fackel bezüglich. Häufiger finden wir das rothglühende Eisen, Ov. met. XII 276: ferrum igne rubens. Lucan. VII 147: rubuit flammis cuspis. Stat. Theb. III 589: incurvi rubuere ligones. Claud. bell. Pollent. 543: chalybs rubebat. Aber ganz besonders gewöhnlich ist das Epitheton rubens resp. die verwandten Worte bei der Morgenröthe; nächst den oben besprochenen Fällen, wo es sich um Erröthen in Folge seelischer Empfindungen handelt, ist die Anwendung der hier von uns betrachteten Worte auf das Morgenroth oder die aufgehende Sonne und deren Beleuchtungseffekte weitaus am häufigsten, und zwar ist hier, wo es sich um ein allmähliches Rothwerden handelt, das Verbum rubescere besonders gern gebraucht. Die dichterische Ausdrucksweise legt den rubor bald der Aurora selbst bei, wie Verg. Aen. III 521: rubescebat Aurora; XII 77: Aurora rubebit. Ps. Verg. Lydia 73: Aurora rubens; Roset. 15: raperet rosis Aurora ruborem. Ov. met. III 600: Aurora rubescere coeperat. Sil. It. X 526: Aurora rubebit. Stat. Theb. II 137: sole rubens (Aurora). Ap. Sid. carm. 22, 49: Aurora rubebat. P. L. M. 37, 35: Aurora rubescit. A. L. 139, 37: Aurora rubebat; oder ihren Rossen, Prop. IV 12 (III 13), 16: Aurora suis rubra equis. A. L. 139, 2: Aurora rubebat equis; vgl. auch Ap. Sid. carm. 2, 431: crura rubentia (Aurorae); bald der aufgehenden Sonne, Prop. IV 9 (III 10), 2: sole rubente. Lucan. IV 402: rubrum iubar; V 462: matutina rubent lumina solis. Lucil. Aetn. 334: rubens surgat iubar. A. L. 139, 6: luce rubente; oder dem kommenden Tage, Ov. met. XIII 561: matutina rubescunt tempora. Lucan. IV 125: noctes ventura luce rubebant. Claud. c. m. 19 (44), 5: rubet ventura dies. P. L. M. 65, 1: mane rubente; ferner der Welt, Ov. met. II 116: mundum rubescere. Dracont. 8, 370: cuncta rubebant; dem Himmel, Ov. am. II 5, 35: caelum subrubet; Fast. IV 165: caelum rubescere coeperit. A. L. 139, 13: (Aurora) roseo rubore infecit caelum; ib. 41: Aurora rubefecerat aethera; ib. 46: subrubet ipse polus; dem Meer, Verg. Aen. VII 25: iam rube-

scebat radiis mare. Sil. It. XII 574: prima rubescit lampade
Neptunus; ib. XVI 137: Aurora rubefecerat ora sororum; der
Erde, Ov. met. XV 193: mane rubet . . . terra. Sen. Herc. f.
135: dumeta rubent. Val. Fl. VI 27: aureus ecfulsit campis rubor.
Bei weitem seltner ist von der Abendröthe die Rede; vgl.
Verg. Geo. III 359: (Sol) rubro lavit aequore currum Ov. met.
XV 193: terra rubet. Sen. Herc. Oet. 492: rubenti Oceano.
Stat. Theb. V 477: rubuere cubilia Phoebi. Claud. Manl. Theod.
cons. 56: quodcumque rubescit occasu; auch bei Verg. Geo. I
251: sera rubens accendit lumina Vesper, wird man an dichterische Uebertragung der Abendröthe auf den Abendstern, als ob
sie von diesem ausginge, zu denken haben, nicht aber, dafs der
Dichter den Hesperus selbst als röthlich leuchtend hätte bezeichnen wollen. Wenn man nun auch die übrigen Stellen noch in
Betracht zieht, wo Morgen- und Abendroth mit andern Epitheta
(croceus, luteus, roseus, purpureus, rutilus etc.) bezeichnet werden, so bleibt es auffallend, wie selten das Abendroth gegenüber
dem Morgenroth genannt wird. Wollte man unsere modernen
Dichter daraufhin durchsehen, so würde man, glaube ich, gerade
das Umgekehrte finden; und dieser Unterschied mag wohl auf
der Verschiedenheit antiken und modernen Naturempfindens beruhen, indem den Alten der Gegensatz der Nacht gegen das
herrlich aufsteigende Tagesgestirn einen tieferen Eindruck machte,
während unser sentimentaleres Naturempfinden von der wehmüti-
gen Pracht der scheidenden Sonne mit ihren magischen Reflexen
mehr angezogen wird.

Aber auch der Sonne selbst, als feurig strahlendem Körper,
wird rubor beigelegt, ohne Beziehung auf Morgen- oder Abendroth, sei es direkt, wie Lucr. II 721: alba nondum lux rubet.
A. L. 196, 18: crastina rubet hora (sol). Claud. gigant. 9:
flectit rubentes equos Phoebus, sei es indirekt dem von ihr Beleuchteten, wie Lucr. VI 210: ut rubeant (sc. nubes). Verg.
Geo. I 234: semper sole rubens (zona). Stat. Theb. VI 261:
sole rubentibus arvis. P. L. M. 59, 50: nec sole rubescunt
(astra); ebenso dem Aether, Enn. Ann. frg. 418. Verg. A. XII
247. Das erstreckt sich auch auf Himmelskörper von besonders

auffallender Intensität der Leuchtkraft, zumal auf K o m e t e n,
Verg. A. X 273: sanguinei rubent. Sil. It. I 462: rubentes radios; VIII 639: rubuit cometes. Claud. r. Pros I 233: cometes
rubens; id. c. m. 30 (48), 4: rubescentes cometae Wenn aber
gerade bei den Kometen der Begriff des rothen Lichtes, als der
Wirklichkeit entsprechend, noch entschieden vorhanden ist, so
zeigt dagegen die Anwendung auf das gewöhnliche Sonnenlicht,
dafs eine Erweiterung des Begriffes rubere stattgefunden hat, indem dasselbe den Sinn des strahlenden, feurigen Glanzes überhaupt bekommt. Und für diese Uebertragung liegen noch andere Beispiele vor. So sagt Claud. Ol. et Prob. cons. 243: iam
per noctivagos dominetur Olybrius axes Pro Polluce rubens, pro
Castore flamma Probini; und noch bezeichnender ist die bekannte
Stelle bei Hor. S. II 5, 39 von der rubra Canicula. Denn
sicherlich hat man hierbei nicht etwa daran zu denken, dafs der
Hundsstern röthliches Licht habe, vielmehr ist die Farbe des
Sirius ausgesprochen weifs;[1] die Bezeichnung geht sicherlich darauf, dafs der stark leuchtende Stern den Beginn der heifsen
Jahreszeit verkündet,[2] ganz ebenso, wie Ovid. Fast. VI 727 vom
Zeichen des Krebses, mit dem der Sommer anfängt, sagt: cancri
signa rubescunt. Denn mit dem Begriff der Hitze verbinden die
Dichter durch eine naheliegende Ideenassociation den der Röthe;
und wie Vergil an der oben citirten Stelle von der heifsen Zone
sagt, sie sei semper sole rubens, so heifst dieselbe auch sonst
schlechtweg zona rubens, Lucan. IV 852. Claud. b. Gild. 148.
Coripp. Ioh. VI 339; vgl. Claud. r. Pros. I 258, ebenfalls von
der heifsen Zone: mediam subtegmine rubro notat.

---

[1] Es wird allerdings von den Astronomen angenommen, dafs manche Fixsterne im Laufe der Jahrtausende ihre Farbe verändert hätten
und heut anders leuchteten als im Alterthum; ob das auch vom Sirius
gilt, ist mir unbekannt. Aufserdem mufs freilich auch in Betracht gezogen werden, dafs ein Urtheil über die eigentliche Farbe eines Sterns
erst der Neuzeit mit Hilfe der verbesserten Fernröhre und der Spektral-
analyse möglich geworden ist.

[2] Es ist ganz ungerechtfertigt, wenn manche Erklärer, wie z. B.
Orelli, in dem Epitheton rubra hier eine Parodie des verspotteten Dichters, dem die Stelle gilt, sehen wolle.

Auch der Mond wird bisweilen mit rubere in Verbindung gebracht; man hat aber da zweierlei zu unterscheiden. In einer Anzahl von Fällen heifst der Mond schlechtweg rubens; so Hor. Carm. II 11, 10. Prop. I 10, 8: Luna ruberet equis. Lucil. Aet. 328: rubeat Phoebe. Val. Fl. II 57: nullus in ore rubor. Stat. Ach. I 644: tenerae rubuerunt cornua Lunae. Mart. Cap. IX 912: Cynthia rubuit. A. L. 271, 45: de fratre rubet; bisweilen mit Hindeutung darauf, dafs dies Licht von Feuer und Gluth herkomme; auch mag wohl die röthliche Farbe, welche der Vollmond beim Aufgehen hat, Veranlassung dazu gewesen sein, dafs man vom rothen Monde oder vom Erröthen der Luna sprach, während an sich das Silberlicht des Mondes nicht gerade passend als rubor bezeichnet werden könnte. Man dürfte eventuell in einigen der angeführten Fälle auch die oben angeführte, verallgemeinerte Bedeutung von rubere, wobei nur der Glanz, nicht die Farbe in Frage kommt, gelten lassen. In einer andern Reihe von Fällen aber ist mit Bestimmtheit rothe Färbung des Mondes gemeint, nämlich wenn derselbe so bei drohendem Unwetter und Sturm erscheint, wie Verg. Geo. I 430: suffuderit ora ruborem, und darnach A. L. 196, 5: si dabit ore ruborem Phoebe; auch Lucan. V 549: ventorum nota rubuit, und ebenso bei Mondfinsternissen oder Beschwörungen, da ja der Aberglaube der Alten die Verfinsterung des Mondes, bei der das Licht desselben eine unheimlich röthliche Färbung bekommt, auf Zauberei schob; so Hor. S. I 8, 35: lunam rubentem. Ov. met. IV 332: sub candore rubenti. Sen. Phaedr. 796: nuper rubuit. Stat. Theb. I 105: qualis per nubila Phoebes Atracia rubet arte labor; vgl. auch ebd. IX 647; inrubuit coeli plaga sidere mixto, vom Scheine der Sonne und des Mondes zusammen.

Von anderweitigen Himmelserscheinungen ist noch anzuführen der Blitz, bei Hor. C. I 2, 2 als die rubens dextera des Iuppiter bezeichnet; vgl. Claud. r. Pros. II 229: rubri fulminis, und der Regenbogen, bei dem das kräftige Roth neben den andern Farben sich besonders bemerklich macht, Claud. c. m. 27 (47), 4: Irin variata luce rubentem; auch hier könnte der Zusatz variata luce darauf führen, in rubere nur den Sinn des

Strahlenden, Leuchtenden zu sehen. Wenn bei Val. Fl. III 131
der Typhon igne ventisque rubens heifst, so hat man das, mit
Rücksicht auf igne, jedenfalls auf die Blitze des Ungewitters zu
beziehen.

Im ganzen sehen wir, dafs ruber, rubere, rubor die gesammte
Farbenskala eines kräftigen Roth umfafst, ohne dafs bestimmte
Nüancen desselben besonders zur Geltung kämen, und dafs rubere in gewissen Fällen, die im wesentlichen sich auf das Licht
der Himmelskörper beschränken, auch im Sinne von feurig strahlen, wobei meist der Begriff der Erhitzung mit enthalten ist, gebraucht wird, nicht aber ebenso das Adjektiv ruber.

Von den mit rubere zusammenhängenden Adjektiven haben
wir bisher nur ruber besprochen. Was rubicundus anlangt,
so wird dasselbe in etwas beschränkterem Sinne gebraucht. Auf
die Röthe des menschlichen Körpers angewandt bezeichnet
es nicht die Röthe der Scham, des Zorns u. s. w., noch die gepriesene Anmuth des jugendlichen Teints, sondern die Farbe der
derben, kräftigen Gesundheit, wie sie als Folge naturgemäfser
Lebensweise oder des Landaufenthalts zu entstehen pflegt; so
Pacuv. trag. frg. 147 Ribb.: rubicundo colore. Plaut. Pseud.
129: ore rubicundo; Rud. 313: adulescentem rubicundum. Ter.
Hec. 440.[1]) Ov. a. a. III 303: coniunx Umbri rubicunda mariti; med. fac. 13: matrona rubicunda; auch als Folge starker
Erhitzung, Iuv. 6, 245; bei Claud. cons. Stil. II 257 vom personificirten Afrika: calido rubicunda die, wo sich der Begriff der
Röthe durch Erhitzung mit dem rothglühenden Sonnenlichte der
heifsen Zone begegnen. Sonst ist es vereinzelt; von Blut Sen.
Phaedr. 84; vom Getreide Verg. Geo. I 297 (s. oben S. 167);

---

[1]) Hier könnte man allerdings zweifelhaft sein, ob mit rubicundus
nicht etwa »rothhaarig« gemeint ist, da der hier beschriebene zugleich
cadaverosa facie ist, was »von leichenartigem Gesicht« heifsen könnte.
Allein da rubicundus, wo es entsprechend von Menschen gesagt ist,
immer auf das Gesicht, nie auf die Haare geht, so wird das wohl auch
hier nicht anders zu fassen sein, und cadaverosa facie würde daher nicht
auf die Farbe, sondern auf die Magerkeit, nicht auf das Gesicht, sondern auf die ganze Figur gehen.

von Cornelkirschen, corna rubicunda, Hor. Ep. I 16, 8. Calp. ecl. 4, 24; von Priaposstatuen Ov. Fast. VI 319; von rothgefärbten Vorhängen, rubicunda sipara, Sen. Med. 328; von Thongeräth, patella, Mart. XIV 114, 1; von der Morgenröthe Sen. lud. de mort. Claud. 4 v. 28. Hier handelt es sich überall um intensiv rothe Gegenstände; es wird aber auch wie rubens von lebhaft strahlenden Himmelskörpern gebraucht, wie Sen. Phaedr. 755: rubicunda Phoebe; A. L. 550, 4: rubicunda dies; und so bei Lucan. X 274 rubicunda zona, identisch mit zona rubens.

Von rubidus heifst es bei Gell. II 26, 14: est rufus atrior et nigrore multo inustus. Das Wort ist in unserer Litteratur überhaupt sehr selten. In der Poesie finden wir es nur zweimal, und zwar bei Plaut. Cas. 310: pane rubido; und ders. Stich. 228: ampulla rubida. In beiden Fällen scheint der Gebrauch mit der Angabe des Gellius zu stimmen; denn wenn man sich auch nicht gut rothes Brot vorstellen kann, so hat doch grobes Schwarzbrot einen rothbraunen Ton; und die ampulla rubida ist vermuthlich eine mit schwarzem Leder überzogene Flasche, bei der das Leder von der Zeit röthlich oder, wie wir sagen, ›fuchsig‹ geworden ist.[1]

Rubellus, als Deminutiv zu ruber (wie nigellus zu niger) kommt bei Pers. 5, 147 und Mart. I 103, 9 als Attribut für den schlechten Wein von Veji, also in verächtlichem Sinne, vor;[2] rubellulus gebraucht Mart. Cap. V 566 scherzhaft vom Buch-Umbilicus. — Rubeus, was in Prosa nicht selten ist, habe ich nur A. L. 550, 13: rubeis rosetis, gefunden; das mittelalterliche Latein gebraucht die Form dagegen sehr häufig.

---

[1] Weniger stimmt es mit Gellius, wenn bei Suet. Vit. 17 es vom Gesicht des Vitellius heifst: facies rubida plerumque ex vinulentia; hier möchte man eher an einen blaurothen Ton denken.

[2] Nach Plin. XIV 23 war rubellus als Weinfarbe Terminus technicus. Als schlechter Wein erscheint der vejentische auch bei Hor. S. II 5, 143. Mart. II 53, 4; III 49, 1; der gute italienische Wein hat eine dunklere Färbung.

2. Rufus, russus, rutilus.

Bei Gell. II 26, wo von den verschiedenen lateinischen Benennungen der rothen Farbe die Rede ist, werden rufus und russus von ruber in der Bedeutung nicht unterschieden. Quippe qui rufus color, heifst es § 5, a rubore quidem appellatus est, sed cum aliter rubeat ignis, aliter sanguis, aliter ostrum, aliter crocum, aliter aurum, has singulas rufi varietates Latina oratio singulis propriisque vocabulis non demonstrat omniaque ista significat una 'ruboris' appellatione. Und weiterhin: 'russus' enim color et 'ruber' nihil a vocabulo 'rufi' diversi dicuntur neque proprietates eius omnes declarant. Beide Adjektiva, die in ihrem Stamme wohl sicher mit rubere zusammenhängen, sind bei den Dichtern sehr selten. Rufus kommt nur in zweierlei Anwendung vor: für Kleider, Mart. XIV 129, 1: Roma magis fuscis vestitur, Gallia rufis, wo es sich um Canusinae rufae, um die Naturfarbe der Wolle handelt; Priap. 12, 11 stola rufa (wo aber der cod. Laurent. russa hat), vom Kleid einer alten Vettel; und sodann von Haaren, und zwar sowohl von Männern. Plaut. Asin. 400 (rufulus); Pseud. 1218; Capt. 648 (subrufus). Ter. Phorm. 51, als von Frauen, Ter. Heaut. 1061. Mart. II 33, 2; VI 39, 18; XII 32, 4; und zwar bezeichnet es da durchweg ›rothhaarig‹, ohne dafs erst die Haare ausdrücklich genannt werden. Es ist aber damit nicht das röthlich-blonde Haar gemeint, das die Römerinnen so schön fanden, sondern offenbar das fuchsig-rothe Haar, dessen Farbe ohne Leuchtkraft, stumpf und unschön ist. Man darf dies daraus schliefsen, dafs solche Haarfarbe bei Frauen an allen den Stellen, wo wir sie finden, entweder allein oder mit andern Kennzeichen zugleich als Beweis der Häfslichkeit angeführt wird, und dafs bei den Komikern die Männer mit solchen Haaren nur Sklaven sind. Von poetischer Anwendung des Wortes ist also überhaupt nicht die Rede; es ist nirgends als Epitheton ornans im Sinne von roth schlechtweg, sondern jedesmal in bestimmter Absicht und Bedeutung gebraucht, unterscheidet sich also sehr wesentlich von ruber.

Dasselbe ist der Fall mit russus oder russeus. Welche Abstufung des Roth hiermit bezeichnet wird, darf man wohl daraus schliefsen, dafs bei Enn. trag. frg. 250 Vahl. (356 Ribb.) der Schlund des Hahnes (fauces), bei Cat. 39, 19 das Zahnfleisch (gingiva) so genannt wird. Es wäre also darnach ein mattes Fleischroth, und dem widerspricht es nicht, wenn in einem andern Fragment des Ennius Ann. 266 Vahl. es heifst: russescunt frundes (= frondes), denn die Farbe des welken Laubes stimmt mit der oben angegebenen oft überein. Als Farbe der vela im Theater kommt russus bei Lucr. IV 73 vor; sonst war es bekanntlich die Farbe der einen von den vier Parteien der Wettfahrer im Circus, der factio russato, und so kommt es gelegentlich auch bei Dichtern vor, Iuv. 7, 114: russatus Lacerta. Coripp. Iust. I 324. A. L. 371, 5. — Mart. XIV 176 spricht von der Maske eines russus Batavus; im Sinne von »rothhaarig« ist russus sonst allerdings nicht nachweisbar, aber da die Bataver ihr blondes Haar durch ein besonderes Mittel, die spuma Batava (Mart. VIII 33, 20. Plin. XXVIII 191) röthlich färbten (rutilandis capillis, sagt Plin. l. l.), so wird man schwerlich an etwas anderes hier denken können. — Sonst kommt das Wort nur noch an wenigen späten Dichterstellen vor: A. L. 211, 58 vom Rücken einer Heuschrecke (die Flügeldecken mancher Arten sind ziegelroth gefärbt); A. L. 373, 10 und 374, 3 von Spielsteinen, und Orest. trag. 941 von einem Stimmsteine, der (wie sonst der schwarze) den Tod bedeutet.

Ob rutilus ebenfalls zum selben Stamme, wie ruber, gehört, ist zweifelhaft.[1]) Abgesehen vom Adjektivum haben wir

---

[1]) Curtius, Gr. Etymologie S. 252 verweist auf Bugge in Kuhn's Zeitschr. XX 5 ff., der rutilus »vielleicht mit Recht« ganz von diesem Stamm trenne (vgl. S. 420). Kern dagegen, Kuhn's Zeitschr. XXI 241 greift wieder zur Wurzel skr. rudhira zurück, was wegen der Kürze des u ebenso unmöglich ist, wie eine Ableitung von der von Bugge für ruber etc. angenommenen Wurzel rudh, vgl. Froehde ebd. XXII 252. Pott, ebd. XXVI 162, sagt, nach Gleichstellung von ruber, rufus mit ἐρυθρός, rudhira: »Allein hat man den Muth, rutilus (wie pumilus etc.) und russus (aus d + t) trotz ihres Dentals davon zu trennen? Ich dächte, . . . t

auch das Verb. rutilare zu berücksichtigen, namentlich wegen des in adjectiv. Sinne gebrauchten Partic. rutilans. Nur ist hier, umgekehrt wie bei ruber und rubens, das Adjektiv das gewöhnliche und das Partic. seltner. Unter 134 Fällen fallen 109 auf rutilus und nur 25 auf rutilans; und unter diesen sind nur acht aus Dichtern der silbernen Latinität, alle andern aus viel späterer Zeit. Auch sonst ist rutilare nicht häufig: ich habe 15 Fälle notirt, incl. des einmal im Sinne von rutilans gebrauchten Partic. rutilatus (Coripp. Ioh. IV 474). Rutilescere habe ich nur einmal, Mart. Cap. II 123: sacra fulgura cur rutilescant, gefunden.

Was die Bedeutung anlangt, so sagt Gell. l. l. 9: nam 'poeniceus' quem tu Graece 'φοίνικα' dixisti, et 'rutilus' et 'spadix' poenicei συνώνυμος, qui factus e Graeco noster est, exuberantiam splendoremque significant ruboris; im gleichen Sinne, nur noch etwas genauer, drückt sich Varro de l. Lat. VII 83 Müll. aus: quod addit rutilare, id est ab eodem colore (sc. auri); aurei enim rutili, et inde etiam mulieres valde rufae rutilae dictae. Wir haben hier offenbar die ursprünglichste und gewöhnlichste Bedeutung des Wortes bezeichnet, das man daher am besten mit candere, candidus in Parallele setzt. Wie candidus etwas Strahlendes, Leuchtendes bedeutet, dessen Farbenwirkung dem reinen Weifs am nächsten kommt, so ist rutilus ein leuchtendes Roth von metallischem oder feurigem Glanze. Dies findet seine Bestätigung in der Mehrzahl der Fälle, wo wir es bei den Dichtern angewandt sehen; daneben freilich sind einige Anwendungen namhaft zu machen, die auf eine Erweiterung des Begriffes schliefsen lassen.

---

lasse sich lat., indefs nur inlautend, nicht wegleugnen (nämlich als Stellvertreter von altem dh).« Bartholomae, bei Bezzenberger, Beiträge XII 84, sagt: »Ich kann nicht glauben, dafs rutilus ein anderes Wort sein soll, als das altindische rudhira. Dann aber ist es Lehnwort, ebenso wie rufus, und zwar aus dem Etruskischen. Das scheint auch noch wahrscheinlicher, als Kluge's Annahme (Etymol. Wörterb. S. 276), dafs das Indogermanische zur Bezeichnung des Begriffs 'roth' zwei verschiedene Lautkomplexe rudh und rut verwendet habe.« (Ich verdanke diese Nachweise meinem Kollegen Prof. Kaegi).

Was den Menschen betrifft, so werden die Haare öfters dadurch bezeichnet. Allerdings nicht in der Weise, wie bei flavus, canus, rufus, die an sich schon den Sinn der Haarfarbe enthalten und daher ohne weiteren Zusatz zu den Personenbezeichnungen hinzugesetzt werden. Varro spricht zwar von mulieres rutilae, wie man von mulieres rufae spricht; allein es kommt das bei den Dichtern nie vor, dafs ein Mensch direkt rutilus genannt wird im Sinne von ›rothhaarig‹; vielmehr wird überall die Bezeichnung des Haares, dem diese Farbe beigelegt wird, hinzugefügt, also capilli (Ov. met. II 319; ib. 635; VI 715. Dracont. 10, 97. A. L. 452, 1), crines (Seren. Samm. 52. Claud. cons. Stil. I 38), comae (Lucan. X 131. Sil. It. XVI 472. A. L. 50, 10. P. L. M. 12, 26), caput (Plaut. Merc. 306), vertex (Claud. nupt. Hon. et Mar. 242. Coripp. Ioh. IV 474), nodus (Sil. It. IV 202). Wenn Varro diese Haarfarbe als sehr roth bezeichnet, so zeigt andererseits Claud. l. l.: nunc flavam rutilo miratur vertice matrem, dafs dieselbe auch mit dem Blond nahe verwandt ist; es ist offenbar jenes goldrothe Haar gemeint, das sich durch seinen wunderbaren metallischen Glanz auszeichnet und das wir heut noch auf Bildern der venezianischen Schule bewundern. — Gegenüber diesen zahlreichen Fällen sind diejenigen ganz vereinzelt, wo es von der menschlichen Haut gebraucht ist; so spricht Ap. Sid. carm. 2, 325 von rutilantes lacerti, und Maxim. 1, 133 sagt: pro niveo rutiloque prius nunc inficit ora pallor. Häufiger dagegen wird das Blut, das ja im frischen Zustande von leuchtend rother Farbe ist, mit rutilus bezeichnet, Ov. met. V 83. Lucan. I 165; IX 810. Sil. It. IV 251. Stat. Theb. XI 514. Ser. Samm. 370; ib. 649. Auson. XVIII 16, 19. Ap. Sid. 5, 224. Orest. trag. 5; ib. 240; ib. 792. Prisc. carm. 1, 117.

In der Thierwelt finden wir rutilus mehr vereinzelt, aber in mannichfaltiger Anwendung. Von der Mähne eines Pferdes gebraucht es Stat. Theb. VI 301; der Wortlaut: rutilae manifestus Arion igne iubae läfst die Bedeutung eines feurigen Rothbraun (etwa wie unser Goldfuchs) erkennen. Auch die Mähne des Löwen heifst Cat. 63, 83 und Sen. Herc. f. 953 rutila; es zeigt sich hier, wie in andern Fällen, die nahe Verwandtschaft zwischen rutilus und fulvus, da letzteres sonst gewöhnliches Epitheton des Löwen ist (s. oben S. 114). Von Federn der Vögel kommt es nur A. L. 320, 5 (vom Kapaun) vor, sonst von solchen, die mythischen Wesen beigelegt werden, Stat. Theb. V 433. Claud. epithal. Pall. et Cel. 141. Von Fischen, bei denen man an röthlich-glänzende Schuppen zu denken hat, Ov. hal. 107. Auson. Mos. 97 (Ap. Sid. carm. 5, 238 von einem Meerungeheuer); von der Schildkröte Stat. Silv. II 4, 11: domus rutila testudine fulgens, also mit Hervorhebung des Glanzes. Von der Biene sagt Verg. Geo. IV 93: rutilis clarus squamis; dieselbe Gattung wird v. 91 maculis auro squalentibus ardens genannt, womit gold-röthlicher Schimmer genügend bezeichnet ist.

Im Pflanzenreich kommt rutilus von rothen Blumen, vornehmlich Rosen, vor, Ps. Verg. Ros. 33 u. 37. Auson. VIII 92. Ap. Sid. carm. 22, 20. Dracont. 6, 76. P. L. M. 42, I 34; der Akanthus heifst bei Calpurn. ecl. 4, 68 rutilus, womit nur die röthlichen Blüthen desselben gemeint sein können;[1]) ebd. 3, 44 heifst der Bast unter der Rinde des Kirschbaums rutilans liber, offenbar beides im Sinne von röthlich schlechtweg. Von Früchten sind die rothen Beeren des Ebulus zu nennen, Colum. X 10, und die hochrothen Granatäpfel, ebd. 243.

Im Mineralreich kommt vor allem das Gold in Betracht, bei dem das Epitheton rutilus zwar nicht so stehend ist, wie fulvus (oben S. 116), aber immerhin häufig; vgl. Sen. Oed. 138: aureo taurus rutilante cornu. Val. Fl. V 250: rutilant cui vellera (vom goldnen Vliefs); VIII 114: rutila pellis (dgl.). Sil. It. I 477: arma cruento auro rutilantia. Claud. cons. Stil. II 450: rutili, grex aureus, anni; ib. III 230: rutilo auro; r. Pros. I 184 dgl. Dracont. 10, 35: rutilae lanae (vom goldnen Vliefs). Maxim. 5, 119: rutilum aurum. Cor. Iust. II 394: rutili ignes (fulvi

---

[1]) Nach Mittheilung von Hrn. Prof. Cramer hat der in Südeuropa verbreitete Akanthus mollis röthliche Blüthen, deren Roth jedoch kein brennendes ist; bisweilen sind die Blüthen eher als weifs zu bezeichnen. Das grofse, die Blüthe überwölbende Kelchblatt pflegt gegen das Ende hin roth angelaufen zu sein; die dreilappige Unterlippe der Krone dagegen ist intensiver roth oder roth geädert.

auri); ib. IV 105 u. 242. Man sieht, dafs hier an verschiedenen Stellen rutilus oder rutilans den Begriff des Goldes eo ipso
schon in sich enthält; das Gold heifst daher auch schlechtweg
rutilum metallum, Lucan. IX 364. Ap. Sid. carm. 2, 418; ib.
17, 9. Cor. Iust. II 119; auch wenn eine torques so genannt
wird, Calpurn. 6, 43, können wir sie nur für golden halten,
ebenso wie das Gorgonenhaupt an der Aegis bei Claud. gigant.
92 und die Säulen in einer Buntstickerei, ebd. cons. Stil. II 341;
ob auch die Worte Ap. Sid. carm. 22, 200: parietibus posthinc
rutilat quae machina iunctis fert recutitorum primordia Iudaeo-
rum auf Goldstickerei gehen, vermag ich nicht zu sagen. Der
goldhaltige Sand der Flüsse heifst rutila harena bei Iuv. 14, 299.
Claud. Olybr. et Prob. cons. 54. A. L. 530, 11; rutili fontes,
Claud. in Ruf. I 197, daher Boet. cons. phil. III 10, 8: rutilans
ripa, vom Hermus. Aber auch das glänzende Erz bekommt
dasselbe Epitheton: so der Harnisch bei Verg. A. XI 487: rutilus thorax aenis squamis. Val. Fl. VII 620. Coripp. Ioh. IV
461: loricae iubar rutilum; Schilde, Dracont. 2, 26: clipeo
rutilante; ib. 4, 43; vom umbo Ap. Sid. carm. 5, 21; Schwerter, Ap. Sid. 2, 534, und Waffen überhaupt Verg. A. VIII
529: arma rutilare vident. P. L. M. 65, 7: rutila arma; von
ehernen Zierrathen, wie es scheint, Ap. Sidon. carm. 8, 8. In
allen diesen Fällen wird man wohl die Bedeutung des Schimmernden, Leuchtenden, als die wesentlichste, die der Farbe als
zurücktretend betrachten müssen. Anders freilich liegt die Sache
bei Plaut. Rud. 1301, wo es sich um einen rostigen eisernen
Bratspiefs handelt, der blank geputzt werden soll, aber: quanto
magis extergeo, rutilum atque tenuius fit. Hier kann an metallischen Glanz nicht gedacht werden, da ja im Gegentheil das
Putzen nicht den gewünschten Erfolg hat; es mufs also die
stumpfe Farbe des Eisenrostes, die besser durch rufus bezeichnet
zu werden scheint, gemeint sein. Vielleicht ist daher anstatt rutilum zu lesen rubidum.

Von Farbstoffen oder rothgefärbten Gegenständen kommt
es nicht häufig vor, und auch da durchweg spät; so vom Purpur Ap. Sid. carm. 2, 100. Dracont. 8, 205; von Gewändern

Auson. III 5, 5 (7): toga rutilans; Ap. Sid. ep. IX 13, 5 v. 14 sq.:
rutilum toreuma bysso rutilasque ferte blattas; id. carm. 15, 127:
palla Iovis rutilat; von Helmbüschen, Claud. IV cons. Hon.
524; c. m. 30 (48), 50. Ap. Sid. carm. 7, 242; von rothgefärbten Inschriften Claud. cons. Stil. III 348.

Am häufigsten aber tritt rutilus zum Feuer und feurigen Erscheinungen. So zunächst von Flammen, Fackeln u. dgl. Ov.
met. IV 403: rutili ignes; XII 294: flammae; fast. III 285 dgl.
Val. Fl. V 450: venena, von zauberischer Flamme. Sil. It. XVI
119: rutilante vertice, von Haaren, die in Flammen erglühen;
ib. 233: rutilabant aequora flammis. Stat. Theb. IV 5: rutilam
facem. Aus. 8, 50: lampas. Cor. Ioh. IV 1031: flammae; von
himmlischen Lichterscheinungen, vornehmlich vom Blitz, Verg.
A. VIII 430: rutili ignes. Ov. her. 3, 64; met. XI 436. Val.
Fl. VI 56: rutilae alae fulminis; ib. VII 647: rutilum fulmen.
Claud. Manl. Th. cons 11: rutili tractus. Mart. Cap. I 22:
rutilantia fulmina; II 123: fulgura cur rutilescant. Dracont. 10,
349: caelo rutilante. Ganz besonders oft finden wir es .von der
Morgenröthe gesagt; so schon in dem Frgm. des Attius v. 675
(Ribb.): iamque Auroram rutilare procul cerno; ferner Ov. met.
II 112: rutilo ab ortu. Sil. It. I 877: rutilus sonipes, von den
Rossen der Aurora. Mart. Cap. VI 585: rutilus orbis, vom Mor-
genhimmel; ebenso A. L. 139, 47. Ap. Sid. carm. 2, 418: domus Aurorae rutilo crustante metallo. Dracont. 10, 102: rutilans Aurora. A. L. 543, 9: rutilo ab ortu. Coripp. Ioh. I 314:
claro rutilante lampade caelo; daher denn auch vom Morgenstern (Lucifer, Eous), Ps. Verg. Ros. 45. Auson. II 3, 12 (58).
Dracont. 10, 471. Coripp. Ioh. I 509, und von der aufgehenden Sonne, Lucan. V 541: sol non rutilas diduxit in aequora
nubes. Sil. It. XII 648: attollens rutilantem lampada Titan. P.
L. M. 59, 58: solis rutilum iubar; 65, 26: rutilo lumine. Boet.
cons. phil. I 2, 17; seltner von der untergehenden, Verg. Geo.
I 454: sin maculae incipient rutilo inmiscerier igni, und darnach A. L. 196, 23. Indessen wird es auch von der Sonne an
sich, ohne Rücksicht auf das bei Auf- oder Untergang entstehende
rothe Licht derselben gebraucht, sowie vom Aether, vom Himmel,

vom Tage, wenn auch in diesem verallgemeinerten Sinne erst in
späterer Dichtung, Auson. VII 8, 27: rutilantia flammis castra;
id. Mos. 16: rutila aethra. Claud. III cons. Hon. 169: rutilae
fores; id. r. Pros. II 192: rutili axes. Ap. Sid. carm. 6, 22:
rutilus polus; 7, 405: rutilus axis. Dracont. 10, 501: rutila
aethra. Coripp. Iust. I 100: rutili solis; ib. II 17: rutilis radiis;
id. Iust. IV 252. Orest. trag. 682: rutilus dies. P. L. M.
58, 6, 3: dies rutilat tertia Martis honore; Boet. cons. phil. IV
6, 6. Endlich finden wir es auch von Sternen gebraucht, und
zwar nicht blos vom Sirius, dessen Licht Cic. Arat. 107 rutilum
lumen nennt, sondern auch von andern, ebd. 322: rutilo conlu-
cens corpore Virgo; ebd. 412: rutila fulgens pluma Ales. Germanic. Arat. frg. 4, 78: Phrixea rutilo pecudis astro. Colum.
X 290: rutilus Pyrois. Mart. Cap. VIII 808: rutila signa. Ap.
Sid. carm. 7, 37: rutilantia sidera. Coripp. Iust. III 182 dgl
Wollte man nun auch bei einigen der hier genannten Sterne rothes Licht annehmen (Plin. II 79 spricht dem Mars igneus color
zu), so geht es doch nicht bei allen und wo von Sternen schlechtweg die Rede ist, rutilus oder rutilans im Sinne von rothleuch-
tend zu verstehen, so wenig wie der Tageshimmel oder der
Aether schlechtweg so genannt werden könnte; es wird also in
den meisten dieser Fälle rutilare sich zu der Bedeutung eines
intensiven Leuchtens überhaupt verallgemeinert haben.

Demnach würden wir denn zu dem Resultate kommen, dafs
rutilare resp. rutilus ursprünglich ein metallisches oder feuriges
Glänzen oder Leuchten mit rother Färbung bedeutete; dafs bisweilen, und zwar in guter Latinität, daraus die Bedeutung des
Leuchtens schwindet und die der rothen Farbe allein übrig bleibt,
während andrerseits, und zwar anscheinend vornehmlich in der
späten und der christlichen Latinität, der Begriff der rothen Farbe
verloren geht und die Bedeutung des Leuchtens oder Strahlens
allein zurückbleibt. In wie hohem Grade dies der Fall war,
zeigt eine noch nicht angeführte Stelle Ap. Sid. carm. 7, 154,
wo es vom Avitus heifst: rutilat cui maxima dudum stemmata
complexum germen; hier wird also rutilare von der Abstammung,
die eihe glänzende ist, ausgesagt.

3. Purpureus.[1]

Wenn es sich bei den bisher betrachteten Farbenbezeichnungen für Roth um solche handelte, bei denen die Bedeutung
der Farbe dem Stamm als solchem ursprünglich innewohnt, so
haben wir nunmehr eine Reihe von andern Epitheta zu besprechen, bei denen die Farbenbedeutung abgeleiteter Art ist, indem
sie entweder einen rothen Farbstoff bezeichnen oder von Vergleichung mit rothen Gegenständen entnommen sind.   Unter den
ersteren verdient vor allem purpureus eine eingehendere Behandlung.[2]   Das Epitheton ist bei den Dichtern sehr gewöhnlich;
und zwar ist es verhältnifsmäfsig am häufigsten bei den Dichtern
der klassischen Periode zu finden, während die spätere Poesie
davon spärlicheren Gebrauch macht.   Die Adjektivform ist die
Regel; das Subst. purpura kommt daneben zwar auch in der
Bedeutung ›Purpurfarbe‹ (nicht als Farbstoff) vor, aber seltner;
und sehr vereinzelt ist das Verb. purpurare, meist im intransi-
tiven Sinne (Pervig. Ven. 13.   Colum. X 101.   Mart. Cap. II
21, 9), einmal auch transitiv im Sinne von ›purpurn färben‹
(Furius b. Gell. XVI 11, 4).

Was nun seine Bedeutung anlangt, so ist purpureus eine eben
so schwer zu beurtheilende, ebenso mannichfaltig erklärte Farbenbezeichnung, wie das griech. πορφύρεος.[3]   Bei letzterem hängt

---

[1] Vgl. Lucas S. 202. Jacob S. 70. Marg S. 3.

[2] Ich glaube nämlich, dafs man berechtigt ist, purpureus in diesem Sinne zu fassen, obgleich πορφύρεος allem Anscheine nach nicht
von dem Färbestoff des Purpurs entnommen ist, sondern ursprünglich
eine Farbe bezeichnete und jener erst darnach benannt worden ist (vgl.
über die Ableitung des Wortes von πορφύρω Lucas p. 152 ff. Curtius,
Gr. Etymol. S. 303).   Die Römer aber haben ihr purpureus, purpura,
von den Griechen übernommen, und zwar zu einer Zeit, da man in erster
Linie den bekannten Färbstoff des Meerpurpurs darunter verstand; wenn
also purpureus im weiteren Sinne von ›purpurroth, purpurfarben‹ auch
von solchen Dingen gebraucht wird, die von Natur roth sind, so ist das
entsprechend dem Gebrauche von luteus, croceus u. ä.

[3] Vgl. über dieses aufser Lucas a. a. O. auch Veckenstedt, Griech.
Farbenlehre S. 85 u. 158. W. Jordan in den N. Jahrb. f. Philol. Bd. 113
S. 164, um von älteren Litteraturnachweisen abzusehen.

das damit zusammen, dafs man schon in den Anfängen der griech. Litteratur, bereits bei Homer, das Wort πορφύρεος zwar einerseits in der bestimmten Bedeutung der Purpurfarbe, also des Rothen, findet, andrerseits aber es verschiedentlich auch in solcher absonderlichen Anwendung vorkommt, dafs nicht nur eine bestimmte Nüance des Roth, sondern die Bedeutung der rothen Farbe überhaupt unmöglich ist und entweder eine ganz andere Farbe oder überhaupt gar keine bestimmte Farbe damit gemeint zu sein scheint. So gebraucht Homer πορφύρεος zwar von Kleidern, Decken u. dgl., ferner vom Blut, vom Regenbogen, aber auch vom Meer, von Wolken, vom Tode: und ganz ähnlich ist der Gebrauch, den die römischen Dichter von purpureus machen, nur zweifellos in viel weniger ursprünglicher Weise. Vielmehr ist es wohl sicher, dafs die römischen Kunstdichter, ebenso wie sie bei der Anwendung von caeruleus gleich κυάνεος, von glaucus gleich γλαυκός, ihre griechischen Vorbilder in Epos und Lyrik nachahmen, ebenso im Gebrauch von purpureus vielfach nicht der Sprache des täglichen Lebens folgen, sondern ihren griechischen Mustern. — Wir betrachten nun zunächst die poetische Verwendung von purpureus in der gewohnten Reihenfolge.

Schon ein allgemeiner Ueberblick über die einschlägigen Stellen zeigt, dafs in weitaus den meisten Fällen, wo purpureus gesetzt ist, nach poetischem Sprachgebrauch ebenso gut auch rubens oder ruber stehen könnte, dafs also die Bedeutung des Rothen die gewöhnliche ist. Beim Menschen ist es vornehmlich gebräuchlich vom Roth der Haut, wie es schönen jugendlichen Körpern beider Geschlechter eigen ist, zumal in jener so oft von den Dichtern gepriesenen und von uns schon besprochenen (s. oben S. 21 fg.) Mischung mit zartem Weifs. In diesem Sinne steht es theils vom Körper überhaupt, wie Ps. Tib. III 4, 30: color in niveo corpore purpureus, theils vom Gesicht, Verg. A. XI 819: purpureus color ora reliquit. Sen. Phaedr. 384: ora tingens purpureus rubor. Stat. Ach. I 161: niveo natat ignis in ore purpureus, und nachahmend Dracont. 2, 67; ib. 297: roseo flammatur purpura vultu; Theb. VIII 148: purpureus vultus. A. L. 269, 9: purpureus flos vultu non pingit

Iacchum; ib. 369, 3: purpureum ruborem, oder speciell von den Wangen, Ov. am. I 4, 22. Stat. Theb. I 538. Nemes. ecl. 2, 80. Auson. IV 23, 16; im selben Sinne wird man Verg. A. I 590: nato genetrix lumenque iuventae purpureum et laetos oculis adflarat honores, auffassen, und es heifst den Gedanken des Dichters verflachen, wenn man, wie Serv. z. d. St., dem Jacob p. 71 u. a. folgen, hier purpureum lediglich im Sinne von ›schön, strahlend‹ fafst. Auch vom Erröthen, namentlich der Scham, wird es gebraucht, Ov. tr. IV 3, 70: purpureus in ore rubor. Claud. r. Pros. I 271: niveos infecit purpura vultus; und daher wird auch die Scham selbst geradezu purpureus pudor genannt, Ov. am. I 3, 14; II 5, 34, womit met. III 183 ff. zu vergleichen, wo das Erröthen der nackt erblickten Diana mit dem purpurnen Morgenroth verglichen wird; ferner Stat. Theb. II 231. Fraglicher ist die Bedeutung einiger Stellen, wo purpureus von andern Körpertheilen gebraucht wird. Wenn bei Ov. her. 14, 51 Hypermnestra von sich selbst sagt: purpureos laniata sinus, so wird man da kaum an etwas anderes als an die rosige Farbe des Busens zu denken haben; und dasselbe dürfte der Fall sein, wenn Fast. V 28 die personificirte Maiestas als purpureo conspicienda sinu geschildert wird; wenn aber bei Pers. 3, 41 es vom Schwert des Damokles heifst: purpureas super cervices terruit, so hat man hier (mit Jahn) sicherlich nicht an die Fleischfarbe zu denken, sondern purpureus in dem auch sonst bei Dichtern häufigen Sinne von ›purpurbekleidet‹ zu fassen, da ja Damokles in jener Situation mit königlichen Gewändern bekleidet war.

An verschiedenen Stellen bei Ovid wird Amor purpureus genannt: am. II 1, 38; ib. 9, 34; a. a. I 232 (rem. am. 701 werden seine Flügel so bezeichnet). Diese werden von manchen Erklärern und Lexikographen den Stellen beigerechnet, welche für purpureus die allgemeine Bedeutung ›strahlend‹ ohne Farbenbeziehung erweisen sollen. Allein es ist wohl ebenso zulässig, das Epitheton hier auf das zarte Roth des Götterknaben zu beziehen, wobei wir denn freilich, eben so wenig wie in den andern Fällen, an das tiefe Roth zu denken haben, welches wir heut Purpur nennen, sondern an den sanften Ton, den wir gern als ›rosig‹ bezeichnen;[1]) so ist ja auch Aphrodite als Göttin der Schönheit bei den Griechen πορφυρέη (Anacr. frg. 2, 3 Bergk), was man sicherlich nicht in dem übertragenen Sinne zu deuten hat, wie wenn sie sonst die ›goldene‹ heifst.

Mund und Lippen werden auch bei den modernen Dichtern gern purpurn genannt; entsprechende Stellen bei römischen Dichtern sind Catull. 45, 12. Hor. Carm. III 3, 12.[2]) Ov. am. III 14, 23. A. L. 114, 6. — Gewöhnliches rothes Haar wird nicht durch purpureus bezeichnet, so wenig wie jenes goldblonde, als dessen Epitheton wir rutilus gefunden haben;[3]) nur die mythischen rothen Locken des Nisus kommen bei den Dichtern als purpurn vor (Verg. Geo. I 405. Ps. Verg. Cir. 52. Tib. I 4, 63. Ov. a. a. I 331; rem. am. 68; met. VIII 80. Stat. Silv. III 4, 84; Theb. I 34 heifst sogar deshalb Nisus selbst purpureus senex), und da hat man, da es sich um etwas ganz Absonderliches handelt, sich ein intensives Roth vorzustellen, wie es in der Natur nie bei Haaren vorkommt. So hat auch bei Cor. Iust. I 35 eine himmlische Erscheinung purpureas comas.

Wenn demnach an den bisher besprochenen Stellen überall der Begriff der rothen Farbe, wenn auch in verschiedenen Nüan-

---

[1]) So fafst es auch Marg p. 7.

[2]) Die Worte des Horaz, der vom vergötterten Augustus sagt: purpureo bibit ore nectar haben freilich sehr wunderliche Deutungen erfahren; man hat u. a. die Röthe des Mundes als durch den angeblich rothen Nektar hervorgerufen bezeichnet. Manche Erklärer fassen ore nicht als Mund, sondern beziehen es auf das ganze Gesicht und übersetzen es dann wiederum als ›strahlend‹, vgl. Jacob p. 72. Allein wenn vom Trinken die Rede ist, so denkt man doch vor allem an den Mund, und nicht an das ganze Gesicht. Bentley erinnert an das frg. des Simonides (bei Bergk 72): πορφυρέου ἀπὸ στόματος ἱεῖσα φωνὰν παρθένος.

[3]) Marg S. 5 führt allerdings Sil. It. VII 446 als Beweis dafür an, dafs auch gewöhnliche Haare purpurn genannt werden: Ast alius nivea comebat fronte capillos Purpureos, alius vestis religabat amictus; und er meint, man habe darunter entweder blonde oder blauschwarze zu verstehen. Allein die Verse sind offenbar anders abzutheilen, nämlich: capillos, Purpureos alius etc., so dafs purpureos nicht zu capillos, sondern zu amictus gehört.

cen und darunter wohl auch in solchen, die man im gewöhnlichen Leben und in der Prosa nicht durch purpureus zu bezeichnen pflegte,[1] zu Recht besteht, so ist das dagegen nicht möglich
bei Val. Fl. III 178, wo es von einem Sterbenden heifst: en
frigidus orbes purpureos iam somnus obit. Auch hier wird von
Jacob p. 77 mit der Erklärung des Strahlenden ausgeholfen; und
auch Marg p. 6, welcher sonst dagegen ist, von dieser Bedeutung
allzu ausgedehnten Gebrauch zu machen, läfst sie in gewissem
Sinne hier gelten, indem er daran erinnert, die Augen hiefsen
bei Dichtern auch ardentes, ignei, flammei, und in diesem Sinne
könnten sie hier purpurei genannt sein. Aber diese Epitheta
bilden keine entsprechende Parallele; sie enthalten sämmtlich eine
Andeutung des feurigen Blickes, wovon in purpureus an sich
ja nichts liegt. Ich glaube, dafs wir mit einer einfacheren Erklärung hier auskommen. Dem Dichter hat höchst wahrscheinlich der πορφύρεος θάνατος des Homer (Il. V 83; XVI 334;
XX 477) vorgeschwebt,[2] und er hat das Epitheton des Todes
mit einer bei Dichtern nicht ungewöhnlichen Freiheit auf die im

---

[1] Das war auch bei dem poetischen Gebrauch von πορφύρεος der
Fall, wie uns die bekannte Anekdote vom Sophokles bei Ath. XIII 604 B
zeigt. Es geht nämlich daraus hervor, dafs Ausdrücke wie πορφυρέαι
γνάθοι bei Phrynichos, πορφύρεον στόμα bei Simonides, ebenso unmal-
bar sind, wie der χρυσοκόμας Ἀπόλλων oder das Epitheton ῥοδοδάκτυλος.
Die Purpurfarbe in der Malerei hatte also keine solche Nüance, wie
das zarte Fleischroth.

[2] Weshalb freilich Homer dem Tode dies Epitheton gegeben hat,
ist eine vielfach behandelte und verschiedentlich beantwortete Frage,
auf die hier näher einzugehen uns zu weit führen würde. Am wahr-
scheinlichsten ist wohl die Angabe der Schol. ad Hom. Od. II 428, dafs
πορφύρεος so viel ist, als μέλας; nach Eustath. ad Il. p. 116, 15 sind
πορφύρεος, κυάνεος und οἰνωπός nur διαφοραί μελανίας, Nüancen der
schwarzen Farbe, von denen vermuthlich κυάνεος nach der Seite des
Blau, οἰνωπός nach der Seite des Roth und πορφύρεος nach der Seite
des Violett hin fallen. Dafs übrigens auch die Alten sich über den
»purpurnen Tod« den Kopf zerbrachen, zeigt die Anekdote bei Plut. de
lib. educ. p. 11 B, wonach der Sophist Theokrit, als Alexander d. Gr. eine
Steuer zur Beschaffung von Purpurgewändern für seinen Triumph aus-
schrieb, witzig sagte: πρότερον μὲν ἠμφισβήτουν, νῦν δὲ ἥσθημαι σα-
φῶς ὅτι ὁ πορφύρεος Ὁμήρου θάνατος οὗτός ἐστι.

Tode brechenden Augen übertragen; wenn wir also den »purpurnen Tod« im Sinne des »dunkeln« fassen, so würden die purpurei orbes »die verdunkelten Augensterne« bedeuten.[1])

Ein häufiges Epitheton ist purpureus beim Blute, purpureus sanguis, Hor. C. II 12, 3. Ov. tr. IV 2, 6. Sil. It. IV 168. Stat. Silv. II 1, 41; Theb. IX 883; oder in andern Umschreibungen und Verbindungen Ov. met. XII 111; XIII 395; tr. VI 566. Senec. Ag. 215. Val. Fl. III 107. Auson. VIII 90. Coripp. Ioh. IV 1012; VI 81; ib. 343. Damit hängt es zusammen, wenn die Seele in gewissen Verbindungen purpurea anima heifst; Verg. A. IX 349: purpuream vomit animam geht natürlich, wie bei Hom. hymn. in Apoll. 361 λεῖπε δὲ θυμὸν φοινὸν ἀποπνείουσα, auf das dem Munde entströmende Blut, mit dem zugleich die Seele entflieht;[2]) nachgeahmt ist die Stelle in der Il. Latina 365; vgl. Coripp. Ioh. IV 958; VI 637.

In der Thierwelt ist dagegen purpureus sehr selten. Wenn Claud. laus Seren. 73 es von der Farbe von Schaffellen gebraucht, so meint er damit nicht etwa die nicht gerade dem Purpur zu vergleichende rothbraune Naturfarbe mancher Schafarten, sondern er erzählt in dichterischer Uebertreibung ein Wunder, welches sich bei der Geburt der gefeierten Dame in ihrer spanischen Heimat zugetragen habe: Callaecia risit floribus et roseis formosis Duria ripis Vellere purpureo passim mutavit ovile; ein Wunder, welches selbstverständlich ebenso erfunden ist, wie die weiterhin erzählten, der westliche Ocean habe Perlen an's Land geworfen, das Gold sei aus den unterirdischen Minen von selbst an's Tageslicht gekommen u. s. w. Ebenso sind die purpurnen Tauben am Gespann der Venus, bei Claud. epithal.

---

[1]) Aehnlich würde man vermuthlich es zu verstehen haben, wenn bei Claud. IV cons. Hon. 97: purpureos merito placavit sanguine manes zu lesen wäre. Aber ich halte hier die Conjectur Schraders: purpureo meritos für ungemein überzeugend, da für die bleichen Schatten der Unterwelt purpureus doch gar zu wenig passend erscheinen will.

[2]) Was Ladewig z. d. St. als Parallele anführt, Val. Fl. III 105 (vielmehr 106): compressaque mandens Aequora purpureum singultibus exspuit auram ist eine ältere, jetzt aufgegebene Lesung, an deren Stelle es heifsen mufs: expulit hastam.

Pall. et Cel. 104[1]) und Dracont. 6, 75 lediglich poetische Erfindung; denn an rothe Federn gewöhnlicher Tauben kann der Dichter schwerlich gedacht haben, während Tauben mit Purpurgefieder seine Phantasie ebenso gut wie die eines Malers dem Gespann der Venus leihen durfte. — Anders liegt die Sache, wenn es bei Ov. met. XIV 393 vom Specht, der vor seiner Metamorphose König Picus war, heifst: purpureum chlamydis pennae traxere colorem. Natürlich sind nicht Federn von der Purpurfarbe der königlichen Gewänder gemeint, sondern der Dichter leitet die rothbraune Farbe der Federn des Rothspechts von der Verwandlung aus der purpurrothen Chlamys her. Völlig passend hinsichtlich der Farbennüance steht purpureus bei Ps. Verg. Cir. 103: purpureae conchae, da ja wirklich Meermuscheln von herrlichem Purpurroth vorkommen; und endlich sind noch die purpureae guttae zu nennen, mit denen bei Auson. Mos. 88 die Forelle geziert ist.

Sehr gewöhnlich ist dagegen purpureus wiederum bei den Blumen. Vor allen Dingen setzen es die Dichter gern zu den Rosen, Hor. C. III 15, 15. Verg. Cul. 399; Copa 14. Nemes. ecl. 2, 48. Symphos. 148. Drac. 10, 160. P. L. M. 53, 35; ib. 60, 14. A. L. 420, 58; von anderen Blumen sind zu nennen Narzissen, Verg. ecl. 5, 38[2]); Hyacinthen, Ov. met. X 213. Manil. V 257; Mohn, Prop. I 20, 38; dunkle Violen, Verg. Geo. IV 275: violae purpura nigrae. Colum. X 101.‘ Claud. laus Ser. 92[3]); die Blüthen der Mandel, Priap. 51,13; amygdalum flore purpurae fulgens, des Apfelbaums, German. Arat. frg. 4, 4: poma purpureo nascentia flore; und der Cinara, einer Art Artischocke, Col. X 237[4]); oder sonst Blu-

---

[1]) Vofs, mythol. Briefe II[2] 105, erklärt hier purpureus nur vom »blendenden Glanze«.

[2]) Wahrscheinlich die weifse Narcisse, Narcissus poeticus L., deren Beikrone purpurnen Saum hat, vgl. Plin. XXI 25: huius alterum genus flore candido, calyce purpureo.

[3]) Bei Diosc. IV 120 ἴων πορφυροῦν genannt, bei Plin. XXI 27 viola purpurea.

[4]) Die Gattung heifst bei Plin. XX 262 carduus, ebd. wird deren flos purpureus erwähnt.

men im allgemeinen, ohne nähere Angabe der Gattung. Verg.
Geo. IV 54; Aen. V 79: VI 884: IX 435. Ps. Verg. Dir. 21;
Lyd. 67; Roset. 26 u. 28. Ov. Fast. V 363. Stat. Silv. III
3, 130. Pervig. Ven. 19. Nemes. ecl. 2, 22. Auson. VI 3, 5.
Claud. nupt. Hon. et Mar. 298. A. L. 138, 33; ib. 420, 38
u. 55.[1]) Wenn nun der Frühling bei Verg. ecl. 9, 40. Ps.
Tib. III 5, 4. Colum. X 256 ver purpureum heifst, und ähnlich
im Pervig. Ven. 13 vom purpurans annus die Rede ist (ipsa, sc.
Dione, gemmis purpurantem pingit annum floridis, Codd. floribus), so erscheint es (auch im Vergleich mit Stellen wie Stat.
Silv. III 3, 130: verna novis expirat purpura pratis) wiederum
ganz und gar nicht geboten, hier mit Jacob, Ladewig u. a. jede
Beziehung auf die Farbe abzulehnen und die Bedeutung ›strahlend‹ anzunehmen; haben wir doch auch ver rubens gefunden
(s. oben S. 166). Und so dürfen wir wohl auch mit Sicherheit
annehmen, dafs bei Ov. a. a. III 687 die purpurei colles floren-
tis Hymetti nicht deswegen purpurei heifsen, wie Jacob meint,
weil sie bei abendlicher Beleuchtung in zauberhaftem Purpurdufte
liegen, sondern wegen der Blumen, mit denen sich der Hymettos
im Frühjahr schmückt. Vgl. Boet. cons. phil. I 6, 7: purpureum
nemus, mit Beziehung auf dort wachsende Veilchen.

Von Früchten finden wir es bei Feigen, Colum. X 415:
purpureae Chelidoniae, was uns, wie bei Veilchen und Hyacinthen, auf eine rothblaue, dunkle Färbung führt;[2]) und ähnliche
Bedeutung hat es in der sehr häufigen Verbindung mit Weintrauben, Lucil. frg. 1181k. Hor. C. II 5, 12; ep. 2, 20.
Verg. Geo. II 95. Ov. met. III 485; XIII 814. Mart. VIII
68, 3. Nemes. ecl. 4, 48; so auch Sil. It. VII 195 vom Bacchus: nitentem lumine purpureo frontem cinxere corymbi; und
in poetischer Freiheit auf die Reben übertragen bei Ov. met.
VIII 676: de purpureis collectae vitibus uvae. Man hat dabei
nicht an unsere dunkelblauen Trauben zu denken, sondern sicher-

---

[1]) Weshalb Jacob l. l. von diesen Stellen sagt: non de certo colorum genere est cogitandum, ist mir völlig unerfindlich.

[2]) Philem. b. Ath. XIV p. 652F bezeichnet dieselben als *ἐρυθρο-
μελαίνας ἰσχάδας*.

lich an die röthlichen, die im Süden so gewöhnlich sind; und eben dieselbe Farbe hat auch der junge Most, Prop. IV 16 (III 17), 17. Ov. Fast. IV 780. Nemes. ecl. 3, 45, oder der Saft der Beeren an sich, Ov. a. a. II 316: purpura subrubet uva mero, während der Wein selbst niemals purpureum genannt wird.

Auch im Mineralreich finden wir eine Bestätigung dafür, dafs purpureus häufig einen speciell violetten Farbenton bedeutet. So steht es beim Amethyst, Ov. a. a. III 181. Prisc. carm. 2, 1022, dessen Farbe entschieden violett ist; ferner vom numidischen Marmor, Stat. Silv. I 5, 36: flavis Nomadum decisa metallis purpura, wobei die röthlichen Adern des gelben Marmors[1]) gemeint sind; ebenso werden die violetten Streifen des synnadischen Marmors durch purpureus bezeichnet, Stat. Silv. II 2 89: candida purpureo distinguitur area gyro. Claud. in Eutr. II 272: purpureis caedunt quod Synnada venis.[2]) Was aber bei den purpureae columnae, Claud. in Rufin. II 135, oder an andern Stellen, wo nur allgemein ein purpurner Stein genannt wird, wie Lucan. X 116. Ap. Sid. carm. 22, 141: quae pendet purpura saxo, für eine Steinart gemeint ist, das läfst sich nicht mit Bestimmtheit sagen; es könnte ebenso gut rother Porphyr oder Granit, wie etwa Rosso antico sein; eine der vorhergenannten Arten deswegen nicht, weil bei diesen purpureus nur auf die Zeichnung oder die Adern des Steines geht, während die Grundfarbe derselben gelb resp. weifs ist.

Die sehr grofse Menge von Stellen anzuführen, wo purpureus oder purpura von der Kleidung, d. h. von Purpurgewändern steht, halte ich für durchaus überflüssig und enthalte mich einer solchen Aufzählung; denn für uns handelt es sich bei der vorliegenden Untersuchung im wesentlichen um den poetischen Gebrauch der Farbenbezeichnungen, und hierzu kann man purpureus, sobald es wirklich purpurgefärbte Kleider und nicht eine Uebertragung auf ungefärbte, von Natur farbige Dinge angeht, nicht rechnen. Nur das darf als poetischer Gebrauch bemerkt

---

[1]) Es ist der heutige Giallo antico, s. meine Technologie III 54.
[2]) So auch Plin. XXXV 3: at purpura distingueretur Synnadicus.

werden, ohne dafs wir dazu die reichliche Zahl der Belegstellen anzuführen brauchten, dafs purpureus in diesem Sinne auch von Personen gebraucht wird, welche Purpurtracht tragen, also in der Bedeutung »purpurbekleidet«. Immerhin mögen einige Stellen namhaft gemacht werden, wo purpureus von gewerblichen Erzeugnissen gebraucht ist, bei denen man theils an wirkliche Purpurfärbung zu denken hat, theils nur allgemeine Farbenbezeichnung darin sehen kann. So von Binden und Kopfbedeckungen, Ps. Verg. Cir. 511. Ov. met. XI 181; Kothurnen, Verg. A. I 337. Cor. Iust. II 104; Helmbüschen, Verg. Aen. IX 163; X 722; Halftern, Ov. met. X 125; Betten, Ov. am. I 14, 20; her. 5, 88; ib. 12, 52; Friesdecken für Tische, Lucil. frg. 517. Hor. S. II 8, 11; Segeln, Ov. met. X 596. Auch von Büchern kommt es vor, da bei diesen Purpurpergament als Futteral, später auch für die Schrift zur Verwendung kam, Ov. tr. I 1, 5: nec te purpureo valent vaccinia fuco. Stat. Silv. IV 9, 7. A. L. 175, 2. Von der Schminke gebraucht es Ov. a. a. III 269, aber natürlich im Sinne der Farbe, nicht des Stoffes, da Purpur nicht zur Schminke benutzt wurde.

Sehr gewöhnlich ist sodann purpureus, wie fast alle rothfarbigen Bezeichnungen, für die Morgenröthe und die derselben beigelegten Personificationen oder Attribute, vgl. Cat. 64, 275. Tib. I 4, 29. Ov. am. I 13, 10; met. II 113; III 184; VI 47; trist. I 2, 27; Fast. VI 252. Eleg. in Maec. 126. Lucil. Aetn. 334. Stat. Theb. III 441. Nemes. ecl. 2, 75. Auson. III 6, 4. Claud. r. Pros. I 221. Mart. Cap. II 219; IX 912. Cor. Iust. II 1. A. L. 273, 2; auf die Abendröthe geht nur die einzige Stelle Ov. Fast. II 74. Wir haben nun schon bei ruber und rutilus die Verallgemeinerung der Bedeutung gefunden, welche es den Dichtern erlaubt, auch der Sonne an sich, in ihrem gewöhnlichen Lichte und ohne Beziehung auf das rothe Licht beim Auf- und Niedergehen, diese Epitheta der Aurora beizulegen; und dasselbe ist auch bei purpureus der Fall, welches wir, wenn auch nur vereinzelt, als Attribut der Sonne oder ihres Lichtes, wie Verg. A. VI 640. Ov. her. 4, 160. Auson. VII 8, 16. A. L. 307, 24; ib. 543, 38, des Lichtes, auch der Sterne, über-

haupt (wobei man an Schillers »es freue sich, wer da athmet
im rosigen Licht« erinnern kann), Val. Fl. I 573. Ps. Verg.
Cir. 37. Stat Silv. V 1, 256, des Himmels, Aus. Mos. 13,
des Tages, Ov. Fast. III 518. Sen. Herc. Oet. 1843, finden.
In diesen Fällen liegt also in der That die, wie wir gesehen haben, von manchen Erklärern auch an andern Stellen angenommene Bedeutung des Strahlenden, Glänzenden vor; hier erklärt
sie sich aber auch am leichtesten, da eben das Sonnen- oder
Tageslicht am meisten nach der Seite des Gelb oder Roth neigt.
Vermuthlich muſs man auch eine Stelle bei Claud. in Ruf. II
176: lateque videres surgere purpureis undantes anguibus hastas,
so erklären; die im Sonnenlicht schimmernden zahllosen Lanzen-
spitzen des Heeres gleichen glitzernden Schlangen. — Wenn
der Regenbogen auch einmal der purpurne heiſst, Prop. IV 4
(III 5), 32, so stimmt das damit überein, daſs wir demselben
auch anderweitig bei rother Farbenbezeichnung begegnet sind (s.
oben S. 173); und da purpureus, wie wir sahen, im speciellen
auch ein violettes Roth bezeichnet, so erscheint es für diese
Naturerscheinung nur um so geeigneter. Hingegen wird purpureus vom Monde nicht schlechtweg gesagt, da das Röthlich-
strahlende dem nicht entsprechen würde, sondern nur, wenn
es sich um ungewöhnliches Aussehen desselben handelt, wobei
er röthliches Licht hat, bei Zauberei, Ov. am. I 8, 12 (cf. II 5,
38) oder bei nahendem Sturm, Colum. X 288: Borea Phoebe
purpureo radiat vultu; P. L. M. 39, 17.

Eine viel behandelte Frage ist das purpurne Meer, welches
die römischen Dichter ebenso kennen, wie die griechischen; und
zwar heiſst es so nicht bloſs, wenn Sturm die Wellen aufregt,
wie Furius ap. Gell. XVIII 11, 4: spiritus Eurorum viridis cum
purpurat undas, sondern ganz allgemein, Verg. Geo. IV 373.
Prop. III 21 (II 26), 5. Val. Fl. III 422. Auson. Mos. 427;
ib. 467. P. L. M. 32, 6. A. L. 108, 2. Meiner Meinung nach
haben wir darin eine Entlehnung aus der griechischen Poesie zu
sehen;[1] und was in dieser das purpurne Meer, das wir bekannt-

---

[1] So ist auch die »purpurne Finsternifs« in Schillers Taucher
zweifellos nur klassische Reminiscenz.

lich bereits bei Homer finden, zu bedeuten habe, darüber gehen
die Meinungen der Erklärer sehr auseinander. Indessen die Mehrzahl kommt doch darin überein, dafs es sich dabei nicht schlechtweg um ein Glitzern oder Schimmern des Meeres handelt, sondern dafs damit wirklich eine bestimmte Färbung gemeint ist.
Goethe sagt (Farbenlehre § 57): »Die Purpurfarbe an dem bewegten Meere ist auch eine gesonderte Farbe. Der beleuchtete
Theil der Wellen erscheint grün in seiner eigenen Farbe, und
der beschattete in der entgegengesetzten purpurnen. Die verschiedene Richtung der Wellen gegen das Auge bringt eben die Wirkung hervor«. Schon die Alten fafsten das Epitheton purpurn
beim Meer im Sinne einer wirklichen Farbe; vgl. Aristot. de color 2 p. 792 A, 20: φαίνεται δὲ καὶ ἡ θάλαττα πορφυροειδής,
ὅταν τὰ κύματα μετεωριζόμενα κατὰ τὴν ἔγκλισιν σκιασθῇ·
πρὸς γὰρ τὴν ταύτης κλισμὸν ἀσθενεῖς αἱ τοῦ ἡλίου αὐγαὶ
προσβάλλουσαι ποιοῦσι φαίνεσθαι τὸ χρῶμα ἁλουργές. Cic.
Acad. pr. II 33, 105: mare illud, quod nunc Favonio nascente
purpureum videtur, idem huic nostro videbitur, nec tamen ad-
sentietur, quia nobismet ipsis modo caeruleum videbatur, mane
ravum, quodque nunc, qua a sole conlucet, albescit et vibrat,
dissimile est proximo et continenti; cf. frg. Acad. post. ap. Non.
p. 162: quid? mare nonne caeruleum? at eius unda, cum est
pulsa remis, purpurascit (vgl. auch Eustath. ad Il. I 350 p. 116,
15).[1]) Die Beobachtung des in seiner Farbe so unendlich viel-
gestaltigen Meeres lehrt, dafs diejenige Nüance desselben, welche
die Alten purpurn nannten, violett gewesen sein mufs.[2])

Es bleiben uns noch zwei Stellen zu behandeln, bei denen
man mit den gewöhnlichen Erklärungen nicht auskommt. Die
eine ist in der dem Pedo Albinovanus zugeschriebenen Eleg. ad
Maecen 61, wo Bacchus angeredet wird: Sum memor (et certe
memini) sic ducere thyrsos Brachia purpurea candidiora nive;

[1]) Die Bemerkungen neuerer Erklärer s. bei Jacob p. 70.
[2]) Die violette Farbe im Regenbogen heifst bei Amm. Marc. XX
11, 27 purpurea, die rothe punicea. Nicht hierher gehörig ist das purpureum littus bei Petron. frg. 41, 1, da es sich hier um die Küste des
Mare Erythraeum handelt; vgl. oben S. 167.

hier sollen also die Arme »weifser als der purpurne Schnee« heifsen; die andere ist die allbekannte bei Hor. C. IV 1, 10: tem-
pestivius in domum Pauli purpureis ales oloribus comissabere
Maximi. Was die erste Stelle anlangt, so hat der »Purpurschnee«
von jeher Bedenken erregt. Früher hatte man sich freilich so
weit verstiegen, sogar die Existenz einer weifsen Purpurfarbe anzunehmen; aber obgleich es keinem Zweifel unterliegt, dafs die
antike Purpurfärberei sehr mannichfaltige Nüancen aufwies und
ihre Farben einerseits bis zum tiefen Schwarz, andrerseits selbst
bis zum hellen Gelb gingen,[1]) so ist doch die Existenz einer
weifsen Purpurfarbe durchaus unerweislich und unwahrscheinlich.[2]) So wird denn in der Regel purpureus in jener Stelle
auch im Sinne von strahlend oder glänzend gefafst: der »hell-
schimmernde Schnee«.[3]) Andere dagegen suchen durch Emendation zu helfen; so ist für purpurea vorgeschlagen worden per-
pura (Ptolemaeus Flavius); prae pura (Oudendorp); vel pura (Burmann und Ribbeck). Allein schon der vorhergehende Vers ist
verdorben; so schlug Meyer vor: memini tua ducere; Bücheler:
meministi ducere; mit noch gröfseren Veränderungen Heinsius:
Tum memorant teretes cum Maenade ducere thyrsos: Burmann:
Tum memorant curru geminas tibi ducere tigres; Oudendorp:
Tum memorant certe geminos tibi ducere thyrsos. Der letzte
Emendationsversuch rührt von Baehrens her, welcher vorschlägt:
subducere vestem Brachia purpuream candidiora nive. Jedenfalls hat er damit recht, dafs thyrsos unmöglich dagestanden haben kann, da der Thyrsus erst v. 63 erwähnt wird; aber auch
die Richtigkeit des purpurea oder purpuream will mir sehr fraglich erscheinen, da unmittelbar vorher, v. 60, purpureae tunicae
genannt sind. Da nun die Stelle offenbar arg verdorben ist, so
mufs man meiner Ansicht nach ganz von ihr absehen und sich
enthalten, dara us Schlüsse über die Bedeutung von purpureus
und die Möglichkeit purpurnen Schnees zu ziehen. Allerdings

---

1) S. meine Technologie I 234 ff.
2) S. Ad. Schmidt, Forsch. a. d. Gebiete d. Alterth. I 141.
3) So Schmidt a. a. O. Jacob p. 72. Lucas p. 206. Marg p. 0.

wird auch darauf hingewiesen, dafs bei einer sonnenbeschienenen
Schneefläche ein bläulicher Schimmer den weifsen Schnee um-
spiele;[1]) aber es wäre doch ganz thöricht, die weifse Haut der
Arme dadurch zu preisen, dafs man sie »strahlender als bläulich
schimmernder Schnee« nennen wollte.

An der Stelle des Horaz, welche bereits die alten Scholiasten
in diesem Wortlaute lasen, kann freilich von Verderbnifs keine
Rede sein. Porphyrio erklärt purpureis coloribus durch nitidis
aut pulchris; ebenso fafst es Serv. ad Verg. A. I 591, der lumen
iuventae purpureum unter Hinweis auf die Horazstelle durch
pulchrum erläutert. Derselben Ansicht sind Jacob, Lucas, Marg
und die verschiedenen Erklärer des Horaz.[2]) Allein ich gestehe,
dafs ich nicht daran glaube. Wir haben zwar oben zugegeben,
dafs purpureus bisweilen, wo es von der Sonne u. dgl. steht,
den Sinn von strahlend bekommt, so gut wie rubens oder rutilus; aber es handelt sich da doch überall nicht blofs um wirklich leuchtenden Glanz, sondern auch um einen, welchem man
einen gewissen Zusammenhang mit Roth nicht absprechen kann.
Aber bei dem weifsen Gefieder des Schwans ist von solchem
rothen Licht keine Rede; denn die Erklärung Veckenstedts a. a.
O.: »das Sonnenlicht wird gebrochen und damit verdunkelt, wenn
es nur die Höhen des Schwanengewandes bestrahlt, in die Neigung des bewegten Flügels aber nicht zu dringen vermag, also
dafs ein Schimmer den im Licht der Sonne erglänzenden Schwan
zu umgeben scheint, welchen das im Farbensehen ausgebildete
Auge vielleicht sogar als einen gelbrothbläulichen(!) zu sehen vermag«, ist viel zu gesucht und künstlich, um wahr sein zu können.
Das Richtige hat meiner Ansicht nach O. Keller getroffen, wenn
er (Epilegomena zu Horaz S. 292) sagt: »warum sollte denn

---

1) Veckenstedt S. 91.
2) Allerdings liegen auch andere Erklärungsversuche vor; manche
dachten an den rothen Schnabel und die Füfse der Schwäne, andere an
den Widerschein des purpurnen Wagens, an purpurne Zügel oder
Decken etc. Die Schol. ad Hor. l. l. erklären: nitidis aut pulchris aut
reginae Veneri dicatis, ut pro regno purpureos dixerit. Lambinus schlug
marmoreis vor.

Venus nicht so gut mit purpurnen Schwänen fahren dürfen, als Neptun mit blauen Rossen? Horaz imitirt hier offenbar die Sappho, wo die Sperlinge purpurn sind, und zwar gerade die am Wagen der Venus«. Obgleich es mir nun nicht gelungen ist, die hier angezogene Stelle des Sappho zu finden, so dafs vermuthlich ein Irrthum vorliegt,[1]) so haben wir doch Parallelen in den oben angeführten Stellen späterer Dichter, welche die Tauben am Wagen der Venus purpurn nennen. Sicherlich konnte Horaz auch die Schwäne der Venus so bezeichnen, indem er damit eine nicht irdischem Gebiet angehörige Gattung kennzeichnen wollte. Leihen die Dichter dem Amor Flügel in den buntesten Farben, so konnten sie wohl auch das Gefieder der Venus-Schwäne sich purpurn vorstellen.

Es lag mir daran, die einzigen Stellen, welche erweisen könnten, dafs purpureus auch von ausgesprochnem Weifs, welches nach keiner Seite hin einen Ton des Rothen in sich hat, im Sinne von strahlend schlechtweg gebraucht werden könnte, zu beseitigen. Es wäre ja auch in der That auffallend, wenn sich, bei dem so ausgedehnten Gebrauch, den die Dichter von diesem Epitheton machen, nicht auch anderweitig Spuren fänden, dafs purpureus, seiner ursprünglichen Beziehung auf die violette oder die rothe Farbe entkleidet, geradezu im Sinne von glänzend, also etwa wie candidus, gebraucht worden wäre. — Im allgemeinen ergiebt sich demnach aus unsern Betrachtungen das Resultat, dafs purpureus bei den römischen Dichtern im wesentlichen wirklich roth oder violett (offenbar den vornehmsten Nüancen des antiken Purpurs) bedeutet, dafs diese Bedeutung bisweilen einerseits nach der Seite des Dunkeln, Schwärzlichen, andrerseits nach der des Hellen, Strahlenden hinübergeht, dafs aber (wie das unsern Darstellungen gemäfs auch bei den andern Farbenbezeichnungen der Fall zu sein pflegt) dabei doch immer der Grundbegriff noch bestehen bleibt, indem ebenso die dunkle, wie die helle Nüance die Verwandtschaft mit der rothen Farbe sich bewahrt.

---

[1]) Anacr. 2, 3 heifst Aphrodite πορφυρέη; Pind. Pyth. 4, 183 die Flügel der Boreaden.

4. Puniceus.[1])

Gleich purpureus bezeichnet auch puniceus[2]) ursprünglich einen bestimmten Farbstoff. Wie schon die Alten hervorheben, ist es identisch mit dem griech. φοῖνιξ (φοινικοῦς); aber freilich ist die Ableitung von φοῖνιξ, dem Palmbaum, indem nämlich die rothe Farbe der noch nicht von der Sonne gereiften Früchte der Palme bezeichnet sei,[3]) nichts weniger als glaublich. Zwar sind die Ansichten der modernen Gelehrten über die Ableitung des griech. φοῖνιξ als Farbenbezeichnung nicht übereinstimmend;[4]) allein die bei weitem wahrscheinlichste Herleitung ist doch wohl die, die auf den Namen der Phoenikier zurückgeht und die Farbenbenennung daher erklärt, dafs die Griechen damit ursprünglich eine ihnen durch den phoenikischen Handel bekannt gewordene rothe Farbe, später jede rothe Farbe schlechtweg bezeichnet hätten, wie denn auch die lat. Form puniceus beweist, dafs die Römer, als sie das Wort übernahmen, sich des gleichen Ursprungs bewufst waren.[5]) Indessen ist φοινίκεος und puniceus an und für sich keineswegs identisch mit dem wohl gleichfalls durch die Phoenikier den Griechen bekannt gewordenen Purpur, sondern im Gegentheil vielfach ausdrücklich von ihm unterschieden: es bedeutet scharlach- oder kermesroth.[6])

[1]) Vgl. Marg p. 1 sq.

[2]) Puniceus ist die in den meisten Handschr. u. Ausgaben gewöhnliche Form, neben der bisweilen poeniceus sich findet; selten ist punicus (Prop. IV 2 (III 3), 32, auf den wahrscheinlich ebenso Ov. am. II 6, 22 wie Auson. XVIII 18, 14 zurückgehen, da in allen drei Fällen das Epitheton zu rostrum tritt; ferner auch Ps. Verg. Ros. 37 und Hor. ep. 9, 27). Wie purpureus ist übrigens auch puniceus in der späten Latinität seltner, als in der silbernen.

[3]) So Gell. II 26, 9 u. III 9, 9.

[4]) S. die Zusammenstellung bei Lucas p. 210.

[5]) Vgl. Varr. de L. L. V p. 117: purpura a purpurae maritimae colore, et Poenicum, quod a Poenis primum dicitur allatum, wo O. Müller fälschlich die Lesart allata aufgenommen hat, wie A. Schmidt a. a. O. S. 101 richtig bemerkt.

[6]) Vgl. Ath. V p. 197 E, wo unterschieden werden die bei einem Festzuge auftretenden σειληνοὶ πορφυρᾶς χλαμύδας, οἱ δὲ φοινικίδας ἠμφιεσ-

Deutlich ist dieser Unterschied ausgesprochen Lucr. II 830: purpura poeniceusque color, und Tib II 3, 57: illi selectos certant
praebere colores Africa puniceum purpureumque Tyros.

Allein obgleich dieser Unterschied hinlänglich feststeht und
sicherlich dem Sprachgebrauch der Prosa entspricht, haben doch
die römischen Dichter, auch darin den griechischen folgend, denselben keineswegs festgehalten, sondern puniceus im allgemeineren Sinn von rother Farbe gebraucht, ja sogar direkt den Meerpurpur durch dies Epitheton bezeichnet, s. Sen. Med. 99. Claud.
Olybr. et Prob. cons. 90. Drac. 10, 260. Im allgemeinen ist
freilich der poetische Gebrauch des Epithetons nicht sehr häufig.
Beim menschlichen Körper kommt es ganz selten vor; von
den Lippen Drac 10, 265; von der durch Schläge gerötheten
oder blutigen Haut nur scherzhaft, Plaut Rud. 1000 u. Pseud.
229, an letzterer Stelle in beabsichtigtem Wortspiel mit dem Namen der dort angeredeten Person, der Phoenicium. Dagegen
wird es gern zum Blute gesetzt; so Ov. met. II 607; IV 127;
ib. 728; XIII 887; ex P. IV 7, 20. Stat. Ach. I 308. Ser.
Samm. 647. Orest. trag. 524 u. 792. Und in diesem Sinne
muſs das Epitheton wohl auch bei Lucan I 214 erklärt werden,
wo der Rubicon puniceus genannt wird; denn obgleich beim
Rubicon keine Schlacht geschlagen wurde, so bekam derselbe
doch dadurch seine blutige Bedeutung, daſs seine Ueberschrei-
tung den Ausbruch des Bürgerkrieges bedeutete.

Auch bei der Thierwelt ist es nur spärlich vertreten: von
Vogelfedern Verg. Geo. III 372; Aen. XII 750. Ps. Verg. Cir.
501. Nemes. cyn. 307; auch von Schnabel und Füſsen verschiedener Vögel, wie von der Taube Prop. IV 2 (III 3), 32;
der Ente Auson. XVIII 18, 14; dem Papagei Ov. am. II 6, 22;
sonst bloſs noch vom Seeigel, Ap. Sid. carm. 18, 9, und von
den rothgesprenkelten Schuppen einiger Fischarten, Plaut. Rud.
998. Auson. Mos. 97 u. 117. Häufiger dagegen treffen wir es
im Pflanzenreich, und zwar vornehmlich von Rosen: Verg. ecl.

μένοι. Dio Chrys. or. I p. 70 R.: ἡ δὲ ἐσθὴς παντοδαπή, τοῦτο μὲν
ἁλουργίδων, τοῦτο δὲ φοινικῶν, τοῦτο δὲ κροκωτῶν. S. Schmidt a. a. O.

5, 17. Ps. Verg. Ros. 37. Hor. C. IV 10, 4. Auson. VI 31, 2:
IX 5, 5 (37) Dracont. 12, 8. A. L. 272, 4; ib. 548, 4; auch
vom Crocus, Ov. Fast. V 318; von den Blättern des cypri-
schen Lattichs, Colum. X 188; auch von Früchten, und zwar
von Maulbeeren, Ov. met. IV 127, wobei kurz vorher die
schwärzliche Farbe derselben erwähnt ist, da die Beeren in der Reife
schwarz sind (vgl. S. 46 u. 60); ferner von Brombeeren, Prop.
IV 12 (III 13), 28, und von der Frucht des Erdbeerbaumes
Lucr. V 938. — Von den Korallen gebraucht es Ap. Sid. 11,
110; und derselbe sagt carm. 22, 137 vom synnadischen Marmor: puniceo livor in antro Synnados (s. oben S. 152), von den
blauröthlichen Flecken.

Die Stellen, in denen es vom Meerpurpur steht, sind bereits angeführt. Von Gewändern steht es Hor. ep. 9, 27. Ov.
met. XII 104; XIV 345. Stat. Ach. II 291. Ap. Sid. carm. 2, 431;
von Binden Verg. A. V 269 Prop V (IV), 9, 27 u. ebd. 52;
dafs man dabei an brennend rothe, scharlachfarbene Stoffe zu
denken hat, geht aus Ov. met. XII 104 hervor, wo so gefärbte
Tücher in der Arena benutzt werden, um die Stiere wild zu
machen. Es kommt dann auch vom Helmbusch, dessen rothe
Farbe die Dichter so oft bemerken, vor, Stat. Theb. IV 218,
und von den Lederriemen der Kothurne Verg. ecl. 7, 32. Val.
Fl. I 384. Nemes. Cyn. 90. Coripp. Iust. II 105.

Endlich ist puniceus nicht selten Epitheton der Morgen-
röthe resp. des vom Morgenroth beleuchteten Himmels oder
Meeres; s. Verg. A. XII 77. Val. Fl. III 411; ib. VII 539.
Eleg. in Maec. 124. Stat Theb. I 342. Rutil. Nam. I 277.
Dracont. 10, 102 u. 471. A. L. 139. 5.

Ueberblickt man alle Stellen, so wird man finden, dafs puniceus vornehmlich ein ausgesprochenes scharfes Roth und vielfach direkt scharlachroth bedeutet. Abschwächung der Bedeutung
nach der Seite des Blassen hin scheint nicht vorzukommen, eher
eine Nüancirung nach Schwarz hinüber.[1])

---

[1]) Ostrinus (spätl. auch ostricolor) wird übergangen, weil es nur
von Kleidern und Stoffen in der Bedeutung »purpurfarben, resp. mit

5. Roseus, sanguineus, flammeus u. a.

Die auf Vergleichung beruhenden Bezeichnungen der römischen Dichter für die rothe Farbe sind weder zahlreich noch im allgemeinen häufig angewandt; sie stimmen übrigens mit den bei uns üblichsten derartigen Epitheta (rosenroth, blutroth, feuerroth) überein.

Weitaus am beliebtesten ist roseus. Wie unsere Dichter ›rosig‹ oder ›rosenroth‹ gern zur Bezeichnung der jugendfrischen Farbe anmuthiger Mädchen gebrauchen, so auch die alten; diese freilich, antiker Sitte gemäfs, nicht blofs von schönen Mädchen oder Frauen, Ov. am. III 3, 5. Mart. Cap. VI 704. Dracont. 8, 519. A. L. 486, 4, sondern auch von Knaben oder Jünglingen, Mart. VII 80. 9; XII 64, 1. Drac. 2, 66; 8, 493. Speciell tritt es als Epitheton nicht blofs zum Gesicht, Val. Fl. VI 674. Stat. Silv. III 4, 51; Ach. I 297. Ap. Sid. carm. 7, 199, namentlich den Wangen, Verg. Aen. XII 606. Stat. Theb. IV 336. A. L. 398, 2, sondern auch zu andern Körpertheilen, wie der Brust, Catull. 55, 12, dem Nacken, Verg. A. I 402. Hor. C. I 13, 2. P. L. M. 42, I 85, den Fingern, Ps. Verg. Lyd. 11. Nemes. ecl. 2, 24. Claud. nupt. Hon. et Mar. 19. Am häufigsten wird es von Mund und Lippen gesagt: Cat. 63, 74; 80, 1. Verg. A. II 593; IX 5. Sil. It. VII 448. Mart. VIII 56, 15; XI 56, 12. Mart. Cap. IX 918. Drac. 2, 7; ib. 108. A. L. 114, 7. P. L. M. 42, I 82. Daher konnte Val. Fl. V 365 und VIII 257 sehr gut die personificirte Jugend rosea Iuventus nennen. — Etwas fremdartig muthet es uns dagegen an, wenn Stat. Theb. IX 703 bei der Schilderung eines schönen Knaben sagt: nondum mutatae rosea lanugine malae. Hier wird also der erste Bartflaum rosig genannt; falls nicht eine Verderbnifs vorliegt und etwa roseae anstatt rosea zu lesen ist (denn die Wangen sind eben noch roseae, so lange sie kein dichter Bart bedeckt), können

---

Purpur gefärbt‹ vorkommt, in Anwendung auf anderweitige, nicht mit Purpur gefärbte Gegenstände jedoch nicht nachweisbar ist.

wir hier rosea nicht anders verstehen, als im Sinne von jenem
schwachem Roth, welches der Flaum eines blonden Bartes zeigt,
so wenig passend uns das Epitheton gerade in diesem Falle erscheinen mag. Eine Analogie wäre A. L. 452, 1 sq.: rutilo de-
cens capillo roseoque crine ephebus, wo mit roseus crinis, da
das rothblonde Haupthaar besonders genannt ist, ebenfalls der
Bartflaum gemeint sein müfste; allein crinis in diesem Sinne ist
ungewöhnlich, und der Vorschlag von Petschenig, roseaque carne
zu lesen, erscheint mir daher sehr beachtenswerth. Sonst kommt
roseus crinis nur noch Ps. Verg. Cir. 122 vor; dort ist das Pur-
purhaar des Nisus gemeint.

Sehr selten finden wir roseus in der Thier- und Pflanzenwelt,[1]) und zwar ist es vornehmlich der späte Claudian, der
mehrfach Gebrauch davon macht. Claudian nennt wunderlicher
Weise die Pfauenfedern roseae alae, in Eutr. I 109; auch die
Kämme der Drachen am Wagen des Triptolemus sind r. Pros.
I 14 rosenroth. Von Blumen gebraucht er es carm. min. 30
(48), 29 (vgl. Boet. cons. phil. I 2, 19), und auf Blumen hat
man es jedenfalls auch zu beziehen, wenn laus Seren. 72 die
Ufer des Duero, oder r. Pros. III 85 ein Waldthal dies Epitheton erhalten. Bei Col. X 416 wird das Kernfleisch einer Feigenart roseum semen genannt; bei Nemes. ecl. 3, 59 der Most roseum mustum.

Ebenso vereinzelt ist die Anwendung des Epithetons bei
gewerblichen Produkten. Wenn Cat. 64, 49 den Purpur roseus
fucus nennt. so hat man wohl auch an purpurgefärbte Stoffe
zu denken, ebenso wenn Binden rosig genannt werden, wie Verg.
Cop. 32: roseum strophium; Sen. Med. 70: roseum vinculum;
wahrscheinlich sind ebenfalls solche anzunehmen bei Cat. 64, 309.
Hier haben allerdings die Hss.: at rosco niveae residebant vertice vittae; allein da es sich um die als Greisinnen (cf. v. 307:
corpus tremulum) geschilderten Parzen handelt, so ist die von
Guarini vorgeschlagene, von Baehrens, Schwabe u. a. aufgenom-

---

[1]) Vom Blut nur Cor. Ioh. IV 1083: roseus ensis.

mene Emendation: at roseae niveo sehr wahrscheinlich [1]) Roseae
habenae führt Bacchus bei Val. Fl. III 538.

Alle diese Anwendungen sind, wie die angeführten Fälle
zeigen, vereinzelte; hingegen ist roseus ein stehendes und ungemein häufig gebrauchtes Epitheton bei der Morgenröthe (vom
Abendroth Verg. Aen XI 913) und den mannichfachen Bildern
oder allegorischen Attributen, welche die Dichter derselben bei-
legen. So finden wir es von der Erscheinung selbst, dem Licht,
Himmel, Tag etc.: Lucr. V 654 u. 974. Ov. a. a. III 84. Sil.
It. I 196. Il. Lat. 867. Auson. II 8, 39 (232). Claud. Ol. et
Prob. cons. 5; bell. Pollent. 244. A. L. 139, 13; ib. 543, 3;
ib. 7. P. L. M. 37, 36. Boet. cons. phil. II 8, 5; von der
Göttin Aurora selbst, und zwar von ihrem Gesicht Ov. met. VII
705; Augen, Mart. Cap. IX 902; Haaren, Ps. Verg. Cul. 44.
A. L. 139, 21; Händen, ebd. 34; von ihrer Gewandung, Ps.
Verg. Lyd. 73. A. L. 139, 21; Mart. Cap. II 116; von ihrem
(oder des Phoebus) Gespann (bigae, quadriga), Verg. A. VI 535;
VII 26. Eleg. in Maec. 125. Val. Fl. II 261; Boet. cons. phil.
II 3, 1; den Pferden, Tib. I 3, 94. Ov. am. I 8, 4; Fast. IV
714; Boet. l. l. III 1, 10; den Zügeln, Sil. It. I 578. Drac.
10, 473; von ihrer Fackel, Ov. Fast. V 159 Sil. It. IV 484.
Mart. XII 60, 1. Es ist dann weiter nichts als poetische Uebertragung, wenn auch der Morgenstern dasselbe Epitheton erhält, Prop. IV (III), 24, 7. Val. Fl. VI 527 Sil. It IX 180.
Stat. Theb. II 137. Claud. IV cons. Honor. 562. Rutil. Nam.
I 430; nicht das Licht des Sternes selbst ist damit gemeint, sondern die zarte Röthe, die gleichzeitig mit ihm sich am Himmel
zeigt. Und wie andere, früher von uns besprochene Epitheta,
wird auch roseus allgemein auf die Sonne übertragen, ohne dafs
an ihr Morgenlicht gedacht wäre, Lucr. V 608. Verg. A. XI
913. Stat. Silv. III 1, 134; Theb. I 417; III 412. Claud. III
cons. Hon. 131; r. Pros. II 48 (hier von Sonne und Mond zu-

---

[1]) Andere Vorschläge sind: Ambrosia niveae, Vulpius; annoso niveae, Ernst Schulze; atro sed niveae, Birt.

sammen). Dracont. 10, 495. Boet. cons. phil. I 2, 8. Hingegen ist es wiederum vereinzelt, dafs auch andere Himmelskörper so heifsen; vom Monde nur Val. Fl. VIII 30 und Stat. Ach. I 619; bei Claud. cons. Stil. II 463 ist roseum cornu das Sternbild des Widders. Hier ist die Bedeutung entschieden abgeschwächt; hingegen nennt der ursprünglichen Bedeutung entsprechend Val. Fl. IV 77 das mit dem Regenbogen verbundene Gewölk roseae nubes, obgleich hier zunächst die mythische Person der Iris gemeint ist.

Bei dem auch in Prosa gebräuchlichen Epitheton sanguineus (sanguinolentus kommt als Farbe nur Ov. am. I 12, 12 vor, und zwar von schamhaftem Erröthen) hat man selbstverständlich alle Stellen auszuscheiden, wo dasselbe nicht »blutroth«, sondern »blutig« bedeutet. In ersterem Sinne finden wir es bei Verg. Aen. II 207 von den Kämmen der den Laokoon tödtenden Schlangen;[1]) wenn auch die Augen von Schlangen oder Drachen so heifsen, wie Ps. Verg. Cul. 222. Sil. It. II 586; IX 444, so hat man dabei an blutunterlaufene Augen zu denken, es ist da also nicht lediglich Farbenbezeichnung. Verschiedentlich kommt es von Blumen vor; so von Rosen Claud. r. Pros. I 92. Cor. Iust. II 109; von der Granatblüthe Colum. X 242; noch häufiger aber von Beeren mit rother Farbe oder rothem Saft, wie Vogelbeeren, Maulbeeren u. dgl., Verg. ecl. 6, 22; ib. 10, 27. Georg. II 430. Colum. X 402. A. L. 117, 7; ib. 305, 11. P. L. M. 12, 27. Das Licht des Edelsteins, der Heliotrop heifst, nennt Prisc. carm. 2, 257 sanguinea lux. Bei Verg. A. XII 68 heifst der Purpur sanguineum ostrum; Ps. Verg. Cir. 31 auch der Scharlach, doch ist da die Lesart: horrida sanguineo pinguntur proelia cocco bestritten; Heinsius schrieb fuco anstatt cocco, Baehrens sanguinea . . . Gorgo. Der rothe Kriegsmantel ist bei Sil. It. IV 519 sanguineum sagulum; bei Verg. Aen. IX 733 der Helmbusch sanguineae cristae. Aber auch

---

1) Auch Servius denkt hier nur an die Farbe: sanguineae id est coloris sanguinei.

vom Metallglanz der Waffen wird es gebraucht, ohne dafs man an wirkliches Blut, womit dieselben befleckt wären, zu denken brauchte; so bei Verg. A. VIII 622 von dem ehernen Panzer, den Venus dem Aeneas übergiebt.

Am häufigsten findet man sanguineus als Epitheton von Himmelskörpern oder Himmelserscheinungen. Vor allem von Kometen, Verg. A. X 273. Sil. It. I 358 u. 462; cf. ib. IX 444. Claud. r. Pros. I 232; vom Mond, wenn ihn unheimlicher Zauber entstellt, Ov. am. II 1, 23. Sil. It. VII 330. Cor. Ioh. VI 162; vom Regenbogen Sen. Oed. 324. Aber auch allgemeiner wird es vom Licht gesagt, Sil. It. VIII 436, und von der röthlichen Gluth der Fackeln Petr. 124, 727. Stat. Theb. IV 381.[1])

Cruentus kommt im Sinne von blutroth nur zweimal vor, Verg. Georg. I 306, wo die rothen Beeren der wilden Myrte cruenta myrta heifsen, und Ps. Verg. Copa 21, wo in Nachahmung davon mora cruenta genannt sind.

In der Bedeutung »feuerroth« kommen sowohl igneus wie flammeus vor; jedoch sind die Fälle, in denen man mit Bestimmtheit diese Bedeutung feststellen und die sonst gewöhnliche »feurig« im Sinne von »strahlend« abweisen kann, vereinzelt. Bei igneus gehören hierher die Beispiele, wo es vom Erröthen gesagt ist, igneus rubor, bei Lucan. V 214 u. IX 791. Coripp. Ioh. III 97; wie ja auch wir wohl von einem stark Erröthenden sagen, er werde feuerroth. Wird es dagegen von den Augen gebraucht, wie Sen. Herc. f. 222; ib. 1027; Herc. Oet. 812 (von denen einer Schlange Sil. It. II 586), so hat man, obwohl Ap. Sid. carm. 2, 426 vom color igneus spricht, wohl weniger an rothe, d. h. blutunterlaufene, als an blitzende Augen zu denken, oder, wie auch wir von Augen sagen, an »flackernde« (vgl. Sen. Herc. Oet. 812: voltus ignea torquens face). Dasselbe ist

---

[1]) Lucan. I 548 ist das mare sanguineum ein Prodigium, wie der Blutregen, auf den Claud. in Eutr. I 5 anspielt; hingegen ist bei Sen. Thyest. 373 das mare Erythraeum gemeint.

auch überall da anzunehmen, wo es mit micare verbunden ist, wie z. B. A. L. 320, 2 von Federn des capo; Sil. It VIII 469 von Edelsteinen: Stat. Theb. IV 265 von Gold: Sil. It. I 135 vom Aether; immerhin ist dabei vielfach der Begriff des Rothen doch mit darin enthalten. So steht es Val. Fl. I 427 und Stat. Theb. IV 265 vom Purpur; Lucr. X 125 vom Scharlach; von Waffen aus Erz Sil. It. I 466. Claud. nupt. Hon. et Mar. 191. Auch bei der Sonne, Verg. Geo. I 483 (nachgeahmt A. L. 196, 21) ist die Farbe das Wesentliche, nicht der feurige Glanz, da es sich um Wetterprognosen auf Grund der Färbung der untergehenden Sonne handelt. Zweifelhaft bleibt die Bedeutung bei den Sternen, Verg. A. IV 352. German. Arat. 204 und 280. Lucr. I 75, da wir bei diesen ebenso die Bedeutung roth, nach den bei ruber und rutilus gegebenen Beispielen, als die des blofsen feurigen Schimmers annehmen können.

Aehnlich liegt die Sache bei flammeus. Hier ist die Bedeutung »feuerroth« ja hinlänglich belegt durch den bekannten Namen, den der Brautschleier von seiner Farbe her führte, das Flammeum, dessen auch die Dichter oft Erwähnung thun, (vgl. Cat. 61, 8 u. 122. Ps. Verg. Cir. 317. Lucan. II 361. Val. Fl. V 360. Iuv. 2, 124; 6, 225 u. s.): auch wenn Mund und Lippen so heifsen (Claud. r. Pros. III 89. Maxim. 1, 97), Vogelfedern (A. L. 320, 5). die Goldblume (caltha, Colum. X 307), die Morgenröthe (Claud. in Eutr. II 528), Wolken (Lucr. VI 208), kann kein Zweifel obwalten. Dagegen ist hinwiederum der Doppelsinn möglich beim Auge (Att. frg. 443 Ribb. Sen. Troad. 457) und beim Gold (Cor. Ioh. IV 494).

Aufserdem sind noch einige seltne Farbenbezeichnungen anzuführen, die zwar bei Dichtern gelegentlich vorkommen, aber nicht poetische Epitheta sind. So das von Gell. II 26, 9 erwähnte und als gleichbedeutend mit poeniceus bezeichnete spadix, das als Farbe von Pferden Verg. Geo. III 82 und Grat. Cyn. 532 vorkommt; auch von Servius erklärt durch: quos phoeniciatos vocant pressos, myrteos. Es sind damit rothbraune Pferde gemeint. Ebenfalls nur von Thieren findet sich

die Bezeichnung badius, die auch braun, event. braungelb bedeutet; von Pferden bei Varr. Sat. Men. p. 183, 5 (Riese):
hic badius, iste gilvus, ille murinus; von Jagdhunden Grat.
Cyneg. 537. — Sandaracinus, sandarachfarben,[1]) kommt
bei Naev. frg. com. 128 (Ribb.) vor: merula sandaracino ore;
da der Schnabel der Amsel aber gelb ist, so muſs eine gelbe
Nüance des sonst rothen Sandarachs gemeint sein.

---

[1]) Vgl. meine Technologie IV 484.

VII. Grün.

1. Viridis.[1])

Eine Behandlung der zahlreichen (etwa 500) Stellen, welche ich über den Gebrauch von viridis gesammelt habe, hat streng genommen lediglich ein, wenn ich so sagen darf, statistisches Interesse. Denn betreffs der Farbe bedarf es hier keiner besonderen Erörterung; viridis ist eben grün in allen Nüancen, vom hellsten bis zum dunkelsten; und zwar ist es dafür das fast allein übliche Wort, sodafs daneben die wenigen poetischen und sonstigen Bezeichnungen, die sich etwa noch finden, kaum in Betracht kommen. Aufser dem Adjektivum ist das Verbum virere ungemein häufig; während auf viridis etwa 64 Proc. sämmtlicher Beispiele entfallen, kommen auf virere 28 Proc., und zwar 16 Proc. davon auf das Partic. virens. Von Compositis von virere findet sich intervirere (Stat Theb. IV 98. Ap. Sid. carm. 5, 39); von andern Zeitwörtern viridare, fast immer intransitiv im Sinne von virere gebraucht, transitiv nur Ov. hal. 90 und Val. Fl. V 136; das Compositum praeviridare nur Laber. mim. frg. 116 p. 296 (Ribb.). Ferner virescere mit revirescere, nicht häufig und mehrfach in übertragener Bedeutung; dasselbe gilt von vernare.

Der Löwenantheil im Gebrauch fällt begreiflicher Weise auf das Pflanzenreich. Im Gebiete des Thierreichs ist viridis ungemein selten. Ein paarmal wird die grüne Farbe der Galle bemerkt, Ov. met. II 777: pectora felle virent. Claud. c. m. 26 (49), 96: viscera felle virent; daher auch die Farbe von Menschen, denen bei Aerger oder Krankheit die Galle in's Blut tritt, Plaut. Menaech. 828: ut viridis exoritur color ex temporibus atque fronte. Ps. Verg. Cir. 225: viridis per viscera pallor aegrotas tenui suffundit sanguine venas. Das grüne Gefieder von Vögeln findet sich erwähnt Ps. Ov. her. 15, 38; vom Papagei Claud. in Eutr. II 331. Prisc carm. 2, 1033. Häufiger werden

---

[1]) Vgl. Jacob, Quaest. epicae p. 80 ff.

grüne Schlangen genannt, Hor. C. I 17, 8. Ov. met. IX 267.
Stat. Theb. IV 98; V 549 (ebd. 508 sogar vom giftigen Geifer
der Schlange: tumidi veneni spuma virens, und ähnlich Claud.
bell. Gild. 173: spumas serpentum virides, ja rapt. Pros. III 266
sogar vom Geifer des Tigers). Claud. cons. Stil. II 429; von
ihnen entnehmen die Dichter dieselbe Farbe auch für mythische
Drachen, wie die Hydra, den Python etc., Stat. Theb. I 711;
II 379. Claud. in Ruf. I 290; r. Pros. I 333; daher auch die
Schlangenhaare der Tisiphone, Stat. Theb. I 115, oder der
Bellona, Claud. in Eutr. II 186. Vereinzelt finden wir die grüne
Eidechse, Hor. C. I 23, 6, den Frosch, Ov. met. VI 380,
oder Fische, wie Ov. hal. 109 u. 114. Auson. Mos. 125.

Auf das Pflanzenreich fallen von sämmtlichen Beispielen ungefähr ³/₅. Eine Zusammenstellung derselben dürfte überflüssig
erscheinen, da irgendwie wesentliche Resultate dabei sich nicht
ergeben; immerhin glaube ich, schon im Interesse einheitlicher
Behandlung, darauf nicht verzichten zu sollen, zudem vielleicht
für lexikographische Arbeiten und den poetischen Sprachgebrauch
daraus etwelcher, wenn auch geringfügiger Gewinn gezogen werden könnte.

Ganz allgemein von Pflanzen schlechtweg gesagt tritt viridis (resp. virere etc., da ich auf diese speciellen Unterschiede
hier nicht eintrete) am häufigsten zu herba; vgl. Verg. ecl. 6,
59; Geo. III 162; A. V 330; ib. 388. Ps. Verg. Cul. 115.
Ov. am. II 16, 6; met. II 864; III 86; IV 301; IX 655;
Fast. III 525; IV 395; hal. 90. Colum. X 342. Calpurn. ecl.
6, 71. Il. Lat. 371; ib. 501. Iuv. 3, 19. Nemes. ecl. 1, 32;
Cyn. 10. Claud. c. m. 26 (49), 22. Drac. 8, 410. Cor. Ioh.
IV 776; VI 351; ib. 383; VIII 11. P. L. M. 12, 42. Als
seltnere poetische Bezeichnungen sind zu bemerken Att. trag.
frg. 244: viridantia feta; Lucr. V 780: viridis nitor; Colum. X
164: viridis progenies. Selten steht es bei Blumen, da bei
diesen die bunte Farbe mehr in's Auge fällt, als das Grün der
Blätter; vgl. Lucr. II 33; V 1394. Val. Fl. VI 136. Ps. Verg.
Ros. 25. A. L. 307, 58; von Lilien Col. X 99: calathis vi-
rentia lilia canis; ib. 270: vernantia lilia. Dagegen ist es sehr

gewöhnlich bei Gras und Kräutern, gramina, Verg. Geo. I 55;
II 219. Ps. Verg. Cul. 50. Ov. am. I 14, 22; II 6, 50. Sen.
Med. 720. Stat. Theb. V 526. Auson. Mos. 64; caespes, Verg.
A. III 304. Ps. Verg. Cul. 393. Ov. a. a. III 688; met. X
166; XIII 395; XV 573. Stat. Theb. I 587; IX 234. Avian.
21, 2; poetisch comae, Tib. I 7, 34. Colum. X 70; Calp. ecl.
5, 112: gregum cibus; Symphos. 122: saginae; Cor. Iust. VI 873:
epulae. Von Sträuchern, Gemüsen, Küchenkräutern und dgl. der
Eibisch (hibiscus), Verg. ecl. 2, 30. Priap. 4, 32; Malven
Verg. Mor. 73. Ov. Fast. IV 679. Auson. VI 21, 2; Ep-
pich, Col. X 166; Schierling, Ov. met. IV 505; Casia,
Verg. Geo. IV 30; Colocasia, A. L. 526, 3; olera allgemein
Col. X 128 u. 315. Mart. XII 31, 4. Ser. Samm. 406; Kohl,
eruca, Hor. S. II 8, 51; coliculus, Mart. V 78, 7; brassica, ebd.
XIII 17, 2; ferner Artischocken (cinara). Col. X 238; Beta,
ebd. 254; Lauch (porrus), Mart. XIII 19, 2; Lattich, Col.
X 181; öfters der Weinstock resp. das Laub der Reben, pam-
pinus, Hor. C. III 25, 20; IV 8, 33. Ps. Verg. Priap. 2, 8.
Ap. Sid. ep. IX 13, 5 v. 35. Cor. Ioh. VIII 515; vitis, Cic.
Arat. 423. Aus. Mos. 196; palmes, Ps. Verg. Cul. 74; bumastus,
ebd. 407; daher auch Bacchus, Mart. XIII 39, 1; Lyaeus, Sil. It.
XIV 204. Aus. Mos. 162; vgl. Col. X 373. Getreide seltner,
Verg. Geo. I 315: viridis stipula; Ps. Verg. Priap. 3, 11: vi-
rens arista; Iuv. 14, 147; stramen, Sil. It. X 561. Stat. Theb.
VI 56. Schilf, ulva, Verg. ecl. 8, 87. Ov. tr. IV 2, 41. Stat.
Theb. IX 419. Auson. XVIII 20, 15; iuncus, Petron. 135 v.
10; vgl. Ap. Sid. carm. 16, 92: caeno viridante palus. Moos,
muscus, Lucr. V 948. Verg. Geo. IV 18. Ps. Verg. Cul. 106.
Ov. Fast. III 297. Sil. It. XV 778. Aus. Mos. 67; XVIII
5, 5. Algen, Petron. frg. 52, 5. Stat. Theb. IX 245. Aus.
Mos. 69. Claud. in Ruf. II 387. Nicht minder gewöhnlich ist
es vom Laube, frons, Cat. 64, 293. Verg. ecl. 1, 80; Aen.
VI 206. Ps. Verg. Cul. 390. Tib. II 1, 40. Priap. 25, 2. Val.
Fl. I 137. Stat. Silv. I 2, 231. Avian. 9, 8. P. L. M. 4, 46;
oder von Zweigen, rami, Ov. met. XII 22; Ibis 295 (stipes).
Sen. Agam. 995. Iuv. 6, 228. Claud. IV cons. Hon. 163; VI

14*

cons. Hon 163. Rut. Nam. I 425. Drac. 7, 104; von Bäumen selbst die verschiedensten Arten: Buchsbaum, Ov. met.
X 97; Cypresse, ebd. X 137. Sen. Oed. 546; Eiche, Ov.
tr. IV 9, 14. Lucan. III 503. Verg. Catal. 11, 17; Epheu,
Hor. C. I 25, 17. Ps. Verg. Cul. 144. Val. Fl. II 270. Claud.
r. Pros. II 351. Dracont. 3, 9. P. L. M. 42, I 60; Erdbeerbaum, Verg. ecl. 7, 46. Hor. C. I 1, 21; Erle, Verg. ecl.
10, 47; Lorbeer, Verg. A. V 246; ib. 539. Trag. ap. Fest.
p. 229M. (Ribbeck p. 227). Ov. tr. III 1, 45. Sen. Thyest.
54. Val. Fl. I 7; IV 334. Sil. It. XV 18. Claud. nupt. Hon.
244; VI cons. Hon. 38; Myrthe, Hor. I 4, 9. Ov. Fast. IV
139. Pervig. Ven. 6; Oelbaum, Verg. ecl. 5, 494; Geo. II
313. Hor. C. II 6, 15: viride Venafrum. Ap. Sid. carm. 14, 5;
ib. 15, 198; Palme, Ov. a. a. II 3. Iuv. 7, 118. Claud. cons.
Stil. III 205. Cor. Iust. IV 78; Pinie, Ov. Fast. V 382; Platane, Sen. Oed. 458. Mart. IX 61, 10. Claud. fesc. 1 (11), 19.
A. L. 409, 19; Steineiche, Verg. Geo. III 146; Aen. V 129.
Ov. met. I 112; XI 108; allgemein Boet. phil. cons. III 8, 3.
Weiterhin finden wir dann viridis von den mit Laub oder
Gras bekleideten Gegenständen, wie Thyrsusstäben, Ov. met.
XI 27; tr. IV 1, 43. Sen. Herc. f. 908. Stat. Ach. I 617;
Tragbahren (feretrum), Grat. Cyn. 488; von Altären, Ov.
tr. V 5, 9. Val. Fl. II 598. Sil. It. VII 747. Iuv. 12, 85.
Mart. III 24, 7; XII 60, 3; von Kränzen, Verg. A. V 110.
Sil. It. XVI 526. Mart. Cap. II 119. Ap. Sid. carm. 22, 57.
Mehr noch vom Landschaftlichen, vom Erdboden, solum, Verg.
A. VI 192; humus, Ps. Verg. Cul. 280. Ov. am. III 5, 12:
met. VII 284; Fast. VI 330; Wiese und Feld, campi, Lucr.
I 18. Hor. C. II 5, 5. Verg. Geo. III 13. Stat. Theb. XII
656. Manil. I 705. Mart. III 47, 3. Nemes. ecl. 1, 7. Co-
ripp. Iust. I 322. A. L. 271, 65; area, Ov. am. III 5, 5; met.
X 87; prata, Lucr. V 782. Ov. met. I 297. Sen. Herc. f. 702.
Petr. 127, 5. Mart. I 88, 6. Aus. Mos. 335; id. XVIII 27, 93.
Avian. 26, 5. Cor. Iust. IV 149; ib. 221. A. L. 543, 40;
arva, Calpurn. ecl. 6, 55. P. L. M. 13, 8; agri, Hor. A. P.
117 (agellus). Ov. met. VII 415. Stat. Theb. V 390; rura, Sen.

Oed. 157. Aus. Mos. 416; allgemein viridia Att. frg. 49 Ribb.
— Ferner Gärten, Col. X 229. Ap. Sid. 24, 57. Cor. Ioh.
II 202; Iust. II 242. A. L. 358. 4. P. L. M. 66, 6; Wald
und Hain, silva, Cat. 34, 10. Verg. Geo. II 21: A. III 24:
VIII 96. Ps. Verg. Cul. 22: ib. 382: Cir. 196. Ov. met. II
408; III 324: Fast. I 243. Sen. Herc. Oet. 383. Lucan. IX
523. Calp. ecl. 4. 97. Val. Fl. II 412. Stat. Silv. II 7, 13:
Theb. IV 825. Claud. nupt. Hon. 86. Cor. Iust. IV 19; sal-
tus, Lucr. II 355. Claud. in Ruf. II 376; r. Pros. III 203; lu-
cus, Verg. A. VII 800. Ps. Verg. Cul. 109. Stat. Silv. III 1,
94; Theb. V 152. Auson. II 8. 42 (235) P. L. M. 37, 10:
nemus, Pompon. frg. 10 p. 232 (Ribb.). Verg. ecl. 7. 59. Manil. III 656; V 212. Priap. 5. 101 Nemes. frg. 4, 19. Auson.
XII 96. Rutil. Nam. I 283. Cor. Iust. I 323; vgl. Hor. C. I
21, 8: viridis Gragus. Verg. A. VI 679: convalle virenti. Nemes. cyn. 48. virides plagae. Daher denn auch der Waldes-
schatten oder der Schatten schlechtweg grün heifst, Verg. ecl.
9, 20. Ps Verg. Dir. 28; Cir. 4. Val. Fl. III 708. Sil. It.
VII 168. Stat. Theb. IV 797. Ferner Höhlen (wegen des
dort wachsenden Mooses), Verg. ecl. 1, 75: A. VIII 630. Prop.
IV 2 (III 3) 27. Calp. ecl. 4, 95. Nemes. ecl. 3, 26; Ufer
von Bächen und Flüssen. ripae. Verg. ecl. 7, 12; Geo. III 144:
IV 121: A. VII 495. Sen. Agam. 321. Val. Fl. V 216. Stat.
Theb. IX 322. Auson. Mos. 141; litus. Verg. A. VIII 83; ora.
Auson. Mos 202. Prisc. carm 2, 1020; vgl. Stat. Silv. II 4,
25: plaga viridis Eoa, und Cor. Ioh. VI 474: viridans margo.
Auch Hügel und Berge, colles, Lucr II 322. Lucil. Aetn. 612.
Manil. V 260. Auson. Mos. 21; ib. 159; oder mit Namen,
Cat. 63. 30 u. 70. Hor. Ep. II 1, 218. Verg. Geo. IV 539.
Stat. Theb. IV 654. Mart. IV 44, 1: vgl. Stat. Theb. VI 225:
viridis corona vallis; ib 929: viridis agger: Claud. b Poll. 168:
viridis amictus (montis): Manil. I 5: viridis vertex; Aus. Mos. 193.
Daher werden denn auch ganze Ortschaften so genannt, Cat.
64, 285.[1]) Val. Fl. VI 50. Sil. It. VIII 519. Stat. Silv. V

---

[1]) Zu dem hier genannten viridantia Tempe würde Val. Fl. VIII
452: Tempe viridi lucentia fumo eine Parallele bilden (vgl. Jacob p. 81),

3, 140; Theb. III 325; VII 332; IX 768; XII 619; namentlich Inseln, Verg. A. III 125. Ps. Verg. Cir. 476. Petron. 133 v. 3. Val. Fl. VIII 293. Stat. Silv. III 1, 128; von Aegypten Verg. Geo. IX 293. Endlich tritt viridis auch zur Erde überhaupt, terra, tellus, mundus, Il. Latin. 828. Petron. 120, 71. Ps. Verg. Lyd. 39. Stat. Theb. II 24. P. L. M. 49, 51.

Ueberall sind es die grünen Blätter, die Veranlassung zur Beilegung des Epithetons gegeben haben; dafs auch anderes aus pflanzlichem Gebiete sonst als grün bezeichnet wird, ist selten; so Baumrinde, Verg. ecl. 5, 13. Ov. a. a. II 649. Manil. I 856. Calp. ecl. 1, 22; ib. 4, 130; die Schale der Nufs, Tib. I 8, 44, oder der Kastanie, Calp. ecl. 2, 83; unreife Maulbeeren, P. L. M. 12, 28; Weintrauben, Prop. III 33 (II 34), 78. Ps. Verg. Lyd. 11.

Im Mineralreich finden wir viridis als stehendes Attribut des Smaragdes, Lucr. II 805 u. IV 1118. Tib. II 4, 27. Publ. Syr. frg. mim. 14 p. 304 Ribb. Claud. IV cons. Hon. 586; cons. Stil. II 82; carm. m. 45 (73), 8; ib. 46 (70), 7. P. L. M. 37, 105. Es ist daher sicher anzunehmen, dafs auch mit den virides lapilli bei Hor. S. I 2, 80 oder den virides gemmae, Mart. IX 59, 17; XI 27, 10. Iuv. 6, 458. Val. Fl. VI 699; vgl. Claud. VI cons. Hon. 561, Smaragde gemeint sind, wie auch das virens aurum Mart. XII 15, 3 Gold mit Smaragden besetzt bedeutet. Grüner Jaspis wird nur einmal genannt, Claud. VI cons. Hon. 526; und grünes Glas nennt Ap. Sid. ep. II 10, 4 v. 14 vernans crusta, während bei Aus. Mos. 418 hyalo virens zu einem Vergleiche dient. Auch der grüne lakonische Marmor (der sog. Verde antico) kommt bei Dichtern öfters vor, Stat. Silv. I 2, 149; ib. 5, 40; II 2, 91. Mart. VI 42, 11. Ap. Sid. carm. 5, 39; 11, 19; 22, 139. Cor. Iust. IV 1119. Der Grünspan heifst bei Mart. X 33, 5 viridis aerugo; und die virens amphora ebd. XII 32, 14 ist vermuthlich ebenso zu erklären. Sonst können wir hier noch anführen Mart VI 93, 9: psilothro viret, da

wenn viridi hier authentisch wäre; aber das Wort fehlt im Cod. Vatic. Baehrens schreibt dafür tenui, in Anlehnung an Ov. met. I 569 ff.

das offenbar eine grüne Salbe war; und Stat. Silv. IV 9, 37 panes viridantis aphronitri.

Von grüngefärbten Geweben ist nicht häufig die Rede, und in der Regel nur in bestimmten Fällen: so ist Iuv. 5, 143 der viridis thorax eine bunte Kinderjacke (armilausiam prasinam, ut simiae, sagen die Schol.); Ap. Sid. carm. 23, 324 und Cor. Iust. I 322 gehen auf die Wagenlenker von der grünen Partei, und andere Stellen beziehen sich auf die Kleidung der Wassergottheiten, s. u. Grüne Binden bei Ap. Sid. ep. VIII 11, 3 v. 4; ein grüner Sonnenschirm bei Iuv. 9, 50.

Verhältnifsmäfsig häufig finden wir viridis als Epitheton des Wassers, indessen nur selten vom Meer (vgl. Ov. a. a. II 92; III 130. Ps. Verg. Cir. 461: viridi sale), vielmehr gewöhnlich von Flüssen oder Seen, vgl. Ov. a. a. I 402. Calp. ecl. 2, 57. Val. Fl. V 148;[1]) ib. 185. Sil. It. IV 84; V 20. Stat. Theb. IV 187. Mart. IX 75, 9. Aus. Mos. 26; cf. ib. 219 u. 418. Noch häufiger aber ist es ein Epitheton der Wassergottheiten, als Flufs- und Meergötter, Najaden, Nymphen etc.; so Stat. Silv. I 2, 124; ib. 5. 15; II 2, 20; III 1, 144; Ach. I 293. Mart. X 44, 2. Ap. Sid. carm. 15, 132; und zwar führen dieselben das Epitheton, weil man sich ihr Haar von der grünen Farbe des Wassers und der Wasserpflanzen dachte, Hor. C. III 28, 10. Ov. met. II 12; V 575; XIII 960. Stat. Theb. IV 698. Ap. Sid. 2. 334. In weiterer poetischer Uebertragung werden ihnen denn auch grüne Gewänder beigelegt, Ov. met. IX 32. Val. Fl. III 524. Stat. Theb. IX 354. Ap. Sid. 10, 5. So sind denn den Dichtern auch die Rosse des Neptun (Claud. III cons. Hon. 197. Ap. Sid. carm. 7, 24) und Meerungeheuer (Sen. Phaedr. 1046 u. 1053. Claud. nupt. Hon. 164. Ap. Sid. 11, 48) virides.

Endlich wollen wir hier auch der übertragenen Bedeutung von viridis resp. virere gedenken. Das frische Grün der Natur,

---

[1]) Es ist nicht nöthig, die virides lacus an dieser Stelle mit Jacob a. a. O. »ob arbores, quae eos cingebant et per quas aqua lucebat« zu verstehen.

für welches viridis so unendlich oft gebraucht ist, legte den Vergleich nahe, auch andere Dinge, die in ihrer ersten Jugend, die frisch und blühend sind, so zu bezeichnen, wie auch in unserer Sprache grün vielfach in diesem Sinne gebraucht wird, wenn auch nicht in dem Umfange, wie im Lateinischen. Am häufigsten wird es vom Menschen gebraucht, theils direkt, indem man denselben als virens, viridis bezeichnet, Naev. com. frg. 126 p. 29 R.: viridulus adulescentulus. Hor. C. I 9, 17; IV 13, 6. Sen. Oed. 796. Manil. II 941. Val. Fl. I 77; VII 362. Sil. It. I 61. Stat. Ach. I 116; Theb. III 517; IV 281. Claud. in Ol. et Prob. 16; ib. 63; cons. Stil. I 324; r. Pros. I 122; theils wird sein Körper oder Theile desselben so genannt, vultus, Stat. Silv. I 2, 276; genae, ib. III 3, 125; Theb. VI 199; comae, Rutil. Nam. I 116; membra, Laber. mim. frg. 116 p. 296 Ribb.: membris praeviridantibus; humeri, Stat. Theb. VI 714; lacerti, Verg. ecl. 2, 9; manus, Stat. Theb. III 112. Claud. bell. Poll. 260; genua, Hor. ep. 13, 4; theils heifst das Lebensalter so, sei es das jugendliche, iuventa, Verg. A. V 295. Stat. Silv. V 2, 152. Mart. XII 40, 5. Boet. cons. phil. I 1, 7; flos aetatis, Catull. 17, 14; sei es das noch rüstige, die Jugendfrische sich bewahrende Greisenalter, Verg. A. VI 304. Sil. It. I 405; VII 3; XIII 127. Stat. Silv. III 1, 174. Ap. Sid. 7, 453; daher auch allgemein viride aevum, Ov. tr. III 1, 7; IV 10, 17. Stat. Theb. IV 274; virides anni, Sil. It I 187; V 414. Stat. Silv. III 1, 161. Mart. I 101, 3; XI 71, 5. In diesem Sinne wird es von Thieren gebraucht, wie viridis leo, Stat. Theb. XI 472; pardi, Claud. Manl. et Theod. cons. 305; cons. Stil. III 345;[1]) cancer, Mart. V 71, 2; hingegen wird es in Bezug auf

---

1) Ich fasse auch diese beiden Stellen des Claudian im angegebenen Sinne und glaube weder mit Gesner, dass viridis hier, wie griech. χλωρός, die blasse, gelbliche Farbe der Leoparden bezeichne, noch mit Jacob p. 85: non unius et splendentis coloris sunt leopardi, sed mixti et in viridi nigricantis aut flavescentis. Grünliche Färbung wird man gewiss im Leoparden- ebenso wie im Löwenfell vergeblich suchen. Allerdings citirt Jacob (p. 84) im gleichen Sinne Claud. rapt. Pros. III 265, wo es von einer Tigerin heisst: fremit illa marito Mobilior Zephyro to-

geistige Frische beim Menschen seltner gebraucht, so mente virens, Stat. Theb. III 453; consilio virens, Sil. It. III 255; vgl. ebd. V 569: viridissimus irae. Aehnliche Uebertragung findet dann auch auf leblose Dinge oder auf Abstracta statt, und zwar entweder im Sinne von frisch, neu, jung, wie vom Wein, Mart. XIII 68, 2; Blut. Sen. Oed. 301. Ap. Sid. carm. 23, 324; Thon, Pers. 3, 22; vom jungen Jahr, Calpurn. ecl. 5, 21, vgl. Stat. Silv. V 3, 73: viride limen fatorum; oder in dem von kräftig, blühend, wie Hor. ep. 17, 33: virens in Aetna flamma; Stat. Silv. IV 8, 56: viride nomen.[1])

2. Vitreus, prasinus u. a.

Das bei den Dichtern nicht seltene Epitheton vitreus wird in den Wörterbüchern in der Regel durch »glasähnlich, durchsichtig, klar, hell, dünn, glänzend« erklärt. Zweifellos hat es auch in einer Anzahl von Fällen diese Bedeutung; so wenn es Ov. I 6, 55 und A. L. 411, 2 vom Thau, oder Ov. her. 10, 7 vom Reif steht; oder wenn Ap. Sid. 22, 43 die Thränen fletus vitrei nennt; auch wenn Quellen so heifsen, wie bei Ap. Sid. 23, 207 die Hippokrene, oder Drac. 2, 78, werden wir in Erinnerung an den horazischen fons Bandusiae, splendidior vitro, die Durchsichtigkeit als Bedeutung des Epithetons annehmen.[2])

---

tamque virentibus iram dispergit maculis; allein diese Worte gehen natürlich nicht auf das Fell des Tigers, sondern auf den vom Dichter grün gedachten Geifer des Rachens (s. oben S. 210).

[1]) Etwas anderes ist es, wenn goldne Bäume oder Früchte, wie die der Hesperiden, mit virere verbunden sind (wie bei Goethe »grün des Lebens goldner Baum«); so Ov. met. IV 637: arboreae frondes auro radiante virentes (sicherlich nicht mit Haupt-Korn »vom grünlichen Schimmer des Goldes« zu verstehen, denn solchen giebt es nicht). Zu vgl. ist damit Sil. It. III 286: inter frondes revirescere viderat aurum; Claud. r. Pros. II 290: est etiam lucis arbor praedives opacis, fulgentis viridi ramos curvata metallo; Ap. Sid. carm. 24, 70: hic nunc comparet aureasque vites Electro viridante pampinatas. Hier liegt überall nur die dichterische Uebertragung der grünen Farbe vom wirklichen Laub auf das goldne vor.

[2]) Das mufs auch der Sinn der vitreae togae sein, die in einem Fragment des Varro bei Non. p. 448, 28 u. 536, 22 (p. 170, 3 Riese) vorkommen·

Bei Mart. Cap. VI 584 finden wir vitreae aurae, vermuthlich in ähnlichem Sinne, obgleich die ganze Stelle schwülstig und unklar ist. Claud. r. Pros. III 268 nennt ein Spiegelbild im Wasser imago vitreae formae; die Bedeutung glasartig liegt hier sehr nahe, da ja auch das Glas Spiegelbilder zurückwirft. In der gröfseren Zahl der Fälle ist aber die Bedeutung keineswegs so von vornherein gegeben, vielmehr ist da fast überall ebenso gut die Bedeutung ›hell, klar wie Glas‹, als ›grün wie Glas‹ möglich; denn letztere überhaupt zu statuiren, ist wohl sicher erlaubt, da das gewöhnliche Glas der Alten zweifellos ebenso gut, wie heut gemeines Glas, eine grünliche Färbung hatte. Freilich ist mir nur eine, und noch dazu späte, Stelle bekannt, wo die Bedeutung ›glasgrün‹ allein möglich ist; es ist das A. L. 271, 66, wo es vom Grase heifst: vitreas levat herba comas. Sehr un·gewifs ist dagegen die Bedeutung der vielbesprochenen vitrea bilis bei Pers. 3, 8. Die Erklärer (so auch Jahn) fassen dieselbe meist im Sinne von ›glashell‹, wie es bei Hor. S. II 3, 141 splendida bilis heifst; und da Persius ja den Horaz gern nachahmt, so ist eine solche Beziehung auch sehr wahrscheinlich. Allein wenn man andrerseits in Betracht zieht, dafs bilis und fel nahezu identisch sind, dafs von letzterer wir mehrfach die Farbenbezeichnung grün als Anzeichen von Krankheit gefunden haben (s. oben S. 209), so dürfte bei Persius die Bedeutung ›glasfarben‹ im Sinne von viridis mindestens ebenso nahe liegen, wie die andere.

Alle diejenigen Stellen, in denen man sonst ebenso gut die Bedeutung ›durchsichtig wie Glas‹, als ›grün wie Glas‹ an und für sich annehmen könnte, beziehen sich auf das Wasser. Das Wasser selbst heifst sowohl im allgemeinen so, A. L. 151, 9; 228, 1, als namentlich das Meer, Hor. C. IV 2, 3. Manil. IV 515. Stat. Silv. II 2, 49; Ach. I 26. Claud. nupt. Hon. 128; r. Pros. I 268; carm. min. 26 (49), 32. Cor. Iust. III 15. A. L. 211, 49; 390, 12. P. L. M. 32, 17. Boet. cons. phil. I 7, 8; ferner Flüsse, Colum. X 136. Stat. Silv. II 3, 5. Claud. in Eutr. II 263. Auson. Mos. 195; ib. 223; XI 158; ib. 161; von einem See Verg. Aen. VII 759. Dafs hier öfters vitreus »durchsichtig, klar« bedeutet, lehrt der Zusammenhang;[1]) bei Stat. Silv. II 2, 49: vitreo natant praetoria ponte ist von Spiegelung die Rede, ebenso Aus. Mos 195: vitreis vindemia turget in undis; ebd. 223: (Sol) reddit nautales vitreo sub gurgite formas; A. L. 218, 1 sieht sich Narcissus vitreis undis; an einigen Stellen deuten andere beigefügte Epitheta den gleichen Sinn an, wie Claud. in Eutr. II 263: vitrei puro gurgite Galli; id. carm. m. 26, 32: vitreis lucidus usque vadis; Aus. XI 162: vitrea non luce Nemausus purior, und ebd. 158 erhält der Flufs die Epitheta vitreus und glaucus nebeneinander, sodafs ein Unterschied in der Bedeutung angenommen werden mufs. Nun erhalten aber auch die mit dem Wasser in Verbindung stehenden Wesen dies Epitheton; die Nymphen, Aus. Mos. 179; die Circe als Nymphe, bei Hor. C. I 17, 20 u. Stat. Silv. I 3, 85; das Haar von Nymphen ebd. 5, 16; der Busen Claud. r. Pros. II 53; die Höhlen der Nereiden werden häufig so bezeichnet, Ov. met. V 48. Sil. It. IV 346; VIII 192. Stat. Silv. III 2, 16; Theb. IX 352. Claud. fesc. 2 (12), 34; VI cons. Hon. 146. Drac. 2, 130; bei Verg. Geo. IV 350 ihre Sessel; bei Claud. in Olyb. et Prob. 225 ihre Webstühle. An manchen der zuletzt angeführten Stellen geben die Erklärer verschiedene Deutungen des Epithetons vitreus. Zu Verg. Geo. IV 350 vitreis sedilibus, bemerkt Servius: ergo vellera similia esse debent, ubi perlucidus et caeruleus est color, was verdorben erscheint oder, wie Thilo meint, zu V. 334 fg. gehört, wo es von den Nymphen heifst, sie säfsen da und zupften Milesia vellera, hyali saturo fucata colore. An letzterer Stelle ist deutlich glasgrün gemeint, und so erklärt auch Servius hyali pro hyalino, vitreo, viridi, nymphis apto. Hier stellt also Servius das hyalinum und vitreum dem viride ganz gleich. Zieht man in Betracht, dafs die Nymphen und speciell ihre Haare sonst bei den Dichtern gern als blau,

---

[1]) Nichtsdestoweniger könnte an der einen oder andern Stelle auch die Bedeutung grün angenommen werden. Bezeichnend ist dafür die oben S. 214 angeführte Stelle Auson. Mos. 418: caeruleos nunc, Rhene, sinus hyaloque virentem pande peplum; hier entspricht offenbar hyalo virens dem Epitheton vitreus.

grün oder blaugrün, d. h. von der Farbe des Wassers, geschildert werden, und dafs dies auch von den zu ihnen gehörigen Gegenständen oder Attributen gilt, so ist es mir durchaus wahrscheinlich, dafs in der Mehrzahl der hier angeführten Fälle vitreus wirklich direkt ›glasgrün‹ und nicht ›glashell‹ bedeutet. In diesem Sinne haben auch manche unter den neueren Erklärern die vitrea Circe des Horaz gefafst; und das ist jedenfalls auch viel besser als darunter ›glänzend wie Glas‹ oder gar, was auch versucht worden ist, ›zerbrechlich, also vergänglich wie Glas‹ zu verstehen. Wir können demnach vitreus ruhig unter die Farbenbezeichnungen für grün aufnehmen;[1]) freilich mit der Beschränkung, dafs eben nur ein glasartiges, glänzendes Grün darunter zu verstehen ist.

Das dem Griechischen entlehnte prasinus, ›lauchgrün‹, ist lediglich eine Bezeichnung für Kleiderstoffe u. dgl., gleich zahlreichen andern solchen, ursprünglich wohl von den Tuchhändlern eingeführten technischen Farbenbezeichnungen (wie ja auch heut die Namen bordeauxroth, havannabraun etc. für Stoffe von den Fabrikanten auszugehen pflegen), deren man bei Nonius p. 548. 10 ff. eine ganze Anzahl zusammengestellt findet. Bei epischen oder lyrischen Dichtern kommt daher das Wort auch gar nicht vor; Martial nennt es mehrfach als die Farbe der grünen Wagenlenker im Circus, X 48. 23; XI 33, 1; XIII 78, 2; XIV 131; auch A. L. 371, 5; ferner als die einer Synthesis (Luxuskleid) Mart. X 29, 4; eines Fächers, ib. III 82, 11. Ein poetisches Epitheton ist es also nirgends; nur bei Ap. Sid. ep. II 10, 4 v. 14: vernans herbida crusta sapphiratos Flectit per prasinum vitrum lapillos, wo von buntem Glase die Rede ist, kommt es in anderer Verwendung, als sonst gewöhnlich, vor.

Endlich sind noch ein paar ganz einzelstehende Farbenbezeichnungen anzuführen. Humoristisch ist herbeus, bei Plaut. Curc. 231: oculi herbei, ›grasgrün‹. In gleicher Bedeutung gebraucht Ap. Sid. carm. 5, 39 u. 23, 139 herbosus vom Verde antico (grünen Marmor). Callainus, ›türkisgrün‹, kommt nur bei Mart. XIV 139, 2 von einem Kleide vor.

---

[1]) Wie auch Jacob p. 82 thut.

Register.

Wo zwei Zahlen angeführt sind (z. B. 114, 1), bedeutet die zweite die Anmerkung. Die Farbenbezeichnungen sind durchweg nur in der üblichsten Adjectivform angeführt; so steht z. B. albus auch für albere, candidus für candere, ruber für rubens, rubescere u. s. w.

I. Sachregister.

Bildsäulen, candidus 27. niveus 37.

Bimstein, niger 62.

Binden, albus 16. candidus 32. niveus 39. puniceus 201. purpureus 193. roseus 203. viridis 215.

Birnbaum, (Blüthe) albus 9. canus 76.

Blei, canus 78. lividus 142. niger 62.

Bleiweifs, albus 11. candidus 28.

Blitz, aureus 122. ruber 173. rutilus 182.

Blumen, caeruleus 136. croceus 131. flammeus 207. flavus 110. luteus . 127. purpureus 190. roseus 203. ruber 166. sanguineus 205. viridis 210.

Blut, ater 43. niger 57. puniceus 200. purpureus 189. ruber 164. rubicundus 174. rutilus 179.

Bohnen, niger 60. pallidus 92.

Bojer, piceus 69.

Boreas, caeruleus 141.

Brand, ater 53. niger 69.

Brautschleier, flammeus 207. luteus 125.

Brautschuhe, aureus 123.

Brei, niveus 38.

Brombeeren, puniceus 201.

Brot, ater 49. candidus 28. caeruleus 144. niger 63. niveus 38. rubidus 175.

Brust, candidus 22. lacteus 40. marmoreus 40. niveus 34. roseus 202.

Bücher, s. Papyrus.

Buchsbaum, (Holz) pallidus 92. (Laub) viridis 212.

Cerberus, niger 66.

Chaos, ater 50, 2.

Charon, niger 66.

Charybdis, ater 52.

Cikaden, niger 59.

Cornelkirschen, ruber 167. rubicundus 175. (Holz) pallidus 92.

Crocus', puniceus 201. ruber 166.

Cypresse, ater 46. viridis 212.

Datteln, aureus 123.

Decken, candidus 32. purpureus 193.

Delphin, niger 59.

Dohlen, niger 58.

Dornrosen, ruber 166.

Drachen, s. Schlangen.

Ebenholz, ater 46. niger 60.

Eber, fulvus 114.

Edelsteine, candidus 28, 1. igneus 207. ruber 167.

Ei, (Gelbes) croceus 131. (Weifses) albus 12. candidus 28. niveus 38.

Eiche, viridis 212 (s. Steineiche).

Eidechsen, viridis 210.

Eingeweide, lividus 151.

Eis, caeruleus 141. candidus 29. canus 79. lividus 153.

Eisen, niger 27. (glühend) candidus 27. ruber 170.

Elektrum, pallidus 93.

Elephanten, albus 8. ater 45. lividus 151. niger 58.

Elfenbein, albus 12. candidus 29. flavus 113. niveus 38. pallidus 95.

Ente, (Füfse) puniceus 200. ruber 166. (Schnabel) buxeus 132.

Epheu, albus 10. niger 59. pallidus 91. viridis 212. (Blüthe) croceus 131.

Erdbeerbaum, viridis 212. (Frucht) puniceus 201. ruber 167.

Erde, ater 47. niger 61. piceus 69. viridis 212. 214.

Erz, fulvus 117. rutilus 181.

Esche, (Holz) fulvus 115. (Knospen) piceus 69.

Esel, albus 8.

Eulen, fulvus 115.

Exkremente (der Vögel), albus 9.

Most, candidus 29. niger 63. pur-
pureus 192.
Mühlsteine, niger 62.
Mund, flammeus 207. purpureus
187. roseus 202.
Muscheln, purpureus 190.
Myrrhen, fulvus 115.
Myrthe, niger 59. pullus 96. viri-
dis 212.

Nacht, ater 49. furvus 97. fuscus
99. piceus 70.
Nacken, caeruleus 142. candidus 22.
eburneus 40. lacteus 40. marmoreus 40. niger 64. niveus 35. roseus 202.
Narcissen, albus 9. croceus 131.
pallidus 90. purpureus 190. ruber 166.
Nebel, ater 50. furvus 97. piceus 70.
Neger, s. Mohren.
Neid, ater 53. lividus 155. niger 68.
Nymphen, vitreus 219 (s. Meergötter).

Ohren, niveus 34.
Olive, albus 10. caeruleus 137. ca-
. nus 77. glaucus 146. niger 59.
pallidus 91, viridis 212.
Opferthiere, albus 7. ater 45. niger 58. niveus 36.
Ortschaften, candidus 27. viridis 213.

Palme, niger 212.
Pan, niger 58.
Panzer, s. Harnisch.
Papagei, puniceus 200. ruber 166.
viridis 209.
Papyrus, albus 16. canus 78. cro-
ceus 132. flavus 113. luteus 129.
Pech, ater 49. niger 63.
Pergament, purpureus 193.

Perlen, albus 12. candidus 29. ni-
veus 37.
Pfau, roseus 203.
Pfeffer, albus 12. niger 60.
Pferde, albus 6. ater 45. badius 208.
candidus 24. flavus 110. furvus 97.
gilvus 132. glaucus 146. lividus
151. murinus 104. niger 58. ni-
veus 35. rutilus 179. spadix 207.
Pflanzen, pallidus 89. viridis 210.
Pflaumen, canus 78. cereus 123.
lividus 151. luteus 128. niger 60.
Pinie, viridis 212.
Platane, viridis 212.
Polei, niger 60.
Polster, niveus 39.
Porphyr, ruber 168.
Priapus, ruber 169. rubicundus 175.
Purpur, ferrugineus 101. fuscus 100.
igneus 207. lividus 154. puniceus
200. roseus 203. ruber 168. ruti-
lus 181. sanguineus 205.
Pyrop, ruber 167.

Quellen, argenteus 41. vitreus 217.
Quitten, aureus 122. canus 77. cereus 77. pallidus 92.

Raben, albus 9. ater 45. candidus
26. niger 58.
Rauch, ater 47. niger 60. piceus 69.
Raupengewebe, canus 76.
Rauschbeeren, niger 60.
Reben, s. Weinstock.
Regen, ater 50. caeruleus 142. ni-
ger 65. piceus 70.
Regenbogen, purpureus 194. ruber
173. sanguineus 206.
Rehe, flavus 110.
Reif, albus 13. candidus 30. ca-
nus 79.
Rinde, viridis 214.

Rinder, albus 7. ater 45. candidus
25. niger 58. niveus 36.
Rosen, albus 9. croceus 131. puni-
ceus 200. purpureus 190. ruber
166. rubeus 175. sanguineus 205.
Rost, niger 62.
Rücken, eburneus 40.
Rufs, ater 47.

Safran, pallidus 92. ruber 168.
Salben, niger 63. pallidus 95. vi-
ridis 214.
Salz, niger 62. niveus 37.
Sand, flavus 112. fulvus 117. glau-
cus 147. lividus 155. niger 61.
Sandalen, ruber 169.
Sapphir, niger 62.
Sau, s. Schweine.
Schafe, albus 8. ater 45. aureus 122.
candidus 25. croceus 131. fuscus
98. niger 58. niveus 36. piceus 69.
pullus 96. purpureus 189.
Scham, purpureus 156. ruber 161.
Scharlach, igneus 207. ruber 168.
sanguineus 205.
Schatten, niger 65. pallidus 93. pi-
ceus 70. viridis 213.
Schaum (des Meeres), albus 13.
candidus 20. canus 78. (vor dem
Munde) albus 8. niveus 36. vi-
ridis 210.
Scheiterhaufen, niger 67.
Schenkel, candidus 23.
Schiffe, caeruleus 143.
Schilde, albus 16. rutilus 181.
Schildkröten, ruber 180.
Schilf, croceus 131. glaucus 146.
viridis 211.
Schinken, ruber 166.
Schlacht, ater 43.
Schlaf, furvus 97. fuscus 99. ni-
ger 67.
Schlamm, niger 61.

Schlangen, ater 45. caeruleus 136.
fulvus 115. lividus 151. roseus 203.
sanguineus 205. viridis 210.
Schleier, niveus 39.
Schlund, ater 44.
Schmerz, ater 43.
Schmiede, niger 60.
Schminke, purpureus 193. ruber 168.
Schmutz, ater 47. niger 61.
Schnee, albus 13. candidus 29. ca-
nus 79. purpureus 196.
Schuhe, candidus 33. niger 64. ni-
veus 39.
Schultern, candidus 22. niveus 34.
Schwalbe, (Brust) ruber 166.
Schwämme, albus 10. lacticolor 40.
Schwäne, albus 8. argenteus 41.
candidus 25. canus 76. lacteus
40. niger 59. niveus 36. purpu-
reus 197. (Füfse) ruber 160.
Schwefel, luridus 130. luteus 129.
pallidus 93. (Dämpfe) caeruleus
137.
Schwefelquellen, albus 13. candi-
dus 29.
Schweine, albus 8. ater 45. can-
didus 25. furvus 97.
Schweifs, caeruleus 141. piceus 69.
Schwerter, ater 48. rutilus 181.
Seehund, caeruleus 136.
Seeigel, puniceus 200.
Seele, purpureus 189.
Seeleute, niger 50.
Seestier, flavus 110.
Segel, albus 16. candidus 33. pur-
pureus 193.
Seiten, niveus 34.
Silber, candidus 27. lividus 153.
Smaragd, viridis 214.
Sonne, albus 15. aureus 121. can-
didus 30. fulvus 118. igneus 207.
luridus 130. pallidus 93. purpu-

II. Verzeichniss einiger wichtigerer Stellen.

Verg. ecl. 1, 27 . . . . . . S. 23.	Verg. Georg. III 82 . . . S. 145.
2, 20 . . . . . . » 38.	IV 126 . . » 61.
4, 44 . . . . . . » 130.	IV 183 . . » 101.
6, 54 . . . . . . » 90.	IV 350 . . » 219.
Georg. I 297 . . . » 166.	Ps. Verg. Cir. 31 . . . . » 205.
I 365 . . . » 14.	102 . . . . » 27.
I 467 . . . » 102.	180 . . . . » 163,1.
III 81 . . . » 7.	Priap. 2, 7 . . » 166.